NICHOLA FLETCHER

FLEISCH
DAS KOCHBUCH

mit Rezepten von Christopher Trotter, Elena Rosemond-Hoerr, Rachel Green

DK

Penguin Random House

DK UK
Cheflektorat Dawn Henderson
Lektorat Bob Bridle, Vanesa Daubney
Redaktionsassistenz Elizabeth Clinton
Redaktionsleitung Peggy Vance
Art Director Peter Luff
Bildredaktion Christine Keilty, Lucy Parissi, Sara Robin
Herstellung Oliver Jeffreys, Jen Scothern, Raymond Williams

DK India
Projektbetreuung Neha Samuel
Cheflektorat Alicia Ingty
Redaktion Manasvi Vohra
Redaktionsassistenz Arjun Pereira
Bildredaktion Anjan Dey, Pallavi Kapur, Balwant Singh, Navidita Thapa
DTP-Design Satish Chandra Gaur, Tarun Sharma, Anurag Trivedi
Herstellung Sunil Sharma

Für die deutsche Ausgabe:
Programmleitung Monika Schlitzer
Redaktionsleitung Caren Hummel
Projektbetreuung Sarah Weiß
Herstellungsleitung Dorothee Whittaker
Herstellungskoordination Arnika Marx
Herstellung Kim Weghorn
Umschlaggestaltung Nicola Powling, Kim Weghorn

Titel der englischen Originalausgabe:
The Meat Book

Übersetzung Angelika Feilhauer
Lektorat Natalie Röseler

ISBN 978-3-8310-2787-3

Repro Alta Image
Druck und Bindung
RR Donnelley Asia Printing Solutions Limited, China

Besuchen Sie uns im Internet
www.dorlingkindersley.de

INHALT

VORWORT

Fleisch ist ein wirklich faszinierendes Thema. Ich hatte das Glück, mich mehr als 40 Jahre damit befassen zu dürfen. Mein Interesse an Fleisch hat mir einen facettenreichen Berufsweg beschert, auf dem ich als Kochbuchautorin, Lehrerin, Lebensmittelhistorikerin und Landwirtin tätig war und selbst Fleisch verarbeitet habe. Obendrein hat mich das Leben auf dem Land viel über wilde Tiere gelehrt. Mit diesem Buch hoffe ich ein wenig von meinen Erfahrungen weitergeben zu können.

Ich habe gelernt, dass Fleischkonsum heftige Emotionen hervorrufen kann. Ich habe nie die Augen vor der Tatsache verschlossen, dass für die Herstellung von Fleisch ein Tier sterben muss. In unserer heutigen Welt, die virtueller und verstädteter denn je ist, verstehen die Menschen kaum noch, in welcher Beziehung unsere Vorfahren als Jäger, Nomaden, Hirten und Kleinbauern zu Tieren standen. Wenn man viel mit Tieren zu tun hat, etwa indem man ihr Verhalten beobachtet, empfindet man ihnen gegenüber echten Respekt. Unsere Gesellschaft jedoch hat die enge Beziehung zu ihnen verloren, und das kann Unverständnis, Verwirrung und sogar Furcht hervorrufen.

Aber diese Furcht ist unbegründet, wenn wir respektvoll mit Tieren umgehen. Man kann Tiere so halten und auch töten, dass sie nicht leiden, und Wildtiere bedürfen heute in einer Welt, in der das Gleichgewicht der Natur bedroht ist, besonderer Hege. Da Land immer knapper wird, müssen wir es optimal nutzen – das Kapitel »Fakten über Fleisch« ab Seite 10 zeigt auf, dass an manchen Orten nur für Menschen ungenießbare Pflanzen wachsen, die jedoch von Tieren effizient in Fleisch umgewandelt werden können. Bei einer Weltbevölkerung der heutigen Größe gibt es keine ideale Nahrungsmittelproduktion – selbst eine vegane Ernährungsweise schadet Insekten und anderen Wildtieren wie auch der Umwelt. Wenn wir uns daher für den Verzehr von Fleisch entscheiden, ist es an uns, herauszufinden, wie es produziert wurde. Wir dürfen nichts davon verschwenden, und wir sollten es mit Respekt und maßvoll konsumieren. Dann können wir es auch mit Genuss essen.

Als Kochbuchautorin und Lehrerin habe ich mich damit beschäftigt, was mit Fleisch passiert, wenn es vorbereitet und gegart wird. Was macht das eine Stück Fleisch besser als das andere? Und was bedeutet überhaupt »besser«? Was der eine »perfekt« findet, wurde für den anderen vielleicht zu lange oder nicht lange genug gegart. Wer jedoch die Grundeigenschaften von Fleisch einmal verstanden hat, kann dieses Basiswissen nutzen, um gutes Fleisch einzukaufen und es richtig zuzubereiten. Daher sollten Sie, ehe Sie sich auf die Rezepte stürzen, auch die anderen Seiten dieses Buchs lesen. Und selbst wenn Sie Tiere nicht zerlegen möchten, ist es hilfreich zu wissen, wie es funktioniert.

Fleisch ist in fast jedem Land wesentlicher Bestandteil der Kultur. Es steht für Wohlstand und mitunter für Macht, wird als Gabe Gottes betrachtet und als Privileg geschätzt. Es ist ein wichtiges Lebensmittel, das zelebriert werden sollte. Ich hoffe, Sie werden sich von den folgenden Seiten inspirieren lassen.

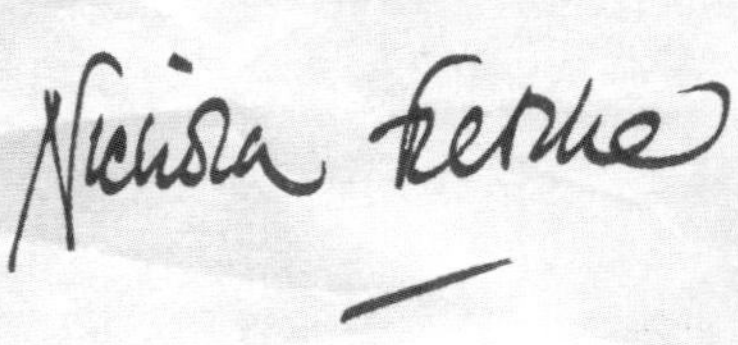

FLEISCH-KUNDE

FAKTEN ÜBER FLEISCH

FLEISCH – ALLEIN BEI DEM WORT LÄUFT VIELEN DAS WASSER IM MUND ZUSAMMEN, UND OHNE FLEISCH WÄRE FÜR SIE EINE MAHLZEIT NICHT KOMPLETT. IN DEN MEISTEN SCHWELLENLÄNDERN WÄCHST DER FLEISCHBEDARF. NOCH NIE WURDE MEHR FLEISCH KONSUMIERT ALS HEUTE. DENNOCH ESSEN MANCHE MENSCHEN AUS VIELERLEI GRÜNDEN KEIN FLEISCH. SOLLTEN WIR FLEISCH ESSEN ODER NICHT? VIELLEICHT LIEGT DIE ANTWORT DARIN, WIE DAS FLEISCH PRODUZIERT WURDE. BEI UNZULÄNGLICHER PRODUKTION SOLLTEN WIR VERMUTLICH DARAUF VERZICHTEN.

Kritiker äußern oft, dass die Tierfütterung mit Getreide und Ölfrüchten keine nachhaltige Methode der Lebensmittelerzeugung sei und die Menschen das Getreide selbst essen sollten. Daran ist etwas Wahres, aber dies gilt vornehmlich für Fleisch von Tieren aus Intensivhaltung. In diesem System dienen Nutzpflanzen dazu, Fleisch möglichst schnell und preisgünstig zu produzieren. Am effizientesten wandeln Hühner Getreide in andere Nahrungsmittel um, gefolgt von Schweinen, Rindern und Schafen.

WEIDEHALTUNG

In vielen Regionen der Welt können Getreide jedoch nicht nachhaltig angebaut werden, etwa in Trockensavannen, kalten Ländern, in Berg- oder Waldregionen. An diesen Orten gedeihen Gräser am besten. Da Menschen Gras nicht verdauen können, ist es hier am sinnvollsten, es von Tieren in nahrhaftes Fleisch umwandeln zu lassen, was ihnen auf vortreffliche Weise gelingt.

Und dann gibt es noch all die Wildtiere, die vollkommen natürliches Fleisch liefern. Aber die Zahl der Jäger ist heute so gering, dass manche Bestände außer Kontrolle geraten sind: Tauben vernichten Feldfrüchte, Wildschweine zerwühlen Weinberge, Hirsche fressen junge Bäume, Elche laufen auf Straßen direkt in Autos.

DER GETREIDEMANGEL

Feldfrüchte wie Weizen, Gerste, Ölpflanzen, Bohnen und Erbsen eignen sich als Nahrungsmittel für Menschen, dienen aber auch der Produktion von Tierfutter (sogenanntem »Kraftfutter«). Unser Planet braucht seine Wälder dringend, und ihre Rodung zugunsten von Äckern schafft Umweltprobleme, egal wen diese Äcker ernähren. Die Rodung zum Zweck von Tierfutteranbau ist auf lange Sicht aber zweifellos fragwürdig.

FLEISCH IN DER ERNÄHRUNG

Fleisch ist ein guter Lieferant von Proteinen, Eisen und anderen Nährstoffen, ein übermäßiger Konsum von tierischem Fett kann jedoch zu Übergewicht und Herzproblemen führen.

In Anbetracht der Umweltprobleme, die das Verfüttern von Getreide an Tiere bedingt, ist vielleicht interessant, dass Wiederkäuer (Weidetiere wie Kühe, Schafe, Hirsche und Ziegen), die langsam ihre aus Gräsern und anderen Pflanzen bestehende natürliche Nahrung fressen und kein Kraftfutter erhalten, für uns weitaus gesünder sind. Denn durch eine energiereiche Ernährung mit Kraftfutter werden in Fleisch anstelle von »guten« Fetten »schlechte« Fette gebildet.

DAS FLEISCH AUF DEM TELLER

Der schwierigere Fall sind Schweine und Geflügel. Sie wurden Jahrtausende in Hinterhöfen gehalten, und ihr vielfältiges Futter bestand aus Resten und dem, was sie sonst in Feld und Flur fanden. Einige Tiere werden noch heute so gehalten, die große Masse bekommt jedoch Kraftfutter. Im besten Fall geschieht dies in Kombination mit Freilandhaltung, wo Hühner und Gänse ihrem natürlichen Bedürfnis folgend scharren oder Gras fressen und Freilandschweine sich im Schlamm suhlen und nach Insekten wühlen können. Diese Haltung garantiert optimale Fleischqualität.

Aber die große Masse von Schweinen und Geflügel wird in Ställen gehalten, wo die Tiere ausschließlich Kraftfutter fressen und in den seltensten Fällen ins Freie gelangen können. In vielen Ländern erhalten sie überdies Antibiotika und andere Medikamente und Wachstumsförderer, wie etwa bei der vor allem in den USA praktizierten Feedlot-Haltung. Auf diese Weise wird die Fleischproduktion billiger – aber wie sinnvoll ist es, bei der Lebensmittelerzeugung Antibiotika einzusetzen? Wollen wir wirklich, dass unsere Kinder Fleisch essen, das mit Wachstumsförderern produziert wurde?

DIE TIERHALTUNG, DIE DER NATÜRLICHEN LEBENSWEISE AM MEISTEN ENTSPRICHT, IST DIE ARTGERECHTESTE, DIE EIN LANDWIRT SEINEM VIEH BIETEN KANN.

DIE RICHTIGEN RASSEN

Auf der ganzen Welt haben sich Tiere den örtlichen Gegebenheiten angepasst und nutzen die verfügbare Nahrung auffallend gut. Ziegen gedeihen auch unter wüstennahen Bedingungen und klettern auf Bäume, um Blätter und Dornen zu fressen. Um arktische Winter zu überleben, fressen sich Rentiere in den kurzen Sommern eine 15 cm dicke Fettschicht an. Islandschafe können auf salzigen Wiesen grasen, und in trockenem Klima speichern Rinder in ihren Höckern Fett, um magere Zeiten zu überleben. Zudem wurden im Laufe von Jahrtausenden Tierrassen sorgfältig selektiert. In der Vergangenheit war man dabei darauf bedacht, dass die Tiere möglichst viel Fett ansetzten, heute ist das Gegenteil der Fall. Man züchtet Schafe, die nicht nur ein Lamm werfen, und manche Rinder haben heute einen zusätzlichen Beinmuskel. Schweine und Geflügel werden so gezüchtet, dass sie auch bei intensivster Haltung überleben. Man sollte jedoch wissen, dass die meisten Tierkrankheiten die Folge der Züchtung von Tieren mit besonderen Eigenschaften sind.

GLÜCKLICHE TIERE

In manchen Ländern hat der Druck durch Verbraucher erhebliche Verbesserungen im Tierschutz bewirkt. Zudem fördert die Erforschung des Tierverhaltens bei Landwirten das Verständnis dafür, wann es ihren Tieren gut geht und wie sie humaner transportiert und geschlachtet werden können. Das ist in ihrem eigenen Interesse, da zufriedene Tiere profitabler sind.

Gute Tierhaltung ist ein Balanceakt. Zu viel Stress (Aufregung) erzeugt Angst, zu wenig Langeweile mit anderen Problemen. Eine zu große Dichte schadet jedem Tier, andererseits sind die meisten Tiere in Herden oder Gruppen am glücklichsten. Zu viel Futter ist ebenso schlecht wie zu wenig, und extreme Wärme oder Kälte kann ebenso schaden wie überhaupt nicht ins Freie zu können. Die besten Bedingungen, die ein Landwirt seinen Tieren bieten kann, sind die, die ihrem natürlichen Lebensraum am nächsten kommen und ihren ursprünglichen Verhaltensweisen am meisten entsprechen.

QUALITÄT STATT QUANTITÄT

Wir können Fleisch dann mit gutem Gewissen essen, wenn wir es sorgfältig auswählen und nichts verschwenden. Erst im 20. Jahrhundert, als der Fleischkonsum eklatant anstieg, wurde Übergewicht zum Problem. Vielleicht wären viele von uns gesünder, wenn sie ihr Fleisch besser aussuchen, dafür aber weniger essen würden. Und erwiesenermaßen wäre unsere Welt ein besserer Ort, wenn es weniger Intensivhaltung gäbe.

FRAGEN SIE NACH

DA MAN BEIM GLEICHEN LIEFERANTEN UNTER UMSTÄNDEN SOWOHL GUTES ALS AUCH WENIGER GUTES FLEISCH BEKOMMT, SOLLTEN SIE SICH UNBEDINGT EINE BEZUGSQUELLE SUCHEN, DER SIE VERTRAUEN UND BEI DER MAN IHNEN AUF IHRE FRAGEN EHRLICHE ANTWORTEN GIBT.

EINKAUFEN GEHEN

- **Supermärkte** In westlichen Ländern wird das meiste Fleisch in Supermärkten gekauft. In diesen riesigen Unternehmen ist man sich sehr bewusst, dass man auf das Vertrauen der Kunden angewiesen ist, und einige arbeiten sehr engagiert mit ihren Lieferanten zusammen, um gute Qualität zu scharf kalkulierten Preisen anzubieten. Aber durch Kostendruck und komplizierte Lieferketten schleichen sich mitunter üble Praktiken ein.
- **Bauernmärkte** Leicht könnte man dem Glauben erliegen, dass von einem fröhlichen Händler unter freiem Himmel angebotene Lebensmittel eine hervorragende Qualität haben. Was meist auch der Fall ist, vor allem wenn Erzeuger eigenes Fleisch und Geflügel verkaufen. In manchen Fällen handelt es sich aber schlichtweg um Massenware. Selbst bei Erzeugern, die eigenes Fleisch verkaufen, können Würste in einer Fabrik hergestellt sein und viele Zusatzstoffe enthalten. Aber auf lokalen Märkten findet sich eine wachsende Zahl von Kleinproduzenten, nach denen es zu suchen lohnt.
- **Fleischereien** Die besten Fleischereien sind Familienbetriebe. Manche befinden sich schon seit Generationen in Familienhand, und sie haben einen Kundenstamm, der bereit ist, für wirklich gute Qualität angemessen zu bezahlen. Sie wissen, woher ihr Fleisch stammt, und können es vermutlich trocken reifen. Und sie werden Ihnen auch den Wunsch nach dem ungewöhnlichsten Fleischzuschnitt erfüllen (möglicherweise aber nur auf Bestellung).
- **Online** Hier kann sich hinter einer gut gemachten Website ein schlechter Lieferant verbergen. Doch durch die Direktvermarktung im Netz findet man heute auch zahllose ausgezeichnete Kleinlieferanten.

TROCKEN GEREIFTES FLEISCH Um den Schlachtkörper zirkulierende kalte Luft lässt das Fleisch reifen, ohne dass schädlicher Schimmel entsteht.

DIE RICHTIGEN FRAGEN STELLEN

Die auf den Seiten 10–11 beschriebenen verschiedenen Methoden der Fleischerzeugung sind hilfreich, um zu entscheiden, was man beim Einkauf aussuchen und wonach man fragen sollte. Fast immer wird das Fleisch am teuersten sein, das nachhaltig und nach Richtlinien des Tierschutzes produziert wurde. Hier nun einige grundsätzliche Fragen.

WOHER KOMMT DAS FLEISCH?

Fleisch aus der Region hat eine bessere Qualität, da der Fleischer den Erzeuger besuchen und ein Vertrauensverhältnis zu ihm aufbauen kann. In Gegenden, wo Freiland- und Weidetierhaltung nicht möglich ist, kann »regional« aber gleichbedeutend mit Intensivhaltung sein. In diesem Fall kauft man am besten Fleisch von Tieren, die anderswo, vielleicht sogar im Ausland, gezogen wurden. Sofern es richtig transportiert und gelagert wurde, sollte seine Qualität nicht gelitten haben. Aber je weiter es transportiert wurde, desto schwerer lässt sich beurteilen, wie es produziert wurde.

WIE WURDE DAS FLEISCH GEREIFT?

Manches Fleisch schmeckt besser, wenn es eine Zeit lang gereift wurde – eine Praxis, die in kühleren Klimata üblicher ist. Gewöhnlich wird Rind- und Wildfleisch gereift, Schweinefleisch und Geflügel dagegen nicht. Es gibt im Wesentlichen zwei Methoden:

- **Trockenreifung oder Abhängen** Hier wird der Schlachtkörper (oder ein Teil von ihm) in einem kalten, luftigen Raum aufgehängt, sodass er etwas abtrocknet und zudem Enzyme produziert, die das Fleisch zarter machen. Dabei verbessert sich überdies der Geschmack, und das Fleisch wird meist dunkler.
- **Vakuumreifung** In diesem Fall wird das Fleisch (meist entbeint) in stabilen Folienbeuteln vakuumiert. Dort reift es mehrere Wochen und wird dabei zarter. Aber sein Geschmack verbessert sich nicht in gleichem Maß wie bei der Trockenreifung.

VON WELCHER RASSE ODER TIERART STAMMT DAS FLEISCH?
Nutztierrassen werden wegen bestimmter Eigenschaften gezüchtet. Mitunter verbessert dies die Qualität, oft ist jedoch das Gegenteil der Fall. Auch traditionelle alte Rassen werden noch gehalten, meist regional begrenzt. Obwohl ihr Fleisch teurer ist, lohnt sich die Suche, da sich die Erzeuger den seltenen Tieren häufig mit viel Sorgfalt widmen. Bei Wild und Wildgeflügel handelt es sich nicht um unterschiedliche Rassen, sondern um verschiedene Tierarten.

WORAUS BESTEHEN FLEISCHPRODUKTE?
Eine riesige Palette an Fleischprodukten (wie etwa Burger-Pattys, Frikadellen und Wurst) wird aus durchgedrehten Fleischresten hergestellt, die sich nicht für andere Verarbeitungsmethoden eignen. So wird das ganze Schlachttier effizient verwertet. Aber die meisten Handelsprodukte enthalten Zusatzstoffe, die die Haltbarkeit verlängern oder den Geschmack, die Farbe oder die Konsistenz verändern, Billigprodukte zudem oft Separatorenfleisch, also maschinell ausgelöstes und zerkleinertes Fleisch. Frikadellen & Co. lassen sich einfach, rasch und preiswerter selbst zubereiten und schmecken so auch erheblich besser.

WIE SIEHT WIRKLICH GUTES FLEISCH AUS UND WIE SOLLTE ES RIECHEN?
- **Farbe** Jedes Fleisch hat seine eigene natürliche Farbe, doch Bewegung, grüne Gemüsesorten oder Gras, enthaltenes Eisen und Trockenreifung lassen es dunkler werden. Oxidiert das Muskelprotein Myoglobin in Fleisch, wird dieses mattbraun. Vakuumiertes Fleisch kann dunkler werden oder in der Verpackung schillern, bekommt nach dem Öffnen jedoch wieder seine natürliche Farbe.
- **Geruch** Frisches Fleisch sollte stets einen schwachen süßlichen Geruch haben, vakuumiertes Fleisch, das einige Zeit gelagert wurde, kann allerdings nach dem Entfernen der Verpackung stark riechen. Sollte der Geruch nach einer Stunde an der frischen Luft nicht verflogen sein, wirft man es besser weg. Abgehangenes Wildbret riecht meist kräftiger.

WELCHE ZUSCHNITTE SIND AM BESTEN?
Jeder Schlachtkörper liefert Zuschnitte mit unterschiedlichen Aromen und Konsistenzen. Teure Zuschnitte stammen aus Rücken und Hüfte, Fleisch aus Schulter und Bein enthält mehr Kollagen und hat daher eine längere Garzeit. Sehr häufig sind bei günstigeren Zuschnitten Geschmack und Konsistenz interessanter.

GEREIFTES FLEISCH Trocken gereiftes Fleisch ist tiefrot, doch nicht braun. Ein dunkles Band an der Außenseite verrät eine teilweise Reifung. Bei bräunlich verfärbtem Fleisch hat ein Oxidationsprozess stattgefunden.

NICHT GEREIFTES FLEISCH
Viele Menschen glauben, dass leuchtend rotes Fleisch von besserer Qualität ist. Tatsächlich hat es aber viel weniger Geschmack als gut gereiftes Fleisch.

WELCHE MENGE SOLLTE ICH KAUFEN?
Zu einer gesunden Ernährung gehören moderate Fleischportionen. Auch wenn manche Leute erheblich mehr essen, sind gute Portionsgrößen:
- **Fleisch ohne Knochen:** 150–175 g
- **Fleisch mit Knochen:** 250–350 g
- **Ganzes Geflügel:** 350–450 g
- **Geflügelteile mit Knochen:** 250–350 g

Für Kinder und ältere Menschen oder bei Mahlzeiten mit mehreren Gängen sollten die Portionen kleiner sein.

GUTES FLEISCH

OB FLEISCH EIN GENUSS IST, HÄNGT VON MEHREREN FAKTOREN AB WIE ZARTHEIT, GESCHMACK, SUKKULENZ UND SAFTIGKEIT. AUCH PERSÖNLICHE VORLIEBEN SPIELEN EINE ROLLE: WAS FÜR DEN EINEN ÜBERGART IST, FINDET EIN ANDERER ZU ROH, UND WAS DER EINE FÜR ZÄH HÄLT, HAT FÜR DEN ANDEREN ANGENEHMEN BISS. UND EIN FEINES AROMA KANN AUCH ALS FAD BETRACHTET WERDEN.

ZARTHEIT

Jeder Koch will, dass sein Fleisch zart wird, aber das hängt von vielen Faktoren ab:

- Wichtig ist das Alter des Schlachttiers. Das Fleisch von jungen Tieren ist immer zarter. Bei älteren Tieren hat es zudem mehr Sehnen und Knorpel. Ein guter Fleischer kann hier aber die Qualität sehr verbessern, indem er diese Teile entfernt.
- Durch Reifen (s. S. 12–13) wird Fleisch zart, ebenso durch Einlegen in eine Flüssigkeit, die es vor Luft schützt. Öl oder eine Marinade, die keine Säure enthält, macht es also mürbe.
- Mechanische Bearbeitung wie Klopfen, Hacken oder das Schneiden quer zur Faser kann die Fleischfasern verkürzen, wodurch das Fleisch beim Essen zarter erscheint.
- Einige Früchte wie Ananas und Papaya enthalten Enzyme, die das Bindegewebe auflösen und daher gerne für Marinaden verwendet werden. Handelsübliche Fleischzartmacher enthalten ähnliche Enzyme. Chinesische Köche bedecken zähes Fleisch mit einer Mischung aus Natron, Zucker, Wein und Mehl, um es mürbe zu machen.
- Mit der richtigen Garmethode wird jedes Fleisch zart. Gart man Braten und Steaks zu lange, werden sie zäh, gart man hingegen Schmorfleisch in Eintöpfen nicht lange genug, wird es nicht weich.

GESCHMACK

Das zweite große Ziel jedes Kochs ist ein guter Geschmack des Fleischs, der durch viele Maßnahmen erreicht werden kann.

Der Geschmack von Fett wird immer von dem beeinflusst, was ein Tier frisst, da Fett gute wie schlechte Aromen leicht aufnimmt. Deshalb ist in der Regel das Fleisch von Weidetieren und Wildtieren interessanter. Tiere, die

SCHÖNE FARBE Saftiges Fleisch enthält viel Wasser, und da Blut vor allem aus Wasser besteht, wird rosa gebratenes Fleisch niemals trocken sein.

sich auf Wiesen, Marschen oder Heideland bewegen, werden mit ihrer abwechslungsreichen Nahrung auch deren Aromen aufnehmen. Bei sehr magerem Fleisch wie etwa Hirschfleisch ist die Wirkung jedoch geringer. Umgekehrt kann Stress beim Schlachten oder eine schlechte Haltung dem Fleisch einen bitteren oder sauren Geschmack verleihen. Besonders anfällig für Stress sind intensiv gehaltene Schweine.

Trockenreifung, oder Abhängen, verbessert bei vielen Haus- und Wildtieren den Geschmack des Fleischs. Dagegen schmeckt Fleisch, das zu lange in Vakuumbeuteln gereift wurde, sauer.

Fleisch aus wirklich guter Haltung, das richtig behandelt wurde, sollte man oft am besten auf ganz einfache Weise zubereitet genießen. Doch in der Küche verleihen häufig andere Zutaten dem Fleisch weiteres Aroma. Mitunter überdecken sie einen penetranten Geschmack, meist aber dienen sie dazu, den Geschmack zu heben. Verwendet werden hier Gewürze und Kräuter, Gemüse, Obst und flüssige Zutaten.

SUKKULENZ

Dieser Begriff bezieht sich auf die glatte Konsistenz von Fleisch, die seinen Verzehr so angenehm macht. Meist hat diese Konsistenz mit Fett zu tun. Obwohl die Ansichten über Fett heute auseinandergehen, beeinflusst es sowohl die Konsistenz als auch das Aroma des Fleischs, vor allem wenn es sich um intermuskuläres Fett handelt.

Aufliegendes Fett hält das Fleisch außen feucht, Fett im Fleisch schmilzt beim Garen und hält es dann innen saftig. Mageres Fleisch, das man mit welcher Methode auch immer mehr als rosa gart, wird trocken werden, sofern man es nicht mit Fett spickt oder bardiert (s. S. 232) oder ihm, wie bei etwa bei Wurst und Burgern, gehacktes Fett hinzufügt.

Aber es gibt auch andere Möglichkeiten. Gart man Fleischzuschnitte mit viel Bindegewebe, wie etwa Beinscheiben, langsam, erhält das Fleisch eine seidige Konsistenz. Mageres Fleisch kann man auch köcheln und nach dem Garen in einer Mischung aus Öl, Kräutern und Gewürzen abkühlen lassen, wobei es vom Öl vor dem Trockenwerden geschützt wird.

SAFTIGKEIT

Saftiges Fleisch enthält viel Wasser, weshalb rosa gebratenes oder noch blutiges Fleisch saftiger als durchgebratenes Fleisch ist und niemals trocken sein kann. Ist kein Fett vorhanden, wird durchgebratenes Fleisch als unangenehm trocken empfunden.

SEHR MAGERES FLEISCH
Bei manchen Tieren wie etwa Hirsch und Bison ist sowohl im Muskelfleisch als auch zwischen den Muskeln nur wenig oder gar kein Fett sichtbar.

MAGERES FLEISCH
Bei diesem Steak sitzt zwischen den Muskeln etwas Fett, doch im Muskelfleisch ist praktisch kein Fett vorhanden.

MARMORIERTES FLEISCH
Dies ist ein Steak, bei dem direkt im Muskelfleisch gleichmäßig Fett verteilt ist, aber auch zwischen den Muskeln reichlich Fett sitzt.

Gart man Fleisch, wie schon erwähnt, sanft in einer Flüssigkeit und lässt es darin abkühlen, trocknet es nicht aus.

GESUNDE ERNÄHRUNG

Menschen essen von alters her Fleisch, da es viele wichtige Nährstoffe enthält, vor allem natürlich Proteine. Und es liefert zudem das Spurenelement Eisen, das vielen Frauen im Westen fehlt. Dabei gilt: je dunkler das Fleisch, desto höher der Eisenanteil.

Eine gesunde Ernährung sollte nicht zu viel Fett beinhalten. Doch obwohl die Aufnahme von zu großen Mengen gesättigter Fettsäuren schädlich ist, sind einige Fettsäuren, wie etwa Omega-3-Fettsäuren, für die Gehirnfunktion und die Heilung unverzichtbar.

Als besonders gesund gilt Fleisch von Wildtieren, weidenden Rindern und Schafen oder Fleisch von Schweinen und Geflügel aus echter Freilandhaltung.

FETTGEHALT

Fett befindet sich im gesamten Schlachtkörper, doch einige Tierarten haben mehr Fett als andere. Auch die Ernährung eines Tiers spielt hier eine Rolle. Man unterscheidet:

- **Aufliegendes Fettgewebe** Es befindet sich direkt unter der Haut und ist an Rücken und Hüfte am dicksten. Da es relativ hart ist, kann es leicht entfernt werden. An einem großen Braten lässt man üblicherweise eine maximal 2 cm dicke Fettschicht, an kleinen Braten, Steaks und Koteletts eine 5 mm dicke Schicht.
- **Intermuskuläres Fett (Marmorierung)** Hier handelt es sich um das Fett zwischen den Muskelfasern. Zusammen ergeben intermuskuläres Fett und Muskelfleisch die sogenannte Marmorierung. Das Fett hält das Fleisch beim Garen saftig.
- **Intramuskuläres Fett** Dieses Fett ist in den Muskelfasern eingelagert und optisch nicht klar erkennbar. Es hält Fleisch beim Garen sukkulent.

SCHARFE MESSER

Was tun, damit Messer scharf bleiben:

- Die Messer in einem Messerblock oder an einer Magnetleiste hängend aufbewahren.
- Messerspitzen durch einen aufgesteckten Korken schützen.
- Zum Hacken Holz- oder Kunststoffbrettchen verwenden.
- Mit Messern nicht auf harten Oberflächen wie Keramik, Stein oder Stahl arbeiten.

MESSER & CO.

DIE WAHL DER MESSER IST EINE SEHR PERSÖNLICHE SACHE. DIE EINEN BEVORZUGEN SCHWERE MESSER, DIE ANDEREN FINDEN DIE ARBEIT MIT LEICHTEN MESSERN ANGENEHMER. EINES ABER IST SICHER – ZUM VORBEREITEN VON FLEISCH MÜSSEN SIE SCHARF SEIN.

MESSERARTEN

- **Hackmesser** Manche Köche, wie etwa chinesische Köche, erledigen alle Arbeiten mit einem Hackmesser, andere benutzen es nie.
- **Großes Kochmesser** Zum Schneiden großer Fleischstücke und zum Tranchieren knochenfreier Braten verwenden. Am ordentlichsten schneidet es, wenn man keine sägenden Bewegungen, sondern lange Schnitte macht.
- **Mittelgroßes Ausbeinmesser** Seine dünne gebogene Klinge kann um Knochen herumgeführt werden, ohne das Fleisch zu verletzen.
- **Kleines dünnes Kochmesser** Unverzichtbar für zahlreiche Arbeiten, etwa das Ausbeinen von Geflügel oder das Hacken kleiner Zutaten.

KLINGENMATERIALIEN

Messerklingen werden aus vielen Materialien hergestellt, besonders häufig jedoch aus:

- **Karbonstahl oder Damaszenerstahl** Sie lassen sich am leichtesten schärfen, müssen jedoch eingeölt werden, um nicht zu rosten. Nicht für Geschirrspülmaschinen geeignet.
- **Edelstahl** Das verbreitetste Material, bei dem das Schärfen aber länger dauert. Je nach Legierung und Herstellungsverfahren können Edelstahlklingen sehr leicht und dünn sein.
- **Keramikmesser** Sie sind sehr scharf, aber teuer und empfindlich und müssen von einem Profi geschärft werden.

WEITERE KÜCHENUTENSILIEN

Von dem aufgeführten Zubehör erfüllt jedes einen besonderen Zweck, wenngleich nicht alle Geräte auf der nachfolgenden Liste unverzichtbar sind.

- **Fleischthermometer** Neben guten Messern ist dies das wichtigste Küchenutensil bei der Fleischzubereitung (s. S. 29).
- **Backofenthermometer** Nützlich zum Überprüfen der Ofentemperatur, da vor allem alte Herde oft nicht die eingestellte Temperatur haben.
- **Hackbretter** Früher galten Holzbretter als unhygienisch, heute hält man sie für geeigneter als Kunststoffbretter (die sich nach einiger Zeit schwerer reinigen lassen), da Holz natürliche antibakterielle Eigenschaften besitzt.
- **Küchenzange** Beim Anbraten von Fleischstücken unverzichtbar zum Wenden. Beim Grillen eine möglichst lange Zange verwenden.
- **Fetttrenner** Mit dieser Kanne lassen sich Bratensaft und Fett gut voneinander trennen.
- **Braten-/Tranchiergabel** Dient zum Herausheben und Wenden von Geflügel und großen Braten oder um das Fleisch beim Aufschneiden zu fixieren.
- **Geflügelschere** Wird zum Durchschneiden dünner Knochen und meist für Geflügel verwendet. Als Ersatz eignet sich auch eine gute stabile Allzweckschere.
- **Dressiernadel** Sehr lange, sehr stabile Nadel für Küchengarn, die zum Dressieren oder Zunähen verwendet wird.

TÖPFE

- **Suppentopf** Da Suppenknochen erstaunlich viel Platz brauchen, sollte ein Suppentopf 15–20 l fassen und zudem einen Deckel haben.
- **Extragroßer Durchschlag oder Sieb** Dient zum Abseihen von Brühe in eine große Schüssel oder einen Topf. Zum Entfernen von Trüb- und Schwebstoffen eignet sich z. B. Musselin.
- **Gusseisenkasserolle mit Deckel** In ihr verteilt sich die Hitze gleichmäßig. Fleisch und Gemüse können darin angebraten werden, ehe man Flüssigkeit hinzufügt und die Zutaten köcheln lässt oder im Backofen gart.
- **Bratpfanne** Zum Anbraten vieler kleiner Fleischstücke eignet sich eine große Pfanne, mittlere und kleinere Pfannen empfehlen sich zum Braten von Steaks und anderen kleinen Fleischstücken. Der Boden sollte möglichst schwer sein, damit sich die Hitze gut verteilt.
- **Wok** Gut zum Pfannenrühren und für Gasherde geeignet, für andere Herde muss ein Wok einen flachen Boden haben.
- **Fritteuse mit Korb** Sollte ausreichend groß sein, denn wird sie überfüllt, saugt sich das Frittiergut mit Öl voll.
- **Bräter mit Rosten** Hier sind verschiedene Größen nützlich, inklusive eines kleinen Bräters für zwei Personen. Ein Rost ist hilfreich, damit Fett abtropfen kann.
- **Elektrischer Schongarer** Dieses Gerät verbraucht sehr wenig Energie, während das Fleisch darin langsam gart. Ideal für viel beschäftigte Menschen, da das Gericht darin allein vor sich hin köcheln kann.

MESSER SCHÄRFEN

Stumpfe Messer drücken den Saft aus dem Fleisch und machen das Schneiden von Schwarten und Sehnen mühsam. Es gibt mehrere Möglichkeiten, Messer zu schärfen:

WETZSTAHL

Methode 1 Den Wetzstahl senkrecht auf ein Holzbrett stellen. Das Messer im Winkel von 10–20 Grad an einer Seite des Wetzstahls nach unten ziehen, um beide Seiten zu schärfen.

Methode 2 Den Wetzstahl in eine Hand, das Messer in die andere nehmen. Beide Messerseiten stets im gleichen Winkel abwechselnd über den Wetzstahl zur Hand ziehen.

MESSERSCHÄRFER ZUM DURCHZIEHEN

Stahlklingen im Gerät schärfen das Messer, wenn es zwischen ihnen hindurchgezogen wird. Es gibt mechanische und elektrische Geräte. Das Messer fest nach unten gedrückt durch das Gerät ziehen, um es zu schärfen. Zum Schluss das Messer etwas neigen, damit auch die Spitze geschärft wird.

ROHES FLEISCH

WIRD FLEISCH IN SCHEIBEN GESCHNITTEN ODER GEHACKT, VERÄNDERT SICH SEINE STRUKTUR, UND ES KANN SOGAR ROH GEGESSEN WERDEN. BEIM DURCHDREHEN VON FLEISCH KANN MAN ZUDEM RESTE VERWERTEN UND SO EINE VIELZAHL TRADITIONELLER GERICHTE ZUBEREITEN.

FLEISCH SCHNEIDEN, HACKEN, DURCHDREHEN UND VERARBEITEN

- **Quer zur Faser geschnittenes Fleisch** fühlt sich zarter an und bewahrt beim Garen seine Form.
- **Mit der Faser geschnittene Fleischstreifen** verwendet man zum Pfannenrühren, damit sie beim Garen nicht zerfallen.
- **Große Fleischzuschnitte** schneidet man vor dem Hacken oder Verarbeiten in Stücke.
- **Zähes Fleisch** hackt man zum Garen, da sich winzige Fleischstücke zarter anfühlen und rascher garen. Man verwendet es für Terrinen, Würste, Pies und Burger.
- **Zum Pürieren von Fleisch** setzt man eine Küchenmaschine, einen Mixer oder einen Mörser ein. Die entstandene Paste nimmt man dann für Pasteten, Füllungen oder Klößchen.

FLEISCH VON HAND HACKEN

Wird Fleisch von Hand zu Hackfleisch verarbeitet, ist dieses saftiger als bei Verwendung eines Fleischwolfs, der oft den Saft aus dem Fleisch presst. Diese Methode eignet sich ideal für Gourmetburger und Tatar. Das Fleisch sollte erst kurz vor dem Garen oder Servieren gehackt werden, weil das Gericht dann frischer schmeckt. Man braucht ein schweres Hackbrett und zwei gleiche, schwere, extrem scharfe Messer:

1 Das Fleisch vollständig von Knorpel, Fett und Sehnen befreien.
2 Das Fleisch in 1 cm große Würfel schneiden. Die Würfel nebeneinander auf das Brett legen.
3 Das Gewicht der Messer in einer ähnlichen Bewegung wie beim Trommeln mit zwei Trommelstöcken nutzen, um das Fleisch in einem gleichbleibenden Rhythmus zu hacken.
4 Das Fleisch von Zeit zu Zeit in die Mitte des Bretts schieben, damit es gleichmäßig zerkleinert wird. Fortfahren, bis das Hackfleisch die gewünschte Konsistenz hat.

GOURMETBURGER Sie werden aus gutem, von Hand gehacktem Fleisch hergestellt und bedürfen nur weniger Gewürze, da ihr eigenes Fett sie sukkulent und aromatisch macht.

CARPACCIO ZUBEREITEN

Traditionell besteht Carpaccio aus hauchdünn geschnittenem Rinderfilet. Das Fleisch kann roh oder kurz angebraten sein. Durch Anfrieren lässt sich das Fleisch leichter in hauchdünne Scheiben schneiden. Sollten die Scheiben zu dick sein, plattiert man sie zwischen zwei Stücken Frischhaltefolie.

HACKFLEISCHPRODUKTE

Fleischbällchen, Burger, Frikadellen, Satays und Köfte werden alle aus Hackfleischmischungen hergestellt. Meist enthält das Fleisch genügend eigenes Fett, magerem Fleisch muss möglicherweise jedoch Fett zugesetzt werden, damit es saftig bleibt.

Eine gesündere Alternative zu Fett ist fein gehacktes Gemüse. Gut geeignet sind Zwiebeln, Auberginen, Paprikaschoten und Champignons, die in ganz wenig Öl weich gegart werden. Auch eine Sauce ist hilfreich, damit Hackfleisch beim Essen feuchter erscheint.

Puristen verwenden für Burger nur von Hand gehacktes Fleisch, dem Salz sowie Pfeffer und mitunter etwas Zwiebel hinzugefügt wird. In diesem Fall können die Burger nach dem Garen noch rosa sein. Gewöhnlich werden Burger jedoch aus durchgedrehtem Fleisch zubereitet sowie Gemüse, Kräutern und Gewürzen, die ihm Geschmack verleihen. Burgerfrikadellen sind meist flacher als normale Frikadellen.

BURGER VON HAND FORMEN

1 Das Fleisch in Portionen gleicher Größe teilen. Jede zu einer festen Kugel formen.
2 Die Kugeln behutsam flach drücken, für Burger mehr als für Frikadellen.

BURGER MIT DER BURGERPRESSE FORMEN

1 Die Presse mit Backpapier oder Frischhaltefolie auslegen.
2 Eine Portion Fleisch in die Presse geben und flach drücken.

FLEISCHBÄLLCHEN FORMEN

Gummihandschuhe anziehen oder die Hände befeuchten, damit das Fleisch nicht an den Fingern haften bleibt:
1 Das Fleisch in gleich große Portionen teilen. Fettarme Fleischbällchen sollten klein sein, damit sie im Verhältnis eine möglichst große Oberfläche haben, an der Sauce haften kann.
2 Die Portionen zwischen den Handflächen zu festen Kugeln rollen.
3 Unmittelbar vor dem Garen in Mehl wenden.

SATAYS UND KÖFTE ZUBEREITEN

Dafür wird pikant gewürztes Hackfleisch an Spieße gedrückt und dann gegrillt oder gebraten:
1 Holzspieße in Wasser einweichen, damit sie später nicht verbrennen und sich das Hackfleisch nicht am Spieß dreht und unregelmäßig gart.
2 Das Fleisch an die Spieße drücken.

HACKFLEISCH GAREN

Aufgrund seiner größeren Oberfläche besteht bei Hackfleisch eine höhere Gefahr zu verderben. Wenn Sie es nicht selbst frisch zubereitet haben, sollten Sie daher Hackfleisch stets garen, bis es eine Kerntemperatur von 75 °C erreicht hat.

RINDFLEISCHCARPACCIO
Entscheidend für das Gelingen von Carpaccio sind hauchdünn geschnittene Fleischscheiben. Da das Fleisch roh verzehrt wird, müssen alle für die Zubereitung verwendeten Küchenutensilien absolut sauber sein.

FLEISCH GLASIEREN Dies ist eine schöne Methode, um Fleisch durch weitere Aromen zu ergänzen. Senf und Honig sind hilfreich, damit Kräuter und Gewürze beim Garen am Fleisch haften bleiben.

AROMATISIEREN & PÖKELN

KRÄUTER, GEWÜRZE UND AROMATISIERTE FLÜSSIGKEITEN VERÄNDERN NICHT NUR DEN GESCHMACK VON FLEISCH, SONDERN MITUNTER AUCH SEINE KONSISTENZ. DABEI EIGNEN SICH FÜR UNTERSCHIEDLICHE FLEISCHZUSCHNITTE VERSCHIEDENE AROMAZUTATEN (S. S. 32–33).

GEWÜRZE UND KRÄUTER

Wenn man Gewürze und Kräuter in das Fleisch reibt oder bei Geflügel unter die Haut schiebt, erhält es neue Aromen. Salz und Öl helfen, dass die Aromen in das Fleisch eindringen können. Am besten wird das Fleisch bereits einige Stunden vor dem Garen eingerieben.

TIEFENWIRKUNG

- Eine kleine Tasche in ein Filet oder das Fleisch von Geflügel schneiden. Kräuter und Gewürze mit Butter oder Öl vermischen und in die Tasche schieben. Die Tasche mit einem Zahnstocher verschließen.
- Die Haut einer Geflügelbrust anheben und das darunterliegende Fleisch einritzen. Kräuter und Gewürze mit Butter vermischen und in das Fleisch reiben. Die Haut zurückschieben.

KRÄUTERKRUSTEN

Hier drückt man entweder Kräuter auf die eingeölte Oberfläche des Fleischs oder man bindet für eine dickere Kruste Kräuter und Semmelbrösel mit Ei und drückt diese Mischung fest auf das Fleisch, damit sie beim Garen nicht abfällt. Wenn die Kruste sehr dick ist, verlängert man die Garzeit ein wenig. Denken Sie jedoch daran, dass eine Kräuterkruste die Bräunung des Fleischs verhindert.

FLEISCH MARINIEREN

Marinaden aromatisieren Fleisch, ohne es haltbar zu machen. Flüssigkeiten, die Säure enthalten (wie Essig, Wein oder Zitrussaft), trocknen Fleisch aus. Ölige Marinaden hingegen nehmen die Aromen von Gewürzen, Gemüse und Kräutern auf und geben sie an das Fleisch ab. Je nach Größe sollten Fleischzuschnitte vor dem Garen 1–5 Stunden mariniert werden.

1 Die Zutaten für die Marinade vermischen und ggf. erhitzen. Eine heiße Marinade vor Verwendung abkühlen lassen.

2 Das Fleisch ganz in die Marinade eintauchen oder mit der Marinade in einen stabilen Gefrierbeutel geben.

FLEISCH PÖKELN

Das Pökeln von Fleisch ist eine uralte Konservierungsmethode. Dabei entzieht mit Gewürzen aromatisiertes Salz dem Fleisch einfach einen Teil des enthaltenen Wassers. Andererseits ist dieses Verfahren aber auch kompliziert, da man oft nur durch Versuch und Irrtum das gewünschte Ergebnis erzielt. Machen Sie sich deshalb Notizen über Ihre Experimente.

SALZARTEN

Salz verhindert die Bildung von Bakterien und bewahrt die rote Farbe des Fleischs.

- **Feines naturbelassenes Salz oder koscheres Salz** Salz, das sich rasch auflöst und weder Jod noch Rieselhilfen enthält, die die Lake vielleicht trüb werden lassen.
- **Grobes Salz ohne Zusätze** Ist preiswerter, löst sich aber nicht so rasch auf. Gut zum Trockenpökeln geeignet.
- **Nitritpökelsalz** Mitunter rosafarbenes Salz, das Natrium- oder Kaliumnitrit enthält, durch das Fleisch konserviert wird und seine rote Farbe behält.
- **Salpeterpökelsalz** Eine Mischung aus Speisesalz und Salpeter (Natrium- oder Kaliumnitrat).

PÖKELZEITEN

Um rohes Fleisch lange haltbar zu machen, muss es länger gepökelt werden als Fleisch, das anschließend gegart wird. Je dünner das Fleischstück, desto kürzer die Pökelzeit.

- **Schweinebauch** Muss zur Herstellung von Speck 1 Woche nass oder trocken gepökelt werden.
- **Ganze Schweinskeule** Kann nach 4–6 Wochen Trockenpökelung zur Herstellung von Kochschinken gegart werden. Nach dem Pökeln kann sie 6–12 Monate reifen.

EMPFEHLUNGEN

- Am besten verwendet man modernes Pökelsalz, das kein Kaliumnitrat enthält.
- Benutzen Sie zum Pökeln nur Metallgefäße, die korrosionsbeständig (aus Edelstahl) sind.
- Fleisch ohne Knochen lässt sich besser konservieren als Fleisch mit Knochen.
- Leicht gepökeltes Fleisch hat einen besseren Geschmack, ist aber nicht lange haltbar und muss daher gegart werden.
- Geflügelfleisch sollte nach dem Pökeln stets gegart werden, da sonst die Gefahr einer Lebensmittelvergiftung besteht.

TROCKENPÖKELN

Für kleinere Stücke verwendet man nur Salz, für größere Zuschnitte zwei Teile Salz und ein Teil Zucker. Zum Trockenpökeln nimmt man pro 3 kg Fleisch etwa 1,5 kg Salzmischung und 30 g Pökelsalz. Das Fleisch sollte während des Pökelns immer kühl gelagert werden.

Nach dem Pökeln hat das Fleisch etwa ein Drittel seines Gewichts verloren. Man sollte es probieren und, wenn nötig, die Pökelzeit verlängern. Die Zugabe von Zucker oder Honig verhindert, dass das Fleisch hart wird.

NASSPÖKELN

Die Lake für das sanftere Nasspökeln kann aus Wasser, Wein, Apfelwein oder anderen Flüssigkeiten sowie Gewürzen und Kräutern hergestellt werden. Die Konzentration der Lake ist unterschiedlich. Beginnen Sie mit 5 l Wasser auf 1 kg Salz und fügen Sie 30 g Pökelsalz hinzu.

Fleisch, das gegart oder geräuchert wird, pökelt man 8–12 Stunden, anderes Fleisch mindestens 1 Woche.

PÖKELSALZ

HEISSRÄUCHERN

DAS HEISSRÄUCHERN VON FLEISCH IST EIN RIESENSPASS. ES GIBT EBENSO VIELE VERSCHIEDENE RÄUCHERMETHODEN WIE RÄUCHERGERÄTE. ZUM HEISSRÄUCHERN MUSS MAN EIN FEUER MACHEN UND DANN MIT FEUCHTEM HOLZ RAUCH ERZEUGEN, DER DEM FLEISCH, WÄHREND ES SANFT GART, AROMA VERLEIHT. MEIST WIRD DAS FLEISCH ZUERST MARINIERT ODER MIT GEWÜRZEN EINGERIEBEN UND DANN BEIM RÄUCHERN GLASIERT, DAMIT ES EINE KLEBRIGE KRUSTE BEKOMMT.

BEIM HEISSRÄUCHERN sollte Fleisch erheblich mehr Abstand zum Feuer haben als beim Grillen, da es mehrere Stunden garen muss. Um sicherzustellen, dass es nicht zu rasch gart, entfacht man das Feuer auf einer Seite eines Grills und legt das Fleisch auf der anderen Seite auf einen Rost. Dann schließt man den Deckel. Kohletrenner gewährleisten, dass das Feuer an seinem Platz bleibt.

DIE RÄUCHERVORRICHTUNG

Im Internet kursieren zahllose Vorschläge, die vom Bau einer Feuergrube oder eines Ziegelgrills bis hin zu Profi-Smokern zu einem Preis von weit über 1000 Euro reichen. In allen Fällen sind gute Ergebnisse möglich, und die Hersteller liefern genaue Informationen zur Benutzung. Drei der beliebtesten Typen sind:

- **Holzkohlen-Kugelgrill oder Räucherofen** Kostengünstiges Gerät, für das Briketts, Holzkohle und spezielleres Holz geeignet sind. Es kann auch mit Gas oder Strom betrieben werden.
- **Elektrischer Holzpelletgrill** Hier entzündet ein elektrischer Funke aromatisierte Holzpellets, die in einem Trichter herunterrutschen und die richtige Menge an Feuchtigkeit enthalten. Die Temperatur kann reguliert werden.
- **Keramikgrill** Bei diesem Gerät wird eine sehr geringe Menge Holzkohle in eine kleine Feuerkammer gefüllt. Hier muss das Fleisch mit Flüssigkeit besprüht werden, da kein Platz für ein Wassergefäß ist.

WAS NOCH GEBRAUCHT WIRD:

- **Anzündkamin** Zum Anzünden des Grills und zum Nachfüllen von entzündetem Brennmaterial, damit die Temperatur konstant bleibt.
- **Grillthermometer** Zum Messen der Temperatur während des Räucherns. Die ideale Temperatur zum Heißräuchern beträgt 110–120 °C.
- **Fleischthermometer** Mit ihm wird geprüft, ob das Fleisch gar ist.
- **Pinsel** Zum Auftragen von Glasuren, während das Fleisch gart. Dazu eignen sich auch herkömmliche Pinsel mit langen Stielen.
- **Zerstäuber** Zum Besprühen des Fleischs während des Garens.
- **Grillzange** Zum Wenden des Fleischs. Eine Zange eignet sich dazu besser als eine Gabel, die das Fleisch verletzt.
- **Grillhandschuhe** Sie schützen Hände und Handgelenke vor spritzendem Fett.

RÄUCHERN MIT HOLZKOHLE Das Feuer wird mit einer Mischung aus Holzkohle und Holz entfacht, die angefeuchtet wird, damit Rauch entsteht.

DAS RICHTIGE HOLZ

Verwendet werden kann jedes Holz, das nicht mit Chemikalien behandelt wurde. Geeignet sind kleine Holzscheite, Holzstücke, Holzschnitzel, Holzspäne oder Sägemehl wie auch Holzpellets aus gepressten Sägespänen. Wer noch keine Erfahrung im Heißräuchern hat, beginnt am besten mit einem Holzkohlenfeuer und fügt ihm dann eine Mischung aus Holzkohle und einem Holz der eigenen Wahl hinzu, damit der Rauch nicht zu stark wird.

- **Kiefer und Mesquite** Verleihen Grillgut das kräftigste, harzigste Aroma.
- **Eiche, Pekannuss, Walnuss und Hickory** Sorgen für ein intensives, tiefes Aroma.
- **Erle, Ahorn und Weinrebe** Bei diesem Holz ist das Raucharoma mild und fein.
- **Obstbaumholz** Dieses Holz erzeugt einen süßlich-aromatischen Rauch.

HEISSRÄUCHERN IM BACKOFEN

Bei dieser einfachen Methode sind keine Spezialgeräte erforderlich. Das Fleisch wird zunächst in Öl und Kräutern mariniert und sollte vor dem Räuchern angebraten werden. Probieren Sie das Räuchern mit einem etwa 5 cm dicken Fleischstück aus. Heizen Sie den Backofen auf 230 °C vor:

1 Auf dem Boden eines Bräters eine 1 cm dicke Schicht Räucherspäne verteilen. Aromastoffe wie Kräuter hinzufügen. Alufolie darüberlegen und Löcher in die Folie stechen.

2 Das Fleisch darauflegen und mit Alufolie abdecken. Den Bräter auf dem Herd bei hoher Temperatur erhitzen, bis Rauch entsteht, dann für 6 Minuten in den Ofen schieben.

3 Das Fleisch herausnehmen und unter der Folie abkühlen lassen. In Frischhaltefolie eingewickelt im Kühlschrank aufbewahren. Zum Servieren in dünne Scheiben schneiden.

HÄHNCHEN HEISSRÄUCHERN

Ein Holz mit süßlichem, mildem Aroma verwenden. Einen Topf mit heißem Wasser neben das Fleisch stellen, um Dampf zu erzeugen. Das Hähnchen halbieren, für 5 Stunden in Lake oder Marinade, der etwas Fruchtsaft zugesetzt wurde, legen (s. S. 21). Dann abspülen und trocken tupfen:

1 Die Brusthaut anheben und das Fleisch mit Gewürzen, Kräutern und Butter einreiben.

2 Das Räuchergerät auf 120 °C erhitzen. Die Hähnchenhälften mit der Haut nach oben auf einem Rost mit Abstand neben das Feuer legen, die Schenkel zu den Flammen gerichtet. Den Deckel schließen.

3 Temperatur und Rauch im Auge behalten. Die Hähnchenhaut stündlich mit aromatisierter Flüssigkeit oder Marinade besprühen. Das Hähnchen darf nicht zu heiß werden.

4 Wenn die Oberschenkel nach etwa 4 Stunden eine Kerntemperatur von 75 °C haben, ist das Hähnchen gar.

5 Das Fleisch ablösen, zerteilen und mit den Kräutern und der Bratenflüssigkeit vermischen, dann servieren.

LANGSAM GAREN

WENIG HITZE, FLÜSSIGKEIT SOWIE LANGE GARZEITEN GEWÄHRLEISTEN, DASS DAS FLEISCH WÄHREND DES GESAMTEN GARVORGANGS SAFTIG BLEIBT. DIESE GARMETHODE EIGNET SICH PERFEKT FÜR PREISWERTERE FLEISCHSTÜCKE, DIE VIELLEICHT ZÄH ODER SEHNIG SIND, ABER KAUM HALB SO VIEL KOSTEN WIE DIE BESTEN ZUSCHNITTE.

FLEISCH ANBRATEN

Langsames Garen beginnt meist mit dem Anbraten des Fleischs. Obwohl es nicht zwingend erforderlich ist, verleiht es dem Gericht viel zusätzlichen Geschmack und Farbe.

Das Fleisch muss außen vollkommen trocken sein, damit es rasch bräunt. Dauert das Anbraten zu lang, wird das Fleisch zäh.

Kleine Stücke werden portionsweise angebraten, damit sie genügend Platz haben und rasch bräunen. Werden zu viele Stücke gleichzeitig angebraten, geben sie Wasser ab und kochen dann, anstatt gebraten zu werden.

ABLÖSCHEN

Beim Anbraten sammelt sich Bratensatz am Topfboden. Dieser wird mit etwas Wasser abgelöst und so dem Gericht zum Aromatisieren hinzufügt. Andernfalls kann er verbrennen und einen bitteren Geschmack bekommen.

GARMETHODEN

- **Auf dem Herd schmoren** Kleine Fleischstücke oder Fleischscheiben werden angebraten, mit Flüssigkeit bedeckt und dann mit aufgelegtem Deckel gegart. Ist reichlich Sauce vorhanden, können anschließend auch Klößchen mitgegart werden. Elektrische Schmortöpfe verbrauchen dabei wenig Strom.
- **Im Ofen schmoren** Hier werden ganze Fleischzuschnitte oder Braten zugedeckt bei schwacher Hitze im Ofen gegart. Beim Schmoren im Ofen ist weniger Flüssigkeit notwendig als auf dem Herd. Fettreiche Zuschnitte lassen sich auf diese Weise sehr gut garen, mageren Stücken tut Spicken gut. Die Methode eignet sich besonders für Geflügelteile, Schweinefleisch und Lammschulter, bei denen die Garzeit etwa 1 Stunde beträgt.

RINDFLEISCHTOPF Der Inbegriff des perfekten Eintopfs, bei dem eine dicke, gehaltvolle Sauce butterweiche Rindfleischstücke umgibt.

- **Im Backofen braten** Teure Fleischzuschnitte können rosa gebraten werden, zähere Stücke werden durchgebraten. Das Fleisch wird, falls gewünscht mit Gemüse, in einen Bräter gelegt. Im Topf gegartem Braten fügt man meist auch etwas Flüssigkeit hinzu. Man brät das Fleisch bei hoher Temperatur an und lässt es dann locker abgedeckt bei etwa 140 °C mehrere Stunden langsam im Ofen garen.
- **Köcheln und pochieren** Hier wird das Fleisch nicht angebraten. Man bedeckt den Fleischzuschnitt oder das ganze Geflügel vollkommen mit Flüssigkeit (meist Wasser), die langsam zum Kochen gebracht wird. Dann schaltet man auf schwache Hitze herunter, bis das Wasser kaum noch köchelt. Nach dem Garen lässt man das Fleisch in der Brühe abkühlen, damit es nicht trocken wird. Die Brühe kann man zu einer Sauce einkochen lassen. Köcheln eignet sich besonders für Fleisch mit Knochen.
- **Dämpfen** Für fettarme Gerichte können kleine Stücke von sehr zartem Fleisch auch gedämpft werden. Dabei muss man darauf achten, dass das Fleisch zwar gegart, aber nicht zäh wird. Ein Fleischthermometer zeigt den richtigen Garpunkt an. Da auf diese Weise gegartes Fleisch recht fad schmeckt, tun ihm Aromazutaten gut. Siehe auch »Vakuumgaren und Dampfgaren« auf Seite 29.

  Hackfleischgerichte wie etwa Terrinen werden in einem Wasserbad im Ofen gegart – das Wasser sorgt dafür, dass das Fleisch sanft und gleichmäßig gart.
- **Im Dampfkochtopf garen** Das Fleisch wird auf die gleiche Weise wie beim Schmoren vorbereitet, doch durch den Druck im Topf gart das Fleisch extrem schnell, weshalb diese Methode sehr kostengünstig ist.
- **Langsames Grillen** Perfekt, um Fleisch langsam zu garen, bis es vom Knochen fällt. Der Vorgang entspricht dem des Heißräucherns (s. S. 22), aber man braucht hier kein feuchtes Holz.

GESCHMACK UND KONSISTENZ

- Versuchen Sie bei langsam gegarten Gerichten nie, den Garprozess zu beschleunigen (außer beim Dampfkochtopf), denn bei zu großer Hitze wird das Fleisch trocken und zäh.
- Mehlieren Sie Fleisch nur, wenn Sie eine mit Mehl angedickte Sauce möchten. Achten Sie darauf, dass das Fleisch außen fast trocken ist und nur dünn mit Mehl überzogen wird, weil andernfalls die Sauce zu dick wird.
- Verzichten Sie auf Mehl, wenn für das Gericht andere stärkehaltige Zutaten wie Kartoffeln verwendet werden.
- Wird Mehl zu einem Gericht gegeben, darf es nicht auf dem Herd gegart werden, weil das Mehl sonst am Boden ansetzt.
- Ist die Sauce am Ende zu dünn, hebt man das Fleisch heraus, kocht die Sauce ein und fügt das Fleisch wieder hinzu. Das Fleisch darf nicht in der Sauce gekocht werden, weil es sonst zerfällt.
- Gemüse verbessert Konsistenz und Aroma des Gerichts und macht es zudem günstiger.
- Speckstückchen heben den Geschmack.
- Salz erst gegen Ende der Garzeit hinzufügen, damit das Gericht nicht zu salzig wird.

ÜBERSCHÜSSIGES FETT

Wenn sich beim Garen eines Schmorgerichts an der Oberfläche zu viel Fett sammelt, schöpft man es mit einem Löffel oder einer Kelle ab, wobei man in der Mitte beginnt und den Löffel in einer spiralförmigen Bewegung zum Rand des Topfs führt. Garflüssigkeit sollte dabei nicht abgenommen werden. Dieser Arbeitsschritt wird wiederholt, bis möglichst viel Fett entfernt ist.

BRATEN & GRILLEN

BRATEN, GRILLEN UND AUCH FRITTIEREN SIND INTERESSANTE GARMETHODEN, DIE ETWAS GESCHICK ERFORDERN, DAMIT DAS FLEISCH NICHT ÜBERGART WIRD. AM BESTEN GELINGT ES, WENN ES BEI STARKER HITZE GEGART WIRD UND ANSCHLIESSEND RUHEN KANN.

BEIM GRILLEN ODER BRATEN sollte Fleisch außen eine aromatische braune Kruste bekommen, innen aber saftig bleiben. Viele Fleischzuschnitte werden auf diese Weise zubereitet, ebenso Burger, Würstchen oder Fleischspieße.

Für »rare« und »medium rare« gebratenes Fleisch werden meist hochpreisige Zuschnitte empfohlen, aber auch viele günstigere Zuschnitte sind hier geeignet. Durchgebraten bleiben nur teure Zuschnitte wirklich zart.

Der Gargrad von Fleisch ist eine Frage des persönlichen Geschmacks, bei Geflügel und Hackfleischgerichten sollte die Kerntemperatur aber stets 75 °C betragen und beim Einstechen klarer Saft austreten. In einigen Ländern gilt dies auch für Schweinefleisch (s. Gartabellen Seite 40–45).

Fleisch sollte vor dem Garen auf Zimmertemperatur gebracht werden, damit der Temperaturunterschied zwischen Außenfläche und Innerem beim Garen nicht zu groß ist. Gekühltes Fleisch muss etwas länger gegart werden.

PERFEKTES ROSA

Manche Leute mögen es, wenn Fleisch am Rand gar, aber in der Mitte noch nicht durchgegart ist. Andere ziehen eine einheitliche Farbe vor, da dann Fleischsaft und Aromen gleichmäßig verteilt sind. Für letzteren Fall sind drei Schritte erforderlich, vor allem wenn das Fleischstück dicker als 2 cm ist. Für Stücke mit weniger als 1 cm Dicke befolgt man einfach die Schritte 1 und 3.

1 Das Fleisch außen möglichst rasch und vollständig bräunen – Steak auf jeder Seite mindestens 2 Minuten anbraten.
2 Die Hitze reduzieren und das Fleisch braten, bis der gewünschte Gargrad erreicht ist.
3 Das Fleisch pro Zentimeter Dicke 2 Minuten an einem warmen Platz ruhen lassen, damit es fertig gart und sich der Fleischsaft verteilt.

RUHEPLATZ Auf dem Grill sollte es neben dem Feuer eine warme Stelle geben, wo dicke Steaks und Braten ruhen können.

ANBRATEN

Durch das Grillen und Braten bei hohen Temperaturen bilden sich auf der Fleischoberfläche Röststoffe, die dem Fleisch einen köstlichen Geschmack verleihen. Am besten gelingt dies in schweren Pfannen. Andere Pfannen werden leicht zu heiß und verbiegen sich oftmals, wodurch das Fleisch ungleichmäßig bräunt.

Eine dünne Schicht reines Schmalz oder Öl, das hohe Temperaturen verträgt, wie Traubenkern-, Raps- oder Erdnussöl, in die Pfanne geben und erhitzen, bis es zu rauchen beginnt. Dann legt man das Fleisch hinein und brät es 1–2 Minuten. Wenn die Unterseite gut gebräunt ist, dreht man es um, aber nicht eher, weil sonst Fleischsaft austritt und das Fleisch nicht mehr brät, sondern kocht.

FLEISCH ANBRATEN Wird Butter verwendet, legt man Steaks erst in die Pfanne, wenn sie nicht mehr schäumt. Dadurch bräunt das Fleisch rascher.

IN DER PFANNE BRATEN

Geeignet ist eine schwere Pfanne oder eine gerillte, gusseiserne Grillpfanne, die weniger Fett erfordert und Streifen auf dem Fleisch hinterlässt. Das Fleisch wie oben anbraten, dann die Hitze reduzieren. Das Fleisch noch einige Male wenden, bis es gar ist. Dicke Stücke benötigen mehr Fett als dünne Stücke.

PFANNENRÜHREN

Hierfür sind ein Wok oder eine tiefe Pfanne und starke Hitze erforderlich. Alle Zutaten werden vorher in dünne Stücke geschnitten. Zuerst das Fleisch in den Wok geben, dann das Gemüse. Die Zutaten müssen ständig gerührt werden. Zum Schluss Flüssigkeit hinzufügen. Der Garprozess dauert nur wenige Minuten.

MIT HOLZKOHLE GRILLEN

Nach dem Anzünden wartet man, bis eine Ascheschicht die Kohle bedeckt. In einem warmen Bereich neben dem Feuer können große Stücke nach dem Grillen ruhen. Fettreiches Fleisch häufig wenden, sonst verbrennt es, wenn die Flammen durch herabtropfendes Fett auflodern.

FRITTIEREN

Große unregelmäßig geformte Fleischzuschnitte, die in einer Pfanne ungünstig liegen, können in einer Fritteuse gegart werden. Dazu füllt man diese zur Hälfte mit Öl und erhitzt es auf 180–190 °C. Wenn das Öl nicht heiß genug ist, wird es vom Frittiergut aufgenommen.

IM OFEN GRILLEN

Hier liegt das Fleisch unter der Hitzequelle und wird bei hoher Temperatur gegart. Die Methode eignet sich gut für die fettarme Küche, da nur ein Hauch von Öl zum Bräunen des Fleischs erforderlich ist. Das Fleisch sollte mindestens 2 cm dick sein, weil es sonst leicht übergart.

TANDUR-OFEN

Dieser zylindrische Tonofen wird mit Holzkohle befeuert. Das Fleisch wird mit Marinade oder Würzpaste überzogen, auf Spieße gesteckt und in den Ofen gelegt.

KONTAKTGRILLEN

Auf einem Kontaktgrill wird das Grillgut auf beiden Seiten gegart, sobald der Deckel geschlossen ist. Überschüssiges Fett tropft in eine Wanne. Für mageres Fleisch weniger geeignet, da es eher gekocht als gegrillt wird.

BRATEN ZUBEREITEN

EIN PERFEKTER BRATEN MACHT EINE MAHLZEIT ZUM EREIGNIS – SEI ES EIN RIESIGER FESTTAGSBRATEN, EIN BRATEN FÜR DIE FAMILIE ODER EIN WINZIGER BRATEN FÜR ZWEI PERSONEN. WER WEISS, WAS BEIM GAREN MIT DEM FLEISCH PASSIERT, KANN DEN GARPROZESS BESSER STEUERN.

DER RICHTIGE FLEISCHZUSCHNITT

Braten können mit und ohne Knochen gegart werden, mit Knochen sehen sie aber eindrucksvoller aus. Werden sie »well done« zubereitet, geben die Knochen dem Fleisch Feuchtigkeit, wird das Fleisch nicht durchgebraten, sind sie weniger von Bedeutung. Zuschnitte mit Knochen (Rückenzuschnitte ausgenommen), enthalten oft mehrere Muskeln, die manchmal unterschiedlich rasch garen, was das Festlegen des Garpunkts erschweren kann.

Die besten Bratenstücke stammen aus der Mitte eines Tiers (Rippen, Sattel, Karree) oder der Keule, obwohl sich auch zarte Lamm- oder Kalbsschulter ausgezeichnet als Braten eignet. Zähere Zuschnitte lassen sich gut bei niedrigen Temperaturen im Ofen garen.

Wenn Fleisch marmoriert ist, bleibt es auch durchgegart saftig. Besonders mageres Fleisch wie das meiste Wildfleisch sollte nicht durchgebraten werden. Sehr kleine Bratenstücke (unter 5 cm Dicke) sind eher mit einem dicken Steak vergleichbar (s. S. 174–175).

DIE DREI GARPHASEN

1 Bräunen Dies verleiht Braten ihren wunderbaren Geschmack. Da sehr kleine Fleischzuschnitte und Geflügel nicht lange genug im Ofen gegart werden, um zu bräunen, sollte man sie zunächst in einer Pfanne rundum anbraten (s. S. 27) und dann nur für 5–10 Minuten in den Ofen schieben. Größere Stücke bräunt man mit Umluft 20–30 Minuten bei 220 °C, mit Ober- und Unterhitze bei 230 °C. Sehr großes Gargut, etwa eine Pute oder eine Gans, braucht zum Bräunen 45–50 Minuten und muss eventuell zwischendurch einmal gewendet werden.

2 Teilweise garen Danach wird die Ofentemperatur auf 180 °C reduziert, um das Fleisch fast (aber nicht ganz) zu garen. Hier ist ein Fleischthermometer nahezu unverzichtbar, da

PERFEKT GEGART Dieser Braten konnte ruhen, wodurch sich der Saft gleichmäßig im Fleisch verteilt hat und er nun durch und durch saftig ist.

es eine Reihe von Variablen beim Garen gibt (z.B. Ausgangstemperatur des Fleischs, Dicke, Fettschicht oder gewünschter Gargrad), die genaue Zeitvorgaben erschweren. Das Fleisch muss herausgenommen werden, sobald die Kerntemperatur 3–5 °C unter der gewünschten Endtemperatur liegt, bei dunklem Wildfleisch sollte sie sogar 10 °C darunter liegen.

3 Ruhen In dieser entscheidenden Phase wird der Garprozess abgeschlossen und das Fleisch zarter. Zudem verteilt sich der Fleischsaft gleichmäßig, da sich die Hitze weiter zur Mitte hin ausbreitet und der Fleischsaft im Innern wieder nach außen transportiert wird. Darin liegt dann auch das Geheimnis eines perfekt gegarten Bratens. In diesem Stadium muss man das Fleisch lediglich warm halten, aber nicht mehr garen – die Idealtemperatur beträgt 80 °C. Das Fleisch wird dazu mit Alufolie und einem dicken Handtuch abgedeckt, damit es die Hitze hält. Das Fleischthermometer zeigt dabei das Ansteigen der Temperatur im Innern an, bis der gewünschte Gargrad erreicht ist.

AM SPIESS BRATEN

Die besten Ergebnisse liefert wohl diese Garmethode, bei der Bräunen, Garen und Ruhen in einem Vorgang erfolgen. Das Fleisch wird vor einem heißen Feuer, in einem Korb oder an einem Metallspieß, langsam gedreht. Spießbraten gelingen optimal, wenn das Fleisch mit Fett bedeckt ist, weshalb mageres Fleisch bardiert werden sollte (s. S. 232). Eine Fettwanne fängt Fett und Bratensaft auf. Der Garprozess wird mit einem Fleischthermometer kontrolliert.

NIEDRIGTEMPERATUR-»BRATEN«

Bei dieser Garmethode wird die zweite Garphase ausgelassen. Das Fleisch wird »rare« gebraten, es besteht aber keine Gefahr des Übergarens, falls sich die Mahlzeit etwas verzögert. Man brät das Fleisch im Topf oder Backofen rundum an und gart es sehr langsam mehrere Stunden bei einer Temperatur von 80–100 °C im Ofen. Ein Fleischzuschnitt mit weniger als 5 cm Dicke benötigt etwa 1 Stunde, große Braten brauchen 2–3 Stunden und mehr. Der Garprozess wird mit einem Fleischthermometer überprüft. Diese Methode eignet sich nicht für Hausgeflügel.

VAKUUMGAREN UND DAMPFGAREN

Beim Vakuumgaren (Sous-vide) vakuumiert man das Fleisch und gart es bei einer streng kontrollierten Temperatur im Wasserbad. Die Methode ist langsam, aber zuverlässig, wenngleich nicht jeder Gefallen an diesem gleichförmigen Garen findet. Beim Dampfgaren wird das Fleisch in Dampf gegart. Vor dem Servieren brät man es in beiden Fällen kurz an, um Geschmack und Aussehen zu verbessern.

GAREN IN EINER GRUBE

Diese Methode ist im pazifischen Raum und vor allem in Neuseeland beliebt. In einer mit großen Steinen ausgelegten Grube wird ein Feuer entzündet. Das Fleisch und andere Speisen legt man in einem Metallkorb auf die heißen Steine und deckt ihn mit feuchten Matten oder Blättern, die dann Dampf erzeugen, ab. Sie werden mit Erde bedeckt. Dann lässt man die Speisen etwa drei Stunden garen.

FLEISCHTHERMOMETER

Für das Gelingen von Braten ist ein Fleischthermometer der beste Erfolgsgarant und zuverlässiger als jede Gartabelle, da es unabhängig von Größe, Form oder Gewicht eines Fleischzuschnitts und der Genauigkeit der Backofenanzeige exakt verrät, welches Garstadium das Fleisch erreicht hat. Abgesehen von dem Metalldorn darf ein Fleischthermometer aber nie in Wasser getaucht, sondern nur saubergewischt werden. Beim Messen sollte der Dorn keinen Knochen berühren, da dies die Messung verfälscht.

Analoges Thermometer Es besteht aus Metall, mitunter auch aus Silikon, ist robust und preiswert und funktioniert ohne Batterien, die ersetzt werden müssten. Anhand seiner Zahlen- oder Farbskala lässt sich der Gargrad auf einen Blick ablesen. Der Dorn wird in den dicksten Teil des Fleischs gesteckt, am besten so, dass man das Thermometer ablesen kann, ohne die Ofentür zu öffnen. Das Thermometer bleibt während der gesamten Gar- und Ruhezeit im Fleisch.

Digitales Thermometer Durch seine Spitze lässt sich der Dorn des Thermometers leicht in den dicksten Teil des Fleischs stecken. Dieser Thermometertyp kann auch beim Braten in der Pfanne zum Überprüfen der Temperatur von Steaks, Hähnchenbrust und Burgern verwendet werden. Er ist in verschiedenen Ausführungen erhältlich.

KERNTEMPERATUR DES FLEISCHS NACH DEM RUHEN

(Beim Herausnehmen aus dem Ofen sollte sie 3–5 °C niedriger sein.)

RIND, HIRSCH, REH, LAMM, ZIEGE	
blue	50 °C
rare	55 °C
medium	60 °C
well done	65 °C (für dunkles Wildfleisch nicht empfehlenswert)

SCHWEIN	
medium	70 °C
well done	75 °C

HAUSGEFLÜGEL
75 °C

SAUCEN ZUBEREITEN

SELBST EIN PERFEKT GEGRILLTES ODER IM OFEN GEBRATENES STÜCK FLEISCH WIRD DURCH EINE SAUCE NOCH LECKERER. DA DIE HERSTELLUNG MANCHER SAUCEN ETWAS LÄNGER DAUERT, SOLLTE MAN SIE IM VORAUS ZUBEREITEN, DAMIT SIE BEREITSTEHEN, SOBALD DAS FLEISCH GAR IST.

FOND ZUBEREITEN

Saucen lassen sich einfach zubereiten, wenn im Tiefkühlgerät kleine Behälter mit eingefrorenem Fond bereitstehen. Frieren Sie Knochen daher, wann immer Sie welche übrig haben, ein, bis Sie eine ausreichende Menge haben, um Fond herzustellen. Oder Sie kaufen beim Fleischer Knochen. An einigen sollte sich Fleisch befinden, an anderen Knorpel.

1 Die Knochen mit Öl einpinseln und im Backofen rösten, bis sie gut gebräunt, aber noch nicht verbrannt sind, weil der Fond sonst bitter wird.

2 Die Knochen, falls gewünscht mit Gemüse, dicht gepackt in einen großen Topf legen und ganz mit Wasser bedecken. Auf dem Herd zum Kochen bringen, die Hitze reduzieren und köcheln lassen. Geflügelknochen sollten nicht kochen, weil die Brühe sonst trüb wird.

3 Den Fond nach 2–3 Stunden durch ein feines Sieb oder Nesseltuch gießen. Wenn er vollständig erkaltet ist, das Fett abschöpfen.

4 Den Fond in einen sauberen Topf gießen und falls gewünscht Wein hinzufügen. Kochen lassen, bis er um ein Drittel oder die Hälfte eingekocht ist und ein intensives Aroma hat.

5 Abkühlen lassen, in kleine Behälter oder Eiswürfelschalen füllen und einfrieren.

JUS ZUBEREITEN

Jus wird hergestellt, indem man Bratenflüssigkeit nach dem Garen einkocht. Im Idealfall befindet sich dabei im Topf oder Bräter reichlich aromareicher Bratensatz. Für eine pikante Note fügt man konzentrierten Fond hinzu, für eine süße Note etwas Fruchtgelee.

SAUCEN BINDEN

Gebundene Saucen können Gerichten unterschiedliche Konsistenzen verleihen. So passt eine Sahnesauce zu durchgebratenem Fleisch.

MEHL HINZUFÜGEN

- Einige Teelöffel Mehl in den Bratentopf geben, nach und nach Flüssigkeit hinzufügen und die Sauce unter Rühren köcheln lassen.
- Eine dünne weiße Sauce aus Mehl und Fond oder Milch in den Bratentopf geben. Gut geeignet zum Herstellen großer Saucenmengen.
- Aus je 30 g Mehl und Butter eine Mehlbutter herstellen. Bei einer dünnen Sauce kleine Mengen Mehlbutter unterschlagen und die Sauce 10–15 Minuten köcheln lassen.

EI, SAHNE UND BUTTER HINZUFÜGEN

- Im Wasserbad Butter und Zitronensaft unter Eigelb schlagen. Passende Kräuter hinzufügen.
- Zum Andicken von Sauce Sahne verwenden, die andere Aromen rasch aufnimmt.
- Unter dünnen Bratensaft vor dem Servieren bei schwacher Hitze etwas Butter schlagen.

GEMÜSE UND OBST HINZUFÜGEN

Gemüse oder Obst weich garen und durch ein Sieb streichen oder pürieren, dann in den Bräter oder die Sauce geben.

SAHNESAUCE Brustfleisch von Geflügel wie Fasan, Hähnchen und Perlhuhn kann recht trocken sein und schmeckt in einer Sahnesauce besser.

NOTFALLMASSNAHMEN

Mitunter schmeckt eine Sauce nach wenig und muss aufgepeppt werden. Stellen Sie fest, welche Aromazutaten zu dem verwendeten Fleisch passen (s. S. 32–33) und beginnen Sie nach und nach kleine Mengen hinzuzufügen. Sie können auch winzige Portionen gekörnte Brühe verwenden.

Säuerliche Zutaten: Orangen-, Zitronen- und Limettensaft, Wein, Weinessig, Joghurt.
Süße Zutaten: Fruchtgelee, Fruchtsaft, Honig, brauner Zucker, Cidre, Likör.
Pikante Zutaten: Sojasauce, Tee, Senf, Kaffee, Kakaopulver, Currypaste.

SAUCE BÉARNAISE

Ergibt 200 ml
Zubereitung 10 Min. **Garzeit** 5 Min.

ZUTATEN

- 2 kleine Schalotten, fein gehackt
- 1 EL gehackter frischer Estragon
- 2 EL Weißweinessig
- 2 EL Weißwein
- 1 TL Pfefferkörner, zerstoßen
- 3 Eigelb
- 200 g Butter, gewürfelt
- Salz und frisch gemahlener schwarzer Pfeffer
- 1 EL Zitronensaft

1 Schalotten, Estragon, Essig, Wein und Pfefferkörner in einem schweren Topf 2 Minuten kochen oder bis die Flüssigkeit auf die Hälfte eingekocht ist. Abseihen, abkühlen lassen.
2 Die Eigelbe mit 1 EL Wasser in eine hitzebeständige Schüssel geben und auf einen Topf mit köchelndem Wasser setzen, der Boden darf das Wasser nicht berühren. Erst die abgekühlte Flüssigkeit, dann nach und nach die Butter sorgfältig unterschlagen. Die Sauce mit Salz, Pfeffer und Zitronensaft abschmecken.

BLAUSCHIMMELKÄSESAUCE

Ergibt 250 ml
Zubereitung 15 Min. **Garzeit** 15 Min.

ZUTATEN

- 50 g Butter
- 2 Schalotten, fein gewürfelt
- 4 EL trockener Weißwein
- 1 EL Weinbrand
- 2 EL Rinderfond
- 200 g Sahne
- 100 g Roquefort, zerkrümelt
- Salz und frisch gemahlener schwarzer Pfeffer
- 1 EL feine Schnittlauchröllchen

1 In einer kleinen Pfanne die Hälfte der Butter bei niedriger Temperatur erhitzen. Die Schalotten darin etwa 2 Minuten garen, bis sie weich sind. Wein und Weinbrand hinzufügen und zum Kochen bringen.
2 Den Fond dazugeben und auf die Hälfte einkochen lassen. Die Sahne unterrühren. Die Hitze so weit reduzieren, dass die Sauce noch köchelt. Etwa 5 Minuten köcheln lassen, dann die restliche Butter und den Roquefortkäse unterschlagen. Die Sauce abseihen und abschmecken. Den Schnittlauch unterrühren.

SAUCE HOLLANDAISE

Ergibt 200 ml
Zubereitung 10 Min. **Garzeit** 5 Min.

ZUTATEN

- 1 EL Weißweinessig
- Saft von ½ Zitrone
- 3 große Eigelb
- Salz und frisch gemahlener weißer Pfeffer
- 175 g Butter

1 Essig und Zitronensaft in einen kleinen Topf geben und zum Kochen bringen, dann vom Herd nehmen.
2 In der Zwischenzeit die Eigelbe in eine Küchenmaschine geben, etwas salzen und pfeffern und 1 Minute vermischen. Bei laufendem Motor langsam die Zitronensaft-Essig-Mischung hinzufügen.
3 Die Butter in den Topf geben und bei schwacher Hitze zerlassen. Vom Herd nehmen, sobald sie zu schäumen beginnt. Bei laufendem Motor die Butter nach und nach in die Küchenmaschine geben, bis eine dicke Sauce entstanden ist. Die Sauce sofort servieren.

CRANBERRYSAUCE

Ergibt 300 ml
Zubereitung 5 Min.
Garzeit 15 Min.

ZUTATEN

- 250 g frische oder tiefgefrorene Cranberrys
- 1 kleine Schalotte, fein gehackt
- 100 g Vollrohrzucker
- abgeriebene Schale und Saft von 1 Bio-Orange
- 4 EL Rotwein oder Portwein

1 Alle Zutaten in einen Topf geben, zum Kochen bringen und rühren, bis sich der Zucker aufgelöst hat.
2 Die Sauce 10–12 Minuten köcheln lassen, bis die Cranberrys zu zerfallen beginnen.
3 Die Sauce abkühlen lassen und in eine Sauciere oder ein Aufbewahrungsgefäß füllen. (Im Kühlschrank hält sie sich bis zu einer Woche.)

SAUCE BÉARNAISE

SAUCE HOLLANDAISE

BLAUSCHIMMELKÄSESAUCE

CRANBERRYSAUCE

AROMAKOMBINATIONEN

Die Vielfalt an Zutaten, die dem Koch heute zur Verfügung steht, ist enorm. Einige werden für alle Arten von Fleisch verwendet, andere eignen sich besonders gut für bestimmte Fleischarten. Manchmal ist die Aromenkombination aufregend, ein andermal die Zusammenstellung der Konsistenzen.

GEFLÜGEL

Der zarte Geschmack von Pute und Huhn ist eine gute Grundlage für eine Vielzahl von Aromen. Ente und Gans tun kräftigere Aromen gut, die ein Gegengewicht zu der aromatischen Fettschicht bilden.

SCHWEINEFLEISCH

Schweinefleisch verträgt aufgrund seines Geschmacks und Fetts komplexe, kräftige Aromen. Wird das Fett entfernt, schmeckt es zarter und eignet sich für einige der Aromen, die gut zu Geflügel passen.

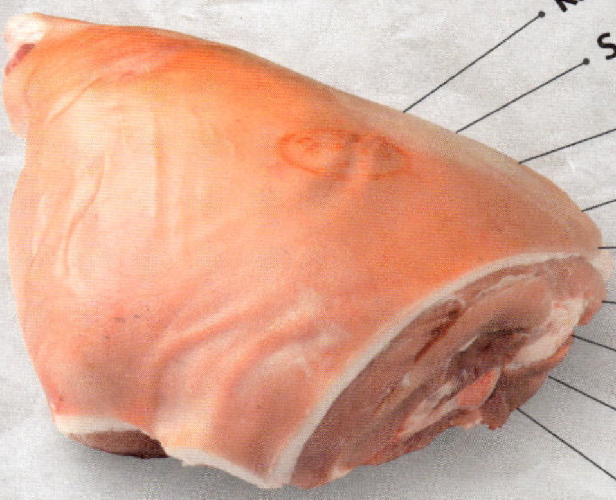

KALBFLEISCH

Dieses helle Fleisch mit seinem feinen Geschmack wird traditionell mit zarten Aromen kombiniert, wenngleich hin und wieder kleine Mengen pikanter Zutaten seinen zarten Geschmack betonen.

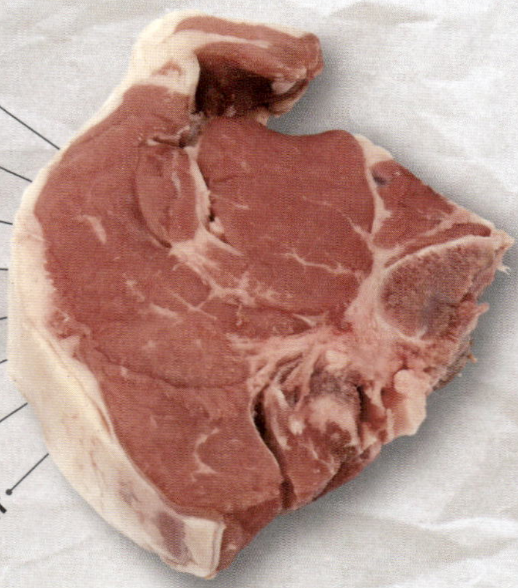

RINDFLEISCH

Der kräftige Geschmack des Fleischs harmoniert gut mit intensiven Aromen, die aber sparsam eingesetzt werden sollten. Sehr mageres Fleisch kombiniert man mit feuchten Zutaten, damit es nicht trocken schmeckt.

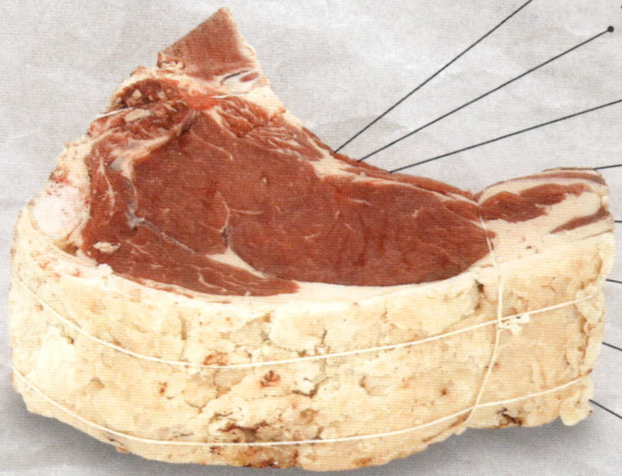

LAMM UND JUNGZIEGE

Obwohl Lammfleisch magerer ist als Fleisch vom Schaf, kann es Fett enthalten. Dementsprechend müssen die Zutaten ausgewählt werden. Jungziege ist magerer und sollte deshalb mit zarteren Aromen kombiniert werden.

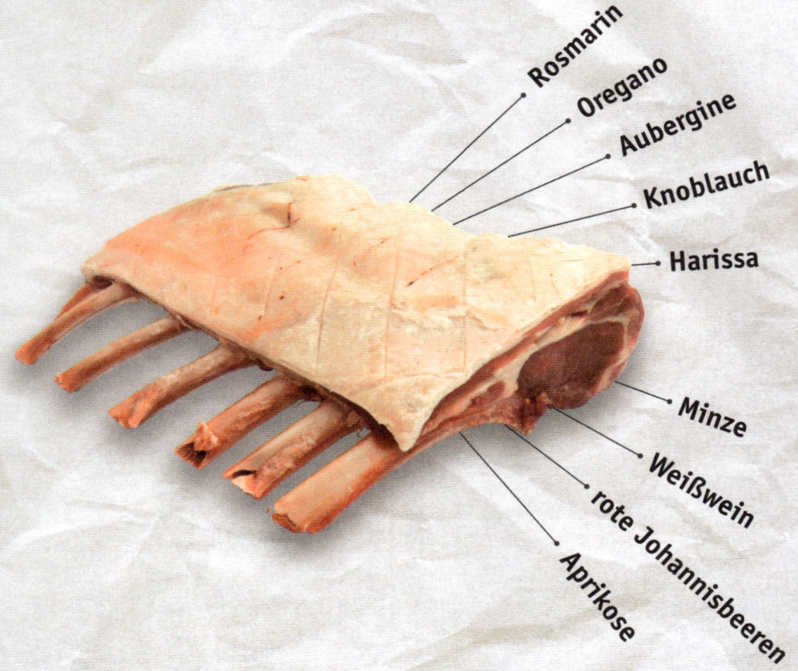

SCHAF UND ÄLTERE ZIEGE

In beiden Fällen ist das Fleisch dunkel und hat einen intensiven Geschmack. Daher eignen sich Zutaten mit kräftigen Aromen und auch einige der Zutaten für dunkles Wildfleisch.

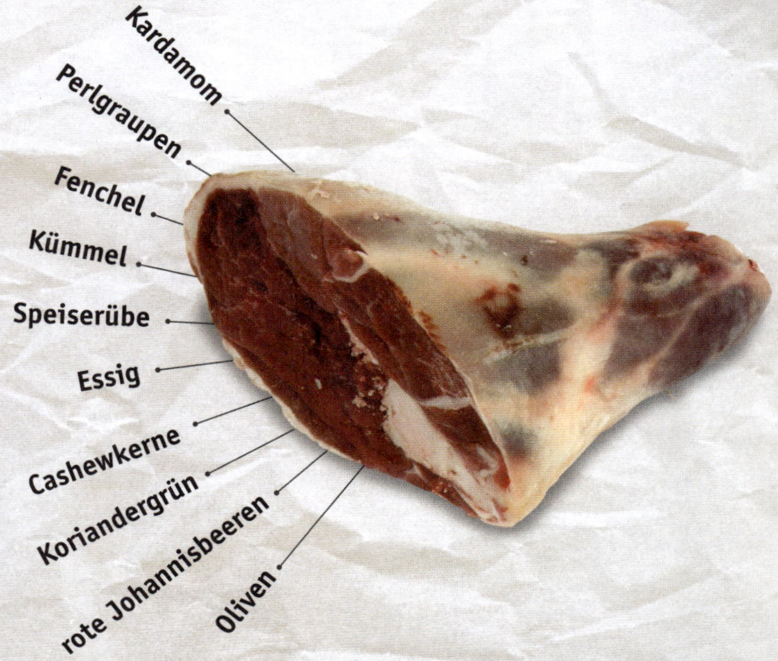

HELLES WILDFLEISCH

Helles Fleisch, etwa von Fasan, Rebhuhn, Waldschnepfe, Wachtel oder Kaninchen, gibt es in einer riesigen Palette aus komplexen und zarten Aromen, die durch Abhängen verbessert und um diese Zutaten ergänzt werden können.

DUNKLES WILDFLEISCH

Durch Abhängen kann dunkles Wildfleisch, etwa von Hirsch, Reh oder Hase, einen intensiven Geschmack entwickeln, frisch schmeckt es aber mehr nach Fleisch. Generell harmoniert es gut mit fruchtigen Aromen.

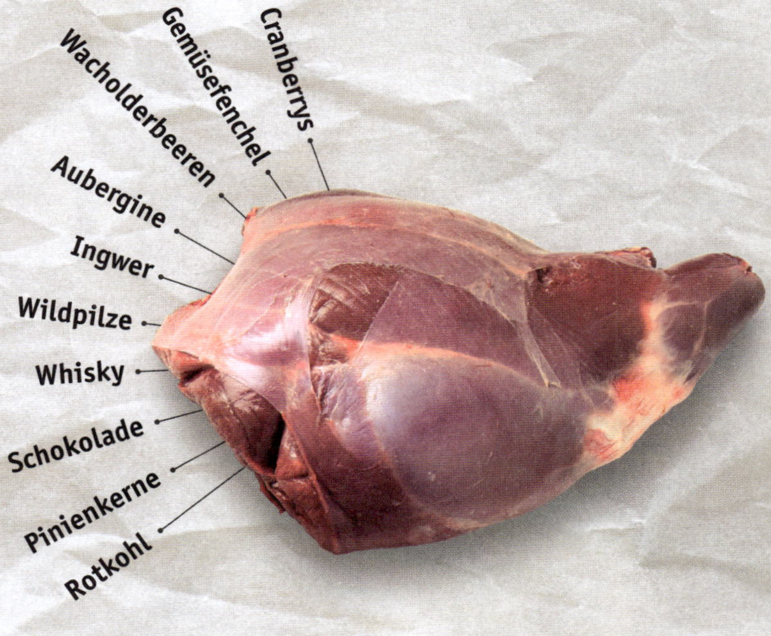

PREISWERT KOCHEN

DA FLEISCH OFT TEUER IST, SOLLTE MAN ES BEWUSST VERWENDEN. IM LAUFE DER JAHRHUNDERTE ENTSTANDEN ZAHLREICHE METHODEN, MIT KLEINEN MENGEN FLEISCH EINE FAMILIE ZU ERNÄHREN. UND DARAUS ENTWICKELTE SICH EINE GANZE PALETTE AN SCHMACKHAFTEN GERICHTEN.

WIE MAN GELD SPART

- Hochpreisige Fleischzuschnitte sollte man am besten besonderen Gelegenheiten vorbehalten und stattdessen öfter zu preiswerteren Zuschnitten greifen.
- Erforschen Sie die Welt der Hackfleischgerichte. Hackfleisch ist sehr günstig und eignet sich für zahllose schmackhafte Gerichte von Frikadellen bis hin zu Satays.
- Probieren Sie Innereien (s. S. 270–287). Sie werden vielleicht staunen, wie preiswert und lecker sie sein können.
- Bereiten Sie größere Mengen zu und frieren Sie einen Teil ein. Auf diese Weise sparen Sie auch Zeit und Energie.

SÄTTIGENDE ZUTATEN

In vielen Küchen gibt es traditionelle Methoden, um mit wenig Fleisch sättigende Mahlzeiten zuzubereiten. Häufig werden dazu schmackhafte kohlenhydratreiche Speisen und Beilagen gereicht.

TEIG

Mithilfe von Teig lässt sich aus wenig Fleisch beispielsweise eine köstliche Pie herstellen.

- Schüsselpasteten haben einen Deckel aus sättigendem Mürbeteig oder Blätterteig.
- Andere Pasteten sind komplett in einen Teigmantel eingehüllt.

MEHLKLÖSSE

Klöße aus Mehl, Fett, Backpulver und Gewürzen können in köchelnden Eintöpfen oder Brühen garen. Viele enthalten auch Kräuter und Gemüse.

NUDELN

Diese sättigende, kohlenhydratreiche Beilage, die aus Mehl, Wasser und eventuell Eiern besteht, bedarf nur einer kleinen Portion Sauce, damit aus ihr ein schmackhaftes Gericht entsteht. Spätzle werden nach dem Garen häufig noch in Butter gebraten.

FARCE

Hierbei handelt es sich um eine Mischung aus verschiedenen Zutaten, die häufig Semmelbrösel enthält, mit Zwiebeln, Kräutern und Gewürzen aromatisiert und beispielsweise mit Ei gebunden wird.

- Kleine Klöße aus Farce können gebraten und zu Fleisch serviert werden.
- Farce kann gebacken und als Beilage für Geflügel und Fleisch verwendet werden.
- Ferner eignet sich Farce als Füllung für Geflügel, wobei man sie in die Bauchhöhle oder unter die Haut schieben kann.

GEMÜSE

Fleischgerichte lassen sich auch durch Hinzufügen einer Vielzahl von interessanten Gemüsesorten wunderbar verlängern.

- In einer Sauce serviert, ergänzt Gemüse in der Pfanne oder im Ofen gebratenes Fleisch durch eine cremige Konsistenz.
- Direkt vor dem Servieren kann das Gemüse zudem mit reichlich frischen Kräuter oder Zitronensaft verfeinert werden.
- Gekochtes Wurzelgemüse schmeckt warm mit einer Vinaigrette und Kräutern sehr gut.
- In Teig ausgebackenes oder paniertes Gemüse bildet einen tollen Kontrast in Eintopf.
- Mit Fleisch im Ofen gegartes Wurzelgemüse sorgt für schöne Farben und Aromen.
- Schichten aus weichem Gemüse wie Dosentomaten, gegarten Zwiebeln, Auberginen oder Paprikaschoten verlängern Hackfleischgerichte und machen sie aromatischer.

FLEISCHRESTE VERWERTEN

Es gibt viele Möglichkeiten, aus Fleischresten eine leckere zweite Mahlzeit zuzubereiten.

KROKETTEN HERSTELLEN

Aus einem kleinen Rest gegartem Fleisch können Kroketten hergestellt werden:

1 Das Fleisch fein hacken. Kartoffeln und Pastinaken oder anderes Wurzelgemüse garen und zerstampfen.

2 Fleisch, Püree, frische Kräuter sowie Salz und Pfeffer vermischen. Kroketten daraus formen, in Semmelbröseln wenden und frittieren.

EINE PIE ZUBEREITEN

Oft bleibt von einem Brathähnchen erstaunlich viel Fleisch übrig, das sich perfekt für eine Pie eignet:

1 Das abgelöste Fleisch mit übrig gebliebener Sauce vermischen oder aus Butter, Mehl und Milch eine weiße Sauce herstellen.

2 Gemüse wie gegarte Zwiebeln und Pilze hinzufügen.

3 Die Mischung in eine Form füllen, einen Teigdeckel auflegen und das Gericht im Backofen garen. (Alternativ können mit Fleischresten auch Teigtaschen zubereitet werden.)

NUDELSAUCE ZUBEREITEN

Auch dies ist eine gute Option, wenn nur wenig Fleisch übrig geblieben ist:

1 Das Fleisch fein hacken, dann mit Saucenresten, gegarten Zwiebeln, Knoblauch, Tomaten und Kräutern vermischen.

2 Etwas Fond, Wein oder Sahne hinzufügen. Die Sauce erhitzen und mit Nudeln servieren.

NUDELSAUCEN Bei einer cremige Sauce, die die Nudeln gut überzieht, ist nur wenig Fleisch erforderlich.

LANGSAM GAREN Aus günstigeren Fleischzuschnitten, die langsam gegart werden, lassen sich köstliche Mahlzeiten zubereiten, die man mit Gemüse streckt.

FLEISCH EINFRIEREN

Rohes Fleisch, das ordentlich in Gefrierbeuteln verpackt ist, hält sich im Tiefkühlgerät viele Monate, vakuumiertes Fleisch sogar Jahre.

- In Flüssigkeit eingefrorenes, gegartes Fleisch – etwa ein Eintopf – hält sich im Gefriergerät mehrere Monate. Vor dem Einfrieren muss es abgekühlt sein.
- Hackfleisch und Hackfleischprodukte sind im Gefriergerät mehrere Monate haltbar. In flachen Paketen eingefroren, lassen sie sich rasch und gleichmäßig auftauen.

In folgenden Situationen kann Fleisch einen unangenehmen Geschmack bekommen, auch wenn dies nicht gesundheitsschädlich ist:

- Fett, das zu lange eingefroren bleibt, entwickelt einen ranzigen Geschmack.
- Gegartes Gefriergut, das viel Wasser enthält, wie Terrinen und Pies, werden bei zu langer Aufbewahrung im Tiefkühlgerät matschig.
- Kommt eingefrorenes Fleisch mit Luft in Kontakt, bilden sich an ihm weiße Stellen (Gefrierbrand). Sie können abgeschnitten werden.
- Bei ganzem Geflügel entsteht in der Bauchhöhle leicht Gefrierbrand.

FLEISCH AUFTAUEN

Fleisch sollte in einer möglichst kalten Umgebung aufgetaut werden, damit seine Zellwände nicht platzen und zu viel Wasser abgeben.

- In der Mikrowelle sollte Fleisch auf niedrigster Stufe aufgetaut werden. Dann lässt man es etwas stehen, um Wasserverlust vorzubeugen.
- Große Stücke taut man im Kühlschrank auf, damit sie sich außen nicht zu sehr erwärmen, während sie innen noch auftauen.
- Da beim Auftauen immer etwas Wasser austritt, stellt man das Fleisch in einem Gefäß in den Kühlschrank, damit keine Flüssigkeit auf andere Lebensmittel tropft.
- Vakuumiertes Fleisch kann rasch und gefahrlos in einer Wanne mit kaltem Wasser aufgetaut werden. Selbst große Stücke benötigen nur zwei Stunden.

GEFLÜGEL TRANCHIEREN

Bei allen Geflügelarten ist das dunkle Schenkelfleisch am saftigsten. Das Brustfleisch ist heller und zarter, kann aber trocken sein. Wird vor dem Garen das Gabelbein entfernt, lässt sich die Brust leichter tranchieren.

KLEINES GEFLÜGEL TRANCHIEREN

Kleines Geflügel kann ganz oder halbiert serviert werden. Oder man trennt Schenkel und Brust ab, was den Verzehr mit Messer und Gabel erleichtert.

1 Das Geflügel parallel zum Brustknochen aufschneiden und auseinanderdrücken.

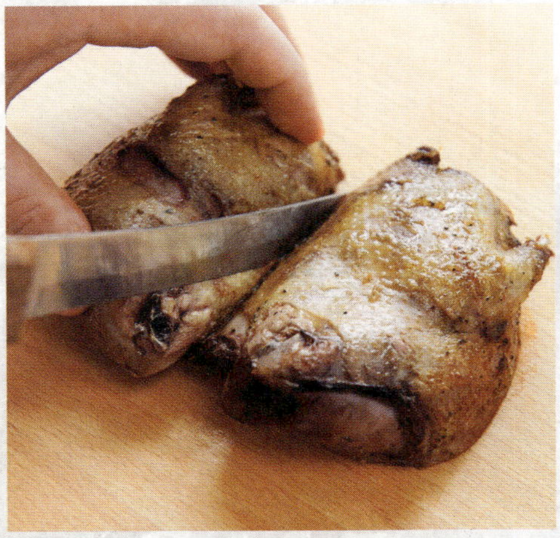

2 Mit einer Geflügelschere oder einem schweren Messer beidseits am Rückgrat entlangschneiden, um das Geflügel in zwei Hälften zu teilen.

HÄHNCHEN UND MITTELGROSSES GEFLÜGEL TRANCHIEREN

Bei Hähnchen und Hausenten sind alle Teile zart, während bei Wildgeflügel die Schenkel, vor allem die Unterschenkel, zäh und sehnig sein können.

1 Die Schenkel nach außen biegen und am Gelenk abtrennen. Ganz servieren oder Ober- und Unterschenkel teilen.

2 Die Brust am Halsende beginnend in Scheiben schneiden (s. Schritt 5 rechts). Falls gewünscht, die Flügel abschneiden und getrennt servieren.

TRANCHIERKUNDE

Fleisch, das ruhen konnte, lässt sich immer leichter tranchieren. Quietscht Fleisch beim Tranchieren, ist es entweder nicht vollkommen gar oder es konnte nicht lange genug ruhen.

DAS TRANCHIERMESSER

Ein Tranchiermesser sollte lang und biegsam, aber stabil genug sein, um ein Gelenk zu durchtrennen. Vor allem muss es jedoch scharf sein, damit es das Fleisch nicht zerfetzt. Zudem drückt ein stumpfes Messer den Saft aus dem Fleisch. Das Messer sollte so lang sein, dass es auf jeder Seite des Bratens 5 cm heraussteht und mit einer sägenden Bewegung große Scheiben von ihm abgeschnitten werden können.

DIE TRANCHIERGABEL

Manche Tranchiergabeln haben einen Schutz, der verhindert, dass das Messer beim Schneiden an der Gabel heraufrutschen kann. Zudem sind die Zinken oft gebogen, wodurch man das Fleisch beim Schneiden besser festhalten kann.

DIE UNTERLAGE

Durchgegartes Fleisch kann auf jedem Brett tranchiert werden, auf dem das Messer nicht stumpf wird. Wenn bei Fleisch oder Geflügel sehr viel roter Saft austritt, sollte ein angewärmtes Tranchierbrett benutzt werden, auf dem der Fleischsaft aufgefangen wird. Bei ungezwungenen Anlässen kann ein Braten tranchiert und das Fleisch im Bräter serviert werden. Vorher gießt man jedoch überschüssiges Fett ab und löst den Bratensatz mit etwas Flüssigkeit.

GARN UND SPIESSE ENTFERNEN

Vor dem Tranchieren müssen, sofern vorhanden, Spieße, Küchengarn oder Gummibänder entfernt werden und eventuell auch Netz. Gerolltes Fleisch fällt dann möglicherweise auseinander.

EINE PUTE ODER GROSSE GANS TRANCHIEREN

Schneiden Sie hier immer nur so viel Fleisch ab, wie Sie benötigen, da die Karkasse das übrige Fleisch saftig hält. Servieren Sie das Fleisch mit der Füllung aus der Bauchhöhle oder einer anderen Beilage.

1 Das Gabelbein entfernen. Dazu am Halsende die Haut etwas anheben oder abschneiden. Mit den Fingern das Gabelbein ertasten. Möglichst dicht darum herumschneiden, dann das Gabelbein herausziehen.

2 Nun die Keulen entfernen. Eine Keule mithilfe einer Tranchiergabel nach außen biegen, dann das Gelenk durchtrennen. Mit der anderen Keule ebenso verfahren.

3 Die Keulen in Ober- und Unterschenkel teilen. Dann das Fleisch parallel zum Knochen abschneiden, falls gewünscht mit Haut.

4 Die Flügel mit etwas Brustfleisch am Gelenk abtrennen. An den Gelenken teilen und das Fleisch wie oben abschneiden. Oder die Flügel für Brühe aufbewahren.

5 Eine Brusthälfte am Halsende beginnend in Scheiben schneiden. Während des Tranchierens den Gabelrücken gegen das Fleisch drücken, damit die Scheiben nicht verrutschen.

6 Mit der anderen Brusthälfte ebenso verfahren, diesmal aber die Tranchiergabel auf der Seite, wo sich kein Fleisch mehr befindet, direkt in die Karkasse stechen.

BRATEN TRANCHIEREN

Fleisch hinterlässt für gewöhnlich einen zarteren Eindruck, wenn es statt in Faserrichtung quer zur Faser tranchiert wurde. Bei sehr zarten Fleischzuschnitten wie etwa Filet ist es aber auch möglich, parallel zur Faser zu schneiden. Sehr kleine Braten können ebenfalls sehr dünn sein, und damit hier die Scheiben nicht zu klein geraten, schneidet man sie zwar quer zur Faser, aber schräg auf.

RIPPEN- UND RÜCKENBRATEN TRANCHIEREN

Kotelettstücke werden zwischen den Rippen geteilt, bei Rinderrippen löst man gewöhnlich zuerst das Fleisch von den Knochen. Ausgelöster Rückenbraten wird üblicherweise quer zur Faser aufgeschnitten.

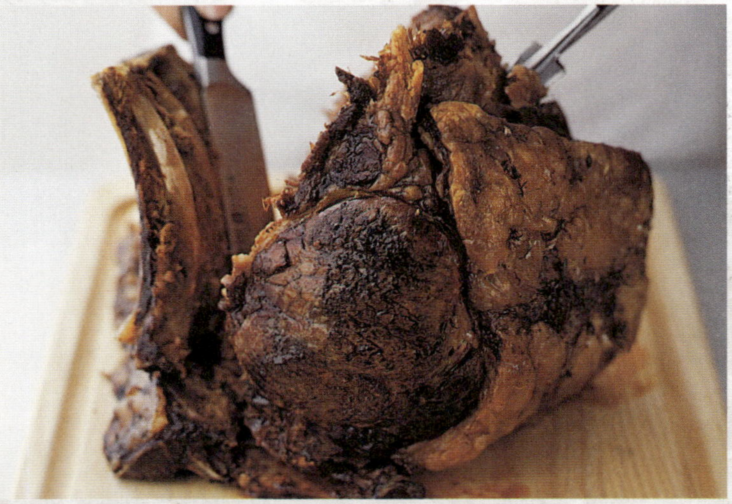

1 Das Tranchiermesser innen flach an den Rippen entlangführen. Dann um 90 Grad drehen. Das Fleisch von den Knochen abschneiden.

2 Den Braten wenden und auf die gleiche Weise, sofern vorhanden, das Filet auslösen. Das Fleisch quer zur Faser in Scheiben schneiden.

SATTELBRATEN UND KARREEBRATEN TRANCHIEREN

Wurde bei einem Karreebraten die Wirbelsäule vollständig entfernt, muss man nur zwischen den Rippenknochen schneiden, andernfalls tranchiert man ihn wie einen Sattel. Einen jungen Sattelbraten kann man längs zu den Muskeln tranchieren.

1 Den Braten mit dem Filet/den Rippen nach unten hinlegen. Das Messer an einer Seite der Wirbelsäule entlangführen. Unten befindet sich ein kleiner Höcker, den das Messer überwinden sollte, ohne das Fleisch zu verletzen. Das Messer um 90 Grad drehen, um das Fleisch abzulösen.

2 Das Fleisch quer zur Faser in Scheiben schneiden. Mit der anderen Seite des Bratens ebenso verfahren. Sattelbraten umdrehen und, sofern vorhanden, die Filets entfernen. Quer zur Faser schräg aufschneiden. Je Portion etwas Rücken und etwas Filet servieren.

EINE GANZE KEULE MIT KNOCHEN TRANCHIEREN

Ganze Keulen lassen sich erheblich leichter tranchieren, wenn vor dem Garen der Hüftknochen entfernt wurde. Bitten Sie Ihren Fleischer, dies zu tun, oder verfahren Sie wie auf Seite 299 beschrieben.

1 Auf der dünneren Seite des Bratens eine dicke Scheibe Fleisch abschneiden, damit er beim Aufschneiden sicher auf der Arbeitsfläche ruht.

2 Die dicke Seite liegt oben, gerade in das Fleisch schneiden, bis das Messer auf den Knochen trifft. Weiter etwa 5 mm dicke Scheiben abschneiden.

3 Das Messer drehen und waagerecht am Knochen entlangführen, um die Scheiben abzutrennen.

4 Den Braten wenden und den Arbeitsgang wiederholen. Dabei schräg schneiden, damit die Scheiben nicht zu klein werden.

SCHULTERBRATEN TRANCHIEREN

Von dem seltsam geformten Schulterblatt einmal abgesehen, wird eine Schulter wie eine Keule tranchiert.

1 Die Schulter mit der Hautseite nach oben drehen. Das Fleisch auf einer Seite bis zum Schulterblatt einschneiden. Das Messer um 90 Grad nach außen drehen und das Fleisch vom Knochen ablösen.

2 Auf der anderen Seite ebenso verfahren. Beide Fleischstücke quer zur Faser in Scheiben schneiden. Den Braten wenden und das Fleisch auf der anderen Seite leicht schräg schneiden, damit die Scheiben größer werden.

GARTABELLEN – HAUSGEFLÜGEL UND FEDERWILD

ZUSCHNITT	DIREKTGRILL/SMOKERGRILL	BRATEN/PFANNENRÜHREN	IM BACKOFEN GAREN	SCHMOREN
ANMERKUNGEN	**Kerntemperatur für alle Arten von Hausgeflügel:** 75 °C. **Strauß:** siehe Hirsch und Reh und Strauß Seite 45. **Temperaturen:** Gelten allgemein, können aber je nach Rezept variieren.			
HUHN UND PUTE				
Ganzes oder halbes Hähnchen, ganze Hähnchenbrust mit Knochen, ganze Pute, Putenkeulen	**Halbes Hähnchen** und **Putenkeulen:** Auf der Schnittseite bei mittlerer Hitze 30 Min. grillen, dann wenden und weitere 15–20 Min. grillen. Die Haut vor dem Servieren knusprig garen. Nicht empfehlenswert für ein ganzes Hähnchen, eine ganze Hähnchenbrust mit Knochen oder eine ganze Pute.	Nicht empfehlenswert für ein ganzes oder halbes Hähnchen, eine ganze Hähnchenbrust mit Knochen oder eine ganze Pute.	**Ganzes oder halbes Hähnchen:** Im auf 180 °C vorgeheizten Backofen pro 500 g 20 Min. zzgl. 20 Min. garen oder bis beim Einstechen klarer Saft austritt. **Ganze Pute:** ungefüllt bei 160 °C 3½–4 Std. für 3,5–5,5 kg; 4–4½ Std. für 5,5–7 kg; 4½–5 Std. für 7–9 kg. Das Fleisch vollkommen durchgaren. 30 Min. ruhen lassen.	**Ganzes oder halbes Hähnchen:** Falls gewünscht anbraten, dann Flüssigkeit und ggf. Gemüse hinzufügen und den Deckel auflegen. Bei 160 °C 1–2 Std. köcheln lassen. **Pute:** Teile wie Hähnchen garen, aber die Garzeit um 30 Min. verlängern.
Ganze Hähnchenschenkel (mit Rückenstück), Oberschenkel, Unterschenkel	Alle Teile bei mittlerer Hitze 25–30 Min. grillen, dabei mindestens zweimal wenden.	Mit reichlich Fett 20–30 Min. braten oder bis sie gar sind. Für größere Putenteile nicht empfehlenswert.	Alle Teile 30 Min. garen oder bis klarer Saft austritt.	Ganze Schenkel mit Rückenteil wie ein ganzes Hähnchen garen, aber nur 1 Std. Auch für Suppe geeignet. **Puten:** Teile wie Hähnchen garen, die Garzeit aber um 30 Min. verlängern.
Flügel	Hähnchenflügel 20–25 Min. grillen oder bis sie gar sind, dabei mindestens zweimal wenden.	Wie Hähnchenkeulen garen. Für größere Putenteile nicht empfehlenswert.	Wie Hähnchenschenkel garen, aber nur 20 Min.	Wie ganzes oder halbes Hähnchen garen, aber nur 1 Std. Auch für Suppe geeignet. **Pute:** Wie Hähnchenflügel garen, aber die Garzeit um 30 Min. verlängern.
Brustfilet	Brustfilet 20–30 Min. grillen oder bis es gar ist, dabei mindestens zweimal wenden.	Brustfilet 10–20 Min. wie Hähnchenkeulen braten oder bis es gar ist. Für größere Putenteile nicht empfehlenswert.	Nicht empfehlenswert.	Brustfilet wie ein ganzes oder halbes Hähnchen garen, aber nur 1 Std. **Pute:** Teile wie Hähnchen garen, aber die Garzeit um 30 Min. verlängern.
Hähnchen und Pute gewürfelt oder in Scheiben geschnitten	Den Grill auf mittelhoher Temperatur vorheizen. Das Fleisch auf Spieße stecken, mit Öl einpinseln, rundum bräunen und 10–15 Min. grillen oder bis es durchgegart ist.	In stark erhitztem Öl rundum bräunen und nach Reduzieren der Hitze 5–15 Min. (Geflügelstreifen 3–5 Min.) braten oder bis sie durchgegart sind. Für größere Putenteile nicht empfehlenswert.	Nicht empfehlenswert.	**Würfel** und **dicke Scheiben:** Wie ganzes oder halbes Hähnchen garen, aber nur 30 Min. Nicht empfehlenswert für kleine oder dünne Scheiben.
Hackfleisch	Den Grill auf mittelhoher Temperatur vorheizen. Das Hackfleisch mit etwas Fett gemischt um Spieße drücken oder zu Frikadellen formen. Je nach Dicke 10–20 Min. durchgaren.	In einer Pfanne bei mittlerer Temperatur Öl erhitzen. Das Hackfleisch mit etwas Fett vermischt formen. Je nach Dicke 10–20 Min. braten, bis es durchgegart ist.	Nicht empfehlenswert.	Hackfleisch und Gemüse bräunen, dann Flüssigkeit hinzufügen und alles 1–1½ Std. auf dem Herd köcheln lassen oder bei 160 °C im Ofen garen.
STUBENKÜKEN UND JUNGTAUBE	Halbieren oder aufschneiden und flach drücken. Auf jeder Seite 10–15 Min. grillen oder bis das Fleisch durchgegart ist.	Nicht empfehlenswert.	Im Ganzen bei 220 °C etwa 20–30 Min. garen.	Ganz oder zerlegt rundum bräunen. In Flüssigkeit bei 160 °C 1–1½ Std. garen oder bis das Fleisch weich ist.
ENTE UND WILDENTE (z. B. STOCKENTE)	**Ente:** Brust auf jeder Seite 2 Min. grillen, dann mit der Hautseite nach unten direkt über der Hitzequelle 8–10 Min. garen. 2–3 Min. ruhen lassen. **Wildente:** Brust auf jeder Seite 3–5 Min. garen, bis sie »rare« oder rosa ist.	**Ente:** Brust auf jeder Seite 2 Min. braten, dann mit der Hautseite nach unten 10–12 Min. garen. 2–3 Min. ruhen lassen. **Wildente:** Brust auf jeder Seite 3–5 Min. garen, bis sie »rare« oder rosa ist. In dünne Scheiben schneiden.	**Ente:** Im Ganzen 30 Min. bei 220 °C garen, Nach Reduzieren der Hitze auf 180 °C noch einmal 1–1½ Std. **Wildente** (nur Jungtier): In der Pfanne anbraten, dann 30–45 Min. bei 220 °C garen. 5 Min. ruhen lassen.	**Ente:** Wie Hähnchen garen. Überschüssiges Fett vor dem Servieren entfernen. **Wildente:** Ganz oder zerlegt anbraten. Flüssigkeit hinzufügen und bei 160 °C im Ofen 2–2½ Std. garen oder bis das Fleisch weich ist.
GANS UND WILDGANS	**Gans:** Brust auf jeder Seite 5 Min. grillen, dann mit der Hautseite nach unten 10–15 Min. garen. 5 Min. ruhen lassen. **Wildgans:** Nur junge Tiere grillen. »Rare« servieren.	**Gans:** Brust auf jeder Seite 5 Min. braten, dann mit der Hautseite nach unten 15–20 Min. garen. 5 Min. ruhen lassen. **Wildgans:** Nur junge Tiere grillen. »Rare« servieren.	**Gans:** Im Ganzen bei 220 °C für 45 Min. garen, dann bei 180 °C weitere 2–2½ Std. **Wildgans** (nur junge Tiere): Wie oben garen, jedoch bei 220 °C nur 30 Min., dann bei 160 °C etwa 1–1½ Std.	Gänseteile wie Hähnchen garen, aber 1½–2 Std. Überschüssiges Fett vor dem Servieren entfernen.
FASAN UND PERLHUHN	Brust auf jeder Seite 7–10 Min. garen oder bis beim Einstechen klarer Saft austritt.	Brust auf jeder Seite 7–10 Min. garen oder bis beim Einstechen klarer Saft austritt.	Ganzes Tier 40–50 Min. bei 190 °C garen oder bis beim Einstechen klarer Saft austritt. Nicht übergaren. 5 Min. ruhen lassen.	Ganz oder zerlegt rundum anbraten. Dann in Flüssigkeit bei 160 °C 2–2½ Std. garen oder bis das Fleisch weich ist.
RAUFUSSHUHN, TAUBE, REBHUHN, WACHTEL, KLEINE WILDENTE, WALDSCHNEPFE	**Raufußhuhn, Taube, Rebhuhn:** Halbieren oder flach drücken. Auf jeder Seite 10–15 Min. garen, bis klarer Saft austritt. **Wachtel, Ente, Schnepfe:** Wie oben, aber pro Seite 7–10 Min. garen.	**Raufußhuhn, Taube, Rebhuhn:** Brust auf jeder Seite 2–4 Min. braten, bis sie »rare« oder rosa ist. In dünne Scheiben schneiden. **Wachtel, Ente, Schnepfe:** Nicht empfehlenswert.	Nur Jungvögel verwenden. Die Brust anbraten, dann bei 200 °C für 20–30 Min. in den Ofen schieben (ein Raufußhuhn bis zu 40 Min.). Vor dem Servieren ruhen lassen.	Ganz oder zerlegt rundum anbraten. Dann in Flüssigkeit bei 160 °C 2–2½ Std. garen oder bis das Fleisch weich ist.
SCHNEPFE	Bei hoher Temperatur 10–15 Min. garen, dabei zweimal wenden.	Nicht empfehlenswert.	Bei 220 °C etwa 10–15 Min. garen, dann 5 Min. ruhen lassen.	Rundum in Butter anbraten, dann 30–45 Min. köcheln lassen.

SCHWEIN

ZUSCHNITT	DIREKTGRILL/SMOKERGRILL	BRATEN/PFANNENRÜHREN	IM BACKOFEN GAREN	SCHMOREN
ANMERKUNGEN **Temperaturen:** Gelten allgemein, können aber je nach Rezept variieren.	**Zeitangaben gelten für 2,5 cm dicke Stücke.** Bei dickeren Stücken ist die Garzeit länger, bei dünneren kürzer.	**Zeitangaben gelten für 2,5 cm dicke Stücke,** sofern nicht anders angegeben. Bei dickeren Stücken ist die Garzeit länger, bei dünneren kürzer.	**Kerntemperatur für durchgegartes Schweinefleisch:** 70 °C. Zum Ruhen beiseitestellen, sobald das Bratenthermometer 63 °C anzeigt.	Für die Garzeit ist wichtig, ob das Fleisch am Stück, in Scheiben geschnitten oder gewürfelt gegart wird.
Keule	**Steaks, Schnitzel, Fleischspieße:** Den Grill auf hoher Temperatur erhitzen. Das Fleisch mit Öl einpinseln. Schnitzel auf jeder Seite 3 Min. grillen. Steaks auf jeder Seite 3 Min., nach Reduzieren der Hitze pro Seite weitere 2 Min. Fleischspieße auf jeder Seite 2–3 Min. grillen.	**Steaks, Schnitzel, Fleischwürfel:** In einer schweren Pfanne Öl erhitzen, bis es raucht. Schnitzel auf jeder Seite 2 Min. braten. Steaks auf jeder Seite 2 Min. und pro Seite weitere 2 Min. 2–3 Min. ruhen lassen. Fleischwürfel pfannenrühren, bis sie rundum gebräunt sind.	**Braten:** Den Backofen auf 220 °C vorheizen. Schwarte ggf. einschneiden und mit Salz einreiben. Den Braten 30 Min. garen, dann die Hitze auf 160 °C reduzieren. Den Braten pro 500 g noch einmal 25 Min. garen. 20–30 Min. ruhen lassen.	**Steaks** (2,5 cm dick): Den Ofen auf 160 °C vorheizen. Das Fleisch bräunen. Gebräunte Gemüse und Flüssigkeit hinzufügen. Alles 1½–2 Std. schmoren. **Braten:** Wie oben, aber zugedeckt 3–3½ Std. schmoren; bei Krustenbraten auf 200 °C erhöhen und die Schwarte ohne Deckel 20–30 Min. kross braten.
Hüfte	**Steaks:** Das Fleisch mit Öl einpinseln und bei starker Hitze auf jeder Seite 2–3 Min. grillen. Nach Reduzieren der Hitze pro Seite weitere 2–3 Min. garen.	**Steaks:** wie oben.	**Braten:** wie Keulenbraten.	**Steaks:** wie oben. **Braten:** wie Keulenbraten, aber 2–3 Std. garen.
Ganzes Filet, Medaillons	**Ganzes Filet** und **Scheiben mit mehr als 4,5 cm Dicke:** Das Fleisch mit Öl einpinseln und bei starker Hitze auf jeder Seite 2–3 Min. grillen. Hitze reduzieren, Fleisch wenden und weitere 10 Min. garen. 5–10 Min. ruhen lassen. **Medaillons:** wie Hüftsteaks.	**Ganzes Filet** und **Scheiben mit mehr als 4,5 cm Dicke:** Öl oder Butter in einer Pfanne erhitzen, bis es raucht. Das Fleisch 10 Min. von allen Seiten bräunen. Die Hitze reduzieren und das Fleisch weitere 5 Min. garen. 5–10 Min. ruhen lassen. **Medaillons:** wie Steaks.	Nicht empfehlenswert.	Den Backofen auf 150 °C vorheizen. Das Fleisch bräunen, dann Gemüse und Flüssigkeit hinzufügen. Das Fleisch 1–2 Std. schmoren, zwischendurch immer wieder beschöpfen.
Rückensteaks, Rückenbraten, Rückenkoteletts	**Steaks** und **Koteletts:** wie Hüftsteaks. **Braten:** Den Grill auf mittlere Temperatur erhitzen. Fleisch bräunen, dann bei indirekter Hitze 1¼–1½ Std. garen. 10–15 Min. ruhen lassen.	**Steaks** und **Koteletts:** wie Hüftsteaks.	**Rückenbraten** und **Kotelettstück:** wie Keulenbraten.	**Steaks** und **Koteletts:** wie Hüftsteaks. **Rückenbraten** und **Karree:** wie Keulenbraten, aber 1½–2 Std. schmoren
Bauch und Spareribs	**Bauchscheiben:** Bei mittlerer Hitze 10–15 Min. grillen, dabei mehrmals wenden, dann nach Erhöhen der Hitze, wenn nötig, knusprig braten. **Spareribs** (am Stück): siehe Rezept für gegrillte Rippchen Seite 130–131.	**Bauch** (am Stück): Erst 2 Std. köcheln lassen, nach dem Abkühlen in Scheiben schneiden und in einer sehr heißen Pfanne 8–10 Min. braun und knusprig braten. **Bauchscheiben:** Bei mittlerer Hitze 15–20 Min. braten, dabei mehrmals wenden. Die Hitze erhöhen, um Schwarte und Fett knusprig zu braten.	**Bauch** (am Stück): Den Backofen auf 220 °C vorheizen. Schwarte einschneiden und mit Salz einreiben. Das Fleisch 20 Min. braten, nach Reduzieren der Hitze auf 150 °C weitere 3–4 Std. **Spareribs** und **Bauchscheiben:** Bei 160 °C 1–1½ Std. garen, dabei beschöpfen. Dann bei 200 °C weitere 20–30 Min. knusprig braten.	**Bauch am Stück:** 2–3 Std. köcheln lassen, in dünne Scheiben schneiden und mit oder ohne Glasur servieren. Oder anbraten und dann bei 130 °C 4–5 Std. garen. Abkühlen lassen, in Scheiben schneiden und in einer Pfanne oder im heißen Ofen glasieren.
Schulter	**Steaks:** wie Hüftsteaks.	**Steaks:** wie Hüftsteaks.	**Braten:** Den Backofen auf 220 °C vorheizen. Schwarte ggf. einscheiden und mit Salz einreiben. 30 Min. bräunen. Nach Reduzieren der Hitze auf 150 °C 3–3½ Std. braten.	**Steaks:** wie Hüftsteaks. **Braten:** Den Backofen auf 150 °C vorheizen. Das Fleisch mit Gemüse 4–4½ Std. schmoren, dabei beschöpfen. **Gewürfeltes Fleisch:** Wie Filet vorbereiten und 1½ Std. schmoren.
Kopf, Bäckchen, Nacken, Haxe, Eisbein	Nicht empfehlenswert.	Nicht empfehlenswert.	**Kopf:** Den Backofen auf 190 °C vorheizen. Die Ohren mit Alufolie umwickeln und den Kopf 30–45 Min. garen, 10 Min. vor Ende der Garzeit die Alufolie entfernen. Für andere Zuschnitte nicht empfehlenswert.	**Kopf:** Gemüse bräunen, Kopf und Flüssigkeit dazugeben. Alles 3–3½ Std. köcheln lassen oder im Backofen bei 150 °C schmoren. **Bäckchen:** Mit Gemüse bräunen und nach Hinzufügen von Flüssigkeit 45–60 Min. köcheln lassen oder bei 190 °C im Ofen schmoren. **Nacken:** wie Schulter. **Haxe, Eisbein:** 2–3 Std. köcheln lassen.
Füße	Nach dem Garen abkühlen lassen, halbieren, mit Butter bestreichen und in Semmelbröseln wenden. 15–20 Min. goldbraun und knusprig grillen.	Nicht empfehlenswert.	Nach dem Garen abkühlen lassen und wie zum Grillen vorbereiten. Bei 200 °C 15–20 Min. braten oder bis sie goldbraun und knusprig sind.	1–2 Std. köcheln lassen. Abkühlen lassen, halbieren, in Semmelbröseln wenden und grillen oder im Ofen garen.
Hackfleisch	Den Grill stark erhitzen. Das Hackfleisch an Spieße drücken oder zu Frikadellen formen. Mit Öl einpinseln und 10–15 Min. grillen, häufig wenden.	In einer Pfanne Öl erhitzen. Frikadellen formen, mit Öl einpinseln und 10–15 Min. braten, bis sie gar sind, dabei ab und zu wenden.	Nicht empfehlenswert.	Hackfleisch und Gemüse anbraten und nach Hinzufügen von Flüssigkeit 1–1½ Std. auf dem Herd köcheln lassen.
Spanferkel	Nicht empfehlenswert.	Nicht empfehlenswert.	Siehe Rezept für Spanferkel Seite 106–107.	Zunächst wie Filet 3–4 Std. garen, dann nach Erhöhen der Hitze auf 200 °C unbedeckt 20–30 Min. garen, bis die Schwarte knusprig ist.

RIND

ZUSCHNITT	DIREKTGRILL/SMOKERGRILL	BRATEN/PFANNENRÜHREN	IM BACKOFEN GAREN	SCHMOREN
ANMERKUNGEN **Temperaturen:** Gelten allgemein, können aber je nach Rezept variieren.	**Zeitangaben gelten für 2,5 cm dicke Stücke.** Bei dickeren Stücken ist die Garzeit länger, bei dünneren kürzer.	**Zeitangaben gelten für 2,5 cm dicke Stücke.** Bei dickeren Stücken ist die Garzeit länger, bei dünneren kürzer.	Mit einem Fleischthermometer die Kerntemperatur messen. **Kerntemperatur:** rare = 60 °C, medium rare = 63 °C, medium = 65 °C, well done = 75 °C	Für die Garzeit ist wichtig, ob das Fleisch am Stück, in Scheiben geschnitten oder gewürfelt gegart wird.
GRILLFLEISCH: Filet-, Sirloin-, Rib-Eye-, T-Bone- und Rumpsteak, Oberschale, Unterschale, Kurzgebratenes Steak	**Sirloin-, Rib-Eye-, T-Bone-, Rumpsteak, Oberschale, Unterschale:** Mit Öl oder zerlassener Butter einpinseln und bei starker Hitze auf jeder Seite für »rare« 2½ Min. grillen, für »medium« 4 Min., für »well done« 6 Min. Vor dem Servieren 2–3 Min. ruhen lassen. Oberschale und Unterschale nicht mehr als rosa garen. **Filetsteak:** Für »rare« auf jeder Seite 2 Min. grillen, für »medium« 3 Min. für »well done« 4 Min. 2–3 Min. ruhen lassen. **Kurzgebratenes Steak:** Nicht empfehlenswert.	**Filet-, Sirloin-, Rib-Eye-, T-Bone-, Rumpsteak:** In einer Pfanne Öl oder Öl und Butter stark erhitzen. Das Steak hineinlegen und jeder Seite für »rare« 2½ Min. braten, für »medium« 4 Min. und für »well done« 6 Min., dabei außer zum Wenden nicht bewegen. 2–3 Min. ruhen lassen. **Kurzgebratenes Steak:** Auf jeder Seite 1–1½ Min. braten und sofort servieren. **Oberschale und Unterschale:** Nicht mehr als rosa garen.	Nicht empfehlenswert.	**Rumpsteak, Oberschale, Unterschale** (ganze Stücke)**:** Den Backofen auf 160 °C vorheizen. Das Fleisch bräunen und nach Hinzufügen von Flüssigkeit 1½–2 Std. schmoren; **Sirloin-, Filet-, T-Bone- und Rib-Eye-Steak** (ganze Stücke): wie oben, aber 1–1½ Std. schmoren.
KURZGEBRATENES FLEISCH: Flanke, Dünnung, Bürgermeisterstück, Nierenzapfen (Kronfleisch), Hüftsteak	Ganze Stücke grillen oder Scheiben auf Spieße stecken. Den Grill stark erhitzen. Das Fleisch mit Öl einpinseln, auf jeder Seite 2–3 Min. grillen (maximal rosa) und sofort servieren. Ganze Stücke zum Servieren quer zur Faser in dünne Scheiben schneiden.	Ganz oder in Scheiben geschnitten braten. Öl und Butter in der Pfanne stark erhitzen. Das Fleisch auf jeder Seite 2–3 Min. braten (maximal rosa) und sofort servieren. Ganze Stücke zum Servieren quer zur Faser in dünne Scheiben schneiden.	Nicht empfehlenswert.	Ganze Stücke: Den Backofen auf 160 °C vorheizen. Fleisch und Gemüse bräunen, dann Flüssigkeit hinzufügen. Das Fleisch 2–3 Std. schmoren.
BRATEN MIT KNOCHEN: Roastbeef, Rippenbraten	Den Smokergrill auf 230 °C erhitzen. Das Fleisch 25 Min. mit geschlossenem Deckel garen. Die Hitze auf 190 °C reduzieren. Das Fleisch dann pro 500 g für »rare« 12–15 Min. garen, für »medium« 20 Min., für »well done« 25 Min. 20–30 Min. ruhen lassen.	Nicht empfehlenswert.	Den Ofen auf 230 °C vorheizen. Das Fleisch 25 Min. garen. Die Hitze auf 190 °C reduzieren. Das Fleisch dann pro 500 g für »rare« 12–15 Min. garen, für »medium« 20 Min., für »well done« 25 Min. 20–30 Min. ruhen lassen.	Den Backofen auf 160 °C vorheizen. Das Fleisch bräunen, dann Flüssigkeit hinzufügen. Den Braten 2–3 Std. schmoren.
BRATEN OHNE KNOCHEN: Filet, flaches Roastbeef, Hochrippe, Hüfte, Oberschale	Den Smokergrill auf 190 °C vorheizen. Das Fleisch pro 500 g 20 Min. garen, plus 20 Min. pro 500 g für »rare«, 25 Min. pro 500 g für »medium« und 30 Min. pro 500 g für »well done«. 20–30 Min. ruhen lassen.	Nicht empfehlenswert.	**Flaches Roastbeef, Hochrippe, Hüfte, Oberschale:** Den Ofen auf 190 °C vorheizen. Das Fleisch pro 500 g 20 Min. garen, plus 20 Min. pro 500 g für »rare«, 25 Min. pro 500 g für »medium«, 30 Min. pro 500 g für »well done«. 20–30 Min. ruhen lassen. **Filet** und **Chateaubriand:** Den Backofen auf 230 °C vorheizen. Das Fleisch in heißem Öl in einer Pfanne anbraten, dann im Ofen garen, für »rare« pro 500 g 10–12 Min., für »medium« pro 500 g 12–15 Min., für »well done« pro 500 g 14–16 Min. 10 Min. ruhen lassen.	Den Backofen auf 160 °C vorheizen. Das Fleisch bräunen, dann Flüssigkeit hinzufügen. Den Braten 2–3 Std. schmoren.
SCHMORBRATEN: Kugel, Unterschale, Oberschale, Tafelspitz, Schulter, Brust	Den Smokergrill auf 160 °C erhitzen. Das Fleisch mit Öl einreiben und bei indirekter Hitze 3–4 Std. garen, bis es weich ist.	Nicht empfehlenswert.	Nicht empfehlenswert.	Den Backofen auf 160 °C vorheizen. Das Fleisch bräunen, dann Flüssigkeit hinzufügen. Den Braten 3–4 Std. schmoren, bis er sehr weich ist.
LANGSAM GEGARTE ZUSCHNITTE: Alle Steaks zum Kurzbraten plus Hesse, Nacken, Schulter, Rippen, Querrippe	Nicht empfehlenswert.	Nicht empfehlenswert.	Nicht empfehlenswert.	Den Backofen auf 160 °C vorheizen. Das Fleisch bräunen, dann Flüssigkeit hinzufügen. Den Braten 3–4 Std. schmoren, bis er sehr weich ist.
HACKFLEISCH	Den Grill auf hoher Stufe vorheizen. Das Fleisch an Spieße drücken oder zu Frikadellen formen. Mit Öl einpinseln und unter gelegentlichem Wenden 10–15 Min. garen oder bis die Kerntemperatur 75 °C beträgt.	Das Hackfleisch anbraten, dann mit Flüssigkeit 20–30 Min. köcheln lassen. Oder das Fleisch an Spieße drücken oder zu Frikadellen formen. Mit Öl einpinseln und unter gelegentlichem Wenden 10–15 Min. garen oder bis die Kerntemperatur 75 °C beträgt.	Nicht empfehlenswert.	Das Hackfleisch anbraten, dann Flüssigkeit hinzufügen. Je nach verwendetem Fleisch 1–2 Std. auf dem Herd köcheln lassen.

KALB

ZUSCHNITT	DIREKTGRILL/SMOKERGRILL	BRATEN/PFANNENRÜHREN	IM BACKOFEN GAREN	SCHMOREN/DÜNSTEN
ANMERKUNGEN **Temperaturen:** Gelten allgemein, können aber je nach Rezept variieren.	**Zeitangaben gelten für 2,5 cm dicke Stücke.** Bei dickeren Stücken ist die Garzeit länger, bei dünneren kürzer.	**Zeitangaben gelten für 2,5 cm dicke Stücke.** Bei dickeren Stücken ist die Garzeit länger, bei dünneren kürzer.	**Kerntemperatur:** rare = 60 °C, medium rare = 63 °C, medium = 65 °C, well done = 75 °C	Für die Garzeit ist wichtig, ob das Fleisch am Stück, in Scheiben geschnitten oder gewürfelt gegart wird.
STEAKFLEISCH: Oberschale, Unterschale, Schnitzel, Rumpsteak, Sirloin-, Filet-, Rib-Eye- und T-Bone-Steak, Lendensteak, Kotelett	Den Grill auf hoher Temperatur vorheizen. Das Fleisch mit Öl oder zerlassener Butter einpinseln. Für »rare« auf jeder Seite 2½ Min. grillen, für »medium« auf jeder Seite 4 Min., für »well done« auf jeder Seite 6 Min. 2–3 Min. ruhen lassen. **Schnitzel:** Den Grill auf hoher Temperatur vorheizen. Das Fleisch mit Öl einpinseln und auf jeder Seite 2 Min. braten. (Nicht geeignet für panierte Schnitzel.) **Fleischspieße:** Den Grill auf hoher Temperatur vorheizen. Das Fleisch mit Öl einpinseln und auf jeder Seite 2–3 Min. grillen. **Kurzgebratenes Steak:** Nicht empfehlenswert.	Öl oder Butter und Öl in einer Pfanne sehr heiß werden lassen. Steak in die Pfanne legen und für »rare« auf jeder Seite 2½ Min. braten, für »medium« auf jeder Seite 4 Min. und für »well done« auf jeder Seite 6 Min., dabei außer beim Wenden nicht bewegen. 2–3 Min. ruhen lassen. **Schnitzel:** In einer Pfanne reichlich Schmalz, Öl oder Butter erhitzen. Panierte Schnitzel auf jeder Seite 3 Min. braten, unpanierte 2 Min. **Gewürfeltes Keulenfleisch:** Das Fleisch in Öl oder Butter und Öl rundum rasch bräunen. Große Stücke 5 Min. ruhen lassen. **Kurzgebratenes Steak:** Auf jeder Seite 1–1½ Min. braten und sofort servieren. **Ober- und Unterschale:** Rosa garen.	Nicht empfehlenswert.	Ganze Stücke rundum bräunen, dann gebräuntes Gemüse und Flüssigkeit hinzufügen. 1–1½ Std. auf dem Herd köcheln lassen oder bei 180 °C im Backofen schmoren, bis das Fleisch weich ist.
KURZGEBRATENES FLEISCH: Flanke, Dünnung, Bürgermeisterstück, Nierenzapfen (Kronfleisch), Hüftsteak	Ganze Stücke grillen oder Scheiben auf Spieße stecken. Mit Öl einpinseln und bei hoher Temperatur auf jeder Seite 2–3 Min. grillen, dann sofort servieren. Nicht mehr als rosa garen. Ganze Stücke zum Servieren quer zur Faser in dünne Scheiben schneiden.	Ganz oder in Scheiben geschnitten braten: In einer Pfanne Öl und Butter sehr heiß werden lassen. Das Fleisch auf jeder Seite 2–3 Min. braten, dann sofort servieren. Nicht mehr als rosa garen. Ganze Stücke zum Servieren quer zur Faser in dünne Scheiben schneiden.	Nicht empfehlenswert.	Den Backofen auf 160 °C vorheizen. Fleisch und Gemüse bräunen, dann Flüssigkeit hinzufügen. Alles 2–3 Std. schmoren.
BRATEN MIT KNOCHEN: Roastbeef, Rippenbraten	Den Smokergrill auf 230 °C erhitzen. Das Fleisch mit geschlossenem Deckel 25 Min. garen. Die Hitze auf 190 °C reduzieren. Das Fleisch für »rare« pro 500 g 12–15 Min. garen, für »medium« pro 500 g 20 Min., für »well done« pro 500 g 25 Min. 20–30 Min. ruhen lassen.	Nicht empfehlenswert.	Den Ofen auf 230 °C vorheizen. Das Fleisch 20 Min. braten. Die Hitze auf 190 °C reduzieren. Das Fleisch für »rare« pro 500 g 12–15 Min. braten, für »medium« pro 500 g 20 Min. und für »well done« pro 500 g 25 Min. Dann 15–20 Min. ruhen lassen.	Das Fleisch auf beiden Seiten bräunen, dann gebräunte Gemüse und Flüssigkeit hinzufügen. Alles auf dem Herd 1½–2 Std. köcheln lassen oder bei 180 °C im Backofen schmoren, bis das Fleisch weich ist.
BRATEN OHNE KNOCHEN: Oberschale, Unterschale, Hüfte, Filet, Rücken, Karree	Den Smokergrill auf 190 °C vorheizen. Das Fleisch pro 500 g 20 Min. garen, für »rare« pro 500 g weitere 20 Min., für »medium« 25 Min. pro 500 g plus weitere 25 Min. und für »well done« pro 500 g 30 Min. plus weitere 30 Min. 20 Min. ruhen lassen.	Nicht empfehlenswert.	**Oberschale, Unterschale, Hüfte, Rücken, Karree:** Den Backofen auf 190 °C vorheizen. Das Fleisch pro 500 g 15 Min. braten, dann für »rare« pro 500 g weitere 20 Min., für »medium« pro 500 g 25 Min. und für »well done« pro 500 g 30 Min. Dann 20–30 Min. ruhen lassen. **Filet** und **Chateaubriand:** Den Backofen auf 230 °C vorheizen. Das Fleisch in einer Pfanne in heißem Öl anbraten, dann im Ofen für »rare« pro 500 g 10–12 Min. braten, für »medium« pro 500 g 12–15 Min. und für »well done« pro 500 g 14–16 Min. Dann 10 Min. ruhen lassen.	Das Fleisch rundum anbraten, dann gebräuntes Gemüse und Flüssigkeit hinzufügen. Alles 1–1½ Std. auf dem Herd köcheln lassen oder bei 180 °C im Ofen schmoren lassen, bis das Fleisch weich ist.
SCHMORBRATEN: Kugel, Unterschale, Oberschale, Tafelspitz, Schulter, Nacken, Brust	Das Fleisch langsam garen: Den Smokergrill auf 160 °C vorheizen, das Fleisch mit Öl einpinseln und bei indirekter Hitze 3–4 Std. garen oder bis es weich ist.	Nicht empfehlenswert.	Nicht empfehlenswert.	Das Fleisch rundum anbraten, dann gebräuntes Gemüse und Flüssigkeit hinzufügen. Alles 1–1½ Std. auf dem Herd köcheln lassen oder bei 180 °C im Ofen schmoren lassen, bis das Fleisch weich ist.
LANGSAM GEGARTE SCHNITTE: Kurz gebratenes Fleisch sowie Haxe, Nacken, Rippen, Querrippe	Nicht empfehlenswert, außer für Fleisch zum Kurzbraten.	Nicht empfehlenswert, außer für Fleisch zum Kurzbraten.	Nicht empfehlenswert.	Den Backofen auf 160 °C vorheizen. Das Fleisch anbraten, dann Flüssigkeit hinzufügen. Das Fleisch 2–3 Std. schmoren, bis es sehr weich ist.
HACKFLEISCH	Burger, Fleischspieße u. Ä. mit Öl einpinseln und bei starker Hitze 8 Min. grillen, dabei zweimal wenden. Nach Reduzieren auf mittlere Hitze weitere 8–10 Min. grillen oder bis sie gar sind.	Burger, Fleischspieße u. Ä. in heißem Öl, Schmalz oder Butter 10–15 Min. braten oder bis die Kerntemperatur 75 °C beträgt, dabei ab und zu wenden.	Nicht empfehlenswert.	Hackfleisch und Gemüse in einer Pfanne anbraten, dann 1–1½ Std. mit Flüssigkeit köcheln lassen oder bei 180°C im Ofen schmoren.

LAMM, SCHAF & ZIEGE

ZUSCHNITT	DIREKTGRILL/SMOKERGRILL	BRATEN/PFANNENRÜHREN	IM BACKOFEN GAREN	SCHMOREN
ANMERKUNGEN **Temperaturen:** Gelten allgemein, können aber je nach Rezept variieren.	**Die Garzeit ist je nach Dicke des Fleischs unterschiedlich.**	**Die Garzeit ist je nach Dicke des Fleischs unterschiedlich.**	**Kerntemperatur:** rare = 60 °C , medium = 65 °C, well done = 75 °C	
LAMM **Hüfte/Keule**	**Hüftsteaks:** Den Grill auf hoher Temperatur vorheizen. Das Fleisch mit Öl einpinseln, auf jeder Seite 3–4 Min. grillen, 5 Min. ruhen lassen. **Fleischspieße:** Wie Steaks, aber auf jeder Seite 2 Min. grillen. **Braten mit und ohne Knochen:** Den Smokergrill auf 200 °C vorheizen. Das Fleisch pro 500 g 25–30 Min. garen, dann pro 500 g 5–10 Min. ruhen lassen.	**Hüftsteaks:** In einer heißen Pfanne Öl und Butter erhitzen. Das Fleisch auf jeder Seite 2 Min. anbraten und nach Reduzieren der Hitze pro Seite noch einmal 2–4 Min. garen. Ruhen lassen. **Fleischspieße:** Auf jeder Seite 2 Min. braten und sofort servieren. Für **Braten** nicht empfehlenswert.	**Hüftsteaks** (2,5 cm dick): Den Backofen auf 200 °C vorheizen. Das Fleisch mit Butter oder Öl einpinseln und 30–45 Min. braten. **Braten mit und ohne Knochen:** Den Backofen auf 200 °C vorheizen. Das Fleisch pro 500 g 25–30 Min. braten, dann pro 500 g 5 Min. ruhen lassen.	**Hüftsteaks** (2,5 cm dick): Das Fleisch anbraten, dann mit Flüssigkeit 1 Std. auf dem Herd köcheln lassen oder bei 190 °C im Ofen schmoren. **Gewürfeltes Keulenfleisch:** Wie Steaks, aber 1–1½ Std. garen. **Braten mit und ohne Knochen:** Rundum anbraten, dann mit Flüssigkeit bei 180 °C etwa 3–3½ Std. im Backofen garen.
Sattel und Rücken	Den Grill auf hohe Temperatur erhitzen. Das Fleisch mit Öl einpinseln. **Rückenkoteletts, doppelte Koteletts** und **Medaillons** wie Hüftsteaks grillen, **Schmetterlingssteaks** wie Fleischspieße. **Rückenbraten:** Auf höchster Temperatur auf jeder Seite 2 Min. bräunen, dann auf halber Hitze pro Seite 3–4 Min. grillen. 5–10 Min. ruhen lassen.	**Rückenkoteletts, doppelte Koteletts und Rückensteaks:** Wie Hüftsteaks braten. **Schmetterlingssteaks:** Wie Fleischspieße braten. **Rückenbraten:** Das Fleisch auf jeder Seite 2 Min. anbraten, nach Reduzieren der Hitze pro Seite weitere 3–5 Min. braten; 5–10 Min. ruhen lassen. **Sattelbraten:** Nicht empfehlenswert.	**Sattel:** Wie Keulenbraten garen. **Rückenkoteletts oder doppelte Koteletts:** Wie Hüftsteaks garen. **Schmetterlingssteaks:** Nicht empfehlenswert. **Rückenbraten:** Den Backofen auf 220 °C vorheizen. Das Fleisch rundum anbraten, dann 8–10 Min. im Ofen garen und 5–10 Min. ruhen lassen.	**Sattel** wie einen Keulenbraten schmoren, aber 2–2½ Std. **Rückenkoteletts, doppelte Koteletts** und **Medaillons** wie Hüftsteaks garen. Für **Schmetterlingssteaks** nicht empfehlenswert. **Rückenbraten** wie Keulenbraten garen, aber 1–1½ Std.
Karree	**Koteletts** und **ausgelöstes Lammnackenkarree** wie Hüftsteaks garen. **Ganzes Karree:** Den Smokergrill auf 200 °C vorheizen. Das Fleisch pro 500 g 25–30 Min. garen, dann pro 500 g 5–10 Min ruhen lassen.	**Ausgelöstes Karree, Kotelett** wie Hüftsteaks garen. **Ganzes Karree:** Nicht empfehlenswert.	**Ausgelöstes Karree** und **Koteletts** wie Hüftsteaks braten, **ganzes Karree** wie einen Rückenbraten, eine **Lammkrone** wie Keulenbraten.	**Ausgelöstes Karree** und **Koteletts** wie Hüftsteaks schmoren, **Lammkarree** und **Lammkrone** wie Keulenbraten, aber 1–1½ Std.
Vorderviertel, Dünnung und Brust	**Schultersteaks** wie Hüftsteaks grillen. Für andere Teilstücke nicht empfehlenswert.	**Schultersteaks** wie Hüftsteaks braten. Für andere Teilstücke nicht empfehlenswert.	**Schulterbraten mit und ohne Knochen:** Den Backofen auf 200 °C vorheizen. Das Fleisch 20–30 Min. garen, dann pro 500 g weitere 30 Min. Danach 30 Min. ruhen lassen. Für andere Teilstücke nicht empfehlenswert.	**Schultersteaks:** Wie Hüftsteaks schmoren. **Gewürfeltes Schulterfleisch:** Wie Hüftsteaks schmoren, aber 1½–2 Std. **Schulterbraten:** Wie Keulenbraten schmoren. **Haxe, Brust, Nacken:** Anbraten, dann mit Flüssigkeit 1½–2 Std. auf dem Herd köcheln lassen oder bei 160 °C in Ofen garen.
Hackfleisch von Lamm, Schaf und Ziege	Das Fleisch an Spieße drücken oder zu Frikadellen formen. Mit Öl einpinseln und auf jeder Seite bei starker Hitze 2 Min. grillen, dann 5 Min. ruhen lassen.	Das Hackfleisch anbraten, dann mit Flüssigkeit 45–60 Min. köcheln lassen. Oder zu Frikadellen formen und auf jeder Seite 3–5 Min. braten.	Nicht empfehlenswert.	Anbraten, dann mit Flüssigkeit 1½–2 Std. auf dem Herd köcheln lassen oder bei 160 °C im Ofen garen.
SCHAF UND ZIEGE **Hüfte/Keule**	**Hüftsteaks und Fleischspieße:** Wie Lammsteaks und Lammspieße garen. **Jungziegen- und Schafbraten:** Wie Lammkeule garen. Für alte Schafe oder Ziegen nicht empfehlenswert.	**Hüftsteaks und Fleischspieße:** In einer Pfanne Öl oder Butter erhitzen. Steaks auf jeder Seite 3–5 Min. braten, bis der gewünschte Gargrad erreicht ist. Fleischspieße auf jeder Seite 2–4 Min. braten.	**Braten:** Den Backofen auf 230 °C vorheizen. Für rosa gebratenes Fleisch pro 500 g 12 Min. braten, dann pro 500 g 12 Min. ruhen lassen. Für »well done« die Hitze auf 180 °C reduzieren und den Braten pro 500 g weitere 15–20 Min. garen, dann 5–10 Min. ruhen lassen.	**Hüftsteaks und gewürfeltes Keulenfleisch:** Das Fleisch anbraten, dann mit Flüssigkeit 1–1½ Std. auf dem Herd köcheln lassen oder bei 180 °C im Ofen schmoren. **Braten:** Rundum anbraten, dann mit Gemüse und Flüssigkeit zugedeckt 2–3 Std. köcheln lassen.
Rücken und Rippen	**Rückenkoteletts** wie Hüftkoteletts garen. Für **Sattel** nicht empfehlenswert.	**Rückenkoteletts** wie Hüftkoteletts garen. Für **Sattel** nicht empfehlenswert.	**Sattel** und **Rückenbraten** wie Keulenbraten garen. Für **Rippen** nicht empfehlenswert.	**Rückenkoteletts:** Wie Hüftsteaks. **Rückenbraten:** Den Backofen auf 150 °C vorheizen. Das Fleisch rundum anbraten, dann mit Flüssigkeit 50 Min. im Ofen garen. Die Hitze auf 130 °C reduzieren. Den Braten gut beschöpfen, dann weitere 45 Min. garen.
Vorderviertel	Nicht empfehlenswert.	Nicht empfehlenswert.	Nicht empfehlenswert.	**Schulterbraten, Nacken:** Wie Hüftsteaks garen, aber 2–2½ Std. **Gewürfeltes Schulterfleisch:** 1½–2 Std. schmoren. **Haxe:** Wie Hüftsteaks, aber 2½–3 Std. garen.

HAARWILD & ANDERE TIERE

ZUSCHNITT	DIREKTGRILL/SMOKERGRILL	BRATEN/PFANNENRÜHREN	IM BACKOFEN GAREN	SCHMOREN
ANMERKUNGEN **Temperaturen:** Gelten allgemein, können aber je nach Rezept variieren.	**Die Garzeit ist je nach Dicke des Fleischs unterschiedlich.**	**Die Garzeit ist je nach Dicke des Fleischs unterschiedlich.**	**Kerntemperatur:** rare = 60 °C, medium = 65 °C	
HIRSCH UND REH **Hüftsteak, Rückensteak, Filetsteak, T-Bone-Steak, Kotelett** **Strauß** **Bruststeak, Keulensteak** **BISON UND BÜFFEL** **Hüftsteak, T-Bone-Steak, Filetsteak, Rib-Eye-Steak**	**Hüftsteak/Bruststeak** (nur von Jungtieren): Den Grill auf hoher Temperatur vorheizen. Das Fleisch mit Butter oder Öl einpinseln und auf beiden Seiten bräunen. Die Hitze reduzieren. Das Fleisch garen, für »rare« pro cm 1½ Min., für »medium« pro cm 2 Min., zwischendurch einmal wenden. 3–5 Min. ruhen lassen. **Gewürfeltes Keulen-/Brustfleisch** (nur von Jungtieren): Auf Spieße stecken und rundum bräunen, dann sofort servieren.	**Hüftsteak** (nur von Jungtieren): In der Pfanne Butter oder Butter und Öl erhitzen. Steaks auf beiden Seiten anbraten. Die Hitze reduzieren. Steaks garen, dabei einmal wenden. Ruhen lassen. Gargrade: für »rare« 3 Min. bräunen, pro cm jeweils 1 Min. garen und ruhen lassen. Für »medium« 4 Min. bräunen, pro cm jeweils 1½ Min. garen und ruhen lassen. **Gewürfeltes Keulen-/Brustfleisch** (nur von Jungtieren): Lose garen oder auf Spieße stecken. Mit Butter oder Öl einpinseln. In sehr heißer Pfanne rundum bräunen. Sofort servieren.	Nicht empfehlenswert.	**Hüft-/Bruststeaks** (nur von jungen Hirschen): Fleisch bräunen, dann Fleisch **von jüngeren Tieren** bei 190 °C 1½–2 Std. garen, **von älteren Tieren** bei 180 °C etwa 2–3 Std. **Gewürfeltes Keulen-/Brustfleisch:** Den Backofen auf 160 °C vorheizen. Das Fleisch anbraten, dann Fleisch von jüngeren Tieren 1½ Std. schmoren, das **von älteren Tieren** 2–3 Std.
BRATEN MIT KNOCHEN: **Hirsch und Reh: Sattel, Karree, Keule** **Bison und Büffel: Roastbeef, Rückenbraten, Hohe Rippe**	**Nur Braten von Jungtieren grillen.** Den Smokergrill auf 230 °C erhitzen. Das Fleisch rundum bräunen, dann für »rare« pro cm 2½ Min. garen und abgedeckt pro cm 2 Min. ruhen lassen, für »medium« pro cm 3 Min. garen und pro cm 3 Min. ruhen lassen.	Nicht empfehlenswert.	**Nur Braten von Jungtieren verwenden.** Den Backofen auf 230 °C vorheizen. Das Fleisch rundum bräunen. Für »rare« pro cm 2½ Min. garen, dann die Hitze auf 80 °C reduzieren und das Fleisch pro cm 2 Min. im Ofen ruhen lassen, für »medium« pro cm 3 Min. garen und pro cm 3 Min. ruhen lassen.	Den Backofen auf 190 °C vorheizen. Das Fleisch anbraten, dann mit Flüssigkeit 1½–2½ Std. schmoren, bis es weich ist. Braten **von älteren Tieren** bei 180 °C 2½–3½ Std. schmoren, bis sie weich sind.
BRATEN OHNE KNOCHEN: **Hirsch und Reh: Keulenrollbraten, Rücken** **Strauß: Brust, Keule** **Bison und Büffel: Filet, Roastbeef, Hochrippe, Hüfte**	Wie Braten mit Knochen grillen.	Nicht empfehlenswert.	Den Backofen auf 230 °C vorheizen. Das Fleisch rundum bräunen. Für »rare« pro cm 2 Min. garen, dann pro cm 2–3 Min. ruhen lassen, für »medium« pro cm 3 Min. garen, dann pro cm für 2–3 Min. ruhen lassen.	Den Backofen auf 190 °C vorheizen. Das Fleisch anbraten, dann für 1½–2 Std. schmoren, Fleisch **von älteren Tieren** 2½–3½ Std.
SCHMORFLEISCH: **Reh und Hirsch: Schulter, Keule** **Strauß: Brust** **Bison und Büffel: Keule und Schulter**	Nicht empfehlenswert.	Steaks bei starker Hitze kurz braten und rosa servieren, damit sie nicht zäh werden.	Nicht empfehlenswert.	Den Backofen auf 160 °C vorheizen. Das Fleisch anbraten, dann 2–3 Std. schmoren, das Fleisch **von älteren Tieren** 3–4 Std.
LANGSAM GEGARTE ZUSCHNITTE: **Hirsch: Haxe, Nacken, Dünnung** **Bison und Büffel: Haxe, Nacken, Schulter, Rippen, Querrippe**	Nicht empfehlenswert.	Nicht empfehlenswert.	Nicht empfehlenswert.	**Haxe:** 4 Std. auf dem Herd köcheln lassen oder bei 160 °C im Ofen schmoren, Fleisch **von älteren Tieren** 4–5 Std. **Andere Teilstücke:** Den Backofen auf 160 °C vorheizen. Das Fleisch bräunen, dann 2–3 Std. schmoren, das **von älteren Tieren** 3–4 Std.
HACKFLEISCH: **alle Fleischarten**	Grill auf hoher Temperatur vorheizen. Das Fleisch an Spieße drücken oder zu Frikadellen formen. Mit Öl einpinseln und 8–10 Min. grillen, ab und zu wenden.	Hackfleisch anbraten, dann mit Flüssigkeit 45–60 Min. köcheln lassen. Oder zu Frikadellen formen und auf jeder Seite 3–5 Min. braten.	Nicht empfehlenswert.	Anbraten, dann für 1–2 Std. köcheln lassen oder bei 160 °C im Ofen schmoren.
WILDSCHWEIN	**Nur Fleisch von jungem Wildschwein verwenden.** Wie bei Hirschfleisch verfahren.	**Nur Fleisch von jungem Wildschwein verwenden.** Wie bei Hirschfleisch verfahren.	**Nur Fleisch von jungem Wildschwein verwenden.** Wie bei Hirschfleisch verfahren.	Wildschweinfleisch wie Fleisch von älteren Hirschen schmoren.
PFERD UND KÄNGURU	Wie Hirschfleisch grillen. **Nur junges Känguru verwenden.**	Wie Hirschfleisch braten. **Nur junges Känguru verwenden.**	Wie Hirschfleisch garen. **Nur junges Känguru verwenden.**	Wie Hirschfleisch schmoren.
HASE	Nicht empfehlenswert.	Nicht empfehlenswert.	**Hasensattel** wie Hirschbraten mit Knochen garen.	Wie Hirschbraten mit Knochen garen.
KANINCHEN	**Nur Teile von Hauskaninchen grillen.** In Öl marinieren, dann bei mittlerer Hitze 15–20 Min. grillen.	**Nur Teile von Hauskaninchen braten.** In Öl marinieren, dann bei mittlerer Hitze 15–20 Min. braten.	**Sattel** und **Keulen von Hauskaninchen; von Wildkaninchen nur Sattel.** In der Pfanne anbraten, dann bei 220 °C 5–10 Min. im Ofen garen. Vor dem Servieren 5 Min. ruhen lassen.	Mit Flüssigkeit bedeckt 1½–2½ Std. köcheln lassen oder bis das Fleisch weich ist.

REZEPTFÜHRER

LANGSAM GEGARTE GERICHTE

OSSOBUCO
Seite 287

EINTOPF MIT EISBEIN UND TOPINAMBUR Seite 136

TSCHOLENT
Seite 92

CAJUN-GUMBO
Seite 139

WILDSCHWEINCURRY
Seite 239

UNGARISCHES GULASCH
Seite 113

LAMMTAJINE MIT APRIKOSEN
Seite 200–201

RINDERHESSE IN ROTWEIN
Seite 177

ENTENRAGOUT
Seite 91

OCHSENSCHWANZ MIT CLEMENTINEN
Seite 286

SCHWEINESCHULTER MIT MUSCHELN
Seite 114

RINDFLEISCH-DAUBE MIT BACKPFLAUMEN Seite 155

PROBIEREN SIE AUCH …

IM BACKOFEN GEGARTE GERICHTE

GEBRATENES RAUFUSSHUHN
Seite 248

KRÄUTERPOULARDE
Seite 80

RINDERHOCHRIPPE MIT SIRUP-SENF-KRUSTE
Seite 160

TURDUCKEN
Seite 83

SCHWEINEBRATEN MIT CIDRE-SAUCE
Seite 112

SCHWEINEFILET IN PARMASCHINKEN
Seite 121

STUBENKÜKEN MIT EINGELEGTEN ZITRONEN Seite 95

SKANDINAVISCHE SCHAFKEULE MIT HONIG UND WURZELGEMÜSE Seite 218

FAISAN À LA NORMANDE
Seite 245

FEURIGES RINDERFILET MIT RÖSTGEMÜSE Seite 165

PORCHETTA
Seite 127

LAMMKARREE MIT SELLERIEGALETTEN
Seite 205

FRANGO PIRI-PIRI
Seite 79

PROBIEREN SIE AUCH …

BAYERISCHER SCHWEINSBRATEN
Seite 110

IN DER PFANNE ZUBEREITETE GERICHTE

SCALOPPINE MIT SALSA VERDE
Seite 179

KALBSSCHNITZEL MIT SPIEGELEI, KAPERN UND PETERSILIE Seite 180

FILETSTEAKS MIT ROQUEFORT-SAUCE
Seite 163

BUTTERMILCHHÄHNCHEN MIT KEKSEN
Seite 64

FRIKADELLER
Seite 109

PROBIEREN SIE AUCH ...

- **Southern fried chicken** (Seite 71)
- **Entenbrust mit Himbeer-Kardamom-Sauce** (Seite 85)
- **Schweinefleisch-Satays** (Seite 124)
- **Schweineschnitzel mit Senf-Sahne-Sauce** (Seite 132)
- **Landschinken mit Polenta** (Seite 136)
- **Rindfleisch-Erbsen-Küchlein** (Seite 152)
- **Rinderfiletsteaks mit Rösti** (Seite 164)
- **Wasabi-Steak mit Pak Choi** (Seite 170)
- **Kalbsschnitzel mit Paprikaschoten** (Seite 180)
- **Lammfleischburger mit Tomatenrelish** (Seite 195)
- **Lammlachse mit Paprikaschoten** (Seite 203)
- **Hirschkoteletts mit Pfifferlingen** (Seite 236)
- **Perlhuhn mit Räucherspeck** (Seite 253)
- **Wildentenbrust mit Orangensauce** (Seite 255)
- **Kalbsleber mit Salbei** (Seite 271)
- **Kalbsleber mit Zwiebeln und Kartoffelpüree** (Seite 272)
- **Hirschleber mit Zwiebeln** (Seite 272)
- **Gebratenes Hirschherz** (Seite 274)
- **Hähnchenleber mit Marsala** (Seite 275)

HIRSCHSTEAK MIT BROMBEEREN
Seite 238

VOM GRILL

CUBANO
Seite 137

STRAUSSENFLEISCHBURGER
Seite 257

KLASSISCHE BURGER
Seite 153

RINDFLEISCH MIT CHIMICHURRI
Seite 159

CAJUN-HÄHNCHEN
Seite 74

MAROKKANISCHE LEBER-HERZ-SPIESSE Seite 272

LAMMSPIESSE MIT JOGHURTDRESSING UND GRANATAPFELKERNEN Seite 196

PROBIEREN SIE AUCH …

- **Gegrillte Pute** (Seite 83)
- **Gai yang** (Seite 95)
- **Chipotle-Zimt-Speck** (Seite 125)
- **Gegrillte Rippchen** (Seite 130)
- **Featherblade-Steak mit Olivenbutter** (Seite 153)
- **Karibisches Jerk-Fleisch** (Seite 162)
- **Filetsteaks mit Rote-Bete-Salat** (Seite 164)
- **Sirloinsteak mit Ingwer-Honig-Glasur** (Seite 172)
- **Kalbfleischspieße** (Seite 183)
- **Lammköfte** (Seite 194)
- **Lammnacken mit Sardellenpaste** (Seite 198)
- **Lammfilet mit Tomaten-Basilikum-Salat** (Seite 202)
- **Lammkoteletts vom Grill mit Aubergine und Rotkohlsalat** (Seite 206)
- **Gegrilltes Lamm mit Minze-Hollandaise** (Seite 209)
- **Gegrillte Hirschkeule** (Seite 236)
- **Straußensteaks** (Seite 254)

GEFLÜGEL

GEFLÜGEL

GEFLÜGEL GEHÖRT AUF DER GANZEN WELT ZU DEN BELIEBTESTEN FLEISCHARTEN. ES IST SCHMACKHAFT UND ZART UND NIMMT LEICHT EINE VIELFALT ANDERER AROMEN AUF. AUSSERDEM KOSTET ES RELATIV WENIG UND LÄSST SICH EINFACH ZUBEREITEN. AUS ALL DIESEN GRÜNDEN WIRD ES IN JEDEM LAND DER ERDE GERN GEGESSEN.

DIESE BELIEBTHEIT hat natürlich bei allen Geflügelarten zu einer enormen Nachfrage geführt. Pro Jahr werden weltweit allein fast 100 Millionen Tonnen Hähnchen für den Verkauf produziert, wobei die meisten Tiere aus Intensivhaltung stammen.

PRODUKTIONSMETHODEN

Es gibt verschiedene Methoden der Geflügelzucht. Nachfolgend sind die wichtigsten beschrieben, wenngleich sie sich in manchen Bereichen überschneiden.

- **Private Freilandhaltung** Das Geflügel kann sich an der frischen Luft – etwa auf einem Hof, auf einer Wiese oder zwischen Buschwerk – frei bewegen und scharren. Durch eine vielfältige Ernährung und genügend Auslauf bekommt das Fleisch der Tiere eine optimale Qualität. Gelegentlich wird es regional zum Verkauf angeboten. Es lohnt sich, danach zu suchen.
Ernährung: Abwechslungsreich, häufig aber auch mit Kraftfutter (s. rechts).
- **Kommerzielle Freilandhaltung** Bei frischer Luft und Bewegung wächst Freilandgeflügel nur langsam. Hühner haben im besten Fall reichlich Auslauf mit viel Pflanzenbewuchs, sodass sie auch ein natürliches Sozialverhalten entwickeln können. Zudem steht ihnen ein Stall zur Verfügung, der ihnen Schatten und Schutz bietet.
Ernährung: Kraftfutter und Freilandpflanzen.
- **Intensive Freilandhaltung** Hier können die Tiere tagsüber ins Freie gehen, werden aber in solchen Massen gehalten, dass sie in ihren Ausläufen nur wenige oder gar keine Pflanzen finden. Im schlechtesten Fall leben sie in Ställen mit Tiefstreu und ein oder zwei kleinen Türen, durch die nur wenige Tiere den Weg ins Freie finden.
Ernährung: Kraftfutter.
- **Bodenhaltung** Bei dieser Haltungsart leben Tausende Tiere in großen klimatisierten oder belüfteten Ställen, ohne je ins Freie zu kommen. Sie können herumlaufen und auf Stangen sitzen, wenngleich unter

FAST 100 MILLIONEN TONNEN HÄHNCHEN WERDEN PRO JAHR WELTWEIT ALLEIN FÜR DEN VERKAUF PRODUZIERT, WOBEI DIE MEISTEN TIERE AUS INTENSIVHALTUNG STAMMEN.

extrem beengten Bedingungen. Sich ansammelnder Ammoniak aus ihren Ausscheidungen kann bei den Tieren Gesundheitsprobleme und Missbildungen verursachen.
Ernährung: Kraftfutter.

- **Käfighaltung** In Käfigen werden meist Legehennen gehalten, die hier weder auf Stangen sitzen noch herumlaufen können. Die gesetzlichen Regelungen für eine Käfighaltung sind in einzelnen Ländern unterschiedlich.
Ernährung: Kraftfutter.
- **Biohaltung** Es gibt verschiedene Erzeugerverbände, die unterschiedliche Anforderungen an ihre Mitglieder stellen. Allgemein kann man hier aber davon ausgehen, dass die Tiere im Freiland mit Biofutter gezogen werden und nicht unter zu beengten Bedingungen leben. Bei dieser Haltung sind nur selten Medikamentengaben erforderlich.
Ernährung: Biokraftfutter, Pflanzen.

GEFLÜGELFUTTER

Abgesehen von Enten und Gänsen, die sich hauptsächlich von Pflanzen ernähren, handelt es sich bei den übrigen Geflügelarten um Allesfresser. Bei fast allen Methoden der Geflügelzucht wird Kraftfutter eingesetzt, das Protein, etwa in Form von Soja, Getreide oder tierischem Protein, enthält. Zudem werden diesem Futter Vitamine und notwendige Spurenelemente zugesetzt, damit die Tiere gesund bleiben (mehr über Getreideproduktion und Kraftfutter s. S. 10–11).

GESUNDHEIT UND SICHERHEIT

In vielen Ländern werden dem Geflügelfutter Wachstumsförderer zugesetzt, darunter Antibiotika, Wachstumshormone und selbst arsenhaltige Substanzen. Einige Länder haben ein Verbot für die Verwendung dieser Substanzen (insbesondere Wachstumshormone) erlassen, in anderen werden diese jedoch immer noch unter das Futter gemischt.

Da beim Verzehr von unzureichend gegartem Geflügel die Gefahr einer Erkrankung durch Salmonellen oder Kolibakterien besteht, empfiehlt es sich stets, Geflügel zu garen, bis es eine Kerntemperatur von mindestens 75 °C erreicht hat. Küchenutensilien, die mit rohem Geflügel in Kontakt gekommen sind, sollten stets sorgfältig in heißem Wasser abgewaschen werden. Zudem sollte Geflügel stets gekühlt verkauft und richtig gelagert werden.

GEFLÜGEL KAUFEN

Da die Produktionsmethoden Einfluss auf den Preis haben und Verbraucher preiswertes Fleisch verlangen, kommt häufig Geflügelbrust in den Handel, die mit Wasser, Salz und Aromastoffen aufgespritzt wurde, damit sie günstiger angeboten werden kann und zudem besser aussieht. Industriell verarbeitete Lebensmittel aus Formfleisch wie Chicken-Nuggets und Wurst werden oft aus dem Fleisch alter Legehennen – also Hühnern aus extremer Massentierhaltung – oder Haut und Fett oder gar gemahlenen Knochen hergestellt. Zum Teil ist dies auf der Verpackung angegeben. Deshalb sollte man Etiketten vor dem Kauf von Produkten genau studieren.

ARTEN UND RASSEN

Auf jeder Geflügelschau werden Hunderte Rassen präsentiert, von denen jede für einen bestimmten Zweck gezüchtet wurde: So gibt es Legerassen, Fleischrassen, Zweinutzungsrassen oder sogar Kampfrassen. Die meisten kommerziell genutzten Tiere sind Hybriden, deren Haltung unter speziell auf sie abgestimmten Bedingungen erfolgt.

- **Pute** Heutige Puten stammen von kleinen mexikanischen Wildtruthühnern ab, werden industriell aufgezogen und sind weitaus größer als ihre Vorfahren. Es werden jedoch auch Freilandputen angeboten, wie etwa Bronzeputen, die zweifellos von besserer Qualität sind.
- **Huhn** Das Haushuhn ist eine Zuchtform des wilden Bankivahuhns. Bei modernen Hühnern handelt es sich meist um Hybriden, doch viele private Hühnerhalter haben auch das Überleben alter Rassen gesichert.

Der Handel unterscheidet bei Hühnern:

Hähnchen 5–6 Wochen alte Tiere beiderlei Geschlechts mit etwa 800–1200 g Gewicht.

Poularden 6–7 Wochen alte Junghühner oder Fleischhähnchen mit etwa 1200–2500 g Gewicht.

Kapaune Vor der Geschlechtsreife kastrierte und gemästete Hähne, die etwa 1500–2000 g schwer sind.

Suppenhühner Meist 12–15 Monate alte Legehennen mit 1000–2000 g Gewicht. Sie haben zäheres Fleisch, das lange gegart werden muss, aber ausgezeichnet schmeckt.

Stubenküken Junge Hähnchen mit einem Gewicht von etwa 700 g.

- **Ente** Enten wurden vor ungefähr 4000 Jahren domestiziert. Die meisten Rassen stammen von der wilden Krickente ab. Die heute im Lebensmittelhandel angebotenen Enten wurden meist in Intensivhaltung gezogen.
- **Gans** Hausrassen wie die Toulouser Gans sind Abkömmlinge der Graugans, asiatische und afrikanische Hausgänse stammen von der wilden Schwanengans ab. Gänse fressen Gräser und Samen, und da sie sich für die Stallhaltung schlecht eignen, werden sie meist nur zu bestimmten Festen verzehrt.

GEFLÜGELTEILE

GEFLÜGELFLEISCH EIGNET SICH FÜR ZAHLLOSE GERICHTE. Beim Grillen oder Garen im Backofen verleiht ihm eine Marinade zusätzliches Aroma. Es sollte glatt und fest sein, keine trockenen Stellen, Risse oder Flecken haben und frisch riechen. Andernfalls wirft man es besser weg, da sein Verzehr nicht mehr unbedenklich ist.

HUHN

Stets unten im Kühlschrank lagern, damit austretende Flüssigkeit nicht auf andere Nahrungsmittel tropfen kann. Ganz wichtig ist es, darauf zu achten, dass auch die dicksten Teile durchgegart werden.

UNTERSCHENKEL Sie sind nicht so fleischig wie Oberschenkel, aber bei Kindern beliebt und gutes Fingerfood, vor allem wenn sie mariniert oder mit Sauce serviert werden.

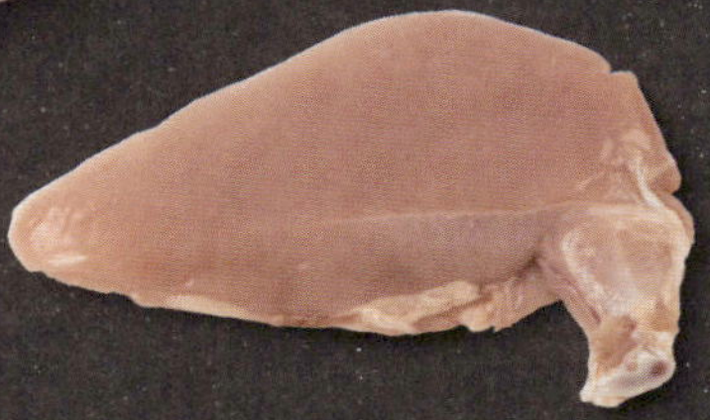

SUPREME (ENTHÄUTET) Brust mit einem Stück Flügelknochen, die enthäutet und pariert wurde. Eignet sich gut als »Kotelett« und kann vor dem Braten paniert werden.

GANZER FLÜGEL Besteht aus drei Teilen. Das meiste Fleisch befindet sich am Brustende, die Flügelspitze wird oft entfernt. Wunderbar für Buffalo wings, Fingerfood oder die Zubereitung von Brühe geeignet.

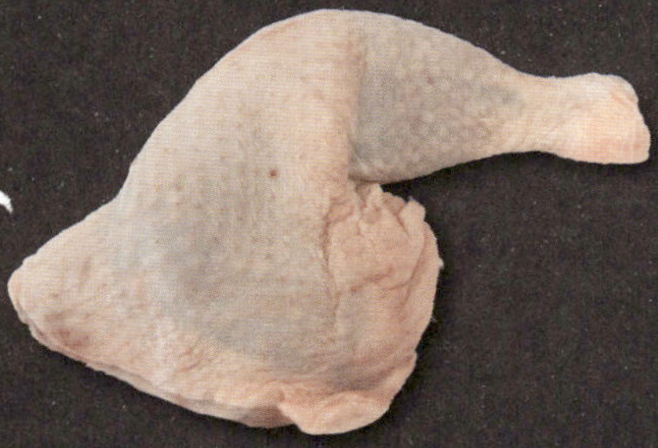

GANZER SCHENKEL MIT RÜCKENSTÜCK
Ganzer Schenkel mit einem Stück Wirbelsäule, der aufgrund des höheren Knochenanteils relativ preiswert ist. Er eignet sich gut für Eintöpfe sowie zum Grillen.

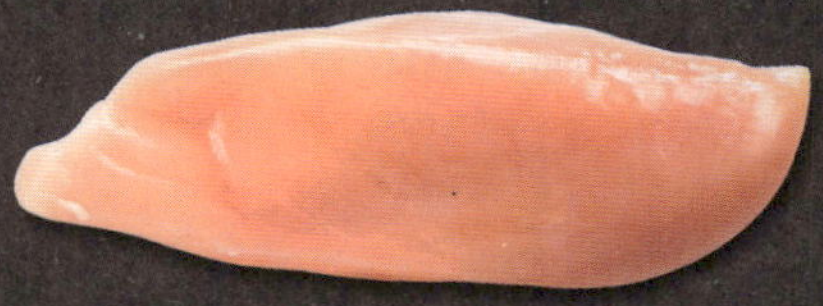

BRUSTFILET Der magerste Teil des Huhns. Hähnchenbrust kann gegrillt, gedämpft, im Ofen gegart, geköchelt, zu Schnitzeln geklopft oder pfannengerührt werden.

GANZES HÄHNCHEN Maishähnchen haben eine gelbe Haut, bei anderen Hähnchen ist sie dagegen eher rosa. Die Brust gart etwas rascher als das Schenkelfleisch, doch eine unter die Haut geschobene Füllung hält sie saftig.

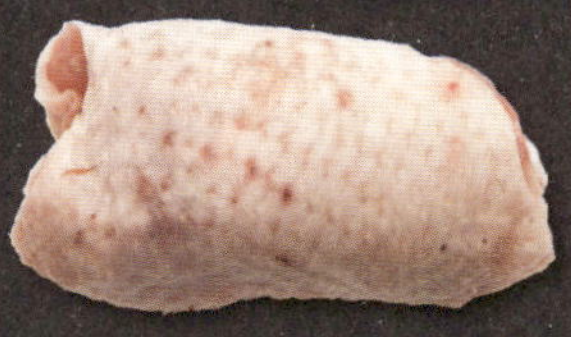

OBERSCHENKEL MIT HAUT UND KNOCHEN
Oberschenkelfleisch ist dunkel und saftig. Es eignet sich gut für den Schmortopf, aber auch zum Grillen, da die Haut sehr knusprig wird und sie das Fleisch saftig hält.

GEWÜRFELTES HÄHNCHENFLEISCH Ist ideal für Eintöpfe und Grillspieße, während sich das ganze **HÄHNCHENINNENFILET** (sitzt unter der Brust) am besten für pfannengerührte Gerichte eignet.

PUTE

Pute ist magerer als Huhn. Im Durchschnitt wiegt eine Pute 5,5 kg, es sind aber auch Babyputen mit geringerem Gewicht erhältlich.

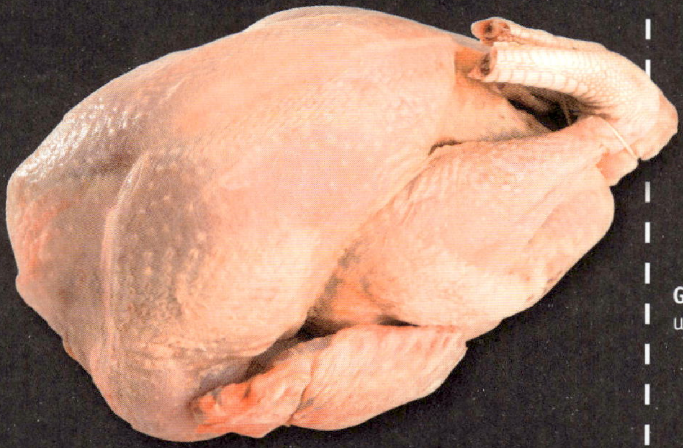

GANZE PUTE Der ultimative Festtagsbraten. Die Pute 1 Stunde vor dem Garen auf Zimmertemperatur bringen.

PUTENBRUST MIT HAUT UND KNOCHEN Rumpf ohne Keulen und Rücken, der sich leicht garen und tranchieren lässt.

PUTENROLLBRATEN Kann aus Brust oder Keule oder beidem bestehen und lässt sich wunderbar einfach tranchieren.

HACKFLEISCH In der gesunden Küche ist Putenhackfleisch ein guter Ersatz für Rinderhackfleisch.

STUBENKÜKEN

Junger Hahn, der im Alter von 4–6 Wochen geschlachtet wird. Der Knochenanteil ist aufgrund des geringen Alters hoch.

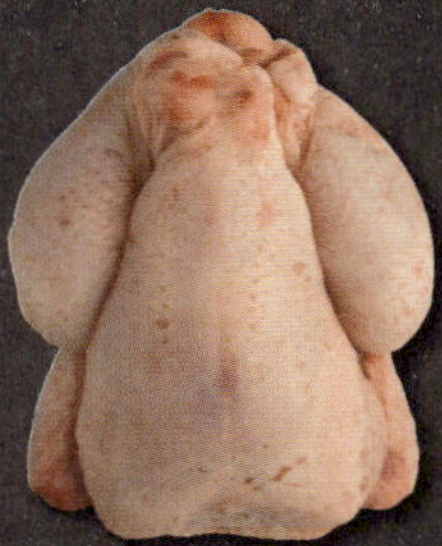

GANZES STUBENKÜKEN Da dieses junge Huhn zart und fettarm ist, pinselt man es am besten mit Öl ein.

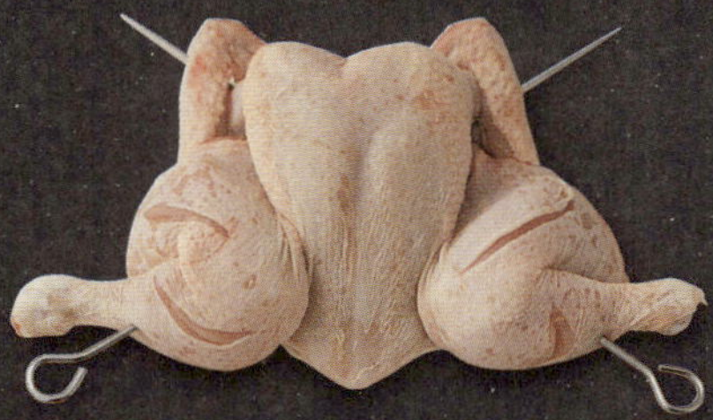

»EN CRAUPAUDINE« Ein nach dieser Methode vorbereitetes Stubenküken lässt sich rasch und gleichmäßig grillen oder braten.

GANS

Da hier der Anteil von Fleisch zu Knochen gering ist, ist die Gans ein teurer Leckerbissen, aber ihr Fett eignet sich wunderbar zum Braten.

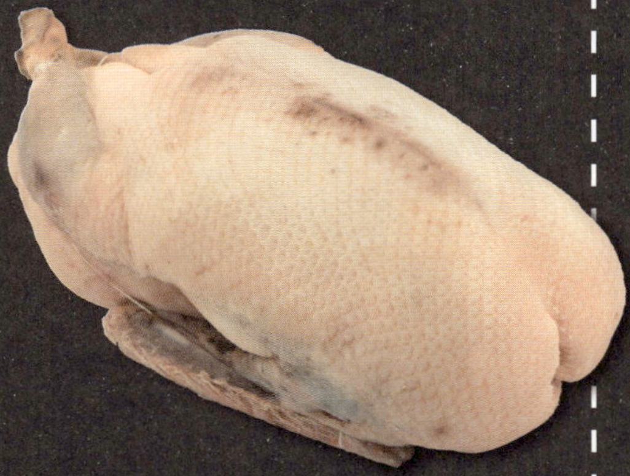

GANZE GANS Die Fettschicht vor dem Garen einstechen, damit das Fett austreten kann.

GÄNSEBRUST MIT HAUT Stets mit der Haut nach unten braten (unter dem Grill nach oben), damit das Fleisch saftig bleibt.

ENTE

Alle Enten besitzen im Verhältnis zu Fett und Knochen wenig Fleisch, aber dafür ist dieses äußerst schmackhaft. Das Fett eignet sich ausgezeichnet zum Kochen.

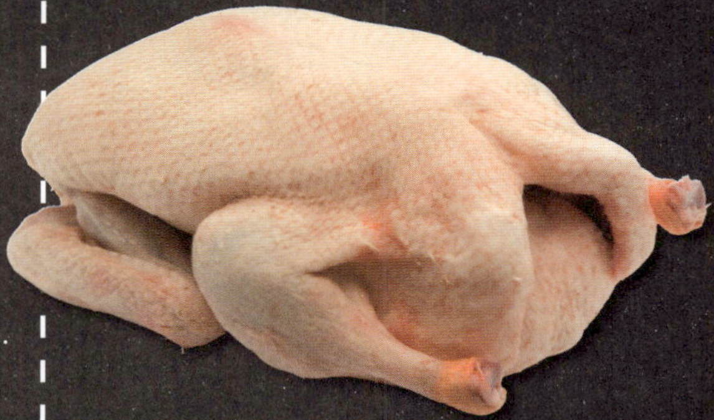

GANZE ENTE Auch wenn das Fett köstlich schmeckt, sollte man keine zu fette Ente kaufen. Pro Person rechnet man 650 g Ente.

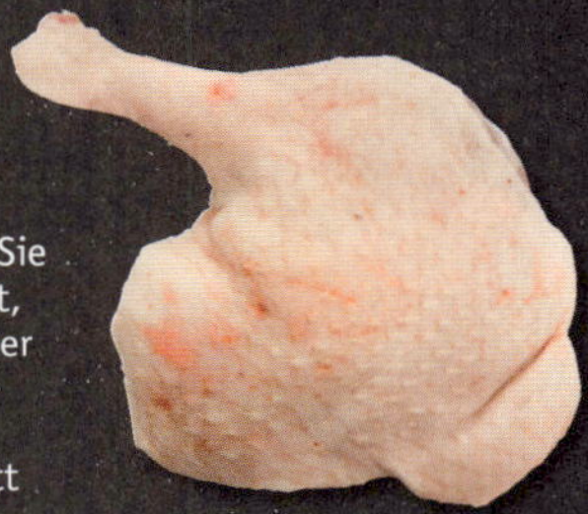

ENTENSCHENKEL Sie schmecken gegrillt, im Ofen gegart oder als Confit zubereitet köstlich. Vor dem Garen das Fett einritzen.

ENTENBRUST MIT HAUT Die sehr dicke Fettschicht vor dem Braten einritzen und die Brust mit der Haut nach unten in die Pfanne legen.

ENTENINNENFILETS Aus dem Brustmuskel geschnittene Scheiben, die sich gut zum Marinieren und Pfannenrühren eignen.

KONSERVIERTE PRODUKTE

GEFLÜGELFLEISCH WIRD SELTENER HALTBAR GEMACHT als andere Fleischarten, nicht zuletzt, weil es leichter verdirbt. Aber wo viele Enten und Gänse gezogen werden, gibt es eine Palette von konservierten Produkten. So findet man etwa in der chinesischen Küche eine Reihe getrockneter Geflügelerzeugnisse.

KANTONESISCHE WÜRSTE Eine salzige Süße charakterisiert diese luftgetrockneten Würste aus China, die aus grob gehacktem Enten- oder Hühnerfleisch hergestellt werden. Meist dämpft man sie über Reis oder verwendet sie in Scheiben geschnitten für pfannengerührte Gerichte.

SAUCISSON SEC DE CANARD Diese luftgetrocknete Salami aus Frankreich wird mit Entenfett zubereitet. Am besten schmeckt sie in hauchdünne Scheiben geschnitten.

SALAME D'OCA DI MORTARA Für diese weiche italienische Wurst wird Gänse- und Schweinefleisch in Gänsehaut gestopft. Anschließend wird sie luftgetrocknet und kurz gekocht. Man serviert sie mit Mostarda (italienischen Senffrüchten).

ALHEIRA DE BARROSO-MONTALEGRE Dies ist eine portugiesische Wurst, die ursprünglich von Juden aus hellem Fleisch (ausgenommen Schweinefleisch) hergestellt wurde. Sie kann aus jeder Art von Geflügel sein und ist leicht geräuchert.

JAMBON DE CANARD AUX HERBES Hierfür werden dicke Streifen Entenfleisch in Kräutern gewälzt, mit Garn zusammengebunden und in Salz trockengepökelt. Der fertige feste Schinken ist dunkel und hat ein intensives Aroma.

CASSOULET Bohneneintopf mit großen Stücken konserviertem Enten- und Gänsefleisch aus dem Südwesten Frankreichs. Zu der Variante aus Toulouse gehören zudem Würste.

KIEŁBASA TORUNSKA Heimat dieser dünnen Wurst ist die mittelalterliche Stadt Torun im Osten Polens. Meist wird sie aus Schweinefleisch hergestellt, mitunter aber auch aus Hähnchenfleisch, traditionell in Ringen, die heißgeräuchert werden.

CONFIT D'OIE Hierfür werden Gänseteile gepökelt und dann langsam im eigenen Fett gegart. Anschließend macht man sie in Gläsern oder Dosen ein, in denen sie sich viele Monate halten.

MAGRET DE CANARD SECHÉ AU POIVRE Nachdem die Entenbrust mit zerstoßenem schwarzem Pfeffer eingerieben wurde, wird sie trocken gepökelt und zum Trocknen aufgehängt. Auf einer Seite ist das Fleisch mit einer dicken Fettschicht überzogen.

MAGRET DE CANARD AU FOIE GRAS Entenbrust, die mit Stopfentenleber gefüllt und anschließend gepökelt und luftgetrocknet wird. Die cremige Entenleber bildet einen Kontrast zu dem dunklen Fleisch. Nach dem Anschneiden ist die Haltbarkeit begrenzt.

MAGRET DE CANARD FUMÉ Ähnelt dem italienischen Prosciutto rechts, wird nach dem Pökeln aber noch geräuchert, wodurch das gehaltvolle Entenfett durch eine herbe Note ergänzt wird.

PROSCIUTTO D'ANATRA Hierfür wird Entenbrust gepökelt und luftgetrocknet; das Fleisch erhält eine dunkle Farbe und ein intensives Aroma.

GANZES GEFLÜGEL ENTBEINEN

Aus entbeintem Geflügel lassen sich beeindruckende Gerichte wie etwa Turducken (s. S. 83) zubereiten. Halten Sie beim Schneiden das Messer schräg zum Knochen, um das Fleisch nicht zu verletzen.

1 Das Tier mit der Brust auf die Arbeitsfläche legen. Den Bürzel abschneiden. Die Haut entlang des Rückgrats einschneiden, auf einer Seite von der Karkasse wegziehen und mit einem scharfen Messer das Fleisch ablösen.

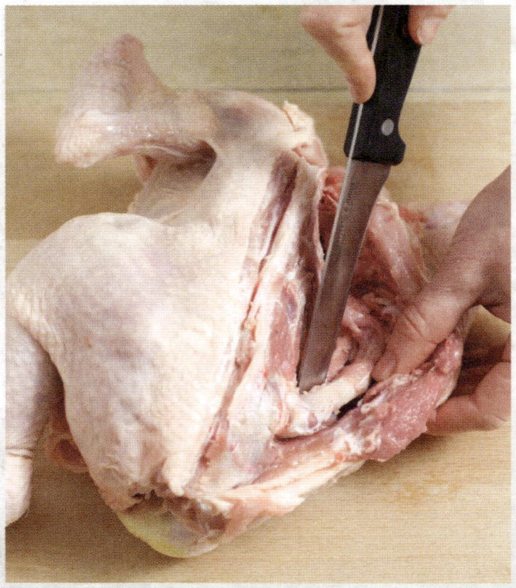

2 Am Oberschenkel das Fleisch um das Kugelgelenk abschneiden, um das Gelenk freizulegen. Das Fleisch vom Oberschenkelknochen ablösen. Den Unterschenkel am Kugelgelenk abtrennen. Den Oberschenkelknochen entfernen.

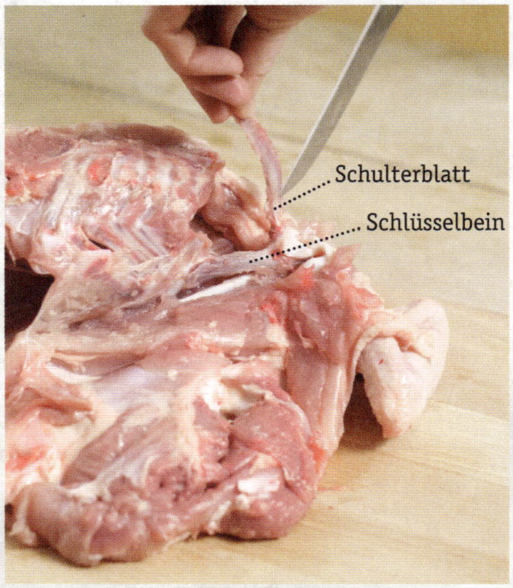

3 Weiter das Fleisch vom Brustkorb und dann um das dünne Schulterblatt herum ablösen. An diesem Knochen treffen sich Schulterblatt, Schlüsselbein, Flügelknochen und Gabelbein.

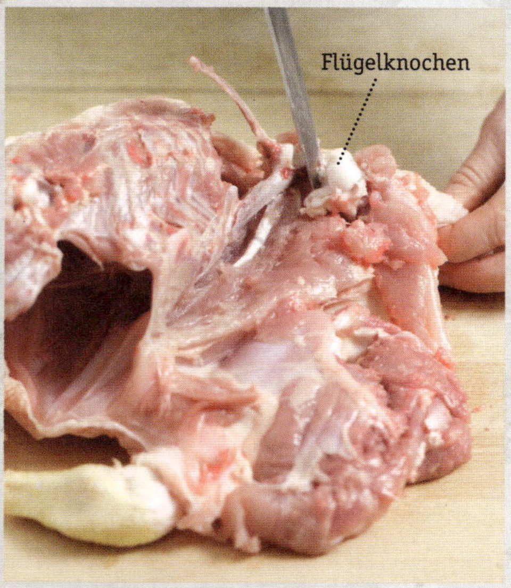

4 Schulterblatt und Schlüsselbein vom Flügelknochen abtrennen, der Flügel bleibt aber durch das Fleisch mit dem Rumpf verbunden. Der Flügelknochen wird später entfernt.

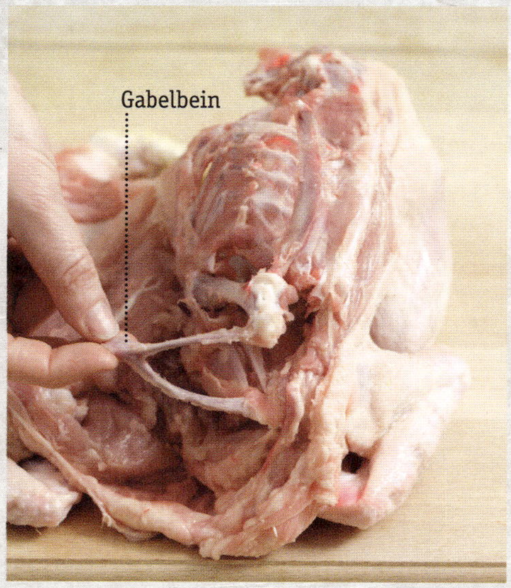

5 Das Fleisch vom Gabelbein ablösen. Das Gabelbein nach hinten biegen und abbrechen. Nun die Arbeitsschritte 1–5 auf der anderen Seite des Tieres wiederholen.

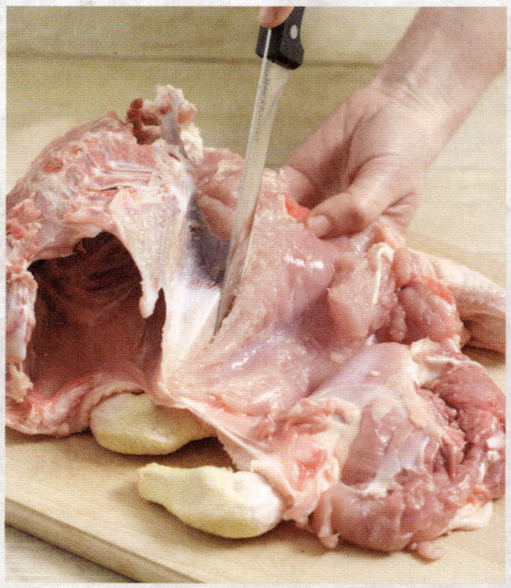

6 Das Fleisch auf beiden Seiten des Brustbeins ablösen. Das Messer dicht am Knochen entlangführen und behutsam das Fleisch abschneiden. Die Karkasse entfernen.

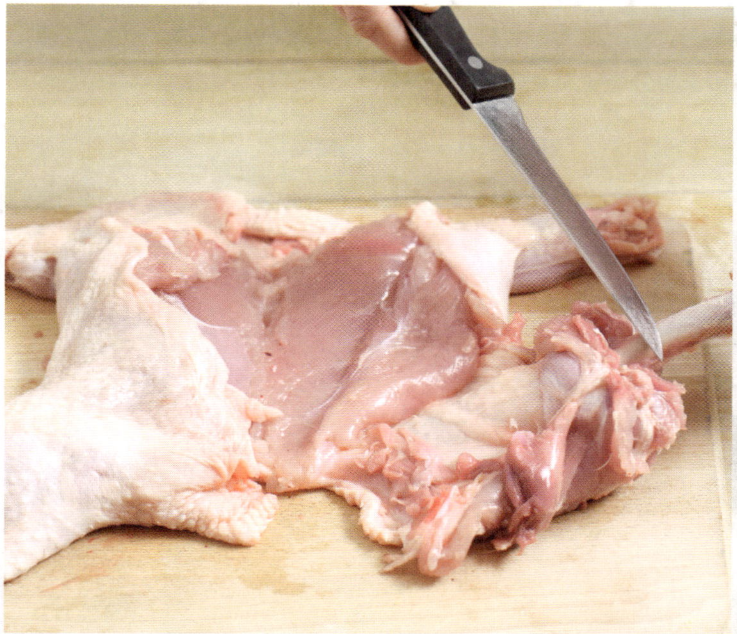

7 Um den Flügelknochen zu entfernen, die Flügelspitze abschneiden. Das Fleisch vom Knochen im Flügel ablösen (dabei entweder am Rumpfende oder an der der Spitze beginnen) und den Knochen herausziehen.

8 Zum Entfernen der verbliebenen Schenkelknochen um das raue Ende der Haut herumschneiden. Das Fleisch vom Knochen ablösen (dabei wie beim Flügelknochen vorgehen). Das Geflügel ist jetzt vollständig entbeint. Bis zur Zubereitung abgedeckt in den Kühlschrank stellen.

GEFLÜGEL »EN CRAPAUDINE«

Bei dieser Zubereitungsmethode wird Geflügel (jeder Größe) flach gedrückt, damit dünnere Teile beim Grillen oder Räuchern nicht bereits verbrennen, während dickere Teile noch halb roh sind.

1 Das Tier auf die Brust legen. Mit der Geflügelschere erst an einer, dann an der anderen Seite des Rückgrats entlangschneiden. Das Rückgrat vollständig entfernen. Den Vogel aufklappen und umdrehen.

2 Mit den Handflächen kräftig auf die Brust drücken, damit das Tier möglichst flach wird. Dickere Teile zusätzlich mit einem Messer einschneiden, um ein gleichmäßiges Garen zu gewährleisten.

3 Einen Spieß wie gezeigt schräg durch einen Unterschenkel, einen Oberschenkel, die Brust und einen Flügel stecken. Auf der anderen Seite ebenso verfahren. Den Vogel noch einmal flach drücken.

MATZEBÄLLCHENSUPPE

Eine einfachere Variante einer traditionellen jüdischen Pessachspeise. Die Matzebällchen sind gar, wenn sie in der Brühe aufschwimmen.

FLEISCH **Hühnerbrühe**

PORTIONEN 4–6 **ZUBEREITUNG** 10 Min. + Kühlzeit **GARZEIT** 1 Std.

FÜR DIE MATZEBÄLLCHEN

150 g Matzemehl oder Mehl
60 ml Hühnerbrühe
4 Eier
1 TL Backpulver
4 EL Pflanzenöl
Salz und frisch gemahlener schwarzer Pfeffer

FÜR DIE SUPPE

2 l Hühnerbrühe
150 g Möhren, in dünne Scheiben geschnitten
2 EL gehackter Dill

1 Für die Matzebällchen Mehl, Brühe, Eier, Backpulver, Öl, Salz und Pfeffer in einer Schüssel sorgfältig zu einem Teig vermischen. Den Teig mit Frischhaltefolie abgedeckt für 1 Stunde kalt stellen.

2 In einem mittelgroßen Topf Hühnerfond, Möhren und Dill zum Kochen bringen. Auf mittlere Hitze reduzieren und den Topfinhalt 15 Minuten garen.

3 Den Matzeteig aus dem Kühlschrank nehmen und mit einem Löffel zu sechs Bällchen etwa in Größe einer Limette formen. Die Bällchen nacheinander in die heiße Suppe gleiten lassen und 2–3 Minuten garen, dann mit einen Löffel wenden. Die Hitze reduzieren und die Bällchen 30–40 Minuten köcheln lassen, bis sie aufgegangen und durchgegart sind. Die Suppe heiß servieren.

NICHT NACHSEHEN!

Den Topfdeckel beim Garen der Matzebällchen fest geschlossen halten – wenn man ihn hochhebt, können die Bällchen zerfallen.

HÄHNCHENFLEISCH-SAMOSAS

Ursprünglich stammen diese pikanten Teigtaschen aus dem Norden Indiens, aber schon seit Jahrhunderten sind sie im gesamten Nahen Osten beliebt.

FLEISCH **Gegartes Hähnchenfleisch**

PORTIONEN 16–20 **ZUBEREITUNG** 30 Min. + Kühlzeit **GARZEIT** 35 Min.

FÜR DEN TEIG

300 g Mehl sowie Mehl zum Bestäuben
1 EL gemahlene Kurkuma
1 EL Currypulver
1 TL Salz
200 g Pflanzenfett
1 Ei, verquirlt, zum Bestreichen

FÜR DIE FÜLLUNG

150 g gegarte Hähnchenfleischstreifen
300 g Süßkartoffel, geschält und zerdrückt
1 EL Tandoori-Paste
250 g weiße Zwiebeln, fein gehackt
1 EL gemahlene Kurkuma
1 EL Currypulver
1 EL Garam masala
3 Knoblauchzehen, zerdrückt
75 g Erbsen (TK)
Saft von 1 Zitrone

1 Für den Teig Mehl, Gewürze und Salz in eine große Schüssel sieben. Das Fett mit den Fingerspitzen einarbeiten, bis Krümel entstanden sind. Nach und nach 250 ml kaltes Wasser untermischen, bis ein lockerer Teigball entstanden ist. In Frischhaltefolie eingewickelt für 1 Stunde in den Kühlschrank legen.

2 Für die Füllung alle Zutaten in einer Schüssel sorgfältig vermischen. Den Backofen auf 180 °C vorheizen. Ein Backblech mit Backpapier belegen.

3 Den Teig auf der leicht bemehlten Arbeitsfläche möglichst dünn ausrollen. Mit einem Messer in 10 cm breite Streifen schneiden und daraus 10 cm große Quadrate. Die Quadrate in Dreiecke teilen. In die Mitte eines Dreiecks 1 EL Füllung setzen. Die Teigspitzen darüber zusammennehmen und die Teigränder zusammendrücken. Mit den restlichen Zutaten ebenso verfahren.

4 Die Samosas auf das Backblech setzen und mit Ei bestreichen. Für 30–35 Minuten in den Backofen schieben oder bis sie goldbraun sind. Vor dem Servieren etwas abkühlen lassen.

HÄHNCHEN-JAMBALAYA

Traditionelles Gericht aus Louisiana, das die sommerlichen Aromen von Paprika, Erbsen und Kräutern mit ein wenig Schärfe von Cayennepfeffer kombiniert.

FLEISCH **Oberschenkel und Brust**

PORTIONEN 4–6 **ZUBEREITUNG** 15–20 Min.
GARZEIT 1½ Std.

- 2 EL Olivenöl
- 6 entbeinte Hähnchenteile (Schenkel und Brust), insgesamt etwa 700 g, in große Stücke geschnitten
- Salz und frisch gemahlener schwarzer Pfeffer
- 2 EL gehackter frischer Oregano
- 2 TL Cayennepfeffer
- 1 rote Zwiebel, fein gehackt
- 3 Knoblauchzehen, fein gehackt
- 1 grüne Paprikaschote, entkernt und fein gehackt
- 1 rote Paprikaschote, entkernt und fein gehackt
- 200 g dicke Scheiben Kochschinken, in Stücke geschnitten
- 1 l heißer Hühnerfond, wenn nötig, etwas mehr
- 175 g Parboiled-Langkornreis
- 150 g enthülste frische Erbsen
- 1 kleine Handvoll Koriandergrün, fein gehackt (nach Belieben)

1 Die Hälfte des Öls in einem großen feuerfesten Topf erhitzen. Das Fleisch salzen und pfeffern, in Oregano und Cayennepfeffer wenden und in die Kasserolle geben. Portionsweise 6–10 Minuten garen, bis es goldbraun ist. Herausheben und beiseitestellen.

2 Das übrige Öl bei mittlerer Temperatur in der Kasserolle erhitzen. Zwiebel, Knoblauch und Paprikaschoten hinzufügen und 5–8 Minuten unter Rühren garen, bis sie weich sind. Das Fleisch hinzufügen und den Schinken untermischen. Den Fond dazugeben und zum Kochen bringen. Die Hitze reduzieren. Den Topfinhalt salzen und pfeffern und mit halb aufgelegtem Deckel etwa 40 Minuten köcheln lassen, wenn nötig, noch etwas heißes Wasser hinzufügen.

3 Den Reis unterrühren und etwa 15 Minuten garen, bis er weich ist, falls erforderlich, noch Fond dazugießen. 5 Minuten vor Ende der Garzeit die Erbsen hinzufügen.

4 Das Gericht abschmecken und, sofern verwendet, den Koriander untermischen. Mit grünem Salat und Naturjoghurt oder Sauerrahm servieren.

HÄHNCHENFLEISCH-BÄLLCHEN

Pesto aus frischem Basilikum und nussigem Olivenöl verleiht diesen Fleischbällchen ein vielschichtiges Aroma.

FLEISCH **Hähnchenhackfleisch**

PORTIONEN 4 **ZUBEREITUNG** 25 Min.
GARZEIT 45 Min.

- 100 g Pinienkerne
- 100 g Basilikumblätter
- 3 Knoblauchzehen
- 50 g Parmesan, frisch gerieben
- Salz und frisch gemahlener schwarzer Pfeffer
- 5 EL Olivenöl
- 500 g Hähnchenhackfleisch
- 150 g Semmelbrösel
- 1 Ei
- 1 Schalotte, fein gehackt
- 500 g Penne (kurze Röhrennudeln)

1 Für das Pesto die Pinienkerne ohne Fett in einer Pfanne goldbraun rösten. Zum Abkühlen beiseitestellen. Basilikumblätter, Knoblauch, Parmesan, Pinienkerne und Salz in einer Küchenmaschine fein zerkleinern. Auf hoher Stufe 4 EL Öl in einem dünnen Strahl dazugeben, bis eine Paste entstanden ist.

2 Den Backofen auf 180 °C vorheizen. Ein Backblech mit Backpapier belegen. In einer Schüssel Hackfleisch, Semmelbrösel, Ei, Salz, Pfeffer, Schalotte und die Hälfte des Pestos sorgfältig vermischen.

3 Aus der Fleischmasse etwa 5 cm große Bällchen formen. Auf das Backblech legen und 30–40 Minuten backen oder bis sie goldbraun sind.

4 In der Zwischenzeit die Nudeln nach Gebrauchsanweisung garen. Abtropfen lassen, dann mit dem restlichen Pesto und dem übrigen Öl vermischen. Die Fleischbällchen auf den Nudeln anrichten. Das Gericht heiß servieren.

VARIANTE

Rindfleischbällchen 500 g Rinderhackfleisch, 2 Eier, 50 g frisch geriebenen Parmesan, 150 g Semmelbrösel und jeweils 2 TL getrockneten Oregano, Basilikum, Thymian und Rosmarin vermischen. Die Masse großzügig salzen und pfeffern. Wie oben zu Bällchen formen und garen. Die Hackbällchen mit einer stückigen Fertigtomatensauce servieren.

HÄHNCHEN-FAJITAS

Fajitas kommen aus der Tex-Mex-Küche. Ihr Name leitet sich von dem mexikanischen Wort für »kleine Fleischstreifen« ab.

FLEISCH **Hähnchenbrust**

PORTIONEN 3–4 **ZUBEREITUNG** 15 Min. + Marinierzeit **GARZEIT** 15 Min.

FÜR DIE MARINADE

- 2 EL Olivenöl
- 1 EL Limettensaft
- 2 TL gemahlener Kreuzkümmel
- 2 TL geräuchertes Paprikapulver (Pimentón mild) plus 1 TL Paprikapulver edelsüß für die Fajitas
- 1 TL getrockneter Oregano
- 1 TL Cayennepfeffer oder Chilipulver
- Salz und frisch gemahlener schwarzer Pfeffer

FÜR DIE FAJITAS

- 300 g Hähnchenbrustfilet, in Scheiben geschnitten
- 2 EL Sonnenblumenöl
- 1 rote Zwiebel, in 1 cm dicke Scheiben geschnitten
- je 1 rote und gelbe Paprikaschote, entkernt und in 1 cm breite Streifen geschnitten
- 8 Tortillas
- saure Sahne oder Naturjoghurt, Chilisauce, Guacamole und Tomatensalsa zum Servieren

1 Das Fleisch in eine große Schüssel geben. Die Zutaten für die Marinade verrühren und über das Fleisch gießen. Das Fleisch mit Frischhaltefolie abgedeckt für mindestens 30 Minuten oder bis zu 4 Stunden kalt stellen.

2 Den Smokergrill auf höchster Stufe vorheizen. Das Fleisch auf jeder Seite 3–5 Minuten grillen, bis es goldbraun und durchgegart ist.

3 In der Zwischenzeit in einer großen Pfanne das Sonnenblumenöl bei hoher Temperatur erhitzen. Zwiebel und Paprikaschoten darin 5–7 Minuten braten oder bis sie gar und an den Rändern gebräunt sind. Mit etwas Salz, Pfeffer und Paprikapulver würzen.

4 Die Tortillas nach Anweisung im Backofen oder der Mikrowelle erhitzen. Gemüse und Fleisch gleichmäßig auf die Tortillas verteilen. Die Tortillas aufrollen, um Fajitas herzustellen. Die Fajitas mit saurer Sahne, Chilisauce, Guacamole und Tomatensalsa servieren.

BUTTERMILCHHÄHNCHEN MIT KEKSEN

Dieses beliebte Gericht aus dem US-amerikanischen Süden ist eine köstliche Kombination aus scharf gewürzter Hähnchenbrust und leckeren Keksen.

FLEISCH **Hähnchenbrust**

PORTIONEN 4 **ZUBEREITUNG** 30 Min. + Marinierzeit **GARZEIT** 35–40 Min.

FÜR DAS FLEISCH

- 4 Hähnchenbrustfilets (etwa 600 g)
- 250 g Buttermilch
- 1 TL Cayennepfeffer plus 1 TL für die Marinade
- 3 TL Salz plus Salz für die Kekse
- Öl zum Braten
- 200 g frische Weißbrotbrösel
- 200 g Mehl, mit 1 TL Backpulver vermischt
- 2 TL Chiliflocken

FÜR DIE KEKSE

- 200 g Mehl plus Mehl zum Bestäuben
- ½ TL Backpulver
- 1 TL Haushaltsnatron
- 1 TL Cayennepfeffer
- 6 EL Pflanzenfett
- 150 ml Buttermilch
- flüssiger Honig oder Mayonnaise zum Servieren (nach Belieben)

1 In einer großen Schüssel die Hähnchenbrustfilets mit Buttermilch, 1 TL Cayennepfeffer und 1 TL Salz vermischen. Mit Frischhaltefolie abgedeckt über Nacht in den Kühlschrank stellen.

2 Für die Kekse Mehl, Backpulver, Natron, Cayennepfeffer und 1 Prise Salz in eine große Schüssel sieben. Mit den Fingerspitzen das Fett einarbeiten, bis Krümel entstanden sind. Nach und nach die Buttermilch unterrühren, bis sich eine Teigkugel gebildet hat. Den Backofen auf 180 °C vorheizen.

3 Den Teig auf der dünn bemehlten Arbeitsfläche 5 mm dick ausrollen. In der Mitte falten und wieder ausrollen. Diesen Schritt drei- bis viermal wiederholen, dann den Teig 1 cm dick ausrollen. Mit einer Ausstechform 10–12 cm große Kekse ausstechen. Auf ein Backblech legen und 15 Minuten backen, bis sie aufgegangen und goldbraun sind.

4 In der Zwischenzeit das Öl in einer Pfanne stark erhitzen. Weißbrotbrösel, 100 g Mehl, 1 TL Chiliflocken, ½ TL Cayennepfeffer und ½ TL Salz in einer Schüssel vermischen, in einer zweiten Schüssel das restliche Mehl und die restlichen Gewürze.

5 Das Fleisch aus der Marinade nehmen. Jedes Stück zuerst in der Mehlmischung, dann in der Marinade und anschließend in der Weißbrotbröselmischung wenden. Die Hähnchenbrust 7–8 Minuten braten, bis sie goldbraun und gar ist, zwischendurch wenden. Aus der Pfanne herausheben und auf einem mit Küchenpapier abgedeckten Teller abtropfen lassen. Fleisch und Kekse nebeneinander servieren oder zu einem Sandwich zusammensetzen, nach Belieben mit etwas Honig oder Mayonnaise.

VARIANTE

Putenwurstburger mit Keksen 600 g Putenwurstbrät mit 1 EL Chiliflocken und 50 g frisch geriebenem Parmesan vermischen. Die Masse salzen und pfeffern und zu kleinen Burgern formen. Etwa 1 Stunde kalt stellen, damit sie die Form besser bewahren. Die Fleischküchlein wie oben in der Weißbrotbrösel- und in der Mehlmischung wenden und braten. Mit den Buttermilchkeksen und flüssigem Honig servieren.

PAD THAI

Beliebtes Streetfood in Thailand, das eine köstliche Mischung aus würzigen, säuerlichen und süßen Aromen in sich vereint.

FLEISCH **Hähnchenbrust**

PORTIONEN 8 **ZUBEREITUNG** 15 Min.
GARZEIT 15 Min.

- 500 g mitteldicke oder dicke Reisnudeln
- 3 EL Sonnenblumenöl
- 4 Eier, verquirlt
- 1 TL Garnelenpaste (nach Belieben)
- 4 scharfe rote Chilischoten, entkernt und fein gehackt
- 6 Hähnchenbrustfilets (etwa 1 kg), in 5 mm dicke Scheiben geschnitten
- 2 Bund Frühlingszwiebeln, fein gehackt
- 1 Spritzer Fischsauce
- Saft von 2 Limetten
- 2 EL brauner Rohrzucker
- Salz und frisch gemahlener schwarzer Pfeffer
- 300 g ungesalzene Erdnusskerne
- 1 Handvoll Koriandergrün, fein gehackt
- Limettenspalten zum Garnieren

1 Die Nudeln in einer großen Schüssel mit kochendem Wasser bedecken und 8 Minuten stehen lassen oder bis sie weich sind. Abtropfen lassen und beiseitestellen. In einem Wok 1 EL Öl bei hoher Temperatur erhitzen und durch Schwenken verteilen. Die Eier hinzufügen und den Wok schwenken, um sie zu verteilen. Etwa 1 Minute garen oder bis sie gerade zu stocken beginnen, aber nicht ganz fest werden lassen. Herausnehmen, hacken und beiseitestellen.

2 Restliches Öl, Garnelenpaste (sofern verwendet) und Chilischoten in den Wok geben und vermischen. Das Fleisch hinzufügen und 5 Minuten kräftig rühren, bis es gar ist. Frühlingszwiebeln, Fischsauce, Limettensaft und Zucker sorgfältig untermischen. 1–2 Minuten garen, bis sich der Zucker aufgelöst hat. Großzügig salzen und pfeffern. Das gehackte Ei wieder in den Wok geben.

3 Die Nudeln hinzufügen und durchheben, um sie mit Sauce zu überziehen. Die Hälfte der Erdnüsse und des Koriandergrüns unterheben. Das Gericht in einer großen flachen vorgewärmten Servierschüssel anrichten. Restliche Erdnüsse und übriges Koriandergrün darüberstreuen. Das Gericht mit den Limettenspalten garniert heiß servieren.

WALDORFSALAT MIT HÄHNCHENBRUST

Moderne Variante eines Klassikers mit einem leichten Joghurtdressing. Eine großartige Möglichkeit, um Reste von einem Brathähnchen zu verwerten.

FLEISCH **Hähnchenbrust**

PORTIONEN 6 **ZUBEREITUNG** 25–30 Min.
+ Kühlzeit **GARZEIT** 25–35 Min.

- 4 Stangen Staudensellerie
- 1 Zwiebel, geviertelt
- 1 Möhre, geviertelt
- 10–12 schwarze Pfefferkörner
- 1 Bouquet garni aus 5–6 Stängeln glatter Petersilie, 2–3 Thymianzweigen und 1 Lorbeerblatt
- 500 ml Hühnerfond
- 750 g Hähnchenbrustfilets
- 125 g Walnusskerne
- 500 g knackige säuerliche Äpfel
- Saft von 1 Zitrone
- 200 g Naturjoghurt
- 200 g Mayonnaise
- Salz und frisch gemahlener schwarzer Pfeffer

1 Die Blätter des Selleries abschneiden und zusammen mit den Stangen, Zwiebel, Möhre, Pfefferkörnern und Bouquet garni in einen Topf geben. Mit Fond aufgießen und zum Kochen bringen. Nach Reduzieren der Hitze 10–15 Minuten köcheln lassen. Das Fleisch dazugeben und 10–12 Minuten garen, bis beim Einstechen an der dicksten Stelle klarer Saft austritt, zwischendurch einmal wenden.

2 Den Topf vom Herd nehmen und das Fleisch in der Garflüssigkeit 10–15 Minuten abkühlen, dann auf Küchenpapier abtropfen lassen. Mit einer Gabel in etwa 5 cm lange Streifen zerteilen.

3 Den Backofen auf 180 °C vorheizen. Die Walnüsse auf einem Blech verteilt 5–8 Minuten rösten, bis sie knusprig sind, dabei ab und zu wenden.

4 In der Zwischenzeit die Selleriestangen aus dem Topf nehmen und in Scheiben schneiden. Die Äpfel halbieren und nach Entfernen des Kerngehäuses würfeln. In einer großen Schüssel mit dem Zitronensaft übergießen und durchheben.

5 Fleisch, Sellerie, Joghurt, Mayonnaise und zwei Drittel der Walnüsse untermischen. Den Salat abschmecken und 1 Stunde kalt stellen. Die restlichen Nüsse grob hacken. Den Salat auf Tellern anrichten und mit den Nüssen bestreuen.

PARMESANHÄHNCHEN

Ein klassischer Seelentröster im Parmesanmantel mit aromatischer Sauce und geschmolzenem Mozzarella.

FLEISCH **Hähnchenbrust**

PORTIONEN 4–6 **ZUBEREITUNG** 30 Min.
GARZEIT 1 Std. 40 Min.

- 1 kg Hähnchenbrustfilets
- 75 g Mehl
- 2 TL Knoblauchpulver
- 1 TL gemahlener weißer Pfeffer
- 75 g Semmelbrösel
- 100 g Parmesan, frisch gerieben, plus 30 g zum Überbacken
- 2 Eier, mit 1–2 EL Wasser verquirlt
- 3 EL Olivenöl zum Braten
- 200 g Mozzarella, in Scheiben geschnitten

FÜR DIE SAUCE

- 1 EL Olivenöl
- 150 g Zwiebeln, gewürfelt
- 3 Knoblauchzehen, zerdrückt
- 800 g Tomaten, gewürfelt
- 250 ml Hühnerfond
- 1 EL frischer Rosmarin
- 1 TL frisches Basilikum
- 1 TL getrockneter Oregano
- 1 TL getrockneter Thymian
- Salz und frisch gemahlener schwarzer Pfeffer

1 Für die Sauce das Öl in einem Topf bei mittlerer Temperatur erhitzen. Zwiebel und Knoblauch hinzufügen und unter Rühren 5 Minuten anbraten. Restliche Zutaten hinzugeben. Die Hitze reduzieren und die Sauce unter gelegentlichem Rühren 45 Minuten garen, dann abschmecken.

2 Die Hähnchenbrust mit einem Fleischklopfer flach klopfen. Das Mehl, die Hälfte der Gewürze und 1 TL Salz in einer Schale vermischen, in einer zweiten die Semmelbrösel, den Parmesan und die restlichen Gewürze. Das Öl in einem schweren Topf erhitzen. Das Fleisch erst im Mehl wenden, dann in das Ei tauchen und mit der Parmesanmischung überziehen. Auf jeder Seite 4 Minuten braten.

3 Den Backofengrill auf höchster Stufe vorheizen. Die Sauce in eine feuerfeste Form geben. Das Fleisch daraufsetzen, mit etwas Sauce und beiden Käsesorten bedecken. 15 Minuten grillen, bis der Mozzarella anfängt Blasen zu schlagen. Heiß auf Nudeln servieren.

JAMAIKANISCHE HÄHNCHENSCHENKEL

Mit einer Mangosalsa, jamaikanischem Reis und Erbsen werden diese würzigen Hähnchenschenkel zu einem echt karibischen Vergnügen.

FLEISCH **Hähnchenschenkel**

PORTIONEN 4 **ZUBEREITUNG** 10 Min.
+ Marinierzeit **GARZEIT** 30–40 Min.

- 4 Frühlingszwiebeln, grob gehackt
- 1 Knoblauchzehe, gehackt
- 1 Stück Ingwer (2 cm), fein gehackt
- 1 rote Chilischote, entkernt und fein gehackt
- 4 EL Sonnenblumenöl
- 2 EL Sojasauce
- 1 EL Apfelessig
- Saft und abgeriebene Schale von ½ Biolimette
- ½ TL getrockneter Thymian
- ½ TL gemahlener Piment
- ¼ TL geriebene Muskatnuss
- ¼ TL gemahlener Zimt
- 1 EL Rohrohrzucker
- Salz und frisch gemahlener schwarzer Pfeffer
- 8 Hähnchenober- oder -unterschenkel mit Haut

1 Alle Zutaten außer den Hähnchenschenkeln in eine Küchenmaschine geben und großzügig salzen und pfeffern. Eine glatte Sauce herstellen, zwischendurch die Gefäßwände mit einem Spatel abstreichen. Die Sauce in eine große Schüssel füllen.

2 Die Schenkel an der dicksten Stelle auf jeder Seite 2–3-mal einschneiden. Unter die Sauce mischen. Zugedeckt für mindestens 2 Stunden in den Kühlschrank stellen, nach der Hälfte der Zeit wenden.

3 Holzkohlen- oder Elektrogrill auf mittlere Temperatur erhitzen. Unterschenkel 30 Minuten, Oberschenkel 40 Minuten grillen, dabei häufig wenden und mit der restlichen Sauce einpinseln.

4 Durch die Einschnitte kann das Fleisch im Innern schneller garen und bietet der Sauce eine größere Oberfläche. Es ist gar, wenn es an der dicksten Stelle eingestochen wird und klarer Saft austritt.

HÄHNCHEN ADOBO

Dieses bekannte philippinische Gericht vereint in sich die Salzigkeit von Sojasauce, die Säure von Essig und den Duft von Lorbeer.

FLEISCH **Hähnchenoberschenkel**

PORTIONEN 8 **ZUBEREITUNG** 20 Min.
GARZEIT 1 Std.

- 1 EL Olivenöl
- 1,5 kg Hähnchenoberschenkel mit Haut
- 500 g weiße Zwiebeln, in Ringe geschnitten
- 4 Knoblauchzehen, zerdrückt
- 1 EL frisch gemahlener schwarzer Pfeffer
- 1 EL Pfeilwurzelmehl oder Speisestärke
- 125 ml Weißweinessig
- 125 ml Sojasauce
- Saft von 3 Limetten
- 1 Lorbeerblatt

1 Das Öl in einem Topf erhitzen. Die Hähnchenschenkel hineinlegen und portionsweise auf jeder Seite etwa 5–6 Minuten braten, bis sie rundum gut gebräunt sind. Herausheben und beiseitestellen.

2 Zwiebeln, Knoblauch, Pfeffer und Pfeilwurzelmehl oder Speisestärke in den Topf geben und sorgfältig vermischen. Das Fleisch wieder in den Topf legen. Essig, Sojasauce, Limettensaft und Lorbeerblatt hinzufügen.

3 Die Hitze so weit reduzieren, dass der Topfinhalt noch köchelt. Ohne Deckel 45 Minuten köcheln lassen, bis das Fleisch gar ist. Das Lorbeerblatt entfernen. Das Gericht heiß auf weißem Reis servieren.

HÄHNCHEN-DATTEL-EMPANADAS

Empanadas wurden erstmals in einem katalanischen Kochbuch des 16. Jahrhunderts erwähnt. Die hier verwendete Chipotlepaste verrät einen amerikanischen Einfluss.

FLEISCH **Hähnchenoberschenkel**

PORTIONEN 10–12 **ZUBEREITUNG** 40 Min.
+ Kühlzeit **GARZEIT** 1 Std. 20 Min.

FÜR DEN TEIG

- 300 g Mehl plus Mehl zum Bestäuben
- 1 EL Cayennepfeffer
- Salz
- 100 g Pflanzenfett
- 200 g kalte Butter, gewürfelt
- 1 Ei, verquirlt, zum Bestreichen

FÜR DIE FÜLLUNG

- 750 g Hähnchenoberschenkel mit Haut
- 2 EL Olivenöl plus Olivenöl zum Einfetten
- 100 g getrocknete Datteln, fein gehackt
- 100 g Honig
- ½ EL Cayennepfeffer
- ½ EL Chipotlepaste oder geräuchertes Paprikapulver (Pimentón scharf)
- ½ EL gemahlener Zimt

1 Für den Teig Mehl, Cayennepfeffer und ½ TL Salz in eine große Schüssel sieben. Mit den Fingerspitzen Pflanzenfett und Butter einarbeiten, bis Krümel entstanden sind.

2 Nach und nach 250 ml Wasser in die Mehlmischung rühren, bis eine lockere Teigkugel entstanden ist. In Frischhaltefolie eingewickelt 1 Stunde kühlen.

3 Den Backofen auf 180 °C vorheizen. Zur Zubereitung der Füllung die Hähnchenschenkel auf ein Backblech legen und mit Öl beträufeln. Für 35–40 Minuten in den Ofen schieben oder bis sie gar sind. Herausnehmen und abkühlen lassen. Den Ofen nicht ausschalten, ein Backblech dünn mit Öl einpinseln.

4 Haut und Knochen der Hähnchenschenkel entfernen. Das Fleisch mit einer Gabel zerteilen und in eine Schüssel geben. Datteln, Honig, Gewürze und Salz nach Geschmack unterrühren.

5 Den Teig auf der dünn bemehlten Arbeitsfläche 5 mm dick ausrollen. Mit einer Ausstechform 10–12 Kreise mit etwa 10 cm Durchmesser ausstechen. In die Mitte jedes Kreises 1 EL Füllung setzen und den Teig zu einem Halbkreis falten. Die Ränder dabei mit etwas Wasser befeuchten und zusammendrücken.

6 Die Empanadas auf das Backblech legen und mit dem verquirlten Ei bestreichen. 35–40 Minuten backen oder bis sie goldbraun sind. Auf einem Teller anrichten und heiß servieren.

HÄHNCHEN-TAJINE

Ein einfaches, aber köstliches nordafrikanisches Gericht mit dem besonderen Geschmack eingelegter Zitrone.

FLEISCH **Hähnchenoberschenkel**

PORTIONEN 4 **ZUBEREITUNG** 10 Min.
GARZEIT 2 Std. 15 Min.

- 2 EL Olivenöl
- 1,5 kg Hähnchenoberschenkel mit Haut
- 2 Knoblauchzehen, zerdrückt
- 300 g weiße Zwiebeln, in dicke Ringe geschnitten
- 2 EL gemahlene Kurkuma
- 2 EL Currypulver
- 1 EL Paprikapulver edelsüß
- 1 EL Senfpulver
- 1 EL gemahlener Zimt
- Salz und frisch gemahlener schwarzer Pfeffer
- 100 g schwarze Oliven
- 1 eingelegte Zitrone, in Scheiben geschnitten
- 500 ml Hühnerfond, wenn nötig, etwas mehr

1 Das Öl in einer Tajine oder feuerfesten Kasserolle erhitzen. Die Hähnchenschenkel portionsweise hineinlegen und auf jeder Seite etwa 5–6 Minuten braten, bis sie rundum gut gebräunt sind. Herausheben und beiseitestellen.

2 Den Knoblauch in die Tajine geben und 5 Minuten braten, bis er goldbraun ist. Zwiebeln, Gewürze sowie Salz und Pfeffer nach Geschmack unterrühren. Die Zwiebeln gleichmäßig auf dem Boden der Tajine verteilen.

3 Die Hähnchenschenkel mit den Oliven und der eingelegten Zitrone auf die Zwiebeln legen. Den Fond dazugießen und zum Kochen bringen.

4 Den Inhalt der Tajine nach Reduzieren der Hitze 2 Stunden zugedeckt köcheln lassen. Dabei ab und zu prüfen, ob noch ausreichend Flüssigkeit vorhanden ist. Wenn nötig, noch etwas Fond hinzufügen, damit die Zutaten nicht ansetzen. Das Gericht vom Herd nehmen und heiß mit Couscous servieren.

COQ AU VIN

Französischer Klassiker und winterlicher Seelentröster. Der dafür verwendete Alkohol verfliegt, gibt dem Gericht aber ein vollmundiges Aroma.

FLEISCH **Hähnchenschenkel**

PORTIONEN 4 **ZUBEREITUNG** 10 Min.
GARZEIT 1 Std. 10 Min.

- 4 EL Olivenöl
- 100 g Speck, in Streifen geschnitten
- 150 g kleine Champignons, geputzt und, wenn nötig, halbiert
- 12 Perlzwiebeln oder kleine Schalotten
- 4 EL Mehl
- Salz und frisch gemahlener schwarzer Pfeffer
- 8 Hähnchenoberschenkel und/oder -unterschenkel (etwa 1 kg)
- 4 EL Weinbrand (nach Belieben)
- 300 ml Rotwein
- 300 ml Hühnerfond
- 1 EL rotes Johannisbeergelee
- 1 Bouquet garni

1 In einem großen Topf mit Deckel 2 EL Öl bei mittlerer Temperatur erhitzen. Speck, Champignons und Zwiebeln darin 5 Minuten braten, bis sie goldbraun sind. Vom Herd nehmen.

2 Das restliche Öl in einem zweiten Topf erhitzen. 1 EL Mehl in eine kleine Schüssel geben, salzen und pfeffern. Die Hähnchenteile im Mehl wenden, überschüssiges Mehl abschütteln. Das Fleisch portionsweise auf jeder Seite 3–5 Minuten anbraten, bis es goldbraun ist. Vom Herd nehmen. Sofern verwendet den Weinbrand in den Topf geben und mit einem Streichholz entzünden, damit der Alkohol verdampft.

3 Die Hähnchenteile in den Topf mit der Speckmischung heben. Das restliche Mehl unterrühren und 1 Minute bei mittlerer Hitze garen. Wein, Fond, Johannisbeergelee und Bouquet garni hinzufügen. Den Topfinhalt zum Kochen bringen. Die Temperatur so weit herunterschalten, dass der Topfinhalt noch köchelt. Zugedeckt 40–45 Minuten garen, bis das Fleisch gar ist. Das Bouquet garni entfernen, dann das Gericht heiß mit frisch gebackenem Brot servieren.

SPANISCHER HÄHNCHENEINTOPF MIT REIS

Dieses auch als *arroz con pollo* bekannte Gericht voller warmer, würziger Aromen lässt sich einfach zubereiten und ist der perfekte Eintopf.

FLEISCH **Hähnchenoberschenkel**

PORTIONEN 4–6 **ZUBEREITUNG** 20 Min.
GARZEIT 1 Std.

- 4 EL Olivenöl
- 1 gehäufter EL Mehl
- Salz und frisch gemahlener schwarzer Pfeffer
- 2 TL geräuchertes Paprikapulver (Pimentón mild) sowie Paprikapulver zum Bestäuben
- 8 gehäutete und entbeinte Hähnchenoberschenkel (etwa 700 g), in mundgerechte Stücke geschnitten
- 1 Zwiebel, fein gehackt
- je 1 rote und orangefarbene Paprikaschote, entkernt und in 2 cm große Stücke geschnitten
- 200 g Chorizo, nach Entfernen der Pelle in 3 cm dicke Scheiben geschnitten
- 2 Knoblauchzehen, gehackt
- ½ TL Cayennepfeffer (nach Belieben)
- 800 ml Hühnerfond
- 3 gehäufte EL gehackte glatte Petersilie
- 300 g weißer Langkorn- oder Basmatireis
- 75 g Erbsen (TK)
- 1 EL Butter

1 In einem großen, schweren Topf mit Deckel 2 EL Öl erhitzen. Das Mehl mit Salz, Pfeffer und Paprikapulver nach Geschmack würzen. Die Hähnchenteile gleichmäßig mit Mehl überziehen, überschüssiges Mehl abschütteln. Das Fleisch bei mittlerer Hitze portionsweise 2–3 Minuten anbraten, bis es rundum gebräunt ist. Warm stellen.

2 Das restliche Öl in einem Topf erhitzen. Zwiebel und Paprikaschoten darin 3–5 Minuten garen, bis sie weich sind und braun werden. Die Chorizo dazugeben und 1–2 Minuten braten, bis die Ränder kross werden. Knoblauch, Paprikapulver und Cayennepfeffer (sofern verwendet) hinzufügen und 1 Minute garen, bis die Gewürze aromatisch duften.

3 Den Fond hinzufügen und den Bodensatz mit einem Löffel ablösen. Das Fleisch mit 2 EL Petersilie in den Topf geben, alles zum Kochen bringen und 10 Minuten köcheln lassen.

4 Den Reis sorgfältig unterrühren und zugedeckt bei schwacher Hitze etwa 15 Minuten garen, bis er die meiste Flüssigkeit aufgenommen hat. Erbsen, Butter und die übrige Petersilie untermischen. Das Gericht vom Herd nehmen und zugedeckt 5 Minuten ziehen lassen. Warm servieren.

SOUTHERN FRIED CHICKEN

Damit dieses amerikanische Gericht gelingt, muss das Öl auf der richtigen Temperatur gehalten werden.

FLEISCH **Hähnchenschenkel**

PORTIONEN 4
ZUBEREITUNG 20 Min. + Marinierzeit
GARZEIT 15 Min.

- 500 g Buttermilch
- 1 EL scharfe Chilisauce
- 8 ganze Hähnchenschenkel oder -oberschenkel mit Haut und Knochen
- 150 g Mehl, mit 1 TL Backpulver vermischt
- 25 g Maisstärke
- 1 TL Salz
- 1 TL Knoblauchpulver
- 1 TL Cayennepfeffer
- 1 TL Paprikapulver edelsüß
- 1 TL frisch gemahlener schwarzer Pfeffer
- 1 l Erdnuss- oder Sonnenblumenöl zum Frittieren

1 Buttermilch und Chilisauce verschlagen, dann großzügig salzen und pfeffern. Die Hähnchenteile nebeneinander in eine Form legen, mit der Marinade übergießen und mit Frischhaltefolie abgedeckt mindestens 4 Stunden kalt stellen, besser aber über Nacht.

2 Vor der Zubereitung alle trockenen Zutaten in einem großen Folienbeutel sorgfältig vermischen. Die Schenkel aus der Marinade nehmen, abschütteln und nacheinander in den Beutel legen. Schütteln, bis sie dick mit der Würzmischung überzogen sind. Auf einen Rost legen und 30 Minuten bei Zimmertemperatur ruhen lassen (so haftet der Überzug beim Frittieren besser).

3 In einem großen, schweren Topf oder der Fritteuse das Öl auf 190 °C erhitzen. Die Hähnchenteile portionsweise behutsam hineinlegen und auf jeder Seite 5–7 Minuten garen, dabei ab und zu wenden, damit sie gleichmäßig bräunen. Die Temperatur sinkt beim Einlegen des Fleischs und sollte auf 150–160 °C gehalten werden. Das Fleisch ist gar, wenn beim Einstechen der dicksten Stelle klarer Saft austritt.

4 Die Hähnchenschenkel mit einem Schaumlöffel herausheben und gut auf Küchenpapier abtropfen lassen. Werden sie portionsweise gegart, bereits frittierte Schenkel im 150 °C heißen Backofen warm halten, während das übrige Fleisch gegart wird.

KARAHI-HÄHNCHEN

Dieses relativ einfache Gericht aus dem Norden Indiens verdankt seinen Namen dem wokähnlichen Topf, dem *karahi*, in dem es traditionell zubereitet wird.

FLEISCH **Hähnchenoberschenkel**

PORTIONEN 4 **ZUBEREITUNG** 15 Min.
GARZEIT 1 Std.

- 1 TL Koriandersamen
- 2 grüne Chilischoten, entkernt
- 3 Knoblauchzehen
- 1 TL gemahlene Kurkuma
- 3 EL Sonnenblumenöl
- Salz und frisch gemahlener schwarzer Pfeffer
- 8 Hähnchenoberschenkel mit Haut (etwa 1 kg), quer eingeschnitten
- 1 Zwiebel, grob gehackt
- 6 Tomaten, Samen entfernt, grob gehackt
- 1 l heißer Gemüsefond
- 1 Stück Ingwer (5 cm), geschält und fein gehackt
- 3–4 scharfe Chilischoten, vorzugsweise Bird's eye
- 1 Bund Koriandergrün, fein gehackt

1 Koriandersamen, grüne Chilischoten, Knoblauch, Kurkuma und 1 EL Öl in einer Küchenmaschine zu einer Paste verarbeiten. Das Fleisch salzen und pfeffern und mit der Paste einreiben, diese dabei in die Einschnitte drücken. 1 EL Öl bei mittelhoher Temperatur in einer großen feuerfesten Kasserolle erhitzen. Die Fleischstücke auf jeder Seite 5–6 Minuten anbraten. Herausnehmen und beiseitestellen.

2 Das restliche Öl bei mittlerer Temperatur in der Kasserolle erhitzen. Die Zwiebel darin 3–4 Minuten braten, bis sie weich ist. Die Tomaten dazugeben und 5–10 Minuten garen, bis sie weich sind. Den Fond hinzufügen und zum Kochen bringen. Die Hitze reduzieren. Ingwer, scharfe Chilischoten und Fleisch in den Topf geben.

3 Die Zutaten zugedeckt 30–40 Minuten sanft garen, falls sie zu trocken werden oder ansetzen etwas heißes Wasser hinzufügen. Die Chilischoten entfernen. Das Gericht abschmecken und das Koriandergrün untermischen. Mit Reis oder Chapatis und Minzejoghurt servieren.

VARIANTE

Karahi-Kaninchen Hähnchenschenkel durch ein in 8 Teile zerlegtes ganzes Kaninchen ersetzen. Zur Herstellung der Würzpaste zusätzlich 1 TL geröstete Kreuzkümmelsamen und ¼ TL gemahlene Nelken verwenden. Mit den Tomaten 2 entkernte und gewürfelte rote Paprikaschoten dazugeben. Alles wie oben garen.

SCHARFE CHICKENWINGS

Diese typisch amerikanischen Chickenwings aus Buffalo, New York, lassen sich leicht zubereiten. Sie sind wunderbares Fingerfood und werden mit einem traditionellen Dressing aus Schimmelkäse serviert.

FLEISCH **Hähnchenflügel**

PORTIONEN 6
ZUBEREITUNG 20–30 Min. + Kühlzeit
GARZEIT 40–50 Min.

- 130 g Mehl
- 150 g Semmelbrösel
- 1 TL Paprikapulver edelsüß
- ½ TL Cayennepfeffer
- ½ TL Salz
- 500 g Buttermilch
- 24 Hähnchenflügel
- 1 l Erdnuss- oder Sonnenblumenöl zum Frittieren

FÜR DIE SAUCE

- 250 ml scharfe Chilisauce
- 2 Knoblauchzehen, gehackt
- 2 EL flüssiger Honig
- 125 g Butter

FÜR DAS DRESSING

- 50 g Mayonnaise
- 100 g Sauerrahm
- 100 g Buttermilch
- 125 g Blauschimmelkäse, zerkrümelt
- 30 ml Apfelessig

SELBST GEMACHT

Anstatt Buttermilch zu kaufen, kann man sie zu Hause selbst herstellen, indem man 1 EL Zitronensaft oder Essig in 250 ml fettarme Milch rührt, die man vor Verwendung 10 Minuten stehen lässt.

1 Mehl, Semmelbrösel, Paprikapulver, Cayennepfeffer und Salz in einer großen Schüssel vermischen. Die Buttermilch in eine zweite Schüssel geben. Die Hähnchenflügel in die Buttermilch tauchen. Dann gleichmäßig mit der Mehlmischung überziehen, überschüssiges Mehl abschütteln. Anschließend für mindestens 1 Stunde in den Kühlschrank legen.

2 In der Zwischenzeit für die Sauce scharfe Chilisauce, Knoblauch, Honig und Butter bei schwacher Hitze in einem Topf rühren, bis die Butter geschmolzen ist, dann etwa 5 Minuten köcheln lassen. Vom Herd nehmen und warm halten.

3 Das Öl in einem großen, schweren Topf oder der Fritteuse auf 190 °C erhitzen. Jeweils 4 oder 5 Hähnchenflügel 8–10 Minuten frittieren oder bis sie goldbraun sind. Mit einem Schaumlöffel auf einen Teller heben.

4 Die Chickenwings in die Sauce tauchen und wenden, um sie gleichmäßig zu überziehen. Zum Abkühlen auf ein Drahtgitter legen. Alle Zutaten für das Dressing in einer Küchenmaschine vermischen. Das Dressing in einer kleinen Schüssel zu den Chickenwings reichen.

CAJUN-HÄHNCHEN

Die hier verwendete süß-saure Marinade aus Louisiana ist lecker und vielseitig einsetzbar – für im Backofen gegarte Gerichte ebenso wie für gegrillte Speisen.

FLEISCH **Hähnchenschenkel**

PORTIONEN 4 **ZUBEREITUNG** 10 Min. + Marinierzeit **GARZEIT** 40–45 Min.

- 2 EL Olivenöl
- 2 TL Rohrohrzucker
- 2 TL Paprikapulver edelsüß
- ½–1 TL Cayennepfeffer oder Chilipulver nach Geschmack
- 1 TL gemahlener Kreuzkümmel
- 1 TL getrockneter Thymian
- 1 TL gemahlener Koriander
- Salz und frisch gemahlener schwarzer Pfeffer
- 8 Hähnchenoberschenkel oder -unterschenkel mit Haut und Knochen

1 Alle Zutaten mit Ausnahme der Hähnchenschenkel in einer großen Schüssel sorgfältig vermischen.

2 Das Fleisch in die Marinade legen und sorgfältig darin wenden. Abgedeckt für mindestens 1 Stunde in den Kühlschrank stellen, besser bis zu 4 Stunden.

3 Den Backofen auf 200 °C vorheizen. Die Hähnchenschenkel mit reichlich Abstand nebeneinander in einen Bräter legen.

4 In den Backofen schieben und 40–45 Minuten braten, bis sie goldbraun und gar sind, zwischendurch ab und zu wenden. Auf einem vorgewärmten Teller anrichten und mit Reis oder sautiertem Gemüse servieren.

HÄHNCHEN CACCIATORE

Cacciatore bedeutet auf Italienisch »nach Jägerart«. Traditionell wird dieses Gericht mit Polenta zum Aufnehmen der Sauce serviert.

FLEISCH **Hähnchenschenkel**

PORTIONEN 4 **ZUBEREITUNG** 20 Min. **GARZEIT** 35–40 Min.

- 1,5 kg ganze Hähnchenschenkel, entbeint
- Salz und frisch gemahlener schwarzer Pfeffer
- 2 EL Olivenöl
- 2 Knoblauchzehen, in Scheiben geschnitten
- 1 Zwiebel, gehackt
- 200 ml trockener Weißwein
- 1 Stange Staudensellerie, gehackt
- 200 g kleine Champignons, in Scheiben geschnitten
- 1 Dose gehackte Tomaten (etwa 400 g)
- 150 ml Hühnerfond
- 1 EL Tomatenmark
- 2 TL gehackter frischer Rosmarin
- 2 TL gehackter frischer Salbei
- 8 schwarze Oliven, entsteint und halbiert

1 Die Hähnchenschenkel salzen und pfeffern. Die Hälfte des Öls in einer großen, schweren Pfanne erhitzen. Die Hähnchenschenkel portionsweise hineinlegen und braten, bis sie rundum gebräunt sind. Herausheben, auf einen mit Küchenpapier abgedeckten Teller legen und warm stellen.

2 Das Fett aus der Pfanne gießen und das restliche Öl hineingeben. Knoblauch und Zwiebel hinzufügen und 3–4 Minuten braten, bis sie weich, aber noch nicht gebräunt sind. Den Wein dazugeben und 1 Minute kochen lassen.

3 Staudensellerie, Champignons, Tomaten, Fond, Tomatenmark, Rosmarin und Salbei hinzufügen und unterrühren. Auf schwache Hitze reduzieren. Das Fleisch wieder in die Pfanne legen und zugedeckt 30 Minuten garen oder bis beim Einstechen an der dicksten Stelle klarer Saft austritt.

4 Die Oliven dazugeben und alles ohne Deckel noch einmal 5–10 Minuten garen. Vom Herd nehmen und heiß mit Polenta und einem gemischten Blattsalat servieren.

TIKKA MASALA MIT HÄHNCHEN

Die Kombination aus Garam masala, Tomaten, Koriandergrün und Sahne verleiht diesem Gericht ein süßes und zugleich würziges Aroma.

FLEISCH **Ganze Poularde**

PORTIONEN 6 **ZUBEREITUNG** 20 Min.
GARZEIT 1 Std. 40 Min.

- 1 Poularde (etwa 1,8 kg)
- 300 g Naturjoghurt
- 2 EL gemahlener Koriander
- 1 EL Salz

FÜR DIE SAUCE

- 2 EL Ghee oder geklärte Butter
- 2 EL Garam masala
- 1 EL Currypulver
- 1 EL gemahlene Kurkuma
- 1 TL gemahlener Kreuzkümmel
- 1 TL Cayennepfeffer
- 1 TL gemahlener Ingwer
- 1 TL gemahlener Koriander
- 500 g weiße Zwiebeln, gewürfelt
- 4 Knoblauchzehen, zerdrückt
- 4 Dosen gehackte Tomaten (à etwa 400 g)
- 250 g Sahne
- 1 Handvoll Korianderblätter zum Garnieren

1 Den Backofen auf 180 °C vorheizen. Die Poularde mit dem Joghurt überziehen. Auf ein Backblech legen und mit gemahlenem Koriander und Salz bestreuen. 1½ Stunden im Backofen garen, bis sie eine Kerntemperatur von 75 °C erreicht hat.

2 In der Zwischenzeit Ghee und die Gewürze in einem großen Topf vermischen und bei mittlerer Temperatur unter ständigem Rühren 1–2 Minuten garen, bis die Mischung gebräunt ist. Zwiebeln und Knoblauch unterrühren und 5–7 Minuten garen, bis die Zwiebel weich ist. Die Tomaten hinzufügen und zum Kochen bringen. Den Topfinhalt nach Reduzieren der Hitze unter gelegentlichem Rühren 45 Minuten köcheln lassen.

3 Die Poularde aus dem Backofen nehmen und etwas abkühlen lassen. Haut und Knochen entfernen. Das Fleisch mit einer Gabel zerteilen, in die Sauce geben und gut unterrühren. Die Sahne hinzufügen und alles weitere 5–7 Minuten köcheln lassen. Vom Herd nehmen. Das Gericht mit dem gehackten Koriandergrün garniert heiß servieren, dazu Basmatireis reichen.

LOCRO DE PAPAS

Varianten dieser herzhaften Kartoffelsuppe findet man überall in den südamerikanischen Anden.

FLEISCH **Ganze Poularde**

PORTIONEN 6 **ZUBEREITUNG** 15 Min.
GARZEIT 1 Std. 45 Min. – 2 Std. 15 Min.

- 1,5 kg festkochende Kartoffeln, geschält
- 1 Poularde (etwa 1,8 kg)
- 6 Knoblauchzehen, zerdrückt
- 1 EL Olivenöl
- 500 g Zwiebeln, gehackt
- 2 TL getrockneter Oregano
- 1 TL Chiliflocken
- 2 Dosen Mais (à 285 g), abgetropft
- 250 ml Vollmilch
- Salz und frisch gemahlener schwarzer Pfeffer
- 200 g spanischer Frischkäse oder Feta

1 Ein Drittel der Kartoffeln halbieren und beiseitestellen. Die Poularde in einem großen Topf gerade mit Wasser bedecken und zum Kochen bringen.

2 Zwei Knoblauchzehen und die halbierten Kartoffeln hinzufügen. Die Hitze reduzieren. Die Zutaten zugedeckt 45 Minuten garen oder bis die Poularde durchgegart ist.

3 Die Poularde mit den Kartoffeln aus dem Topf nehmen. Haut und Knochen entfernen. Das Fleisch mit einer Gabel behutsam zerteilen und wieder in den Topf geben.

4 Die restlichen Kartoffeln würfeln. Das Öl in einer Pfanne erhitzen. Zwiebeln und restlichen Knoblauch hinzufügen und 5–7 Minuten anbraten. Kartoffelwürfel, Oregano und Chiliflocken dazugeben und 3–5 Minuten garen, bis sie braun werden, dann die Maiskörner unterrühren. Den Topf vom Herd nehmen.

5 Die Kartoffel-Mais-Mischung in den Suppentopf geben. Die Milch unterrühren. Die Suppe abschmecken, zum Kochen bringen und nach Reduzieren der Hitze 35–40 Minuten köcheln lassen oder bis die Kartoffeln weich sind. Den Käse unterrühren und alles weitere 10 Minuten garen. Vom Herd nehmen, in Schalen schöpfen und heiß servieren.

POULE AU POT

Ein französischer Klassiker, dessen Name wörtlich übersetzt »Huhn im Topf« bedeutet und zu dem *sauce gribiche,* eine kalte Sauce aus Eiern, gereicht wird.

FLEISCH **Ganze Poularde**

PORTIONEN 4–6 **ZUBEREITUNG** 20 Min.
GARZEIT 1–1 Std. 30 Min.

- 1 Gewürznelke
- 1 Zwiebel, geschält
- 1 Poularde (etwa 2 kg)
- Salz und frisch gemahlener schwarzer Pfeffer
- 1 Bouquet garni
- 4 l Hühnerfond, wenn nötig, mehr
- 1 kg Lauchstangen, geputzt, längs halbiert und in Stücke geschnitten
- 400 g Möhren, in Scheiben geschnitten
- 400 g Speiserüben, gewürfelt
- 60 g Fadennudeln

FÜR DIE SAUCE GRIBICHE

- 2 hart gekochte Eier, gepellt
- Saft von ½ Zitrone
- 1 TL Dijonsenf
- 2 EL trockener Weißwein
- 250 ml Pflanzenöl
- 1 EL abgetropfte Kapern, fein gehackt
- 3 Gewürzgurken, fein gehackt
- 5–7 Stängel glatte Petersilie, fein gehackt
- 1 kleines Bund Schnittlauch, in schmale Röllchen geschnitten

1 Die Gewürznelke in die Zwiebel stecken. Die Poularde in eine Kasserolle legen, dann salzen und pfeffern. Bouquet garni und Zwiebel dazugeben. So viel Fond hinzufügen, dass die Poularde zu zwei Dritteln bedeckt ist. Zum Kochen bringen und 45 Minuten köcheln lassen.

2 Den Lauch fest in ein Stück Nesseltuch binden, ebenso getrennt Möhren und Speiserüben. In den Topf geben, mit Fond bedecken und alles zugedeckt 25–30 Minuten köcheln lassen.

3 Für die Sauce Eigelbe und Eiweiß trennen. Das Eiweiß in Streifen schneiden und fein hacken. Die Eigelbe mit einem Löffelrücken durch ein Sieb in eine Schüssel drücken. Zitronensaft, Senf, Wein sowie Salz und Pfeffer unterrühren. Nach und nach das Öl unterschlagen. Eiweiß, Kapern, Gurken und Kräuter untermischen.

4 Die Poularde aus dem Topf nehmen, zerteilen und mit Alufolie abgedeckt warm stellen. Das Gemüse aus der Brühe nehmen und ebenfalls warm stellen. Die Brühe durch ein feines Sieb in einen Topf gießen und 10–20 Minuten köcheln lassen. Die Suppe entfetten und abschmecken. Die Nudeln hinzufügen und nach Packungsangabe garen.

5 Das Gemüse aus den Nesseltüchern auspacken und in die Suppe geben. Umrühren und den Topf vom Herd nehmen. Die Suppe mit dem Fleisch in Schalen servieren, die Sauce gribiche getrennt dazureichen.

TOM KHA GAI

Eine thailändische Suppe mit vielen Kräutern und Gewürzen und einer ganzen Poularde als nahrhafte Grundlage.

FLEISCH **Ganze Poularde**

PORTIONEN 6 **ZUBEREITUNG** 10 Min.
GARZEIT 3 Std.

- 1 Poularde (etwa 1,8 kg)
- 1 Speiserübe, halbiert
- 1 Stück frischer Ingwer (2,5 cm), geschält
- 1 EL rote Currypaste
- Saft von 2 Limetten
- 2 EL Fischsauce
- 40 g Galgant oder frischer Ingwer, in Scheiben geschnitten
- 200 g Strohpilze, Austernpilze oder Champignons, in dicke Scheiben geschnitten
- 2 Schalotten, in Ringe geschnitten
- 3 Stängel Zitronengras, gehackt
- 2–3 scharfe Chilischoten, vorzugsweise Bird's eye, entkernt und gewürfelt
- 6 Kaffirlimettenblätter, fein gehackt
- 600 ml Kokosmilch
- Salz und frisch gemahlener schwarzer Pfeffer
- 50 g Koriandergrün, grob gehackt

1 Die Poularde in einen großen Suppentopf geben und mit Wasser bedecken. Das Wasser zum Kochen bringen. Speiserübe und Ingwer hinzufügen und die Hitze reduzieren. Alles zugedeckt 2 Stunden köcheln lassen, bis die Poularde gar ist.

2 Vom Herd nehmen. Die Poularde herausheben, Speiserübe und Ingwer wegwerfen. Die Poularde enthäuten und entbeinen. Das Fleisch mit einer Gabel zerteilen und wieder in die Brühe geben.

3 Currypaste, Limettensaft, Fischsauce, Galgant, Pilze, Schalotten, Zitronengras, Chilischoten und Limettenblätter hinzufügen. Die Brühe zum Kochen bringen.

4 Die Hitze reduzieren und die Kokosmilch unterrühren. Die Suppe unter gelegentlichem Rühren 45 Minuten köcheln lassen, dann abschmecken und das Koriandergrün untermischen. In Suppenschalen schöpfen und heiß servieren.

VARIANTE

Hähnchen-Reis-Suppe Die Suppe wie oben zubereiten, 15 Minuten vor Ende der Garzeit 200 g Reis hinzufügen. Die Suppe heiß servieren.

SCHMORPOULARDE

Dies ist ein einfacher Eintopf, der jedoch eine leckere leichte Alternative zu einem herkömmlichen Braten sein kann.

FLEISCH **Ganze Poularde**

PORTIONEN 4 **ZUBEREITUNG** 10 Min.
GARZEIT 1 Std. 45 Min.

- 2 EL Olivenöl
- 1 große Zwiebel, in 8 Spalten geschnitten
- 1 Lauchstange, in 3 cm große Stücke geschnitten
- 1 Stange Staudensellerie, in 3 cm große Stücke geschnitten
- 4 Möhren, in 3 cm große Stücke geschnitten
- 2 Knoblauchzehen, grob gehackt
- 8 neue Kartoffeln mit Schale, halbiert
- 350 ml Hühnerfond
- 1 Thymianzweig
- 1 Lorbeerblatt
- Salz und frisch gemahlener schwarzer Pfeffer
- 1 Poularde (etwa 1,5 kg)
- 1 Stückchen Butter

1 Den Ofen auf 180 °C vorheizen. Das Öl in einer großen ofenfesten Kasserolle erhitzen. Zwiebel, Lauch, Sellerie und Möhren darin 5 Minuten braten, bis sie weich und braun werden. Knoblauch und Kartoffeln unterrühren und 2 Minuten garen.

2 Fond, Thymian, Lorbeerblatt sowie Salz und Pfeffer nach Geschmack hinzufügen. Alles weitere 2 Minuten garen. Den Topf vom Herd nehmen.

3 Die Poularde mit der Butter einreiben, die Brust salzen und pfeffern. Die Poularde auf das Gemüse legen und zugedeckt 1 Stunde im Backofen garen. Falls sie sich zu nah am Deckel befindet, die Poularde locker mit Butterbrotpapier abdecken, damit sie nicht festklebt.

4 Den Deckel abnehmen und die Ofentemperatur auf 200 °C erhöhen. Die Poularde weitere 30 Minuten garen oder bis die Brust goldbraun und die Flüssigkeit reduziert ist. Vor dem Servieren die Kräuter herausnehmen.

GEFLÜGEL-SESAM-SALAT

Dieser leichte, würzige Salat zeichnet sich vor allem durch kräftige Farben und frisches Gemüse aus.

FLEISCH **Ganze Poularde**

PORTIONEN 4 **ZUBEREITUNG** 20 Min.
GARZEIT 1–1 Std. 30 Min. + Kühlzeit

- 1 Poularde (etwa 1,2 kg)
- 1 EL Salz
- 2 EL Sesamöl
- 100 g Staudensellerie, in dünne Scheiben geschnitten
- 100 g Möhren, geraspelt
- 200 g Rotkohl, in Streifen geschnitten
- 100 g Schalotten, in dünne Scheiben geschnitten
- 3 Knoblauchzehen, zerdrückt
- 50 g Koriandergrün, gehackt
- 50 g Frühlingszwiebeln, gehackt
- 1 EL Sesam
- Saft von 2 Limetten

FÜR DAS DRESSING

- 3 EL Sesamöl, wenn nötig, mehr
- 3 EL Sojasauce, wenn nötig, mehr
- 3 EL Reisessig
- 1 EL rote Chilipaste
- Salz und frisch gemahlener schwarzer Pfeffer

1 Den Backofen auf 180 °C vorheizen. Die Poularde mit der Brust nach oben in einen Bräter legen und mit Salz und Öl einreiben. Für 1–1½ Stunden in den Ofen schieben oder bis die Kerntemperatur 75 °C beträgt. Herausnehmen und etwas abkühlen lassen.

2 Die Poularde enthäuten. Mit einer Gabel das Fleisch von den Knochen lösen und dabei zerteilen. Haut und Knochen wegwerfen, das Fleisch in eine große Schale geben.

3 In einer kleinen Schüssel alle Zutaten für das Dressing sorgfältig vermischen. Das Dressing mit Salz und Pfeffer abschmecken und, wenn nötig, noch Öl oder Sojasauce hinzufügen.

4 Staudensellerie, Möhren, Rotkohl, Schalotten und Knoblauch zu dem Fleisch in die Schale geben. Das Dressing hinzufügen und unterheben.

5 Koriandergrün, Frühlingszwiebeln, Sesam und Limettensaft untermischen. Den Salat abgedeckt für 1 Stunde oder über Nacht kühl stellen. Er sollte beim Servieren Zimmertemperatur haben und schmeckt auf Toastbrot sowie für sich allein.

TSCHERKESSISCHER GEFLÜGELSALAT

Bei diesem Salat aus dem Kaukasus wird das rauchige Aroma von Paprikapulver mit cremiger Walnusssauce kombiniert.

FLEISCH **Ganze Poularde**

PORTIONEN 6 **ZUBEREITUNG** 15 Min.
GARZEIT 2 Std. 10 Min.

- 1 Poularde (etwa 1,8 kg)
- Salz und frisch gemahlener schwarzer Pfeffer
- 100 g Walnusskerne
- 2 Scheiben Weißbrot
- 500 g weiße Zwiebeln, gehackt
- 4 Knoblauchzehen
- 1 TL Cayennepfeffer
- 2 EL Paprikapulver edelsüß
- 500 ml Hühnerfond
- 1 EL Walnussöl
- Saft von 1 Zitrone
- glatte Petersilie zum Garnieren

1 Die Poularde in einen großen Suppentopf legen und mit Wasser bedecken. Das Wasser zum Kochen bringen und 1 Prise Salz hinzufügen. Die Poularde nach Reduzieren der Hitze 2 Stunden köcheln lassen.

2 Die Poularde herausheben, die Garflüssigkeit beiseitestellen. Die Poularde enthäuten und entbeinen. Das Fleisch mit einer Gabel grob zerteilen und auf einer Servierplatte anrichten. Beiseitestellen.

3 Die Walnüsse in einer Küchenmaschine fein hacken. Die Brotscheiben in die Garflüssigkeit tauchen und mit den Zwiebeln, dem Knoblauch, dem Cayennepfeffer und je 1 EL Paprikapulver und schwarzem Pfeffer in die Küchenmaschine geben. Das Gerät laufen lassen, bis eine dicke Paste entstanden ist. Nach und nach Fond hinzufügen, bis die Mischung die Konsistenz einer Sauce hat.

4 Die Sauce über das Fleisch gießen. In einem kleinen Topf Walnussöl und das verbliebene Paprikapulver erhitzen und unter häufigem Rühren 2–3 Minuten garen, bis das Paprikapulver geröstet ist. Die Mischung zusammen mit dem Zitronensaft über das Fleisch geben. Den Salat mit der Petersilie garnieren. Der Salat schmeckt gekühlt ebenso wie mit Zimmertemperatur.

FRANGO PIRI-PIRI

Ein portugiesischer Klassiker, der sich ideal für lange Sommernachmittage im Garten eignet. Traditionell wird das Hähnchen gegrillt, hier aber im Ofen gegart.

FLEISCH **Ganze Poularde**

PORTIONEN 6 **ZUBEREITUNG** 15 Min.
+ Marinierzeit **GARZEIT** 1 Std. 10 Min.

- 10 rote Chilischoten
- 125 ml Olivenöl plus 1 EL Olivenöl
- 4 Knoblauchzehen
- 4 EL Rotweinessig
- 1 TL Meersalz
- 1 TL frischer Oregano
- 1 TL geräuchertes Paprikapulver (Pimentón mild)
- 1 Poularde (etwa 1,8 kg)
- Salz und frisch gemahlener schwarzer Pfeffer

1 Die Chilischoten mit 1 EL Öl in eine Schüssel geben und im Öl wenden. Bei mittelstarker Hitze 5–10 Minuten auf einem Kontaktgrill oder in einer Grillpfanne grillen. Die Stiele entfernen.

2 Chilischoten, restliches Öl, Knoblauch, Essig, Salz, Oregano und Paprikapulver in eine Küchenmaschine geben und glatt pürieren.

3 Die Poularde flach drücken (s. S. 61), mit der Chilimarinade in einen Folienbeutel geben und mindestens 24 Stunden durchziehen lassen.

4 Den Backofen auf 200 °C vorheizen. Die Poularde aus der Marinade nehmen, in einen Bräter legen und großzügig salzen und pfeffern. Für 50–60 Minuten in den Backofen schieben oder bis die Kerntemperatur des Fleischs 75 °C beträgt.

KRÄUTERPOULARDE

Kräuterbutter verleiht einem Brathähnchen unglaubliches Aroma und hilft, dass das Fleisch beim Garen saftig bleibt.

FLEISCH **Ganze Poularde**

PORTIONEN 4–6 **ZUBEREITUNG** 10 Min.
GARZEIT 1 Std. 15 Min. – 1 Std. 30 Min. + Ruhezeit

- 3 EL weiche Butter
- 1 EL fein gehackter frischer Estragon
- 1 EL fein gehackte glatte Petersilie
- 1 EL gehackter frischer Thymian
- 1 Knoblauchzehe, zerdrückt
- abgeriebene Schale und Saft von ½ Bio-Zitrone
- Salz und frisch gemahlener schwarzer Pfeffer
- 1 Poularde (etwa 1,5–2 kg)
- 1 EL Olivenöl

1 Den Backofen auf 230 °C vorheizen. Für die Kräuterbutter Butter, Kräuter, Knoblauch und Zitronenschale in einer Schüssel vermischen und großzügig salzen und pfeffern.

2 Die Haut der Poularde an der Brust behutsam vom Fleisch lösen, ohne sie zu beschädigen, sodass eine Tasche entsteht. Die Kräuterbutter gleichmäßig unter der Haut verteilen.

3 Die Poularde in einen großen Bräter legen. Die Haut mit Öl, Salz und Pfeffer einreiben und mit dem Zitronensaft beträufeln. Die ausgedrückte Zitrone in das Innere der Poularde stecken.

4 Die Poularde für 15 Minuten in den Ofen schieben. Die Ofentemperatur auf 180 °C reduzieren und die Poularde weitere 60–80 Minuten garen oder bis beim Einstechen mit einem Messer in das Fleisch klarer Saft austritt. Die Poularde mit Alufolie abgedeckt 10 Minuten ruhen lassen. Warm servieren.

BIERDOSENHÄHNCHEN

Dieses Gericht macht jede Grillparty zu einem Event. Schon deshalb lohnt die Mühe, das Hähnchen auf einer Bierdose auszubalancieren.

FLEISCH **Ganze Poularde**

PORTIONEN 6 **ZUBEREITUNG** 20 Min.
GARZEIT 2 Std. + Ruhezeit

- 1 Poularde (etwa 1,8 kg)
- 75 g weiche Butter
- 1 EL Salz
- 2 EL gehackter frischer Rosmarin
- 1 Dose Bier (330 ml)

1 Die Poularde auf die saubere Arbeitsfläche legen und gleichmäßig mit Butter bepinseln. Rundum mit Salz einreiben und mit dem Rosmarin bestreuen.

2 Den Smokergrill oder den Backofen auf 180 °C vorheizen. Die Hälfte des Biers aus der Dose gießen. Die Dose behutsam in die Bauchhöhle des Huhns schieben, sodass es auf der Dose »sitzt«.

3 Das Huhn aufrecht auf der Dose sitzend auf den Grill stellen. Den Deckel schließen und die Poularde 1½–2 Stunden garen oder bis ihre Kerntemperatur 75 °C beträgt. Ab und zu nachsehen, ob sie noch aufrecht steht. Aus dem Grill nehmen, dann ruhen und etwas abkühlen lassen. Tranchieren und heiß servieren.

VARIANTE

Kräuter-Bierdosenhähnchen Die Poularde in Arbeitsschritt 1 zusätzlich mit 1 EL gehacktem frischem Thymian und 2 TL geräuchertem Paprikapulver (Pimentón mild) bestreuen. Wie oben garen und heiß servieren.

TRUTHAHN TETRAZZINI

Dieser einfache, leckere Auflauf ist eine großartige Möglichkeit, Reste von einer Festtagspute zu verwerten.

FLEISCH **Gegartes Putenfleisch**

PORTIONEN 8–10 **ZUBEREITUNG** 10 Min.
GARZEIT 55 Min.

- 500 g Nudeln
- 3 EL Butter
- 4 Knoblauchzehen, zerdrückt
- 500 g Zwiebeln, gehackt
- 100 g Champignons, in Scheiben geschnitten
- 250 ml Weißwein
- 500 ml Hühnerfond
- 50 g Mehl
- 250 ml Putenfond
- 100 g Sahne
- 250 ml Milch
- 400 g gegartes Putenfleisch, in Streifen geschnitten
- 1 TL geriebene Muskatnuss
- 300 g Cheddar oder Gouda
- 100 g Parmesan, frisch gerieben
- Salz und frisch gemahlener schwarzer Pfeffer
- 250 g Erbsen (TK)
- Saft von 1 Zitrone
- 70 g Panko (japanisches Paniermehl)

1 Die Nudeln nach Anweisung garen, abtropfen lassen und beiseitestellen. Die Butter in einer großen Pfanne zerlassen. Knoblauch und Zwiebeln hineingeben und 5–7 Minuten braten, bis die Zwiebeln weich sind. Die Champignons unterrühren und unter häufigem Rühren 5 Minuten garen.

2 Wein und Hühnerfond unterrühren. Die Hitze so weit reduzieren, dass die Zutaten noch köcheln. Die Flüssigkeit 10 Minuten einkochen lassen. Das Mehl untermischen, dann nach und nach den Putenfond unterschlagen.

3 Sahne, Milch, Putenfleisch, Muskatnuss und Cheddar oder Gouda und Parmesan unterrühren. Die Mischung großzügig salzen und pfeffern und 15–20 Minuten köcheln lassen. Nudeln und Erbsen untermischen. Den Backofen auf 180 °C vorheizen.

4 Die Pfanne vom Herd nehmen und den Zitronensaft unterrühren. Die Mischung in eine Auflaufform füllen und mit dem Paniermehl bestreuen. Den Auflauf 25 Minuten backen oder bis er goldbraun ist und blubbert. Heiß servieren.

TURDUCKEN

Traditioneller amerikanischer Festtagsbraten, der durch das Fett der Ente unglaublich saftig wird.

FLEISCH **Ganze Pute, Ente, Poularde**

PORTIONEN 20–25 **ZUBEREITUNG** 2 Std.
GARZEIT 3–4 Std. + Ruhezeit

- 1 Pute (etwa 6 kg)
- 2 EL Cayennepfeffer
- Salz und frisch gemahlener schwarzer Pfeffer
- 2 EL Knoblauchpulver
- 250 g Butter, gewürfelt
- 1 Ente (etwa 2 kg)
- 1 Poularde (etwa 1,8 kg)

1 Einen großen Bräter mit Alufolie auslegen. Die Pute bis auf Flügel und Unterschenkel entbeinen (s. S. 60). Mit der Hautseite nach unten in den Bräter legen. Großzügig mit Cayennepfeffer, Salz, schwarzem Pfeffer und Knoblauchpulver bestreuen. Ein Viertel der Butter darauf verteilen.

2 Die Ente einschließlich der Unterschenkel entbeinen, die Flügel ganz entfernen. Mit der Haut nach unten mittig auf die Pute legen. Großzügig mit Cayennepfeffer, Salz, schwarzem Pfeffer und Knoblauchpulver bestreuen. Ein Viertel der Butter darauf verteilen.

3 Die Poularde einschließlich der Unterschenkel entbeinen, die Flügel ganz entfernen. Mit der Haut nach unten mittig auf die Ente legen. Großzügig mit Cayennepfeffer, Salz, schwarzem Pfeffer und Knoblauchpulver bestreuen. Ein Viertel der Butter darauf verteilen.

4 Die Pute so zusammenfalten, dass sie Ente und Huhn umhüllt. Das Fleisch dort, wo sich das Rückgrat befunden hat, mit Küchengarn zusammennähen. Dabei darauf achten, dass Ente und Huhn nicht aus der Bauchhöhle rutschen. Den Backofen auf 180 °C vorheizen.

5 Die Pute drehen, sodass sich die Naht unten befindet. Großzügig mit den restlichen Gewürzen und der verbliebenen Butter einreiben. 3–4 Stunden im Ofen garen oder bis die Kerntemperatur des Huhns 75 °C erreicht hat. Beim Einstechen eines Messers an der dicksten Stelle eines Putenschenkels sollte klarer Saft austreten.

6 Den Braten herausnehmen und 30 Minuten ruhen lassen. Quer aufschneiden, sodass sich in jeder Scheibe Huhn, Ente und Pute befinden.

PUTEN-OLIVEN-QUICHE

Ein Medley aus den Aromen salziger Oliven, reifer Tomaten und Zimt macht diese Quiche zu einem idealen Brunchgericht.

FLEISCH **Gegartes Putenfleisch**

PORTIONEN 6 **ZUBEREITUNG** 15 Min.
+ Kühlzeit **GARZEIT** 45 Min.

FÜR DEN TEIG

- 150 g Mehl plus Mehl zum Bestäuben
- 1 TL gemahlener Zimt
- 1 TL Salz
- 50 g Pflanzenfett
- 10 g kalte Butter, gewürfelt, plus Butter zum Einfetten
- 1 Ei, verquirlt, zum Bestreichen

FÜR DIE FÜLLUNG

- 6 Eier
- 120 g Sahne
- 3 EL Milch
- 200 g gegartes Putenfleisch, in Streifen geschnitten
- 100 g schwarze Oliven, entsteint und halbiert
- 100 g Kirschtomaten, halbiert
- 50 g frischer Spinat
- 1 TL Chiliflocken
- 1 TL gemahlener Zimt
- 1 TL Knoblauchpulver

1 Für den Teig Mehl, Zimt und Salz in eine große Schüssel sieben und gut vermischen. Fett und Butter mit den Fingern einarbeiten, bis Krümel entstanden sind. Nach und nach 75 ml Wasser hinzufügen, bis sich eine lockere Teigkugel gebildet hat. In Frischhaltefolie eingewickelt für 1 Stunde in den Kühlschrank legen.

2 Den Ofen auf 180 °C vorheizen. Für die Füllung Eier, Sahne und Milch verschlagen. Die restlichen Zutaten hinzufügen und gut untermischen.

3 Eine ca. 24 cm große Tarteform mit herausnehmbarem Boden einfetten und mit Backpapier auslegen. Den Teig auf der dünn bemehlten Arbeitsfläche 5 mm dick ausrollen und in die Form heben. Die Teigränder dünn mit dem verquirlten Ei bestreichen. Die Füllmasse hineingießen und gleichmäßig verteilen. Die Quiche 45 Minuten backen oder bis die Füllung fest ist. Warm servieren.

GEGRILLTE PUTE

Durch das Flachdrücken verringert sich die Garzeit der Pute, und sie wird zu einer köstlichen Mahlzeit für jede Gelegenheit.

FLEISCH **Ganze Pute**

PORTIONEN 8–10 **ZUBEREITUNG** 30 Min.
GARZEIT 2 Std. + Ruhezeit

- 1 Pute (etwa 6 kg)
- je 2 EL Salz und frisch gemahlener schwarzer Pfeffer
- 1 EL Knoblauchpulver
- 1 EL Cayennepfeffer
- 250 g weiche Butter

1 Die Pute mit einer Küchenschere oder einem Ausbeinmesser aufschneiden und flachdrücken (s. S. 61). Mit der Brust nach unten in einen großen Bräter legen. Kräftig mit der Hand auf das Brustbein drücken, bis es bricht.

2 Den Smokergrill auf mittelhoher Temperatur vorheizen. Die Gewürze in einer kleinen Schüssel sorgfältig vermischen. Die Pute mit der Butter einreiben und gleichmäßig mit der Würzmischung überziehen. 1½–2 Stunden grillen oder bis die Kerntemperatur 75 °C beträgt.

3 Vom Grill nehmen und auf einer Platte anrichten. Mit Alufolie abgedeckt 30 Minuten ruhen lassen. Tranchieren und heiß servieren.

VARIANTE

Gebratene Pute Die Pute wie auf Seite 61 gezeigt flach drücken und statt auf dem Grill im Backofen garen. Für die Würzmischung nur 1 TL Cayennepfeffer, aber zusätzlich 1 TL Paprikapulver verwenden. Die Pute mit Butter und den Gewürzen einreiben. Den Backofen auf 190 °C vorheizen. Die Pute in einem großen Bräter 2 Stunden garen, dabei alle 30 Minuten mit Bratensaft beschöpfen. Herausnehmen und mindestens 30 Minuten abgedeckt ruhen lassen. Tranchieren und heiß servieren.

FRITTIERTE PUTE

Mit dieser frittierten ganzen Pute werden Sie Ihre Gäste zweifellos beeindrucken.

FLEISCH **Ganze Pute**

PORTIONEN 6
ZUBEREITUNG 15 Min. + 2 Tage Marinierzeit
GARZEIT 30 Min. + Ruhezeit

- 1 Pute (etwa 3 kg)
- Erdnussöl zum Frittieren

FÜR DIE LAKE

- 4 Bio-Zitronen, halbiert
- 4 ganze Knoblauchknollen, ungeschält halbiert
- 100 g Salz
- 3 Lorbeerblätter
- 100 g Rohrohrzucker

1 Die Pute muss 2 Tage vor Zubereitung des Gerichts eingelegt werden. Die Pute in einen großen Suppentopf legen und mit Wasser bedecken. Zitronen, Knoblauchknollen, Salz, Lorbeerblätter und Zucker hinzufügen. Für mindestens 2 Tage zugedeckt an einen kühlen Platz stellen.

2 Ein Sieb auf eine große Schüssel setzen. Die Pute aus der Lake nehmen und für etwa 1 Stunde zum Abtropfen in das Sieb legen.

3 Das Öl in der Fritteuse auf 190 °C erhitzen. Die Pute mit Küchenpapier trocken tupfen. Mit einer großen Zange langsam in die Fritteuse legen, dabei darauf achten, dass das heiße Öl nicht spritzt.

4 Die Pute 30 Minuten garen, bis sie tiefbraun ist und die Kerntemperatur 75 °C beträgt, zwischendurch ab und zu wenden. Herausheben, auf einen Teller legen und mindestens 1 Stunde ruhen lassen. Die Pute tranchieren und warm servieren.

SICHERHEIT

Es ist sicherer, die Fritteuse im Freien aufzustellen und die Gebrauchsanweisung zu befolgen. Arme und Füße bedeckt halten und beim Hantieren mit der Pute Handschuhe anziehen.

CHICORÉESCHIFFCHEN MIT PUTENFÜLLUNG

Knackiger Chicorée, frische Minze, Pute und cremiger Joghurt ergeben hier zusammen einen leichten, erfrischenden Snack.

FLEISCH **Gegartes Putenfleisch**

PORTIONEN 4
ZUBEREITUNG 15 Min. + Kühlzeit
GARZEIT 45 Min.

- 200 g gegartes Putenfleisch, in Streifen geschnitten
- 100 g griechischer Joghurt (10 % Fett)
- 50 g Minzeblätter, fein gehackt
- 100 g rote Zwiebeln, in dünne Scheiben geschnitten
- 100 g Möhren, geraspelt
- 1 EL gemahlener Ingwer
- Saft von 1 Zitrone
- Salz und frisch gemahlener schwarzer Pfeffer
- 8 Chicoréeblätter

1 In einer Schüssel Putenfleisch, Joghurt, Minze, Zwiebeln, Möhren, Ingwer, Zitronensaft sowie Salz und Pfeffer nach Geschmack sorgfältig vermischen. Für 30–45 Minuten in den Kühlschrank stellen.

2 Die Chicoréeblätter auf einer Platte anrichten. Die Füllung gleichmäßig auf die Chicoréeblätter verteilen, dann servieren.

ENTENBRUST MIT HIMBEER-KARDAMOM-SAUCE

Die pikante, leicht säuerliche Himbeersauce ist eine perfekte Ergänzung zu den kräftigen Aromen der knusprigen Entenbrust.

FLEISCH **Entenbrust**

PORTIONEN 4 **ZUBEREITUNG** 20 Min.
GARZEIT 20 Min.

600 g Entenbrust mit Haut
Salz und frisch gemahlener schwarzer Pfeffer

FÜR DIE SAUCE

1 EL Butter
1 EL Rohrohrzucker
100 g Schalotten, fein gehackt
200 g frische Himbeeren, geputzt und grob zerdrückt
1 TL Kardamomsamen, zerstoßen
1 EL Rotweinessig

1 Die Haut der Entenbrust mit einem scharfen Messer einschneiden. Großzügig Salz und Pfeffer in das Fleisch reiben.

2 Die Entenbrust mit der Haut nach unten in eine große, schwere Pfanne legen. Bei mittelschwacher Temperatur 10–12 Minuten erhitzen, damit das Fett austritt. Wenden und die andere Seite 3–5 Minuten garen. Ruhen lassen und warm stellen.

3 Das Entenfett abgießen. Die Butter in der Pfanne zerlassen. Zucker und Schalotten hinzufügen und garen, bis die Schalotten karamellisiert sind.

4 Himbeeren, Kardamom und Essig hinzufügen und unter häufigem Rühren 5–7 Minuten garen. Die Entenbrust auf einem Teller anrichten, mit der Sauce übergießen und servieren.

VARIANTE

Schweinekoteletts mit Brombeersauce Anstelle von Entenbrust Schweinekoteletts verwenden. Die Himbeeren durch Brombeeren ersetzen, den Kardamom weglassen. Das Rezept oben befolgen, die Koteletts aber mindestens 30–35 Minuten garen, bis sie durchgebraten sind.

ENTENPÂTÉ

Diese einfache, rustikale Pastete erhält durch frisch gemahlenen schwarzen Pfeffer, Orangenlikör und Pistazien einen besonderen Pep.

FLEISCH **Entenbrust**

ERGIBT etwa 900 g
ZUBEREITUNG 25 Min. + Kühlzeit
GARZEIT 2 Std.

250 g Entenbrust ohne Haut, gewürfelt
4 Knoblauchzehen, zerdrückt
3 EL Orangenlikör
1 kg Schweineschulter, fein gewürfelt
100 g durchwachsener Speck, fein gewürfelt
200 g Hähnchenleber, fein gewürfelt
250 g Schalotten, gehackt
450 g fetter Speck
3 Eier, verquirlt
1 EL gehackter frischer Thymian
½ TL gemahlene Gewürznelken
½ TL gemahlener Ingwer
1 TL gemahlener Piment
100 g Pistazienkerne
1 TL Meersalz
1 EL frisch gemahlener schwarzer Pfeffer
450 g Butter

1 Entenbrust, Knoblauch und Orangenlikör in einer kleinen Schüssel vermischen. Abgedeckt für 1 Stunde kalt stellen. Schweineschulter, durchwachsenen Speck, Leber, Schalotten und fetten Speck portionsweise in einer Küchenmaschine grob zerkleinern. In eine Schüssel geben. Eier, Thymian, Nelken, Ingwer, Piment, Pistazien, Salz und Pfeffer untermischen. Die Entenfleischmischung dazugeben und gut unterrühren.

2 Den Backofen auf 160 °C vorheizen. Die Butter in einem Topf zerlassen, erhitzen, bis sich ein leichter Schaum bildet und abschäumen. Die Fleischmischung in eine Terrinenform drücken, oben 1 cm Platz lassen. Die Butter darübergeben, das Fleisch dabei vollständig bedecken. Die Form in einen Bräter stellen. Den Bräter zur Hälfte mit kochendem Wasser füllen.

3 Die Pastete für 2 Stunden oder bis die Kerntemperatur 65 °C beträgt in den Backofen schieben. Herausnehmen und vollständig abkühlen lassen. In Scheiben schneiden und auf Brot servieren. In einem luftdichten Behälter im Kühlschrank aufbewahrt hält sich die Pastete bis zu 2 Wochen.

ENTENCONFIT

Durch das Einlegen und langsame Garen im eigenen Fett erhalten die Entenkeulen ein vollmundiges, butteriges Aroma, das absolut einmalig ist.

FLEISCH **Entenkeule**

PORTIONEN 6
ZUBEREITUNG 15 Min. + 2 Tage Marinierzeit
GARZEIT 3 Std. 10 Min. + Kühlzeit

- 4 EL grobes Meersalz
- 1 TL frisch gemahlener schwarzer Pfeffer
- 6 Entenkeulen mit Haut und Knochen (etwa 1,2 kg)
- 4 Knoblauchzehen, zerdrückt
- 1 kg Entenschmalz

FETTARMES CONFIT

Entenbrust mit der Hautseite nach unten bei mittlerer Hitze in eine Pfanne legen, bis ein Viertel des Fetts ausgebraten ist. Dann zugedeckt in den Backofen stellen und wie rechts garen.

1 In einer kleinen Schüssel Salz und Pfeffer vermischen. Die Entenkeulen mit der Mischung einreiben und mit dem Knoblauch in einen Gefrierbeutel geben. Den Beutel verschließen und die Keulen für mindestens 24 Stunden, maximal 2 Tage in den Kühlschrank legen.

2 Den Ofen auf 110 °C vorheizen. Die Keulen aus dem Beutel nehmen, überschüssiges Salz abreiben. Das Schmalz in einer großen ofenfesten Kasserolle zerlassen. Die Keulen mit der Hautseite unten hineinlegen und zum Kochen bringen. Zugedeckt 3 Stunden im Ofen garen oder bis sie weich sind.

3 Die Keulen herausnehmen und in einen hohen, luftdicht verschließbaren Behälter legen. Mit dem Fett aus der Kasserolle übergießen, verschließen. Für mindestens 24 Stunden, maximal 2 Wochen, in den Kühlschrank stellen.

4 Die Keulen aus dem Behälter nehmen und sichtbares Fett abschaben. Eine schwere Pfanne erhitzen und die Keulen 10–12 Minuten braten, bis sie knusprig sind. Heiß mit grünen Bohnen als Beilage servieren.

ENTENBRUST CHAR SIU

Chinesische Bratente ist sehr schmackhaft, aber schwer zuzubereiten. Probieren Sie stattdessen diese einfache Variante mit Entenbrust aus.

FLEISCH **Entenbrust**

PORTIONEN 4
ZUBEREITUNG 5 Min. + Marinierzeit
GARZEIT 25 Min.

- 4 Entenbrustfilets mit Haut
- 3 Knoblauchzehen, zerdrückt
- 3 EL Sojasauce
- 3 EL Reiswein
- 1 EL Hoisinsauce
- 2 EL flüssiger Honig
- 2 TL Fünf-Gewürze-Pulver
- Salz und frisch gemahlener schwarzer Pfeffer

1 Die Entenbrust mit der Hautseite nach oben auf die saubere Arbeitsfläche legen. Die Haut mit einem Messer gitterförmig einritzen, dabei aber nicht das Fleisch verletzen.

2 Die restlichen Zutaten in ein großes flaches Gefäß geben und verschlagen. Die Entenbrust in die Marinade legen und darin wenden. Mit Frischhaltefolie abgedeckt für 2–4 Stunden zum Marinieren in den Kühlschrank stellen.

3 Den Backofen auf 200 °C vorheizen. Ein Backblech mit Alufolie belegen. Die Entenbrust mit der Hautseite nach unten in eine Pfanne legen und bei mittlerer Hitze etwa 8 Minuten braten. Vom Herd nehmen.

4 Die Entenbrust mit der Hautseite nach oben auf das Backblech legen und 10 Minuten auf der oberen Schiene im Backofen garen. Herausnehmen und 5 Minuten ruhen lassen. Dann schräg in Scheiben schneiden und mit pfannengerührten Nudeln oder einem grünen Salat servieren.

EINFRIEREN

Es lohnt sich, die doppelte Menge zuzubereiten und in Portionen einzufrieren. So ist stets eine fast fertige Zutat für pfannengerührte Gerichte zur Hand.

CASSOULET

Dieses nahrhafte französische Gericht ist nach dem Topf benannt, in dem es traditionell zubereitet wird.

FLEISCH **Entenkeule**

PORTIONEN 6–8 **ZUBEREITUNG** 20 Min.
GARZEIT 3 Std. 45 Min.

- 200 g Pancetta, gewürfelt
- 200 g Toulouser Würste (herzhafte grobe Schweinswürste)
- 800 g Entenkeulen
- Salz
- 1 EL Olivenöl
- 2 Zwiebeln, gehackt
- 4 Knoblauchzehen, zerdrückt
- 200 g Möhren, gewürfelt
- 1 EL gehackter frischer Thymian
- 1 EL frischer Oregano
- 400 g Tomaten, gewürfelt
- 250 ml Weißwein
- 500 ml Hühnerfond
- 400 g weiße Bohnen, abgespült, über Nacht in kaltem Wasser eingeweicht und trocken getupft
- 75 g weiche Butter
- 100 g Semmelbrösel

1 Pancetta, Würste und Entenkeulen in eine große ofenfeste Kasserolle legen und 1 Prise Salz hinzufügen. Bei mittlerer Hitze 10–15 Minuten braten, bis alles gut gebräunt ist. Mit einem Schaumlöffel herausnehmen und beiseitestellen. Den Backofen auf 150 °C vorheizen.

2 Das Öl in den Topf geben. Zwiebeln und Knoblauch hinzufügen und 5 Minuten bei mittlerer Temperatur garen, bis die Zwiebeln gebräunt sind. Möhren, Thymian und Oregano dazugeben, unterrühren und 2–3 Minuten köcheln lassen.

3 Tomaten, Wein, Fond und Bohnen untermischen. Das Fleisch wieder in den Topf geben. Alles zum Kochen bringen, dann vom Herd nehmen. Butter und Semmelbrösel in einer Schüssel vermischen und gleichmäßig auf den Zutaten im Topf verteilen. Das Cassoulet unbedeckt 3 Stunden im Backofen garen, dann heiß servieren.

VARIANTE

Schweinefleisch-Cassoulet Anstelle von Entenkeulen Schweinelende verwenden, die Hälfte der weißen Bohnen durch rote Kidneybohnen ersetzen. Das Gericht wie oben zubereiten und heiß servieren.

ROTES ENTENCURRY

Dieses scharfe thailändische Curry wärmt und sättigt. Ananas verleiht ihm eine erfrischende Note.

FLEISCH **Entenkeule**

PORTIONEN 4 **ZUBEREITUNG** 15 Min.
GARZEIT 1 Std. 15 Min.

- 850 g Entenkeulen ohne Haut
- 3 EL Sesamöl
- 2 TL Salz
- 1 TL frisch gemahlener weißer Pfeffer
- 1 TL Chiliflocken

FÜR DIE SAUCE

- 1 Dose Kokosmilch (etwa 400 ml)
- 100 g thailändische rote Chilipaste
- 10 Kaffirlimettenblätter, gehackt
- 3 Knoblauchzehen, zerdrückt
- 1 EL fein gehackter frischer Ingwer
- 2 EL Fischsauce
- 2 EL Zucker
- Saft von 1 Limette
- 100 g scharfe Chilischoten, vorzugsweise Bird's eye, entkernt und gehackt
- 100 g frische Ananas, geschält, Strunk entfernt und gewürfelt
- 24 ganze Kirschtomaten
- 1 Handvoll Basilikum, gehackt

1 Den Backofen auf 160 °C vorheizen. Die Entenkeulen mit der Fettseite nach unten in eine gusseiserne Pfanne legen. Sesamöl, Salz, weißen Pfeffer und Chiliflocken darübergeben.

2 Die Keulen 40–45 Minuten im Ofen garen, bis die Kerntemperatur 75 °C beträgt. Herausnehmen und 10 Minuten ruhen lassen. Die Knochen entfernen und wegwerfen, das Fleisch in Scheiben schneiden.

3 In einem Topf bei mittelhoher Temperatur 250 ml Kokosmilch und Chilipaste zum Kochen bringen und 10 Minuten köcheln lassen.

4 Fleisch, übrige Kokosmilch, Limettenblätter, Knoblauch und Ingwer hinzufügen. Unter gelegentlichem Rühren 15 Minuten garen.

5 Wenn die Aromen verschmolzen sind, Fischsauce, Zucker, Limettensaft, Chilischoten und Ananas hinzufügen. 3–5 Minuten garen oder bis die Ananas weich ist. Tomaten und Basilikum unterrühren. Den Topf vom Herd nehmen. Das Curry heiß auf Basmatireis servieren.

CHINESISCHE ENTENROLLEN

Ein klassisches chinesisches Gericht, das vermutlich bei der gesamten Familie großen Anklang finden wird.

FLEISCH **Entenkeule**

PORTIONEN 4 **ZUBEREITUNG** 20 Min.
GARZEIT 1 Std. 10 Min.

- 4 Entenkeulen
- 1 gehäufter TL Fünf-Gewürze-Pulver
- 1 TL grobes Meersalz
- frisch gemahlener schwarzer Pfeffer
- 1 Salatgurke, geschält
- 2 Bund Frühlingszwiebeln
- 1 Paket Reisteigplatten (etwa 200 g)
- 1 Glas Hoisinsauce oder asiatische Pflaumensauce (etwa 300 g) zum Servieren

1 Den Backofen auf 160 °C vorheizen. Die Haut der Keulen rundum mit einer Gabel einstechen. Fünf-Gewürze-Pulver, Salz und reichlich Pfeffer in einer kleinen Schüssel vermischen und in die Keulen reiben.

2 Die Keulen mit der Hautseite nach unten auf einem Rost in einen Bräter setzen und für 45 Minuten in den Ofen schieben. Dann die Temperatur auf 220 °C erhöhen und die Keulen weitere 25 Minuten garen, bis sie knusprig und durchgebraten sind.

3 In der Zwischenzeit das Gemüse vorbereiten. Die Gurke längs vierteln und mit einem Teelöffel die Kerne entfernen. Jedes Viertel in vier Stücke teilen und diese längs in schmale Streifen schneiden, sodass Stäbchen entstehen. Die Frühlingszwiebeln in dünne Streifen schneiden.

4 Die Entenkeulen auf ein Brett legen. Mit einem scharfen Messer behutsam die knusprige Haut und das Fleisch von den Knochen lösen. Die Knochen wegwerfen. Fleisch und Haut auf einem Teller anrichten und warm stellen.

5 Die Reisteigplatten nach Anweisung erhitzen. Etwas Hoisin- oder Pflaumensauce auf die Reisteigplatten geben, das Fleisch und das Gemüse darauflegen und die Reisteigplatten zu Rollen formen.

ENTENRAGOUT

Eine Spezialität aus Norditalien, die so köstlich schmeckt, dass man kaum mit dem Essen aufhören kann.

FLEISCH **Entenkeule**

PORTIONEN 6 **ZUBEREITUNG** 40 Min.
GARZEIT 1 Std. 30 Min.

- 1,5 kg Entenkeulen mit Haut und Knochen
- Salz und frisch gemahlener schwarzer Pfeffer
- 2 EL Olivenöl plus Olivenöl zum Beträufeln
- 4 Knoblauchzehen, zerdrückt
- 500 g weiße Zwiebeln, gehackt
- 100 g Staudensellerie, in Scheiben geschnitten
- 200 g Möhren, in Scheiben geschnitten
- 60 g Steinpilze, fein gehackt
- 1 EL getrockneter oder frischer Rosmarin
- 2 Dosen gehackte Tomaten (à etwa 400 g)
- 250 ml Entenfond oder Hühnerfond
- 250 ml Rotwein, vorzugsweise Chianti
- 500 g breite Bandnudeln, vorzugsweise Pappardelle

1 Die Entenkeulen auf eine saubere Arbeitsfläche legen und salzen und pfeffern. Das Öl in einer großen Kasserolle erhitzen. Die Entenkeulen darin auf beiden Seiten 4–5 Minuten anbraten, bis sie gebräunt sind. Herausnehmen.

2 Knoblauch und Zwiebeln in den Topf geben und unter häufigem Rühren etwa 10 Minuten garen oder bis sie karamellisiert sind. Sellerie und Möhren untermischen. Die Hitze so weit reduzieren, dass die Zutaten noch köcheln.

3 Steinpilze, Rosmarin, Tomaten, Fond und Wein unterrühren. Die Entenkeulen in die Sauce drücken und unbedeckt 1 Stunde köcheln lassen.

4 Die Keulen herausheben und etwas abkühlen lassen. Die Bandnudeln nach Anweisung garen.

5 Die Haut von den Keulen entfernen, das Fleisch mit einer Gabel von den Knochen lösen. Haut und Knochen wegwerfen. Das Fleisch wieder in den Topf geben und gut untermischen.

6 Die Nudeln abtropfen lassen, auf Tellern anrichten und mit etwas Olivenöl beträufeln. Eine großzügige Portion Ragout daraufgeben.

GÄNSEBRATEN

Eine im Backofen gebratene Gans mit krosser Haut und zartem Fleisch ist der ultimative Braten für ein Festtagsmahl.

FLEISCH **Ganze Gans**

PORTIONEN 6–8 **ZUBEREITUNG** 30 Min.
GARZEIT 3 Std. 15 Min. + Ruhezeit

- 1 kg Möhren, in Scheiben geschnitten
- 1 kg rote Kartoffeln, geschält und geviertelt
- 500 g weiße Zwiebeln, gehackt
- 5 Knoblauchzehen, zerdrückt
- 3 EL Olivenöl
- 2 EL Balsamico-Essig
- 2 EL Salz
- 1 Gans, ausgenommen (etwa 6 kg), Flügelspitzen entfernt
- 120 g weiche Butter
- frisch gemahlener schwarzer Pfeffer
- 4 EL gehackter frischer Rosmarin
- 1 Bio-Zitrone, halbiert
- 4 Zweige frischer Thymian

1 Den Backofen auf 190 °C vorheizen. Möhren, Kartoffeln, Zwiebeln und Knoblauch in einen großen Bräter geben. Mit Öl und Essig beträufeln, mit 1 EL Salz bestreuen und durchheben.

2 Die Gans mit der Brust nach oben in den Bräter legen. Großzügig mit Butter einreiben, dann mit dem restlichen Salz, Pfeffer und Rosmarin bestreuen. Die Zitrone über der Gans auspressen, die Schale mit dem Thymian in die Bauchhöhle schieben.

3 Die Gans unbedeckt 45 Minuten braten, bis sie gebräunt ist. Mit Bratensaft übergießen, mit Alufolie abdecken und weitere 2½ Stunden braten oder bis ihre Kerntemperatur 75 °C beträgt. Herausnehmen und 30 Minuten ruhen lassen. Tranchieren und mit dem gegarten Gemüse servieren.

GÄNSE-PIE

Hier wird eine knusprige, lockere Teigkruste mit einem aromatischen, herzhaften Gänsefleischeintopf zu einer köstlichen Mahlzeit kombiniert.

FLEISCH **Gegartes Gänsefleisch**

PORTIONEN 6 **ZUBEREITUNG** 30 Min. + Kühlzeit **GARZEIT** 1 Std. 30 Min.

- 300 g Mehl sowie Mehl zum Bestäuben
- 1 TL Chipotlepulver oder geräuchertes Paprikapulver (Pimentón scharf)
- 1 TL Salz
- 75 g Pflanzenfett
- 75 g kalte Butter, gewürfelt
- 1 Ei, verquirlt, zum Bestreichen

FÜR DIE FÜLLUNG

- 2 EL Butter
- 500 g Schalotten, gewürfelt
- 4 Knoblauchzehen, gehackt
- 500 g Möhren, in Scheiben geschnitten
- 500 g Erbsen
- 1 EL Chipotlepulver oder geräuchertes Paprikapulver (Pimentón scharf)
- 1 TL Cayennepfeffer
- je 1 TL Salz und gemahlener schwarzer Pfeffer
- 800 g gegartes Gänsefleisch, zerteilt
- 250 ml Gänsefond

1 Mehl, Chipotlepulver und Salz in eine Schüssel sieben. Fett und Butter einarbeiten, bis Krümel entstanden sind. Nach und nach 250 ml kaltes Wasser hinzufügen, sodass eine lockere Teigkugel entsteht. In Frischhaltefolie gewickelt für 1 Stunde in den Kühlschrank legen.

2 Für die Füllung Butter in einer Pfanne erhitzen. Schalotten und Knoblauch darin bräunen. Möhren, Erbsen, und Gewürze hinzufügen. Fleisch und Fond dazugeben. Die Zutaten 30 Minuten leicht köcheln lassen, bis die Flüssigkeit reduziert ist. Den Backofen auf 180 °C vorheizen.

3 Die Hälfte des Teigs 5 mm dick ausrollen und eine Pieform mit 26 cm Durchmesser damit auslegen. Die Füllung hineingeben. Restlichen Teig ausrollen und auf die Pie legen. Teigränder zusammendrücken, den Deckel einschneiden und mit Ei bestreichen. Die Pie 45 Minuten backen.

TSCHOLENT

Dieser Eintopf wird über Nacht gegart und am jüdischen Sabbat als Mittagsmahlzeit eingenommen.

FLEISCH **Gänsebrust**

PORTIONEN 6 **ZUBEREITUNG** 10 Min.
GARZEIT 8–12 Std.

- 3 EL Olivenöl
- 700 g Rinderrippchen
- 500 g Gänsebrust ohne Haut und Knochen
- 500 g enthäutete Hähnchenschenkel mit Knochen
- 500 g vorwiegend festkochende Kartoffeln, geschält und geviertelt
- 500 g Zwiebeln, grob gehackt
- 250 g Möhren, in Scheiben geschnitten
- 4 Knoblauchzehen, zerdrückt
- 100 g getrocknete weiße Bohnen, abgespült, über Nacht in kaltem Wasser eingeweicht und trocken getupft
- 100 g getrocknete Kidneybohnen, gewaschen, über Nacht in kaltem Wasser eingeweicht und trocken getupft
- 100 g Perlgraupen
- 1 EL geräuchertes Paprikapulver (Pimentón mild)
- Salz und frisch gemahlener schwarzer Pfeffer
- 1,5 l Hühnerfond, wenn nötig, mehr
- 2 EL Honig

1 Das Öl in einer großen Kasserolle erhitzen. Rippchen, Gänsebrust und Hähnchenschenkel portionsweise hineingeben und auf jeder Seite 3–4 Minuten anbraten, bis sie gut gebräunt sind. Mit einem Schaumlöffel herausheben und beiseitestellen.

2 Kartoffeln, Zwiebeln, Möhren und Knoblauch hinzufügen und gleichmäßig auf dem Topfboden verteilen. Das Fleisch auf das Gemüse legen. Bohnen, Graupen, Paprikapulver hinzufügen. Großzügig mit Salz und Pfeffer würzen.

3 Fond und Honig dazugeben. Die Zutaten zugedeckt zum Kochen bringen, dann nach Reduzieren der Hitze 8–12 Stunden köcheln lassen, dabei ab und zu umrühren. Wenn nötig, noch Fond hinzufügen. Das Fleisch von den Knochen lösen, die Knochen wegwerfen. Das Gericht heiß servieren.

KARIBISCHES STUBENKÜKEN

Diese mit einer pfeffrigen Gewürzmischung zubereiteten, knusprig gebratenen Stubenküken erfreuen sich in allen Ländern der Karibik großer Beliebtheit.

FLEISCH **Ganzes Stübenküken**

PORTIONEN 4 **ZUBEREITUNG** 10 Min.
GARZEIT 45 Min. + Ruhezeit

- 2 Stubenküken (à etwa 500 g)
- 75 g weiche Butter
- 1 TL getrockneter Thymian
- 1 EL gemahlener Piment
- ½ TL gemahlener Zimt
- ½ TL geriebene Muskatnuss
- 1 EL Cayennepfeffer
- 1 Prise Salz
- 1 EL frisch gemahlener weißer Pfeffer
- Saft von 2 Limetten

1 Den Backofen auf 190 °C vorheizen. Die Stubenküken mit der Brust nach oben in einen kleinen Bräter legen und gleichmäßig mit der Butter einreiben.

2 Thymian und die Gewürze in einer kleinen Schüssel sorgfältig vermischen und über die Stubenküken streuen. Das Geflügel in den Backofen schieben und 45 Minuten braten, bis die Kerntemperatur 75 °C beträgt.

3 Die Stubenküken aus dem Backofen nehmen und mit dem Limettensaft beträufeln. Mit Alufolie abdecken und vor dem Tranchieren 10–15 Minuten ruhen lassen. Mit dem Bratensaft beträufelt warm servieren.

GESCHMORTES STUBENKÜKEN MIT POLENTA

Polenta ist der ideale Begleiter für süße Tomaten und in Rotwein geschmorte Stubenküken.

FLEISCH **Ganzes Stubenküken**

PORTIONEN 6 **ZUBEREITUNG** 20 Min.
GARZEIT 2 Std.

- 3 Stubenküken mit Haut (à etwa 500 g)
- 1 l Hühnerfond
- 250 ml Rotwein
- 1 EL gemahlener Piment
- 1 Lorbeerblatt
- 1 EL Meersalz

FÜR DIE SAUCE

- 100 g Butter
- 1 ganze Knoblauchknolle, fein gehackt
- 200 g weiße Zwiebeln, fein gehackt
- 200 g Champignons, Stiele entfernt und in Scheiben geschnitten
- 100 g Kirschtomaten
- 1 EL flüssiger Honig
- ½ TL Chiliflocken
- ½ TL Paprikapulver edelsüß
- Salz und frisch gemahlener schwarzer Pfeffer

FÜR DIE POLENTA

- 1 l Hühnerfond
- 225 g Polenta
- 250 g Sahne
- 1 TL Salz

1 Den Ofen auf 160 °C vorheizen. Die Stubenküken in einen ofenfesten Suppentopf legen, Fond, Wein, Piment, Lorbeerblatt und Salz hinzufügen. Das Geflügel zugedeckt 2 Stunden im Ofen garen, bis das Fleisch von den Knochen fällt.

2 Für die Sauce die Butter bei mittelschwacher Temperatur in einem Topf zerlassen. Knoblauch und Zwiebeln darin braten, bis sie karamellisiert sind. Die restlichen Zutaten hinzufügen und etwa 20 Minuten köcheln lassen.

3 Für die Polenta den Fond in einem Topf zum Kochen bringen. Polenta, Sahne und Salz hinzufügen, aufkochen und 12–15 Minuten zugedeckt köcheln lassen. Ab und zu umrühren. Stubenküken aus dem Topf nehmen. Die Polenta mit 1 EL Bratensaft verrühren und in eine Schale geben. Die Stubenküken daraufsetzen, mit Sauce übergießen.

STUBENKÜKEN MIT EINGELEGTEN ZITRONEN

Das zarte Aroma von eingelegten Zitronen sorgt bei diesen gebratenen Stubenküken für das gewisse Etwas.

FLEISCH **Ganzes Stubenküken**

PORTIONEN 4 **ZUBEREITUNG** 20 Min.
GARZEIT 45 Min.

- 1 TL gemahlener Zimt
- 2 TL feines Meersalz
- 1 TL Paprikapulver edelsüß
- 1 TL frisch gemahlener schwarzer Pfeffer
- 1 TL Knoblauchpulver
- 4 EL Olivenöl
- 2 Stubenküken (à etwa 500 g)
- 4 eingelegte Zitronen, in Scheiben geschnitten
- 4 Knoblauchzehen, gehackt

1 Den Backofen auf 180 °C vorheizen. Zimt, Salz, Paprikapulver, Pfeffer, Knoblauchpulver und Öl in einer Schüssel sorgfältig vermischen. Die Stubenküken mit der Würzmischung einreiben und mit der Brust nach oben in einen Bräter legen.

2 Die Hälfte der Zitronenscheiben und den Knoblauch auf die Bauchhöhlen der Stubenküken verteilen, die übrigen Zitronenscheiben auf das Geflügel legen.

3 Die Stubenküken in den Backofen schieben und 35–40 Minuten braten oder bis die Haut knusprig ist und die Kerntemperatur 75 °C beträgt. Heiß mit Zitronenreis oder Couscous servieren.

GAI YANG

Dieses thailändische Gericht wird mit einer süßen Chilisauce und frischem Koriandergrün serviert.

FLEISCH **Ganzes Stubenküken**

PORTIONEN 4 **ZUBEREITUNG** 20 Min.
GARZEIT 35 Min. + Ruhezeit

- 2 Stubenküken (à etwa 500 g)
- 1 EL fein gehackte Korianderstängel
- 1 EL Rohrohrzucker
- 1 Stängel Zitronengras, fein gehackt
- 1 EL gemahlener Ingwer
- 1 EL Knoblauchpulver
- 4 EL Fischsauce
- Korianderblätter, fein gehackt, zum Garnieren

FÜR DIE SAUCE

- 4 Knoblauchzehen, zerdrückt
- 2 rote Chilischoten, entkernt und fein gehackt
- 75 ml Reisessig
- 1 TL Salz
- 1 EL Maisstärke, mit etwas warmem Wasser verrührt

1 Die Stubenküken mit einer Geflügel- oder einer Küchenschere aufschneiden, flach drücken und aufspießen (s. S. 61). Mit der Brust nach oben auf einen Teller legen. Den Smokergrill auf mittelschwache Temperatur erhitzen.

2 Korianderstängel, Zucker, Zitronengras, Gewürze und Fischsauce in einer Schüssel vermischen und auf das Geflügel streichen. Die Stubenküken 30–35 Minuten grillen oder bis die Kerntemperatur 75 °C beträgt.

3 In der Zwischenzeit die Sauce zubereiten. Knoblauch, Chilischoten, Essig, 120 ml Wasser und Salz in einem Topf vermischen. 10–15 Minuten köcheln lassen, bis die Chilischoten und der Knoblauch weich sind. Nach und nach die Maisstärke unterschlagen. Die Sauce noch einmal 10 Minuten garen, bis sie dickflüssig geworden ist.

4 Die Stubenküken aus dem Smoker nehmen und 10 Minuten ruhen lassen. Mit der Chilisauce bestreichen und mit dem Koriander garnieren. Heiß servieren.

SCHWEIN

SCHWEIN

IN VIELEN LÄNDERN DER WELT LIEFERN SCHWEINE DEM MENSCHEN FLEISCH UND FETT. DA SIE ALLESFRESSER SIND, ERNÄHREN SIE SICH VON EINER GROSSEN PALETTE AN PFLANZEN UND TIEREN UND DURCHWÜHLEN SELBST ABFÄLLE NACH ESSBAREM. JAHRHUNDERTELANG WAREN SIE FÜR VIELE BAUERN DIE EINZIGEN FLEISCHLIEFERANTEN.

MIT SCHWEINEN wird heute viel Geld verdient. Pro Jahr werden fast zwei Milliarden Tiere produziert. Asien erzeugt 65 Prozent, auf Platz zwei der Produzenten rangiert die Europäische Union. Innerhalb der EU werden die meisten Schweine in Deutschland gezogen, wenngleich in Dänemark dreimal mehr Schweine als Menschen leben. Drittgrößter Schweineproduzent sind die USA.

Gemeinhin gelten Schweine als schmutzige Tiere. Tatsächlich sind sie intelligent und sensibel. Aber da ihnen Schweißdrüsen fehlen und ihnen Hitze sehr zusetzt, suhlen sie sich zum Abkühlen in Schlamm und wirken dadurch unsauber. Manche Religionen verbieten den Verzehr von Schweinefleisch. So essen Juden, Muslime, Rastafari und einige Hindus sowie Anhänger mancher christlicher Sekten meist kein Schweinefleisch – daran sollte man als Gastgeber denken.

Nur wenige Menschen stimmen hierzulande vermutlich nicht damit überein, dass Schweine zu unseren kulinarischen Freuden beitragen, vor allem durch eine riesige Palette konservierter Produkte (s. S. 102–105): Schinken, Speck und Dauerwurst in allen erdenklichen Größen und Formen, die ihren Ursprung in der Zeit vor Erfindung der Kühlung haben.

DER WUNSCH WAR, NICHTS VON EINEM SCHLACHTTIER ZU VERSCHWENDEN. DAS ERGEBNIS SIND KÖSTLICHKEITEN WIE BLUTWURST, PASTETEN, TERRINEN UND SÜLZEN.

TIERSCHUTZ

Hauptkritikpunkte des Tierschutzes bei der Schweinezucht sind die Bedingungen, unter denen Muttersäue werfen und Schweine geschlachtet werden. In vielen Ländern werden Säue in Abferkelkästen gehalten, in denen sie sich nicht umdrehen und ihre Ferkel erdrücken können. Kritiker bemängeln, dass intelligente Tiere wie Schweine ihren Nachwuchs ohnehin nicht erdrücken würden, wenn sie ausreichend Platz zur Verfügung hätten. In der EU sind diese Kästen verboten, aber oft wird Schweinefleisch aus Ländern mit anderen Tierschutzstandards eingeführt. Da Schweine stressanfällig sind, ist zudem ein behutsamer Umgang vor der Schlachtung wichtig, und Transportwege sollten möglichst kurz gehalten werden.

PRODUKTIONSMETHODEN

Nachfolgend hier die wichtigsten Produktionsmethoden für Schweine:

- **Privathaltung** Auch wenn heute privat nur noch wenige Schweine für den Verkauf gezogen werden, ist dies eine alte Tradition. Und in vielen Ländern halten Menschen immer noch ein oder zwei Schweine für den Hausgebrauch, gewöhnlich in einem Stall, in einem Auslauf oder auf einer Weide. **Ernährung:** Mischung aus Küchenabfällen und Getreide.

• **Freilandhaltung** Hier ist es nicht einfach, die Haltung in Kategorien einzuteilen, da häufig unterschiedliche Methoden kombiniert werden und es keine rechtlichen Definitionen gibt. Mitunter bringen Muttertiere ihren Nachwuchs in Abferkelhütten zur Welt, und die Ferkel leben nach der Entwöhnung mehr oder weniger in Intensivhaltung. Umgekehrt ferkeln die Mütter manchmal im Stall ab, und die Absatzferkel leben bis zur Schlachtung im Freien. Da Schweine Sonnenbrand bekommen können, benötigen sie im Freien Schutzvorrichtungen.
Ernährung: Kraftfutter, Rüben und Pflanzen im Freien.

• **Intensivhaltung** Häufigste Haltungsart bei Schweinen. Die Muttersäue ferkeln in Abferkelbuchten ab, und die Absatzferkel werden in großen klimatisierten Ställen auf Stroh oder Spaltenböden aufgezogen. Dort werden sie streng überwacht, um den Ausbruch von Krankheiten zu verhindern, und erhalten oft sowohl Antibiotika als auch wachstumsfördernde Präparate.
Ernährung: Kraftfutter.

• **Ökologische Haltung** Meist werden die Schweine im Freien gehalten und können auf natürliche Weise gebären. Prophylaktische Medikamentengaben, Wachstumsförderer und Antibiotika sind nicht erlaubt. Medikamente dürfen nur beim Auftreten von Krankheiten verabreicht werden, und der Abstand von der Gabe von Medikamenten bis zur Schlachtung ist oft länger. Das gesamte Futter muss aus ökologischem Anbau stammen.
Ernährung: Biokraftfutter und pflanzliches Futter.

RASSEN UND KATEGORIEN

• **Kommerziell genutzte Schweine** Hier handelt es sich meist um Hybriden, die für die Intensivhaltung gezüchtet wurden. In Europa werden zahlreiche Landrassenkreuzungen gehalten, aber der Trend zur Produktion von handwerklich hergestellten Schweinefleischprodukten nimmt zu und damit die extensive Haltung alter Rassen wie etwa das Bentheimer Schwein.

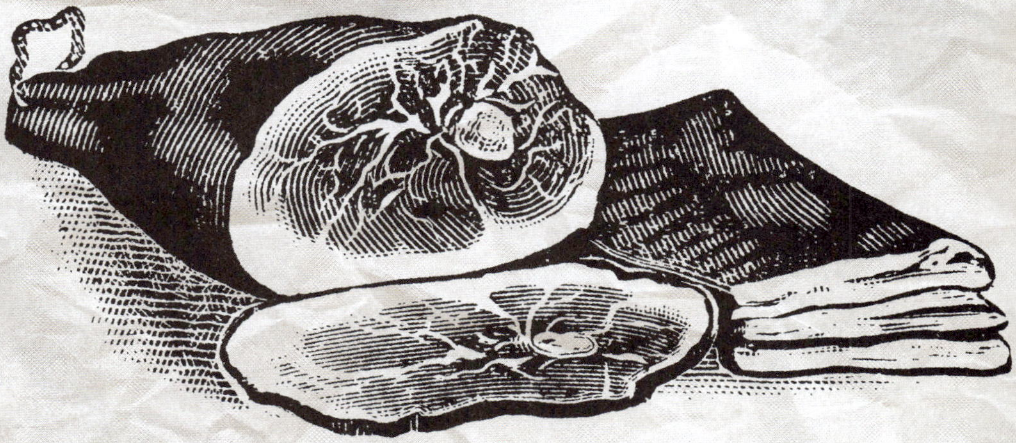

LUFTGETROCKNETE SCHINKEN, SPECKE UND DAUERWÜRSTE IN ALLEN ERDENKLICHEN GRÖSSEN UND FORMEN HABEN IHREN URSPRUNG IN DER ZEIT VOR DER ERFINDUNG DER KÜHLUNG.

• **Premiumprodukte** Häufig wird für Produkte wie Schinken oder Salami das Fleisch von alten Schweinerassen verwendet. In Spanien und Portugal schätzt man das Iberische Schwein ungemein, in Ungarn das Wollschwein oder Mangalica-Schwein, das vor allem wegen seines hervorragenden Fetts gezogen wird. Im Europa haben viele Produkte eine geschützte Herkunftsbezeichnung, d.h. ein Gütezeichen, das bestimmte Standards garantiert wie g.U. (geschützte Ursprungsbezeichnung), g.g.A. (geschützte geografische Angabe), g.t.S. (garantiert traditionelle Spezialitäten) oder AOC (*Appellation d'Origine Contrôlée*), das auch die Bedeutung dieser Rassen würdigt.

• **Spanferkel** Junge Schweine mit einem Alter von zwei bis sechs Wochen, manchmal auch älter, die noch von der Mutter gesäugt wurden. Ihre Haut ist cremeweiß, ihr Fleisch hellrosa.

• **Mastschweine** Die meisten Schlachtschweine sind etwa acht Monate alt und haben außen eine Fettschicht, sonst jedoch mageres Fleisch, das rosa ist. Im Gegensatz dazu ist das Fleisch von alten Rassen und Freilandschweinen, die anderes Futter erhalten und langsamer wachsen, dunkler.

• **Baconschweine** Ältere Schweine mit höherem Fettanteil. Sie werden für Erzeugnisse wie Speck, Schinken, Salami und Wurst verwendet.

SCHWEINEFLEISCH KAUFEN

Aufgrund des schwunghaften weltweiten Handels lässt sich die Herkunft von Fleisch oft nur schwer feststellen. Zudem ist die Definition von »Freilandhaltung« schwammig. Fleisch aus artgerechter Haltung ist jedoch meist als solches ausgewiesen.

Bei manchem im Handel erhältlichem Schinken und Speck wurde das Pökeln durch Einspritzen der Lake durchgeführt. Dies senkt die Kosten, macht die Produkte jedoch feuchter. Sie können dann beim Garen eine milchweiße Flüssigkeit abgeben und lassen sich schlecht bräunen. Bei trockengepökelten Produkten ist dies nicht der Fall. Industriell verarbeitete Billigprodukte wie Wurst, in denen keine Fleischstücke zu erkennen sind, können aus sogenanntem Separatorenfleisch hergestellt sein. Hier besteht aber Kennzeichnungspflicht. Da einige Schweinekrankheiten sehr ansteckend sind, verbieten viele Länder die Einfuhr von Schweinefleisch und Schweinefleischprodukten.

FLEISCHZUSCHNITTE

HÄUFIGER ALS ANDERE FLEISCHARTEN wird Schweinefleisch zur Herstellung von Wurst, Schinken und anderen Fleischerzeugnissen verwendet. Frisches Schweinefleisch gehört zu den günstigsten Fleischarten und erlaubt die Zubereitung von schmackhaften Gerichten zu erschwinglichen Preisen.

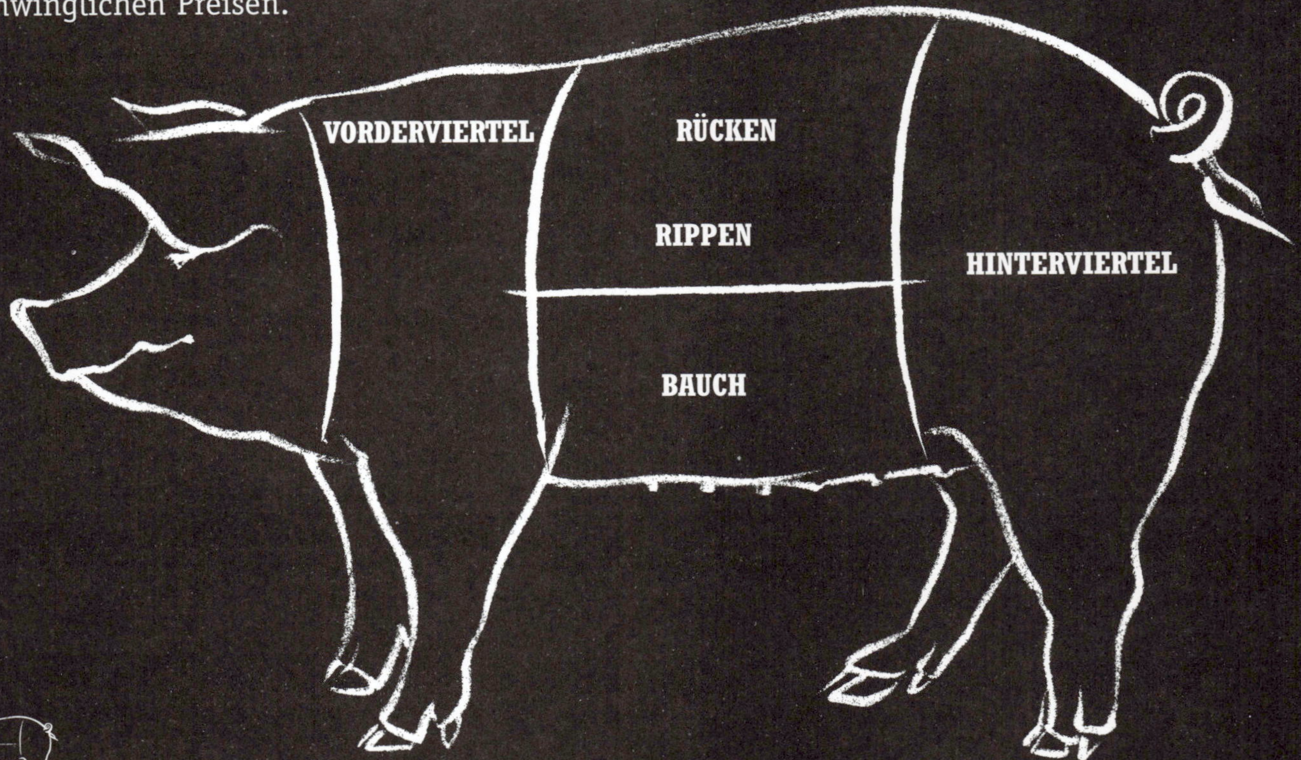

VORDERVIERTEL

Fleischzuschnitte vom Vorderviertel sind marmoriert und eignen sich sehr gut zum langsamen Garen. Aus dem Nacken geschnittene Steaks lassen sich zudem wunderbar grillen.

HACKFLEISCH AUS DER SCHULTER Ist nicht zu mager und eignet sich sehr gut für Frikadellen und Hackbraten.

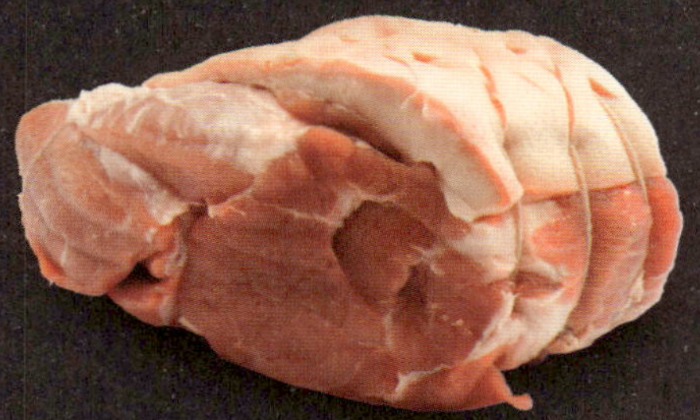

SCHULTERBRATEN MIT KNOCHEN Dieses aus der Schulter geschnittene Stück wird auch ohne Knochen angeboten. Entbeint und gerollt lässt es sich leichter tranchieren.

SCHULTERSTEAK (HOLZFÄLLERSTEAK) Schön marmorierter Fleischzuschnitt, der am besten langsam im Backofen gegart wird.

Weitere Zuschnitte

- **»NACKENRIPPCHEN«** Hierbei handelt es sich tatsächlich um die langen Nackenknochen. Sie werden auf die gleiche Weise wie normale Rippchen zubereitet (siehe rechts).
- **KOTELETTSTRANG** Teilweise marmorierter, ausgelöster Fleischzuschnitt, der mit und ohne Schwarte gegart werden kann.
- **VORDERKEULE** Sie hat einen Knochen und wird aus dem Vorderbein geschnitten. Man kann sie köcheln oder schmoren.
- **VORDEREISBEIN (VORDERHAXE)** Wird häufig geräuchert und eignet sich gut für die Zubereitung von Brühe und Suppe.

SPANFERKEL

Spanferkel (s. S. 106–107) sehen spektakulär aus und sind, wenn sie perfekt gegart wurden, so zart, dass man sie mit dem Rand eines Tellers schneiden kann. Darauf achten, dass Ohren und Schnauze sauber sind.

RÜCKEN

Der Schweinerücken selbst ist mager, und die dicke äußere Fettschicht kann entfernt werden. Fleischzuschnitte aus der Mitte nicht übergaren, da sie trocken werden können.

KOTELETTSTÜCK Ist hübsch anzusehen, vor allem wenn es sich wie oben abgebildet um einen französischen Fleischzuschnitt handelt.

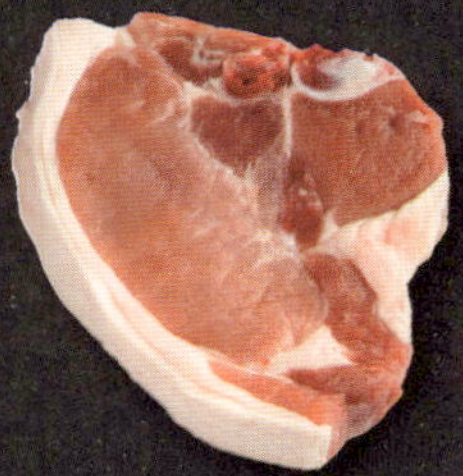

FILETKOTELETT Teilstück aus dem Rücken, bei dem sich auf einer Seite Kotelettstrang (links) und auf der anderen Filet befindet (rechts).

RÜCKENSTEAK Wird aus dem ausgelösten Kotelettstrang geschnitten. Mit und ohne Fettrand erhältlich.

FILET ODER LENDE Dies ist der zarteste Fleischzuschnitt. Ein Filet reicht für 2–3 Portionen und wird rasch gar.

Weitere Zuschnitte

- **KOTELETTSTRANG** Ausgelöster zarter Muskel, der am Rücken sitzt und in Stücke beliebiger Größe geschnitten werden kann.
- **STIELKOTELETT** Wird aus dem Kotelettstück mit Knochen geschnitten und hat meist die Dicke einer Rippe.
- **SCHWEINERÜCKENBRATEN MIT SCHWARTE** Die Schwarte sitzt in der Regel auf einer dicken Fettschicht, ergibt aber eine wunderbare Kruste.
- **SCHWEINELACHS** Gesunder magerer Fleischzuschnitt ohne Schwarte oder anderes Fett.

BAUCH UND RIPPEN

Hier haben die Fleischzuschnitte einen relativ hohen Fettanteil. Man kann ganze Teilstücke auf dem Grill garen, meist werden jedoch kleinere Stücke verwendet.

RIPPCHEN (SPARERIBS) Sie werden oft am Stück und mariniert gegart, aber auch einzeln angeboten. Am besten gart man sie langsam und lässt sie erst zum Schluss kross werden.

BAUCHSCHEIBEN Sie können Knorpel und kleine Knochen enthalten. Die Knorpel werden bei langsamem Garen jedoch weich.

Weitere Zuschnitte

- **QUERRIPPE** Kurzer Teil der Kotelettrippen, der wie Spareribs zubereitet werden kann.
- **BAUCH** Fettreicher Zuschnitt, der mit einer klebrigen Sauce langsam gegart aber wunderbar schmeckt.
- **GEROLLTER BAUCH** Wird hin und wieder vor dem Aufrollen und Zusammenbinden auch gefüllt und muss lange und langsam gegart werden.

HINTERVIERTEL

Aus dem Hinterviertel stammen oft sehr magere Zuschnitte. Ganze Keulen werden zur Herstellung von Knochenschinken verwendet, man schneidet daraus auch Schinkenbraten und Schnitzel.

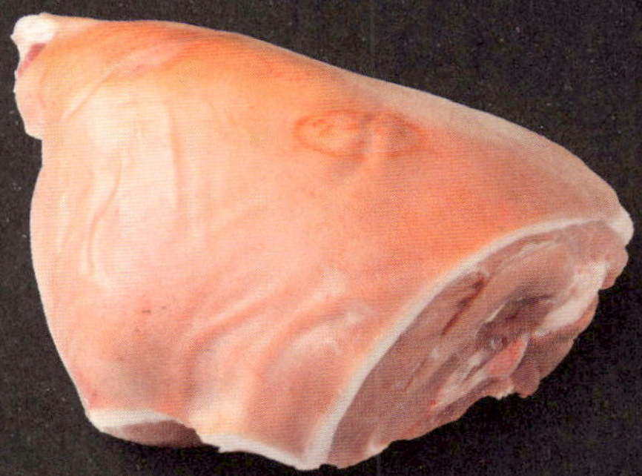

GANZE KEULE Wird traditionell für Braten verwendet, am besten mit Schwarte, die eine wunderbare Kruste ergibt. Keule kann auch entbeint und für kleinere Rollbraten verwendet werden.

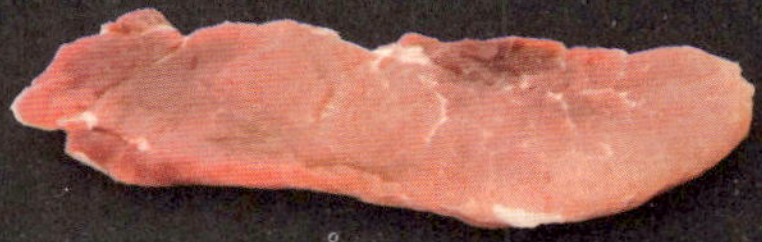

SCHNITZEL Magerer Zuschnitt, der sich perfekt zum Grillen und Pfannenrühren eignet, aber natürlich auch für traditionelle Schnitzel. Schnitzel sollten nicht zu dick geschnitten werden.

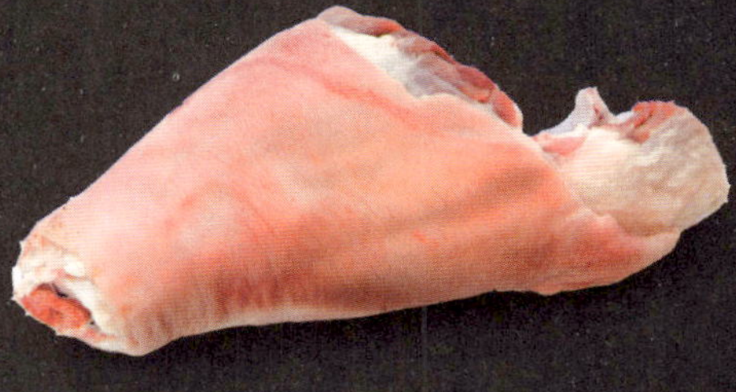

EISBEIN (HAXE) Es hat einen hohen Anteil an Bindegewebe und eignet sich daher perfekt für Suppe und Brühe. Wird meist gekocht oder gebacken.

Weitere Zuschnitte

- **SCHINKENBRATEN** Dickes, zartes Teilstück aus der Keule, das Knochen enthalten kann.
- **ROLLBRATEN AUS DER HÜFTE** Gut geeignet für die Zubereitung kleinerer Braten. Das Fleisch gart hier gleichmäßig.
- **HÜFTSTEAK** Kann mit oder ohne Knochen geschnitten werden und eignet sich gut zum Braten oder Grillen.

SPECK & SCHINKEN

SPECK BESTEHT ZUMEIST AUS SCHWEINEBAUCH, der gepökelt und anschließend oftmals geräuchert wurde. Schinken wird gewöhnlich aus der Schweinskeule hergestellt, die je nach Produktionsart gepökelt, gebrüht, getrocknet und/oder geräuchert wird. Luftgetrocknete Schinken sind gut haltbar und werden meist roh verzehrt.

TIROLER SPECK Eine Tiroler Spezialität mit geschützter Ursprungsbezeichnung, die mit Gewürzen gepökelt und anschließend sehr langsam geräuchert und getrocknet wird.

PANCETTA Italienischer Bauchspeck, der mit Kräutern und Gewürzen aromatisiert, gesalzen und dann drei Monate getrocknet wird. Köche auf der ganzen Welt verwenden ihn, um Gerichten Geschmack zu verleihen. *Pancetta stesa* ist flach, *Pancetta arrotolata* gerollt.

BRITISCHER UND AMERIKANISCHER BACON Er ist nur leicht gepökelt und muss vor dem Verzehr gegart werden. Er kann aus Schweinebauch (oben) oder Karree (ganz oben) bestehen und gepökelt und/oder geräuchert sein.

LARDO Dicker Rückenspeck aus Italien, der mit Salz eingerieben und mit Kräutern sowie Gewürzen in spezielle Behälter geschichtet wird, wo er in Lake reift. Dadurch erhält er eine feste, aber zarte Konsistenz und ein intensives Aroma.

LAP YUK Bedeutet übersetzt »Wachsfleisch«. Bezeichnung für einen hocharomatischen chinesischen Bauchspeck, der mit chinesischen Kräutern mariniert und dann langsam getrocknet wurde. Meist wird er zum Aromatisieren verwendet.

JAMBON DE BAYONNE Die Lake für diesen Schinken aus Südwestfrankreich wird mit Wein zubereitet, der ihm ein besonderes Aroma gibt.

COPPA Italienische Spezialität aus Schweinehals mit hohem Fettanteil. Das Fleisch wird gewürzt und gepökelt, dann in Naturdarm gefüllt und anschließend luftgetrocknet. Auf ähnliche Weise wird *capocollo* hergestellt.

JAMÓN Die besten spanischen Schinkensorten sind *serrano* (abgeleitet vom spanischen Wort für Gebirge) und *ibérico* (oben) vom Iberischen Schwein, die bis zu drei Jahre getrocknet wird. *Ibérico de Bellota* stammt von Schweinen, die sich von Eicheln ernähren.

JINHUA-SCHINKEN In China sehr beliebter Schinken mit cremefarbenem Fett und dunkelrotem Fleisch, der trocken gepökelt, eingeweicht und dann luftgetrocknet wird, um seinen typischen Geschmack zu entwickeln.

ELENSKI BUT Bulgarischer Schinken, der 40 Tage gepökelt und anschließend luftgetrocknet wird. Beim traditionellen Trocknen in Bauernhofküchen nimmt er einen rauchigen Geschmack an.

PRESUNTO Ein luftgetrockneter portugiesischer Schinken, ähnlich dem spanischen *jamón*. Der beste Presunto wird ebenfalls aus dem Fleisch des Iberischen Schweins zubereitet.

CULATELLO Kommt aus Zibello in der Nähe von Parma, stammt aber von Schweinen, die älter und fettreicher sind als die, aus denen Parmaschinken hergestellt wird.

SCHWARZWÄLDER SCHINKEN Spezialität aus dem Schwarzwald, für die das Fleisch gesalzen und gewürzt und später über Tannenzweigen und Holzspänen sehr langsam kalt geräuchert wird. Sie sollte sehr dünn geschnitten werden.

WESTFÄLISCHER SCHINKEN Luftgetrockneter Schinken, der trocken gepökelt und dann mehrere Monate über Buchenholz kalt geräuchert wird. Während der gesamten Herstellung bleibt der Knochen im Fleisch, was ihm ein besonderes Aroma verleiht.

DAUERWURST

ES GIBT EINE RIESIGE PALETTE AN SCHWEINSWÜRSTEN. Einige werden mit Weinessig oder Salz gepökelt, was ihnen einen säuerlichen Geschmack verleiht. Die Würste auf diesen beiden Seiten sind zudem getrocknet, um sie haltbarer zu machen. Andere werden nicht gepökelt, sondern nur getrocknet und schmecken deutlich intensiver nach Schweinefleisch.

FINOCCHIONA Salami aus der Toskana, die mit Pfeffer und wilden Fenchelsamen aus der Region gewürzt wird. Einige Varianten werden in getrocknetem Fenchelgrün gewälzt.

AHLE WURST Das Aroma dieser geräucherten oder luftgetrockneten »alten Wurst« aus Hessen entsteht durch den langsamen Reifeprozess und die Verwendung hochwertiger Fleischzuschnitte.

EICHSFELDER FELDGIEKER Gepökelte und getrocknete Rohwurst aus dem Eichsfeld, die in Schweinemastdarm gefüllt wird. Sie trocknet meist bis zu zwölf Monate und ist manchmal auch geräuchert.

CHOURIÇO DO PORCO PRETO Eine grobkörnige Wurst, die aus dem Fleisch des Alentejo-Schweins hergestellt, über Eichenholz geräuchert und dann getrocknet wird. Sie kann roh gegessen, aber auch zum Kochen verwendet werden.

CABANOSSI Dünne Rohwurst aus magerem Fleisch, die wohl ursprünglich aus Süd- oder Osteuropa stammt. Mit Paprika, Pfeffer, Wacholderbeeren, Kümmel, Piment und Knoblauch gewürzt. Sie wird gepökelt, geräuchert und getrocknet.

KIEŁBASA LISIECKA Diese gepökelte polnische Wurst wird aus magerem Schweinefleisch hergestellt und mit Pfeffer und Knoblauch gewürzt. Dann wird sie heiß geräuchert und anschließend getrocknet.

TIROLER BERGSALAMI Diese Salami aus den österreichischen Bergen ist eine feine Rohwurst, die heiß geräuchert und luftgetrocknet wird. Bei der Herstellung entsteht ihr typischer weißer Edelschimmelbelag.

LINGUIÇA Geräucherte Rohwurst, die in ganz Portugal verbreitet ist. Zu den für sie verwendeten Gewürzen gehören Knoblauch, Paprikapulver, Oregano und Kreuzkümmel. Sie unterscheidet sich von südamerikanischer Linguiça, die geräuchert, aber nicht getrocknet wird.

MANGALICA Aus dem Fleisch des Mangalica- oder Wollschweins hergestellte ungarische Wurst, die aufgrund des zugesetzten Paprikapulvers leuchtend orangerot ist. Sie wird gepökelt, kalt geräuchert und drei Monate getrocknet.

SALAME TOSCANO Sehr salzige italienische Salami, die mit ungesalzenem toskanischem Brot gegessen wird. Das dunkelrote Schweinefleisch ist mit großen Fettstücken durchsetzt.

ROSETTE DE LYON Für sie werden Schweinefleisch aus dem Schinken und festes Schweinefett durchgedreht und dann mit schwarzem Pfeffer und Knoblauch gewürzt. Traditionell wird sie in Mastdarm abgefüllt.

SALCHICHÓN DE VIC Spanische Dauerwurst aus dem Fleisch des Iberischen Schweins, die mit Pfeffer gewürzt und an der Luft getrocknet wird. Salchichón ist in Spanien sehr beliebt und es gibt dort zahlreiche Varianten.

EIN SPANFERKEL VORBEREITEN

Gebratenes Spanferkel gilt mit seiner dünnen, krossen Schwarte und seinem zarten, saftigen Fleisch auf der ganzen Welt als Festtagsbraten. Das Schlachtgewicht beträgt bei Spanferkeln zwischen 12 und 20 kg.

1 Prüfen, ob Füße, Ohren und Schnauze gut gesäubert wurden. Zudem müssen noch verbliebene Borsten entfernt werden. Das Ferkel rundum mit Salz einreiben und über Nacht stehen lassen. Am folgenden Tag das Ferkel trocken tupfen. Füllung hineingeben, aber nicht zu viel, denn sie dehnt sich aus.

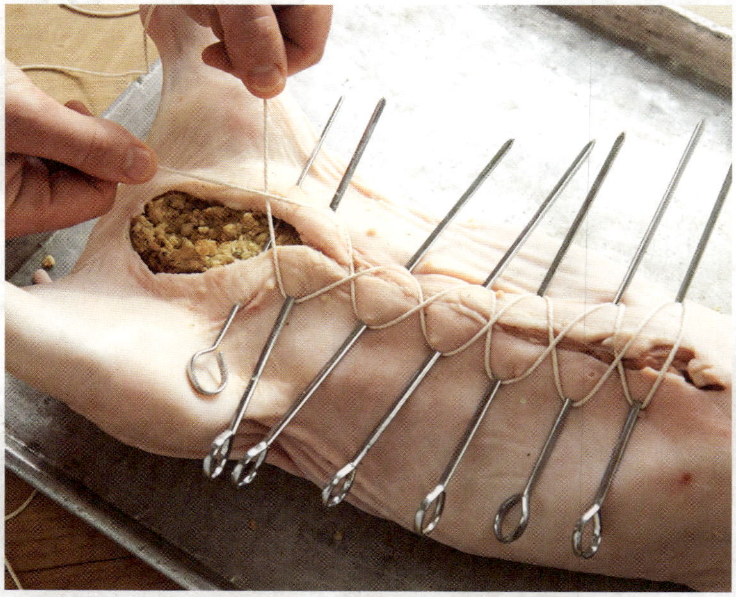

2 Den Bauch locker mit Fleischspießen zusammenstecken, die Spieße dabei nicht zu nah am Rand einstechen, damit die Haut nicht reißt. Dann die Haut wie oben mit Küchengarn zusammenziehen. Das Garn zwischen den Spießen verschränken und um die Spieße legen.

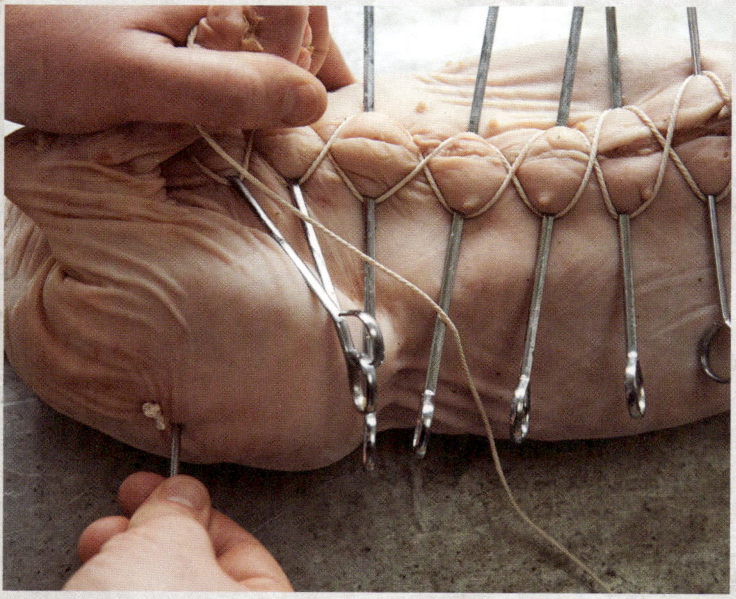

3 Die Hinterbeine festhalten. Eine Dressiernadel mit Garn durch die Mitte von Schenkeln und Körper stechen. Die Füße dabei herunterdrücken, damit die Beine beim Dressieren in der richtigen Position bleiben.

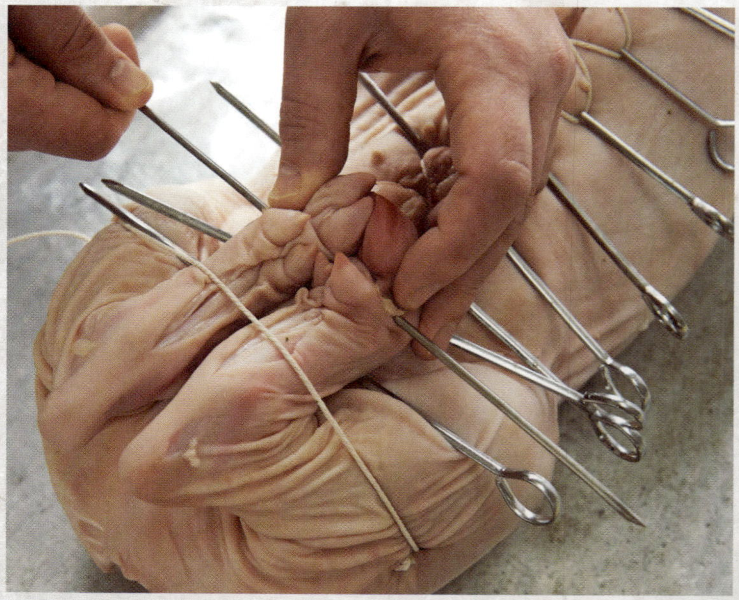

4 Mit einer Hand die Füße festhalten, mit der anderen wie gezeigt einen Spieß durch sie hindurchschieben. Die Garnenden recht fest anziehen und gut verknoten.

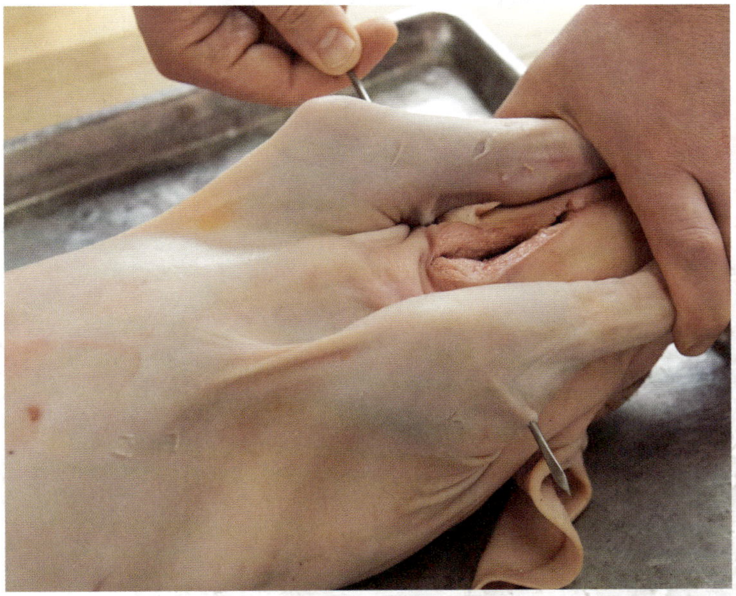

5 Nun die Vorderbeine dressieren. Die Dressiernadel durch Beine, Brust und Kehle stecken und das Garn zusammenbinden. Auch hier die Beine am Kopf festhalten, während die Dressiernadel durch das Ferkel geschoben wird.

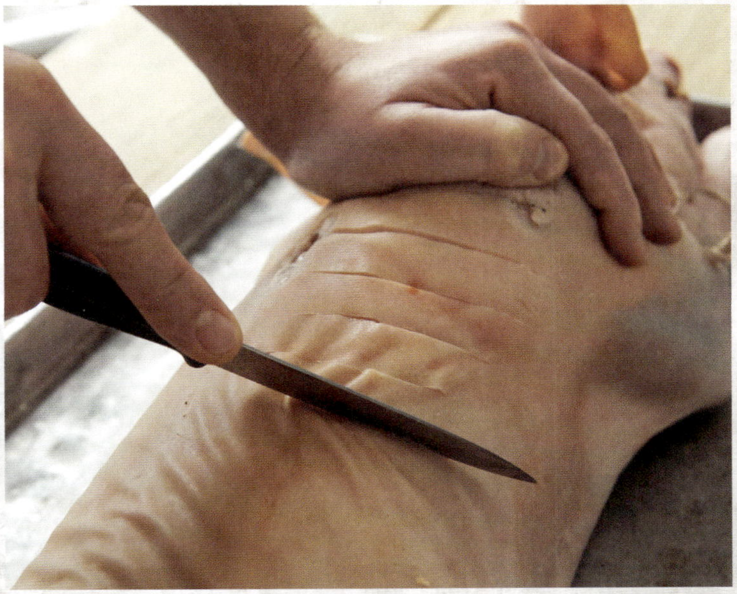

6 Das Ferkel auf den Bauch legen und die Haut am Rücken mit einem sehr scharfen Messer einschneiden. Zu beiden Seiten des Rückgrats im Abstand von etwa 2 cm schräge Schnitte ausführen, dabei das Fleisch nicht verletzen.

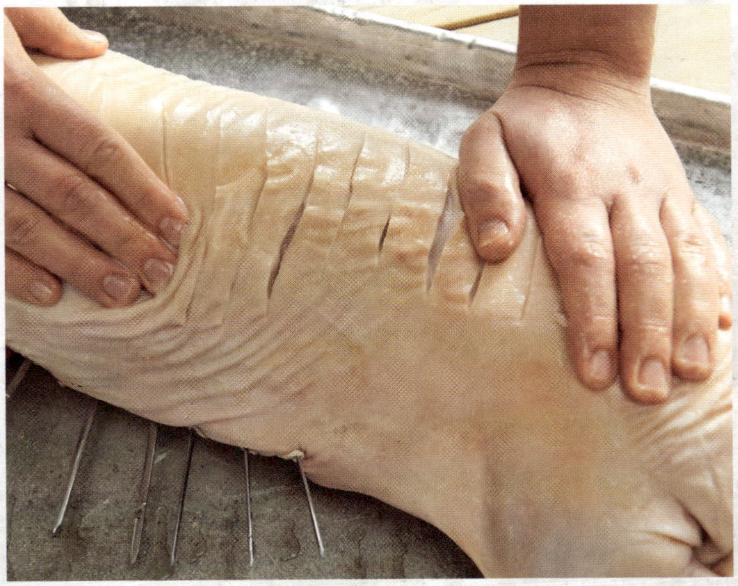

7 Das Ferkel mit dem Bauch nach unten in einen großen Bräter legen. Rundum mit Öl und dann mit Salz einreiben. Den Backofen auf 180 °C vorheizen. Pro Kilogramm Fleisch sind 45 Minuten Garzeit erforderlich. Alternativ über einem Grill garen.

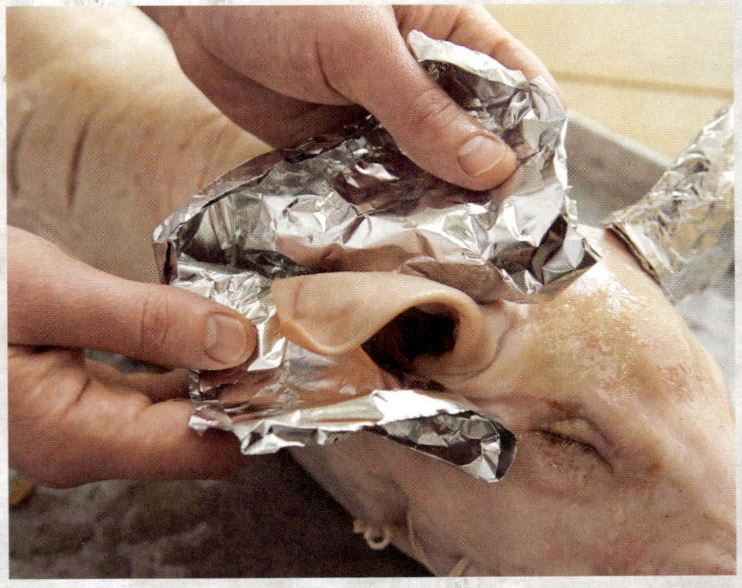

8 Ohren und Schwanz einölen und mit Alufolie umwickeln, damit sie nicht verbrennen. Das Ferkel in den Backofen schieben und alle 30 Minuten beschöpfen. Mit einem Fleischthermometer prüfen, ob die Füllung gar ist. Nach dem Herausnehmen 20–30 Minuten an einem warmen Ort ruhen lassen.

SCHOTTISCHE EIER

Mit Wurstbrät umhüllte Eier sind ein klassischer Snack aus Großbritannien, wo sie sich großer Beliebtheit erfreuen.

FLEISCH **Wurstbrät**

PORTIONEN 6 **ZUBEREITUNG** 20 Min.
GARZEIT 20 Min.

- 8 Eier
- 600 g Wurstbrät vom Schwein
- 3 Knoblauchzehen, zerdrückt
- 100 g Frühlingszwiebeln, fein gehackt
- 50 g Schnittlauch, fein gehackt
- 1 EL körniger Senf
- 1 TL Chiliflocken
- 1½ TL Meersalz
- 1½ TL frisch gemahlener schwarzer Pfeffer
- 250 g Mehl
- Erdnussöl zum Braten
- 250 g Semmelbrösel

1 In einem Topf Wasser zum Kochen bringen. 6 Eier hinzufügen und und wie gewünscht garen: Nach etwa 5 Minuten ist das Eigelb wachsweich, nach etwa 7 Minuten hart. Die Eier unter fließendem kaltem Wasser abschrecken. Etwas abkühlen lassen, dann pellen.

2 In einer großen Schüssel Brät, Knoblauch, Zwiebeln, Schnittlauch, Senf, ein Drittel der Chiliflocken und je ½ TL Salz und Pfeffer vermischen. In einer zweiten Schüssel das Mehl, ein Drittel der Chiliflocken und je ½ TL Salz und Pfeffer sorgfältig vermengen.

3 Das Öl in der Fritteuse oder einem großen Topf auf 180 °C erhitzen. Die Brätmischung in 6 Portionen teilen und flach drücken. Mit jeder Portion 1 gekochtes Ei vollständig einhüllen.

4 Die restlichen 2 Eier in einer kleinen Schüssel verquirlen. Die Semmelbrösel mit den verbliebenen Chiliflocken und dem übrigem Salz und Pfeffer in einem flachen Gefäß vermischen. Die umhüllten Eier nacheinander zuerst in der Mehlmischung, dann in dem verquirlten Ei und schließlich in den Semmelbröseln wenden.

5 Die Eier 4–5 Minuten frittieren, bis sie gut gebräunt sind, dabei ab und zu wenden. Mit einem Schaumlöffel herausheben. Auf einem mit Küchenpapier belegten Teller abtropfen und etwas abkühlen lassen. Heiß servieren.

SCHWEDISCHE FLEISCHBÄLLCHEN MIT SAUCE

Bei diesen Fleischbällchen handelt es sich um echte Seelentröster. Traditionell werden sie mit Kartoffelpüree und Preiselbeeren serviert.

FLEISCH **Schweinehackfleisch**

PORTIONEN 4 **ZUBEREITUNG** 10 Min.
+ Kühlzeit **GARZEIT** 20–25 Min.

FÜR DIE FLEISCHBÄLLCHEN

- 450 g Schweinehackfleisch
- 75 g frische Weißbrotbrösel
- ½ Zwiebel, gerieben und gekühlt
- 1 EL Vollmilch
- 1 Ei, verquirlt
- 1 TL Zucker
- Salz und frisch gemahlener schwarzer Pfeffer
- 25 g Butter
- 1 EL Sonnenblumenöl
- Kartoffelpüree und Preiselbeeren zum Servieren

FÜR DIE SAUCE

- 1 gehäufter EL Mehl
- 250 ml Rinderfond
- 1 TL rotes Johannisbeergelee
- 1 EL Kaffeesahne

1 In einer großen Schüssel Hackfleisch, Weißbrotbrösel, Zwiebel, Milch, Ei, Zucker, Salz und Pfeffer gut vermischen. Mindestens 1 Stunde kalt stellen. Den Backofen auf 150 °C vorheizen.

2 Butter und Öl in einer großen Pfanne erhitzen. Mit befeuchteten Händen aus der Hackfleischmasse walnussgroße Bällchen formen. Die Bällchen bei schwacher Hitze in zwei Portionen je 10 Minuten braten und regelmäßig wenden, bis sie rundum gebräunt sind. Locker mit Alufolie abgedeckt im Backofen warm stellen.

3 Zur Zubereitung der Sauce die Pfanne vom Herd nehmen. Das Mehl hineinstreuen und mit dem Fett verrühren. Dann nach und nach den Fond unterrühren.

4 Die Pfanne wieder auf den Herd setzen und die Sauce köcheln, bis sie dicklich wird. Die Hitze reduzieren. Johannisbeergelee und Kaffeesahne unterrühren und die Sauce weitere 2–3 Minuten köcheln lassen, dann abschmecken. Die Fleischbällchen mit der Sauce beschöpfen und mit Kartoffelpüree und Preiselbeeren servieren.

FRIKADELLER

Frikadeller sind die dänische Variante von Frikadellen, die hier durch einen cremigen Dilldip eine wunderbar frische Note erhalten.

FLEISCH **Schweinehackfleisch**

PORTIONEN 4 **ZUBEREITUNG** 30 Min. + Kühlzeit **GARZEIT** 20–25 Min.

FÜR DIE FRIKADELLEN

- 450 g Schweinehackfleisch
- 125 g frische Mischbrotbrösel
- 1 Zwiebel, fein gehackt
- ¼ TL gemahlener Piment
- 1 Ei
- 1 EL Vollmilch
- 2 TL gehackter Dill
- Salz und frisch gemahlener schwarzer Pfeffer
- 1 EL Sonnenblumenöl zum Braten

FÜR DEN DIP

- 4 EL Sauerrahm
- 2 TL gehackter Dill

1 Alle Zutaten für die Frikadellen bis auf das Öl in einer Schüssel sorgfältig vermischen. Aus der Masse zwölf Bällchen gleicher Größe formen und diese behutsam flach drücken. Auf einen Teller legen und etwa 30 Minuten kalt stellen. Den Backofen auf 150 °C vorheizen.

2 Das Öl in einer großen beschichteten Pfanne bei mittlerer Temperatur erhitzen. Die Frikadellen portionsweise je 5–10 Minuten braten und dabei regelmäßig wenden, bis sie auf beiden Seiten leicht gebräunt sind. Fertige Frikadellen auf einen Teller heben und abgedeckt im Ofen warm stellen.

3 Für den Dip Sauerrahm und Dill in einer kleinen Schüssel vermischen. Die Frikadellen servieren, dazu den Dilldip und einen gemischten grünen Salat reichen.

GEDÄMPFTE DIM SUM

Diese beliebten Teigtaschen wurden bereits an der alten Seidenstraße zubereitet, wo man sie in Teehäusern servierte.

FLEISCH **Schweinehackfleisch**

ERGIBT 20–24 Stück **ZUBEREITUNG** 30 Min. + Kühlzeit **GARZEIT** 15 Min.

FÜR DEN TEIG

- 300 g Mehl plus Mehl zum Bestäuben
- 1 TL Salz
- 1 Ei, mit 1 TL Wasser verquirlt
- Öl zum Einfetten

FÜR DIE FÜLLUNG

- 350 g Schweinehackfleisch
- 1 EL Sojasauce
- 1 EL asiatische Fischsauce
- 1 TL Sesamöl
- 1 Frühlingszwiebel, fein gehackt
- 1 EL Reiswein
- 1 Knoblauchzehe, zerdrückt
- 1 EL zerdrückter frischer Ingwer
- 1 TL Zucker
- 1 Ei
- 1 TL Maisstärke
- 50 g Shiitakepilze, gehackt

1 Mehl und Salz in eine große Schüssel sieben. In der Mitte eine Mulde machen. Das Ei hineingeben und sorgfältig untermischen. Nach und nach 120 ml Wasser hinzufügen, um einen Teig herzustellen. Den Teig kneten, bis er glatt und elastisch ist und glänzt.

2 Den Teig auf die dünn bemehlte Arbeitsfläche setzen und weitere 5 Minuten kneten. Abgedeckt 30 Minuten kalt stellen.

3 Alle Zutaten für die Füllung in einer großen Schüssel sorgfältig vermischen. Den Teig auf der leicht bemehlten Arbeitsfläche sehr dünn ausrollen und in 7,5–10 cm große Quadrate schneiden.

4 In die Mitte jedes Quadrats 1 EL Füllung setzen. Die Teigränder befeuchten, hochnehmen und über der Füllung etwas zusammendrücken, aber eine Öffnung lassen, damit die Füllung besser garen kann. Die Taschen unten etwas abflachen.

5 Die Taschen auf einen eingefetteten Teller setzen und auf einem Topf mit kochendem Wasser 10–15 Minuten dämpfen, bis die Füllung gar ist. Heiß mit Sojasauce zum Dippen servieren.

SCHWEINEFLEISCH-BIER-TOPF

Ein deutscher Eintopf mit kräftigem Bier und Gewürzen, der mit Roggenbrot angedickt wird und ein vollmundiges Aroma hat.

FLEISCH **Schweineschulter**

PORTIONEN 4 **ZUBEREITUNG** 30 Min.
GARZEIT 1 Std. 30 Min.

- 2 EL Erdnussöl
- 600 g Schweineschulter, gewürfelt
- 1 große Zwiebel, in dünne Scheiben geschnitten
- 2 Knoblauchzehen, zerdrückt
- 2 Möhren, in dicke Stifte geschnitten
- 125 g Champignons, in Scheiben geschnitten
- ¼ TL gemahlener Piment
- 1 Lorbeerblatt
- 1 Zimtstange
- 300 ml Dunkelbier
- 200 ml Schweine- oder Hühnerfond
- 100 g Roggenbrotbrösel
- Salz und frisch gemahlener schwarzer Pfeffer
- glatte Petersilie, gehackt, zum Garnieren

1 In einer schweren Kasserolle 1 EL Öl erhitzen. Die Fleischwürfel portionsweise etwa 10 Minuten anbraten, bis sie rundum gebräunt sind. Mit einem Schaumlöffel herausheben und beiseitestellen.

2 Das übrige Öl in die Kasserolle geben und die Hitze reduzieren. Die Zwiebel hinzufügen und etwa 5 Minuten unter Rühren garen, bis sie weich ist. Den Knoblauch hinzufügen und 1 Minute garen. Möhren und Champignons unterrühren und 5 Minuten sanft garen. Piment und Lorbeerblatt dazugeben.

3 Das Fleisch mit Zimtstange, Bier, Fond, Bröseln sowie Salz und Pfeffer nach Geschmack in den Topf geben und mit halb aufgelegtem Deckel etwa 1 Stunde sanft garen, bis es weich ist.

4 Lorbeerblatt und Zimtstange entfernen. Das Gericht abschmecken. Mit der Petersilie garniert servieren, dazu Weiß- oder Grünkohl reichen.

BIGOS

Zur Zubereitung dieses polnischen Nationalgerichts lohnt es sich, nach echten polnischen Würsten zu suchen, Sie können aber jede geräucherte Wurst verwenden.

FLEISCH **Schweineschulter**

PORTIONEN 8 **ZUBEREITUNG** 40 Min.
GARZEIT 2 Std.

- 15 g getrocknete Pilze, vorzugsweise Steinpilze
- 1,5 kg Sauerkraut
- 250 g durchwachsener Speck, in Streifen geschnitten
- 2 große Zwiebeln, grob gehackt
- 1 kg Schweineschulter, gewürfelt
- 10 Trockenpflaumen
- 8 Wacholderbeeren
- ½ TL gemahlener Piment
- 3 Lorbeerblätter
- 2 EL flüssiger Honig
- 1 EL Tomatenmark
- 1 l Hühnerfond
- 250 g geräucherte Wurst, in mundgerechte Stücke geschnitten

1 Die Pilze mit 200 ml kochendem Wasser übergießen und abgedeckt beiseitestellen. Das Sauerkraut in einer großen ofenfesten Kasserolle bei schwacher Hitze etwa 5–10 Minuten garen. In der Zwischenzeit die Hälfte des Specks in einer großen beschichteten Pfanne auslassen. Die Zwiebeln unterrühren und nach Reduzieren der Hitze unter gelegentlichem Rühren weich garen. Die Mischung unter das Sauerkraut rühren. Beiseitestellen. Den Ofen auf 180 °C vorheizen.

2 Den restlichen Speck etwa 5 Minuten in der Pfanne braten. Mit einem Schaumlöffel herausheben und zum Sauerkraut geben. Die Fleischwürfel bei hoher Temperatur in der Pfanne 5–10 Minuten braten, bis sie gut gebräunt sind. Zum Sauerkraut geben. Die Pilze mit Einweichwasser und alle anderen Zutaten bis auf die Wurst unterrühren. Die Sauerkrautmischung bei starker Hitze zum Kochen bringen, dann zugedeckt für 1½ Stunden in den Backofen schieben.

3 Herausnehmen und die Wurst unterrühren. In den Ofen schieben und weitere 30 Minuten garen, bis das Schweinefleisch weich ist. Lorbeerblätter und Wacholderbeeren entfernen. Das Gericht mit kleinen gekochten Kartoffeln servieren.

BAYERISCHER SCHWEINSBRATEN

Beliebtes Gericht mit Kümmel und einer gesunden Dosis Knoblauch, das am besten mit Sauerkraut serviert wird.

FLEISCH **Schweineschulter**

PORTIONEN 6 **ZUBEREITUNG** 20 Min.
GARZEIT 4 Std. + Ruhezeit

- 1,8 kg Schweineschulter mit Schwarte
- 2 EL Kümmelsamen
- 1 EL Paprikapulver edelsüß
- je 1 EL Salz und frisch gemahlener schwarzer Pfeffer
- 4 EL Olivenöl
- 500 g weiße Zwiebeln, gehackt
- 500 g Möhren, in Scheiben geschnitten
- 500 g festkochende Kartoffeln
- 4 Knoblauchzehen
- etwa 250 ml Gemüsefond

1 Den Backofen auf 160 °C vorheizen. Die Schwarte des Fleischs mit einem Messer einritzen. Kümmel, Paprikapulver, Salz, Pfeffer und die Hälfte des Öls in einer Schüssel vermischen. Das Fleisch mit zwei Dritteln der Würzmischung überziehen.

2 Zwiebeln, Möhren, Kartoffeln und Knoblauch in einen Bräter geben. Mit restlichem Öl und verbliebener Würzmischung vermengen. Das Fleisch mit der Schwarte nach oben in den Bräter legen.

3 Den Bräter für 3–4 Stunden in den Backofen schieben, bis die Kerntemperatur des Fleischs 65 °C beträgt. Zwischendurch, wenn nötig, Fond hinzufügen, damit das Gemüse nicht trocken wird.

4 Aus dem Backofen nehmen. Das Fleisch mindestens 5 Minuten ruhen lassen, dann aufschneiden. Falls gewünscht mit dem gegarten Gemüse servieren.

VARIANTE

Roastbeef nach bayrischer Art Die Schweineschulter durch Rindfleisch aus der Keule ersetzen. Für die Würzmischung anstelle von Kümmel 2 EL zerstoßene Pimentbeeren verwenden und anstelle des Paprikapulvers 1 EL Chipotlepaste oder geräuchertes Paprikapulver (Pimentón scharf). Das Gericht wie oben garen und mit dem Gemüse servieren.

SCHWEINEBRATEN MIT CIDRE-SAUCE

Schweineschulter ist preiswert und lässt sich sehr viel besser im Backofen braten als (die trockenere) Schweinekeule. Eine Sauce mit französischem Apfelwein (Cidre) verleiht diesem einfachen Gericht einen vollmundigen Geschmack.

FLEISCH **Schweineschulter**

PORTIONEN 6–8
ZUBEREITUNG 10 Min. + Kühlzeit
GARZEIT 3 Std. + Ruhezeit

- 2 kg Schweineschulter mit Schwarte
- 1 EL Olivenöl
- Salz und frisch gemahlener schwarzer Pfeffer
- 300 ml Cidre
- 200 ml Hühnerfond
- 1 EL Mehl

1 Die Schwarte mit einem scharfen Messer gitterförmig einschneiden, dabei nicht in das darunterliegende Fleisch schneiden (oder den Fleischer bitten, diese Arbeit zu erledigen). Die Schwarte mit Küchenpapier trocken tupfen. Das Fleisch unbedeckt mindestens 4 Stunden im Kühlschrank ruhen lassen, besser noch über Nacht. Dadurch wird die Schwarte beim Garen knuspriger.

2 Den Backofen auf 180 °C vorheizen. Das Fleisch mit der Schwarte nach oben in einen Bräter legen. Rundum mit Öl und Salz einreiben, dabei beides auch in die Einschnitte drücken.

3 Cidre und Fond in den Bräter gießen, aber nicht auf das Fleisch spritzen. Die Schwarte mit einem Stück Butterbrotpapier abdecken, damit sie nicht an der Alufolie kleben bleibt. Den Bräter vollkommen mit Alufolie abdecken. Die Folie fest andrücken, sodass kein Dampf entweichen kann.

4 Das Fleisch für 2½ Stunden in den Backofen schieben. Dann Alufolie und Butterbrotpapier entfernen und die Ofentemperatur auf 230 °C erhöhen. Den Braten noch einmal 30–40 Minuten garen, bis die Schwarte knusprig ist. Den Braten herausnehmen und die Kruste abtrennen. Die Kruste unbedeckt in den ausgeschalteten Backofen schieben. Das Fleisch zum Warmhalten in Alufolie einwickeln, während die Sauce zubereitet wird.

5 Für die Sauce 4 EL Fett vom Bratensaft in einen Topf geben und bei schwacher Temperatur auf den Herd setzen. Das Mehl mit dem Schneebesen unterrühren und 2–3 Minuten unter ständigem Rühren garen, bis es blubbert und eine bräunliche Farbe annimmt. Parallel dazu möglichst viel Fett vom restlichen Bratensaft abschöpfen und wegwerfen. Den Bratensaft unter ständigem Rühren nach und nach in den Topf mit der Sauce gießen, bis eine dicke Sauce entstanden ist. Die Sauce abschmecken, zum Kochen bringen und etwa 5 Minuten köcheln lassen. Mit dem aufgeschnittenen Braten und der Kruste servieren.

GUTES HILFSMITTEL

Zu den besten jemals erfundenen Küchengeräten gehört die Fetttrennkanne, bei der sich die Tülle nicht oben, sondern unten befindet. Da das Fett bei Flüssigkeiten stets oben schwimmt, kann so von Bratensaft die maximale Menge abgegossen werden, während das Fett zurückbleibt.

UNGARISCHES GULASCH

Dieses traditionelle Hirtengericht wird durch die Zugabe von Kümmel und Paprikapulver einzigartig.

FLEISCH **Schweineschulter**

PORTIONEN 6–8 **ZUBEREITUNG** 30 Min.
GARZEIT 2 Std.

- 3 EL Pflanzenöl
- 800 g Schweineschulter, gewürfelt
- 1 große Zwiebel, grob gehackt
- 1 Knoblauchzehe, zerdrückt
- ½ EL Kümmelsamen
- 1–2 EL Paprikapulver edelsüß
- 2 Tomaten, blanchiert, enthäutet und gewürfelt
- 3 EL Tomatenmark
- 1 große rote Paprikaschote, entkernt und in schmale Streifen geschnitten
- 2 festkochende Kartoffeln, geschält und gewürfelt
- Salz und frisch gemahlener schwarzer Pfeffer
- Petersilie, gehackt, zum Garnieren

1 Das Öl in einer großen Kasserolle erhitzen. Das Fleisch darin portionsweise anbraten, bis es rundum gut gebräunt ist. Auf einen mit Küchenpapier belegten Teller heben und beiseitestellen.

2 Die Hitze reduzieren. Die Zwiebel 1–2 Minuten garen, bis sie weich ist. Knoblauch, Kümmel, Paprikapulver und 2 EL Wasser unterrühren.

3 Das Fleisch wieder in die Kasserolle geben und untermischen. Knapp mit Wasser bedecken und zum Kochen bringen. Nach Reduzieren der Hitze zugedeckt 1 Stunde sanft köcheln lassen, bis es weich ist.

4 Tomaten, Tomatenmark, Paprikaschote und Kartoffeln dazugeben. Großzügig salzen und pfeffern und zum Kochen bringen. Nach Reduzieren der Hitze 30 Minuten köcheln lassen. Mit der gehackten Petersilie garniert in tiefen Tellern heiß servieren. Dazu etwas saure Sahne reichen.

VARIANTE

Hähnchengulasch Das Schweinefleisch durch Hähnchenfleisch ersetzen, die rote Paprikaschote durch eine grüne. Anstelle von normalem Paprikapulver geräuchertes Paprikapulver (Pimentón mild) verwenden. Mit einem Klecks saurer Sahne und gehacktem Dill garniert servieren.

POZOLE

Ein mexikanischer Eintopf, der traditionell mit speziell behandelten Maiskörnern zubereitet wird.

FLEISCH **Schweineschulter**

PORTIONEN 8 **ZUBEREITUNG** 20 Min.
GARZEIT 5 Std. + Ruhezeit

- 2 EL gemahlener Kreuzkümmel
- ½ EL Knoblauchpulver
- ½ EL geräuchertes Paprikapulver (Pimentón mild)
- Salz und frisch gemahlener schwarzer Pfeffer
- 1 kg Schweineschulter ohne Knochen
- 200 g rote Zwiebeln, in Scheiben geschnitten
- 250 ml Hühnerfond

FÜR DEN POZOLE

- 60 ml Pflanzenöl
- 4 Knoblauchzehen, zerdrückt
- 200 g rote Zwiebeln, gehackt
- 20 Kirschtomaten, halbiert
- 2 Dosen gehackte Tomaten (à etwa 400 g)
- 1,25 l Hühnerfond
- 100 g Mais (TK), aufgetaut
- 50 g getrocknete Wachtelbohnen, gewaschen, über Nacht eingeweicht und abgetropft
- 1 EL getrockneter Oregano
- 1 TL Kreuzkümmelsamen
- 50 g Korianderblätter zum Garnieren
- 100 g geriebener Gouda zum Garnieren
- 250 g weiße Zwiebeln, gehackt, zum Garnieren

1 Den Backofen auf 140 °C vorheizen. Für das Fleisch Kreuzkümmel, Knoblauchpulver und Paprikapulver in einer Schüssel vermischen und großzügig salzen und pfeffern. Das Fleisch rundum mit der Mischung einreiben. Fleisch und Zwiebeln in einen kleinen Bräter geben, mit dem Fond übergießen und mit Alufolie abdecken. Für 5 Stunden in den Ofen schieben.

2 In der Zwischenzeit den Pozole zubereiten. Das Öl in einem großen, schweren Topf erhitzen. Knoblauch und Zwiebeln darin braten, bis sie weich sind. Restliche Zutaten unterrühren und großzügig salzen und pfeffern. Zugedeckt 2 Stunden köcheln lassen, dabei ab und zu umrühren.

3 Das Fleisch aus dem Ofen nehmen, 30 Minuten ruhen lassen und mit einer Gabel zerteilen. Mit den Zwiebeln zu den Pozole geben. Das Gericht abschmecken. Mit Korianderblättern, Käse und den gehackten Zwiebeln garniert servieren.

COCHINITA PIBIL

Traditionelles mexikanisches Gericht, das auf die Maya zurückgeht. Durch ganz langsames Garen wird hier das Fleisch besonders zart.

FLEISCH **Schweineschulter**

PORTIONEN 8
ZUBEREITUNG 45 Min. + Marinierzeit
GARZEIT 2 Std. 30 Min. + Ruhezeit

- 2,5 kg Schweineschulter ohne Knochen
- 3 EL fein gehackter Knoblauch
- abgeriebene Schale von 1 Bio-Orange plus Saft von 3 Orangen
- 1 EL getrockneter Oregano
- 1 EL gemahlener Kreuzkümmel
- je 1 EL Salz und frisch gemahlener schwarzer Pfeffer
- 250 g Zwiebeln, in dünne Scheiben geschnitten
- Saft von 1 Limette
- Saft von 1 Zitrone
- 120 ml trockener Sherry

1 Das Fleisch parieren und einschneiden. Knoblauch, Orangenschale, Oregano, Kreuzkümmel, Salz und Pfeffer in eine kleine Schüssel geben und zu einer Paste vermischen. Die Paste sorgfältig in das Fleisch reiben und dabei in die Einschnitte drücken.

2 Die Zwiebeln in eine große Schüssel geben und das Fleisch darauflegen. Säfte und Sherry über das Fleisch gießen. Die Schüssel abdecken und das Fleisch zum Marinieren über Nacht in den Kühlschrank stellen.

3 Das Fleisch aus der Schüssel nehmen, die Marinade aufbewahren. Das Fleisch mit Küchenpapier trocken tupfen und etwa 2 Stunden stehen lassen, um es auf Zimmertemperatur zu bringen. Den Backofen auf 160 °C vorheizen.

4 Fleisch und Marinade in einen Bräter geben. Die Schweineschulter im Backofen 2½ Stunden garen, dabei alle 30 Minuten mit der Marinade beschöpfen. Wenn die Kerntemperatur 75 °C erreicht hat, herausnehmen. Den Braten vor dem Aufschneiden 15 Minuten ruhen lassen. Zum Servieren in Scheiben schneiden, auf einer Platte anrichten und den heißen Bratensaft darüberschöpfen.

EINGEMACHTES SCHWEINEFLEISCH

Auch als *rilletes de porc* bekannt, passt dieses pikant zubereitete Schweinefleisch perfekt zu knusprigem Brot und würzigem Senf.

FLEISCH **Schweineschulter**

ERGIBT 1,2 l **ZUBEREITUNG** 15 Min.
GARZEIT 4 Std. + Ruhezeit + Kühlzeit

- 1 EL Rohrohrzucker
- ½ TL getrockneter Thymian
- ½ TL gemahlener Zimt
- ½ TL Gewürznelken
- ½ TL geriebene Muskatnuss
- ½ TL gemahlener Ingwer
- ½ TL Knoblauchpulver
- 1 EL Meersalz plus Meersalz nach Geschmack
- 1 kg Schweineschulter ohne Knochen
- 350 g Butter
- 4 Knoblauchzehen, zerdrückt
- 100 g Schalotten, fein gehackt
- 50 g frischer Salbei
- frisch gemahlener schwarzer Pfeffer

1 Den Backofen auf 160 °C vorheizen. Zucker, Thymian, Zimt, Gewürznelken, Muskatnuss, Ingwer, Knoblauchpulver und Salz in einer kleinen Schale sorgfältig vermischen. Das Fleisch rundum mit der Würzmischung einreiben und in einen Bräter legen. Mit Alufolie abgedeckt 4 Stunden im Backofen garen.

2 Die Butter bei niedriger Temperatur in einem Topf zerlassen, dann den Schaum entfernen. Das Fleisch aus dem Ofen nehmen und 30 Minuten ruhen lassen, anschließend in Stücke schneiden. Mit Knoblauch, Schalotten, Salbei und der Hälfte der zerlassenen Butter in eine Küchenmaschine geben und zu einer glatten Paste verarbeiten. Die Mischung nach Geschmack salzen und pfeffern.

3 Die Masse in Gläser füllen und mit der restlichen flüssigen Butter bedecken. Verschließen und mindestens 1 Stunde kalt stellen. Gekühlt mit Brot oder Kräckern servieren.

SCHWEINESCHULTER MIT MUSCHELN

Dieses portugiesische Gericht aus der Region Alentejo ist eine leckere Mischung aus Schweinefleisch, Schalentieren und Räucherschinken.

FLEISCH **Schweineschulter**

PORTIONEN 6 **ZUBEREITUNG** 30 Min.
GARZEIT 2 Std.

- 60 ml Olivenöl
- 500 g Schweineschulter ohne Knochen
- 500 g Zwiebeln, fein gehackt
- 6 Knoblauchzehen, gehackt
- 1 Lorbeerblatt
- ¼ EL Chiliflocken
- 1 Dose Tomaten (etwa 400 g)
- 250 ml trockener Weißwein
- 50 g Presunto- oder Parmaschinken
- 175 g Chouriço oder Chorizo
- etwa 300 g kleine Venusmuscheln oder Miesmuscheln

1 Das Öl in einer schweren Kasserolle bei mittlerer Temperatur erhitzen. Das Fleisch in 2,5 cm große Stücke schneiden, dann 10 Minuten anbraten, bis es rundum gebräunt ist. Die Hitze reduzieren. Zwiebeln, Knoblauch, Lorbeerblatt und Chiliflocken dazugeben. Die Zutaten unter gelegentlichem Rühren weitere 5 Minuten garen.

2 Die Tomaten hinzufügen und mit einem Holzlöffel zerdrücken. Den Wein bis auf 2 EL unterrühren. Alles zum Kochen bringen, dann die Hitze reduzieren. Den Topfinhalt zugedeckt 30 Minuten köcheln lassen.

3 Den Schinken in kleine Stücke schneiden und in die Kasserolle geben. Den Eintopf zugedeckt weitere 30 Minuten köcheln lassen. Die Wurst in kleine Stücke schneiden und hinzufügen. Alles noch einmal etwa 15 Minuten garen, bis das Fleisch weich ist.

4 Die Muscheln unter fließendem kaltem Wasser waschen und auf dem Topfinhalt verteilen. Den restlichen Wein darüberträufeln und kurz unterrühren. Den Deckel auflegen und die Temperatur etwas erhöhen. Die Muscheln etwa 5 Minuten garen und den Topf kräftig schütteln, damit sich geschlossene Muscheln öffnen. Ungeöffnete Muscheln wegwerfen. Die Zutaten gut vermischen, das Lorbeerblatt entfernen. Das Gericht mit knusprigem Brot und einem grünen Salat servieren.

SCHWEINEFLEISCH CARNITAS

Langsames Garen macht hier das Fleisch zart und verleiht diesem pikanten mexikanischen Gericht Aroma.

FLEISCH **Schweineschulter**

PORTIONEN 6 **ZUBEREITUNG** 20 Min.
GARZEIT 3 Std.

- 1 kg Schweineschulter ohne Knochen
- 1 EL Chipotlepaste oder geräuchertes Paprikapulver (Pimentón scharf)
- 1 EL getrockneter Oregano
- 1 TL gemahlener Kreuzkümmel
- 1 TL Chiliflocken
- 1 TL Knoblauchpulver
- Salz und frisch gemahlener schwarzer Pfeffer
- 500 g weiße Zwiebeln, in dünne Scheiben geschnitten
- 3 Knoblauchzehen, zerdrückt
- 4 EL Olivenöl
- Saft von 1 Limette

1 Das Fleisch waschen und mit Küchenpapier trocken tupfen. Die Gewürze in einer kleinen Schüssel sorgfältig vermischen. Das Fleisch auf die saubere Arbeitsfläche legen und großzügig mit der Gewürzmischung einreiben.

2 Den Backofen auf 160 °C vorheizen. In einem großen Bräter Zwiebeln und Knoblauch mit etwas Öl bei mittlerer Temperatur erhitzen. Das Fleisch darauflegen, dann mit 1 EL Öl und dem Limettensaft beträufeln. Den Bräter mit Alufolie abdecken und in den Backofen schieben. Das Fleisch 2½–3 Stunden garen oder bis die Kerntemperatur 65 °C beträgt.

3 Herausnehmen, dann mindestens 5 Minuten ruhen und etwas abkühlen lassen. Mit einer Gabel ein Streifen teilen. Das restliche Öl in einer großen Pfanne erhitzen. Das Fleisch darin bei mittelhoher Temperatur braten, bis es knusprig ist. Mit Maistortillas und Salsa servieren.

VARIANTE

Hähnchen carnitas mit Guacamole Anstelle von Schweineschulter Hähnchenbrustfilet verwenden und dieses wie oben garen, aber nur 45 Minuten. Für die Guacamole 2 geschälte Avocados mit 100 g geviertelten Kirschtomaten, 1 gehackten roten Zwiebel, 75 g gehacktem Koriandergrün, Salz, Pfeffer und dem Saft von 1 Limette vermischen. Das Fleisch mit der Guacamole servieren.

GLASIERTE VORDERHAXE

Bei diesem einfachen chinesischen Rezept wird ein preiswertes Stück Fleisch klassisch süß-sauer zubereitet.

FLEISCH **Vorderhaxe**

PORTIONEN 6 **ZUBEREITUNG** 20 Min.
GARZEIT 2 Std. 30 Min.

- 1 Vorderhaxe mit Knochen (etwa 2 kg)
- 1 Stück Ingwer (10 cm), geschält und in dicke Scheiben geschnitten
- 3 Frühlingszwiebeln, längs halbiert
- 6 EL Sojasauce
- 3 EL trockener Sherry
- 25 g Rohrohrzucker

1 Die Haxe in einen großen, schweren Topf geben und mit kaltem Wasser bedecken. Das Wasser zum Kochen bringen und 5 Minuten kochen lassen. Das Fleisch abtropfen lassen und abspülen, die Garflüssigkeit weggießen. Die Haxe mit der Hautseite nach unten wieder in den Topf legen. Ingwer, Frühlingszwiebeln, Sojasauce, Sherry, Zucker und etwa 1 l Wasser hinzufügen. Alles zum Kochen bringen, dann zugedeckt 1 Stunde köcheln lassen. Das Fleisch ab und zu wenden, damit es nicht am Topfboden ansetzt.

2 Die Haxe wenden und so viel Wasser dazugeben, dass sie zu einem Drittel im Wasser liegt. Zugedeckt zum Kochen bringen. 1 weitere Stunde köcheln lassen, dabei ab und zu drehen.

3 Den Deckel abnehmen. Die Hitze erhöhen und die Sauce einkochen lassen. Dabei das Fleisch mit der Sauce bestreichen und darauf achten, dass es nicht am Topfboden ansetzt. Die Haxe herausnehmen, wenn die Sauce sie eindickt.

4 Das Fleisch zum Knochen hin aufschneiden und auf einer Platte anrichten. Die Sauce darübergießen, dann sofort servieren.

BITTE SCHÜTTELN

Um zu verhindern, dass das Fleisch am Topfboden ansetzt, legen Chinesen nach den ersten 5 Minuten der Garzeit gern eine Bambusmatte darunter. Stattdessen kann man den Topf aber ab und zu schütteln.

SCHWEINEFILET MIT FRÜHKOHL

Ein rasch zubereitetes pfannengerührtes Gericht mit saisonalem Gemüse, das am besten mit Reis serviert wird.

FLEISCH **Schweinefilet**

PORTIONEN 4 **ZUBEREITUNG** 10 Min.
GARZEIT 10 Min.

- 1 EL Olivenöl
- 350 g Schweinefilet, in dünne Streifen geschnitten
- 4 Knoblauchzehen, in Scheiben geschnitten
- 2 Köpfe Frühkohl, in Streifen geschnitten
- 2 TL Schwarzkümmelsamen
- Salz und frisch gemahlener schwarzer Pfeffer

1 Das Öl in einem Wok bei mittelhoher Temperatur erhitzen. Das Fleisch darin etwa 5 Minuten unter Rühren braten und im Wok bewegen.

2 Knoblauch und Kohl hinzufügen und bei mittelhoher Temperatur 1 Minute unter Rühren braten, bis der Kohl zusammengefallen ist. Den Schwarzkümmel unterrühren. Das Gericht salzen und pfeffern, dann sofort servieren.

VARIANTE

Taubenbrüstchen mit Frühkohl und Hoisinsauce
Das Schweinefilet durch 8 Taubenbrüste ohne Haut (350 g) ersetzen, das Olivenöl durch Sonnenblumenöl. Die Fleischstreifen etwa 2 Minuten garen, dann 2 EL Hoisinsauce hinzufügen und das Fleisch noch einmal 1 Minute garen. Weiter wie oben verfahren, zum Schluss 1 Spritzer Sojasauce hinzufügen.

GLASIERTER SCHINKENBRATEN

Eine Mischung aus Orangenmarmelade und Ananassaft verleiht diesem saftigen Braten einen herrlich süßen, klebrigen Überzug und rückt ihn in den Mittelpunkt einer jeden festlichen Tafel.

FLEISCH **Schinkenbraten**

PORTIONEN 8–10 **ZUBEREITUNG** 20 Min.
GARZEIT 2 Std. 30 Min.

- 2 kg geräucherter Schinkenbraten mit Schwarte
- 3 gehäufte EL Orangenmarmelade ohne Fruchtstücke
- 2 EL Ananassaft
- 1 EL flüssiger Honig
- 1 gehäufter EL Rohrohrzucker
- 2 EL körniger Senf
- Salz und frisch gemahlener schwarzer Pfeffer

1 Den Backofen auf 160 °C vorheizen. Den Braten mit der Hautseite oben auf einem Rost in einen großen Bräter legen. 3 cm hoch Wasser in den Bräter gießen. Den Bräter fest mit Alufolie abdecken, sodass kein Dampf entweichen kann. Den Braten 2 Stunden im Backofen garen.

2 In der Zwischenzeit Marmelade, Ananassaft, Honig, Zucker und Senf in einem großen Topf vermischen, dann salzen und pfeffern. Bei mittlerer Hitze zum Kochen bringen. Die Mischung nach Reduzieren der Hitze 5–7 Minuten köcheln lassen, bis sie dickflüssig geworden ist.

3 Den Braten aus dem Backofen nehmen und die Ofentemperatur auf 200 °C erhöhen. Die Schwarte entfernen, aber eine dünne Schicht Fett am Fleisch lassen. Die Fettschicht gitterförmig einritzen.

4 Den Braten mit etwas Glasur einpinseln. Noch einmal für 30 Minuten in den Backofen schieben, bis er gebräunt und knusprig ist, dabei alle 10 Minuten mit der Glasur bestreichen. Heiß mit Kartoffelpüree servieren.

IN MILCH GEGARTES SCHWEINEFILET

Bei diesem norditalienischen Klassiker macht die Milchsäure in der Milch das Fleisch mürber, die Zitronensauce hebt den Geschmack.

FLEISCH **Schweinefilet**

PORTIONEN 4 **ZUBEREITUNG** 15 Min.
GARZEIT 2 Std. + Ruhezeit

- 700 g Schweinefilet
- Meersalz und frisch gemahlener schwarzer Pfeffer
- 2 EL Olivenöl
- 50 g Butter
- 700 ml Vollmilch
- 5 Knoblauchzehen, halbiert
- 1 EL gehackte frische Salbeiblätter
- abgeriebene Schale von 1 Bio-Zitrone
- 200 g Sahne

1 Das Filet mit Küchenpapier trocken tupfen und gut salzen und pfeffern. Öl und Butter in einem großen, schweren Topf erhitzen. Das Fleisch hineinlegen und rundum gut anbraten. In der Zwischenzeit die Milch in einem Topf erhitzen und beiseitestellen. Das Fleisch herausnehmen, die Hälfte des Fetts aus dem Topf gießen.

2 Die Hitze reduzieren. Knoblauch und Salbei in den Topf geben und kurz durchrühren. Das Fleisch wieder in den Topf legen und mit der heißen Milch übergießen. Die Zitronenschale hinzufügen. Alles zum Kochen bringen und nach Reduzieren der Hitze mit halb aufgelegtem Deckel 1½–2 Stunden garen. Vom Herd nehmen.

3 Das Fleisch auf eine Servierplatte heben und 5 Minuten ruhen lassen. Die Sahne in den Topf geben und 5–10 Minuten köcheln lassen, bis sie dickflüssig wird. Vom Herd nehmen. Das Fleisch in Scheiben schneiden und anrichten. Den Bodensatz im Topf abschaben und unterrühren – er ist besonders lecker. Das Fleisch mit der Milch-Zitronen-Sauce beschöpft servieren.

FEINE KRÄUTER

Sollte kein Salbei erhältlich sein, kann stattdessen auch frischer Oregano oder Majoran verwendet werden.

SCHWEINEFLEISCH-ENCHILADAS MIT MOLE

Mole, eine traditionelle mexikanische Sauce, wird mit Chilischoten und dunkler Schokolade aromatisiert. Das verleiht dem Gericht einen vollmundigen Geschmack.

FLEISCH **Schweinefilet**

PORTIONEN 4 **ZUBEREITUNG** 20 Min.
GARZEIT 1 Std. 30 Min.

- 900 g Schweinefilet
- 200 g Cheddar oder Gouda, gerieben
- 4 große Tortillawraps

FÜR DIE SAUCE

- 1 TL Olivenöl
- 1 Zwiebel, fein gehackt
- 3 Knoblauchzehen, zerdrückt
- 30 g dunkle Schokolade, in Stücke gebrochen
- 2 Dosen gehackte Tomaten (à etwa 400 g)
- 1 TL Chipotlepaste oder geräuchertes Paprikapulver (Pimentón scharf)
- 1 Prise Cayennepfeffer
- 1 Prise gemahlener Zimt
- 1 Prise Zucker
- Salz und frisch gemahlener schwarzer Pfeffer

1 Für die Sauce das Öl in einem großen Topf bei mittlerer Temperatur erhitzen. Die Zwiebel darin 5 Minuten braten, bis sie weich ist. Den Knoblauch hinzufügen und 1 Minute braten. Schokolade, Tomaten, Chipotlepaste, Cayennepfeffer, Zimt und Zucker unterrühren, salzen und pfeffern. Die Hitze so weit reduzieren, dass die Mischung köchelt.

2 Das Filet in einer Pfanne bei starker Hitze auf jeder Seite 30 Sekunden anbraten. In die Sauce legen, einmal darin wenden und unter gelegentlichem Rühren 1 Stunde köcheln lassen. Herausnehmen und mit einer Gabel zerteilen.

3 Den Ofen auf 180 °C vorheizen. Das Fleisch und die Hälfte des Käses auf die Tortillas verteilen. Die Tortillas fest aufrollen. Die Hälfte der Sauce in einen großen Bräter schöpfen. Die Tortillas mit der Nahtstelle nach unten hineinlegen. Übrige Sauce und restlichen Käse darübergeben. 25 Minuten backen, dann mit Schwarzem Bohnenmus (Refried Black Beans) und Tomatensalsa servieren.

SCHWEINEFILET IN PARMASCHINKEN MIT WURST-GORGONZOLA-FÜLLUNG

Für dieses leckere Gericht wird der beliebteste Schweinefleischzuschnitt mit salzigem Parmaschinken und würzigem Wurstbrät kombiniert.

FLEISCH **Schweinefilet**

PORTIONEN 4 **ZUBEREITUNG** 30 Min.
GARZEIT 2 Std. + Ruhezeit

- 2 EL Butter
- 3 Knoblauchzehen, zerdrückt
- 50 g Schalotten, gewürfelt
- 150 g Wurstbrät
- 1 TL Kräuter der Provence
- 1 TL getrockneter Oregano
- 1 TL getrockneter Rosmarin
- ½ EL Chiliflocken, zerstoßen
- Salz und frisch gemahlener schwarzer Pfeffer
- 75 g Grünkohl, grob gehackt
- 25 g Gorgonzola, zerkrümelt
- 300 g Schweinefilet
- 100 g Parmaschinken
- 250 ml Hühnerfond

1 Die Butter in einer Pfanne bei mittlerer Temperatur zerlassen. Knoblauch und Schalotten darin 5 Minuten braten, bis sie gebräunt sind. Das Brät und die Hälfte der Kräuter und Gewürze hineinrühren. Die Mischung salzen und pfeffern und 15–20 Minuten unter gelegentlichem Rühren garen, bis das Brät gebräunt ist. Grünkohl und Gorgonzola untermischen, dann auf schwache Hitze reduzieren. Den Ofen auf 180 °C vorheizen.

2 Das Filet zwischen 2 Stücke Frischhaltefolie legen und mit einem Fleischklopfer auf 5 mm flach klopfen. Das Fleisch mit der Füllung bedecken und aufrollen. In den Parmaschinken einwickeln und mit sieben Stücken Küchengarn in gleichmäßigen Abständen zusammenbinden.

3 Das Filet in einen Bräter legen und mit dem Fond bedecken. Mit den restlichen Kräutern und Gewürzen bestreuen. 35–40 Minuten im Ofen garen. 15 Minuten ruhen lassen. In dicke Scheiben schneiden und warm servieren.

GEFÜLLTER SCHWEINERÜCKEN

Ein britisches Sonntagsgericht aus Schweinefleisch und einer Salbei-Zwiebel-Füllung.

FLEISCH **Schweinerücken**

PORTIONEN 10–12 **ZUBEREITUNG** 30 Min.
GARZEIT 2 Std. 30 Min.

- 50 g Butter
- 1 kleine Zwiebel, fein gehackt
- 100 g frische Weißbrotbrösel
- 1 EL gehackter frischer Salbei
- Salz und frisch gemahlener schwarzer Pfeffer
- 2,5 kg entbeinter Schweinerücken mit Schwarte
- 1 TL Meersalz
- 1 TL Mehl
- 2 EL Weißwein
- 500 ml Schweine- oder Hühnerfond
- 1 Lorbeerblatt

1 Für die Füllung die Butter in einer Pfanne erhitzen. Die Zwiebeln darin 5 Minuten braten, bis sie weich, aber noch nicht gebräunt sind. Weißbrotbrösel, Salbei sowie etwas Salz und Pfeffer unterrühren. Zum Abkühlen beiseitestellen.

2 Den Backofen auf 190 °C vorheizen. Das Fleisch auf ein Brett legen und die Schwarte im Abstand von 2,5 cm etwa 2 cm tief einschneiden. Mit dem Meersalz einreiben. Das Fleisch umdrehen. In die Unterseite längs eine etwa 2 cm tiefe Tasche schneiden. Salzen und pfeffern und die Füllung in die Tasche drücken. Das Fleisch fest mit Küchengarn zusammenbinden.

3 Das Fleisch auf einem Rost in einen Bräter legen und 2 Stunden im Ofen garen, dabei nach jeweils 45 Minuten mit dem Bratfett beschöpfen. In einen zweiten Bräter heben, das Bratfett aufbewahren. Die Ofentemperatur auf 230 °C erhöhen. Das Fleisch wieder in den Backofen schieben und 10 Minuten garen, bis die Schwarte knusprig ist.

4 Für die Sauce in der Zwischenzeit das Fett im ersten Bräter bis auf 1 EL herausgießen. Bei schwacher Hitze das Mehl hineinrühren und 2–3 Minuten garen. Dann Wein und Fond unterrühren. Die Sauce zum Kochen bringen und das Lorbeerblatt hinzufügen. Die Sauce köcheln lassen, bis sie dickflüssig wird. Salzen und pfeffern und durch ein Sieb in einen weiteren Topf gießen. Zum Servieren die Schwarte entfernen und das Fleisch in dicke Scheiben schneiden. Die Sauce getrennt reichen.

IN ALUFOLIE GEGARTE SCHWEINEKOTELETTS

Durch das langsame Garen in Alufolie werden die Koteletts zart und bleiben saftig.

FLEISCH **Schweinekoteletts**

PORTIONEN 4 **ZUBEREITUNG** 15 Min.
GARZEIT 1 Std.

- 4 TL Olivenöl
- 4 Schweinekoteletts
- Salz und frisch gemahlener schwarzer Pfeffer
- 1 großer Tafelapfel, entkernt und geviertelt
- 4 TL Honig
- 4 Zweige frischer Majoran oder Oregano
- 100 ml trockener Cidre
- Kartoffelpüree zum Servieren
- grüne Gemüsesorten zum Servieren

1 Den Backofen auf 180 °C vorheizen. Vier Stücke Alufolie zum Einwickeln der Koteletts zurechtschneiden. Jeweils 1 TL Öl daraufgeben und in der Mitte verteilen. Die Koteletts mit Küchenpapier trocken tupfen, in die Mitte der Folienstücke legen, salzen und pfeffern.

2 Die Apfelviertel jeweils in vier Spalten schneiden und auf den Koteletts verteilen. Je 1 TL Honig, 1 Zweig Majoran und etwas Cidre darübergeben.

3 Die Folie so falten, dass kleine Päckchen entstehen. Die Päckchen auf ein Backblech legen und die Koteletts für 1 Stunde in den Backofen schieben. Auf Teller heben und heiß mit Kartoffelpüree und grünen Gemüsesorten servieren.

VARIANTE

Langsam gegarter Schweinebauch Anstelle von Koteletts Schweinebauch verwenden und wie oben zubereiten. Den Backofen auf 140 °C vorheizen und den Schweinebauch bis zu 6 Stunden langsam garen.

TONKATSU

Diese panierten Schweinekoteletts werden frittiert und traditionell mit einer scharfen Sauce und in feine Streifen geschnittenem Weißkohl serviert.

FLEISCH **Schweinekoteletts**

PORTIONEN 4 **ZUBEREITUNG** 30 Min.
GARZEIT 15 Min.

- 4 Schweinekoteletts ohne Knochen
- 2 EL Mehl
- Salz und frisch gemahlener schwarzer Pfeffer
- 2 Eier, verquirlt
- 50 g Panko (japanisches Paniermehl)
- Sonnenblumenöl zum Frittieren
- 1 kleiner Weißkohl, in dünne Streifen geschnitten

FÜR DIE SAUCE

- 60 ml Worcestersauce
- 1 EL Tomatenketchup
- 1 TL Shoyu (japanische Sojasauce)

1 Die Koteletts mit einem Messer senkrecht bis zum Fett einschneiden. Das Mehl in eine kleine Schüssel geben und salzen und pfeffern. Die Koteletts darin wenden, überschüssiges Mehl abschütteln. In das Ei tauchen, dann gleichmäßig mit Panko überziehen.

2 Das Öl in der Fritteuse auf 180 °C erhitzen. Die Koteletts 8 Minuten frittieren oder bis sie goldbraun sind. Mit einem Schaumlöffel herausheben und auf einem mit Küchenpapier abgedeckten Teller abtropfen lassen.

3 Für die Sauce alle Zutaten in einer kleinen Schüssel vermischen. Das Fleisch in Scheiben schneiden und auf einem Bett aus Weißkohlstreifen servieren, die Sauce dazureichen.

CHOUCROUTE GARNIE

Ein Klassiker aus dem Elsass, der mit Sauerkraut zubereitet und traditionell mit gedämpften Kartoffeln serviert wird.

FLEISCH **Schweinekoteletts**

PORTIONEN 4 **ZUBEREITUNG** 30 Min.
GARZEIT 2 Std. 30 Min.

- 1 Dose Sauerkraut (etwa 850 g)
- 25 g Schweineschmalz
- 400 g verschiedene Bratwürste, in mundgerechte Stücke geschnitten
- 4 Schweinekoteletts
- 1 große Zwiebel, in dünne Scheiben geschnitten
- 1 grüner Tafelapfel, geschält, entkernt und in Scheiben geschnitten
- 2 Knoblauchzehen, zerdrückt
- 2 Lorbeerblätter
- 10 Wacholderbeeren
- 1 EL Kümmelsamen
- 500 ml Weißwein, vorzugsweise aus dem Elsass
- glatte Petersilie, gehackt, zum Garnieren

1 Den Backofen auf 150 °C vorheizen. Sauerkraut mit kaltem Wasser abspülen und ausdrücken. Das Schmalz in einer großen Kasserolle bei mittlerer Temperatur erhitzen. Würste und Koteletts darin portionsweise rundum bräunen. Mit einem Schaumlöffel herausheben und beiseitestellen.

2 Die Hitze reduzieren. Zwiebel und Apfel in der Kasserolle unter gelegentlichem Rühren garen, bis sie weich sind. Das Sauerkraut sorgfältig untermischen. Knoblauch, Lorbeerblätter, Wacholderbeeren und Kümmel dazugeben. Wein und 250 ml Wasser sorgfältig untermischen.

3 Die Zutaten zum Kochen bringen. Koteletts dazugeben und die Hitze reduzieren. Alles 10 Minuten köcheln lassen, dann zugedeckt für 1 Stunde in den Ofen schieben. Die Wurst hinzufügen. Alles noch einmal 1 Stunde im Ofen garen.

4 Herausnehmen, Lorbeerblätter und Wacholderbeeren entfernen. Zum Servieren das Sauerkraut auf einer Platte aufhäufen. Die Koteletts rundherum anrichten und mit der Petersilie garnieren.

BUNTE VIELFALT

Für das Gericht können sowohl Bratwürste als auch Frankfurter und sogar polnische Kiełbasa verwendet werden. Oder Sie fügen als Geschmacksvariante etwas Räucherschinken hinzu.

SCHWEINEFLEISCH-SATAYS MIT ERDNUSSDIP

Satay ist das Nationalgericht Indonesiens und erfreut sich dort vor allem an Festtagen großer Beliebtheit.

FLEISCH **Schweinefilet**

PORTIONEN 4
ZUBEREITUNG 20 Min. + Marinierzeit
GARZEIT 30 Min.

- 300 g weiße Zwiebeln, gehackt
- 1 Stück Ingwer (2,5 cm), geschält und gehackt
- 3 Knoblauchzehen, fein gehackt
- Saft von 1 Limette
- 2 EL Sojasauce
- 2 EL Rohrohrzucker
- 2 TL Chiliflocken
- 700 g Schweinefilet, in große Stücke geschnitten
- 1 EL Pflanzenöl

FÜR DIE SAUCE

- 4 EL Erdnussbutter
- 2 EL Sojasauce
- 4 Knoblauchzehen
- 1 EL gemahlener Ingwer
- Saft von 2 Limetten
- 4 EL Pflanzenöl

1 Zwiebel, Ingwer, Knoblauch, Limettensaft, Sojasauce, Zucker und Chiliflocken in einer Küchenmaschine zu einer glatten Paste verarbeiten. Das Fleisch in einer Schale oder einem Gefrierbeutel mit der Paste vermischen und für 2 Stunden kalt stellen. Vier Bambusspieße mindestens 30 Minuten in kaltem Wasser einweichen.

2 Das Öl in einer großen Pfanne erhitzen. Das Fleisch aus der Marinade nehmen und auf die Spieße stecken. Bei mittlerer Hitze 5–7 Minuten braten, bis es rundum gebräunt und gar ist.

3 Für die Sauce Erdnussbutter, Sojasauce, Knoblauch, Ingwer und Limettensaft in einer Küchenmaschine mit der Pulsfunktion vermischen. Auf hohe Geschwindigkeit schalten und das Öl in einem dünnen Strahl hinzufügen. Die Satays heiß servieren, den Dip dazureichen.

BURMESISCHES SCHWEINEFLEISCH

Ein gesundes Gericht aus Schweinefleischwürfeln, die mit Knoblauch, Ingwer und Chili gewürzt werden.

FLEISCH **Schweinerücken oder -keule**

PORTIONEN 4–6 **ZUBEREITUNG** 30 Min.
GARZEIT 2 Std.

- 1 große Zwiebel, gehackt
- 1 ganze Knoblauchknolle
- 100 g frischer Ingwer, geschält
- 1 kg mageres Schweinefleisch, gewürfelt
- 1 TL Salz
- 1 EL Weißweinessig
- 1 TL Chilipulver
- 100 ml Erdnussöl
- 2 EL dunkles Sesamöl
- 1 TL gemahlene Kurkuma
- 1 Handvoll Korianderblätter oder 1 rote Chilischote, in Streifen geschnitten, zum Garnieren

1 Zwiebel, Knoblauch und Ingwer in einer Küchenmaschine oder im Mörser pürieren. Durch ein Sieb streichen oder in einem Stück Musselin auspressen, um die Flüssigkeit zu extrahieren. Rückstände der Zwiebelmischung aufbewahren.

2 Extrahierte Flüssigkeit, Fleisch, Salz, Essig, Chilipulver und 50 ml Erdnussöl bei schwacher Hitze zum Köcheln bringen und 1½ Stunden garen.

3 Übriges Erdnussöl und Sesamöl bei schwacher Hitze in einen Topf geben. Die ausgepressten Rückstände der Zwiebelmischung hinzufügen und behutsam braten. Die Kurkuma unterrühren und 5 Minuten garen.

4 Die Hälfte des gegarten Schweinefleischs in einer Küchenmaschine hacken. Sorgfältig unter die Zwiebelmischung rühren. Wenn nötig, etwas Wasser hinzufügen. Das restliche Fleisch untermengen. Die Mischung zugedeckt bei schwacher Hitze 20 Minuten garen, bis sie goldbraun ist. Mit Korianderblättern oder Chilischote garnieren.

AROMEN VERBESSERN

Stellt man dieses Gericht für ein oder zwei Tage in den Kühlschrank, werden die Gewürze intensiver und die Aromen können sich voll entfalten.

SCHWEINEBAUCH MIT CHINESISCHEN GEWÜRZEN

Diese wunderbare Zubereitungsmethode verwandelt einen preiswerten Fleischzuschnitt in einen orientalischen Festschmaus mit perfekter Kruste.

FLEISCH **Schweinebauch**

PORTIONEN 4 **ZUBEREITUNG** 10 Min. + Marinierzeit **GARZEIT** 1 Std. 30 Min.

- 750 g Schweinebauch mit Schwarte, ohne Knochen
- 2 EL Sojasauce
- 1 EL Rohrohrzucker
- 1 TL Fünf-Gewürze-Pulver
- 2 TL Salz
- 1 TL Sonnenblumenöl

1 Die Schwarte mit einem scharfen Messer gitterförmig einschneiden, dabei nicht in das Fleisch schneiden, und mit Küchenpapier trocken tupfen.

2 Sojasauce, Zucker, Fünf-Gewürze-Pulver und 1 TL Salz zu einer dicken Paste vermischen und in das Fleisch reiben, nicht aber in die Schwarte. Mit der Schwarte nach oben unbedeckt mindestens 8 Stunden kalt stellen.

3 Den Backofen auf 220 °C vorheizen. Einen Bräter mit Alufolie auslegen und einen Rost daraufsetzen. Das Fleisch mit der Schwarte nach oben darauflegen. Die Schwarte mit dem Öl und dem restlichen Salz einreiben. Den Bräter zur Hälfte mit kochendem Wasser füllen.

4 Den Schweinebauch auf der obersten Schiene 30 Minuten garen, dann die Temperatur auf 200 °C reduzieren. Weitere 45–60 Minuten braten, bis die Schwarte knusprig ist. Herausnehmen, in Scheiben schneiden und servieren.

PASSENDER DIP

Sojasauce, geriebenen Ingwer, süße thailändische Chilisauce und fein gehackte Frühlingszwiebel mit etwas Wasser vermischen und als Dip zu dem aufgeschnittenen Schweinebauch servieren.

CHIPOTLE-ZIMT-SPECK

Dieser zugleich süße und pikante Speck bringt ganz unerwartete Aromen auf den Frühstückstisch.

FLEISCH **Schweinebauch**

ERGIBT 450 g Speck
ZUBEREITUNG 15 Min. + 1 Woche Marinierzeit
GARZEIT 1 Std. 30 Min. + Ruhezeit

- 200 g Rohrohrzucker
- 1 EL Melasse (aus dem Asialaden)
- 2 EL Meersalz
- 2 TL Pökelsalz
- 1 EL Zimt
- 1 EL Chipotle-Pulver oder geräuchertes Paprikapulver (Pimentón scharf)
- 2 kg Schweinebauch

SIE BRAUCHEN AUSSERDEM

- 500 g Hickoryholzspäne
- Holzkohle für den Grill

1 Zucker, Melasse, Meersalz, Pökelsalz und Gewürze vermischen. Den Schweinebauch gleichmäßig mit der Mischung einreiben, in einen Gefrierbeutel geben und für mindestens eine Woche in den Kühlschrank legen.

2 Den Speck sorgfältig unter fließendem kaltem Wasser abwaschen. Er sollte sich fest anfühlen. Die Hickoryholzspäne 1 Stunde in Wasser einweichen, dann in Alufolie einwickeln.

3 Den Grillrost des Holzkohlengrills abnehmen. Und um den Rand des Grills ringförmig etwas Holzkohle verteilen. Die eingewickelten Holzspäne in die Mitte des Grills legen.

4 Die Holzkohle anzünden und den Rost wieder aufsetzen. Den Speck mit der Schwarte nach oben darauflegen. Den Deckel schließen und den Speck 1–1½ Stunden garen, bis die Kerntemperatur 65 °C beträgt. Wird die Temperatur nicht erreicht, den Speck in den auf 150 °C vorgeheizten Backofen legen, bis er die erforderliche Kerntemperatur hat.

5 Herausnehmen und 30 Minuten ruhen lassen. Den Speck in Scheiben schneiden, anbraten und servieren. In einem luftdicht verschlossenen Behälter im Kühlschrank aufbewahrt hält sich der Speck bis zu einer Woche.

PORCHETTA

Diese einfache Variante eines italienischen Klassikers wird mit Schweinebauch und Kräutern zubereitet.

FLEISCH **Schweinebauch**

PORTIONEN 10–12 **ZUBEREITUNG** 30 Min.
GARZEIT 3 Std. 30 Min.

- 5 kg magerer Schweinebauch (rechteckiges Stück mit Schwarte, aber ohne Knochen)
- frisch gemahlener schwarzer Pfeffer
- 30 g grobes Salz
- 2 Thymianzweige, gehackt
- 2 EL grob gehackter frischer Rosmarin
- 1 EL Fenchelsamen
- 10 Knoblauchzehen, fein gehackt
- 2 EL Olivenöl plus Olivenöl zum Einfetten
- 6 EL Honig
- Saft von 2 Limetten

1 Den Schweinebauch mit der Schwarte nach unten auf die Arbeitsfläche legen. Den Pfeffer und die Hälfte des Salzes daraufstreuen und sorgfältig in das Fleisch reiben. Das Fleisch 5 Minuten stehen lassen.

2 Den Backofen auf 250 °C vorheizen. Den Schweinebauch mit Thymian, Rosmarin und Fenchelsamen bestreuen, dann mit dem Knoblauch einreiben. Vorsichtig aufrollen und in Abständen von 1 cm mit Küchengarn zusammenbinden, dabei sollte sich möglichst viel Kräutermischung im Innern befinden.

3 Einen Bräter mit etwas Öl ausfetten und den Schweinebauch hineinlegen. Restliches Salz und das Öl darauf verteilen. Den Braten mit der Schwarte nach unten für 15 Minuten in den Backofen schieben, dann wenden und noch einmal 15 Minuten garen. Die Backofentemperatur auf 150 °C reduzieren und die Porchetta weitere 3 Stunden braten.

4 Herausnehmen und mit Honig und Limettensaft einpinseln. Die Porchetta einige Minuten im Bratensaft wenden, dann auf ein Tranchierbrett heben. Den Bratensaft durchrühren und in eine vorgewärmte Sauciere gießen. Die Porchetta in dicke Scheiben schneiden und mit der Sauce übergießen. Mit Kartoffelpüree und grünen Erbsen servieren.

LINSENEINTOPF

Typisch französisch: Schweinebauch wird gepökelt und dann mit Linsen zubereitet. Der Bauch kann zudem als Basis für Suppen verwendet werden.

FLEISCH **Schweinebauch**

PORTIONEN 8
ZUBEREITUNG 45 Min. + Zeit zum Pökeln
GARZEIT 1 Std. 30 Min.–2 Std.

- ½ TL schwarze Pfefferkörner
- ½ TL Wacholderbeeren
- 2 Thymianzweige
- 7 Lorbeerblätter
- 500 g grobes Meersalz
- 15 g Pökelsalz (nach Belieben)
- 2 kg Schweinebauch mit Schwarte und Knochen
- 350 g Puy-Linsen
- 10 kleine Möhren
- 24 Perlzwiebeln, gehackt
- 10 Stangen Staudensellerie, in gut 2 cm lange Stücke geschnitten
- 50 g Butter
- Salz und frisch gemahlener schwarzer Pfeffer
- 2 EL gehackte glatte Petersilie zum Garnieren

1 Pfefferkörner, Wacholderbeeren, 1 Thymianzweig und 5 Lorbeerblätter im Mörser zerstoßen. Meersalz und Pökelsalz untermischen.

2 Ein Drittel der Mischung in die Schweinebauchschwarte reiben. Das Fleisch wenden und die andere Seite mit der Salzmischung einreiben.

3 Die Hälfte der restlichen Mischung auf einen großen Teller streuen. Das Fleisch darauflegen, mit der übrigen Mischung bestreuen und mit Frischhaltefolie abdecken. Einen Teller daraufsetzen und mit 1 kg Gewicht beschweren. Das Fleisch für 8 Stunden kühlen, ab und zu wenden.

4 Das Fleisch waschen. In einem Suppentopf mit kaltem Wasser bedecken und zum Kochen bringen. Abtropfen lassen. Wieder in den Topf legen. 1,5 l Wasser dazugießen und zum Kochen bringen. Das Fleisch 30 Minuten köcheln lassen.

5 Die Linsen unter fließendem kaltem Wasser waschen. Mit Möhren, Zwiebeln, Sellerie, restlichem Thymian und übrigen Lorbeerblättern zum Bauch geben. Alles 1 Stunde köcheln lassen.

6 Vom Herd nehmen, das Fleisch herausheben. Den Lorbeer entfernen. Butter, Salz und Pfeffer nach Geschmack in den Eintopf rühren. Den Bauch in dicke Scheiben schneiden. Anrichten, mit Petersilie bestreuen und mit dem Linseneintopf servieren.

HASLET

Traditioneller britischer Hackbraten, der am besten erst einen Tag nach der Zubereitung gegessen wird, damit sich die Aromen entfalten können.

FLEISCH **Schweinebauch + Kasseler**

PORTIONEN 6–8 **ZUBEREITUNG** 30 Min.
GARZEIT 2 Std. + Kühlzeit

- zerlassenes Schweineschmalz zum Einfetten
- 350 g rohes Kasseler, grob durchgedreht
- 350 g Schweinebauch, grob durchgedreht
- 1 Zwiebel, gehackt
- 175 g frische Weißbrotbrösel
- 1 Ei, verquirlt
- 1 EL Senfpulver
- 2 EL fein gehackter frischer Salbei
- 120 ml trockener Cidre
- Salz und frisch gemahlener schwarzer Pfeffer

1 Den Backofen auf 180 °C vorheizen. Eine etwa 1 kg fassende Kastenform mit dem Schmalz ausfetten und mit Backpapier auslegen. Eine große Schüssel unter den Fleischwolf stellen. Kasseler und Schweinebauch mit der Zwiebel durch die feine Scheibe drehen. Die restlichen Zutaten hinzufügen und sorgfältig untermischen.

2 Die Masse in die vorbereitete Form füllen. Mit einem Löffelrücken sorgfältig andrücken, um Lufteinschlüsse zu entfernen. Mit Alufolie abdecken und auf einem Backblech in den Ofen schieben. 2 Stunden garen oder bis die Kerntemperatur 75 °C beträgt.

3 Den Hackbraten aus dem Backofen nehmen und abkühlen lassen. Dann auf eine Servierplatte stürzen, in Scheiben schneiden und mit knusprigem Brot und Sauerkonserven wie etwa Senfgemüse servieren. In Alufolie eingewickelt im Kühlschrank aufbewahrt hält er bis zu drei Tage.

SPECKAUFSTRICH

Dieser vielseitige Aufstrich schmeckt lecker auf Frühstücksbrötchen, passt aber auch zu im Ofen gegartem Gemüse.

FLEISCH **Durchwachsener Speck**

ERGIBT 600-ml-Glas **ZUBEREITUNG** 10 Min.
GARZEIT 1 Std.

- 1 EL Butter
- 500 g weiße Zwiebeln, gehackt
- 2 Knoblauchzehen, zerdrückt
- 500 g dicke Scheiben durchwachsener Speck, in Stücke geschnitten
- Meersalz
- 1 EL Chipotlepaste oder geräuchertes Paprikapulver (Pimentón scharf)
- 80 g Rohrohrzucker
- 120 ml Weißwein
- 1 EL Apfelessig
- 1 EL Pektin

1 Die Butter bei mittelschwacher Hitze in einer schweren Pfanne zerlassen. Zwiebeln, Knoblauch und Speck hinzufügen. Die Zutaten salzen und unter häufigem Rühren etwa 20 Minuten garen, bis der Speck kross ist.

2 Chipotlepaste, Zucker, Wein und Essig hinzufügen und 30 Minuten köcheln lassen. Das Pektin unterrühren und alles weitere 10 Minuten köcheln lassen.

3 Die Mischung vom Herd nehmen. Heiß in ein 600 ml fassendes Glas oder ein anderes hitzebeständiges Gefäß füllen. Im Kühlschrank aufbewahrt hält sich der Aufstrich bis zu zwei Wochen.

KÖSTLICHE KOMBI

Für eine leckere Beilage Rosenkohlröschen halbieren und mit dem heißen Aufstrich vermischen. 45 Minuten im Backofen garen, bis der Rosenkohl weich ist, aber noch Biss hat.

ZWIEBELKUCHEN

Ein köstlicher Kuchen aus Zwiebeln und saurer Sahne, der vor allem im Herbst bei Weinfesten beliebt ist und oft zu Federweißer gegessen wird.

FLEISCH **Durchwachsener Speck**

PORTIONEN 8 **ZUBEREITUNG** 30 Min.
+ Zeit zum Gehen **GARZEIT** 1 Std.

- 4 TL Trockenhefe
- 3 EL Olivenöl plus Öl zum Einfetten
- 400 g Mehl Type 550 plus Mehl zum Bestäuben
- 1 EL Salz

FÜR DEN BELAG

- 50 g Butter
- 2 EL Olivenöl
- 600 g Zwiebeln, in dünne Scheiben geschnitten
- ½ TL Kümmelsamen
- Meersalz und frisch gemahlener schwarzer Pfeffer
- 150 g saure Sahne
- 150 g Crème fraîche
- 3 Eier
- 1 EL Mehl
- 75 g geräucherter durchwachsener Speck, in kleine Stücke geschnitten

1 Für den Teig die Hefe mit 225 ml warmem Wasser verrühren und das Öl hinzufügen. Mehl und Salz in eine große Schüssel sieben. In der Mitte eine Mulde machen und unter ständigem Rühren die Hefe hineingießen. Mit den Händen zu einem weichen Teig kneten.

2 Den Teig auf der dünn bemehlten Arbeitsfläche 10 Minuten kneten, bis er glatt und elastisch ist. In eine eingefettete Schüssel legen und mit Frischhaltefolie abdecken. An einem warmen Ort 1–2 Stunden gehen lassen, bis er sein Volumen verdoppelt hat.

3 Für den Belag Butter und Öl in einem Topf erhitzen. Zwiebeln und Kümmel hineingeben. Großzügig salzen und pfeffern und zugedeckt bei schwacher Hitze 20 Minuten garen, bis sie weich, aber nicht gebräunt sind. Ohne Deckel 5 Minuten weitergaren, bis die Flüssigkeit verdampft ist.

4 In einer Schüssel saure Sahne, Crème fraîche, Eier, Mehl, Salz und Pfeffer verrühren. Die Zwiebelmischung gut unterrühren und abkühlen lassen. Den Teig auf der bemehlten Arbeitsfläche kurz durchkneten. Ein Backblech dünn einfetten.

5 Den Teig etwa in Größe des Blechs ausrollen, daraufheben und an den Rändern hochdrücken. Mit Frischhaltefolie abgedeckt noch einmal 30 Minuten an einem warmen Ort gehen lassen.

6 Den Backofen auf 200 °C vorheizen. Die Teigränder sanft herunterdrücken, sollten sie zu stark aufgegangen sein. Die Sauerrahmmischung auf dem Teig verteilen und den Speck darüberstreuen. Den Kuchen auf der oberen Schiene 35–40 Minuten backen, bis er goldbraun ist. Herausnehmen und abkühlen lassen. Warm oder kalt servieren.

SPAGHETTI ALLA CARBONARA

Es heißt, dieses nahrhafte Gericht sei für die hart arbeitenden Bergmänner in italienischen Kohlegruben erfunden worden, da sich der Name von *carbonaro*, dem italienischen Wort für Köhler, ableitet.

FLEISCH **Durchwachsener Speck**

PORTIONEN 4 **ZUBEREITUNG** 20 Min.
GARZEIT 45 Min.

- 2 EL Olivenöl
- 4 Knoblauchzehen, zerdrückt
- 500 g weiße Zwiebeln, in Scheiben geschnitten
- 500 g dicke Scheiben durchwachsener Speck, gewürfelt
- 200 g frische Erbsen oder TK-Erbsen
- 500 g Spaghetti
- 2 Eier
- 100 g Parmesan, frisch gerieben
- Salz und frisch gemahlener schwarzer Pfeffer

1 Das Öl in einer großen Pfanne erhitzen. Knoblauch und Zwiebeln darin bei mittlerer Temperatur 5–10 Minuten sautieren. Den Speck unterrühren und kross braten. Die Erbsen hinzufügen und 5 Minuten garen.

2 In der Zwischenzeit die Nudeln nach Anweisung garen, bis sie al dente sind. Abtropfen lassen, dabei etwas Garwasser auffangen.

3 Für die Sauce Eier und Parmesan in einer Schüssel sorgfältig verrühren. Falls die Mischung zu dick erscheint, etwas Nudelwasser hinzufügen.

4 Die Nudeln in die Pfanne geben, 5–10 Minuten garen. Dabei gut mit dem Bratfett überziehen. Die Pfanne vom Herd nehmen. Die Sauce hineingießen und sorgfältig unterheben, um die Nudeln gleichmäßig zu überziehen. Das Gericht salzen und kräftig pfeffern, dann sofort servieren.

BESONDERE NOTE

Dem knusprig gebratenen Speck einen Schuss Weinbrand hinzufügen und alles weitergaren, bis der Alkohol verdampft ist.

GEGRILLTE RIPPCHEN

Das Garen auf dem Grill erfordert etwas Zeit, garantiert aber, dass die Rippchen danach wundervoll saftig sind und bei jeder Party Begeisterung hervorrufen werden.

FLEISCH **Schweinerippchen**

PERSONEN 4 **ZUBEREITUNG** 10 Min.
GARZEIT 1 Std. 10 Min. + Ruhezeit

- 250 g Rohrohrzucker
- 3 EL Cayennepfeffer
- 1½ EL Senfpulver
- 3 EL Salz
- 1½ EL frisch gemahlener weißer Pfeffer
- 2 Stücke Schweinerippchen (à 750 g–1 kg)

VARIANTE

Im Backofen gegarte Schweinerippchen Den Backofen zu Beginn von Arbeitsschritt 1 auf 180 °C vorheizen. Die Rippchen auf ein Backblech legen und für 1½ Stunden in den Backofen schieben. Herausnehmen und nach Entfernen der Alufolie mit dem Bratensaft auf dem Backblech beschöpfen. Die Rippchen wieder in den Backofen schieben und noch einmal 10 Minuten garen, um sie zu glasieren. Heiß servieren.

1 Den Holzkohlengrill möglichst stark erhitzen. Zucker und Gewürze in einer Schüssel vermischen. Die Rippen mit der fleischigen Seite nach oben auf die Arbeitsfläche legen und mit der Hälfte der Würzmischung einreiben.

2 Die Rippchen mit der fleischigen Seite nach unten auf ein Stück Alufolie legen. Die restliche Würzmischung darauf verteilen. Die Rippchen in der Folie einpacken und 45–60 Minuten grillen.

3 Die Rippchen vom Grill nehmen und auswickeln, dann 1–2 Minuten ruhen lassen. Den Bratensaft aus der Folie darüberschöpfen und die Rippen wieder auf den Grill legen.

4 Die Rippchen auf beiden Seiten etwa 5–9 Minuten grillen, damit sie kross werden und die Kerntemperatur 65 °C erreicht. Vom Grill nehmen und heiß servieren.

SCHWEINESCHNITZEL MIT SENF-SAHNE-SAUCE

Diese Schnitzel sind rasch zubereitet und ein perfektes Abendessen für Arbeitstage.

FLEISCH **Schweinehüftsteak**

PORTIONEN 4 **ZUBEREITUNG** 10 Min. + Kühlzeit **GARZEIT** 10 Min.

FÜR DIE SCHNITZEL

4 Schweinehüftsteaks (à etwa 100 g)
1 EL Mehl
Salz und frisch gemahlener schwarzer Pfeffer
1 Ei, verquirlt
75 g Semmelbrösel
1 EL Olivenöl
1 EL Butter

FÜR DIE SAUCE

1 EL Olivenöl
½ Zwiebel, fein gehackt
1 Knoblauchzehe, zerdrückt
100 ml Weißwein
200 g Sahne
1 EL Dijonsenf
1 Prise Zucker

1 Die Steaks, wenn nötig, mit dem Fleischklopfer sanft klopfen, bis sie etwa 2 cm dick sind.

2 Das Mehl auf einem Teller verteilen, dann salzen und pfeffern. Ei und Semmelbrösel in zwei getrennte flache Schüsseln geben. Die Schnitzel im Mehl wenden, überschüssiges Mehl abschütteln. Dann in das Ei tauchen und schließlich mit den Semmelbröseln überziehen. Abgedeckt für mindestens 30 Minuten kalt stellen, damit die Panade besser am Fleisch haftet.

3 Den Backofen auf 180 °C vorheizen. Öl und Butter bei mittelhoher Temperatur in einer großen Pfanne erhitzen. Die Schnitzel darin auf jeder Seite 2–3 Minuten braten, bis sie goldbraun sind. Auf ein Backblech heben und im vorgeheizten Backofen warm stellen.

4 Zur Zubereitung der Sauce die Pfanne mit Küchenpapier auswischen. Das Öl erhitzen und die Zwiebel darin 5 Minuten sanft garen. Den Knoblauch hinzufügen und 1 Minute garen. Den Wein dazugeben und fast ganz einkochen lassen. Sahne, Senf und Zucker unterrühren. Die Sauce köcheln lassen, bis sie dick wird. Die Sauce abschmecken und über die Schnitzel gießen.

MARINIERTE SCHWEINEKEULE

Eine einzigartige Marinade verleiht der Schweinekeule einen wunderbaren Geschmack, der an den von Wildschwein erinnert.

FLEISCH **Schweinekeule**

PORTIONEN 12
ZUBEREITUNG 40 Min. + 3 Tage Marinierzeit
GARZEIT 4 Std. + Ruhezeit

4 kg Schweinekeule mit Schwarte und Knochen
4 EL Olivenöl
4 EL Mehl
500 ml Hühner- oder Schweinefond

FÜR DIE MARINADE

1,2 l Rotwein
200 ml Rotweinessig
4 Möhren, in Scheiben geschnitten
2 Zwiebeln, in dünne Scheiben geschnitten
4 Knoblauchzehen, zerdrückt
6 Lorbeerblätter
1 Bund glatte Petersilie
1 Thymianzweig
1 Stängel Majoran
1 EL schwarze Pfefferkörner
14 Wacholderbeeren, zerstoßen
2 TL grobes Meersalz

FÜR DEN KOHL

1 EL Olivenöl
2 Knoblauchzehen, zerdrückt
1 kleine weiße Zwiebel, gewürfelt
1 Weißkohl, in Streifen geschnitten
500 ml Apfelessig
2 EL Salz
1 EL Kümmelsamen

1 Für die Marinade alle Zutaten in einen großen Topf geben und zum Kochen bringen. 5 Minuten köcheln lassen, dann zum Abkühlen beiseitestellen.

2 Die Schweineschwarte einschneiden. Die Keule in einen großen Topf legen und mit Marinade übergießen. Den Topf mit einem Tuch abdecken. Das Fleisch für 3 Tage an einen kühlen Platz stellen, zwischendurch gelegentlich wenden. Dabei sicherstellen, dass es vollständig mit Marinade bedeckt ist.

3 Den Backofen auf 160 °C vorheizen. Die Schweinekeule aus der Marinade heben und mit Küchenpapier trocken tupfen. Die Marinade beiseitestellen. Das Öl in einer großen Kasserolle erhitzen und das Fleisch anbraten, bis es rundum gut gebräunt ist.

4 In der Zwischenzeit die Marinade samt Gemüse in einem zweiten Topf erhitzen. Das Fleisch aus der Kasserolle heben. Das Mehl in das Fett in der Kasserolle rühren. Die Marinade durch ein Sieb in die Kasserolle abseihen und unterrühren. So viel Fond dazugeben, dass eine dicke glatte Sauce entsteht.

5 Das Fleisch wieder in die Kasserolle legen und den Topfinhalt zum Kochen bringen. Dann die Kasserolle mit aufgelegtem Deckel in den vorgeheizten Backofen schieben. Die Schweinekeule 3–4 Stunden garen, bis sich das Fleisch vom Knochen löst.

6 Währenddessen für den Kohl das Öl in einer tiefen Pfanne mit geraden Wänden erhitzen. Den Knoblauch hinzufügen und bei mittlerer Temperatur braten, bis er goldbraun ist. Die Zwiebel unterrühren und 10 Minuten anbraten oder bis sie glasig ist.

7 Den Kohl mit 120 ml Wasser, Essig, Salz und Kümmel hinzufügen. Alles zum Kochen bringen und nach Reduzieren der Hitze zugedeckt 1½ Stunden köcheln lassen. Vom Herd nehmen.

8 Das Fleisch aus der Kasserolle nehmen und auf einer Servierplatte warm stellen. Überschüssiges Fett aus der Kasserolle schöpfen. Die Sauce durch ein Sieb in einen Topf seihen, zum Kochen bringen und abschmecken. Sollte sie zu dickflüssig sein, noch etwas Wasser hinzufügen, ist sie zu dünn, die Sauce 1–2 Minuten einkochen lassen. Das Fleisch in Scheiben schneiden, dann mit der Sauce und dem Kohl servieren.

SENF GIBT PFIFF

Servieren Sie dieses Gericht mit einem milden körnigen Senf, um dem Schweinefleisch ein süßliches, nussiges Aroma zu geben.

ASTURISCHER BOHNENEINTOPF

Ein spanisches Gericht aus Bohnen und Schweinefleisch, das durch Gewürze und Würste besonderen Pfiff erhält.

FLEISCH **Gepökelter Schinkenbraten**

PORTIONEN 6 **ZUBEREITUNG** 30 Min. + 12 Stunden Zeit zum Einweichen und Wässern
GARZEIT 2 Std.

- 500 g gepökelter Schinkenbraten
- 400 g getrocknete weiße Fabes-Bohnen oder andere große weiße Bohnen
- 2 EL Olivenöl
- 150 g geräucherter durchwachsener Speck, in Streifen geschnitten
- 1 Zwiebel, fein gehackt
- 1 Knoblauchzehe, zerdrückt
- 1 Lorbeerblatt
- 1 Prise Safranfäden
- ½ TL geräuchertes Paprikapulver (Pimentón mild)
- frisch gemahlener schwarzer Pfeffer
- 2 Morcillas oder andere Blutwürste
- 2 Chorizos

1 Den Schinkenbraten in einer großen Schüssel mit Wasser bedecken und für 12 Stunden in den Kühlschrank stellen, zwischendurch das Wasser einmal wechseln. Die Bohnen waschen und 12 Stunden in kaltem Wasser einweichen.

2 Das Öl in einer großen Kasserolle erhitzen. Den Speck darin unter gelegentlichem Rühren 2 Minuten garen. Die Zwiebel hinzufügen und nach Reduzieren der Hitze etwa 3 Minuten garen, bis sie weich ist. Den Knoblauch unterrühren.

3 Schinkenbraten und Bohnen abtropfen lassen, in die Kasserolle geben und so viel Wasser hinzufügen, dass das Fleisch bedeckt ist. Lorbeerblatt, Safranfäden, Paprikapulver und Pfeffer hinzufügen. Alles zum Kochen bringen, dann bei schwacher Hitze 1½ Stunden köcheln lassen, dabei ab und zu umrühren. Morcillas and Chorizos sorgfältig untermischen und 30 Minuten garen.

4 Den Topf vom Herd nehmen und das Lorbeerblatt entfernen. Fleisch und Würste in eine Schüssel heben und zum Abkühlen beiseitestellen. Anschließend in etwa 2½ cm große Stücke schneiden und wieder in die Kasserolle geben. Das Gericht in Suppentellern servieren, dazu knuspriges Brot reichen. Traditionell isst man es mit einem Holzlöffel.

ERBSEN-KARTOFFEL-SUPPE MIT SCHINKEN

Für diese einfache, herzhafte Suppe können auch Schinkenreste verwendet werden. Am nächsten Tag wieder aufgewärmt schmeckt sie sogar noch besser.

FLEISCH **Schinken**

PORTIONEN 4–6 **ZUBEREITUNG** 15 Min.
GARZEIT 2 Std.

- 1 kg ungeräucherter Kochschinken
- 1 Lorbeerblatt
- 1 EL Olivenöl
- 1 Zwiebel, fein gehackt
- Salz und frisch gemahlener schwarzer Pfeffer
- 1 EL Dijonsenf
- 3 Knoblauchzehen, fein gehackt
- 2 Rosmarinzweige
- 1 Handvoll frische Thymianblätter plus Thymianblätter zum Garnieren
- 1,2 l heißer Rinderfond
- 500 g Erbsen (TK)
- 3 festkochende Kartoffeln, geschält und in mundgerechte Stücke geschnitten

1 Schinken und Lorbeerblatt in einem großen Topf mit 1,2 l Wasser zum Kochen bringen, dann die Hitze reduzieren. Den Schinken mit halb aufgelegtem Deckel 1 Stunde köcheln lassen oder bis er gar ist. Schaum abschöpfen. Den Schinken herausheben, die Garflüssigkeit weggießen.

2 Das Öl in einem großen Topf bei mittlerer Temperatur erhitzen. Die Zwiebel darin 3–4 Minuten garen, bis sie weich ist. Salz, Pfeffer, Senf, Knoblauch, Kräuter und etwas Fond hinzufügen. Zum Kochen bringen, dann Erbsen und restlichen Fond dazugeben und erneut zum Kochen bringen. Die Zutaten nach Reduzieren der Hitze 45 Minuten garen, wenn nötig, heißes Wasser ergänzen.

3 In der Zwischenzeit in einem zweiten Topf Wasser zum Kochen bringen. Die Kartoffeln hineingeben und aufkochen, dann 12–15 Minuten köcheln lassen, bis sie weich sind. Abtropfen lassen und beiseitestellen. Den Rosmarin aus der Suppe nehmen, die Suppe mit dem Pürierstab behutsam pürieren.

4 Die Kartoffeln unterrühren. Fett vom Schinken entfernen. Das Fleisch in mundgerechte Stücke schneiden und in die Suppe geben. Die Suppe abschmecken, mit Thymian garnieren und mit Vollkornbrot servieren.

FEIJOADA

Ein authentisches brasilianisches Arbeitergericht, das aus frischem und gepökeltem Fleisch zubereitet wird.

FLEISCH **Eisbein und Rippchen**

PORTIONEN 8 **ZUBEREITUNG** 30 Min. + 12 Std. Zeit zum Einweichen und Wässern
GARZEIT 3 Std.

- 1 geräuchertes Eisbein (etwa 500 g)
- 6 gepökelte Schweinerippchen
- 500 g getrocknete schwarze Bohnen
- 1 Schweinsfuß, zerteilt
- 2 Knoblauchzehen, fein gehackt
- 4 Lorbeerblätter
- 400 g Schweinswürste mit Knoblauch, in kleine Stücke geschnitten
- 4 kleine Orangen, geschält und filetiert

1 Eisbein und Rippchen in eine große Schüssel geben und mit Wasser bedecken. Für 12 Stunden in den Kühlschrank stellen, zwischendurch einmal das Wasser wechseln. Die Bohnen waschen und 12 Stunden in kaltem Wasser einweichen.

2 Eisbein, Rippchen und Bohnen abtropfen lassen und in eine große feuerfeste Kasserolle geben. Schweinsfuß, Knoblauch und Lorbeer hinzufügen. Alles mit Wasser bedecken und zum Kochen bringen, den Schaum abschöpfen. Die Zutaten zugedeckt 2½ Stunden köcheln lassen.

3 Eine Kelle Bohnen in einer Schüssel mit einer Gabel zerdrücken. Mit der Knoblauchwurst wieder in den Topf geben. Alles noch einmal 30 Minuten köcheln lassen, bis sich das Fleisch von den Knochen löst. Vom Herd nehmen.

4 Das Fleisch von Eisbein und Schweinsfuß ablösen, in Stücke schneiden und auf einer vorgewärmten Platte anrichten. Die Lorbeerblätter aus dem Topf nehmen. Bohnen und Wurst über das Fleisch schöpfen, die Orangenfilets darum herumlegen. Das Gericht mit Reis und Frühkohl servieren.

ALTERNATIVEN

Für dieses Rezept können auch andere Teile vom Schwein wie Ohren oder Schwänze verwendet werden. Eigentlich nimmt man gepökelte Rippchen, man kann sie aber auch durch frische Rippchen ersetzen.

EISBEIN MIT ROTKOHL

Rotkohl ist die perfekte Ergänzung zu Eisbein. Zusammen mit Gewürzen und Rosinen macht er aus einem einfachen Stück Fleisch ein wunderbares Gericht.

FLEISCH **Eisbein**

PORTIONEN 4–6 **ZUBEREITUNG** 20 Min.
GARZEIT 3 Std.

- 2 Eisbeine (à etwa 1,3 kg)
- 1 kleiner Rotkohl, in schmale Streifen geschnitten
- 2 Zwiebeln, in Scheiben geschnitten
- 4 Knoblauchzehen, fein gehackt
- einige Thymianzweige
- 60 g Rosinen
- 1 Prise geriebene Muskatnuss
- 1 Prise gemahlener Zimt
- 300 ml Weißweinessig
- 600 ml heißer Gemüsefond (nach Belieben)
- Salz und frisch gemahlener schwarzer Pfeffer

1 Die Eisbeine in einen großen, schweren Topf legen und mit Wasser bedecken. Das Wasser zum Kochen bringen, dann die Hitze so weit reduzieren, dass es noch köchelt. Das Fleisch mit halb aufgelegtem Deckel 1 Stunde garen, dann herausnehmen. Die Garflüssigkeit falls gewünscht aufbewahren und anstelle des Gemüsefonds verwenden. Den Backofen auf 160 °C vorheizen.

2 Die Schwarte der Eisbeine entfernen. Die Eisbeine in eine große ofenfeste Kasserolle legen. Die restlichen Zutaten hinzufügen und um die Eisbeine verteilen, dann salzen und pfeffern. Den Topf für 2 Stunden in den Backofen schieben.

3 Ab und zu prüfen, ob noch genügend Flüssigkeit vorhanden ist. Wenn nötig, etwas heißes Wasser hinzufügen. Die Eisbeine herausnehmen. Das Fleisch in Streifen schneiden und unter die anderen Zutaten mischen. Das Gericht servieren, dazu Ofenkartoffeln oder Bratkartoffeln reichen.

VARIANTE

Eisbein mit Weißkohl und Staudensellerie Den Rotkohl durch Weißkohl ersetzen und in Arbeitsschritt 2 mit den anderen Zutaten 2 gehackte Stangen Staudensellerie hinzufügen. Rosinen, Muskatnuss und Zimt weglassen, dafür 1 EL Kümmelsamen verwenden. Das Gericht wie oben garen und mit Salzkartoffeln servieren.

EINTOPF MIT EISBEIN UND TOPINAMBUR

Eisbein ist preiswert und schmackhaft. Der Topinambur ergänzt das Gericht durch einen nussigen Geschmack, kann aber auch durch Pastinaken ersetzt werden.

FLEISCH **Eisbein**

PORTIONEN 4–6 **ZUBEREITUNG** 25 Min.
GARZEIT 3 Std. 15 Min.

- 2 geräucherte Eisbeine (à etwa 1,25 kg)
- 1 Lorbeerblatt
- 1 EL Olivenöl
- 1 Zwiebel, fein gehackt
- Salz und frisch gemahlener schwarzer Pfeffer
- 3 Knoblauchzehen, fein gehackt
- einige Thymianzweige
- 3 Möhren, in kleine Stücke geschnitten
- 250 g Topinambur, geschält und in Scheiben geschnitten
- 125 g gelbe Spalterbsen
- 100 ml trockener Cidre
- 900 ml heißer Gemüsefond (nach Belieben)

1 Eisbeine und Lorbeerblatt in einen großen, schweren Topf geben. Mit Wasser bedecken und etwa 2 Stunden garen, dabei den Schaum von der Oberfläche abschöpfen. Die Eisbeine herausnehmen und etwas abkühlen lassen, dann die Schwarte entfernen und wegwerfen. Die Eisbeine beiseitestellen. Die Garflüssigkeit kann anstelle des Gemüsefonds verwendet werden (möglicherweise ist sie aber sehr salzig). In diesem Fall das Lorbeerblatt entfernen.

2 Den Backofen auf 180 °C vorheizen. Das Öl in einer großen ofenfesten Kasserolle bei mittlerer Temperatur erhitzen. Die Zwiebel darin 3–4 Minuten garen, bis sie weich ist. Salzen und pfeffern, dann Knoblauch, Thymian, Möhren und Topinambur unterrühren und 1–2 Minuten garen. Die Erbsen zugeben. Die Hitze erhöhen. Den Cidre dazugießen und 1 Minute kochen lassen. Den Fond hinzufügen und zum Kochen bringen. Die Temperatur so weit reduzieren, dass der Topfinhalt noch köchelt. Die Eisbeine möglichst tief hineindrücken.

3 Den Topf zugedeckt für etwa 1 Stunde in den Ofen schieben oder bis die Erbsen weich sind. Zwischendurch, wenn nötig, noch heißes Wasser hinzufügen, falls der Eintopf zu trocken wird. Den Topf herausnehmen. Mit einer Gabel das Fleisch von den Knochen lösen und in den Eintopf rühren. Die Knochen wegwerfen. Den Eintopf abschmecken und mit knusprigem Brot servieren.

LANDSCHINKEN MIT EIERN, SAUCE UND GRITS

Dies ist ein traditionelles Frühstücksgericht aus den Südstaaten der USA. Grits ist Grütze oder Brei aus Mais.

FLEISCH **Gepökelter Kochschinken**

PORTIONEN 4 **ZUBEREITUNG** 15 Min.
GARZEIT 30 Min.

- 4 EL Butter
- 8 dicke Scheiben gepökelter Kochschinken
- 4 große Eier
- 120 ml schwarzer Kaffee

FÜR DIE GRITS

- 750 ml Hühnerfond
- 200 g grobe Polenta
- 1 EL Butter
- 1 TL Chiliflocken
- Salz und frisch gemahlener schwarzer Pfeffer
- 250 g Sahne

1 Für die Grits in einem großen Topf den Fond erhitzen. Polenta, Butter, Chiliflocken sowie Salz und Pfeffer nach Geschmack hineinrühren. Die Mischung 10 Minuten garen oder bis sie dickflüssig zu werden beginnt. Die Sahne unterrühren und die Polenta unter gelegentlichem Rühren noch einmal 5–10 Minuten garen, bis sie dickflüssig ist.

2 Den Backofen auf 50 °C vorheizen. In einer Pfanne 1 EL Butter erhitzen. Die Schinkenscheiben auf jeder Seite 2–3 Minuten braten, wenn nötig, noch etwas Butter hinzufügen. Mit einem Schaumlöffel herausheben und in den warmen Backofen stellen.

3 In der Zwischenzeit in einer zweiten Pfanne etwas Butter erhitzen. Die Eier 3–6 Minuten braten oder bis die Eigelbe fest geworden sind.

4 Für die Sauce restliche Butter und Kaffee in die Pfanne geben, in der der Schinken gebraten wurde. Auf mittelhohe Hitze schalten und kräftig rühren, um den Bratensatz zu lösen.

5 Auf jedem Teller eine großzügige Portion Grits, 2 Scheiben Schinken und 1 Ei anrichten. Die Sauce darüberträufeln, dann servieren.

CUBANO

Dies ist eine lateinamerikanische Variante des Schinken-Käse-Sandwiches, die sich in Miami großer Beliebtheit erfreut.

FLEISCH **Kochschinken und Braten**

PORTIONEN 4 **ZUBEREITUNG** 15 Min.
GARZEIT 20 Min.

- 1 Baguette
- scharfer Senf
- 4 Scheiben übrig gebliebener Schweinebraten
- 4 Scheiben Schinken
- 4 Scheiben Emmentaler
- 4 Gewürzgurken, in Scheiben geschnitten
- weiche Butter

1 Das Baguette in vier Stücke von 15–20 cm Länge teilen, dann aufschneiden. Die unteren Hälften dünn mit Senf bestreichen, dann jeweils 1 Scheibe Braten, Schinken und Käse darauflegen. Die Gurkenscheiben darauf verteilen und die oberen Brothälften aufsetzen. Die fertigen Sandwiches außen mit Butter bestreichen.

2 Die Sandwiches in einen Kontaktgrill oder eine Sandwichpresse legen, bis der Käse geschmolzen und das Brot knusprig ist. Jedes Sandwich schräg teilen und heiß servieren.

CROQUE MONSIEUR

Ein Pariser Sandwichklassiker, der sich aus gutem Grund seit der Zeit von Marcel Proust großer Beliebtheit erfreut.

FLEISCH **Kochschinken**

PORTIONEN 6 **ZUBEREITUNG** 10 Min.
GARZEIT 25 Min.

12 Scheiben knuspriges Weißbrot
Dijonsenf
24 Scheiben Kochschinken
1 EL Butter zum Braten

FÜR DIE BÉCHAMELSAUCE

2 EL Butter
3 EL Mehl
300 ml Vollmilch
½ TL Meersalz
1 TL frisch gemahlener schwarzer Pfeffer
1 TL geriebene Muskatnuss
200 g Gruyère, gerieben
25 g Parmesan, frisch gerieben

1 Den Backofen auf 200 °C vorheizen. Für die Béchamelsauce die Butter in einem Topf zerlassen, bis sie schäumt. Das Mehl unterschlagen und 2–3 Minuten rühren oder bis eine glatte Mehlschwitze entstanden ist. Nach und nach die Milch unterrühren. Die Sauce vom Herd nehmen. Salz, Pfeffer, Muskatnuss, die Hälfte des Gruyères und den Parmesan untermischen.

2 Jede Brotscheibe dünn mit Senf bestreichen. Auf 6 Brotscheiben jeweils 4 Scheiben Schinken legen. Die übrigen Brotscheiben daraufsetzen.

3 Die Butter in einer Pfanne zerlassen. Die Sandwiches darin auf jeder Seite 2 Minuten braten. In eine ofenfeste Form heben. Mit der Béchamelsauce und dem restlichen Gruyère bedecken.

4 Die Sandwiches für 5 Minuten in den Backofen schieben. Den Grill auf höchster Stufe vorheizen. Die Sandwiches 3 Minuten grillen oder bis sie blubbern, dann heiß servieren.

VARIANTE

Croque Madame Die Sandwiches wie oben zubereiten. 1 EL Öl in eine Pfanne geben und nacheinander 6 Spiegeleier braten. 1 Ei auf jedes Sandwich setzen und 1 EL Béchamelsauce darübergeben.

TOAD IN THE HOLE MIT ZWIEBELSAUCE

Ein typisch englischer Seelentröster sind diese Würste in einer knusprigen Teighülle. Die Sauce passt auch zu gegrillten Koteletts und Kartoffelpüree.

FLEISCH **Schweinswürste**

PORTIONEN 4 **ZUBEREITUNG** 25 Min.
GARZEIT 40–45 Min.

FÜR DAS TOAD IN THE HOLE

130 g Mehl
Salz und frisch gemahlener schwarzer Pfeffer
4 Eier
300 ml Vollmilch
½ TL getrockneter Salbei
½ TL scharfer Senf
2 EL Schweineschmalz
8 Schweinswürste mit Kräutern

FÜR DIE ZWIEBELSAUCE

2 EL Olivenöl
3 rote Zwiebeln, in dünne Scheiben geschnitten
2 EL Mehl
300 ml Gemüsefond
1 Schuss Rotwein (nach Belieben)

1 Das Mehl in eine Schüssel geben und großzügig salzen und pfeffern. Die Eier nacheinander hineinschlagen und mit einer Gabel untermischen. Nach und nach die Milch unterschlagen. Salbei und Senf unterrühren. Den Teig beiseitestellen.

2 Für die Sauce das Öl bei mittlerer Temperatur in einem kleinen beschichteten Topf erhitzen. Die Zwiebeln darin 5 Minuten braten. Dann nach Reduzieren der Hitze unter gelegentlichem Rühren zugedeckt 30 Minuten sanft garen.

3 Den Backofen auf 200 °C vorheizen. Das Schmalz in einem beschichteten schweren Bräter 5 Minuten erhitzen. Die Würste darin 15 Minuten im Ofen garen. Gleichmäßig verteilen und mit dem Teig übergießen. Noch einmal für 25–30 Minuten in den Ofen schieben, bis der Teig goldbraun ist.

4 Für die Sauce das Mehl unter die Zwiebeln mischen und bei mittlerer Hitze 2 Minuten rühren. Langsam den Fond unterrühren. Abschmecken und ggf. den Wein untermischen. Das Gericht in Scheiben schneiden und servieren.

CHORIZO MIT PATATAS BRAVAS

In diesem spanischen Tapasgericht trifft feurige Tomatensauce auf Aïoli, krosse Chorizo und scharfe Kartoffeln.

FLEISCH **Chorizo**

PORTIONEN 4 **ZUBEREITUNG** 15 Min.
GARZEIT 40 Min.

- 6 EL Olivenöl
- 500 g Zwiebeln, fein gehackt
- 4 Knoblauchzehen, zerdrückt
- 3 TL geräuchertes Paprikapulver (Pimentón mild)
- 1 TL Chiliflocken
- 2 Dosen Tomaten (à etwa 400 g)
- Saft von 1 Zitrone
- Salz und frisch gemahlener schwarzer Pfeffer
- 200 g Chorizo
- 500 g festkochende Kartoffeln, ungeschält in Würfel geschnitten
- 1 TL Cayennepfeffer

FÜR DIE AÏOLI

- 1 Knoblauchzehe, zerdrückt
- 1 Eigelb
- 200 ml Olivenöl
- 1 EL Zitronensaft

1 Für die Sauce 2 EL Öl in einem Topf mit Deckel erhitzen. Zwiebeln und Knoblauch hinzufügen und bei mittlerer Hitze weich garen. Paprikapulver, Chiliflocken, Tomaten, Zitronensaft und großzügig Salz und Pfeffer hinzufügen. Nach Reduzieren der Hitze zugedeckt 10 Minuten köcheln lassen. Vom Herd nehmen und warm stellen.

2 Die Chorizo in einer beschichteten Pfanne 7–10 Minuten garen, bis sie gut gebräunt ist. Herausheben und beiseitestellen. Kartoffeln mit Cayennepfeffer und restlichem Öl in die Pfanne geben. Bei mittlerer Hitze unter häufigem Rühren 15 Minuten garen. Die Chorizo in Stücke schneiden, in den Topf geben und weitere 5 Minuten garen.

3 Inzwischen die Aïoli zubereiten. Knoblauch und Eigelb mit 1 Prise Salz in einer Küchenmaschine vermischen. Auf hoher Stufe langsam das Öl hinzufügen, bis eine cremige Sauce entstanden ist. Den Zitronensaft untermischen.

4 Kartoffeln und Chorizo in einem Serviergefäß anrichten. Die Sauce kurz unterheben. Das Gericht mit der Aïoli darauf heiß servieren.

CAJUN-GUMBO

Bei rustikaler Cajunküche handelt es sich häufig um Eintopfgerichte, und dieser herzhafte Gumbo ist dafür ein perfektes Beispiel.

FLEISCH **Andouille-Wurst**

PORTIONEN 4 **ZUBEREITUNG** 15 Min.
GARZEIT 1 Std.

- 2 EL Olivenöl
- 1 große Zwiebel, fein gehackt
- 1 grüne Paprikaschote, entkernt und in 2 cm große Würfel geschnitten
- 2 Knoblauchzehen, zerdrückt
- 25 g Butter
- 3 EL Mehl
- 2 Dosen gehackte Tomaten (à etwa 400 g)
- 500 ml heißer Fisch- oder Hühnerfond
- 2 getrocknete rote Chilischoten, fein gehackt
- 1 TL geräuchertes Paprikapulver (Pimentón scharf) oder Ancho-Chilipulver
- 200 g Okraschoten, in 2 cm lange Stücke geschnitten
- 250 g amerikanische Andouille-Wurst, enthäutet und in 2 cm große Stücke geschnitten
- Salz und frisch gemahlener schwarzer Pfeffer
- 1 EL frische Thymianblätter
- 500 g Riesengarnelen (King-Prawns), geschält und von Därmen befreit
- 2 EL fein gehackte glatte Petersilie

1 Das Öl in einem großen, schweren Topf erhitzen. Zwiebel und Paprikaschote darin 5 Minuten braten, bis sie weich, aber nicht nicht gebräunt sind. Den Knoblauch hinzufügen und 2 Minuten garen.

2 Die Butter dazugeben und zerlassen. Das Mehl unterrühren, dann auf schwache Hitze reduzieren. Das Mehl 5 Minuten rühren, bis es gebräunt ist. Tomaten, Fond, Chilischoten, Paprikapulver, Okraschoten und Wurst hinzufügen und zum Kochen bringen. Das Gericht abschmecken.

3 Die Hitze so regulieren, dass der Topfinhalt noch köchelt. Den Thymian dazugeben. Alles ohne Deckel unter gelegentlichem Rühren 30 Minuten garen, bis die Okraschoten weich und der Gumbo dickflüssig ist.

4 Die Temperatur erhöhen. Die Garnelen hinzufügen und 5 Minuten garen, bis sie nicht mehr glasig sind. Die Petersilie unterrühren. Das Gericht mit gekochtem Reis servieren.

RIND & KALB

RIND & KALB

GROSSE TIERE WIE RINDER MACHEN EINDRUCK, UND SIE WAREN STETS EIN SYMBOL FÜR REICHTUM UND MACHT. SEIT JAHRTAUSENDEN DIENEN SIE ALS MITGIFT UND GESCHENK, ABER VOR ALLEM NATÜRLICH ALS NAHRUNGSMITTEL.

RINDER SIND WEIDETIERE und eignen sich daher nicht im gleichen Maß für Intensivhaltung wie Schweine und Geflügel (obwohl die sogenannte Feedlot-Haltung, siehe unten, recht intensiv ist), was sich auf den Preis von Rindfleisch auswirkt. Im Idealfall werden Rinder in kühlem Klima auf Weiden gehalten, wenngleich britische Siedler in trockeneren Gegenden Nordamerikas, Argentiniens und Australiens Rinderindustrien etabliert haben, die heute bedeutende Produzenten sind.

Ein kühles Klima erlaubt die Reifung des Fleischs, um seinen Geschmack weiter zu verbessern. Diese Tradition gelangte mit europäischen Immigranten nach Amerika, wo viele bekannte Produzenten sich heute darauf spezialisiert haben, ihr Rindfleisch viele Wochen trocken reifen zu lassen.

Die Milchwirtschaft produziert Massen von Stierkälbern, die zur Fleischproduktion genutzt werden. Da aber Milchvieh für einen hohen Milchertrag gezüchtet wird, kann sein Fleisch mager und qualitativ schlechter sein als das von Fleischrassen. Kälber für die Fleischproduktion liefern besonders zartes, weißes Fleisch.

Älteres Zuchtvieh und alte Milchkühe werden letztlich ebenfalls geschlachtet, aber ihr Fleisch wird in der Regel von der fleischverarbeitenden Industrie verwertet.

PRODUKTIONSMETHODEN

Nachfolgend die wichtigsten kommerziellen Produktionsmethoden:

- **Extensive oder Weidehaltung** Manche Kälber werden im Stall geboren und kommen danach auf die Weide, bei anderen erfolgt die Geburt bereits im Freien, wo die Tiere dann, außer bei Unwetter, ihr ganzes Leben bleiben. Sie werden über Koppeln getrieben, auf denen das Gras meist gedüngt wird, um sein Wachstum zu fördern. Den meisten Weidetieren wird einige Wochen vor der Schlachtung zusätzlich Getreide gefüttert, damit sie mehr Fleisch ansetzen, was aber selten beim Verkauf angegeben wird.
Ernährung: Gras, gegen Ende des Lebens Kraftfutter.
- **Intensiv- oder Stallhaltung** Mitunter beginnen Rinder ihr Leben auf der Weide, verbringen dann aber den Rest ihres Lebens im Stall, wo sie auf Stroh stehen und ein Mischfutter aus Getreide erhalten, aber auch Heu, Gras oder Silage (Gärfutter). Sie haben genügend Platz, um sich zu bewegen und hinzulegen.
Ernährung: Kraftfutter, Heu, Silage, Futterrüben.
- **Feedlot-Haltung** Vorwiegend in den USA praktizierte Form des Mastbetriebs. Hier leben die Rinder auf der Weide, doch die letzten drei bis vier Monate ihres Lebens werden sie mit Tausenden anderen Tieren in Mastparzellen, sogenannten Feedlots, unter extrem beengten Bedingungen gehalten und mit energiereichem Kraftfutter gemästet. Zudem erhalten sie vorbeugend Antibiotika und Wachstumsförderer.
Ernährung: Kraftfutter.

• **Ökologische Haltung** Die Rinder können sowohl extensiv auf der Weide als auch im Stall gehalten werden, Anbindehaltung ist allerdings verboten. Sie müssen jedoch mit gentechnikfreien ökologischen Futtermitteln gefüttert werden und erhalten in der Regel weniger Medikamente als Rinder in konventioneller Tierhaltung.

RINDFLEISCH KAUFEN

Bei qualitativ hochwertigem, gut abgehangenem Rindfleisch ist das Fleisch dunkelrot und das Fett cremeweiß. Hell- oder blassrotes Fleisch ist meist nicht gereift. Bei Rindern, die Gras gefressen haben, ist das Fett oftmals etwas gelber als bei Getreidefütterung. Starke Marmorierung (s. S. 15) verrät, dass das Fleisch schmackhaft ist und saftig bleibt. Sehr mageres Rindfleisch hat weniger Geschmack und wird, wenn man es durchgart, leicht trocken.

RASSEN UND KATEGORIEN

Rindfleisch wird häufiger als anderes Fleisch unter Angabe der Rasse verkauft. Zu den bekanntesten Rassen gehört das schottische Angusrind, das heute auf der ganzen Welt gehalten wird, aber auch Fleischfleckvieh, Charolais, Galloway, Hereford und Limousin liefern hervorragendes Fleisch, ganz zu schweigen vom japanischen Wagyu-Rind. Bekannte Rassen, die für Kreuzungen verwendet werden, sind das Piemonteser Rind und der Weißblaue Belgier mit extrem magerem Fleisch. Unter den Milchkühen liefert das Holstein-Rind das meiste Fleisch.

Das Zebu oder Buckelrind hat im Nacken einen Höcker, der ihm in heißen Ländern das Überleben erleichtert. Ursprünglich stammt es aus Asien, heute findet man es aber auch in Afrika und Südamerika, insbesondere in Brasilien, wo durch eine Kreuzung von Zebu und Charolais-Rind das Canchim-Rind entstanden ist.

• **Rindfleisch** Das meiste Rindfleisch liefern junge Ochsen (kastrierte männliche Tiere) und Fersen (junge weibliche Tiere). Rindfleisch aus der Milchwirtschaft ist häufig magerer, aber meist nicht als solches gekennzeichnet. Gewöhnlich stammt Rindfleisch von Kreuzungen, ist jedoch eine bestimmte Rasse angegeben, kann man normalerweise von einer besonders hohen Qualität ausgehen.

• **Kobe-Rindfleisch** Japanische Tajima-Rinder, außerhalb Japans auch Wagyu genannt, fressen nur regional angebautes Getreide und Gras und liefern das außergewöhnlich schön marmorierte, aber sehr teure Kobe-Rindfleisch. Ähnliches Fleisch wird auch in anderen Regionen Japans und anderen Ländern produziert, sollte aber nicht mit dem Original verwechselt werden.

• **Kalbfleisch** Dieses Fleisch stammt von wenige Wochen bis Monate alten Rindern. Für die Produktion von traditionellem weißem Kalbfleisch werden die Kälber kurz nach der Geburt von ihrer Mutter getrennt, mit Milch und Milchprodukten gemästet und meist mit etwa 22 Wochen geschlachtet. Manche werden in Boxen gehalten, andere in Gruppen aufgezogen, ältere Kälber dürfen meist nur in Gruppen gehalten werden.

Andere Kälber bleiben bei ihren Müttern oder sie trinken nicht nur Milch, sondern fressen auch Gras oder werden mit Getreide gefüttert. Entsprechend ist das Fleisch dann häufig deklariert.

BÜFFEL UND BISON

Einst wanderten riesige Herden einheimischer Bisons durch die Prärien Nordamerikas, doch nach einer intensiven Bejagung im 19. Jahrhundert drohte ihre Ausrottung. Heute gibt es etwa zwei Millionen Exemplare. Einige der frühen Siedler nannten die Bisons »Büffel«, und in den USA wird die Bezeichnung immer noch synonym verwendet. Doch bei Bisons handelt es sich um eine vollkommen andere Art als bei Büffeln. Sie unterscheiden sich auffällig durch die Form ihrer Hörner.

• **Büffel** Die verbreitetste Art ist der asiatische Wasserbüffel. Am häufigsten dienen Büffel als Milchlieferanten oder Zugtiere. Aber sie können auch Fleisch liefern, und es gibt einige Erzeuger, die sie ausschließlich zu diesem Zweck ziehen. In Italien wird die Milch von Wasserbüffeln für die Herstellung von Mozzarella verwendet.

• **Bison** Einige innovative Landwirte ziehen mittlerweile Bisons zur Fleischerzeugung. Meist werden die Tiere extensiv auf Weiden gehalten, weshalb ihr Fleisch in der Regel sehr mager ist.

FLEISCHZUSCHNITTE

GUTES RINDFLEISCH SOLLTE EINE DUNKELROTE FARBE und eine schöne Fettmarmorierung haben, wenngleich überschüssiges Fett bereits entfernt sein sollte. Wo bei Fleisch die Rinderrasse, von der es stammt, ausgewiesen ist, kann man von guter Qualität ausgehen. Helles Rindfleisch wurde nicht gereift und hat weniger Geschmack.

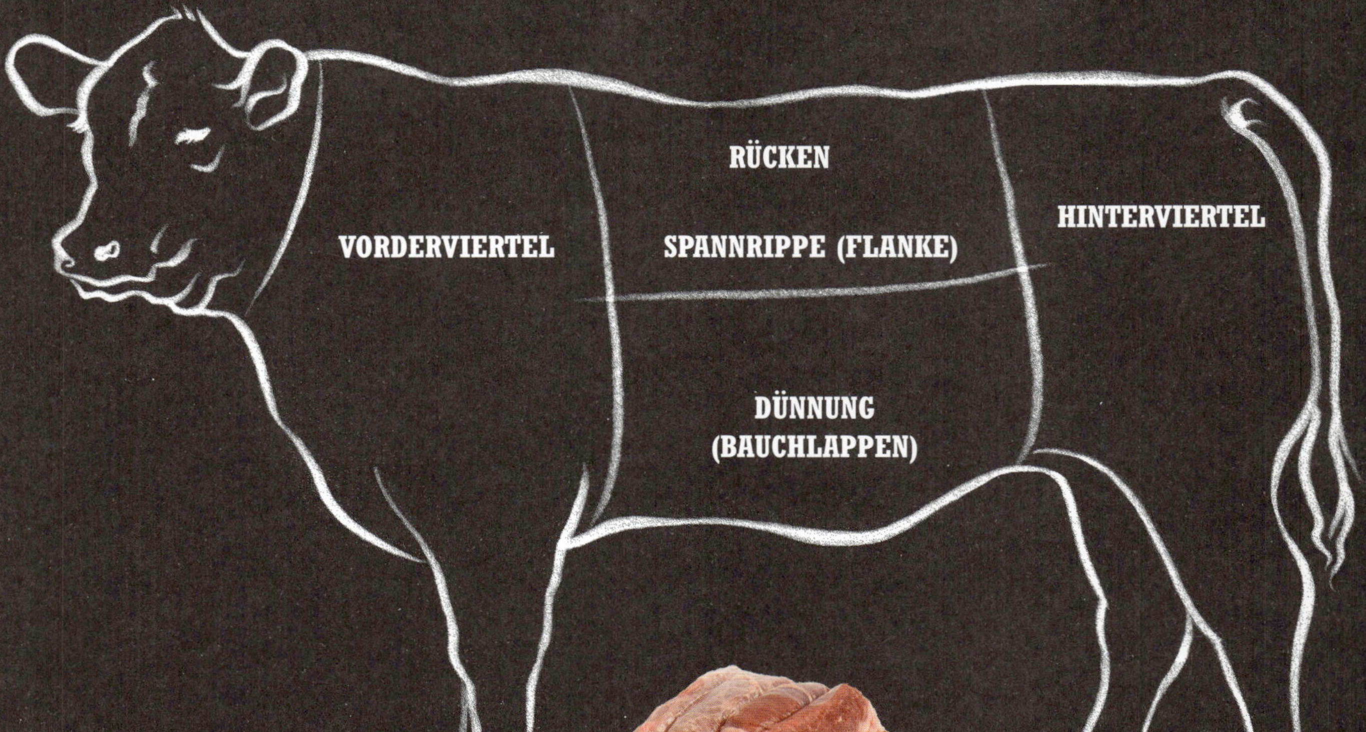

VORDERVIERTEL

Die meisten Vorderzuschnitte werden entbeint und dann gerollt, in Scheiben geschnitten oder gewürfelt. Sie eignen sich hauptsächlich zum Schmoren, einige wenige können auch gegrillt und rosa gebraten serviert werden.

SCHULTERBRATEN Wird aus dem oberen Teil des Vorderviertels geschnitten und gerollt. Das Fleisch kann aber auch in Scheiben geschnitten oder gewürfelt zum Schmoren verwendet werden.

SCHULTERSTÜCK Schön marmorierter Fleischzuschnitt, der neben dem Schulterblatt sitzt, und den in der Mitte Bindegewebe durchzieht, das mitunter auch entfernt wird. Zum Grillen und Pfannenrühren geeignet.

BRUST Sie kann pariert und dann gerollt (oben) und geschmort werden, häufig wird sie aber auch gepökelt. Ungerollt verwendet man die ganze Brust zudem gern zum Heißräuchern.

Weitere Zuschnitte

- **HOCHRIPPE** Dieser Zuschnitt ohne Knochen sitzt hinter dem Nacken und enthält viel Fett und Bindegewebe. Er wird langsam gegart.
- **SCHMORFLEISCH** Die meisten Schulterzuschnitte können, auch in Scheiben geschnitten oder gewürfelt, geschmort werden.
- **HACKFLEISCH** Hackfleisch aus dem Vorderviertel enthält mehr Fett als Hackfleisch aus dem Hinterviertel.
- **FALSCHES FILET** Dreieckiger Muskel, der am Schulterblatt sitzt. Wird meist zum Schmoren verwendet.

MITTE ODER RÜCKEN

Man findet nur schwer passende Worte, um die herrlichen Teilstücke aus dem Rinderrücken zu beschreiben. Alle sind zart und aromareich, sei es als Braten oder Steak.

RIB-EYE-STEAK Wird aus der Hochrippe geschnitten. Es ist schön marmoriert und zu Recht sehr beliebt. Der Hochrippendeckel wird mitunter getrennt verkauft und eignet sich zum raschen Braten.

FILET ODER FILET MIGNON Sehr mager und der zarteste Zuschnitt vom Rind. Ganz von Fett befreit ist Filet ein edles Bratenstück, aus dem auch Steaks geschnitten werden können.

RIPPENBRATEN Großartiges Bratenstück mit Knochen, das gut marmoriert sein sollte. Es ähnelt Sirloinsteak, hat außen aber eine dickere Fettschicht und kein Filet.

Weitere Zuschnitte

- **GROSSE LENDE** Ähnelt dem Rippenbraten, enthält aber auch Filet. Aus diesem Stück werden T-Bone-Steaks geschnitten.
- **AUSGELÖSTE HOCHRIPPE** Schön marmorierter, zarter Zuschnitt, der sich leicht tranchieren lässt.
- **SIRLOINSTEAK** Sehr großes Steak aus dem hinteren Ende des flachen Roastbeefs.
- **RINDERKOTELETT** Wird aus dem gleichen Stück wie T-Bone-Steaks geschnitten und ist sehr mager.
- **PORTERHOUSESTEAK** Sehr dickes, aus dem flachen Roastbeef geschnittenes Steak mit Knochen.

FLANKE ODER DÜNNUNG

Die meisten Teilstücke aus diesem Teil des Schlachtkörpers werden weiterverarbeitet, da sie viel Fett und Bindegewebe enthalten. Es gibt aber Ausnahmen.

QUERRIPPE Besteht aus Rippenknochen und dicken Schichten Fleisch und Fett. Eignet sich gut für Suppen, wird zunehmend auch für die Zubereitung von Saucen verwendet.

NIERENZAPFEN, ONGLET Dunkler Muskel aus dem Zwerchfell, der verhältnismäßig zart ist. Anderes Muskelfleisch aus Flanke und Bauch ist dünn und faserig. In allen Fällen kann man es rosa garen.

BÜRGERMEISTERSTÜCK Kleines dreieckiges Fleischstück, das oberhalb der Keule sitzt. Es eignet sich besonders zum Schmoren und Kurzbraten und kann gewürfelt auch gut gegrillt werden.

HACKFLEISCH Das fettreiche Hackfleisch aus der Flanke wird zur Herstellung von Wurst verwendet.

HINTERVIERTEL

Rindfleisch aus der Keule ist magerer als Teilstücke aus dem Rücken oder dem Vorderviertel. Das Hinterviertel liefert sowohl Steaks als auch Braten und Schmorfleisch.

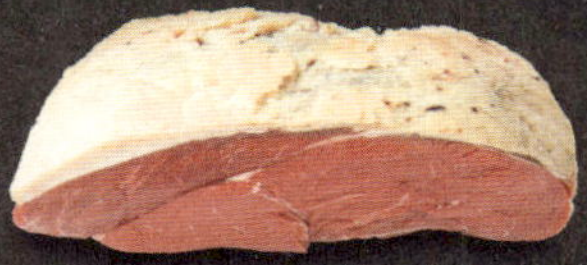

HÜFTZAPFEN (HÜFTDECKEL) Dünnes, keilförmiges Stück, das zwischen dicker und schmaler Hüfte sitzt. Es hat eine schöne Marmorierung und eignet sich für Braten wie auch für Steaks.

OBERSCHALE Nicht so zart oder gut marmoriert wie Zuschnitte aus dem Rücken, aber dennoch gut für Braten und Steaks geeignet. Über der Oberschale befindet sich der Hüftdeckel, der auch Tafelspitz heißt.

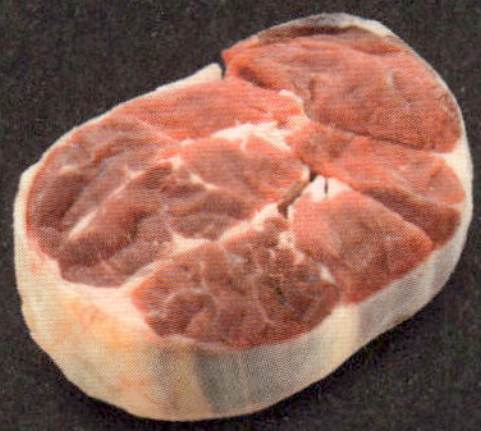

BEINSCHEIBE Sie ist mager und kann (wie hier entbeint) gewürfelt für herzhafte Eintöpfe verwendet werden.

Weitere Zuschnitte

- **HÜFTSTEAK** Ist das günstigste der klassischen Steakstücke, muss aber nicht schlechter sein.
- **KURZGEBRATENES STEAK** Wird besonders dünn geschnitten und ist daher auch schnell gar.
- **ROLLBRATEN AUS DER OBERSCHALE** Die Oberschale ist ein besonders zartes Stück der Keule und liefert preiswerte Steaks und Rollbraten.
- **ROLLBRATEN AUS DER UNTERSCHALE** Das Fleisch ist nicht ganz so feinfaserig wie das aus der Oberschale und wird meist für Braten verwendet oder geschmort.
- **SCHWANZROLLE** Schmaler Muskel aus der Unterschale, der sich wunderbar als Braten eignet.
- **KUGEL (NUSS)** Besteht aus mehreren Muskeln und wird in Teilstücke zerlegt häufig für Schmorbraten verwendet.

FLEISCHZUSCHNITTE

Da Kalbfleisch von jungen Tieren stammt, ist es besonders zart und sehr hell. Bison- und Büffelfleisch ist etwas dunkler als Rindfleisch und stammt zu einem größeren Teil aus dem Vorderviertel. Obwohl Bisons und Büffel theoretisch die gleichen Fleischzuschnitte wie Rinder (s. S. 144–145) liefern könnten, ist das Angebot tatsächlich weitaus kleiner. Da alle drei Fleischarten sehr mager sind, sollte man Braten, die durchgegart werden, spicken (s. S. 232).

KALB

Kalbfleischzuschnitte sind einfach kleinere Versionen von Rindfleischzuschnitten. Da sie erheblich zarter sind, werden sie häufiger für Braten und Steaks verwendet. Auch die Sehnen sind – insbesondere bei weißem Kalbfleisch – feiner und weniger auffällig. Bei rosafarbenem Kalbfleisch können sie etwas dicker sein, da es von etwas älteren Tieren stammt.

VORDERVIERTEL

Fleisch aus dem Vorderviertel wird fast ausschließlich geschmort. Das berühmteste Gericht ist hier *Blanquette de veau* (s. S. 182). Vorderhaxe vom Kalb wird für *Ossobuco* (s. S. 287) verwendet.

SCHULTER, GEWÜRFELT Obwohl Kalbsschulter zarter als Rinderschulter ist, ist es dennoch gut, wenn man sie langsam köchelt. Sie eignet sich gut für Gerichte mit zarten Aromen.

MITTE ODER RÜCKEN

Aus der Mitte oder dem Rücken stammen die besten Kalbfleischzuschnitte. Sie sind kleiner als die entsprechenden Rindfleischzuschnitte und tragen mitunter auch andere Bezeichnungen.

RIPPENBRATEN Dieser Zuschnitt ist stärker marmoriert als die meisten Kalbfleischzuschnitte. Als Braten wie als Kotelett zubereitet, ist er wunderbar zart, und das weiße Fett macht ihn aromatisch und sorgt für eine gute Saftigkeit beim Kauen (Sukkulenz).

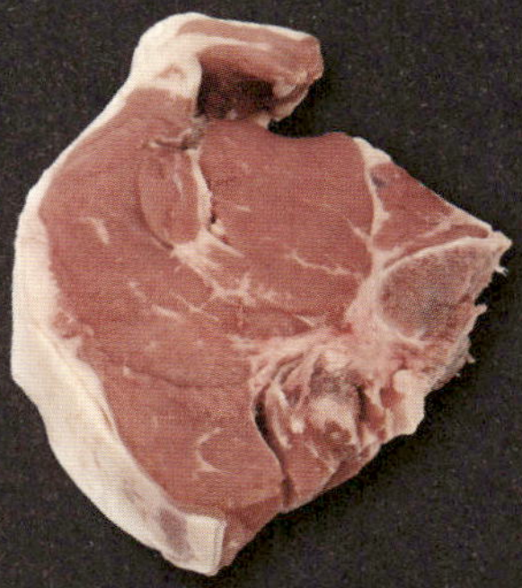

LENDENKOTELETT Enthält es den Knochen, ähnelt es einem T-Bone-Steak, ohne Knochen wird es mitunter als Schmetterlingssteak verwendet. Es ist magerer als Rippenkoteletts.

HINTERVIERTEL

Im Hinterviertel befinden sich einige der größten Muskeln, aus denen traditionell Schnitzel geschnitten werden. Meist ist Fleisch aus den Hinterviertel magerer als Teilstücke aus dem Rücken.

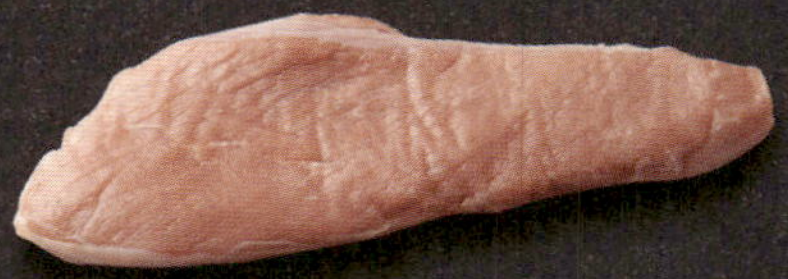

STEAK (AUS DER KEULE) – WEISS Weißes Kalbfleisch stammt von Kälbern, die ausschließlich mit Milch oder Milchnebenprodukten gefüttert wurden. Das Steak ist zart und kann dick geschnitten werden.

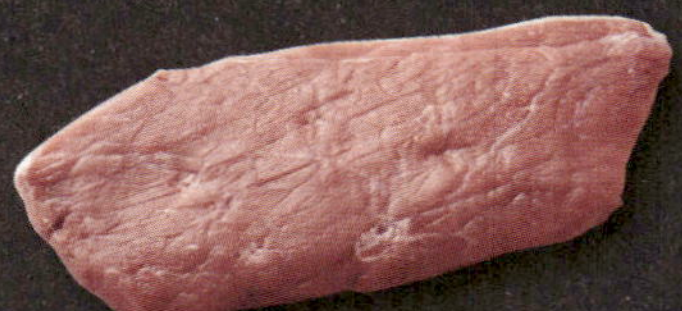

STEAK (AUS DER KEULE) – ROSA Ist Kalbfleisch rosa, hatte das Kalb Zugang zu Gras, wodurch sein Fleisch dunkler und das Fett etwas gelber wird. Möglicherweise war das Tier auch älter, dennoch ist das Fleisch immer noch sehr zart.

KALBSSCHNITZEL Ein Schnitzel ist ein dünn geschnittenes Fleischstück ohne Knochen, das häufig auch noch plattiert wird. Viele Schnitzel werden anschließend paniert.

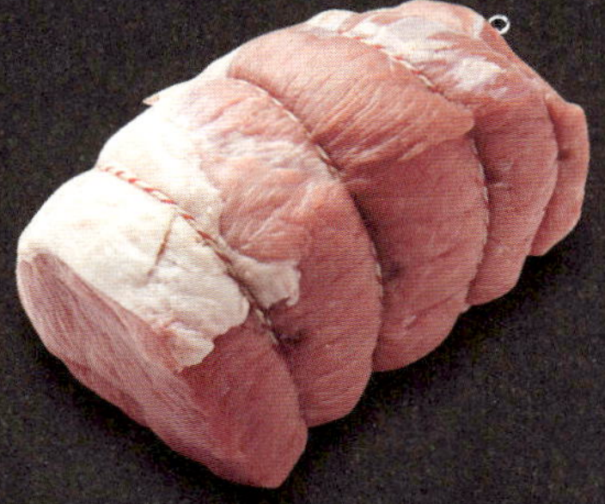

OBERSCHALE (ROLLBRATEN) Dieser Zuschnitt ist beim Kalb wiederum zarter als beim Rind und eignet sich ausgezeichnet als Braten. Zudem kann man Steaks aus ihm schneiden oder ihn gewürfelt für Fondue oder Fleischspieße verwenden.

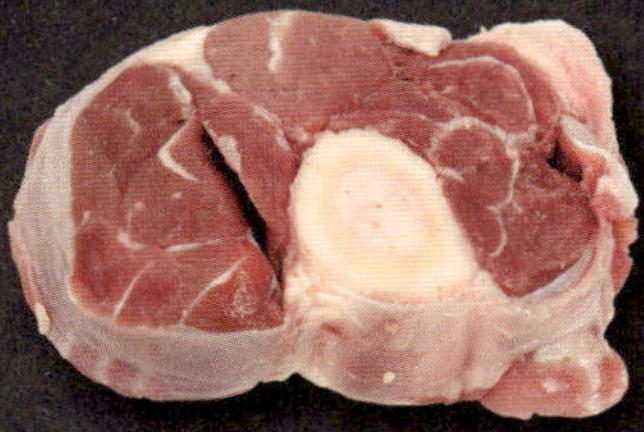

BEINSCHEIBE MIT KNOCHEN Aus Beinscheiben vom Kalb wird traditionell *Ossobuco* zubereitet (s. S. 287). Langsam geschmort, verleihen sie dem Gericht durch ihr Knochenmark ein vollmundiges Aroma.

Weitere Zuschnitte

- **SCHULTERBRATEN (VORDERVIERTEL)** Da er sehr mager ist, sollte er zunächst gespickt werden (s. S. 232), ehe man ihn langsam schmort.
- **HACKFLEISCH (VORDERVIERTEL)** Hat einen zarteren Geschmack als Rinderhackfleisch und eignet sich gut für Nudelsaucen.
- **SCHMORFLEISCH (VORDER- UND HINTERVIERTEL)** Stammt aus der Keule oder der Schulter. Fleisch aus der Keule ist magerer und zarter.
- **KOTELETT (MITTE ODER RÜCKEN)** Dieser Restaurantklassiker wird aus dem Karree geschnitten.
- **FILET (MITTE ODER RÜCKEN)** Das beste Stück vom Kalb und daher besonders teuer.
- **KALBSRÜCKEN (HINTERVIERTEL)** Entspricht dem Roastbeef beim Rind.
- **KARREE (MITTE ODER RÜCKEN)** Edler Fleischzuschnitt, der mit sechs Rippen etwa 1,5 kg wiegt.
- **KALBSBRUST (FLANKE)** Sie enthält Fett und eignet sich gut zum Füllen.
- **UNTERSCHALE (HINTERVIERTEL)** Befindet sich unter der Oberschale und kann im Backofen gebraten oder geschmort wrerden.

BÜFFEL UND BISON

Bisons werden in den USA häufig (aber nicht immer) als Büffel bezeichnet. Daher sollte man darauf achten, was man kauft, auch wenn das Fleisch beider Tierarten ähnlich ist. Neben Italien sind die USA der größte Exporteur von Büffel- und Bisonfleisch. Das beste Büffelfleisch stammt von Fleischrassen. In Asien schlachtet man mitunter auch ältere Arbeitstiere, deren Fleisch zäher sein kann.

VORDERVIERTEL

Das Vorderviertel ist sowohl bei Büffeln als auch bei Bisons im Verhältnis größer als bei Rindern. Doch wie Rindfleisch wird es meist zur Zubereitung von Schmorgerichten verwendet oder zu Hackfleisch verarbeitet.

SCHULTERBRATEN Das beste Fleisch für einen Schulterbraten befindet sich hinter dem Nacken. Es ist nicht der zarteste Zuschnitt, aber mit Fett und Bindegewebe durchzogen, wodurch das Fleisch beim Braten sukkulent bleibt.

MITTE ODER RÜCKEN

Im Mittelteil oder Rücken finden sich bei Bison und Büffel die gleichen zarten Zuschnitte wie beim Rind, meist sind sie jedoch mit weniger Fett umgeben.

AUSGELÖSTES RIPPENSTÜCK An diesem Stück sitzt vermutlich etwas mehr Fett als an den meisten anderen Zuschnitten. Dennoch sollte es nicht durchgebraten und stattdessen »rare« oder rosa serviert werden.

HINTERVIERTEL

Teilstücke aus dem Hinterviertel sind bei Bison und Büffel meist noch magerer als beim Rind und sollten daher wie Hirsch oder Reh gegart werden.

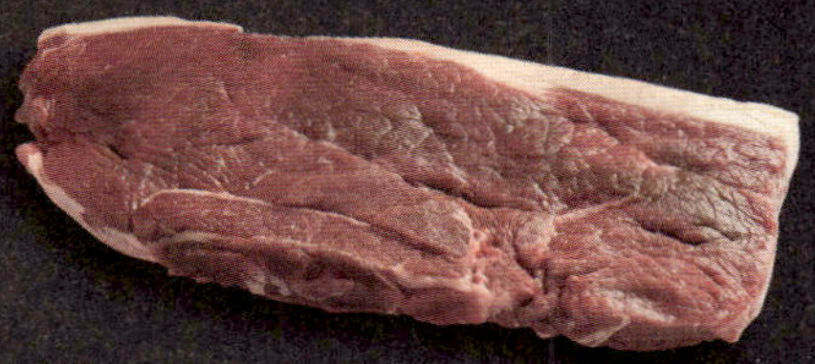

RUMPSTEAK Trotz der Fettschicht, die es umgibt, ist das Fleisch selbst sehr mager und sollte ebenfalls wie Hirsch- oder Rehfleisch zubereitet werden, damit es nicht zäh wird.

Weitere Zuschnitte

- **SCHULTER, GEWÜRFELT (VORDERVIERTEL)** Da Büffel und Bisons sehr große Schulterpartien haben, steht eine große Auswahl an Schulterfleisch zur Verfügung, das man gewöhnlich schmort.
- **BRUST (VORDERVIERTEL)** Sie enthält etwas Fett, das, wenn man es nicht entfernt, das Fleisch saftig hält.
- **FILET (MITTE ODER RÜCKEN)** Der zarteste Fleischzuschnitt, der oft auch unter der Bezeichnung Lende angeboten wird.
- **ROASTBEEF (MITTE ODER RÜCKEN)** Mitunter auch als Strip Loin bezeichnet. Es ist vollständig pariert und wird meist rosa gebraten.

KONSERVIERTE PRODUKTE

VIELE DIESER RINDFLEISCHPRODUKTE werden nicht geräuchert, damit der Geschmack des Fleischs besser zur Geltung kommt. Häufig sind sie teurer als vergleichbare Schweinefleischprodukte. Rindswurst enthält oft Schweinefett, damit sie saftig ist und erschwinglich bleibt, es gibt aber auch reine Rindswürste für Konsumenten, die aus religiösen Gründen kein Schweinefleisch essen.

PÖKELFLEISCH Ursprünglich wurde es hergestellt, um Rindfleisch für lange Seereisen zu konservieren. Dazu wird es für einige Zeit in eine stark konzentrierte Lake gelegt. Seine rote Farbe entsteht durch das Natriumnitrit (Bestandteil von Pökelsalz) in der Lake.

PASTRAMI Wurde in den USA erfunden und besteht aus Rinderbrust, die zunächst gepökelt und dann mit einer Gewürzmischung überzogen geräuchert und gegart wird. Es kann warm oder kalt gegessen werden.

CARNE DE SOL Für dieses Produkt aus dem Nordosten Brasiliens wird Rindfleisch gesalzen und zum Trocknen ausgelegt, selten aber in die Sonne, wie sein Name (übersetzt: Fleisch der Sonne) vielleicht vermuten ließe.

BRESAOLA Stammt aus den italienischen Alpen und besteht aus Rinderkeule, die eingesalzen und gewürzt und einige Tage später in Därmen getrocknet wird.

BÜNDNERFLEISCH Für diese Schweizer Spezialität, auch *viande de Grisons* genannt, wird Rindfleisch mit Pökelsalz, Kräutern und Gewürzen eingerieben, etwa fünf Wochen gelagert und anschließend an der frischen Bergluft getrocknet.

CECINA Wird in Spanien und Mexiko hergestellt. In Mexiko pökelt man die Fleischstücke und trocknet sie in der Sonne. Spanisches *cecina de León* ist Rindfleisch, das über etwa sieben Monate hinweg gepökelt, geräuchert und getrocknet wird.

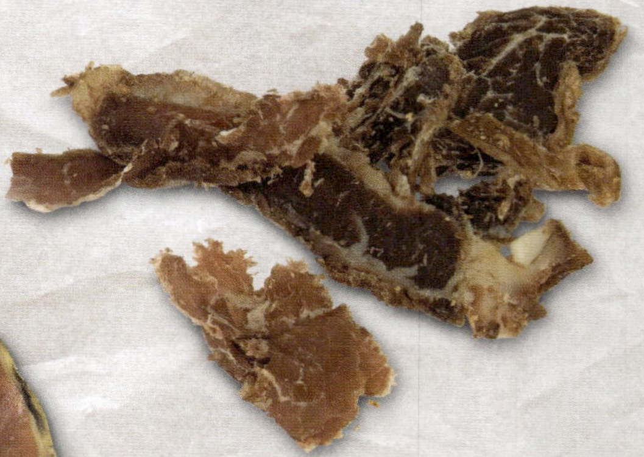

JERKY Hierbei handelt es sich um eine Variante der südamerikanischen *charqui*, für die Fleischstreifen in einer Marinade eingelegt und dann getrocknet werden. Mitunter sind sie auch geräuchert.

GRUZINSKAYA Gepökelte, kalt geräucherte und getrocknete Rindswurst aus dem Kaukasus, die mit Zucker, Weinbrand und typischen Gewürzen wie Bockshornklee, Koriander, Kurkuma, Dill und Basilikum aromatisiert wird.

HOFER RINDFLEISCHWURST Eine rohe Streichwurst, traditionell aus magerem Rindfleisch hergestellt, obwohl heute gelegentlich auch Schwein verwendet wird. Sie ist kräftig mit Knoblauch, Gewürznelken und Pfeffer gewürzt und kalt geräuchert.

CHISTORRA Lange, dünne Rohwurst aus dem Baskenland. Ihre rote Farbe verdankt sie Paprikapulver. Sie wird frisch und getrocknet angeboten und ist als Tapa beliebt.

SOUDJOUK Auch *sujuk* or *sucuk*. Mahagonifarbene Rindswurst aus dem Libanon, der Türkei und Syrien, die mit Knoblauch, Bockshornklee, Piment, Kreuzkümmel, Sumach und Paprikapulver gewürzt wird.

KALBFLEISCH-SALAMI Keine traditionelle italienische Salami. Sie wird für einen Kundenkreis produziert, der kein Schweinefleisch verzehrt. Sie besteht aus Rind- und Kalbfleisch und ist geräuchert und getrocknet.

GENDARME Rechteckige geräucherte und luftgetrocknete Dauerwurst aus dem Elsass aus Rindfleisch, Speck und Schweineschwarte, die durch Gewürze und Wein einen intensiven Geschmack erhält. Die deutsche Variante sind Landjäger.

SCHWEIZER SALAMETTI Kleine Salami aus Rind- und Schweinefleisch mit Edelschimmel, die kräftig mit Pfeffer und manchmal mit Wein aromatisiert wird. Dann pökelt und trocknet man sie.

RINDFLEISCH PÖKELN

Das Pökeln von Rindfleisch ist einfach, Tipps dazu gibt es auf Seite 21. Pökelsalz, das auch im Internet erhältlich ist, verleiht dem Fleisch eine charakteristische rote Farbe.

1 Für etwa 2,3 kg gerollte Rinderbrust 600 g Salz und 30 g Pökelsalz in 5 l heißem Wasser auflösen. Je 2 EL gemahlenen schwarzer Pfeffer und Piment, 1 EL gemahlenen Ingwer, 2 Lorbeerblätter und 1 Thymianzweig hinzufügen. Die Lake abkühlen lassen.

2 Die Rinderbrust vollständig in die erkaltete Lake eintauchen. Mit Gewichten beschweren, damit sie eingetaucht bleibt. Für eine Woche in den Kühlschrank stellen, dabei täglich wenden, um das Salz zu verteilen. Dann abtropfen lassen und mit klarem Wasser abspülen.

3 Das Fleisch in einen Topf mit frischem Wasser geben, langsam zum Kochen bringen und 2–4 Stunden köcheln lassen, bis es weich ist. Herausnehmen und in einem vorgewärmten Gefäß abgedeckt warm halten.

4 Heiß servieren oder erst abkühlen lassen und dann in Scheiben schneiden. Wird es heiß serviert, sind traditionelle Beilagen Möhren und Kartoffelpüree, zu kaltem Fleisch reicht man Sauerkonserven oder Sauerkraut.

PASTRAMI ZUBEREITEN

Hierfür muss Rinderbrust lange und langsam geräuchert werden. Sollte dies im Räuchergerät nicht möglich sein, kann das Fleisch auch 1–2 Stunden herkömmlich geräuchert und im Backofen fertig gegart werden.

1 Die Brust flach hinlegen. Wie in den Schritten 1 und 2 auf Seite 150 verfahren, aber zusätzlich 2 EL gemahlenen Koriander und 250 g Rohrohrzucker dazugeben. Das Fleisch nach vier Tagen herausnehmen und mit klarem Wasser abspülen.

2 Je 1 EL gemahlenen schwarzen Pfeffer und gemahlenen Koriander vermischen. Die Mischung in das Fleisch reiben, insbesondere in das Fett. Das Fleisch über Nacht in den Kühlschrank stellen.

3 Das Fleisch möglichst langsam 1–2 Stunden räuchern, bis die Kerntemperatur 70 °C beträgt (Heißräuchern s. S. 23). Zum Räuchern eignen sich verschiedene Geräte, wie etwa ein solches, das auf den Herd gestellt wird.

4 Die Rinderbrust auf einem Rost in einen Bräter legen. Etwa 1 cm hoch Wasser in den Bräter gießen. Wenn sich das Fleisch im Ofen befindet, entsteht dadurch Dampf.

5 Den Backofen auf 120 °C vorheizen. Den Bräter in Alufolie packen. Die Folie andrücken, damit die Luft nicht entweichen kann. Die Rinderbrust in den Backofen schieben.

6 Das Fleisch 2–3 Stunden garen oder bis die Kerntemperatur an der dicksten Stelle 70 °C beträgt und das Fleisch butterweich ist. Es kann warm oder kalt verzehrt werden.

WÜRZIGE RINDFLEISCH-ERBSEN-KÜCHLEIN

Die Küchlein können heiß oder kalt gegessen werden und sind ein leckerer Picknicksnack.

FLEISCH **Rinderhackfleisch**

PORTIONEN 4 **ZUBEREITUNG** 15 Min.
GARZEIT 15–20 Min.

- 3 EL Olivenöl
- 1 EL geriebener frischer Ingwer
- 1 Zwiebel, gehackt
- 2 Knoblauchzehen, zerdrückt
- 1 TL gemahlener Kreuzkümmel
- 2 TL gemahlener Koriander
- 200 g Erbsen (TK), aufgetaut
- 500 g Rinderhackfleisch
- 1 Ei, verquirlt
- 100 g feine Semmelbrösel
- Meersalz und frisch gemahlener schwarzer Pfeffer
- 1 rote Chilischote, entkernt und fein gehackt
- 1 kleine Handvoll frische Korianderblätter
- 2 EL gehackte frische Minzeblätter

1 In einer großen Pfanne 1 EL Öl erhitzen. Ingwer, Zwiebel, Knoblauch, Kreuzkümmel und gemahlenen Koriander hinzufügen. Etwa 3 Minuten unter häufigem Rühren garen, bis die Zwiebel weich, aber noch nicht gebräunt ist. Die Mischung in eine große Schüssel füllen und abkühlen lassen.

2 Erbsen, Hackfleisch, Ei und Semmelbrösel hinzufügen. Alles salzen und pfeffern und sorgfältig vermischen. Dann Chilischote, Koriander- und Minzeblätter untermengen.

3 Aus der Fleischmischung kleine Küchlein formen. Das restliche Öl in einer Pfanne erhitzen. Die Küchlein darin portionsweise auf jeder Seite 3 Minuten braten, bis sie gebräunt und gar sind. Mit einem Schaumlöffel herausheben und auf einem mit Küchenpapier belegten Teller abtropfen lassen. Heiß mit Senf oder Senfgemüse servieren.

CHILI CON CARNE

Dieses leckere Rezept für ein zeitloses mexikanisches Gericht macht aus Kidneybohnen und Rindfleisch einen echten Hit.

FLEISCH **Rinderhackfleisch**

PORTIONEN 4 **ZUBEREITUNG** 25 Min.
GARZEIT 1 Std. 45 Min.

- 2 EL Olivenöl
- 1 Zwiebel, fein gehackt
- 1 Stange Staudensellerie, fein gehackt
- 1 grüne Paprikaschote, entkernt und in kleine Würfel geschnitten
- 2 Knoblauchzehen, zerdrückt
- 500 g Rinderhackfleisch
- 1 TL getrockneter Oregano
- 2 TL geräuchertes Paprikapulver (Pimentón mild)
- ½ TL Cayennepfeffer
- 1 TL gemahlener Kreuzkümmel
- 1 TL Rohrohrzucker
- Salz und frisch gemahlener schwarzer Pfeffer
- 1 Dose gehackte Tomaten (etwa 400 g)
- 250 ml Rinderfond
- 1 EL Tomatenmark
- 1 Dose Kidneybohnen (etwa 400 g), abgespült und abgetropft

1 Das Öl in einer großen Kasserolle bei mittlerer Temperatur erhitzen. Zwiebel, Sellerie und Paprikaschote darin 10 Minuten braten, bis die Ränder braun werden. Den Knoblauch hinzufügen und 1 Minute garen.

2 Auf starke Hitze heraufschalten. Das Hackfleisch dazugeben und 5–8 Minuten braten, bis es gut gebräunt ist, dabei mit einem Holzlöffel zerteilen. Dann Oregano, Gewürze, Zucker sowie Salz und Pfeffer hinzufügen und braten, bis die Gewürze aromatisch duften.

3 Tomaten, Fond und Tomatenmark dazugeben und zum Kochen bringen. Auf schwache Hitze reduzieren und alles zugedeckt 1 Stunde garen. Die Bohnen hinzufügen und unbedeckt 30 Minuten garen, bis das Gericht etwas eingedickt ist. Heiß servieren, falls gewünscht Reis, Sauerrahm und geriebenen Käse dazu reichen.

KLASSISCHE BURGER

Bei Verwendung von sehr magerem Fleisch können Burger trocken werden. Etwas Fett hingegen lässt sie beim Garen saftig bleiben.

FLEISCH **Rinderhackfleisch**

PORTIONEN 4 **ZUBEREITUNG** 20 Min. + Kühlzeit **GARZEIT** 10 Min.

- 400 g Rinderhackfleisch
- 50 g frische Weißbrotbrösel
- 1 Eigelb
- ½ rote Zwiebel, fein gehackt
- ½ TL Senfpulver
- ½ TL Selleriesalz
- 1 TL Worcestersauce
- Meersalz und frisch gemahlener schwarzer Pfeffer
- 4 Burgerbrötchen, halbiert
- 1 Kopfsalat, in Streifen geschnitten, zum Servieren
- 2 Tomaten, in dicke Scheiben geschnitten, zum Servieren
- 1 kleine rote Zwiebel, in dünne Scheiben geschnitten, zum Servieren
- 1 Gewürzgurke, in dünne Scheiben geschnitten, zum Servieren
- 4 EL würziges Tomatenrelish zum Servieren

1 Hackfleisch, Weißbrotbrösel, Eigelb, Zwiebel, Senfpulver, Selleriesalz und Worcestersauce in einer großen Schüssel sorgfältig vermischen und pfeffern.

2 Aus der Masse mit feuchten Händen vier Kugeln gleicher Größe formen. Diese zu 3 cm dicken Burgern flach drücken, die Ränder ordentlich zurechtklopfen.

3 Die Burger auf einen Teller legen. Mit Frischhaltefolie abgedeckt für 30 Minuten in den Kühlschrank stellen. Den Holzkohlengrill vorbereiten.

4 Die Burger auf beiden Seiten großzügig salzen. Auf dem heißen Grill 6–8 Minuten garen, bis sie gebräunt sind, zwischendurch wenden. Die Kerntemperatur sollte 75 °C betragen.

5 Die Innenseiten der Brötchenhälften 1–2 Minuten grillen, bis sie leicht getoastet sind. Die Burger in den Brötchen mit Salat, Tomate, Zwiebel, Gewürzgurke und Relish garniert servieren.

FEATHERBLADE-STEAK MIT OLIVENBUTTER

Dieser weniger bekannte Steakzuschnitt ist klein, hat einen milden Geschmack und wird am besten »rare« zubereitet.

FLEISCH **Featherblade-Steak**

PORTIONEN 4
ZUBEREITUNG 10 Min. + Marinierzeit + Kühlzeit
GARZEIT 10 Min. + Ruhezeit

- 2 EL Rapsöl
- 3 EL Rotwein
- 2 EL gehackter frischer Rosmarin
- 1 Knoblauchzehe, zerdrückt
- 4 dünne Featherblade-Steaks (à etwa 60 g)
- Meersalz und frisch gemahlener schwarzer Pfeffer

FÜR DIE BUTTER

- 150 g weiche Butter
- 2 EL gehackte glatte Petersilie
- 50 g entsteinte schwarze Oliven, abgetropft und grob gehackt
- 1 Knoblauchzehe, zerdrückt
- frisch zerstoßene schwarze Pfefferkörner nach Belieben

1 Öl, Wein, Rosmarin und Knoblauch in einer flachen Schüssel verrühren. Die Steaks hineinlegen, wenden und abgedeckt für 2–3 Stunden in den Kühlschrank stellen.

2 Inzwischen für die Butter alle Zutaten bis auf den Pfeffer in einer Schüssel mit der Gabel zerdrücken. Mit dem zerstoßenen Pfeffer leicht würzen und sorgfältig vermischen.

3 Die Masse zu einer Wurst formen und auf ein Stück Butterbrotpapier legen. Das Papier um die Wurst aufrollen, die Enden zusammendrehen. Die Butter 30 Minuten kalt stellen.

4 Die Steaks aus der Marinade auf einen Teller heben und Zimmertemperatur annehmen lassen. Eine Grillpfanne bei höchster Temperatur erhitzen. Die Steaks salzen und pfeffern und in der Pfanne auf jeder Seite 2–3 Minuten braten – sie sind dann »rare«.

5 Die Steaks auf einem Teller 3–5 Minuten ruhen lassen. Die Butter aus dem Kühlschrank nehmen und in acht dicke Scheiben schneiden. Die Steaks mit jeweils zwei Scheiben Butter servieren.

FLÄMISCHE KARBONADE

Für dieses herzhafte Gericht aus Belgien wird dunkles Bier verwendet, das ihm ein köstliches süß-säuerliches Aroma verleiht.

FLEISCH **Rinderschmorfleisch**

PORTIONEN 4–6 **ZUBEREITUNG** 40 Min.
GARZEIT 2 Std. 50 Min.–3 Std. 25 Min.

- 3 EL Mehl, mit Salz und Pfeffer gewürzt
- 1 kg Rinderschmorfleisch, pariert und in 4 cm große Stücke geschnitten
- 2–3 EL Olivenöl
- 2 Zwiebeln, in dünne Scheiben geschnitten
- 2 Möhren, in Scheiben geschnitten
- 1 EL Tomatenmark
- 2 Knoblauchzehen, zerdrückt
- 300 ml dunkles Bier
- 350 ml Rinderfond
- 2 TL Rohrohrzucker
- 1 EL Rotweinessig
- 2 Lorbeerblätter
- 1 Thymianzweig
- 1 Handvoll glatte Petersilie, grob gehackt
- Meersalz und frisch gemahlener schwarzer Pfeffer

FÜR DAS RÖSTBROT

- 6 Scheiben Baguette
- 1 Knoblauchzehe, halbiert
- 1 EL Olivenöl
- 2–3 TL Dijonsenf

1 Den Backofen auf 180 °C vorheizen. Für das Röstbrot die Brotscheiben auf die saubere Arbeitsfläche legen und beidseitig gut mit dem Knoblauch einreiben. Das Öl auf ein großes Backblech träufeln und die Brotscheiben darauflegen.

2 Die Scheiben wenden, um sie gleichmäßig mit Öl zu überziehen. 15–20 Minuten im Ofen backen, bis sie knusprig sind. Herausnehmen und beiseitestellen. Die Ofentemperatur auf 150 °C reduzieren.

3 Das Mehl in ein großes flaches Gefäß geben. Die Fleischwürfel darin wenden und gleichmäßig überziehen, überschüssiges Mehl abschütteln. In einer großen Kasserolle bei mittlerer Temperatur 2 EL Öl erhitzen.

4 Das Fleisch hineingeben und portionsweise unter häufigem Rühren etwa 8 Minuten garen oder bis es rundum goldbraun ist. Mit einem Schaumlöffel auf einen Teller heben und warm stellen.

5 Auf schwache Hitze herunterschalten. Zwiebeln und Möhren in den Topf geben und unter gelegentlichem Rühren 6–8 Minuten garen, bis sie leicht gebräunt sind. Tomatenmark und Knoblauch hinzufügen und 1 Minute unter Rühren garen.

6 Fleisch, Bier, Fond, Zucker, Essig, Lorbeerblätter, Thymian und die Hälfte der Petersilie dazugeben. Salzen und pfeffern und alles zum Kochen bringen. Mit aufgelegtem Deckel in den Backofen schieben und 2–2½ Stunden garen, bis das Fleisch weich ist, zwischendurch ab und zu umrühren.

7 Das Gericht herausnehmen und abschmecken. Das Röstbrot mit Senf bestreichen und auf das Fleisch legen. Die Kasserolle noch einmal für 10 Minuten in den Backofen schieben. Das Gericht mit der restlichen Petersilie garniert servieren.

PHILIPPINISCHER RINDFLEISCHTOPF

Traditionelles Gericht, bei dem asiatische Aromen den Geschmack des Rindfleischs noch betonen.

FLEISCH **Rinderschmorfleisch**

PORTIONEN 4 **ZUBEREITUNG** 20 Min.
GARZEIT 2 Std. 30 Min.

- 4 EL Sonnenblumenöl
- 1 EL Annattosamen (aus dem Asialaden)
- 1 kg Rinderschmorfleisch, gewürfelt
- 2 große Zwiebeln, in Scheiben geschnitten
- 6 Knoblauchzehen, zerdrückt
- 2 EL Weißweinessig
- 600 ml Rinderfond
- 2 Lorbeerblätter
- 1 EL Palmzucker (falls nötig gerieben)
- 2 Dosen Kokosmilch (à etwa 400 g)
- 2 TL Meersalz
- ½ EL frisch gemahlener schwarzer Pfeffer
- 2 EL Fischsauce
- 2 EL Sojasauce
- 2 EL gemahlener Reis, ohne Fett goldbraun geröstet
- 4 EL zerstoßene geröstete Erdnüsse
- 250 g Aubergine, in Stücke geschnitten
- 250 g Knollensellerie, in Stücke geschnitten
- 150 g grüne Bohnen, geputzt
- 6 Frühlingszwiebeln, in Streifen geschnitten

1 Das Öl in einem großen Topf erhitzen. Die Annattosamen zugedeckt braten, bis sich das Öl rot gefärbt hat. Durch ein Sieb seihen, die Samen wegwerfen. Das Öl wieder in den Topf geben. Das Fleisch portionsweise darin 6–8 Minuten garen, bis es gut gebräunt ist. Mit dem Schaumlöffel auf einen mit Küchenpapier bedeckten Teller heben.

2 Zwiebeln und Knoblauch in den Topf geben. Bei schwacher Hitze 5 Minuten garen, bis die Zwiebeln weich und leicht gebräunt sind. Das Fleisch untermischen, dann Essig, Fond, Lorbeerblätter, Palmzucker, Kokosmilch, Salz und Pfeffer. Alles zum Kochen bringen. Fischsauce und Sojasauce hinzufügen. Den Topfinhalt zugedeckt 2 Stunden köcheln lassen, bis das Fleisch weich ist.

3 Reismehl und Erdnüsse sorgfältig untermischen. Das Gemüse bis auf die Zwiebeln dazugeben und unter ständigem Rühren garen, bis es weich ist. Die Lorbeerblätter entfernen. Das Gericht abschmecken und mit den Frühlingszwiebeln garniert heiß servieren.

RINDFLEISCH-DAUBE MIT BACKPFLAUMEN

Bei diesem französischen Gericht wird die Sauce wunderbar süß und das Fleisch butterweich.

FLEISCH **Rinderschmorfleisch**

PORTIONEN 4 **ZUBEREITUNG** 25 Min.
GARZEIT 2 Std. 15 Min.–2 Std. 45 Min.

- 2 EL Mehl, mit Salz und Pfeffer gewürzt
- 1 TL Kräuter der Provence
- 1 kg Rinderschmorfleisch, pariert und gewürfelt
- 2–4 EL Olivenöl
- 2 Zwiebeln, in dünne Scheiben geschnitten
- 2 Knoblauchzehen, zerdrückt
- 2 Möhren, in Stifte geschnitten
- 2 Lorbeerblätter
- Zesten von 1 Bio-Orange, in Stücke geschnitten
- 1 Rosmarinzweig
- 100 g Softbackpflaumen
- Meersalz und frisch gemahlener schwarzer Pfeffer
- 600 ml Rinderfond
- 150 ml Rotwein
- 1 EL Tomatenmark
- 1 TL Weißweinessig
- 1 Handvoll frische Korianderblätter, grob gehackt, zum Garnieren

1 Mehl und getrocknete Kräuter in ein flaches Gefäß geben. Das Fleisch darin wenden, Überschuss abschütteln. In einer großen beschichteten Pfanne 2 EL Öl erhitzen. Die Zwiebeln darin 6–8 Minuten braten, bis sie weich und goldbraun sind. Mit einem Schaumlöffel in eine große Kasserolle heben.

2 Das Fleisch portionsweise in die Pfanne geben und unter Rühren 5 Minuten braten oder bis es goldbraun ist, wenn nötig, noch Öl hinzufügen. Mit dem Schaumlöffel in die Kasserolle heben. Knoblauch, Möhren, Lorbeerblätter, Orangenzesten, Rosmarin und Backpflaumen sowie Salz und Pfeffer hinzufügen und sorgfältig untermischen. Den Backofen auf 140 °C vorheizen.

3 Fond, Wein, Tomatenmark und Essig unterrühren. Die Kasserolle auf den Herd setzen und den Inhalt zum Kochen bringen. Dann zugedeckt in den Backofen schieben und alles 2–2½ Stunden garen, bis das Fleisch weich ist. Das Gericht herausnehmen und abschmecken. Mit den Korianderblättern garniert heiß servieren, dazu cremiges Kartoffelpüree reichen.

POTTED BEEF

Bei diesem traditionellen englischen Gericht hat das Rindfleisch die Konsistenz einer groben Pastete und einen wunderbaren Geschmack.

FLEISCH **Rinderschmorfleisch**

ERGIBT 600 ml **ZUBEREITUNG** 10 Min. + Kühlzeit **GARZEIT** 5 Std.

- 450 g Rinderschmorfleisch, pariert und in Stücke geschnitten
- Meersalz und frisch gemahlener schwarzer Pfeffer
- 1 TL geriebene Muskatnuss
- 1 Lorbeerblatt
- 1 Prise Cayennepfeffer
- 1 Muskatblüte
- ½ EL Sardellenwürzsauce (z. B. Colatura di Alici)
- 120 g Butter plus 50 g Butter zum Bedecken

1 Den Backofen auf 130 °C vorheizen. Das Fleisch in ein ofenfestes Gefäß legen. Mit Pfeffer, Muskatnuss, Lorbeerblatt, Cayennepfeffer und Muskatblüte bestreuen. Die Sardellensauce darüberträufeln und die Butter daraufsetzen. Fest mit Alufolie abdecken und 2–3 Stunden im Backofen garen. Herausnehmen und durchrühren. Für weitere 2 Stunden in den Backofen schieben oder bis das Fleisch sehr weich ist und fast zerfällt.

2 Aus dem Backofen nehmen und 30 Minuten ruhen lassen. Das Fleisch in einer Küchenmaschine glatt pürieren, dann salzen und pfeffern. Lorbeerblatt und Muskatblüte aus dem Bratensaft nehmen und die Flüssigkeit in die Fleischpastete rühren. Die Masse auf Förmchen verteilen und mit den Rücken eines Löffels andrücken. Mit Frischhaltefolie abgedeckt zum Festwerden kalt stellen.

3 Die zusätzliche Butter bei schwacher Hitze zerlassen. In jedes Förmchen eine Schicht flüssige Butter gießen. Die Pastete für 12 Stunden in den Kühlschrank stellen. Mit Brot, eingelegten Walnüssen und Chutney servieren. In luftdicht verschlossenen Behältern im Kühlschrank aufbewahrt hält die Pastete 5–7 Tage.

RINDERGULASCH

Dies ist ein traditionelles ungarisches Gericht, dem grüne Paprikaschoten und Tomaten noch mehr Aroma verleihen.

FLEISCH **Rinderschmorfleisch**

PORTIONEN 4 **ZUBEREITUNG** 25–30 Min. **GARZEIT** 2 Std. 50 Min.

- 1 EL Pflanzenöl
- 60 g Räucherspeck, gewürfelt
- 6 Zwiebeln (etwa 750 g), gehackt
- 2 EL Paprikapulver edelsüß
- 750 g Rinderschmorfleisch, in Würfel geschnitten
- 2 Knoblauchzehen, fein gehackt
- ½ TL Kümmel
- 2 Tomaten, entkernt und gehackt
- 2 grüne Paprikaschoten, entkernt und in Streifen geschnitten
- Salz und frisch gemahlener schwarzer Pfeffer
- 45 g Mehl
- 1 Ei, verquirlt
- 100 g Sauerrahm (nach Belieben)

1 Das Öl in einer großen Kasserolle erhitzen. Den Speck darin unter Rühren 3–5 Minuten garen, bis er leicht gebräunt und das Fett ausgebraten ist. Die Zwiebeln unterrühren. Die Mischung mit Alufolie abdecken, dann den Deckel auflegen. Bei schwacher Hitze unter gelegentlichem Rühren 20–25 Minuten garen, bis die Zwiebeln weich sind.

2 Den Backofen auf 180 °C vorheizen. Das Paprikapulver in die Kasserolle geben und 2 Minuten unter Rühren garen, ohne dass es verbrennt. Fleisch, Knoblauch, Kümmel und 500 ml Wasser hinzufügen und unter Rühren zum Kochen bringen. Das Fleisch im Ofen 1–1½ Stunden garen, bis es fast weich ist.

3 Tomaten und Paprikaschoten sowie Salz und Pfeffer unterrühren. Alles zugedeckt wieder in den Backofen schieben und weitere 30–45 Minuten garen, bis das Fleisch sehr weich und die Sauce etwas angedickt ist. Herausnehmen und abschmecken.

4 Mehl und etwas Salz in eine Schüssel geben, dann das Ei unterrühren. Den Inhalt der Kasserolle auf dem Herd zum Kochen bringen. Die Mehlmischung teelöffelweise hineingleiten lassen, sodass Klößchen entstehen. 5–7 Minuten köcheln lassen, bis sie gar sind. Das Gericht in vorgewärmten Schalen anrichten und, nach Belieben, einen Klecks Sauerrahm daraufsetzen. Das Gulasch heiß servieren.

INDISCHES RINDFLEISCHCURRY

Für dieses fabelhafte Curry aus dem südindischen Bundesstaat Kerala werden beliebte regionale Zutaten wie Kokosnuss, Kurkuma und Curryblätter verwendet, um ein scharfes, aromatisches Gericht zuzubereiten.

FLEISCH **Rinderschmorfleisch**

PORTIONEN 4–6
ZUBEREITUNG 20 Min. + Marinierzeit
GARZEIT 1 Std. 45 Min.–2 Std. 15 Min.

- 1 Stück Zimtstange (5 cm)
- 12 schwarze Pfefferkörner
- 6 Gewürznelken
- 1 EL Fenchelsamen
- 1½ EL Koriandersamen
- 6 Kardamomsamen
- 1 TL gemahlene Kurkuma
- 1 TL feines Salz
- 1 kg Rinderschmorfleisch, pariert und in 2,5 cm große Stücke geschnitten
- 1 Stück frischer Ingwer (2,5 cm), geschält und gerieben
- 4 Knoblauchzehen, in dünne Scheiben geschnitten
- 2 grüne Chilischoten, entkernt und fein gehackt
- 2 Zwiebeln, in dünne Scheiben geschnitten
- 20 frische oder 16 getrocknete Curryblätter
- 50 g Kokosraspel
- 4 EL Sonnenblumen-, Raps- oder Kokosöl
- ½ EL Senfkörner
- 1 Handvoll frische Korianderblätter zum Garnieren
- 1 Handvoll Kokoschips zum Garnieren

1 Eine kleine Pfanne bei mittlerer Temperatur erhitzen. Zimtstange, Pfefferkörner, Gewürznelken, Fenchelsamen, Koriander und Kardamom darin unter häufigem Rühren rösten, bis sie Farbe annehmen und aromatisch duften. Vom Herd nehmen und 2–3 Minuten abkühlen lassen.

2 Die Gewürze im Mörser zermahlen und in eine Schüssel geben. Kurkuma und Salz untermischen. Fleisch, Ingwer, Knoblauch, Chilischoten und die Hälfte von Zwiebel und Curryblättern hinzufügen. Die Zutaten durchheben, um das Fleisch mit den Gewürzen zu überziehen. Abgedeckt für 1 Stunde kalt stellen. Den Ofen auf 160 °C vorheizen.

3 Das Fleisch mit den Gewürzen in eine große Kasserolle füllen. 400 ml kaltes Wasser hinzufügen und zum Kochen bringen. Das Fleisch zugedeckt für 1½–2 Stunden in den Backofen schieben, bis es weich ist. Herausnehmen und bei hoher Temperatur auf den Herd setzen. Zum Kochen bringen und die Flüssigkeit vollständig einkochen lassen, dabei ununterbrochen rühren, damit das Curry nicht am Topfboden ansetzt. Vom Herd nehmen und beiseitestellen.

4 Eine große beschichtete Pfanne erhitzen. Die Kokosraspel darin 2–3 Minuten unter ständigem Rühren rösten, sie dürfen aber nicht verbrennen. Öl, Senfkörner und restliche Zwiebel hinzufügen und 3–4 Minuten garen oder bis die Zwiebel goldbraun ist. Fleischmischung und restliche Curryblätter dazugeben. Unter Rühren braten, bis das Fleisch gut gebräunt und nicht mehr feucht ist und glänzt. Das Curry mit Korianderblättern und Kokoschips garniert servieren.

GEKOCHTE RINDERBRUST MIT KRÄUTERKLÖSSCHEN

Dieses bekannte britische Gericht bietet eine ausgezeichnete Möglichkeit für die Verwendung eines preiswerteren Fleischzuschnitts. Gemüse und würzige Klößchen bilden eine köstliche Beilage zum Fleisch.

FLEISCH **Rinderbrust**

PORTIONEN 4–6 **ZUBEREITUNG** 20 Min.
GARZEIT 2 Std. 50 Min.

- 2 kg Rinderbrust, gerollt
- 1,5–2 l Rinderfond
- Meersalz und frisch gemahlener schwarzer Pfeffer
- 1 große Zwiebel, mit 4 Gewürznelken gespickt
- 3 Möhren, in 4 cm große Stücke geschnitten
- 1 Bouquet garni
- 10 schwarze Pfefferkörner
- 1 Stange Staudensellerie, in 4 cm große Stücke geschnitten
- ½ Zimtstange
- 2 Sternanis (nach Belieben)
- 3 Lauchstangen, geputzt, gewaschen und in 4 cm große Stücke geschnitten

FÜR DIE KLÖSSCHEN

- 125 g Mehl, mit 5 g Backpulver vermischt
- 50 g Butterschmalz, geraspelt
- 1 TL Kräuter der Provence
- 1 Handvoll glatte Petersilie, gehackt
- 1 TL geriebener Meerrettich

1 Das Fleisch in einem großen Topf gerade mit Fond bedecken und 1 TL Salz hinzufügen. Bei mittlerer Hitze zum Kochen bringen, dabei nach oben steigenden Schaum abschöpfen.

2 Die Hitze so weit reduzieren, dass der Topfinhalt noch köchelt. Zwiebel, Möhren, Bouquet garni, Pfefferkörner, Staudensellerie, Zimtstange und, sofern verwendet, Sternanis hinzufügen. Alles zugedeckt 1¾ Stunden garen, dabei ab und zu abschäumen. Den Lauch untermischen. Weitere 45 Minuten garen.

3 Inzwischen alle Zutaten für die Klöße in eine große Schüssel geben, dann salzen und pfeffern. 5–6 EL Wasser hinzufügen und einen elastischen Teig herstellen. Den Teig in acht gleich große Portionen teilen und diese zu Kugeln rollen.

4 Das Fleisch aus dem Topf nehmen und an einem warmen Ort ruhen lassen. Bouquet garni, Pfefferkörner, Zimtstange und Sternanis aus der Brühe nehmen und wegwerfen. Die Brühe abschmecken.

5 Die Klößchen hineingeben und zugedeckt 15–20 Minuten garen, bis sie aufgegangen und nach oben gestiegen sind. Mit einem Schaumlöffel auf einen Teller heben. Die Brühe durch ein Sieb abseihen, das Gemüse aufbewahren. Das Fleisch in Scheiben schneiden und auf vorgewärmten Tellern anrichten. Gemüse und Klößchen auf die Teller verteilen. Das Gericht mit etwas Brühe beschöpfen und warm servieren.

WÜRZIGES RINDFLEISCH MIT ROTER BETE, CRÈME FRAÎCHE UND MEERRETTICH

Durch die Zugabe von Roter Bete erhält dieses Gericht einen wunderbar erdigen Geschmack, und der Meerrettich verleiht ihm eine großartige Schärfe.

FLEISCH **Rinderdünnung**

PORTIONEN 4–6 **ZUBEREITUNG** 20 Min.
GARZEIT 3 Std. + Ruhezeit

- 2 EL Mehl, mit Salz und Pfeffer gewürzt
- 1 kg Rinderdünnung oder Hochrippe ohne Knochen, in 4 cm große Stücke geschnitten
- 2 EL Rapsöl
- 1 Stückchen Butter
- 1 große Zwiebel, gewürfelt
- 2 Knoblauchzehen, zerdrückt
- ½ rote Chilischote, entkernt und fein gewürfelt (nach Belieben)
- 3 EL Rotweinessig
- 200 ml Rotwein
- 500 ml Rinderfond
- 1 EL Balsamico-Essig
- 8 Wacholderbeeren, zerstoßen
- 6 Pimentkörner, zerstoßen
- 1 Lorbeerblatt
- 1 TL gehackte frische Thymianblätter
- 3 TL Rohrohrzucker
- 8 kleine Rote-Bete-Knollen, geschält und halbiert
- Meersalz und frisch gemahlener schwarzer Pfeffer
- 1 EL Maisstärke, mit etwas warmem Wasser verrührt (nach Belieben)
- 2 EL Crème fraîche
- 2 EL Senfpulver
- 3 EL Sahnemeerrettich

1 Den Backofen auf 150 °C vorheizen. Das Mehl in ein flaches Gefäß geben. Die Fleischstücke hinzufügen und gleichmäßig mit Mehl überziehen, überschüssiges Mehl abschütteln.

2 Öl und Butter in einer großen ofenfesten Kasserolle erhitzen. Das Fleisch darin portionsweise 5–8 Minuten anbraten, bis es gut gebräunt ist. Mit einem Schaumlöffel auf einen Teller heben und beiseitestellen.

3 Auf mittlere Temperatur herunterschalten. Zwiebel, Knoblauch und, sofern verwendet, Chilischote hinzufügen und unter gelegentlichem Rühren 5–10 Minuten garen, bis die Zwiebel weich ist. Die Hitze erhöhen. Rotweinessig, Wein, Fond und Balsamico-Essig hinzufügen. Umrühren und die Zutaten zum Kochen bringen.

4 Wacholderbeeren, Pimentkörner, Lorbeerblatt, Thymian und Zucker hinzufügen. Das Fleisch zusammen mit der Roten Bete wieder in den Topf geben, dann salzen und pfeffern. Den Topfinhalt kurz durchrühren und zugedeckt in den Backofen schieben. Das Fleisch 2–2½ Stunden garen.

5 Herausnehmen und 10 Minuten ruhen lassen. Das Lorbeerblatt entfernen und das Fett von der Oberfläche der Sauce abschöpfen. Falls die Sauce zu dünn ist, mit der Maisstärke andicken. Crème fraîche, Senfpulver und Sahnemeerrettich in einer Schüssel vermischen und in die Kasserolle rühren. Das Gericht mit Kartoffel-Knollensellerie-Püree servieren.

RINDFLEISCH MIT CHIMICHURRI

Hier erhält das Fleisch außen eine leckere Kruste, während es innen saftig bleibt. Ergänzt wird es durch eine frische, säuerliche, grüne Sauce, die aus Argentinien stammt.

FLEISCH **Rinderdünnung**

PORTIONEN 4
ZUBEREITUNG 15 Min. + Kühlzeit
GARZEIT 8–20 Min. + Ruhezeit

- 1 TL Rohrohrzucker
- 1 EL gehackte frische Thymianblätter
- ½ TL Senfpulver
- ¼ TL Knoblauchsalz
- ¼ TL geräuchertes Paprikapulver (Pimentón mild) oder Ancho-Chilipulver
- Salz und frisch gemahlener schwarzer Pfeffer
- 1 Stück Rinderdünnung (etwa 700 g)

FÜR DEN CHIMICHURRI

- 6 EL Olivenöl plus Öl zum Einpinseln
- 1½ EL Rotweinessig
- 1 EL Zitronensaft
- 15 g glatte Petersilie, grob gehackt
- 2 EL grob gehacktes Koriandergrün
- 1 EL grob gehackte Oreganoblätter
- 2 Knoblauchzehen, gehackt
- 1 TL Chiliflocken

1 Zucker, Thymian, Senfpulver, Knoblauchsalz, Paprikapulver, Salz und Pfeffer in einer Küchenmaschine zu einem feinen Pulver vermahlen. Das Fleisch auf ein Stück Frischhaltefolie legen und rundum mit der Würzmischung einreiben. Fest in der Folie einpacken und für mindestens 1 Stunde in den Kühlschrank legen.

2 Für den Chimichurri alle Zutaten in eine Servierschüssel geben und sorgfältig vermischen. Mit Frischhaltefolie abgedeckt mindestens 1 Stunde kalt stellen, damit sich die Aromen entfalten können.

3 Fleisch und Sauce aus dem Kühlschrank nehmen und Zimmertemperatur annehmen lassen. Den Smokergrill auf höchster Temperatur vorheizen. Das Fleisch mit etwas Öl einpinseln und auf beiden Seiten die gewünschte Zeit grillen – 4–6 Minuten auf jeder Seite für »rare«, 6–8 Minuten für »medium« und 8–10 Minuten für »well done«.

4 Das Fleisch vom Grill nehmen, locker in Alufolie wickeln und mindestens 10 Minuten ruhen lassen. In dicke Scheiben schneiden und mit dem Chimichurri servieren.

RINDERHOCHRIPPE MIT SIRUP-SENF-KRUSTE

Wird Fleisch wie hier am Knochen gegart, erhält es zusätzliches Aroma und bleibt saftig. Zudem ist bei diesem Rezept die Sirup-Senf-Kruste eine geschmackliche Bereicherung für das Fleisch.

FLEISCH **Rinderhochrippe**

PORTIONEN 4–6 **ZUBEREITUNG** 30 Min.
GARZEIT 2 Std. + Ruhezeit

- 2 kg Rinderhochrippe (mit 2 Rippen)
- 3 EL Rapsöl plus Öl zum Einfetten
- Meersalz und frisch gemahlener schwarzer Pfeffer
- 75 g feine Semmelbrösel
- 1 EL fein gehackter frischer Rosmarin
- 2 EL fein gehackte glatte Petersilie
- 1 kleines Bund Thymian, fein gehackt
- 3 große Möhren, in dünne Scheiben geschnitten
- 500 g Schalotten
- 2 Stangen Staudensellerie, grob gehackt
- 4 Knoblauchzehen
- 400 ml Rotwein
- 2 EL Ahornsirup
- 3 EL Dijonsenf plus 1 TL Senf zum Abschmecken
- 100 ml Portwein
- 500 ml Rinderfond
- 4 TL Maisstärke, mit etwas warmem Wasser verrührt
- 2 TL rotes Johannisbeergelee

1 Den Backofen auf 200 °C vorheizen. Das Fleisch mit 2 EL Öl einreiben, gut salzen und pfeffern. In einer großen Pfanne rundum anbraten, dann vom Herd nehmen. Semmelbrösel, Rosmarin, Petersilie und die Hälfte des Thymians mit Salz und Pfeffer in einer großen Schüssel vermischen. Die Mischung auf der Fettschicht des Fleischs verteilen und gut andrücken.

2 Möhren, Schalotten, Staudensellerie, Knoblauch, übrigen Thymian und restliches Öl in einem großen Bräter gut vermischen. Das Fleisch daraufsetzen und mit einem eingeölten Stück Alufolie abdecken. 30 Minuten im Ofen garen. Den Bräter herausnehmen. Die Hälfte des Weins und 1 Spritzer Wasser hineingeben. Die Hitze auf 180 °C reduzieren. Das Fleisch weitere 40 Minuten garen, wenn nötig, noch Wasser hinzufügen.

3 Inzwischen Ahornsirup und Senf in einer kleinen Schüssel verrühren. Den Bräter aus dem Ofen nehmen und die Folie entfernen. Die Sirup-Senf-Mischung auf dem Braten verteilen und andrücken. Den Braten wieder in den Backofen schieben und weitere 30 Minuten unbedeckt garen, bis die Kerntemperatur 60 °C beträgt. Herausnehmen, auf eine Servierplatte heben und abgedeckt mindestens 30 Minuten ruhen lassen.

4 Das Fett aus dem Bräter abschöpfen und wegwerfen. Portwein, Fond und übrigen Rotwein in den Bräter geben. Auf dem Herd bei hoher Temperatur zum Kochen bringen. Durch ein Sieb abseihen, das Gemüse wegwerfen. Die Hitze reduzieren. Die Sauce mit der Maisstärke verrühren und garen, bis sie eingedickt ist. Gelee, restlichen Senf, Salz und Pfeffer untermischen, zum Fleisch servieren.

GEGRILLTE RINDERHOCHRIPPE

Wenn Sie keinen Drehgrill besitzen, können Sie das Gericht an einem Drehspieß auf dem Gartengrill zubereiten.

FLEISCH **Rinderhochrippe**

PORTIONEN 8
ZUBEREITUNG 20 Min. + Marinierzeit
GARZEIT 45 Min.–1 Std. + Ruhezeit

1,5 kg Rinderhochrippe ohne Knochen

FÜR DIE MARINADE

1 EL grob gemahlener schwarzer Pfeffer
1 EL gehackte frische Rosmarinblätter
3 Knoblauchzehen, zu einer glatten Paste zerrieben
2 TL Selleriesamen
3 EL Rapsöl
2 TL Rohrohrzucker
abgeriebene Schale und Saft von 1 Bio-Zitrone
Meersalz

FÜR DIE SAUCE

3 EL Sauerrahm oder Crème fraîche
2 TL geriebener Meerrettich (nach Belieben)
1 EL Sahne
1 TL Zucker
1 Spritzer Zitronensaft
Meersalz und frisch gemahlener schwarzer Pfeffer

1 Das Fleisch in eine runde Form bringen und mit Küchengarn zusammenbinden. Alle Zutaten für die Marinade in einer Schüssel vermischen und in das Fleisch reiben. Das Fleisch abgedeckt 1–2 Stunden durchziehen lassen.

2 Den Drehgrill auf mittlere Temperatur vorheizen. Das Fleisch auf den Spieß stecken und etwa 1 Stunde garen. Bräunt es zu rasch, die Hitze reduzieren. Dann 20 Minuten an einem warmen Platz ruhen lassen.

3 Für die Sauce alle Zutaten mit Salz und Pfeffer in einer Schüssel vermischen. Das Fleisch in dünne Scheiben schneiden und mit Sauce servieren.

VARIANTE

Gebratene Hochrippe Den Backofen auf 190 °C vorheizen. Das Fleisch nach Belieben im Ofen garen: Nach 1 Stunde ist es »rare«, nach 1 Stunde 40 Minuten »medium«, nach 2 Stunden »well done«. Mit Alufolie abgedeckt 20 Minuten ruhen lassen.

CORNISH PASTIES

Diese englischen Teigtaschen waren ursprünglich Proviant für Feldarbeiter.

FLEISCH **Rinderdünnung**

ERGIBT 4 **ZUBEREITUNG** 20 Min. + Kühlzeit **GARZEIT** 40–45 Min.

FÜR DEN MÜRBETEIG

100 g Schweineschmalz, gekühlt und gewürfelt
50 g Butter, gekühlt und gewürfelt
300 g Mehl plus Mehl zum Bestäuben
½ TL Salz
1 Ei, verquirlt, zum Bestreichen

FÜR DIE FÜLLUNG

250 g Rinderdünnung, pariert und in 1 cm große Würfel geschnitten
80 g Kohlrübe, geschält und in 5 mm große Würfel geschnitten
100 g festkochende Kartoffeln, geschält und in 5 mm große Würfel geschnitten
1 große Zwiebel, fein gehackt
1 Spritzer Worcestersauce
1 TL Mehl
Meersalz und frisch gemahlener schwarzer Pfeffer

1 Für den Teig Schmalz und Butter mit den Fingern in das Mehl einarbeiten, bis feine Krümel entstanden sind. Das Salz hinzufügen und so viel Wasser, dass sich ein weicher Teig herstellen lässt. Den Teig auf der dünn bemehlten Arbeitsfläche kurz kneten. In Frischhaltefolie einwickeln und für 30 Minuten in den Kühlschrank legen.

2 Den Backofen auf 190 °C vorheizen. Die Zutaten für die Füllung vermischen und mit Salz und Pfeffer großzügig abschmecken. Den Teig auf der gut bemehlten Arbeitsfläche 5 mm dick ausrollen. In der Mitte falten und wieder 5 mm dick ausrollen. Mit einem Beilagenteller oder einer Untertasse vier Kreise aus dem Teig ausschneiden. Auf jeden Kreis ein Viertel der Füllung setzen, rundum einen 2 cm breiten Rand lassen.

3 Den Rand mit etwas verquirltem Ei bestreichen. Die Ränder über der Füllung zusammennehmen und fest zusammendrücken. Mit den Fingern dekorativ wellen. Die fertigen Teigtaschen mit etwas verquirltem Ei bestreichen.

4 Die Taschen auf der mittleren Schiene 40–45 Minuten backen, bis sie goldbraun sind. Mindestens 15 Minuten abkühlen lassen, dann warm oder kalt servieren.

KARIBISCHES JERK-FLEISCH

Ursprünglich in der jamaikanischen Küche beheimatet, wird dieses Fleisch mit Gewürzen aromatisiert und anschließend langsam über Pimentbaumholz gegart.

FLEISCH **Rib-eye- oder Sirloinsteak**

PORTIONEN 4 **ZUBEREITUNG** 20 Min. + Marinierzeit + Ruhezeit
GARZEIT 10–15 Min. + Ruhezeit

4 Rib-eye- oder Sirloinsteaks (à etwa 225 g)
Meersalz

FÜR DIE MARINADE

4 EL Rapsöl
1 EL Weißweinessig
3 Knoblauchzehen, gehackt
1–2 Chilischoten, vorzugsweise Scotch bonne, entkernt und grob gehackt
2 EL gemahlener Piment
1 EL geräuchertes Paprikapulver (Pimentón mild)
1 EL gehackter frischer Ingwer
1 TL gemahlener Zimt
2 TL Rohrohrzucker
1 TL getrockneter Thymian

FÜR DAS RELISH

250 g Ananas, geschält und fein gehackt
1 rote Chilischote, entkernt und fein gehackt
1 kleine Handvoll frische Korianderblätter, gehackt
Saft von 1 Limette
1 kleine rote Zwiebel, fein gehackt

1 Alle Zutaten für die Marinade in einer Küchenmaschine zu einer dicken Paste verarbeiten, wenn nötig, noch Öl hinzufügen. Die Steaks auf beiden Seiten mit der Paste einreiben und für 2 Stunden oder über Nacht in den Kühlschrank stellen.

2 Alle Zutaten für das Relish in einer Schüssel vermischen. Mindestens 20 Minuten oder bis zu 3 Stunden durchziehen lassen. Den Holzkohlengrill vorbereiten oder den Gasgrill auf höchster Stufe vorheizen. Die Steaks aus dem Kühlschrank nehmen und mindestens 25 Minuten stehen lassen, um sie auf Zimmertemperatur zu bringen. Rundum salzen und auf jeder Seite 3 Minuten grillen, dabei sollte sich eine Kruste bilden. Auf eine kühlere Stelle des Grills legen und weitere 2 Minuten garen.

3 Die Steaks vom Grill nehmen und 5 Minuten ruhen lassen. Die Steaks heiß servieren, das Relish dazureichen.

RINDFLEISCHCARPACCIO

Für dieses Rezept wird das Rinderfilet angefroren, damit es sich leichter in Scheiben schneiden lässt, die so dünn sein sollten, dass das Licht durchscheint.

FLEISCH **Rinderfilet**

PORTIONEN 4
ZUBEREITUNG 20–25 Min. + Anfrierzeit

500 g Rinderfilet
8 eingelegte Sardellenfilets
125 g Rucola
125 g Parmesan
1 kleine Zwiebel, fein gewürfelt
50 g kleine Kapern, abgetropft
Saft von 2 Zitronen
120 ml bestes Olivenöl oder Öl nach Geschmack
frisch gemahlener schwarzer Pfeffer

1 Das Filet fest in Alufolie einwickeln, die Enden der Folie zusammendrehen. Das Filet anfrieren. Es sollte fest, aber nicht durchgefroren sein.

2 In der Zwischenzeit die Sardellenfilets abspülen, abtropfen lassen und klein schneiden. Den Rucola waschen und trocken tupfen, harte Stiele entfernen.

3 Das Fleisch aus dem Gefrierschrank nehmen, die Alufolie entfernen. Falls das Fleisch zu hart ist, bei Zimmertemperatur etwas antauen lassen. Dann mit einem sehr scharfen Messer oder einer Schneidemaschine in hauchdünne Scheiben schneiden. Es wird ein kleines Stück übrig bleiben.

4 Die Fleischscheiben dachziegelartig auf vier Tellern anrichten. Den Parmesan mit einem Gemüsehobel darüberhobeln. Sardellen, Zwiebel und Kapern auf die Teller verteilen. Erst Zitronensaft, dann das Öl darüberträufeln. Zum Schluss den Rucola daraufgeben. Das Gericht mit Zimmertemperatur und etwas Pfeffer bestreut servieren.

FILETSTEAKS MIT ROQUEFORT-SAUCE

Bei diesem traditionellen Rezept wird Roquefort verwendet, um eine klassische französische Sauce zuzubereiten. Man kann ihn jedoch auch durch anderen Blauschimmelkäse ersetzen.

FLEISCH **Rinderfilet**

PORTIONEN 4 **ZUBEREITUNG** 10 Min. + Ruhezeit **GARZEIT** 15 Min.

- 4 Rinderfiletsteaks (à etwa 200 g)
- 1 EL Rapsöl
- Meersalz und frisch gemahlener schwarzer Pfeffer

FÜR DIE SAUCE

- 50 g Butter
- 2 Schalotten, fein gewürfelt
- 4 EL trockener Weißwein
- 1 EL Weinbrand
- 2 EL Rinderfond
- 200 g Sahne
- 100 g Roquefort, zerkrümelt

1 Für die Sauce in einer kleinen Pfanne bei niedriger Temperatur die Hälfte der Butter erhitzen. Die Schalotten darin etwa 5 Minuten braten, bis sie weich sind. Wein und Weinbrand hinzufügen und zum Kochen bringen.

2 Den Fond dazugießen und die Sauce auf die Hälfte einkochen lassen. Die Sahne sorgfältig unterrühren. Die Sauce etwa 5 Minuten köcheln lassen, dann die restliche Butter und den Käse unterrühren. Die Sauce vom Herd nehmen und durch ein Sieb seihen, salzen und pfeffern.

3 Die Steaks mit Öl einreiben, gut salzen und pfeffern. Eine schwere Pfanne erhitzen und die Steaks darin auf beiden Seiten braten – nach 2–3 Minuten sind sie »rare«, nach 4–5 Minuten »medium« und nach 5–6 Minuten »well done«. Vom Herd nehmen und an einem warmen Ort 3–5 Minuten ruhen lassen. Mit der Sauce servieren.

FILETSTEAKS MIT ROTE-BETE-SALAT

In diesem Rezept wird der Geschmack des Fleischs durch Balsamico-Essig noch betont. Ein Salat aus Roter Bete, Kirschtomaten und Frühlingszwiebeln ergänzt das Gericht durch Farbe und Frische.

FLEISCH **Rinderfilet**

PORTIONEN 4
ZUBEREITUNG 20 Min. + Marinierzeit
GARZEIT 5–10 Min. + Ruhezeit

- 2 EL Olivenöl
- 1 EL Rotwein
- 2 Knoblauchzehen, in Scheiben geschnitten
- 2 EL Balsamico-Essig
- 2 rote Zwiebeln, in Ringe geschnitten
- 1 Thymianzweig
- 1 TL zerstoßene schwarze Pfefferkörner
- 4 Rinderfiletsteaks (à etwa 225 g)
- Rapsöl zum Einpinseln
- Meersalz

FÜR DIE MEERRETTICHSAUCE

- 2 EL Crème fraîche
- 2 EL Sahnemeerrettich
- 1 kleine Rote-Bete-Knolle, gegart und fein gewürfelt
- Meersalz und frisch gemahlener schwarzer Pfeffer

FÜR DEN SALAT

- 4 Rote-Bete-Knollen, gegart und in schmale Streifen geschnitten
- 1 Handvoll frische Korianderblätter, gehackt
- 12 Kirschtomaten, halbiert
- 1 Bund Frühlingszwiebeln, geputzt und schräg in Scheiben geschnitten
- 2 große Handvoll rotstielige Babymangoldblätter
- 1 EL in feine Streifen geschnittene rote Chilischote (nach Belieben)
- 3 EL Olivenöl
- Saft von 1 Zitrone
- 2 TL Honig

1 Öl, Wein, Knoblauch, Balsamico, rote Zwiebeln, Thymian und Pfefferkörner in einer großen Schüssel gut vermischen. Die Steaks darin wenden und 2 Stunden durchziehen lassen.

2 Die Steaks herausnehmen und mit Küchenpapier trocken tupfen. Die Marinade aufbewahren. Eine Grillpfanne bei maximaler Temperatur erhitzen. Die Steaks mit etwas Rapsöl einpinseln und salzen. Auf jeder Seite 2½ Minuten garen, bis sie »rare« sind. Falls sie zu rasch garen, die Hitze reduzieren. Sollen sie »medium« oder »well done« gegart werden, die Garzeit verlängern. Herausheben und 5 Minuten ruhen lassen.

3 Die Marinade in der Pfanne bei niedriger Hitze 1–2 Minuten garen, bis die Zwiebeln weich sind. Vom Herd nehmen und beiseitestellen.

4 Für die Meerrettichsauce alle Zutaten in einer Schüssel sorgfältig vermischen, salzen und pfeffern und beiseitestellen.

5 Für den Salat Rote Beten, Korianderblätter, Kirschtomaten, Frühlingszwiebeln, Mangoldblätter und, sofern verwendet, Chilischote in einer Schüssel vermischen. In einer zweiten Schüssel für das Dressing Olivenöl, Zitronensaft und Honig mit Salz und Pfeffer verrühren.

6 Das Dressing unter den Salat heben. Den Salat auf vier Teller verteilen, Steaks und Zwiebeln darauf anrichten. Mit dem Bratensaft beträufeln, dann mit der Meerrettichsauce servieren.

RINDERFILETSTEAKS MIT RÖSTI

Für dieses Gericht wird ein fettarmer Fleischzuschnitt verwendet. Das zarte Filetsteak mit dem karamellisierten Knoblauch passt perfekt zu knusprigen Rösti aus Kartoffeln und Pastinaken.

FLEISCH **Rinderfilet**

PORTIONEN 4 **ZUBEREITUNG** 30 Min.
GARZEIT 20–30 Min. + Ruhezeit

- 25 g Butter
- 50 g Rohrohrzucker
- 2 Thymianzweige
- 1 EL Weißwein
- 1 EL Weißweinessig
- 2 Knoblauchknollen, blanchiert und trocken getupft
- 4 Rinderfiletsteaks (à etwa 225 g)
- 1 EL Olivenöl zum Einpinseln
- Meersalz und frisch gemahlener schwarzer Pfeffer

FÜR DIE RÖSTI

- 2 große Kartoffeln, geschält und geraspelt
- 2 große Pastinaken, geschält und geraspelt
- 75 g Butter, zerlassen, plus 30 g Butter zum Braten
- 1 Prise Cayennepfeffer
- 1–2 EL Olivenöl

1 Die Butter in einem kleinen schweren Topf bei mittlerer Hitze zerlassen. Zucker, Thymian, Wein und Essig hinzufügen und garen, bis die Mischung dickflüssig wird und karamellisiert. Dabei den Topf schwenken, damit sie gleichmäßig bräunt.

2 1 EL Wasser in den Topf geben. Den Knoblauch hinzufügen und rühren, um ihn mit der Mischung zu überziehen. 3–5 Minuten garen, bis er weich ist, aber noch nicht zerfällt. Zum Abkühlen beiseitestellen. Falls der Knoblauch zu klebrig erscheint, noch etwas Wasser dazugeben.

3 Für die Rösti überschüssige Flüssigkeit aus Kartoffeln und Pastinaken drücken. Beide in eine saubere Schüssel geben. Butter, Cayennepfeffer sowie großzügig Salz und Pfeffer hinzufügen und untermischen. Die restliche Butter und das Öl in einer beschichteten Pfanne erhitzen. Die Kartoffelmischung in vier Portionen teilen. Eine Rösti in die Pfanne geben, flach drücken und auf jeder Seite 2–3 Minuten braten, bis sie goldbraun ist. Herausnehmen und warm stellen. Die übrigen Rösti zubereiten.

4 Die Steaks dünn mit Öl einpinseln und großzügig salzen und pfeffern. Eine schwere Pfanne bei hoher Temperatur erhitzen. Die Steaks in der Pfanne braten – nach 2–3 Minuten auf jeder Seite sind sie »rare«, nach 3–4 Minuten »medium«, nach 5–6 Minuten »well done«. Vom Herd nehmen und an einem warmen Platz 3–5 Minuten ruhen lassen.

5 Jeweils eine Rösti auf einen Teller legen. Ein Steak und etwas karamellisierten Knoblauch darauf anrichten. Den Bratensaft darüberträufeln. Heiß mit Meerrettich oder Senf servieren.

FEURIGES RINDERFILET MIT RÖSTGEMÜSE

Hier werden Gemüse der Saison und zartes Rinderfilet zu einem farbenfrohen Gericht kombiniert.

FLEISCH **Rinderfilet**

PORTIONEN 4–6 **ZUBEREITUNG** 20 Min.
GARZEIT 40 Min. + Ruhezeit

1 kg Rinderfilet, pariert
3 EL Rapsöl
Meersalz und frisch gemahlener schwarzer Pfeffer
2 EL Madras-Currypaste
2 EL Sahnejoghurt
1 Handvoll Korianderblätter, gehackt
1 EL schwarze Pfefferkörner
2 EL Kreuzkümmelsamen
1 EL Korianderkörner

FÜR DAS GEMÜSE
1 Aubergine, längs in Scheiben geschnitten
2 Zucchini, in Scheiben geschnitten
2 rote Paprikaschoten, entkernt und in Stücke geschnitten
1 kleiner Butternusskürbis, geschält, entkernt und längs in Scheiben geschnitten
2 EL Madras-Currypaste
4 EL Rapsöl

FÜR DIE JOGHURTSAUCE
350 g Sahnejoghurt
½ Salatgurke, geschält, entkernt und fein gehackt
1 Knoblauchzehe, zerdrückt
2 EL in Streifen geschnittene Minzeblätter

1 Den Ofen auf 200 °C vorheizen. Eine große Pfanne bei hoher Temperatur erhitzen. Das Fleisch mit 1 EL Öl einpinseln und rundum anbraten. Salzen und pfeffern, dann abkühlen lassen.

2 Currypaste, Joghurt und Korianderblätter in einer Schüssel vermischen und in das Fleisch reiben. Pfeffer, Kreuzkümmel und Korianderkörner im Mörser grob zerstoßen und auf das Filet streuen. Das Fleisch in einen Bräter legen, mit dem übrigen Öl beträufeln und für 35–40 Minuten in den Backofen schieben.

3 Inzwischen das Gemüse in einen zweiten Bräter legen. Currypaste und Öl vermischen, über das Gemüse geben und unterheben. Auf der Schiene unter dem Fleisch in den Ofen schieben und 20–25 Minuten rösten.

4 Beides herausnehmen, das Filet 15 Minuten an einem warmen Platz ruhen lassen, das Gemüse warm stellen. Die Zutaten für die Sauce in einer Schüssel vermischen. Das Filet in Scheiben schneiden und mit Bratensaft übergießen. Mit Gemüse und Sauce servieren.

RINDERFILET IM TEIGMANTEL

Dieses unkomplizierte, auch als »Beef Wellington« bekannte Gericht eignet sich ganz wunderbar, um Gäste zu bewirten. Bis einschließlich Schritt 4 kann es bereits am Vortag vorbereitet werden.

FLEISCH **Rinderfilet**

PORTIONEN 6 **ZUBEREITUNG** 45 Min.
GARZEIT 45–60 Min. + Ruhezeit

- 1 kg Rinderfilet vom dicken Ende, pariert
- Salz und frisch gemahlener schwarzer Pfeffer
- 2 EL Sonnenblumenöl
- 500 g Blätterteig
- Mehl zum Bestäuben
- 50 g Butter
- 2 Schalotten, fein gehackt
- 1 Knoblauchzehe, zerdrückt
- 250 g gemischte Wildpilze, fein gehackt
- 1 EL Weinbrand oder Madeira
- 1 Ei, verquirlt, zum Bestreichen

1 Den Backofen auf 220 °C vorheizen. Das Fleisch salzen und pfeffern. Das Öl in einer großen Pfanne erhitzen. Das Rinderfilet darin anbraten, bis es rundum gebräunt ist.

2 Das Fleisch in einen Bräter legen und für 10 Minuten in den Ofen schieben. Herausnehmen und zum Abkühlen beiseitestellen, dabei beschweren, damit es eine schönere Form erhält. Den Ofen nicht ausschalten.

3 Ein Drittel des Teigs auf der dünn bemehlten Arbeitsfläche zu einem Rechteck etwa 5 cm größer als das Filet ausrollen. Auf ein Backblech legen und mit einer Gabel einstechen. In den Backofen schieben und 12–15 Minuten backen, bis er knusprig ist. Abkühlen lassen.

4 Die Butter in einem Topf zerlassen. Schalotten und Knoblauch darin unter Rühren 2–3 Minuten garen, bis sie weich sind. Die Pilze hinzufügen und unter Rühren 4–5 Minuten garen, bis die Flüssigkeit verdampft ist. Den Weinbrand hinzufügen und 30 Sekunden kochen lassen. Beiseitestellen.

5 Ein Drittel der Pilzmischung auf dem gebackenen Teig verteilen. Das Filet daraufsetzen. Die übrige Pilzmischung auf das Fleisch geben. Die Teigränder mit etwas verquirltem Ei bestreichen. Den übrigen Teig ausrollen und über das Filet legen. An den Kanten den rohen Teig unter die gebackene Teigplatte stecken und andrücken.

6 Den Teig mit dem restlichen Ei bestreichen. Einen Schlitz schneiden, damit der Dampf entweichen kann. Das Ganze in den Ofen schieben, bis das Fleisch den gewünschten Gargrad hat – nach 30 Minuten ist es »rare«, nach 45 Minuten »well done«. Den Teig locker mit Alufolie abdecken, falls er zu rasch bräunt. 10 Minuten ruhen lassen, dann in Scheiben schneiden.

SCHARFES RINDERFILET MIT ROTWEINSAUCE

Zu diesem Gericht passen cremiges Kartoffelpüree und Spinat.

FLEISCH **Rinderfilet**

PORTIONEN 4 + Marinierzeit **ZUBEREITUNG** 5 Min. **GARZEIT** 1 Std.

- 1 EL scharfes Chilipulver
- 1 EL Kreuzkümmelsamen, geröstet
- 2 EL bestes Olivenöl
- 1 Handvoll Koriandergrün, gehackt
- Meersalz und frisch gemahlener schwarzer Pfeffer
- 1 kg Rinderfilet
- 3 EL Olivenöl
- 1 große rote Chilischote, entkernt und gehackt
- 1 Zwiebel, fein gehackt
- 2 Knoblauchzehen, zerdrückt
- 500 ml Rotwein
- 500 g Champignons, in Scheiben geschnitten
- 1 EL Tomatenmark
- 1 EL Honig
- 250 ml Rinder- oder Hühnerfond
- 1 EL frische Korianderblätter, gehackt
- Pflanzenöl zum Einpinseln
- 1 Handvoll glatte Petersilie zum Garnieren

1 Chilipulver, Kreuzkümmel, Olivenöl, Koriandergrün und etwas Pfeffer in einer Schüssel vermischen. Das Filet mit der Mischung einreiben und mindestens 2 Stunden durchziehen lassen.

2 Den Backofen auf 200 °C vorheizen. 2 EL Olivenöl bei niedriger Temperatur in einem Topf erhitzen. Chilischote, Zwiebel und Knoblauch darin 5 Minuten garen, bis sie weich sind. Die Hitze erhöhen. Den Wein dazugießen und auf die Hälfte reduzieren.

3 Das restliche Öl in einem zweiten Topf erhitzen und die Pilze darin weich garen. Tomatenmark und Honig hinzufügen und 1 Minute garen, Fond und Korianderblätter unterrühren. Die Weinmischung dazugeben und alles 10–15 Minuten köcheln lassen, bis die Sauce dicklich ist und glänzt.

4 Eine große Pfanne erhitzen. Das Filet mit dem Pflanzenöl einpinseln, rundum anbraten und salzen und pfeffern. In einen Bräter heben und 30–40 Minuten im Ofen garen, dann ruhen lassen. Mit der Petersilie garnieren und heiß mit der Sauce, Kartoffelpüree und Spinat servieren.

VIETNAMESISCHE RINDFLEISCHSUPPE

Langsam gegarte, fein gewürzte Rinderbrühe macht dieses Gericht besonders. Wer mag, fügt Frühlingszwiebeln, Chilischoten und Bohnensprossen hinzu.

FLEISCH **Rinderfilet**

PORTIONEN 4–6 **ZUBEREITUNG** 15 Min. **GARZEIT** 1 Std. 25 Min.

- 700 g Fleischknochen vom Rind
- 1 EL dunkle Sojasauce
- 3 EL Olivenöl
- 1 Sternanis
- 1 TL schwarze Pfefferkörner
- 1 Zimtstange
- ½ EL Fischsauce
- 1 Zwiebel, fein gehackt
- 3 Knoblauchzehen, fein gehackt
- 1 Chilischote, entkernt und fein gehackt
- 1 Stängel Zitronengras, geputzt und nach Entfernen der harten Außenblätter fein gehackt
- 1 Stück frischer Ingwer (2,5 cm), geschält und in dünne Scheiben geschnitten
- Salz und frisch gemahlener schwarzer Pfeffer
- 350 g Rinderfilet, quer zur Faser in dünne Scheiben geschnitten
- 60 g dünne Reisnudeln, nach Packungsangabe gegart und abgetropft
- 1 Bund Frühlingszwiebeln, geputzt und in dünne Scheiben geschnitten

1 Die Knochen mit der Sojasauce in eine große Schüssel geben und durchheben. In einem großen, schweren Topf bei mittelhoher Temperatur etwas Öl erhitzen. Die Knochen darin unter gelegentlichem Rühren etwa 15 Minuten garen, bis das Fleisch nicht mehr rosa ist.

2 Die Knochen in einen großen Suppentopf heben. 1,5 l Wasser, Sternanis, Pfefferkörner, Zimtstange und Fischsauce hinzufügen. Alles zum Kochen bringen, dann nach Reduzieren der Hitze mit halb aufgelegtem Deckel 1 Stunde köcheln lassen. Die Brühe durch ein Sieb in einen sauberen Topf abseihen. Wenn nötig, mit Wasser auf 1 l ergänzen und beiseitestellen.

3 Das restliche Öl in einem großen, schweren Topf erhitzen. Die Zwiebel darin 3–4 Minuten garen, bis sie weich, aber nicht gebräunt ist. Knoblauch, Chilischote und Zitronengras unterrühren und 1 Minute garen.

4 Die Brühe und den Ingwer dazugeben, dann salzen und pfeffern. Die Zutaten 2–3 Minuten köcheln lassen, dann das Fleisch hinzugeben und weitere 2–3 Minuten garen. Nudeln und Frühlingszwiebeln unterrühren. Die Suppe vom Herd nehmen, in vorgewärmte Schalen schöpfen und heiß servieren.

BŒUF STROGANOFF

Ein beliebtes Gericht, das erstmals Mitte des 19. Jahrhunderts in einem russischen Kochbuch erwähnt wurde.

FLEISCH **Rinderfilet**

PORTIONEN 4–6 **ZUBEREITUNG** 10 Min.
GARZEIT 15–20 Min.

60 g Butter
2 EL Olivenöl
1 große Zwiebel, fein gewürfelt
Meersalz und frisch gemahlener schwarzer Pfeffer
250 g Champignons, in Scheiben geschnitten
1 Prise geriebene Muskatnuss
750 g Rinderfilet, in schmale Streifen geschnitten
1 EL Weinbrand
2 TL Dijonsenf
1 Prise Paprikapulver edelsüß
200 g saure Sahne
100 g Sahne
etwas Rinderfond

1 Die Hälfte der Butter und 1 EL Öl in einer großen Pfanne bei mittlerer Temperatur erhitzen. Die Zwiebel hinzufügen und salzen und pfeffern. 5 Minuten garen, bis sie weich, aber noch nicht gebräunt ist.

2 Das restliche Öl in die Pfanne geben. Pilze mit Muskatnuss und reichlich Salz und Pfeffer darin etwa 5 Minuten garen. Mit einem Schaumlöffel Zwiebeln und Pilze auf einen mit Küchenpapier belegten Teller heben und beiseitestellen.

3 Die restliche Butter bei hoher Temperatur in einem Topf zerlassen. Wenn sie zu schäumen beginnt, die Fleischstreifen darin 2–3 Minuten braten, bis sie außen gebräunt, innen aber noch rosa sind. Den Weinbrand hinzufügen und mit einem Streichholz anzünden.

4 Zwiebel und Pilze wieder in den Topf geben und 2–3 Minuten garen. Senf, Paprikapulver, saure Sahne, Sahne und Fond unterrühren. Die Mischung garen, bis sie leicht blubbert. Dann abschmecken und sofort mit Butterreis servieren.

TATAR

Dieses Gericht war vor allem zu Beginn des 20. Jahrhunderts in Frankreich sehr beliebt. Man kann dafür auch Sirloinsteak oder Hirschfleisch verwenden.

FLEISCH **Rinderfilet**

PORTIONEN 2 **ZUBEREITUNG** 15 Min.

400 g gut abgehangenes Rinderfilet, gekühlt
6 Cornichons, fein gehackt
1 EL Kapern, fein gehackt
1 EL fein gehackte glatte Petersilie
2 Schalotten, fein gehackt
1 TL Dijonsenf
2 Sardellenfilets, abgespült und fein gehackt (nach Belieben)
Tabasco (nach Belieben)
Meersalz und frisch gemahlener schwarzer Pfeffer
2 Eier

1 Die Außenschicht des Filets dünn abschneiden. Das Filet mit einem sehr scharfen Messer (s. S. 16) quer zur Faser in dünne Scheiben schneiden, dann fein würfeln. In eine große Schüssel geben.

2 Cornichons, Kapern, Petersilie, Schalotten, Senf, Sardellen (sofern verwendet) und Tabasco hinzufügen. Die Zutaten salzen und pfeffern und behutsam mit einer Gabel vermischen. Abschmecken und, wenn nötig, nachwürzen.

3 Die Mischung auf zwei Stücke Butterbrotpapier oder auf Beilagenteller verteilen. Die Eier aufschlagen und trennen. Die Eigelbe auf das Tatar setzen. Das Tatar mit getoastetem Sauerteigbrot und Feldsalat servieren.

WASABI-STEAK MIT PAK CHOI

Da japanische Wasabipaste extrem scharf ist, bedarf es nur einer kleinen Menge, um den gegrillten Rindersteaks Würze zu verleihen.

FLEISCH **Sirloinsteak**

PORTIONEN 4 **ZUBEREITUNG** 10 Min.
GARZEIT 10 Min. + Ruhezeit

- 3 EL Olivenöl
- 2 TL Wasabipaste
- 4 Sirloinsteaks (à etwa 200 g)
- 200 g Pak Choi, längs in 8 Stücke geschnitten
- 5 Knoblauchzehen, gerieben oder fein gehackt
- 1 EL dunkle Sojasauce
- Salz und frisch gemahlener schwarzer Pfeffer

1 In einer flachen Schüssel 1 EL Öl und Wasabi vermischen. Die Steaks darin wenden. In einer großen Pfanne bei mittlerer Temperatur 1 EL Öl erhitzen. Die Steaks darin braten – auf jeder Seite 2–3 Minuten für »medium rare« oder 5 Minuten für »well done« (s. S. 175). Herausnehmen und 5 Minuten an einem warmen Ort ruhen lassen.

2 Das übrige Öl in der Pfanne erhitzen. Auf schwache Hitze reduzieren. Den Pak Choi in der Pfanne 1–2 Minuten braten, dabei einmal wenden. Knoblauch und Sojasauce hinzufügen. Den Kohl noch einmal 1 Minute braten oder bis er gerade zusammenfällt. Die Steaks in 1 cm dicke Scheiben schneiden, auf Teller legen, salzen und pfeffern und heiß mit dem Pak Choi servieren.

COUNTRY FRIED STEAK MIT PFEFFERSAUCE

Dies ist ein klassisches US-amerikanisches Gericht und Hausmannskost im besten Sinn des Wortes.

FLEISCH **Sirloinsteak**

PORTIONEN 4
ZUBEREITUNG 15 Min. + Marinierzeit über Nacht
GARZEIT 35 Min.

- 250 ml Vollmilch
- Salz und frisch gemahlener schwarzer Pfeffer
- 1 TL Cayennepfeffer
- 4 Sirloinsteaks (à etwa 150 g), geklopft
- 1 Ei
- 200 g Mehl, mit Salz und Pfeffer gewürzt
- 150 ml Erdnussöl oder Sonnenblumenöl zum Braten

FÜR DIE SAUCE

- 30 g Mehl
- 500 ml Vollmilch

FÜR DIE BRATKARTOFFELN

- 1 kg festkochende Kartoffeln
- 4 Scheiben durchwachsener Räucherspeck
- 1 Zwiebel, gehackt
- 2 Knoblauchzehen, zerdrückt
- 1 Prise Chiliflocken

1 Die Milch in eine große Schüssel gießen, Salz, Pfeffer und 1 Prise Cayennepfeffer sorgfältig untermischen. Die Steaks hineinlegen, wenden und über Nacht in den Kühlschrank stellen.

2 Die Kartoffeln 20 Minuten in kochendem Wasser garen. Abtropfen und etwas abkühlen lassen, dann mit Schale in 2 cm dicke Streifen schneiden. Den Speck in einer beschichteten Pfanne braten, bis er knusprig ist. Herausnehmen und zerbröseln. Mit Kartoffeln, Zwiebel, Knoblauch und Chiliflocken wieder in die Pfanne geben. Salz und Pfeffer hinzufügen und die Kartoffeln bei mittlerer Hitze braten, bis sie knusprig sind.

3 Die Steaks aus der Marinade nehmen. In einer kleinen Schüssel das Ei mit etwas Marinade verquirlen. Mehl und übrigen Cayennepfeffer in einer Schüssel vermischen. Das Öl bei hoher Temperatur in einer Pfanne erhitzen. Die Steaks im Mehl wenden, in die Marinade tauchen und wieder im Mehl wenden. Auf jeder Seite 3–5 Minuten braten oder bis sie goldbraun und durchgegart sind. Herausnehmen. Für die Sauce zwei Drittel des Öls aus der Pfanne gießen. Das Mehl unter das restliche Öl mischen. Nach und nach die Milch unterrühren, bis eine dicke Sauce entstanden ist. Die Sauce großzügig salzen und pfeffern. Die Steaks mit reichlich Sauce und den Kartoffeln als Beilage servieren.

THAILÄNDISCHER RINDFLEISCHSALAT

Dieser bunte Salat ist gesund, einfach zuzubereiten und wunderbar würzig.

FLEISCH **Sirloinsteak**

PORTIONEN 4 **ZUBEREITUNG** 15 Min.
GARZEIT 10 Min. + Ruhezeit

2 dicke Sirloinsteaks (à etwa 225 g)
Pflanzenöl zum Einpinseln
Meersalz und frisch gemahlener schwarzer Pfeffer
Limettenspalten zum Servieren

FÜR DAS DRESSING

2 EL Fischsauce
3 EL Limettensaft
1 große Knoblauchzehe, in dünne Scheiben geschnitten
1 EL Sojasauce
2 TL Rohrohrzucker oder Palmzucker
2 TL Erdnüsse, geröstet und gehackt
1 EL Erdnussöl
2 Chilischoten, vorzugsweise Bird's eye, entkernt und fein gehackt

FÜR DEN SALAT

1 Romanasalatherz, in Streifen geschnitten
10 Kirschtomaten, halbiert
3 Schalotten, in dünne Scheiben geschnitten
4 Frühlingszwiebeln, geputzt und schräg in Scheiben geschnitten
1 Handvoll frische Korianderblätter, gehackt
1 kleine Handvoll Thaibasilikumblätter oder Minzeblätter
½ Salatgurke, halbiert, entkernt und schräg in Scheiben geschnitten

1 Für das Dressing Fischsauce, Limettensaft, Knoblauch, Sojasauce, Zucker, Erdnüsse, Öl und Chilischoten in einer Schüssel verrühren, bis sich der Zucker aufgelöst hat. Für den Salat alle Zutaten in einer Schüssel vermengen, dann beiseitestellen.

2 Eine Grillpfanne bei Maximaltemperatur erhitzen. Die Steaks mit Öl einpinseln, dann salzen und pfeffern. Auf jeder Seite 3–4 Minuten braten oder bis der gewünschte Gargrad erreicht ist.

3 Herausnehmen und etwa 5 Minuten ruhen lassen. Die Steaks in dünne Scheiben schneiden und zu dem Salat geben. Das Dressing hinzufügen und unterheben. Den Salat auf einer Platte anrichten und mit den Limettenspalten servieren.

SIRLOINSTEAK MIT INGWER-HONIG-GLASUR

Hier ergänzt eine Salsa aus frischer saftiger Mango und Chilischote das feine Fleisch auf perfekte Weise.

FLEISCH **Sirloinsteak**

PORTIONEN 4
ZUBEREITUNG 30 Min. + Marinierzeit
GARZEIT 10–15 Min. + Ruhezeit

- 3 EL Sojasauce
- 5 EL Honig
- ½ EL Fünf-Gewürze-Pulver
- 1 Stück Ingwer (2 cm), geschält und gerieben
- 1 Knoblauchzehe, halbiert
- Meersalz und frisch gemahlener schwarzer Pfeffer
- 4 Sirloinssteaks (à etwa 225 g)
- 2 EL Rapsöl

FÜR DIE SALSA

- 1 große reife Mango, geschält, entkernt und fein gewürfelt
- 1 rote Chilischote, entkernt und in schmale Streifen geschnitten
- 1 rote Zwiebel, fein gewürfelt
- Saft von 1 Limette
- 1 kleines Bund Koriandergrün, grob gehackt

1 Sojasauce, Honig, Fünf-Gewürze-Pulver, Ingwer und Knoblauch in einer Schüssel gut vermischen, dann salzen und pfeffern. Die Steaks hineinlegen und mit der Marinade einreiben, dann für 20–30 Minuten in den Kühlschrank stellen. Den Backofen auf 200 °C vorheizen.

2 Das Öl bei mittlerer Temperatur in einer Pfanne erhitzen. Die Steaks salzen und pfeffern und auf jeder Seite 1 Minute braten. In den Backofen schieben und wie gewünscht garen – 1 Minute für »rare«, 3–4 Minuten für »medium« und 5 Minuten für »well done« (s. S. 175).

3 Die Steaks herausnehmen und an einem warmen Platz 5 Minuten ruhen lassen. Für die Salsa alle Zutaten in einer Schüssel vermischen, salzen und pfeffern und 1–2 Minuten durchziehen lassen. Die Steaks heiß mit der Salsa als Beilage servieren. Die Salsa kann bis zu 2 Stunden im Voraus zubereitet werden.

RINDFLEISCH-WILDPILZ-PIE

Diese leckere herzhafte Pie ist einfach, aber ungewöhnlich. Durch das langsame Garen von Fleisch und Pilzen entwickelt sie ein herrlich erdiges Aroma.

FLEISCH **Rinderschmorfleisch**

PORTIONEN 4–6
ZUBEREITUNG 50–55 Min. + Kühlzeit
GARZEIT 2 Std. 30 Min.–3 Std.

- 30 g Mehl, mit Salz und Pfeffer gewürzt
- 1 kg Rinderschmorfleisch, in 2,5 cm große Würfel geschnitten
- 500 g gemischte frische Wildpilze oder 75 g getrocknete Wildpilze, 30 Minuten eingeweicht und abgetropft, in Scheiben geschnitten
- 4 Schalotten, fein gehackt
- 1 l Rinderfond oder Wasser
- 6 Stängel Petersilie, die Blätter fein gehackt
- Salz und frisch gemahlener schwarzer Pfeffer

FÜR DEN TEIG

- 250 g Mehl plus Mehl zum Bestäuben
- ½ TL feines Salz
- 175 g Butter, gewürfelt
- 1 Ei, verquirlt, zum Bestreichen

1 Den Backofen auf 180 °C vorheizen. Das Mehl in eine flache Schüssel geben und das Fleisch darin wenden. Fleisch, Pilze und Schalotten in eine große Kasserolle geben. Den Fond oder das Wasser hinzufügen und unter ständigem Rühren zum Kochen bringen. Den Deckel auflegen und die Kasserolle für 2–2¼ Stunden in den Backofen schieben, bis das Fleisch weich ist.

2 In der Zwischenzeit für den Teig Mehl und Salz in eine Schüssel sieben. Ein Drittel der Butter mit den Fingern einarbeiten, bis Krümel entstanden sind. 100 ml Wasser hinzufügen und einen Teig herstellen. Den Teig 15 Minuten kalt stellen.

3 Den Teig auf der dünn bemehlten Arbeitsfläche zu einem 15 × 40 cm großen Rechteck ausrollen. Die übrige Butter in Flöckchen auf zwei Drittel des Teigs setzen. Die freie Seite über die Hälfte der gebutterten Seite legen. Das andere Ende darüberklappen. Den Teig wenden und mit einem Nudelholz die Ränder zusammendrücken. Den Teig in Klarsichtfolie einwickeln und 15 Minuten kalt stellen. Erneut zu einem 15 × 40 cm großen Rechteck ausrollen und wie oben fortfahren. Den Arbeitsschritt insgesamt dreimal wiederholen.

4 Die Petersilie zum Fleisch geben. Das Fleisch salzen und pfeffern und in eine 2 l fassende Pieform füllen. Den Teig auf der bemehlten Arbeitsfläche etwas größer als die Form ausrollen. Einen Streifen vom Rand abschneiden. Den Rand der Form befeuchten und den Teigstreifen daraufdrücken. Die Teigplatte auf die Pie legen, andrücken und mit dem verquirlten Ei bestreichen. In die Mitte einen »Kamin« einsetzen, damit Dampf entweichen kann. Die Pie 15 Minuten kalt stellen, dann 25–35 Minuten backen, bis sie goldbraun ist. Falls sie zu rasch bräunt, Alufolie darüberlegen. Die Pie herausnehmen und heiß servieren.

FAJITAS MIT GUACAMOLE UND TOMATENSALSA

Ein beliebtes Gericht aus der Tex-Mex-Küche, für das aromareiches Rumpsteak mit Cajungewürzen und frischen würzigen Saucen kombiniert wird.

FLEISCH **Rumpsteak**

PORTIONEN 4 **ZUBEREITUNG** 25 Min.
GARZEIT 10–15 Min. + Ruhezeit

- 1 EL Olivenöl
- 4 TL Cajun-Gewürzmischung
- 4 Rumpsteaks, 2 cm dick (à etwa 175 g)
- 8 Weizentortillas
- 4 EL Sauerrahm zum Servieren

FÜR DIE SALSA

- 500 g Tomaten, enthäutet
- 1 Handvoll Koriandergrün, gehackt
- ½ rote Zwiebel, fein gehackt
- 1 grüne Chilischote, entkernt und fein gehackt
- 3 EL Limettensaft
- Meersalz und frisch gemahlener schwarzer Pfeffer

FÜR DIE GUACAMOLE

- 2 reife Avocados, halbiert und entsteint
- 2 EL Limettensaft
- 1 EL Olivenöl
- 1 rote Zwiebel, fein gehackt
- 1 Knoblauchzehe, mit Meersalz zerrieben
- 1 grüne Chilischote, entkernt und fein gehackt

1 Für die Salsa die Tomaten grob hacken, dabei den Stielansatz, aber nicht die Samen entfernen. Mit Koriander, Zwiebel, Chilischote und Limettensaft in eine Schüssel geben. Die Zutaten salzen und pfeffern und sorgfältig vermischen.

2 Für die Guacamole das Avocadofleisch in eine Schüssel geben und mit einer Gabel zerdrücken. Limettensaft, Öl, Zwiebel, Knoblauch und Chilischote gut untermischen. Die Guacamole, wenn nötig, salzen und pfeffern. Dann mit Frischhaltefolie abgedeckt kalt stellen, damit sie nicht braun wird.

3 Eine Grillpfanne auf höchster Temperatur erhitzen. Öl und Gewürzmischung in einer Schüssel sorgfältig verrühren. Die Steaks gleichmäßig mit der Mischung einreiben, dann wie gewünscht garen – auf jeder Seite 2–2½ Minuten für »rare«, 3–3½ Minuten für »medium rare«, etwa 4 Minuten für »medium« und etwa 5 Minuten für »well done« (s. S. 175). Vom Herd nehmen und an einem warmen Platz 3–5 Minuten ruhen lassen.

4 Die Tortillas in einer Pfanne ohne Fett erhitzen. Die Steaks in Streifen schneiden und auf den Tortillas verteilen. Guacamole und Salsa daraufgeben und die Tortillas aufrollen. Heiß mit saurer Sahne servieren.

STEAK AU POIVRE

Das Rezept dieses französischen Bistroklassikers stammt aus dem 19. Jahrhundert.

FLEISCH **Filet oder Sirloinsteak**

PORTIONEN 4 **ZUBEREITUNG** 10 Min.
GARZEIT 15 Min. + Ruhezeit

- 3 EL schwarze Pfefferkörner
- 4 Filet- oder Sirloinsteaks, 4–5 cm dick (à etwa 200 g)
- Meersalz
- 1 EL Olivenöl
- 75 g kalte Butter, gewürfelt, plus 1 Stückchen Butter
- 3 Schalotten, fein gehackt
- 100 ml Weinbrand oder Cognac
- 150 ml Rinderfond
- 150 g Sahne

1 Die Pfefferkörner im Mörser zerstoßen und in ein flaches Gefäß geben. Die Steaks darin wenden, dann salzen. Das Öl in einer großen, schweren Pfanne bei mittlerer Temperatur erhitzen.

2 Die Steaks in der Pfanne wie gewünscht garen – auf jeder Seite 2½–3 Minuten für »rare«, 3–4 Minuten für »medium rare« und 5–6 Minuten für »medium« bis »well done«. Bei einer Garzeit von mehr als 4 Minuten darauf achten, dass der Pfeffer nicht verbrennt. Vom Herd nehmen und an einem warmen Platz 5 Minuten ruhen lassen.

3 Auf schwache Hitze reduzieren. Das Stückchen Butter in die Pfanne geben und die Zwiebeln darin etwa 5 Minuten garen. Den Weinbrand oder Cognac hinzufügen und die Temperatur erhöhen. Den Alkohol entzünden, damit er verbrennt.

4 Fond und Sahne hinzufügen und rasch zum Kochen bringen. Etwa auf die Hälfte einkochen lassen, bis die Sauce einen Löffelrücken überzieht. Vom Herd nehmen und die kalte Butter unterrühren. Die Sauce salzen und pfeffern und über die Steaks gießen. Als Beilage zu den Steaks in Entenschmalz frittierte Pommes frites und einen grünen Salat reichen.

DAS ULTIMATIVE STEAK

Für Steaks, die eine gute Qualität haben, sind nur wenige Zutaten erforderlich. Meist werden sie lediglich gebraten. Die erforderliche Garzeit hängt auch von der Dicke des Fleischs ab.

FLEISCH **Rib-Eye-Steak**

PORTIONEN 2 **ZUBEREITUNG** 30 Min.
GARZEIT 8–14 Min. + Ruhezeit

- 1–2 EL weiche Butter
- 2 Rib-Eye-Steaks, jeweils 3 cm dick
- Salz und frisch gemahlener schwarzer Pfeffer

EIN STEAK PERFEKT GAREN

BLUE (Blau) Garzeit insgesamt 2–3 Minuten. Das Steak ist außen gebräunt und fühlt sich auf Druck sehr weich an. Innen sollte es rötlichblau und kühl sein. Es tritt kein Blut aus.

RARE (Blutig) Das Fleisch insgesamt 6–8 Minuten garen, bis auf der Oberfläche Blutstropfen erscheinen und es sich weich anfühlt. Innen sollte es rot und warm sein. Wenn es ruht, verteilt sich das Blut.

MEDIUM (Rosa) Garzeit insgesamt 10–12 Minuten einschließlich Ruhezeit, wodurch das Fleisch gleichmäßig rosa wird. Es ist fertig, wenn Fleischsaft austritt und es auf Druck nur wenig nachgibt.

WELL DONE (Durchgebraten) Garzeit insgesamt 12–14 Minuten. Bei 14 Minuten einschließlich Ruhezeit bleibt das Steak feucht. Es ist gut gebräunt, fühlt sich fest an.

1 Eine schwere Pfanne bei hoher Temperatur erhitzen. 1–2 EL Butter darin zum Köcheln bringen. Die Steaks mit einer Küchenzange hineinlegen, dann mit einem geschlitzten Küchenwender daraufdrücken, um sicherzustellen, dass sie Kontakt mit dem Pfannenboden haben. Die Hitze etwas reduzieren, damit das Fett nicht verbrennt. Die Steaks 1–2 Minuten braten.

2 Die Steaks mit der Küchenzange anheben. Sind sie gut gebräunt, das Fleisch wenden und auf der anderen Seite braten. Die gebräunte Seite salzen und pfeffern. Sind die Steaks zu blass, die Hitze etwas erhöhen. Die erste Seite gut bräunen, bis die Steaks gewendet werden. Blau gebratene Steaks erfordern keine weitere Garzeit.

3 Die Steaks braten, bis der gewünschte Gargrad erreicht ist (s. Garzeiten links), dabei alle 1–2 Minuten wenden. Falls die Butter verbrennt, die Hitze reduzieren. Daran denken, dass dünnere Steaks rascher garen. Leicht mit dem Finger auf das Fleisch drücken, um den Gargrad zu prüfen (s. rechts). Herausnehmen und auf einem vorgewärmten Teller 3–5 Minuten ruhen lassen.

DEN GARGRAD PRÜFEN

Ein erfahrener Koch sticht ein Steak oder einen Braten einfach ein, um den Gargrad festzustellen. Hier sind Tipps, wie sich das Fleisch anfühlen sollte. In Zweifelsfällen schneidet man einfach in das Fleisch, um nachzusehen.

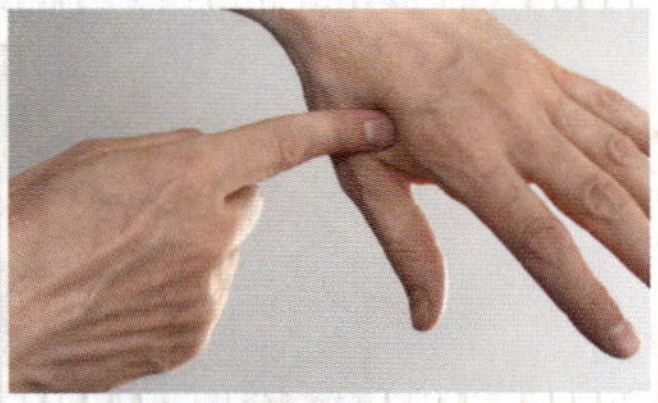

Rare Die Hand locker ausgestreckt halten, dann zwischen Daumen und Zeigefinger drücken. So fühlt sich Fleisch an, das blutig oder »rare« ist. Lässt man die Finger herabhängen, fühlt es sich an, als ob man auf blau gebratenes Fleisch drückt.

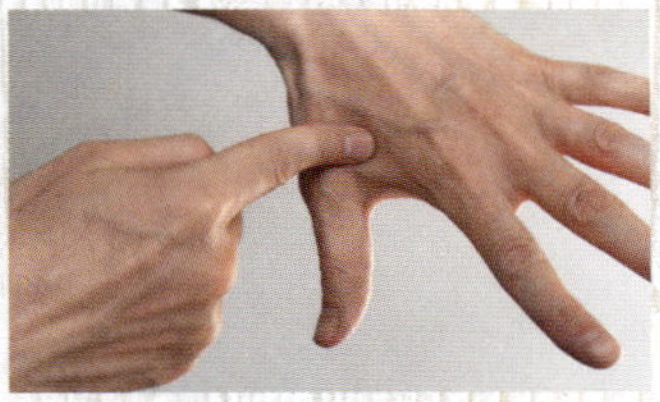

Medium Die Finger gerade strecken. Dann wie gezeigt auf den Muskel zwischen Daumen und Zeigefinger drücken. So fühlt sich rosa gebratenes Steak an. Da es beim Ruhen fester wird, kann es schon etwas früher herausgenommen werden.

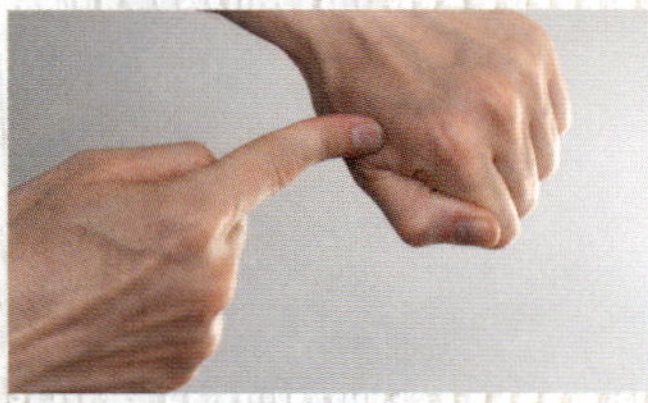

Well done Die Hand zur Faust ballen und zwischen Daumen und Zeigefinger daraufdrücken. So fühlt sich durchgebratenes Fleisch an. Hier ist Ruhen wichtig, damit es eine gleichmäßige braune Farbe bekommt, aber feucht bleibt.

ROASTBEEF

Roastbeef mit Yorkshire-Pudding und Sauce ist der Inbegriff eines englischen Sonntagsessens.

FLEISCH **Roastbeef**

PORTIONEN 4–6 **ZUBEREITUNG** 10 Min.
GARZEIT 1 Std. 45 Min. + Ruhezeit

- 1,5 kg Roastbeef
- Salz und frisch gemahlener schwarzer Pfeffer
- 1 EL Olivenöl
- 2 EL Rinderfett oder Butterschmalz (nach Belieben)
- 2 EL Mehl
- 300 ml Rinder- oder Gemüsefond

1 Den Backofen auf 200 °C vorheizen. Das Fleisch salzen und pfeffern. Das Öl in einer mittelgroßen, schweren Pfanne erhitzen. Das Fleisch hineinlegen und rundum anbraten.

2 Das Roastbeef in einen Bräter heben, in den Backofen schieben und 20 Minuten garen. Die Backofentemperatur auf 160 °C reduzieren und das Fleisch weitergaren. Nach 1 Stunde 10 Minuten ist es »rare«, nach 1 Stunde 25 Minuten »medium rare«, d. h. nur noch im inneren Kern roh.

3 Das Roastbeef auf einen vorgewärmten Teller heben, mit Alufolie abdecken und mindestens 20 Minuten ruhen lassen. So wird es saftig und lässt sich leicht aufschneiden.

4 In der Zwischenzeit den Bräter auf den Herd stellen und den Bratensaft erhitzen (ist nicht genügend vorhanden, das Rinderfett oder das Butterschmalz dazugeben). Das Mehl hinzufügen und unter Rühren 2–3 Minuten anschwitzen. Nach und nach den Fond unterrühren, um eine Sauce herzustellen. Den aus dem ruhenden Roastbeef ausgetretenen Fleischsaft sorgfältig unterrühren. Das Fleisch aufschneiden und mit der Sauce und Beilagen eigener Wahl servieren.

RESTE VERWERTEN

Übrig gebliebenes Roastbeef und Ofenkartoffeln sind eine gute Basis für ein Haschee, also eine Art Ragout aus klein geschnittenem Fleisch. Dazu passt ein Brunnenkressesalat mit Roter Bete und Orange.

CHINESISCHE RINDFLEISCH-NUDEL-SUPPE

Diese wunderbar gewürzte aromatische Suppe eignet sich großartig als Imbiss oder leichtes Mittagessen.

FLEISCH **Rinderhesse**

PORTIONEN 4 **ZUBEREITUNG** 30 Min.
GARZEIT 2 Std. 50 Min.–3 Std. 50 Min.

- 100 g chinesische Eiernudeln
- 3 TL Rohrohrzucker
- 2 EL helle Sojasauce
- ½ EL dunkle Sojasauce
- 2 EL Reiswein
- 3 TL Chili-Bohnen-Sauce (*toban djan*, aus dem Asialaden)
- 1 Handvoll Bohnensprossen
- 4 Chinakohlblätter, in Streifen geschnitten
- 2 Frühlingszwiebeln, in dünne Scheiben geschnitten
- 1 kleine Handvoll frische Korianderblätter

FÜR DIE RINDERBRÜHE

- 2 Rinderhessen (etwa 20 cm lang)
- 2 große Schalotten, vorzugsweise Bananenschalotten, längs halbiert
- 3 Möhren, halbiert
- 8 schwarze Pfefferkörner

FÜR DIE SUPPE

- 2 EL Erdnussöl
- 1 Zwiebel, gehackt
- 1 Stück Ingwer (2 cm), gerieben
- 2 Knoblauchzehen, zerdrückt
- 1–2 rote Chilischoten, vorzugsweise Bird's eye
- 500 g Rinderhesse, in 3 cm große Würfel geschnitten
- 1 Sternanis
- 1 TL chinesisches Fünf-Gewürze-Pulver
- ½ Zimtstange
- Meersalz und frisch gemahlener schwarzer Pfeffer

1 Den Backofen auf 200 °C vorheizen. Für die Brühe die Rinderhessen mit Schalotten und Möhren in einen Bräter geben und für 35–40 Minuten in den Ofen schieben, bis sie gebräunt, aber nicht verbrannt sind.

2 Herausnehmen und in einen großen Topf geben. 2,5 l Wasser und die Pfefferkörner hinzufügen. Den Topfinhalt zum Kochen bringen und nach Reduzieren der Hitze 1 Stunde köcheln lassen. Aufsteigenden Schaum abschöpfen. Die Brühe abseihen und beiseitestellen, die Knochen wegwerfen, die Möhren aufbewahren.

3 In der Zwischenzeit für die Suppe das Öl in einem großen Topf bei mittlerer Temperatur erhitzen. Die Zwiebel hineingeben und weich garen. Ingwer, Knoblauch und Chilischoten hinzufügen und 1 Minute garen.

4 Das Fleisch in den Topf geben und portionsweise anbraten, bis es gut gebräunt ist. Die übrigen Suppenzutaten mit der Brühe hinzufügen, dann salzen und pfeffern. Den Topfinhalt zum Köcheln bringen und 1–2 Stunden garen, wenn nötig, noch etwas Brühe dazugeben. Die Flüssigkeit durch ein Sieb in einen sauberen Topf seihen. Sternanis und Zimtstange wegwerfen.

5 In einem großen Topf Wasser zum Kochen bringen. Die Nudeln darin nach Anweisung garen. Abtropfen lassen und unter fließendem kaltem Wasser abschrecken. Beiseitestellen.

6 Die zurückgestellten Möhren in die Brühe geben und etwa 5 Minuten garen. Zucker, helle und dunkle Sojasauce, Reiswein und Bohnensauce in einer kleinen Schüssel vermischen, dann in die Suppe rühren.

7 Das Fleisch wieder dazugeben und 1 Minute sanft köcheln lassen. Vom Herd nehmen. Direkt vor dem Servieren Nudeln und Bohnensprossen auf vier tiefe Schalen verteilen. Den Chinakohl in die Suppe rühren. Die heiße Suppe in die Schalen schöpfen. Mit Frühlingszwiebeln und Korianderblättern garnieren und sofort servieren.

RINDERHESSE IN ROTWEIN

Für diesen wunderbaren Eintopf wird das Fleisch langsam gegart, bis es im Mund zergeht und wunderbar aromatisch schmeckt. Er ist ein echter Seelentröster.

FLEISCH **Rinderhesse**

PORTIONEN 6–8 **ZUBEREITUNG** 45 Min.
GARZEIT 2 Std. 30 Min.

- 4 EL Rapsöl, wenn nötig, mehr
- 200 g durchwachsener Speck, in Streifen geschnitten
- 18 kleine Schalotten
- 200 g Champignons, geviertelt
- 1 Zwiebel, fein gehackt
- 3 Knoblauchzehen, gehackt
- 200 g große flache Champignons, gehackt
- 1,5 kg Rinderhesse, pariert und in 5 cm große Stücke geschnitten
- 3 EL Mehl, mit Salz und Pfeffer gewürzt
- 750 ml Rotwein
- 1 Dose gehackte Tomaten (etwa 400 g)
- 1 Thymianzweig
- 1 großes Lorbeerblatt
- 2 EL gehackte glatte Petersilie
- 400 ml Rinderfond, wenn nötig, mehr
- Meersalz und frisch gemahlener schwarzer Pfeffer

1 Den Backofen auf 150 °C vorheizen. In einer schweren Pfanne 2 EL Öl erhitzen. Den Speck hineingeben und sanft bräunen, dann in eine große Kasserolle heben. Die Schalotten in die Pfanne geben und goldbraun braten. In die Kasserolle heben. Die Champignons in der Pfanne goldbraun braten und ebenfalls in die Kasserolle geben. Zwiebel und Knoblauch in der Pfanne goldbraun braten. Die Champignons hinzufügen und garen, bis sie weich sind, wenn nötig, noch Öl hinzufügen. Die Zutaten in die Kasserolle füllen.

2 Das übrige Öl in einem Topf erhitzen. Das Fleisch im Mehl wenden und rundum bräunen, dann in die Kasserolle geben. Das Fett aus dem Topf gießen. 200 ml Wein hinzufügen und zum Kochen bringen, dabei den Bodensatz abschaben. Die Tomaten dazugeben und zum Kochen bringen. Alles in die Kasserolle füllen. Thymian, Lorbeer, 1 EL Petersilie, restlichen Wein und Fond gut untermischen, dann salzen und pfeffern.

3 Die Zutaten im Ofen etwa 2–2½ Stunden garen, dabei ab und zu umrühren und, wenn nötig, Fond hinzufügen. Herausnehmen und abschmecken. Thymian und Lorbeerblatt entfernen. Die Sauce falls gewünscht andicken. Das Gericht mit der übrigen Petersilie garniert servieren.

BŒUF BOURGUIGNON

Vereinfachte Variante des französischen Klassikers, bei der das Fleisch schmackhaft und butterweich wird.

FLEISCH **Rinderhesse**

PORTIONEN 4–6 **ZUBEREITUNG** 30 Min.
GARZEIT 2 Std. 45 Min.

- 4 EL Olivenöl
- 100 g durchwachsener Speck, in Streifen geschnitten
- 2 Zwiebeln, fein gehackt
- 4 dünne Möhren, in 2 cm dicke Scheiben geschnitten
- 1 Stange Staudensellerie, fein gehackt
- 150 g Champignons, große Pilze halbiert
- 1 kg Rinderschmorfleisch, vorzugsweise Hesse, in 3 cm große Würfel geschnitten
- 2 EL Mehl, mit Salz und Pfeffer gewürzt
- 350 ml Rotwein
- 250 ml Rinderfond
- Salz und frisch gemahlener schwarzer Pfeffer
- 1 Bouquet garni

1 Den Backofen auf 150 °C vorheizen. In einer großen Kasserolle 2 EL Öl erhitzen. Den Speck darin 1–2 Minuten braten, bis er leicht gebräunt ist. Zwiebeln, Möhren, Sellerie und Champignons dazugeben und 5 Minuten garen. Herausheben und beiseitestellen.

2 Das Rindfleisch mit Küchenpapier trocken tupfen. Im Mehl wenden, bis es gut überzogen ist, überschüssiges Mehl abschütteln. Das übrige Öl in der Kasserolle erhitzen und das Fleisch darin portionsweise anbraten. Herausheben und beiseitestellen.

3 Wein und Fond in den Topf gießen und rühren, um den Bratensatz zu lösen. Großzügig salzen und pfeffern. Das Bouquet garni hinzufügen. Fleisch und Gemüse wieder in den Topf geben. Alles zugedeckt 2½ Stunden im Backofen garen, bis das Fleisch sehr weich ist. Das Bouquet garni entfernen und das Gericht mit Butternudeln servieren.

WEIN EINFRIEREN

Weinreste können für den späteren Gebrauch in der Küche in Eiswürfelschalen eingefroren und anschließend in Folienbeuteln aufbewahrt werden. Ein oder zwei Würfel verleihen einem Eintopf zusätzliches Aroma.

GESCHMORTE BÜFFELBRUST

Bei diesem langsam gegarten Gericht verleihen Zwiebeln und Bier der Sauce Geschmack und Konsistenz.

FLEISCH **Büffelbrust**

PORTIONEN 6–8 **ZUBEREITUNG** 15 Min.
GARZEIT 3–4 Std. + Ruhezeit

- 1,5 kg Büffelbrust
- 1 TL Salz
- ½ TL frisch gemahlener schwarzer Pfeffer
- 2 EL Olivenöl
- 4 Zwiebeln, in Scheiben geschnitten
- 1 Lorbeerblatt
- 330 ml Leichtbier
- 1 EL Balsamico-Essig

1 Den Backofen auf 160 °C vorheizen. Das Fleisch mit Küchenpapier trocken tupfen, dann salzen und pfeffern. Das Öl in einer großen, tiefen Kasserolle erhitzen. Das Fleisch darin etwa 10 Minuten anbraten, bis es rundum gebräunt ist. Mit einem Schaumlöffel auf einen mit Küchenpapier belegten Teller heben und beiseitestellen.

2 Die Zwiebeln in die Kasserolle geben und garen, bis sie gebräunt sind. Das Fleisch wieder in die Kasserolle legen. Lorbeerblatt, Bier und Essig hinzufügen. Das Fleisch gerade mit Wasser bedecken. Den Inhalt der Kasserolle zum Kochen bringen, dann zugedeckt für 3½ Stunden in den Backofen schieben.

3 Die Kasserolle aus dem Ofen nehmen. Das Fleisch ohne Deckel 15 Minuten ruhen lassen. Auf ein Schneidebrett heben und in dicke Scheiben schneiden. Diese auf einer großen Platte anrichten. Das Lorbeerblatt aus der Kasserolle nehmen. Die Garflüssigkeit über das Fleisch gießen. Als Beilage im Ofen gegartes Gemüse und Kartoffelpüree reichen.

SAFTIGES FLEISCH

Da Büffelfleisch magerer als Rindfleisch ist, gart man es am besten in Flüssigkeit, damit es saftig bleibt.

KALBSRIPPENBRATEN MIT PESTO

Optisch noch ansprechender wird dieses Gericht, wenn man die Rippen des Fleischs vor dem Braten verschränkt. Als Beilage schmecken Bratkartoffeln.

FLEISCH **Kalbsrippenbraten**

PORTIONEN 4 **ZUBEREITUNG** 10 Min.
GARZEIT 1 Std. 15 Min. + Ruhezeit

- 50 g Butter plus 1 Stückchen Butter
- 3 EL Olivenöl
- Kalbsrippenbraten mit 6 Rippen (etwa 1,5 kg), pariert
- Meersalz und frisch gemahlener schwarzer Pfeffer
- 2 Zwiebeln, halbiert
- 4 Knoblauchzehen, zerdrückt
- einige Rosmarinzweige
- 1 Lorbeerblatt
- 250 ml Weißwein

1 Den Backofen auf 180 °C vorheizen. In einem Bräter Butter und Öl bei hoher Temperatur erhitzen. Das Kalbfleisch hineinlegen und rundum anbraten, dann salzen und pfeffern.

2 Zwiebeln, Knoblauch, Rosmarin und Lorbeerblatt dazugeben und den Wein darübergießen. Den Bräter für 45–60 Minuten in den Backofen schieben, dabei das Fleisch regelmäßig mit der Flüssigkeit beschöpfen. Herausnehmen, auf einen Teller heben und 10 Minuten ruhen lassen.

3 In der Zwischenzeit den Bräter bei schwacher Hitze auf den Herd setzen, und die Garflüssigkeit einkochen lassen. Vom Herd nehmen, sorgfältig das Butterstückchen unterrühren. Die Sauce abschmecken. Das Fleisch aufschneiden und mit der Sauce servieren.

ROTES BISONCURRY

Für dieses thailändische Curry wird ein hochpreisiger Fleischzuschnitt verwendet. Wenn man es rasch gart, bewahrt das Fleisch Konsistenz und Geschmack.

FLEISCH **Sirloinsteak vom Bison**

PORTIONEN 4 **ZUBEREITUNG** 20 Min.
GARZEIT 25 Min.

- 1 EL Pflanzenöl
- 500 g Sirloinsteak vom Bison, in Streifen geschnitten
- 1 Dose Kokosmilch (etwa 400 ml)
- 100 ml Rinderfond
- 1 EL Fischsauce
- 1 EL Rohrohrzucker
- 3 EL rote Currypaste
- 1 Paprikaschote, entkernt und in Streifen geschnitten
- 1 Möhre, in Scheiben geschnitten
- 125 g Champignons, in Scheiben geschnitten
- 1 EL gehackte Basilikumblätter

1 Das Öl in einer großen Pfanne bei mittlerer Temperatur erhitzen. Das Fleisch darin etwa 5 Minuten braten, bis es gut gebräunt ist. Mit einem Schaumlöffel auf einen Teller heben und beiseitestellen.

2 Kokosmilch, Fond, Fischsauce, Zucker und Currypaste in die Pfanne geben und verrühren. Die Zutaten etwa 5 Minuten köcheln lassen.

3 Alle Gemüsesorten hinzufügen und unter gelegentlichem Rühren 10 Minuten garen, bis sie weich sind und die Sauce etwas eingedickt ist. Das Fleisch wieder in den Topf geben und das Basilikum hinzufügen. Das Gericht heiß mit Jasminreis servieren.

VARIANTE

Rotes Rindfleischcurry Das Bisonfleisch durch Sirloinsteak vom Rind ersetzen und anstelle der Möhren 100 g in Stücke geschnittene Zucker- oder Okraschoten verwenden. Das Gericht wie oben beschrieben zubereiten und heiß servieren.

SCALOPPINE MIT SALSA VERDE

Ein typisch italienisches Gericht, zu dem traditionell entweder Salsa verde, eine Tomatensauce oder eine Weinsauce serviert wird.

FLEISCH **Kalbsschnitzel**

PORTIONEN 4 **ZUBEREITUNG** 15–20 Min.
GARZEIT 5 Min. + Ruhezeit

4 Kalbsschnitzel (à etwa 180 g)
8 Scheiben Parmaschinken
12 Salbeiblätter
frisch gemahlener schwarzer Pfeffer
2 EL Butter
etwas Olivenöl (nach Belieben)

FÜR DIE SALSA

3 EL fein gehackte glatte Petersilie
abgeriebene Schale und Saft von 1 kleinen Bio-Zitrone
2 EL Kapern, abgetropft und fein gehackt
2 Knoblauchzehen, zerdrückt
150 ml Olivenöl
½ TL Dijonsenf
Meersalz

1 Das Kalbfleisch zwischen zwei Stücke Frischhaltefolie legen. Mit einem Nudelholz oder Fleischklopfer leicht plattieren. Aus der Folie nehmen und beiseitelegen. Auf einen Teller 2 Scheiben Schinken legen, darauf 3 Salbeiblätter. Ein Kalbsschnitzel daraufsetzen und pfeffern. Den Schinken um das Fleisch wickeln. Mit den anderen Schnitzeln ebenso verfahren.

2 Für die Salsa Petersilie, Zitronenschale, Kapern und Knoblauch in eine Schüssel geben. Zitronensaft, Öl und Senf hinzufügen und sorgfältig untermischen. Die Salsa mit Salz abschmecken.

3 In einer großen Pfanne die Butter erhitzen. Wenn sie schäumt, die Schnitzel hineinlegen und auf beiden Seiten goldbraun braten. Wenn nötig, noch etwas Öl hinzufügen. Das Fleisch 2 Minuten ruhen lassen, dann mit der Salsa servieren.

KALBSSCHNITZEL MIT PAPRIKASCHOTEN

Bei diesem norditalienischen Gericht benötigen die Schnitzel beim Garen genügend Platz in der Pfanne, weil sonst die Panade nicht knusprig wird.

FLEISCH **Kalbsschnitzel**

PORTIONEN 6
ZUBEREITUNG 20–25 Min. + Kühlzeit
GARZEIT 9–12 Min.

- 6 Kalbsschnitzel (etwa 400 g)
- 30 g Mehl, mit Salz und Pfeffer gewürzt
- 2 Eier, verquirlt
- 60 g Semmelbrösel
- 60 g Parmesan, frisch gerieben
- 4 EL Olivenöl, wenn nötig, mehr
- 1 Knoblauchzehe, fein gehackt
- 2 kleine grüne Paprikaschoten, entkernt und in Streifen geschnitten
- 2 kleine rote Paprikaschoten, entkernt und in Streifen geschnitten
- Salz und frisch gemahlener schwarzer Pfeffer
- 7–10 Stängel Oregano, Blätter abgezupft und fein gehackt, plus Oregano zum Servieren
- 30 g Butter
- 1 Bio-Zitrone, in Scheiben geschnitten, zum Servieren

1 Die Schnitzel zwischen zwei Stücken Frischhaltefolie mit einem Nudelholz oder Fleischklopfer plattieren, bis sie 3 mm dick sind. Das Fleisch aus der Folie nehmen und beiseitestellen.

2 Das Mehl auf einen großen Teller geben. Das verquirlte Ei in ein flaches Gefäß geben. Semmelbrösel und Parmesan in einer kleinen Schüssel vermischen und auf einem Stück Backpapier verteilen. Die Schnitzel im Mehl wenden, überschüssiges Mehl abschütteln. In das Ei tauchen, dann mit der Semmelbröselmischung überziehen. Das Fleisch für 30 Minuten in den Kühlschrank legen.

3 In einer Pfanne 2 EL Öl erhitzen. Knoblauch und Paprikaschoten hineingeben, dann salzen und pfeffern. Unter gelegentlichem Rühren braten, bis sie weich sind. Vom Herd nehmen und den Oregano untermischen. Das Gemüse warm stellen.

4 Die Butter und das restliche Öl in einer großen Pfanne bei mittelhoher Temperatur erhitzen. Die Schnitzel portionsweise auf jeder Seite 1–2 Minuten braten, bis sie goldbraun und in der Mitte nicht mehr rosa sind. Falls die Panade zu dunkel wird, die Hitze reduzieren. Zwischendurch, wenn nötig, noch Öl hinzufügen. Auf einen mit Küchenpapier belegten Teller heben und warm stellen. Mit Oregano und Zitronenscheiben garnieren und mit den Paprikaschoten servieren.

KALBSSCHNITZEL MIT SPIEGELEI, KAPERN UND PETERSILIE

Dieses österreichische Gericht wird meist mit grünem Salat, Zitrone und Petersilie serviert.

FLEISCH **Sirloinsteak vom Kalb**

PORTIONEN 4
ZUBEREITUNG 20 Min. + Kühlzeit
GARZEIT 15 Min.

- 4 Sirloinsteaks vom Kalb (à etwa 200 g)
- 2 EL Mehl, mit Salz und Pfeffer gewürzt
- 150 g Semmelbrösel
- 2 große Eier, verquirlt
- 50 g Butter
- 2 EL Olivenöl
- 4 Eier
- 1 EL Kapern, abgetropft
- 1 EL gehackte glatte Petersilie
- 2 EL geklärte Butter oder Butterschmalz
- 1 Bio-Zitrone, in Spalten geschnitten, zum Servieren

1 Die Steaks zwischen zwei Stücken Frischhaltefolie mit einem Nudelholz oder einem Fleischklopfer plattieren, bis sie 3 mm dick sind. Aus der Folie nehmen und beiseitestellen.

2 Das Mehl in eine große Schüssel geben. Die Semmelbrösel auf einem Teller verteilen. Die Steaks im Mehl wenden, überschüssiges Mehl abschütteln. In das Ei tauchen und schließlich in den Semmelbröseln wenden. Für 30 Minuten in den Kühlschrank legen.

3 Die Steaks aus dem Kühlschrank nehmen. In einer hohen Pfanne die Butter und die Hälfte des Öls erhitzen. Die Steaks auf jeder Seite 2–3 Minuten braten, bis sie knusprig und goldbraun sind. Mit einem Schaumlöffel auf einen Teller heben und warm stellen.

4 Das restliche Öl in einer zweiten Pfanne erhitzen und darin Spiegeleier braten. Zum Servieren jeweils 1 Steak auf einen vorgewärmten Teller legen. Kapern, Petersilie und 1 Spiegelei daraufgeben. Mit einem grünen Salat, etwas geklärter warmer Butter und je 1 Zitronenspalte servieren.

KALBSFILET MIT ZITRONE, OLIVEN UND KIRSCHTOMATEN

Das perfekte Gericht für den Sommer, bei dem süße, salzige und scharfe Aromen in Einklang stehen.

FLEISCH **Kalbsfilet**

PORTIONEN 6 **ZUBEREITUNG** 20 Min.
GARZEIT 1 Std. 30 Min. + Ruhezeit

- 1 kg Kalbsfilet
- abgeriebene Schale von 1 Bio-Zitrone
- 2 EL Olivenöl
- Meersalz und frisch gemahlener schwarzer Pfeffer
- 2 Zwiebeln, gehackt
- 200 ml Weißwein
- 4 Knoblauchzehen, in dünne Scheiben geschnitten
- 1 eingelegte Zitrone, abgespült und in 4 Spalten geschnitten
- 250 g Kirschtomaten am Stängel
- 50 g schwarze Oliven
- 50 g grüne Oliven
- 2 Zitronenthymianzweige
- 2 Rosmarinzweige
- 1 Stückchen Butter
- 1 Handvoll glatte Petersilie, grob gehackt, zum Garnieren

1 Den Backofen auf 150 °C vorheizen. Das Fleisch mit der Zitronenschale einreiben. Das Öl bei hoher Temperatur in einem Bräter erhitzen. Das Fleisch darin rundum anbraten, bis es gut gebräunt ist. Salzen und pfeffern.

2 Die Zwiebeln und 2–3 EL Wein hinzufügen. Das Fleisch mit der Garflüssigkeit beschöpfen. Den restlichen Wein dazugießen. Den Bräter in den Backofen schieben. Das Fleisch 50–60 Minuten garen, dabei alle 20 Minuten mit Garflüssigkeit beschöpfen.

3 Herausnehmen, auf einen Teller heben und an einem warmen Platz ruhen lassen. Knoblauch, Zitronenspalten, Tomaten, grüne und schwarze Oliven, Thymian und Rosmarin in den Bräter geben und für 15 Minuten in den Ofen schieben.

4 Den Bräter herausnehmen. Die Butter hineingeben und behutsam unter die anderen Zutaten rühren. Die Mischung abschmecken. Das Fleisch in Scheiben schneiden. Mit Oliven, Zitrone und Tomaten auf einem Teller anrichten, die Sauce darübergießen. Das Gericht mit etwas Petersilie garniert heiß servieren.

BLANQUETTE DE VEAU

Dieses klassische französische Gericht ist ein Kalbsfrikassee mit einer cremigen Sauce, die durch das vorsichtige Hinzufügen von Eigelb angedickt wird.

FLEISCH **Kalbsschulter**

PORTIONEN 4 **ZUBEREITUNG** 15 Min.
GARZEIT 1 Std. 40 Min.

- 600 g Kalbsschulter, in 4 cm große Stücke geschnitten
- 1 Bouquet garni
- 1 Stange Staudensellerie, grob gehackt
- 1 Möhre, grob gehackt
- Salz und frisch gemahlener schwarzer Pfeffer
- 100 ml Weißwein
- 12 Perlzwiebeln
- 300 g Champignons
- 2 Eigelb
- 4 EL Sahne
- 1 Handvoll glatte Petersilie zum Garnieren

1 Das Fleisch mit Bouquet garni, Staudensellerie und Möhre in eine 2 l fassende schwere Kasserolle geben und großzügig salzen und pfeffern. Wein und 500 ml Wasser hinzufügen und zum Kochen bringen. Aufsteigenden Schaum abschöpfen.

2 Die Hitze reduzieren. Den Topfinhalt zugedeckt 1 Stunde köcheln lassen, dabei ab und zu umrühren. Zwiebeln und Pilze hinzufügen und zum Kochen bringen. Zugedeckt 30 Minuten köcheln lassen. Das Bouquet garni entfernen.

3 Eigelbe und Sahne verschlagen. Etwas Garflüssigkeit unterrühren. Die Mischung unter Rühren langsam in die Kasserolle gießen und behutsam garen, bis die Sauce dickflüssig wird. Vom Herd nehmen und die Petersilie darüberstreuen. Das Gericht mit gedämpften grünen Gemüsesorten und einer Basmati-Wildreis-Mischung servieren.

KALBFLEISCHSPIESSE

Indisches Gericht, das meist mit Kokosnuss, Reis, kräftigen Gewürzen und natürlich Chilischoten zubereitet wird.

FLEISCH **Kalbsoberschale**

PORTIONEN 4–6 **ZUBEREITUNG** 15 Min. + Marinierzeit + Einweichzeit
GARZEIT 15 Min. + Ruhezeit

- 1 kg Kalbsoberschale, in 4 cm große Stücke geschnitten
- Meersalz und frisch gemahlener schwarzer Pfeffer

FÜR DIE MARINADE

- 1 Zimtstange (5 cm)
- 10 Gewürznelken
- 2 große rote getrocknete Chilischoten, zerbröselt
- 1 Stück Ingwer (5 cm), geraspelt
- 1 große Zwiebel, gehackt
- 1 TL gemahlene Kurkuma
- 2 EL Tamarindenpaste
- 2 TL Rohrohrzucker
- 100 ml Apfelessig
- 2 EL Rapsöl
- 4 Knoblauchzehen, zerdrückt
- 1 TL Salz
- ½ TL frisch gemahlener schwarzer Pfeffer

1 Für die Marinade Zimtstange und Gewürznelken im Mörser zerstoßen. Bei schwacher Hitze in einer Pfanne ohne Fett rösten, bis sie aromatisch duften. Die Chilischoten hinzufügen. Vom Herd nehmen und zum Abkühlen beiseitestellen. Dann mit den übrigen Zutaten für die Marinade in einer Küchenmaschine zu einer glatten Paste verarbeiten.

2 Die Paste in eine große Schüssel geben. Das Fleisch hinzufügen und sorgfältig untermischen. Abgedeckt für 2 Stunden in den Kühlschrank stellen. In der Zwischenzeit sechs Holzspieße für 30 Minuten in kaltes Wasser legen. Den Smokergrill auf höchster Stufe vorheizen oder eine Grillpfanne bei hoher Temperatur erhitzen.

3 Das Fleisch aus dem Kühlschrank nehmen und auf die Holzspieße stecken. 6–8 Minuten garen, bis es durch ist, dabei regelmäßig wenden, ab und zu salzen und pfeffern.

4 Die Spieße 2–3 Minuten ruhen lassen, dann heiß mit getoastetem Peshwari naan (indisches Fladenbrot mit Kokosnuss) und Minzejoghurt servieren.

KALBSRÖLLCHEN MIT SPINATFÜLLUNG

Diese kleinen Rouladen können am Vortag zubereitet und abgedeckt im Kühlschrank aufbewahrt werden, wodurch sich ihr Geschmack noch verfeinert.

FLEISCH **Kalbsschnitzel**

PORTIONEN 4 **ZUBEREITUNG** 45–50 Min.
GARZEIT 30–40 Min.

- 500 g Blattspinat, geputzt
- 4 EL Olivenöl, wenn nötig, mehr
- 50 g Walnusskerne, gehackt
- 30 g Parmesan, frisch gerieben
- geriebene Muskatnuss
- 8 Knoblauchzehen, fein gehackt
- Salz und frisch gemahlener schwarzer Pfeffer
- 8 Kalbsschnitzel (etwa 650 g)
- 1 Zwiebel, in dünne Scheiben geschnitten
- 1 Möhre, in dünne Scheiben geschnitten
- 2 Stangen Staudensellerie, in dünne Scheiben geschnitten
- 250 ml Weißwein
- 250 ml Hühnerfond

1 In einem Topf Wasser zum Kochen bringen. Den Spinat 1–2 Minuten garen. Abtropfen lassen, ausdrücken und hacken. In einer Pfanne 2 EL Öl erhitzen. Den Spinat hineingeben und rühren, bis alle Flüssigkeit verdampft ist. Vom Herd nehmen. Nüsse, Parmesan, Muskatnuss und die Hälfte des Knoblauchs untermischen, abschmecken.

2 Das Fleisch zwischen zwei Stücke Frischhaltefolie legen und mit einem Nudelholz oder Fleischklopfer plattieren, bis es 3 mm dick ist. Aus der Folie nehmen, auf die saubere Arbeitsfläche legen und salzen und pfeffern. Die Spinatmischung gleichmäßig auf den Schnitzeln verteilen. Das Fleisch zu Rouladen aufrollen und mit Küchengarn zusammenbinden.

3 In einer Pfanne das restliche Öl bei hoher Temperatur erhitzen. Die Rouladen hineinlegen und 2–3 Minuten unter gelegentlichem Wenden garen, bis sie rundum gebräunt sind. Auf einen Teller heben und beiseitestellen.

4 Zwiebel und restlichen Knoblauch in der Pfanne garen, bis sie weich sind. Möhre und Staudensellerie hinzufügen und 8–10 Minuten weich garen. Den Wein dazugeben und auf die Hälfte einkochen lassen.

5 Die Rouladen wieder in die Pfanne geben und den Fond hinzugeben. Zugedeckt 30–40 Minuten köcheln lassen, bis sie weich sind. Die Garflüssigkeit durch ein Sieb in einen Topf seihen, das Gemüse aufbewahren. Die Flüssigkeit auf 200 ml einkochen lassen. Die Kalbsröllchen aufschneiden und mit Gemüse und Sauce servieren.

LAMM & ZIEGE

LAMM & ZIEGE

DENKEN WIR AN SCHAFE, STELLEN WIR UNS TIERE VOR, DIE IN SALZMARSCHEN ODER AUF MALERISCHEM HEIDELAND GRASEN. ZIEGEN SEHEN WIR VOR UNSEREM GEISTIGEN AUGE EHER IN UNWIRTLICHEN GEGENDEN, WO SIE DAS SPÄRLICHE LAUB VON BÄUMEN FRESSEN.

SOWOHL SCHAFE ALS AUCH ZIEGEN können selbst die magersten Weiden erstaunlich effizient nutzen. Zudem ist ihre Haltung aufgrund ihrer geringen Größe einfach. Daher wurden sie vor Rindern und Schweinen domestiziert, um den Menschen Wolle, Milch und leckeres Fleisch zu liefern.

Schafe wurden lange vor allem als Lieferanten für Milch und Wolle gehalten. Fleisch war ein Nebenprodukt und stammte meist von älteren Tieren. Lämmer wurden – und werden bis heute – nur zu festlichen Anlässen geschlachtet wie muslimischen Hochzeiten, Geburten und religiösen Feiertagen, dem jüdischen Pessachfest oder dem christlichen Ostermahl. In vielen Ländern ist der Verzehr vom Lammfleisch eher unüblich.

Ziegen sind in den Trockengebieten Afrikas oder vor allem Asiens wichtige Fleisch- und Milchlieferanten. Dort leben denn auch etwa 60 Prozent aller Ziegen weltweit. An anderen Orten werden einige Ziegen speziell wegen ihres Fleischs gezogen, doch die meisten dienen der Milcherzeugung, und geschlachtet werden nur überzählige junge Böcke oder alte Milchziegen.

LANGE WURDEN SCHAFE VOR ALLEM ALS LIEFERANTEN FÜR MILCH UND WOLLE GEHALTEN. FLEISCH WAR EIN NEBENPRODUKT UND STAMMTE MEIST VON ÄLTEREN TIEREN.

ERNÄHRUNGSWEISE

Schafe und Ziegen sind Wiederkäuer und besitzen daher vierteilige Mägen, in denen Futter zurückgehalten wird, ehe die eigentliche Verdauung beginnt. Während Ziegen am liebsten Blätter oder ganze Sträucher fressen, bevorzugen Schafe kurze Vegetation. Ziegen und Schafe, die der Milchproduktion dienen, erhalten energiereicheres Futter und werden häufiger im Stall gehalten, wo sie beispielsweise Luzerne und Kraftfutter bekommen. In vielen heißen Ländern halten sie sich aber im Freien auf und nutzen das natürliche Nahrungsangebot.

PRODUKTION UND FÜTTERUNG

Schafe und Ziegen, die wegen ihres Fleischs gezogen werden, leben die meiste Zeit draußen, etwa in den Bergen, in Salzmarschen oder in der Heide. Die Vegetation der jeweiligen Landschaftsform verleiht ihrem Fleisch einen typischen Geschmack, der sehr geschätzt wird. In Südamerika, Australien und Neuseeland leben riesige Schafherden auf Farmen, wobei Neuseeland weltweit die höchste Dichte an Schafen hat. Schafe und Fleischziegen werden zudem im Zuge von Wechselwirtschaft relativ intensiv auf gedüngten Graskoppeln gehalten. Im Winter bekommen sie Hackfrüchte wie Kohlrüben oder Futterrüben, zudem können sie während der Trächtigkeit oder vor der Schlachtung Kraftfutter bekommen. Dennoch ist die Wahrscheinlichkeit, dass Lämmer oder junge Ziegen aus Intensivhaltung stammen, weitaus geringer als bei anderen Nutztieren.

MITTEL UND MEDIKAMENTE

Schafe und Ziegen, die im Freiland gehalten werden, haben nur selten ernsthafte gesundheitliche Probleme, doch Tiere in intensiverer Haltung bekommen oft Medikamente, um das Auftreten von Parasiten und Moderhinke, eine entzündliche Klauenkrankheit, zu verhindern. Umstrittene Desinfektionsmittel für Schafe wie solche, die Organophosphate enthalten, können schädlich für die Umwelt sein und vermutlich auch für die Landwirte. Bei ihrer Anwendung ist große Vorsicht geboten.

ÖKOLOGISCHE HALTUNG

Wie bei anderen Nutztieren gibt es auch bei Schafen verschiedene Arten der ökologischen Haltung, aber in allen Fällen muss das Futter aus Bioanbau stammen. Extensiv gehaltene Schafe werden nicht notwendigerweise als Bioprodukt vermarktet. In einigen Ländern, in denen es keine anderen geeigneten Behandlungsmöglichkeiten gegen bestimmt Erkrankungen gibt, sind auf Biohöfen auch Organophosphate erlaubt.

RASSEN

• **Schafe** Unter den Hunderten Schafrassen gibt es viele Wollrassen wie etwa das berühmte Merinoschaf, andere wurden für die Milcherzeugung gezüchtet. In den meisten Ländern, die Lammfleisch produzieren, werden Fleischschafe gehalten, bei denen es sich um Kreuzungen zwischen widerstandsfähigen und ertragreichen Rassen handelt.

Auf den Britischen Inseln gibt es mehr Schafrassen als in irgendeinem anderen Land, und viele britische Rassen wie etwa Romney, Suffolk und Cheviot findet man in Herden auf der ganzen Welt. Auch das niederländische Texelschaf, ein rasch wachsendes Fleischschaf, fand seinen Weg in zahlreiche Länder.

• **Fettschwanzschaf** Bei den Fettschwanzschafen handelt es sich um eine Gruppe von Hausschafrassen, die unter anderem im Nahen Osten und in Nordafrika gehalten werden, da sie gut mit trockenen Bedingungen zurechtkommen. Sie werden wegen ihres Fleischs gezogen, doch ihre Besonderheit sind ihre langen Schwänze, in denen Fett sitzt, das in der arabischen Küche hochgeschätzt ist.

• **Fleischziegen** Außerhalb Asiens und Afrikas ist die Produktion von Ziegenfleisch relativ jung. Eine der verbreitetsten Fleischrassen ist die südafrikanische Burenziege, gefolgt von der Spanischen Ziege und der Anglo-Nubier-Ziege, eine Mehrnutzungsrasse, für die englische Ziegen mit Rassen aus Ägypten und Indien gekreuzt wurden.

KATEGORIEN

• **Milchlamm** Mindestens acht Wochen, höchstens sechs Monate alt. Sein Fleisch ist sehr hell, da es noch kein Grünfutter gefressen hat.

• **Osterlamm** Um Weihnachten geborenes Tier, das mit drei bis vier Monaten geschlachtet wird.

• **Mastlamm** Ist bis zu einem Jahr alt, und sein Fleisch hat einen milden, aber typischen Geschmack.

• **Hammel** Männliches oder weibliches kastriertes Tier, das nicht älter als zwei Jahre ist.

• **Schaf** Kastriertes Tier, das älter als zwei Jahre ist. Sein Fleisch ist dunkelrot und meist stark mit Fett durchzogen.

• **Kitz** Als Kitzfleisch wird Fleisch von Schlachttieren bezeichnet, die jünger als sechs Monate waren. Jungziegenfleisch stammt von Tieren zwischen sechs und zwölf Monaten. Beide Fleischsorten sind sehr zart. Noch feiner ist das Fleisch von Milchkitzen, die bereits mit acht Wochen geschlachtet werden.

• **Ziege** Tier, das älter als ein Jahr ist. Bei Ziegen, die mehr als drei Jahre alt sind, kann das Fleisch einen strengen Geschmack haben, vor allem wenn es von Böcken stammt.

FLEISCH KAUFEN

Fleisch von jungen Lämmern hat einen geringen Fettanteil, bei älteren Tieren kann es aber viel Fett enthalten, vor allem wenn es aus dem Vorderviertel stammt. Am magersten ist stets Fleisch aus der Keule. Bei erwachsenen Tieren ist zudem das Fett härter und hat einen intensiveren Geschmack. Ziegenfleisch ist in der Regel relativ mager.

FLEISCHZUSCHNITTE

Das Fleisch dieser extensiv gehaltenen Tiere hat einen süßlichen Geschmack und ist vielseititg verwendbar. Aus Ziege und Schaf könnten die gleichen Stücke geschnitten werden wie aus einem Lamm, meist werden sie aber einfacher zerlegt.

ZIEGE UND KITZ

Ziegenfleisch ist erheblich magerer als das von Lamm oder Schaf. Das Fleisch älterer Tiere schmeckt intensiver als das von Jungtieren. Kitzfleisch stammt von Schlachttieren, die jünger als sechs Monate waren.

- **GANZE KEULE** Hochpreisiger Zuschnitt mit etwa 2 kg Gewicht, der im Ofen gebraten, geschmort oder entbeint und gerollt werden kann.
- **GANZER SATTEL, MIT KNOCHEN, OHNE RIPPEN** Der zarteste Zuschnitt. Er kann ganz gebraten, in Stücke oder Koteletts geteilt gegrillt oder entbeint als besonderer Braten zubereitet werden.
- **GANZE SCHULTER** Wird am besten in Alufolie eingewickelt langsam gegart, bis das Fleisch von den Knochen fällt.
- **ZIEGENFLEISCH, GEWÜRFELT** Perfekt geeignet für Currys und Eintöpfe. Gewöhnlich enthält es keine Knochen, aber es gibt Rezepte für gewürfeltes Fleisch mit Knochen. Letzteres muss meist vorbestellt werden.
- **KITZ** Milchkitze haben ein helles und besonders zartes Fleisch, aber auch das von älteren Tieren ist zart und mild im Geschmack. Kitze werden ganz oder zerlegt angeboten.

VORDERVIERTEL

Zuschnitte aus dem Vorderviertel werden für viele traditionelle Gerichte verwendet, da sie einen hervorragenden Geschmack haben, wobei die Konsistenz von Nacken, Schulter und Haxe unterschiedlich ist. Die meisten Zuschnitte können auch gegrillt oder gebraten werden.

SCHULTER, GEWÜRFELT
Für viele Zwecke geeignet, etwa für Fleischspieße und Eintöpfe. Aufgrund seines relativ hohen Fettanteils bleibt das Fleisch sowohl rasch als auch langsam gegart feucht.

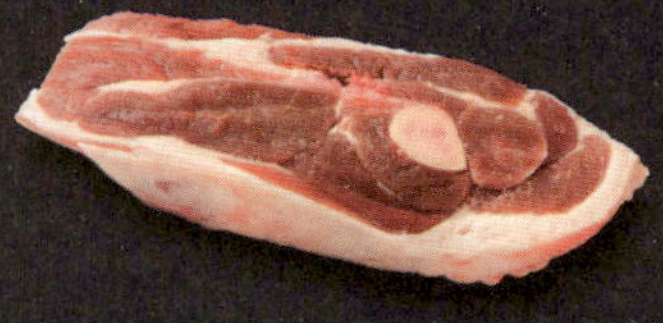

SCHULTERSTEAK Wird auch ohne Knochen angeboten. Eignet sich gut zum Grillen, aber auch zum langsamen Garen, da es saftig bleibt. Auf Knochensplitter achten.

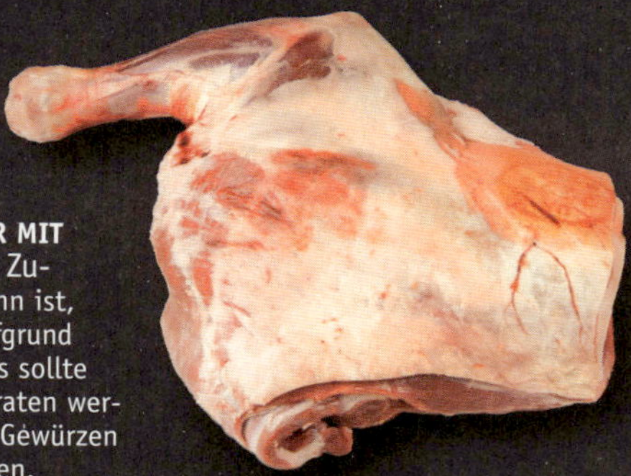

GANZE SCHULTER MIT KNOCHEN Da der Zuschnitt recht dünn ist, gart er rasch. Aufgrund seines Fettgehalts sollte er aber durchgebraten werden. Er kann mit Gewürzen eingerieben werden.

Weitere Zuschnitte

- **SCHULTERROLLBRATEN** Eignet sich gut zum Braten und Schmoren, enthält aber mehr Fett als Rollbraten aus der Keule.
- **LAMMNACKENKARREE** Kleiner Zuschnitt, der rasch gebraten ist. Wunderbar für zwei Personen.
- **LAMMNACKEN** Der perfekte Zuschnitt für Eintöpfe wie Irish Stew.

MITTE ODER SATTEL

Teilstücke aus dem Sattel sind die besten vom Lamm. Rückensteaks ohne Knochen werden mitunter auch Medaillons genannt.

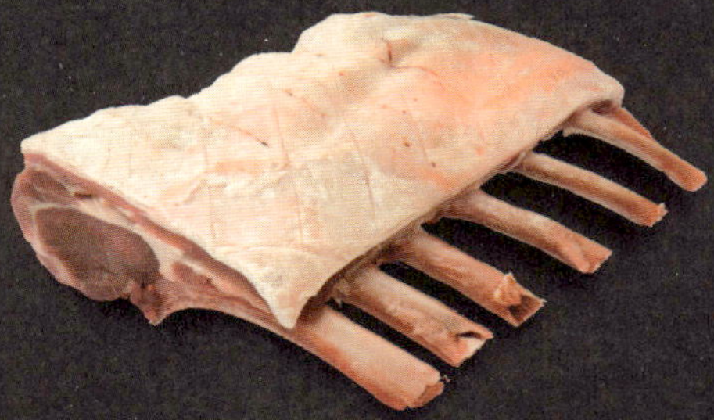

KARREE Der Zuschnitt kann am Stück gegart und, sofern das Rückgrat entfernt wurde, bei Tisch in Koteletts geteilt werden. Wenn man ihn wie auf Seite 193 gezeigt vorbereitet, ist er sehr hübsch anzusehen.

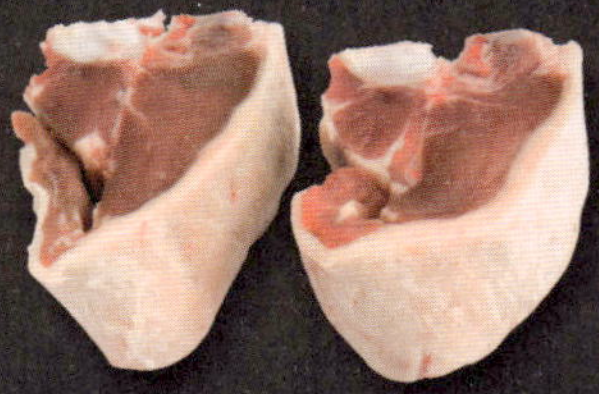

KOTELETT MIT FILETSTÜCK Wird aus dem der Keule zugewandten, flachen Teil des Rückens geschnitten und besteht neben dem Kotelettstrang auch aus Filet. Dieses Kotelett ist besonders saftig.

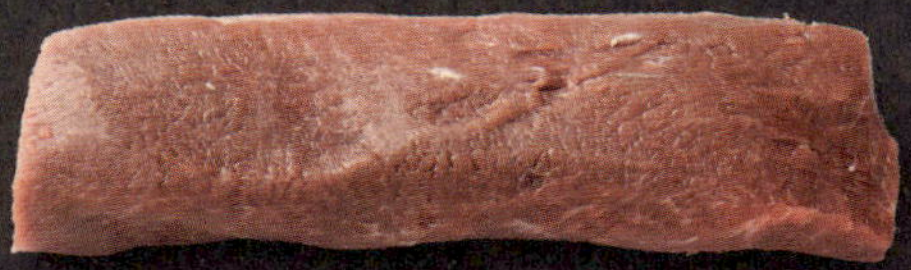

LAMMLACHS Ausgelöster und parierer Lammrücken, der besonders fein und entsprechend teuer ist. Am besten wird er rosa gegart, und mit einer Kräuterkruste ist er besonders schmackhaft.

Weitere Zuschnitte

- **SATTELSTÜCK** Hochpreisiger Zuschnitt aus dem Lammrücken, der zwischen Keule und Rippenstück liegt.
- **DOPPELTES KOTELETT** Aus dem Sattelstück geschnittene Scheibe mit Kotelettstrang und Filet. Ergibt eine großzügige Portion.
- **SCHMETTERLINGSSTEAK** Diese Steaks müssen sorgfältig pariert werden, damit sie sich beim Garen nicht rollen.

BRUST UND DÜNNUNG

Brust- und Bauchfett sind beim Lamm fester als beim Schwein, woran man beim Aromatisieren und Garen der Zuschnitte aus diesem Teil denken sollte.

HACKFLEISCH Lammhackfleisch wird gern für preiswerte Gerichte wie Pies, Fleischbällchen und Köfte verwendet. Hackfleisch aus der Dünnung (oder dem Bauchlappen) enthält viel Fett, Hackfleisch aus der Schulter ist magerer, am magersten ist Hackfleisch aus der Keule.

BRUST UND DÜNNUNG Zuschnitt mit viel Fett und Bindegewebe, der langsam gegart werden muss, aber auch gegrillt werden kann. Die Brust kann zudem gefüllt und aufgerollt werden.

KEULE

Keulenfleisch ist magerer als Fleisch aus Rücken und Schulter, enthält aber noch genug Fett, damit es rosa gegart oder durchgebraten saftig bleibt.

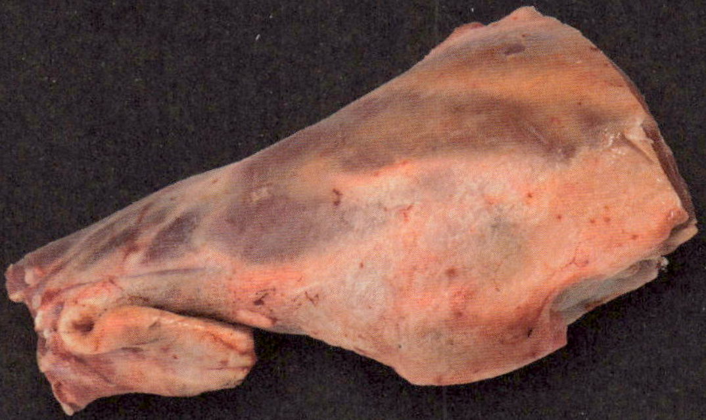

GANZE KEULE Eine ganze Keule hat die perfekte Größe für eine Familie. Ohne Hüft- und Röhrenknochen lässt sie sich leichter tranchieren, man kann aber auch den Knochen der Unterkeule entfernen.

STEAK (CHOP) Eine Scheibe aus der Lammkeule, die meist keine Knochen enthält. Steaks aus dem oberen Teil sind meist zart und aromatisch. Sie können gebraten, gegrillt oder geschmort werden.

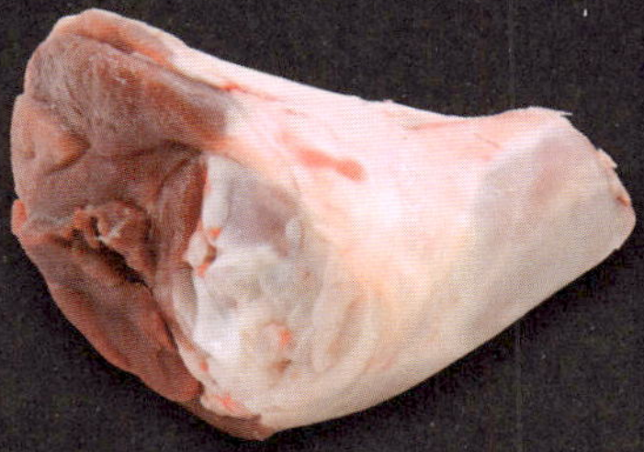

HAXE Dieser kleine Zuschnitt muss langsam gegart werden. Mit karamellisiertem Wurzelgemüse und etwas Rotwein wird aus ihm ein köstliches Gericht. Eine Haxe ergibt eine große Portion.

Weitere Zuschnitte

- **ROLLBRATEN AUS DER KEULE** Eine ganze gerollte Keule kann einen Knochen enthalten, bei kleineren Braten werden die Knochen aber immer ausgelöst.
- **ENTBEINTE KEULE** Zum Entbeinen wird die Keule tief eingeschnitten und anschließend aufgeklappt (s. S. 192). Dadurch kann man das Fleisch innen mit Gewürzen einreiben.

KONSERVIERTE PRODUKTE

HALTBARE PRODUKTE AUS LAMMFLEISCH findet man vor allem dort, wo viele Schafe gehalten werden, also in Ländern im nördlichen Europa und an den Rändern des Mittelmeerraums. Ziegenfleischprodukte stammen meist aus dem südlichen Europa, Asien und Afrika, wo es große Ziegenherden gibt. Viele dieser Erzeugnisse haben eine dunkle Farbe und einen intensiven Geschmack.

REESTIT MUTTON Diese Spezialität von den Shetlandinseln wird in Salzlake eingelegt und zum Trocknen auf Gestelle gehängt, wo sie der Rauch von Torffeuer durchdringt und ihr ein besonderes Aroma verleiht. Eine norwegische Variante ist *fenalår*, für die ganze Lammkeulen verwendet werden.

PASTIRMA Am bekanntesten ist türkische Pastirma. Zur Herstellung wird Lamm- und Ziegenfleisch eingesalzen und gestapelt und dann getrocknet. Anschließend reibt man es mit einer Gewürzpaste ein und trocknet es weiter.

MERGUEZ ODER MIRQAZ Scharf gewürzte Wurst aus Nordafrika, für die Lamm- und Ziegenfleisch mit Zitrone, Harissa und scharfen Chilischoten aromatisiert wird. Letztere verleihen ihr eine leuchtend rote Farbe. Mitunter wird sie auch luftgetrocknet.

FÅREPØLSE Norwegische Wurst, die aus Hammel- und Schweinefleisch, mitunter auch mit Blut zubereitet wird. Zu den Aromazutaten gehören Ingwer oder Wacholderbeeren und typischerweise Sirup.

RYYNIMAKKARA Grützwurst aus Finnland, die ursprünglich ganz ohne Fleisch hergestellt wurde. Heute enthält sie Lammfleisch und andere Fleischarten, ferner Gersten- oder Hafergrütze und Gewürze wie Ingwer, Nelken und Pfeffer.

SPEKEPØLSE Dänische Wurst, die gepökelt, geräuchert und getrocknet wird und in vielen Varianten erhältlich ist. Neben Lamm- und Schweinefleisch wird ihr auch Gemüse wie Kohl und Kartoffeln hinzugefügt.

MARANHO ODER BURLHÕES Eine portugiesische Wurst, die in Ziegenmagen gegart wird. Sie wird mit Reis, Schinken, Paprikapulver und Minze hergestellt.

LOUKANIKO Griechische Wurst, die mit Lammfleisch und oft auch mit Schweinefleisch zubereitet wird. Als Aromazutaten dienen u. a. Pfeffer, Kreuzkümmel, Orangenschale, Lauch und Oregano.

BILTONG Südafrikanische Spezialität, die aus verschiedenen Fleischarten zubereitet wird, auch Ziege und Schaf. Das Fleisch wird mit Essig beträufelt, gewürzt und dann an der Luft getrocknet.

KEULENKNOCHEN AUSLÖSEN

Keulen werden entbeint, damit ein gleichmäßigeres, dünneres Fleischstück entsteht, das sich dann sehr gut zum Grillen eignet. Der Beckenkochen befindet sich am dicken, das Schienbein am schmalen Ende.

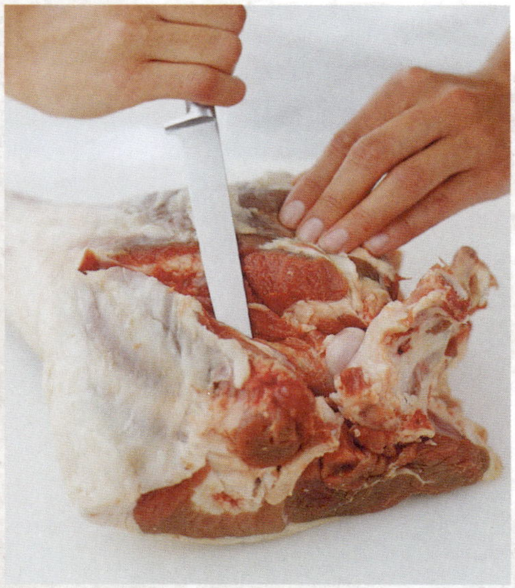

1 Die Keule mit der fleischigeren Seite nach unten auf die Arbeitsfläche legen. Den Beckenknochen festhalten und mit der Spitze eines Ausbeinmessers um ihn herumschneiden. Am Beckenknochen beginnend Haut und Fleisch auf der ganzen Länge einschneiden.

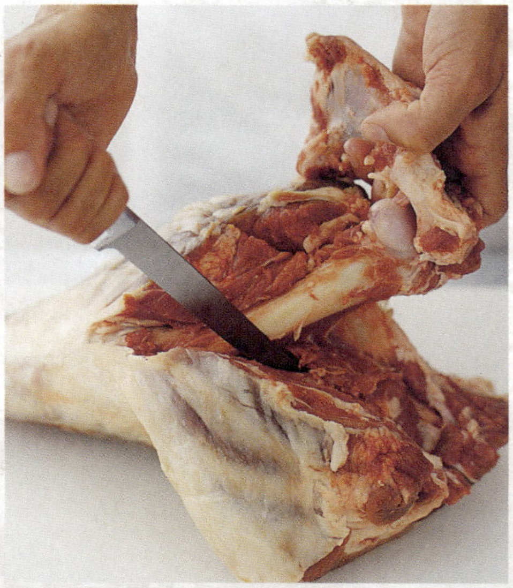

2 Das Fleisch mit kurzen Schnitten vom Oberschenkelknochen ablösen, dabei das Messer schräg zum Knochen halten. Die Messerspitze benutzen, um das Fleisch nicht zu verletzen. Währenddessen den Knochen nach oben ziehen.

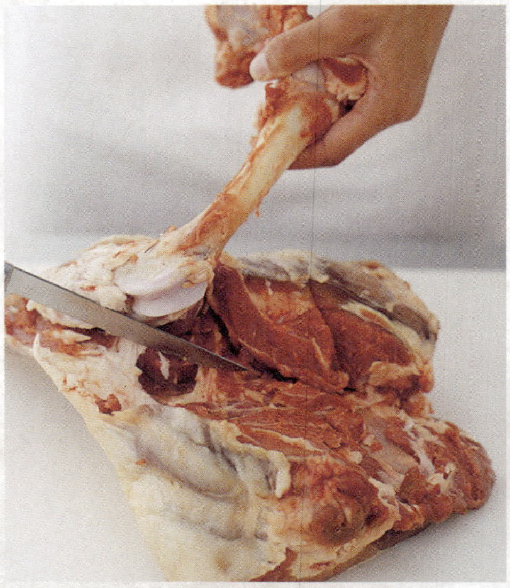

3 Den freiliegenden Oberschenkelknochen vom Schienbeinknochen fort nach oben ziehen, dabei das Fleisch von Knochen und Knorpel des Gelenks ablösen. Am Fleisch hängenden Knorpel ggf. abschneiden und wegwerfen.

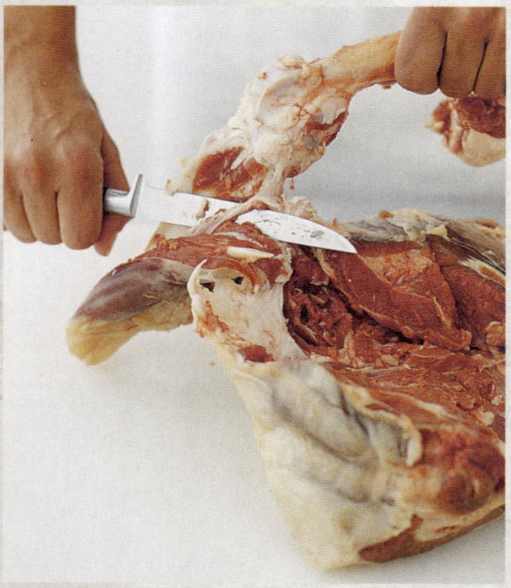

4 Das Fleisch vom Schienbeinknochen abschneiden, dann das übrige Fleisch und sämtliche Sehnen durchtrennen. Nun können alle drei Beinknochen zusammen hochgehoben und entfernt werden.

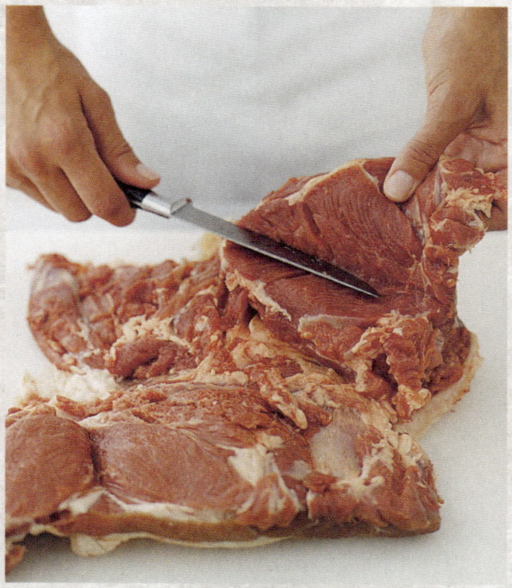

5 Das Fleisch auseinanderklappen und flach drücken. Den dicksten Teil des Muskels mit einer sanften Bewegung einschneiden, damit das Fleisch eine möglichst gleichmäßige Dicke erhält.

6 Die »Flügel« nach außen klappen, sodass das Fleisch ungefähr eine rechteckige Form erhält. Falls es gerollt werden soll, an sehr dicken Stellen Scheiben abschneiden und auf sehr dünne Stellen legen.

LAMMKARREE VORBEREITEN

Ein Lammkarree ist ein edler Fleischzuschnitt, mit dem der Kotelettstrang am besten genutzt wird. Er kann mit einer Kruste überzogen werden und lässt sich leicht portionieren.

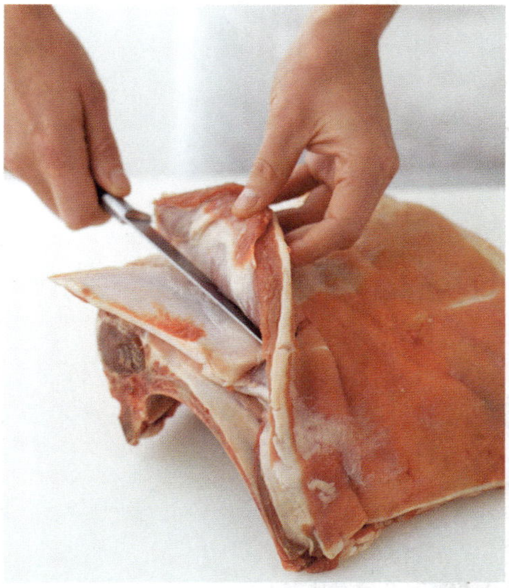

1 Auf einer Seite des Zuschnitts kann sich unter der Haut ein weiches knorpeliges Stück Schulterblatt befinden, das mit einem biegsamen Ausbeinmesser entfernt wird. Das Messer schräg halten, um das Fleisch nicht zu verletzen.

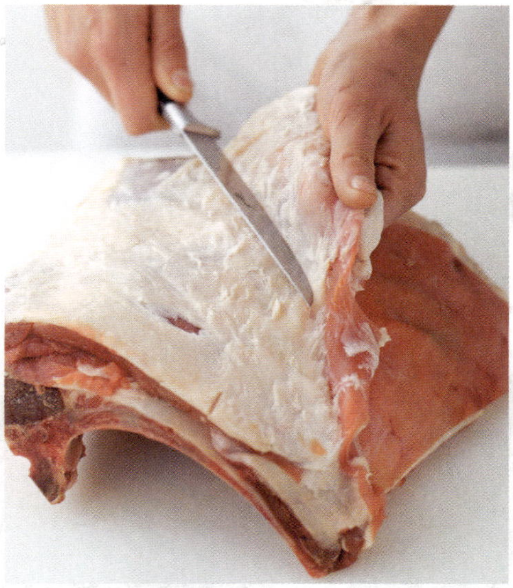

2 Das Messer unter die dünne Haut und die Fettschicht schieben und beides mit der anderen Hand wegziehen. Überflüssiges Fett abschaben oder Fett und Sehnen vollständig entfernen, sodass nur das Muskelfleisch bleibt.

3 Mit einem kleinen scharfen Messer direkt an den Rippen entlangschneiden, um Fleisch, Fett und Sehnen zu entfernen, die die Rippen zusammenhalten.

4 Die Messerklinge etwa 4 cm vom Muskelstrang entfernt ansetzen und die Fettschicht abschneiden. Soll das Stück ganz mager sein, dichter am Muskel schneiden. Abgeschnittene Teile für die Herstellung von Brühe aufbewahren.

5 Die Rippen auf ein Hackbrett legen. Mit einem Hackmesser und mit einem Schlag die Enden der Knochen in einer gerade Linie abtrennen. Mit einem Allzweckmesser behutsam die dünne Haut von den Knochen schaben, damit sie dekorativer aussehen.

6 Das Karree aufrecht stellen und mit dem Hackmesser das Rückgrat abtrennen, nach Möglichkeit mit nur ein oder zwei sauberen Hieben. Sollten Reste des Rückgrats zurückbleiben, lassen sich die Koteletts nach dem Garen nicht trennen.

LAMMKÖFTE

Diese aromareichen Hackfleischröllchen sind leicht zuzubereiten und schmecken einfach wunderbar.

FLEISCH **Lammhackfleisch**

PORTIONEN 8
ZUBEREITUNG 30 Min. + Ruhezeit
GARZEIT 8–12 Min.

- 1 große Zwiebel, gerieben
- 1 EL grobes Meersalz
- 1 kg fein gehacktes Lammfleisch
- 2 Eier, verquirlt
- 2 EL gehacktes frisches Koriandergrün
- 2 TL gemahlener Kreuzkümmel
- 1 TL getrockneter Thymian
- ½ TL gemahlener Piment
- frisch gemahlener schwarzer Pfeffer
- Olivenöl zum Einfetten

1 Zwiebel und Salz in einer Schüssel sorgfältig vermischen und 15 Minuten stehen lassen. Dann in ein Sieb geben und möglichst viel Zwiebelsaft in eine zweite Schüssel drücken.

2 Fleisch, Eier, Koriander, Kreuzkümmel, Thymian, Piment und Pfeffer in die Schüssel geben. Alle Zutaten vermischen und 2–3 Minuten behutsam kneten. Abgedeckt 30 Minuten bei Zimmertemperatur stehen lassen.

3 Eine Grillpfanne bei mittlerer Temperatur erhitzen. Acht Metallspieße einölen. Die Fleischmischung in acht Portionen teilen und jede zu einer Wurst formen. Auf die Spieße stecken und andrücken, damit sie beim Garen nicht herunterrutschen. Jede Wurst mit etwas Öl bestreichen.

4 Die Köfte in der Pfanne etwa 8 Minuten garen, bis sie außen gleichmäßig gebräunt, innen aber noch etwas rosa sind, dabei ab und zu wenden. Wer sie durchgebraten lieber mag, gart sie 2–3 Minuten länger. Die Köfte von den Spießen nehmen und 2–3 Minuten abkühlen lassen. Heiß mit Pitabrot und in Scheiben geschnittenen Tomaten servieren.

VARIANTE

Gegrillte Ziegenköfte Das Lammfleisch durch Ziegenhackfleisch ersetzen. Die Köfte wie oben zubereiten, dann aber nicht in der Grillpfanne, sondern auf dem Smokergrill garen. Mit gewürztem Fladenbrot und Sahnejoghurt servieren.

MOUSSAKA

Ein köstliches Gericht aus Griechenland, dessen Zubereitung vielleicht ein wenig zeitaufwendig ist, die Mühe aber wirklich lohnt.

FLEISCH **Lammhackfleisch**

PORTIONEN 4 **ZUBEREITUNG** 1 Std.
GARZEIT 2 Std. 25 Min. + Ruhezeit

- 350 g festkochende Kartoffeln, geschält
- 1 große Aubergine, längs in 1 cm dicke Scheiben geschnitten

FÜR DIE FLEISCHSAUCE

- 2 EL Olivenöl plus Öl zum Einpinseln
- 1 Zwiebel, fein gehackt
- 2 Knoblauchzehen, fein gehackt
- 500 g Lammhackfleisch
- 1 Dose gehackte Tomaten (etwa 400 g)
- 200 ml Rinder-, Lamm- oder Hühnerfond
- 1 kleines Glas Rotwein (nach Belieben)
- 2 EL fein gehackte glatte Petersilie
- ½ TL getrockneter Thymian
- ½ TL getrockneter Oregano
- ½ TL gemahlener Zimt
- Salz und frisch gemahlener schwarzer Pfeffer

FÜR DIE BÉCHAMELSAUCE

- 50 g Butter
- 50 g Mehl
- 400 ml Vollmilch
- 1 Prise geriebene Muskatnuss
- 25 g Parmesan, frisch gerieben
- 1 Ei, verquirlt

1 Für die Fleischsauce das Öl in einem schweren Topf bei mittlerer Temperatur erhitzen. Die Zwiebel darin etwa 5 Minuten garen, bis sie weich ist. Den Knoblauch dazugeben und 1 Minute garen. Die Hitze erhöhen. Das Fleisch hinzufügen und braten, bis es gut gebräunt ist. Die restlichen Zutaten dazugeben und zum Kochen bringen. Dann 1–1¼ Stunden köcheln lassen, bis die Flüssigkeit verdampft ist.

2 In der Zwischenzeit die Kartoffeln in einem Topf mit Salzwasser garen. Abtropfen lassen, längs in Scheiben schneiden und beiseitestellen. Den Backofengrill auf höchster Stufe vorheizen. Die Auberginenscheiben auf einem Backblech verteilen, mit Öl einpinseln und grillen, bis sie gebräunt sind. Beiseitestellen.

3 Den Backofen auf 180 °C vorheizen. Für die Béchamelsauce die Butter bei mittlerer Hitze in einem Topf zerlassen. Das Mehl unterrühren und 2 Minuten köcheln. Vom Herd nehmen. Langsam die Milch unterrühren. Die Sauce wieder auf den Herd setzen und rühren, bis sie dickflüssig wird. Muskatnuss, Parmesan, Salz und Pfeffer unterrühren und 10 Minuten bei schwacher Hitze garen. Vom Herd nehmen und das Ei unterrühren.

4 Die Hälfte der Fleischsauce in einer 20 cm großen, quadratischen Auflaufform verteilen. Je die Hälfte von Aubergine und Béchamelsauce, dann die Kartoffeln daraufgeben. Übrige Fleischsauce, Aubergine und Béchamelsauce einschichten. 1 Stunde goldbraun backen, etwas ruhen lassen, dann servieren.

FORFAR BRIDIES

Traditionelle schottische Teigtaschen, die überall als Proviant mitgenommen werden können – auf Ausflügen in die Natur ebenso wie zu einem Fußballspiel.

FLEISCH **Lammhackfleisch**

PORTIONEN 4
ZUBEREITUNG 20 Min. + Kühlzeit + Ruhezeit
GARZEIT 40 Min.

FÜR DEN TEIG

250 g Mehl Type 550
75 g Mehl Type 450 plus Mehl zum Bestäuben
½ TL Salz
175 g kalte Butter, gewürfelt

FÜR DIE FÜLLUNG

500 g Lammhackfleisch
75 g Rindertalg oder Butterschmalz, geraspelt
1 Zwiebel, fein gehackt
1 EL gehackte glatte Petersilie
Salz und frisch gemahlener schwarzer Pfeffer

1 Für den Teig alle Zutaten vermischen, bis feine Krümel entstanden sind. 3–4 EL Eiswasser hinzufügen und einen Teig herstellen. Zu einer Kugel formen, in Frischhaltefolie einwickeln und für 2 Stunden in den Kühlschrank legen.

2 Für die Füllung alle Zutaten in einer Schüssel sorgfältig vermischen. Den Teig aus dem Kühlschrank nehmen und in vier Portionen gleicher Größe teilen. Jede auf der dünn bemehlten Arbeitsfläche zu einem Oval ausrollen. Jeweils ein Viertel der Fleischmischung auf eine Seite eines Teigovals setzen, dabei einen Rand lassen.

3 Die Ränder der Ovale mit Wasser bestreichen. Den Teig so über die Füllung legen, dass sie umschlossen wird. Die Ränder mit einer Gabel festdrücken. In die Mitte jeder Tasche ein kleines Loch stechen, damit Dampf entweichen kann. Die Taschen 1 Stunde ruhen lassen.

4 Den Backofen auf 200 °C vorheizen. Die Taschen auf ein Backblech legen und 40 Minuten backen. Warm oder kalt servieren.

VARIANTE

Bridies mit Rindfleischfüllung Anstelle des Lammfleischs Rinderhackfleisch verwenden und die Petersilie durch Majoran ersetzen. 1 TL Senf zur Füllung geben und die Teigtaschen wie oben zubereiten.

LAMMFLEISCHBURGER MIT TOMATENRELISH

Durch die Zugabe von Sahne und frischen Kräutern werden Burger besonders saftig und aromareich.

FLEISCH **Lammhackfleisch**

PORTIONEN 4
ZUBEREITUNG 20 Min. + Kühlzeit
GARZEIT 8–10 Min. + Ruhezeit

500 g mageres Lammhackfleisch
1 Handvoll Koriandergrün, fein gehackt
2 Schalotten, fein gehackt
1 TL gemahlener Kreuzkümmel
1 rote Chilischote, entkernt und fein gehackt
2 Knoblauchzehen, zerdrückt oder fein gehackt
1 TL gemahlener Zimt
1 EL gehackte glatte Petersilie
1 EL gehackte frische Minze
1 Prise gemahlener Piment
1 EL Sahne
2 EL feine Semmelbrösel
abgeriebene Schale von 1 Bio-Zitrone
Meersalz und frisch gemahlener schwarzer Pfeffer
Rapsöl zum Einpinseln

FÜR DAS RELSIH

500 g Kirschtomaten
1 rote Zwiebel, fein gewürfelt
1 Knoblauchzehe, fein gehackt
3 EL Olivenöl
1 TL Zucker
1 Handvoll Koriandergrün, gehackt

1 Alle Zutaten für die Burger in einer Schüssel behutsam vermischen. Vier runde Burger mit 3 cm Dicke formen, aber nicht zu sehr zusammendrücken. 30 Minuten kalt stellen.

2 Eine schwere beschichtete Pfanne bei mittlerer Temperatur erhitzen. Die Burger dünn mit Öl einpinseln und wie gewünscht garen – nach 4 Minuten auf jeder Seite sind sie innen noch rosa, nach 5 Minuten durchgebraten (s. S. 175). Etwa 2 Minuten ruhen lassen.

3 Alle Relishzutaten, außer das Koriandergrün, in einer Pfanne 8–10 Minuten garen, bis sie weich sind. Etwas abkühlen lassen. Die Tomaten aus der Haut drücken und in eine Schüssel geben. Zwiebeln und Knoblauch hinzufügen, dann das Koriandergrün unterrühren. Die Burger in Burgerbrötchen servieren, das Relish dazureichen.

GRIECHISCHER LAMMTOPF

Da dieser Eintopf eine komplette Mahlzeit darstellt, braucht man als Beilage nur etwas knuspriges Brot zum Auftunken der köstlichen Sauce.

FLEISCH **Lammschulter**

PORTIONEN 4 **ZUBEREITUNG** 30 Min.
GARZEIT 2 Std. 10 Min.

- 2 EL Olivenöl
- 700 g Lammschulter ohne Knochen, pariert und in mundgerechte Stücke geschnitten
- 1 rote Zwiebel, fein gehackt
- 2 Knoblauchzehen, fein gehackt
- 200 ml trockener Weißwein
- 2 Dosen gehackte Tomaten (à etwa 400 g)
- 100 g entsteinte Kalamata-Oliven
- 3 Thymianzweige
- 100 g Kritharáki- oder Orzo-Nudeln
- Salz und frisch gemahlener schwarzer Pfeffer
- 100 g Feta, zerkrümelt
- 1 kleines Bund Minze, die Blätter abgezupft und fein gehackt

1 Den Backofen auf 150 °C vorheizen. In einer großen, schweren Kasserolle 1 EL Öl erhitzen. Das Fleisch darin portionsweise anbraten, bis es gut gebräunt ist. Mit einem Schaumlöffel auf einen mit Küchenpapier belegten Teller heben.

2 Das übrige Öl in die Kasserolle geben. Die Zwiebel darin unter gelegentlichem Rühren 5 Minuten garen, bis sie weich ist. Den Knoblauch dazugeben und 2 Minuten garen.

3 Wein und Tomaten unterrühren. Das Fleisch wieder in den Topf geben, dann Oliven und Thymian hinzufügen. Alles zum Kochen bringen, gut salzen und pfeffern und zugedeckt 1½ Stunden im Backofen garen.

4 Herausnehmen und den Thymian entfernen. Die Nudeln unterrühren. Das Gericht abschmecken und noch einmal für 15 Minuten in den Ofen schieben. Feta und Minze in einer kleinen Schüssel vermischen. Den Eintopf mit der Käsemischung bestreut heiß servieren.

LAMMSPIESSE MIT JOGHURTDRESSING UND GRANATAPFELKERNEN

Diese griechischen Fleischspieße werden gewöhnlich mit einem erfrischenden Joghurtdressing serviert.

FLEISCH **Lammschulter**

PORTIONEN 4
ZUBEREITUNG 30 Min. + Marinierzeit
GARZEIT 10 Min.

- 350 g magere Lammschulter, gewürfelt
- ½ TL gemahlener Kreuzkümmel
- ½ TL gemahlener Koriander
- ½ TL Garam masala
- ¼ TL gemahlener Zimt
- Olivenöl zum Einpinseln
- Kerne von 1 Granatapfel zum Servieren

FÜR DAS DRESSING

- 1 Schalotte, fein gehackt
- 1 Knoblauchzehe, fein gehackt
- 1 EL gehackte Minze
- ½ Salatgurke, geschält, entkernt und gehackt
- 300 g griechischer Joghurt oder Sahnejoghurt
- 1 Prise Salz

1 Die Lammfleischwürfel in eine große Schüssel geben. Kreuzkümmel, Koriander, Garam masala und Zimt hinzufügen und sorgfältig unterheben. Das Fleisch 30 Minuten durchziehen lassen.

2 Für das Dressing Schalotten, Knoblauch, Minze, Gurke und Joghurt in einer Servierschüssel sorgfältig vermischen, dann beiseitestellen.

3 Eine große, schwere Brat- oder Grillpfanne erhitzen. Die Fleischwürfel in vier Portionen teilen und auf Spieße stecken. Die Pfanne mit etwas Öl einpinseln. Die Spieße 8 Minuten garen, bis sie gut gebräunt sind, dabei regelmäßig drehen.

4 Die Pfanne vom Herd nehmen und die Granatapfelkerne über die Spieße streuen. Das Fleisch von den Spießen streifen und mit den Granatapfelkernen auf einer Servierplatte anrichten. Mit etwas Joghurtdressing, Couscous und Pitabrot servieren.

LAMM-GRAUPEN-TOPF

Ein sättigendes Gericht, das sein volles Aroma erst nach ein bis zwei Tagen entfaltet.

FLEISCH **Lammkeule**

PORTIONEN 4 **ZUBEREITUNG** 30 Min.
GARZEIT 2 Std.

- 3 EL Öl
- 500 g Lammkeule, gewürfelt
- Salz und frisch gemahlener schwarzer Pfeffer
- 1 Zwiebel, in dünne Scheiben geschnitten
- 2 Möhren, in Scheiben geschnitten
- 2 Stangen Staudensellerie, in dünne Scheiben geschnitten
- 2 Knoblauchzehen, zerdrückt
- 1 EL Mehl
- 300 ml Weißwein
- 1 EL Tomatenmark
- 2 Zesten von 1 Bio-Zitrone
- 1 Lorbeerblatt
- 1 Thymianzweig
- 30 g Perlgraupen
- 1 EL gehackte glatte Petersilie

1 In einer großen Kasserolle 2 EL Öl erhitzen. Das Fleisch salzen und pfeffern, dann portionsweise 4–5 Minuten anbraten, bis es gut gebräunt ist. Mit einem Schaumlöffel auf einen mit Küchenpapier belegten Teller heben.

2 Die Hitze reduzieren. Das übrige Öl in den Topf geben. Zwiebeln, Möhren und Staudensellerie darin unter ständigem Rühren garen, bis sie weich sind. Den Knoblauch hinzufügen und 1 Minute garen. Den Backofen auf 160 °C vorheizen.

3 Das Fleisch wieder in die Kasserolle geben. Das Mehl unterrühren. Wein, Tomatenmark, Zitronenzesten, Lorbeerblatt und Thymian hinzufügen. Die Zutaten knapp mit Wasser bedecken und zum Kochen bringen. Die Graupen unterrühren. Den Topf zugedeckt für 1½ Stunden in den Ofen schieben, bis das Fleisch weich ist.

4 Herausnehmen, Lorbeerblatt, Thymian und Zitronenzesten entfernen. Den Eintopf abschmecken und die Petersilie unterrühren. Mit Kartoffelpüree und grünen Gemüsesorten servieren.

VARIANTE

Ziegenfleisch-Graupen-Eintopf Anstelle von Lamm Ziegenfleisch verwenden, das Mehl durch Haferflocken ersetzen, den Wein durch Cidre.

LAMMNACKEN MIT SARDELLENPASTE

Sardellenpaste verleiht diesem Gericht einen kräftigen Geschmack. Sie können handelsübliche Sardellenpaste verwenden oder sie, wie hier, selbst herstellen.

FLEISCH **Lammnacken**

PORTIONEN 4
ZUBEREITUNG 15 Min. + Marinierzeit
GARZEIT 20 Min. + Ruhezeit

- 1 ganzer Lammnacken ohne Knochen (etwa 750 g)
- 2 Frühlingszwiebeln, geputzt und grob gehackt
- 1 Glas Sardellenfilets in Öl (etwa 150 g), abgetropft
- 2 EL Kapern in Essig, abgetropft
- 3 EL Olivenöl

1 Den Smokergrill auf mittlerer Stufe vorheizen. Das Lammfleisch gitterförmig etwa 1 cm tief einschneiden. Zwiebeln, Sardellen, Kapern und Olivenöl in einer Küchenmaschine zu einer Paste verarbeiten.

2 Das Fleisch in ein flaches Gefäß legen. Mit der Paste einreiben, diese dabei in die Einschnitte drücken. Das Fleisch für 30 Minuten in den Kühlschrank stellen.

3 Den Lammnacken im unteren Bereich des Grills 15–20 Minuten garen, bis er den gewünschten Gargrad erreicht hat, zwischendurch wenden.

4 Herausnehmen, auf einen Teller heben und an einem warmen Platz mindestens 10 Minuten ruhen lassen. Das Fleisch in 1 cm dicke Scheiben schneiden, dann mit warmem Pitabrot, Hummus und Blattsalat der Saison servieren.

LANCASHIRE HOTPOT

Ein traditionelles Gericht aus dem Nordwesten Englands, für das auch Lammnieren verwendet werden.

FLEISCH **Lammnacken und -nieren**

PORTIONEN 4 **ZUBEREITUNG** 15 Min.
GARZEIT 2 Std. 40 Min.

- 4 Lammnieren (etwa 200 g)
- 1 kg Lammnacken
- Salz und frisch gemahlener schwarzer Pfeffer
- 1 EL Pflanzenöl
- 1 kg mehligkochende Kartoffeln, in dünne Scheiben geschnitten
- 3 Zwiebeln, in dünne Scheiben geschnitten
- 2 Thymianzweige
- 2 Lorbeerblätter
- 1 TL Zucker
- 500 ml Lammfond
- 3 TL Butter plus 1 TL Butter zum Einfetten

1 Die Nieren waagerecht halbieren. Weiße Häute und Harnröhren entfernen. Nieren und Lammnacken salzen und pfeffern.

2 Das Öl in einer Pfanne bei hoher Temperatur erhitzen. Nieren und Nacken darin etwa 10 Minuten garen, bis sie gebräunt sind. Mit einem Schaumlöffel auf einen mit Küchenpapier belegten Teller heben.

3 Den Backofen auf 160 °C vorheizen. Den Boden einer großen Kasserolle einfetten. Die Hälfte der Kartoffeln dachziegelartig hineinlegen und etwas salzen und pfeffern. Dann Fleisch, Zwiebeln, Thymian und Lorbeerblätter hineinschichten. Den Zucker darüberstreuen.

4 Die übrigen Kartoffeln dachziegelartig darauflegen, dabei das Fleisch ganz bedecken. So viel Fond dazugießen, dass das Fleisch knapp bedeckt ist, die obere Schicht Kartoffeln jedoch nicht. Etwas Salz und Pfeffer darübergeben.

5 Die Butter in einem Topf zerlassen und auf die Kartoffeln streichen. Die Zutaten zugedeckt 2 Stunden im Backofen garen. Den Deckel abnehmen und die Hitze auf 200 °C erhöhen. Den Eintopf noch einmal 30 Minuten garen, um die Kartoffeln an den Rändern zu bräunen. Herausnehmen, Thymian und Lorbeerblätter entfernen. Den Eintopf heiß mit Weißkohl oder grünen Gemüsesorten servieren.

IRISH STEW

Die lange Garzeit sorgt bei diesem preisgünstigen Gericht dafür, dass es einen intensiven, vollmundigen Geschmack entwickelt.

FLEISCH **Lammnacken oder -schulter**

PORTIONEN 4 **ZUBEREITUNG** 25 Min.
GARZEIT 3 Std.

- 1 kg Lammschmorfleisch aus Nacken oder Schulter, pariert und in 3 cm große Stücke geschnitten
- 130 g Perlgraupen
- 1 große Zwiebel, grob gehackt
- 3 Möhren, in dicke Scheiben geschnitten
- 200 g Steckrüben, gewürfelt
- 4 festkochende Kartoffeln, in Stücke geschnitten
- 4 Thymianzweige
- Salz und frisch gemahlener schwarzer Pfeffer
- 1 l heißer Lammfond

1 Die Hälfte des Fleischs in eine große, schwere Kasserolle geben und darauf jeweils die Hälfte von Graupen und Gemüse sowie 2 Thymianzweige legen. Die Zutaten großzügig salzen und pfeffern. Noch einmal Fleisch, Graupen, Gemüse und Thymian einschichten und großzügig salzen und pfeffern.

2 Den Fond darübergießen. Den Eintopf bei starker Hitze zum Kochen bringen. Aufsteigenden Schaum abschöpfen.

3 Das Stew zugedeckt 3 Stunden köcheln lassen, dabei ab und zu umrühren. Abschmecken. Vom Herd nehmen und heiß in Schalen servieren, dazu knuspriges Brot reichen.

LAMMTAJINE MIT APRIKOSEN

Diese Tajine nimmt Anleihen bei einem traditionellen marokkanischen Gericht. Trockenaprikosen und Orangensaft sind für seinen typischen Geschmack unerlässlich.

FLEISCH **Lammschulter**

PORTIONEN 4
ZUBEREITUNG 10 Min. + Marinierzeit
GARZEIT 1 Std. 30 Min.

- 1 Zwiebel, in dünne Scheiben geschnitten
- 1 TL gemahlener Koriander
- 1 TL gemahlener Kreuzkümmel
- 1 TL gemahlener Ingwer
- 1 TL getrockneter Thymian
- 2 EL Sonnenblumenöl oder Erdnussöl
- 1 kg Lammschulter ohne Knochen, in 2,5 cm große Würfel geschnitten
- 2 EL Mehl
- 300 ml Orangensaft
- 600 ml heißer Hühnerfond
- 125 g Softaprikosen
- Salz und frisch gemahlener schwarzer Pfeffer
- 1 Handvoll Minzeblätter, grob gehackt, zum Garnieren

1 Zwiebel, Koriander, Kreuzkümmel, Ingwer, Thymian und 1 EL Öl in eine große Schüssel (nicht aus Metall) geben und verrühren. Das Fleisch dazugeben und untermischen. Abdecken und für mindestens 3 Stunden oder über Nacht in den Kühlschrank stellen.

2 Den Backofen auf 160 °C vorheizen. Mehl und Orangensaft in eine kleine Schüssel geben und glatt rühren. Beiseitestellen. Das übrige Öl bei hoher Temperatur in einer großen Pfanne erhitzen. Die Fleischmischung darin unter häufigem Rühren etwa 5 Minuten braten, bis sie gut gebräunt ist.

3 Die Mischung in eine große feuerfeste Tajine geben. Mehlmischung und Fond unterrühren. Den Topfinhalt auf dem Herd unter ständigem Rühren zum Kochen bringen. Dann zugedeckt für 1 Stunde in den Backofen schieben.

4 Herausnehmen und die Aprikosen unterrühren. Zugedeckt weitere 20 Minuten im Ofen garen, bis das Fleisch weich ist. Das Gericht herausnehmen und abschmecken. Mit Minzeblättern bestreut heiß servieren.

LAMMLACHSE MIT ZIEGENKÄSE

In diesem Rezept verleiht Lavendel dem Lammfleisch mit seinem kräftigen Geschmack eine leichte Note, wodurch ein sehr harmonisches Gericht entsteht.

FLEISCH **Lammlachs**

PORTIONEN 4–6
ZUBEREITUNG 25 Min. + Marinierzeit
GARZEIT 25 Min. + Ruhezeit

- 4 Lammlachse ohne Knochen (à etwa 150 g), pariert
- 3 TL körniger Senf
- 2 Lavendelzweige, grob gehackt
- 2 EL Schnittlauchröllchen
- 100 g Ziegenweichkäse ohne Rinde
- 1 EL Sahne, wenn nötig, mehr
- 1 TL schwarze Pfefferkörner, zerstoßen
- 2 EL Rapsöl zum Braten
- 20 g Rucola
- 12 grüne Spargelstangen, geputzt, blanchiert und halbiert
- 1 EL gehackte glatte Petersilie
- 1 EL gehackte Oreganoblätter

FÜR DIE CROÛTONS

- 2 Scheiben Vollkornbrot, 1 cm dick, die Rinde entfernt
- 1 EL weiche Butter
- ½ Knoblauchzehe, zerdrückt

FÜR DIE VINAIGRETTE

- 50 ml körniger Senf
- 50 ml Rapsöl
- 50 ml Apfelessig
- Saft von 1 Zitrone
- 2 TL flüssiger Honig
- Meersalz und frisch gemahlener schwarzer Pfeffer

1 Das Fleisch ohne Fett in einer heißen Pfanne braten, bis es gut gebräunt ist. Herausnehmen und etwas abkühlen lassen. Dann mit Senf überziehen und mit dem Lavendel und 1 EL Schnittlauch bestreuen. Die Lachse fest in Frischhaltefolie einwickeln und für 30 Minuten in den Kühlschrank legen. Den Backofen auf 190 °C vorheizen.

2 Für die Croûtons das Brot in 1 cm große Würfel schneiden. Die Butter mit dem Knoblauch in einen kleinen Topf geben und zerlassen. Die Brotwürfel hinzufügen und rühren, bis sie gut mit Butter überzogen sind. Auf einem Backblech verteilen und für 8 Minuten in den Backofen schieben.

3 Für die Vinaigrette alle Zutaten in einer kleinen Schüssel verrühren, dann beiseitestellen. Ziegenkäse und Sahne in einer zweiten Schüssel mit einer Gabel behutsam vermischen. Wenn nötig, noch etwas Sahne hinzufügen, um die Masse aufzulockern. Pfefferkörner und restlichen Schnittlauch sorgfältig untermischen. Die Mischung beiseitestellen.

4 Das Öl in einer Pfanne erhitzen. Das Fleisch auf jeder Seite 1–2 Minuten braten, bis es gleichmäßig gebräunt ist. Auf einem Blech für 8–10 Minuten in den Backofen schieben. Herausnehmen und 10–15 Minuten ruhen lassen.

5 Rucola, Spargel, Petersilie, Oregano und Croûtons in einer Schüssel vermischen. Dann in der Mitte eines Tellers anrichten. 2 EL der Ziegenkäsemischung drumherum verteilen. Die Lammlachse schräg halbieren und auf den Salat setzen. Die Vinaigrette darüberträufeln, dann sofort servieren, solange das Fleisch noch heiß ist.

LAMMLACHSE MIT TOMATEN-BASILIKUM-SALAT

Knoblauch, Chili, Rosmarin und Petersilie verleihen diesem gegrillten Lammfilet eine besonders pikante Note.
Der farbenfrohe Salat ergänzt es durch Frische.

FLEISCH **Lammlachs**

PORTIONEN 4
ZUBEREITUNG 15 Min. + Marinierzeit
GARZEIT 20 Min. + Ruhezeit

- 3 EL Olivenöl
- 1 große Knoblauchzehe, zerdrückt
- 1½ EL fein gehackte glatte Petersilie plus Petersilie zum Garnieren
- 1 Rosmarinzweig, Blätter abgestreift
- 1 Prise Chiliflocken
- Salz und frisch gemahlener schwarzer Pfeffer
- 675 g Lammlachse, pariert
- etwas bestes Olivenöl zum Servieren

FÜR DEN SALAT

- 2 reife Eiertomaten, längs geviertelt
- 250 g Kirschtomaten mit Stielen
- 125 g gelbe Eier- oder Kirschtomaten, halbiert
- 1 kleine Handvoll Basilikumblätter
- 1 kleine Knoblauchzehe, zerdrückt
- ½ kleine rote Zwiebel, in dünne Ringe geschnitten
- 1½ EL bestes Olivenöl

1 Olivenöl, Knoblauch, Petersilie, Rosmarin und Chiliflocken mit Salz und Pfeffer in einer großen Schüssel sorgfältig vermischen. Die Lammlachse hineinlegen und wenden. Für mindestens 1 Stunde in den Kühlschrank stellen.

2 Den Smoker- oder Holzkohlengrill erhitzen. Das Fleisch bei mittlerer Hitze auf jeder Seite 8–10 Minuten garen oder bis es den gewünschten Gargrad erreicht hat. Auf einen Teller heben und mit Alufolie abgedeckt 20 Minuten an einem warmen Platz ruhen lassen.

3 Für den Salat alle Zutaten in eine Schüssel geben, salzen und pfeffern und durchheben. Das Fleisch schräg in Scheiben schneiden, mit Petersilie bestreuen und mit Olivenöl beträufeln. Dann noch heiß mit dem Salat servieren.

LAMMKOTELETTS MIT FENCHELGEMÜSE

Hier werden die Lammkoteletts zum Garen in Papier eingewickelt. So schmoren sie im eigenen Saft und bekommen einen wunderbaren Geschmack.

FLEISCH **Lammkotelett**

PORTIONEN 4 **ZUBEREITUNG** 25–30 Min.
GARZEIT 35–40 Min.

- 1 kg Fenchel, geputzt, harte Außenblätter entfernt
- 4 EL Olivenöl
- 2 Knoblauchzehen, fein gehackt
- 1 Dose gehackte Tomaten (etwa 400 g)
- 3 EL Pastis (Anislikör)
- Salz und frisch gemahlener schwarzer Pfeffer
- 4 Lammstielkoteletts, 2,5 cm dick, Stiele abgetrennt und aufbewahrt (etwa 600 g)
- Butter, zerlassen, zum Bestreichen
- 1 Ei, mit ½ TL Salz verquirlt, zum Bestreichen

1 Die Fenchelknollen in dünne Scheiben schneiden, etwas Grün als Garnitur aufbewahren. In einer Pfanne bei mittlerer Temperatur 2 EL Öl erhitzen. Fenchel und Knoblauch hinzufügen und 6–8 Minuten garen, bis der Fenchel weich wird.

2 Drei Viertel der Tomaten und den Pastis sowie großzügig Salz und Pfeffer hinzufügen. Die Mischung unter gelegentlichem Rühren 20–25 Minuten garen, bis sie dickflüssig wird und die meiste Flüssigkeit verdampft ist.

3 Inzwischen Lammkoteletts und Stiele salzen und pfeffern. Das restliche Öl bei hoher Temperatur in einer zweiten Pfanne erhitzen. Das Fleisch auf jeder Seite 1–2 Minuten braten, bis es gut gebräunt ist. Mit einem Schaumlöffel auf einen mit Küchenpapier belegten Teller heben.

4 Ein etwa 30 × 40 cm großes Stück Backpapier in der Mitte falten. Eine Bogenlinie zeichnen, sodass beim Auffalten eine Herzform entsteht. Das Herz sollte ausreichend groß für ein Kotelett mit einem 7 cm breiten Rand rundum sein. Das Herz ausschneiden, drei weitere Herzen anfertigen.

5 Den Backofen auf 190 °C vorheizen. Die Herzen mit Butter bestreichen, dabei einen etwa 2,5 cm breiten Rand frei lassen. Den ungebutterten Rand mit verquirltem Ei bestreichen.

6 Den Fenchel auf die Papierherzen verteilen, aber nur auf eine Hälfte setzen. Je 1 Kotelett mit Stiel darauflegen. Etwas Tomate darübergeben und einen Stängel Fenchelgrün daraufsetzen. Die freien Herzhälften darüberfalten. Die Ränder zusammendrücken und fälteln, damit sie nicht aufgehen, die Enden zusammendrehen.

7 Die Päckchen auf einem Backblech für 10–14 Minuten in den Ofen schieben, bis sie aufgebläht und braun sind. Ungeöffnet mit gedämpftem Spargel als Beilage servieren.

LAMMLACHSE MIT PAPRIKASCHOTEN

Ein farbenfrohes Gericht, in dem die aromatischen Paprikaschoten das zarte Fleisch sehr gut ergänzen.

FLEISCH **Lammlachs**

PORTIONEN 4–6 **ZUBEREITUNG** 30 Min.
GARZEIT 15 Min.

- 4 rote Paprikaschoten
- 4 Lammlachse (à etwa 200 g), pariert
- Salz und frisch gemahlener schwarzer Pfeffer
- 3 EL Olivenöl
- 120 ml Weißwein
- 250 ml Lamm- oder Hühnerfond
- 125 g kalte Butter, gewürfelt
- 1 Handvoll Basilikumblätter zum Garnieren

1 Eine Grillpfanne bei mittlerer Temperatur erhitzen. Die Paprikaschoten waschen und mit Küchenpapier trocken tupfen. Dann etwa 15 Minuten rösten, bis die Haut teilweise geschwärzt ist und sich abgelöst hat, dabei ab und zu wenden. Abkühlen lassen und die Haut abziehen. Die Schoten vierteln und entkernen.

2 Das Fleisch in etwa 2,5 cm große Stücke schneiden, mit Küchenpapier trocken tupfen, dann großzügig salzen und pfeffern. Das Öl in einer großen, schweren Pfanne bei hoher Temperatur erhitzen. Das Fleisch hineinlegen und 5 Minuten braten, bis es gut gebräunt ist. Die Temperatur reduzieren und das Fleisch noch einmal 3–4 Minuten garen, dabei einmal wenden. Mit einem Schaumlöffel auf einen mit Küchenpapier belegten Teller heben.

3 Die Hitze erhöhen und den Wein in die Pfanne gießen. Zum Kochen bringen und auf die Hälfte einkochen lassen. Den Fond hinzufügen und ebenfalls auf die Hälfte reduzieren. Die Paprikaschoten dazugeben und erhitzen. Die Pfanne vom Herd nehmen und die Butter hineinrühren. Die Sauce abschmecken.

4 Die Lammlachse schräg in jeweils drei oder vier Stücke schneiden. Auf vorgewärmten Tellern anrichten, Paprikaschoten und Sauce darübergeben. Mit einigen zerzupften Basilikumblättern garniert heiß servieren.

LAMMKARREE MIT PETERSILIENKRUSTE

Lammkarree wird am besten rosa gebraten serviert, da es dann am saftigsten ist. Semmelbrösel und Petersilie verleihen ihm hier eine knusprige Kruste.

FLEISCH **Lammkarree**

PORTIONEN 6 **ZUBEREITUNG** 35–40 Min.
GARZEIT 25–30 Min. + Ruhezeit

- 2 Lammkarrees, Rückgrat entfernt (à etwa 750 g–1 kg)
- 2 Knoblauchzehen, in Scheiben geschnitten
- 2 EL Olivenöl
- Salz und frisch gemahlener schwarzer Pfeffer
- 4 Scheiben Toastbrot, Rinde entfernt
- 50 g Butter
- 1 kleines Bund Petersilie, Blätter abgezupft und fein gehackt

FÜR DIE SAUCE

- 125 ml Weißwein
- 250 ml Lamm-, Rinder- oder Hühnerfond
- 1–2 EL Maisstärke, mit etwas warmem Wasser verrührt (nach Belieben)

1 Den Backofen auf 230 °C vorheizen. Die Karrees wie auf S. 193 vorbereiten. Das Fleisch mit einem spitzen Messer mehrmals einschneiden und die Knoblauchscheiben in die Schnitte stecken. Die Karrees mit den Rippen nach unten in einen großen Bräter legen. Die Knochen mit Alufolie umwickeln, damit sie nicht verbrennen. Das Fleisch mit dem Öl beträufeln und mit Salz und Pfeffer bestreuen.

2 Die Lammkarrees 25–30 Minuten im Backofen braten, dabei mindestens zweimal mit Bratensaft beschöpfen, bis sich das Fleisch von den Knochen löst und die Kerntemperatur 60 °C beträgt.

3 Für die Petersilienkruste das Brot in einer Küchenmaschine zerkrümeln. In einer Pfanne die Butter zerlassen. Die Brotbrösel hinzufügen und unter Rühren 2–3 Minuten rösten, bis sie gerade goldbraun sind. Petersilie, Salz und Pfeffer unterrühren.

4 Das Fleisch auf ein Schneidebrett heben und die Alufolie von den Knochen entfernen. Die Karrees mit Alufolie abgedeckt ruhen lassen. Den Grill auf höchster Stufe vorheizen.

5 Für die Sauce den Bratensaft im Bräter entfetten. Den Wein hinzufügen und auf die Hälfte einkochen lassen, dabei rühren, um den Bodensatz im Bräter zu lösen. Den Fond hinzufügen und 5–7 Minuten köcheln, bis eine aromatische Sauce entstanden ist. Abschmecken, abseihen und warm stellen. Für eine dickere Sauce die Maisstärke unterrühren.

6 Die Krustenmischung auf die Karrees drücken und mit Sauce beschöpfen. Die Karrees mit der Kruste nach oben 1–2 Minuten grillen, bis diese gebräunt ist, sie darf aber nicht verbrennen. Die Karrees aufschneiden und auf vorgewärmten Tellern servieren, die Sauce dazureichen.

LAMMKARREE MIT SELLERIEGALETTEN

Diese Gericht eignet sich auch für Gäste. Das Fleisch muss nicht tranchiert werden und wird durch den Knollensellerie perfekt ergänzt.

FLEISCH **Lammkarree**

PORTIONEN 4 **ZUBEREITUNG** 30 Min.
GARZEIT 45–55 Min.

60 g Butter plus 1 Stückchen Butter zum Braten
1 kleine Zwiebel, gehackt
1 Möhre, fein gehackt
2 Scheiben durchwachsener Speck, gewürfelt
1 Knoblauchzehe, zerdrückt
300 ml Rotwein
1 EL Tomatenmark
1 EL gehackte glatte Petersilie
300 ml Lammfond
1 EL rotes Johannisbeergelee oder Quittengelee
Meersalz und frisch gemahlener schwarzer Pfeffer
1 EL Rapsöl
4 Mini-Lammkarrees mit 3 Rippen, pariert

FÜR DIE GALETTEN

300 g festkochende Kartoffeln, in dünne Scheiben geschnitten
1 Sellerieknolle, in dünne Scheiben geschnitten
50 g Butter, zerlassen
½ TL Selleriesalz
frisch gemahlener weißer Pfeffer
1 EL gehackte Rosmarinblätter

1 Den Backofen auf 180 °C vorheizen. Ein Blech mit Backpapier belegen. Für die Galetten Kartoffeln und Sellerie in eine große Schüssel geben. Zerlassene Butter, Selleriesalz, weißen Pfeffer und Rosmarin hinzufügen und verrühren.

2 Die Selleriescheiben dachziegelartig in vier Kreisen mit etwa 12 cm Durchmesser auf das Blech legen. Die Kartoffeln ebenfalls dachziegelartig darauflegen. Dabei genügend Abstand lassen, damit die Galetten beim Garen nicht zusammenkleben. 40–45 Minuten backen, bis sie weich sind.

3 In einem schweren Topf 30 g Butter erhitzen. Zwiebel, Möhre, Speck und Knoblauch darin 2 Minuten braten, bis sie weich sind. Wein, Tomatenmark und Petersilie hinzufügen und 5–10 Minuten garen, bis die Flüssigkeit um die Hälfte reduziert ist. Fond und Gelee dazugeben und um ein Drittel einkochen lassen. Abseihen, wieder in den Topf geben und die restliche Butter unterschlagen. Die Sauce abschmecken.

4 Die Ofentemperatur auf 200 °C erhöhen. Öl und Butterstückchen in einer Pfanne erhitzen. Die Karrees darin etwa 5 Minuten braten, bis sie gut gebräunt sind. Salzen und pfeffern, dann für 10–15 Minuten in den Ofen schieben. Zum Servieren die Karrees auf die Galetten setzen, dann die Sauce darübergeben.

LAMMKOTELETTS VOM GRILL MIT AUBERGINE UND ROTKOHLSALAT

Rotkohlsalat verleiht diesem Gericht aus gegrilltem Lammfleisch und Aubergine eine ganz neue, erfrischende Note.

FLEISCH **Lammkotelett**

PORTIONEN 4 **ZUBEREITUNG** 25 Min.
GARZEIT 12–16 Min. + Ruhezeit

- 12 Lammkoteletts (à etwa 100 g), pariert
- 2 EL Olivenöl
- Salz und frisch gemahlener schwarzer Pfeffer
- 1 Aubergine (etwa 300 g), längs in dünne Scheiben geschnitten
- ½ kleiner Rotkohl
- 100 g zarte grüne Bohnen, geputzt, blanchiert und schräg in dünne Scheiben geschnitten
- 1 kleine Salatgurke, in dünne Scheiben geschnitten
- 1 kleine rote Zwiebel, in dünne Scheiben geschnitten
- 2 Stangen Staudensellerie, schräg in dünne Scheiben geschnitten
- 60 g Walnusskerne, gehackt
- 1 kleine Handvoll Schnittlauch, in Röllchen geschnitten
- 2 EL bestes Olivenöl
- 1 TL Balsamico-Essig

1 Den Smokergrill auf mittlerer Stufe vorheizen. Die Koteletts mit Öl einpinseln, dann salzen und pfeffern. Auf jeder Seite 3–5 Minuten grillen, bis der gewünschte Gargrad erreicht ist. Auf einen Teller heben und an einem warmen Platz ruhen lassen.

2 Auf hohe Temperatur heraufschalten. Die Auberginenscheiben mit etwas Öl einpinseln, dann salzen und pfeffern. Auf jeder Seite etwa 3 Minuten grillen, bis sie goldbraun sind. Herausnehmen und zu den Koteletts auf den Teller heben.

3 Den Rotkohl in schmale Streifen schneiden und in eine große Schüssel geben. Die restlichen Zutaten hinzufügen. Den Salat salzen und pfeffern und behutsam durchheben. Koteletts und Auberginen anrichten, den Rotkohlsalat dazureichen.

LAMMRIPPCHEN MIT FATOUSCH

Fatousch ist ein arabischer Salat mit geröstetem Brot. Die in der Fleischmarinade verwendeten Gewürze nehmen dem Lammfleisch die Schwere.

FLEISCH **Lammrippchen**

PORTIONEN 4–6
ZUBEREITUNG 30 Min. + Marinierzeit
GARZEIT 3 Std. 30 Min.–4 Std.

FÜR DIE RIPPCHEN

- 2 kg Lammrippchen
- 250 ml Weißwein
- 2 Knoblauchzehen, zerdrückt
- 3 Zimtstangen
- 1 TL Salz
- 2 Sternanis
- 6 schwarze Pfefferkörner

FÜR DIE MARINADE

- 1 TL Kreuzkümmelsamen
- 2 TL Koriandersamen
- 3 Kardamomsamen
- 1 TL gemahlener Zimt
- ½ TL gemahlener Piment
- 1 rote Chilischote, entkernt und gehackt
- 2 Knoblauchzehen, zerdrückt
- abgeriebene Schale und Saft von 1 Bio-Zitrone
- 100 ml Olivenöl
- 2 EL flüssiger Honig
- 1 Handvoll Koriandergrün, gehackt

FÜR DEN SALAT

- 1 Salatgurke, geschält, längs halbiert, entkernt und gewürfelt
- 1 Bund Radieschen, in dünne Scheiben geschnitten
- 1 rote Zwiebel, fein gehackt
- 200 g Kirschtomaten, geviertelt
- Kerne von 1 kleinen Granatapfel
- 1 Bund glatte Petersilie, Blätter abgezupft und grob gehackt
- Saft von 1 Zitrone, wenn nötig, mehr
- 1 EL gemahlener Sumach (aus dem Asialaden), wenn nötig, mehr
- Meersalz und frisch gemahlener schwarzer Pfeffer
- 2 Pitabrote
- 1 EL Olivenöl

1 Den Backofen auf 200 °C vorheizen. Alle Zutaten für die Rippchen in einen großen Topf geben, gerade mit Wasser bedecken und zum Kochen bringen. Den Deckel fest auflegen. Das Fleisch für 2 Stunden in den Backofen schieben oder bis es weich ist. Abtropfen und abkühlen lassen. Die Garflüssigkeit weggießen.

2 Eine Pfanne bei mittlerer Temperatur erhitzen. Kreuzkümmel, Koriandersamen und Kardamomsamen darin unter ständigem Rühren rösten, bis sie aromatisch duften. Vom Herd nehmen, etwas abkühlen lassen und im Mörser zerstoßen.

3 Die zerstoßenen Gewürze in eine große Schüssel geben. Die restlichen Marinadenzutaten hinzufügen und gut untermischen. Das Fleisch in einzelne Rippchen teilen. In die Schüssel legen und in der Marinade wenden. Für mindestens 2 Stunden oder über Nacht in den Kühlschrank stellen.

4 Den Backofen auf 140 °C vorheizen. Die Rippchen in einen großen Bräter legen, mit Alufolie abdecken und für 1 Stunde in den Backofen schieben. Herausnehmen und nach Entfernen der Folie wenden. Wieder in den Backofen schieben und noch einmal 30 Minuten garen. Herausnehmen.

5 Für den Salat alle Zutaten, ausgenommen Pitabrot und Öl, in eine große Schüssel geben. Eine Pfanne bei mittlerer Temperatur erhitzen. Die Pitabrote darin auf beiden Seiten erwärmen. Aus der Pfanne nehmen, in kleine Würfel schneiden und dem Salat hinzufügen. Das Öl dazugeben und unterheben. Den Salat abschmecken, wenn nötig, noch Zitronensaft und Sumach hinzufügen. Die Rippchen auf einem Teller anrichten und heiß mit dem Salat servieren.

THAILÄNDISCHER LAMMFLEISCHSALAT MIT LIMETTENDRESSING

Mit seinen leuchtenden Farben ist dieser würzige Salat das perfekte sommerliche Mittagessen.

FLEISCH **Lammhüfte oder -keule**

PORTIONEN 4 **ZUBEREITUNG** 10 Min.
GARZEIT 7–10 Min. + Ruhezeit

- abgeriebene Schale und Saft von 5 Bio-Limetten
- 3 EL Palmzucker oder Demerarazucker
- 1 rote Chilischote, entkernt und fein gehackt
- ½ TL Fischsauce
- 1 TL Tamarinde (aus dem Asialaden)
- 3 EL Erdnussöl
- 500 g Lammhüfte oder -keule ohne Knochen
- 100 g Glasnudeln, gegart
- 3 Schalotten, in dünne Scheiben geschnitten
- 1 Handvoll frische Korianderblätter
- 12 Blätter Thaibasilikum
- 1 kleine Handvoll Minzeblätter
- 50 g geröstete Erdnüsse, grob gemahlen

1 Für das Dressing Limettenschale, Limettensaft, Zucker, Chilischote, Fischsauce, Tamarinde und 1 EL Öl in einer kleinen Schüssel verrühren, bis sich der Zucker aufgelöst hat. Das Dressing beiseitestellen.

2 Das Fleisch in sechs schmale Stücke schneiden. Eine Grillpfanne erhitzen und das restliche Öl hineingeben. Das Fleisch auf jeder Seite etwa 2 Minuten anbraten, aber nicht übergaren – es sollte innen noch blutig sein. 3 Minuten ruhen lassen.

3 Das Lammfleisch in dünne Scheiben schneiden und in eine große Schale geben. Nudeln, Dressing, Schalotten, Kräuter und Erdnüsse hinzufügen und unterheben. Den Salat auf vier Teller verteilen und sofort servieren.

IN HEU GEGARTE LAMMKEULE MIT SARDELLEN-KAPERN-SAUCE

Durch das Garen in Heu erhält das Fleisch ein köstliches grasartiges und rauchiges Aroma. Zudem bleibt es dadurch saftig.

FLEISCH **Lammkeule**

PORTIONEN 8–10
ZUBEREITUNG 30 Min. + Kühlzeit + Ruhezeit
GARZEIT 2 Std. 15 Min. + Ruhezeit

- 2 Handvoll sauberes Heu
- 2 kg Mehl Type 550
- 3 kg Lammkeule mit Knochen
- 10 in Salz eingelegte Sardellenfilets, abgespült
- 8 Knoblauchzehen, in Scheiben geschnitten
- 25 g Butter, zerlassen, plus Butter zum Einfetten
- abgeriebene Schale von 1 Bio-Zitrone und Saft von ½ Zitrone
- Meersalz und frisch gemahlener schwarzer Pfeffer
- 1 Bund Thymian
- 1 Bund Rosmarin
- 1 Ei, verquirlt

FÜR DIE SAUCE

- 500 ml Hühnerfond
- 2–3 EL Kapern in Essig, abgetropft und grob gehackt
- 1 Spritzer Rotweinessig oder Sherryessig
- 2 große Handvoll Minzeblätter, fein gehackt
- 1 Stück kalte Butter, gewürfelt
- 2 TL rotes Johannisbeergelee
- 1–2 TL Pfeilwurzelmehl oder Speisestärke, mit etwas Wasser verrührt (nach Belieben)

1 Ein Backblech einfetten. Das Heu 15 Minuten in kaltem Wasser einweichen. Das Mehl in eine Küchenmaschine geben und 1 l Wasser hinzufügen. Das Gerät etwa 5 Minuten im Pulsmodus laufen lassen, um einen Teig herzustellen. Den Teig 30 Minuten in den Kühlschrank legen.

2 Kleine Schlitze in die Lammkeule schneiden. Die Sardellen halbieren und um die Knoblauchscheiben wickeln, dann in die Schlitze im Fleisch stecken.

3 Den Teig in zwei Portionen teilen. Jede etwa 1 cm dick zu einer Platte ausrollen, die groß genug ist, um das Fleisch zu bedecken. 1 Teigplatte auf das Backblech legen. Das Heu ausdrücken und auf dem Teig verteilen, dabei rundum einen mindestens 5 cm breiten Rand freilassen.

4 Das Fleisch auf das Heu setzen und mit der zerlassenen Butter einpinseln. Zitronenschale und -saft über das Fleisch geben, dann Salz, Pfeffer und Kräuter darüberstreuen. Das Heu hochheben und gleichmäßig um das Lammfleisch packen. Die Teigränder mit kaltem Wasser bestreichen. Die zweite Teigplatte auf das Fleisch legen. Dabei darauf achten, dass der Knochen heraussteht, damit die Hitze bis zur Mitte des Fleischs vordringt. Die Teigränder zusammendrücken und etwas wellen, den Teig mit dem Ei bestreichen. Die Keule etwa 20 Minuten stehen lassen. Den Backofen auf 180 °C vorheizen.

5 In den Backofen schieben und etwa 2 Stunden garen. Herausnehmen und einen Gartest machen. Bei einer Kerntemperatur von 60 °C ist das Fleisch rosa, bei 65 °C durchgebraten. Die Keule, wenn nötig, weitere 10–15 Minuten garen, dann aus dem Backofen nehmen. 30 Minuten ruhen lassen. Die Teigkruste aufbrechen, das Heu entfernen, Bratensaft und Fett in einen kleinen Topf gießen.

6 Für die Sauce Bratensaft und Fett bei mittlerer Temperatur erhitzen. Den Fond unterrühren und bis auf die Hälfte einkochen lassen. Vom Herd nehmen und durch ein Sieb in eine Schüssel seihen. Wieder in den Topf geben und bei mittlerer Hitze 3–4 Minuten garen.

7 Kapern, Essig, Minze, Butter und Johannisbeergelee sorgfältig unterrühren. Die Sauce salzen und pfeffern. Sollte sie etwas bitter schmecken, weiteres Gelee hinzufügen. Sollte sie zu dünn sein, die Sauce mit etwas Pfeilwurzelmehl oder Speisestärke andicken. Die Keule auf einer großen Platte anrichten und mit der Sauce übergossen heiß servieren.

BEILAGEN

Zu diesem Gericht kann man ein Weiße-Bohnen-Püree mit Rosmarin, Pommes boulangère oder ein Gratin dauphinois servieren und dazu in Butter geschwenkten Grünkohl oder Spinat.

LAMMKOTELETTS MIT BUTTERNUSSKÜRBIS, BOHNEN UND MINZE

Hier harmoniert das süße, feste Fleisch des Butternusskürbis ausgezeichnet mit dem zarten Lammfleisch.

FLEISCH **Lammkotelett**

PORTIONEN 4 **ZUBEREITUNG** 15 Min.
GARZEIT 30 Min.

- 2 EL Olivenöl
- 1 Prise Fünf-Gewürze-Pulver
- 1 Prise Cayennepfeffer
- Salz und frisch gemahlener schwarzer Pfeffer
- 8 Lammkoteletts (à etwa 100 g)
- 1 Butternusskürbis, halbiert, nach Entfernen der Kerne geschält und gewürfelt
- 10 Kirschtomaten
- 125 g zarte grüne Bohnen, geputzt
- 1 Handvoll Minzeblätter, grob gehackt

1 Den Backofen auf 200 °C vorheizen. Die Hälfte des Öls in eine Schüssel geben. Fünf-Gewürze-Pulver, Cayennepfeffer, Salz und schwarzen Pfeffer hinzufügen und gut untermischen.

2 Die Koteletts mit der Hälfte der Würzmischung einpinseln und in einen Bräter legen. Den Kürbis zur restlichen Würzmischung geben und durchheben. Den Kürbis im Bräter verteilen. Den Bräter für 20–30 Minuten in den Backofen schieben oder bis das Fleisch den gewünschten Gargrad hat und der Kürbis goldbraun ist.

3 In der Zwischenzeit Tomaten und Bohnen mit dem restlichen Öl vermischen. 10 Minuten vor Ende der Garzeit in den Bräter geben und mitgaren. Das Gericht aus dem Backofen nehmen, mit der Minze bestreuen und heiß servieren.

VARIANTE

Schweineschnitzel mit Süßkartoffeln, Bohnen und Thymian Die Lammkoteletts durch 4 magere Schweinekoteletts ersetzen, das Fünf-Gewürze-Pulver und Cayennepfeffer durch 1 TL Cajun-Gewürzmischung. Anstelle des Butternusskürbis 1 große geschälte und gewürfelte Süßkartoffel verwenden. Das Gericht 30–40 Minuten garen, bis die Zutaten weich sind, 10 Minuten vor Ende der Garzeit wie in Schritt 3 oben Kirschtomaten und Bohnen hinzufügen. Das Gericht statt mit Minze mit 1 Handvoll Thymianblättern bestreuen, dann heiß servieren.

GEGRILLTES LAMM MIT MINZE-HOLLANDAISE

Bei diesem Rezept sorgt die Kräuter-Hollandaise für einen schönen Kontrast zu dem knusprigen Fleisch.

FLEISCH **Lammsteak**

PORTIONEN 4 **ZUBEREITUNG** 30 Min.
GARZEIT 45 Min. + Ruhezeit

- 250 g grüner Spargel, geputzt
- 200 g Zucchini, schräg in Scheiben geschnitten
- 1 große rote Paprikaschote, entkernt und in 8 Stücke geschnitten
- 1 rote Zwiebel, in 8 Spalten geschnitten
- 4 EL Olivenöl
- Meersalz und frisch gemahlener schwarzer Pfeffer
- 4 Lammsteaks (à etwa 200 g)
- 2 große Knoblauchzehen, halbiert

FÜR DIE SAUCE HOLLANDAISE

- 6 schwarze Pfefferkörner, grob zerstoßen
- 1 Schalotte, fein gehackt
- 150 ml Weißwein
- 100 ml Weißweinessig
- 4 Eigelb
- 250 g kalte Butter, gewürfelt
- 2 EL gehackte Minzeblätter

1 Den Smokergrill auf höchster Stufe vorheizen. Das Gemüse mit 3 EL Öl in eine Schüssel geben und durchheben. Salzen und pfeffern und grillen, bis es gerade weich ist. Probieren und, wenn nötig, nachwürzen, dann warm stellen.

2 Die Lammsteaks mit Knoblauch und restlichem Öl einreiben. Auf jeder Seite 4–5 Minuten grillen, bis sie rosa sind. An einem warmen Platz 3–5 Minuten ruhen lassen.

3 Für die Sauce hollandaise Pfeffer, Schalotte, Wein und Essig in einem Topf bei mittlerer Temperatur erhitzen. Zum Kochen bringen und sprudelnd auf 1 EL Flüssigkeit einkochen lassen.

4 Inzwischen eine Glasschüssel auf einen Topf mit köchelndem Wasser setzen. Die Essigmischung durch ein Sieb in die Schüssel seihen, Pfeffer und Schalotte wegwerfen. Die Eigelbe unterschlagen, bis eine warme Sauce entstanden ist. Sie darf nicht zu warm werden, weil sie sonst gerinnt.

5 Langsam die Butter unterrühren, um eine dicke Sauce herzustellen. Salz, Pfeffer und Minze unterrühren. Die Steaks in Scheiben schneiden, dann mit Gemüse und Sauce servieren.

LAMMGULASCH MIT ZITRONE UND OLIVEN

Ganze Zitronen verleihen diesem Gericht eine feine Säure und die Oliven eine schöne mediterrane Note.

FLEISCH **Lammkeule**

PORTIONEN 4 **ZUBEREITUNG** 10 Min.
GARZEIT 35 Min. + Ruhezeit

- 3 EL Olivenöl
- 1 Bund Frühlingszwiebeln, geputzt und fein gehackt
- 500 g entbeinte magere Lammkeule, in mundgerechte Stücke geschnitten
- 6 Knoblauchzehen, in Scheibchen geschnitten
- 1 Bio-Zitrone, in 8 Spalten geschnitten
- 1 TL gehackte frische Rosmarinblätter
- 1 Handvoll glatte Petersilie, gehackt
- 1 TL Paprikapulver edelsüß
- 3 EL grüne Oliven, entsteint
- Salz und frisch gemahlener schwarzer Pfeffer

1 Den Backofen auf 200 °C vorheizen. Das Öl in einer Pfanne bei mittlerer Temperatur erhitzen. Die Zwiebeln darin 5 Minuten garen oder bis sie weich sind. Das Fleisch hinzufügen und unter gelegentlichem Rühren 5 Minuten garen, bis es nicht mehr rosa ist.

2 Knoblauch und Zitrone dazugeben und 1 Minute garen. Die restlichen Zutaten hinzufügen und unter Rühren etwa 2 Minuten garen. Die Mischung in eine kleine ofenfeste Form drücken. 2 EL Wasser untermischen und die Form für 20 Minuten in den Backofen schieben.

3 Das Gericht herausnehmen und etwa 10 Minuten ruhen lassen. Mit knusprigem Brot und einem knackigen grünen Salat servieren.

GEGRILLTE MAROKKANISCHE LAMMKEULE

Lammkeule wird gern gegrillt und ist ein perfekter Braten. Durch die hier verwendete Zubereitungsmethode (s. S. 192) erhält sie besonders viel Aroma.

FLEISCH **Lammkeule**

PORTIONEN 4
ZUBEREITUNG 20 Min. + Marinierzeit + Kühlzeit
GAREN 40 Minuten + Ruhezeit

- 2 TL gemahlener Zimt
- 3 TL gemahlener Koriander
- 3 TL gemahlener Kreuzkümmel
- 4 EL Harissa
- 1 TL gemahlene Kurkuma
- 2 Knoblauchzehen, zerdrückt
- 100 ml Olivenöl plus 2 EL Öl zum Braten
- 4 EL fein gehackte glatte Petersilie
- 2 große Handvoll Korianderblätter, fein gehackt
- 4 EL Saft und abgeriebene Schale von 1 Bio-Zitrone
- 1,5–2 kg entbeinte Lammkeule
- 500 g Joghurt

FÜR DEN COUSCOUS

- 250 ml Orangensaft
- 4 EL Zitronensaft
- 2 TL gemahlener Zimt
- 500 g Instant-Couscous
- 75 g Butter
- 3 EL Olivenöl
- 200 g Erbsen (TK), 2 Minuten blanchiert
- 1 Dose Kichererbsen (etwa 400 g), abgespült und abgetropft
- 100 g Pistazienkerne, gehackt
- 50 g Johannisbeeren
- 6 Frühlingszwiebeln, geputzt und in dünne Scheiben geschnitten
- 3 EL gehackte glatte Petersilie
- 3 EL gehackte frische Korianderblätter
- 3 EL gehackte Minzeblätter
- Meersalz und frisch gemahlener schwarzer Pfeffer

1 In einer kleinen Schüssel, Zimt, gemahlenen Koriander, Kreuzkümmel, Harissa, Kurkuma und Knoblauch vermischen. Das Öl in eine große Schüssel gießen und die Hälfte der Gewürzmischung hinzufügen, dann Petersilie, Korianderblätter, Zitronensaft und -schale sorgfältig untermischen. Das Fleisch dazugeben, unterheben und 1 Stunde kalt stellen.

2 Den Backofen auf 190 °C vorheizen. Den Joghurt in eine Schüssel geben und die restliche Gewürzmischung unterrühren. Abgedeckt 1 Stunde kalt stellen. Das Fleisch aus der Marinade heben. Das Öl zum Braten in einer Pfanne erhitzen. Das Fleisch darin 3–4 Minuten anbraten, bis es rundum gebräunt ist.

3 In eine große ofenfeste Form heben und etwa 40 Minuten im Ofen garen. Den Smokergrill auf 190 °C vorheizen. Das Fleisch aus dem Backofen nehmen und noch einmal 15–20 Minuten grillen. Vom Grill nehmen und mit Alufolie abgedeckt 15 Minuten ruhen lassen.

4 Für den Couscous Orangen- und Zitronensaft in einen Messbecher gießen und mit Wasser auf insgesamt 600 ml auffüllen. Mit dem Zimt in einen Topf geben. Zum Kochen bringen, dann vom Herd nehmen. Den Couscous hineinrühren und 5 Minuten stehen lassen. Butter und Olivenöl dazugeben und den Couscous mit einer Gabel auflockern.

5 Erbsen, Kichererbsen, Pistazienkerne, Johannisbeeren, Frühlingszwiebeln, Petersilie, Korianderblätter und Minzeblätter hinzufügen. Alles gut vermischen, dann salzen und pfeffern. Das Fleisch quer zur Faser in Scheiben schneiden und auf einem Servierteller anrichten. Mit Couscous, Joghurt und Rucola servieren.

VARIANTE

Gegrillte marokkanische Ziegenkeule Die Lammkeule durch eine Ziegenkeule ersetzen, die Pistazien durch Pinienkerne. Das Gericht wie oben zubereiten, dann warm mit Joghurt und Couscous servieren.

IN ROTWEIN GEGARTE LAMMKEULE

Champignons und Tomaten bilden eine großartige Basis für die leckere Sauce dieses perfekten Familiengerichts.

FLEISCH **Lammkeule**

PORTIONEN 6–8 **ZUBEREITUNG** 20 Min.
GARZEIT 2 Std. + Ruhezeit

- 2,5 kg entbeinte Lammkeule
- 2 Knoblauchzehen, in Scheibchen geschnitten
- Salz und frisch gemahlener schwarzer Pfeffer
- 1 große Zwiebel, in dünne Scheiben geschnitten
- 2 EL Olivenöl
- 1 Dose gehackte Tomaten (etwa 400 g)
- ½ TL getrockneter Oregano
- ½ TL getrockneter Thymian
- 2 Lorbeerblätter
- 1 Flasche guter Rotwein, vorzugsweise Burgunder
- 2 TL Butter
- 250 g Champignons, in Scheiben geschnitten

1 Den Backofen auf 230 °C vorheizen. Das Fleisch einschneiden, die Knoblauchscheiben hineindrücken und Salz und Pfeffer einmassieren. Die Zwiebelscheiben auf dem Boden eines großen Bräters verteilen. Die Lammkeule daraufsetzen und mit dem Öl beträufeln. Für 20 Minuten in den Backofen schieben.

2 Herausnehmen und die Ofentemperatur auf 180 °C reduzieren. Tomaten, Kräuter und die Hälfte des Weins um die Lammkeule verteilen. Die Keule wieder in den Backofen schieben und 1 weitere Stunde garen.

3 In einer Pfanne die Butter erhitzen. Die Pilze darin 2–3 Minuten sautieren, bis sie leicht gebräunt sind. Mit dem restlichen Wein in den Bräter geben und alles weitere 30 Minuten garen.

4 Die Lammkeule aus dem Bräter heben und mit Alufolie abgedeckt 15 Minuten ruhen lassen. Den Bräter auf den Herd setzen und die Sauce bei mittlerer Hitze 10 Minuten unter Rühren einkochen lassen. Vom Herd nehmen und durch ein Sieb in einen Topf seihen, dabei das Gemüse mit dem Rücken eines Löffels durch das Sieb streichen.

5 Gemüsereste wegwerfen. Die Sauce unter gelegentlichem Rühren köcheln lassen, bis sie dickflüssig ist. Salzen und pfeffern und vom Herd nehmen. Das Fleisch aufschneiden und auf einem Servierteller anrichten. Heiß mit der Sauce, im Backofen gegarten Möhren und Salzkartoffeln servieren.

ENTBEINTE LAMMKEULE

Eine fruchtige Kräutermarinade und Fleisch ohne Knochen sorgen bei diesem Rezept dafür, dass das Gericht rasch zubereitet ist und sich bequem servieren lässt.

FLEISCH **Lammkeule**

PORTIONEN 6–8
ZUBEREITUNG 30 Min. + Marinierzeit
GARZEIT 40 Min. + Ruhezeit

- 200 ml Rotwein
- 3 EL Orangenmarmelade
- 2 EL Rotweinessig
- 1 kleine Zwiebel, fein gehackt
- 2 TL getrockneter Majoran
- 2 TL getrockneter Rosmarin
- 1 großes Lorbeerblatt
- 1 TL Meersalz
- ¼ TL gemahlener Ingwer
- 2 Knoblauchzehen, zerdrückt
- 3 kg entbeinte Lammkeule (s. S. 192)

1 Alle Zutaten, ausgenommen das Fleisch, in einem Topf bei niedriger Temperatur 15 Minuten köcheln lassen. Dann etwas abkühlen lassen. Das Fleisch mit der Fettschicht nach unten in einen großen Kunststoffbehälter mit Deckel legen und mit der Marinade übergießen. Zum Marinieren zugedeckt für 8 Stunden an einen kühlen Platz stellen, dabei ab und zu drehen.

2 Eine große Grillpfanne oder den Smokergrill bei mittlerer Temperatur erhitzen. Das Fleisch mit Küchenpapier trocken tupfen und mit der Fettseite nach unten in die Pfanne legen. 10 Minuten garen, dann wenden und mit etwas Marinade bepinseln. Wieder 10 Minuten braten, wenden und einpinseln. Noch einmal 20 Minuten braten, wenden und einpinseln.

3 Vom Herd nehmen und mindestens 15 Minuten ruhen lassen. In Scheiben schneiden, dann mit einem knackigen Salat servieren.

VARIANTE

Entbeinte Rehkeule Die Lammkeule durch Rehkeule ersetzen, die Orangenmarmelade durch Johannisbeergelee, den Majoran durch 4 zerstoßene Wacholderbeeren. Wie oben verfahren.

LAMMKEULENBRATEN

Bei diesem aromareichen Gericht dient der Bratensaft des Fleischs als Grundlage für die einfache, aber äußerst schmackhafte Sauce. Das Entbeinen einer Lammkeule wird auf Seite 192 gezeigt.

FLEISCH **Lammkeule**

PORTIONEN 6–8 **ZUBEREITUNG** 40 Min.
GARZEIT 1 Std. 30 Min. + Ruhezeit

- 2,5 kg Lammkeule, Knochen entfernt und aufbewahrt
- 1 Zwiebel, grob gehackt
- 1 große Möhre, grob gehackt
- 2 Knoblauchzehen, ungeschält zerdrückt
- 3 Thymianzweige
- 3 EL Olivenöl
- Salz und frisch gemahlener schwarzer Pfeffer
- 2 TL gehackter frischer Rosmarin
- 1 TL gehackter frischer Majoran
- 1 TL Tomatenmark

1 Den Backofen auf 200 °C vorheizen. Knochen, Zwiebel, Möhre, Knoblauch und Thymian in einen großen Bräter geben. 2 EL Öl hinzufügen und untermischen. Die Zutaten in den Backofen schieben und 10 Minuten (oder bis sie gebräunt sind) rösten.

2 In der Zwischenzeit die Lammkeule salzen und pfeffern und mit dem restlichen Öl einreiben. Den Bräter herausnehmen. Die Lammkeule auf Knochen und Gemüse setzen, in den Ofen schieben und 40 Minuten braten, dabei ab und zu mit Garflüssigkeit beschöpfen.

3 Aus dem Backofen nehmen. Ein Drittel des Fetts aus dem Bräter entfernen. 500 ml Wasser dazugießen und die Kräuter über die Zutaten streuen. Die Hitze auf 180 °C reduzieren. Die Keule weitere 40 Minuten garen, dabei ab und zu mit Garflüssigkeit beschöpfen. Herausnehmen, auf eine Servierplatte heben, mit Alufolie abdecken und an einem warmen Platz ruhen lassen.

4 Den Bräter bei mittlerer Hitze auf den Herd stellen. Das Tomatenmark hinzufügen und den Bodensatz abschaben. Die Hitze reduzieren. Alles 5 Minuten köcheln lassen, dann abseihen. Die Knochen wegwerfen, das Gemüse durch das Sieb drücken. Die Sauce probieren und, wenn nötig, nachwürzen. Das Fleisch aufschneiden und mit der Sauce servieren.

TÜRKISCHES LAMM UND GRANATAPFELPILAW

Das duftende, farbenfrohe Pilaw bietet hier ein vielschichtiges Geschmackserlebnis. Es können auch andere Früchte und Nüsse hinzugefügt werden.

FLEISCH **Lammkeule**

PORTIONEN 4–6 **ZUBEREITUNG** 15 Min.
GARZEIT 1 Std.

- 2 EL Olivenöl plus Öl zum Beträufeln
- 700 g Lammkeule, in mundgerechte Stücke geschnitten
- 1 Zwiebel, fein gehackt
- Salz und frisch gemahlener schwarzer Pfeffer
- 3 Knoblauchzehen, fein gehackt
- 1 grüne Chilischote, entkernt und in dünne Scheiben geschnitten
- 1 TL getrocknete Minze
- 1 TL gemahlener Zimt
- 60 g Sultaninen
- 350 g Basmatireis (parboiled)
- 1 l heißer Lammfleischfond
- 60 g Haselnusskerne, geröstet und grob gehackt
- 1 kleine Handvoll Dill, fein gehackt
- Kerne von 1 Granatapfel
- 75 g Feta, zerkrümelt (nach Belieben)

1 Das Öl in einer großen Kasserolle bei mittlerer Temperatur erhitzen. Das Fleisch darin portionsweise 6–8 Minuten braten, bis es rundum gebräunt ist. Mit einem Schaumlöffel herausheben und beiseitestellen.

2 Die Zwiebel in die Kasserolle geben und bei mittlerer Hitze 3–4 Minuten garen, bis sie weich ist. Salzen und pfeffern, dann Knoblauch, Chilischote, Minze und Zimt unterrühren und 2 Minuten garen. Die Sultaninen untermischen.

3 Den Reis unterrühren, dabei alle Körner mit Garflüssigkeit überziehen. Das Fleisch wieder in die Kasserolle geben und den Fond dazugießen. Die Zutaten mit halb aufgelegtem Deckel 30–40 Minuten köcheln lassen, wenn nötig, noch etwas heißen Fond hinzufügen. Das Pilaw abschmecken. Haselnüsse und Dill unterrühren, die Granatapfelkerne darüberstreuen. Sofern verwendet, den Feta darübergeben. Das Gericht heiß servieren.

LAMMHAXE MIT LIMABOHNEN UND STAUDENSELLERIE

Bei dieser Garmethode bleibt das Fleisch saftig. Die Limabohnen sorgen für einen geschmacklichen Kontrast.

FLEISCH **Lammhaxe**

PORTIONEN 4 **ZUBEREITUNG** 20 Min.
+ Einweichzeit über Nacht
GARZEIT 1 Std. 30 Min.

- 2 EL Olivenöl
- Salz und frisch gemahlener schwarzer Pfeffer
- 4 Lammhaxen mit Knochen (à etwa 200 g)
- 1 Zwiebel, in 4 Scheiben geschnitten
- 250 ml Lamm- oder Hühnerfond
- 250 g getrocknete Limabohnen, über Nacht eingeweicht
- 600 ml Vollmilch
- 1 Knoblauchzehe
- geriebene Muskatnuss
- 2 EL Sahne
- 9 Stangen Staudensellerie, gewürfelt
- 1 EL gehackte glatte Petersilie

1 In einer großen Kasserolle 1 EL Öl erhitzen. Die Lammhaxen salzen und pfeffern und in der Kasserolle 6–8 Minuten anbraten, bis sie gut gebräunt sind, dann herausheben. Das Fett aus der Kasserolle gießen, 1 EL aufbewahren.

2 Den Backofen auf 180 °C vorheizen. Die Zwiebelscheiben auf dem Boden der Kasserolle verteilen und jeweils 1 Lammhaxe darauflegen. Den Fond dazugießen und zum Kochen bringen. Die Lammhaxen zugedeckt für 1¼ Stunden in den Backofen schieben, bis das Fleisch weich ist, dabei immer wieder wenden.

3 Inzwischen die Bohnen aus den Häuten drücken. Die Häute wegwerfen, die Bohnen abspülen und abtropfen lassen. Mit Milch und Knoblauch in einen Topf geben. Erhitzen, bis sie köcheln, aber nicht kochen. Muskatnuss, Salz und Pfeffer hinzufügen. Die Bohnen halb abgedeckt unter gelegentlichem Rühren etwa 1 Stunde garen, bis sie weich sind. Die Sahne dazugeben.

4 In einer Pfanne restliches Öl und aufbewahrtes Fett erhitzen. Den Sellerie darin 4–5 Minuten braten, bis er leicht gebräunt ist. Mit der Petersilie unter die Bohnen mischen. Die Bohnenmischung auf vier Teller verteilen und die Lammhaxen daraufsetzen. Etwas Bratensaft darübergeben.

MAROKKANISCHE SCHAFSCHULTER MIT BACKPFLAUMEN UND APRIKOSEN

Die ungewöhnliche Kombination aus Fleisch, Honig, getrockneten Früchten und nussigem Arganöl verleiht diesem Berbergericht eine extravagante Note.

FLEISCH **Schafschulter**

PORTIONEN 4
ZUBEREITUNG 15 Min. + Einweichzeit
GARZEIT 3 Std. 30 Min.

- 100 g Backpflaumen, entsteint
- 100 g Trockenaprikosen, halbiert
- 150 ml schwarzer Tee
- 2 EL Argan- oder Pflanzenöl
- 1 kg Schafschulter ohne Knochen, in Würfel geschnitten
- 2 Zwiebeln, fein gehackt
- ½ TL gemahlene Kurkuma
- ½ TL gemahlener Ingwer
- 1½ TL gemahlener Zimt
- ½ TL gemahlener Kreuzkümmel
- ½ TL Ras el-Hanout (marokkanische Gewürzmischung)
- 2 EL Honig
- 200 ml Lamm- oder Hühnerfond
- 4 EL Sahnejoghurt
- 1 EL gehackte Minze
- 60 g Mandelblättchen, geröstet

1 Den Backofen auf 160 °C vorheizen. Pflaumen und Aprikosen in eine kleine Schüssel geben und mit dem Schwarztee übergießen. Abdecken und 30 Minuten quellen lassen.

2 In einer großen ofenfesten Kasserolle bei mittlerer Temperatur 1 EL Öl erhitzen. Das Fleisch hinzufügen und 7–8 Minuten braten, bis es gut gebräunt ist. Mit einem Schaumlöffel herausheben und beiseitestellen.

3 Das restliche Öl in den Topf geben. Die Zwiebeln hinzufügen und unter gelegentlichem Rühren 4–5 Minuten garen, bis sie weich und leicht gebräunt sind. Die Gewürze hineinrühren und 2 Minuten garen.

4 Das Fleisch wieder in die Kasserolle geben. Honig, Fond und die Früchte mit dem Tee dazugeben. Die Zutaten sorgfältig verrühren und zum Köcheln bringen, aber nicht kochen lassen. Zugedeckt im Backofen 3 Stunden garen oder bis das Fleisch weich ist.

5 Aus dem Backofen nehmen. Joghurt und Minze in eine kleine Schüssel geben und sorgfältig verrühren. Die Mandeln über das Fleisch streuen. Auf Couscous anrichten und einen Klecks Joghurt daraufgeben, dann servieren.

SCHAFSCHINKEN

Eine ungewöhnliche Alternative zu Schinken vom Schwein, die magerer und sehr zart ist.

FLEISCH **Schafkeule**

PORTIONEN 10
ZUBEREITUNG 30 Min. + 7 Tage Pökelzeit
GARZEIT 3–4 Std. + Ruhezeit + Abkühlzeit

- 225 g Meersalz
- 125 g Vollrohrzucker
- 2 TL Pökelsalz
- 1 EL Korianderkörner
- 1 EL Pimentbeeren
- 5 Wacholderbeeren
- 12–13 schwarze Pfefferkörner
- 1 Schafkeule mit Knochen (etwa 2,5 kg)
- 1 Lauchstange, grob gehackt
- 4 Möhren, grob gehackt
- 1 große Zwiebel, ungeschält längs halbiert
- 6 Gewürznelken, in die Zwiebelstücke gesteckt
- 2 Stangen Staudensellerie, grob gehackt
- 1 Bund Petersilie
- 1 Thymianzweig
- 200 g Zuckerrübensirup

1 In einer Schüssel Meersalz, Zucker und Pökelsalz vermischen. Korianderkörner, Pimentbeeren, Wacholderbeeren und 10 Pfefferkörner im Mörser grob zerstoßen, dann zu der Salzmischung geben.

2 Die Schafkeule in ein großes Keramikgefäß legen und rundum mit der Würzmischung einreiben. Mit einem Küchenhandtuch abgedeckt für 7 Tage kühl stellen. Täglich wenden und mit der ausgetretenen Flüssigkeit einreiben. Dabei Einweghandschuhe tragen, damit das Fleisch nicht verdirbt.

3 Das Fleisch mit kaltem Wasser abspülen, um überschüssiges Salz zu entfernen. Gemüse, Kräuter und übrige Pfefferkörner in einen Topf geben. Sirup, Schafkeule und so viel Wasser hinzufügen, dass das Fleisch bedeckt ist. Zum Kochen bringen, dann 3–4 Stunden köcheln lassen.

4 Vom Herd nehmen und im Sud mindestens 1 Stunde abkühlen lassen. Herausnehmen und den Sud weggießen. Die Schafkeule fest in ein Küchenhandtuch wickeln, in ein flaches Kunststoffgefäß legen, und mit einem Kunststofftablett und 1-kg-Gewichten beschweren. Über Nacht stehen lassen. Dann in Scheiben schneiden und mit Salat, Pickles und Ofenkartoffeln servieren.

SCHAFCURRY MIT KOKOSNUSS UND INGWER

Die Kombination von Kokosnuss und Cashewkernen sorgt in diesem aromareichen Gericht für kontrastierende Konsistenzen.

FLEISCH **Schafschulter**

PORTIONEN 6 **ZUBEREITUNG** 15–20 Min.
GARZEIT 1 Std. 30 Min.–2 Std.

- 125 g Kokosraspel
- 2 TL gehackter frischer Ingwer
- 1 Zwiebel, gehackt
- 1 Knoblauchzehe
- 4 rote Chilischoten, entkernt und grob gehackt
- 1 EL gehacktes Koriandergrün
- 1 TL gemahlene Kurkuma
- 2 EL Naturjoghurt
- je 1 EL Korianderkörner und Sesamsamen
- 2 EL Pflanzenöl
- 1 kg Schafschulter, in Würfel schnitten
- ¼ TL geriebener frischer Ingwer
- 125 g Cashewkerne, fein gehackt

1 Kokosraspel, gehackten Ingwer, Zwiebel, Knoblauchzehe, Chilischoten, Koriandergrün und Kurkuma im Mörser zu einer Paste zerreiben. In eine Schüssel geben und den Joghurt unterrühren. Beiseitestellen.

2 Einen schweren Topf bei mittelschwacher Temperatur erhitzen. Koriander und Sesam mit einem Löffel zerdrücken. In den Topf geben und 2–3 Minuten vorsichtig rühren, bis sie gebräunt sind. Vom Herd nehmen und beiseitestellen.

3 Den Topf mit Küchenpapier säubern. Das Öl darin bei mittlerer Temperatur erhitzen. Das Fleisch hineingeben und mit dem geriebenen Ingwer vermischen. 3–4 Minuten braten, bis es gut gebräunt ist. Den Gewürzjoghurt sorgfältig untermischen und 2–3 Minuten garen.

4 Die gerösteten Gewürze dazugeben. Das Fleisch gerade mit Wasser bedecken und zugedeckt 1½ Stunden köcheln lassen, bis es weich ist. Auf Reis und mit den Cashewkernen bestreut servieren.

KASCHMIRISCHE SCHAFKEULE MIT SPEISERÜBEN

Durch das langsame Garen des Fleischs wird dieses Gericht wunderbar aromareich. Aus optischen Gründen sollten Fleisch- und Rübenstücke die gleiche Größe haben.

FLEISCH **Schafkeule**

PORTIONEN 6 **ZUBEREITUNG** 15 Min.
GARZEIT 2 Std.

- 1 kg magere Schafkeule, gewürfelt
- 2 EL Pflanzenöl
- 1 TL geriebener frischer Ingwer
- 200 g Joghurt
- 4 kleine Speiserüben, geviertelt
- ¼ TL Salz
- 1 TL Garam masala
- 1 Tl gemahlene Kurkuma
- ½ TL Chilipulver
- 2 TL gemahlener Koriander
- 1 TL Zucker
- 2 EL gehacktes Koriandergrün

1 Das Fleisch mit Küchenpapier trocken tupfen. Das Öl bei hoher Temperatur in einer Kasserolle erhitzen. Das Fleisch portionsweise hinzufügen, mit Ingwer bestreuen und etwa 5 Minuten anbraten, bis es gut gebräunt ist.

2 Den Joghurt hinzufügen und sorgfältig unterrühren. Etwas ansetzen lassen, um dem Gericht zusätzliches Aroma zu verleihen. Ein wenig Wasser hinzufügen, dann Rüben, Salz und Gewürze unterrühren. Die Zutaten knapp mit Wasser bedecken und zum Kochen bringen.

3 Den Topfinhalt zugedeckt etwa 1½ Stunden sanft garen, bis das Fleisch weich ist. Den Zucker und die Hälfte des Koriandergrüns unterrühren. Den restlichen Koriander darüberstreuen. Das Gericht mit indischem Fladenbrot zum Auftunken der Sauce servieren.

IN MILCH GEGARTE SCHAFKEULE MIT KAPERN

Die wunderbare Sauce des Gerichts aus Bratensaft und Kräutern wärmt im Winter Körper und Seele. Als Beilagen eignen sich hier Kartoffelpüree und Erbsen.

FLEISCH **Schafkeule**

PORTIONEN 8 **ZUBEREITUNG** 30 Min.
GARZEIT 2–3 Std. + Ruhezeit

- 2,5 kg Schafkeule ohne Knochen, pariert
- 1 l Vollmilch
- 2 große Zwiebeln, mit je 2 Gewürznelken gespickt
- 2 Möhren, grob gehackt
- 1 Rosmarinzweig
- 1 Lorbeerblatt
- 1 Thymianzweig
- 6 schwarze Pfefferkörner

FÜR DIE SAUCE

- 2 EL Butter
- 2 EL Mehl
- 3 EL Kapern in Essig, abgetropft, plus ein wenig Einlegeflüssigkeit
- 2 EL gehackte glatte Petersilie
- Salz und frisch gemahlener schwarzer Pfeffer

1 Die Schafkeule in einen großen Topf legen und mit der Milch übergießen. Gemüse, Kräuter und Pfefferkörner hinzufügen. Den Topfinhalt zugedeckt zum Kochen bringen, dann 2–3 Stunden köcheln lassen, bis klarer Saft austritt, wenn ein Messer in den dicksten Teil der Schafkeule gestochen wird. Die Keule herausnehmen und an einem warmen Platz ruhen lassen.

2 Die Garflüssigkeit abseihen. Die Hälfte in den Topf geben und 10 Minuten sanft köcheln lassen. Die Butter in einem zweiten Topf zerlassen. Das Mehl unterrühren und 1–2 Minuten anschwitzen. Nach und nach die heiße Garflüssigkeit hinzufügen und langsam rühren, bis eine glatte Sauce entstanden ist. Kapern, Kapernflüssigkeit und Petersilie hinzufügen. Die Sauce abschmecken. Das Fleisch in dicke Scheiben schneiden, auf einer Platte anrichten und die Sauce darübergießen.

RESTE VERWERTEN

Die restliche Garflüssigkeit einfrieren. Drei Viertel des Suds mit 125 ml Wasser vermischen, um wie oben eine Kapernsauce zuzubereiten. Die Sauce heiß zu übrig gebliebenem Lammbraten servieren.

SKANDINAVISCHE SCHAFKEULE MIT HONIG UND WURZELGEMÜSE

Ein großartiges Gericht, das sich einfach zubereiten lässt, da das Gemüse zusammen mit dem Fleisch gart.

FLEISCH **Schafkeule**

PORTIONEN 6–8 **ZUBEREITUNG** 30 Min.
GARZEIT 1 Std. 50 Min. + Ruhezeit

- 3 kg Schafkeule
- 500 g Pastinaken, in gleich große Stücke geschnitten
- 500 g Kohlrabi, in gleich große Stücke geschnitten
- 500 g rotschalige Kartoffeln, geviertelt
- 500 g Möhren, in gleich große Stücke geschnitten
- 4 Zwiebeln, geviertelt
- 1 Knoblauchknolle, Zehen ungeschält
- 250 ml dunkles Bier
- 250 ml Lamm- oder Rinderfond
- 1 EL Olivenöl
- Meersalz
- 2 TL gehackte frische Rosmarinblätter
- 3 EL Honigsenf

1 Die Schafkeule mindestens 2 Stunden vor dem Garen aus dem Kühlschrank nehmen, um sie auf Zimmertemperatur zu bringen.

2 Den Backofen auf 200 °C vorheizen. Das gesamte Gemüse mit dem Knoblauch in einen hohen Bräter geben. Bier, Fond und Öl hinzufügen. Salz und Rosmarin darüberstreuen.

3 Die Schafkeule mit Küchenpapier trocken tupfen, dann mit etwas Salz und dem Senf einreiben. Auf einem Rost über das Gemüse setzen, sodass Fett und Fleischsaft in den Bräter tropfen.

4 Den Bräter für 20 Minuten in den Backofen schieben, dann die Ofentemperatur auf 180 °C reduzieren. Das Fleisch noch einmal 1½ Stunden garen, bis die Kerntemperatur 60 °C beträgt.

5 Den Bräter aus dem Backofen nehmen. Das Fleisch an einem warmen Platz mindestens 20 Minuten ruhen lassen. Das Gemüse auf einer großen Servierplatte anrichten. Das Fleisch in Scheiben schneiden und auf das Gemüse legen. Die Knoblauchzehen aus der Schale drücken und auf dem Fleisch verteilen.

ZIEGEN-WEISSKOHL-TOPF

Das Fleisch und der Weißkohl werden zunächst getrennt gegart und erst kurz vor dem Servieren vermischt.

FLEISCH **Ziegenkeule**

PORTIONEN 4 **ZUBEREITUNG** 30 Min.
GARZEIT 2 Std.

- 3 EL Pflanzenöl
- 3 TL Butter
- 1 kg Ziegenkeule, gewürfelt
- 1 große Zwiebel, grob gehackt
- 2 Knoblauchzehen, gehackt
- 2 TL Tomatenmark
- ¼ EL gemahlene Gewürznelken
- ¼ TL geriebener frischer Ingwer
- 1 Prise Cayennepfeffer
- 4 Möhren, in dicke Scheiben geschnitten
- Saft von 1 Bio-Zitrone
- 500 ml Lamm- oder Rinderfond
- 2 Thymianzweige
- 1 Lorbeerblatt
- 1 Weißkohl
- Salz
- 2 TL Kümmelsamen

1 Das Öl und 1 TL Butter in einer großen Kasserolle erhitzen. Das Fleisch darin anbraten, bis es gut gebräunt ist. Zwiebel und Knoblauch hinzufügen und garen, bis die Zwiebel weich ist.

2 Tomatenmark, Gewürznelken, Ingwer und Cayennepfeffer dazugeben und 1 Minute garen. Möhren, Zitronensaft, Fond, Thymian und Lorbeerblatt hinzufügen. Die Zutaten zum Kochen bringen, dann zugedeckt 1½–2 Stunden köcheln lassen.

3 In der Zwischenzeit den Kohl vierteln und nach Entfernen des Strunks in schmale Streifen schneiden. Für 30 Minuten in eine große Schüssel mit Salzwasser legen. Dann das Wasser bis auf einige EL abtropfen lassen.

4 In einem großen Topf bei mittlerer Hitze 2 TL Butter zerlassen. Die Kohlstreifen hineinrühren, dann zugedeckt 4 Minuten dämpfen. Den Kümmel untermischen. Den Kohl ohne Deckel garen, bis das gesamte Wasser verdampft ist.

5 Das Fleisch vom Herd nehmen, Thymian und Lorbeerblatt entfernen. Fleisch und Kohl vermischen. Das Gericht heiß in tiefen Tellern servieren.

ZIEGENSCHULTER MIT DICKEN BOHNEN

Die cremige Konsistenz der Bohnen ergänzt das Fleisch, das einen feinen Kräutergeschmack hat, auf perfekte Weise.

FLEISCH **Ziegenschulter**

PORTIONEN 4 **ZUBEREITUNG** 5 Min.
GARZEIT 2 Std. + Ruhezeit

- Saft und abgeriebene Schale von 1 Bio-Zitrone
- 2 EL Honig
- 1 TL Olivenöl
- ½ Knoblauchknolle
- 1 kg Ziegenschulter
- Meersalz und frisch gemahlener schwarzer Pfeffer
- 150 ml Hühner- oder Gemüsefond, wenn nötig, mehr
- je 4 Thymian-, Rosmarin- und Oreganozweige

FÜR DIE DICKEN BOHNEN

- 30 g Butter
- 1 Zwiebel, fein gehackt
- 1 Knoblauchzehe, fein gehackt
- 500 g tiefgekühlte Dicke Bohnen, wenn nötig, enthäutet
- 1 TL Rosmarinblätter, fein gehackt
- 100 ml Hühner- oder Gemüsefond
- 3 EL Sahne

1 Den Backofen auf 180 °C vorheizen. Einen Bräter mit Butterbrotpapier auslegen. In einer Schüssel Zitronensaft, -schale, Honig und Öl vermischen. Beiseitestellen. Den Knoblauch in die Mitte des Bräters geben. Das Fleisch darauflegen und mit der Honigmischung einreiben, salzen und pfeffern, dann mit dem Fond übergießen und die Kräuter daraufsetzen.

2 Das Fleisch 1½ Stunden im Ofen garen, nach 1 Stunde prüfen. Falls es zu rasch bräunt, die Hitze reduzieren. Wenn nötig, noch Fond dazugießen. Das Fleisch herausnehmen und 20 Minuten ruhen lassen.

3 Für die Bohnen die Butter in einer Pfanne zerlassen. Zwiebel und Knoblauch hinzufügen und 5–10 Minuten anschwitzen, bis sie weich sind. Bohnen und Rosmarin sorgfältig untermischen.

4 Den Fond hinzufügen, zum Kochen bringen und die Mischung 12–15 Minuten köcheln lassen. Die Sahne dazugeben. Die Bohnen noch 1 Minute garen, dann salzen und pfeffern. Das Fleisch aufschneiden und anrichten. Mit den Bohnen und der Sauce servieren.

KARIBISCHES ZIEGENCURRY

Limettensaft macht das Fleisch vor dem Garen mürber, Jamaikarum und Butter geben der Sauce Geschmack.

FLEISCH **Ziegenkeule**

PORTIONEN 4
ZUBEREITUNG 10 Min. + Marinierzeit
GARZEIT 1 Std.

- 1 kg Ziegenkeule, gewürfelt
- Saft von 2 Limetten
- 3 große Zwiebeln, fein gehackt
- 2 TL Schnittlauchröllchen
- 2 TL gehackte glatte Petersilie
- 1 ganze rote Chilischote
- ½ TL gemahlener Ingwer
- 1 TL gemahlener Piment
- 2 EL Pflanzenöl
- 1 TL Kreuzkümmelsamen
- 5 Knoblauchzehen, gehackt
- 2 EL Currypulver
- 2 EL Tomatenmark
- 2 Dosen Kokosmilch (à etwa 400 ml)
- 2 Thymianzweige
- 1 Lorbeerblatt
- 1 EL brauner Rum
- 2 TL kalte Butter, gewürfelt

1 Das Fleisch in eine große Schüssel legen. Mit dem Limettensaft übergießen und 15 Minuten stehen lassen. In der Zwischenzeit Zwiebeln, Schnittlauch, Petersilie, Chilischote und gemahlene Gewürze in einer Schüssel vermischen.

2 Das Öl in einem großen, schweren Topf erhitzen. Den Kreuzkümmel darin rösten, damit sich seine Aromen entfalten. Die Hitze reduzieren. Knoblauch und Currypulver unterrühren und 1–2 Minuten braten. Tomatenmark und Kokosmilch dazugeben und alles zum Kochen bringen.

3 Fleisch und Limettensaft in den Topf geben, dann die Zwiebelmischung unterrühren. Thymian und Lorbeerblatt hinzufügen. Die Zutaten durchrühren und zum Kochen bringen.

4 Den Topfinhalt ohne Deckel 40 Minuten köcheln lassen oder bis das Fleisch gar ist. Wenn nötig, zwischendurch etwas Wasser zugeben, falls die Flüssigkeit zu rasch verdampft. Vom Herd nehmen, das Lorbeerblatt entfernen. Rum und Butter unterrühren. Das Gericht mit Kidneybohnen und Reis servieren.

ZIEGEN-PILZ-PIE MIT BIER

Durch das langsame Garen mit Bier, Rosmarin und Lorbeer schmeckt das Fleisch in dieser köstlichen Pie noch intensiver.

FLEISCH **Ziegenschulter**

PORTIONEN 4–6 **ZUBEREITUNG** 30 Min.
GARZEIT 1 Std. 45 Min.

- 2 EL Mehl, mit Salz und Pfeffer gewürzt
- 1 kg Ziegenschulter, in mundgerechte Stücke geschnitten
- 2 EL Rapsöl, wenn nötig, mehr
- 12 Perlzwiebeln
- 2 Möhren, gewürfelt
- 250 g Champignons
- 2 Knoblauchzehen, fein gehackt
- 2 EL Tomatenmark
- ¼ TL gemahlener Piment
- 150 ml Alt- oder Weißbier
- 500 ml Fleischfond
- 1 Rosmarinzweig
- 1 Lorbeerblatt
- Meersalz und frisch gemahlener schwarzer Pfeffer
- 2 TL Rohrohrzucker
- 1 Ei, verquirlt
- 1 große Platte Blätterteig (aus dem Kühlregal)

1 Den Ofen auf 150 °C vorheizen. Das Mehl in eine Schüssel geben. Das Fleisch hinzufügen und durchheben, um es dünn mit Mehl zu überziehen. Das Öl in einem großen Topf erhitzen. Das Fleisch darin braten, bis es rundum goldbraun ist. In eine große ofenfeste Kasserolle heben.

2 Wenn nötig, weiteres Öl in den Topf geben. Perlzwiebeln, Möhren und Champignons darin unter gelegentlichem Rühren braten, bis sie leicht gebräunt sind. Knoblauch, Tomatenmark und Piment gut untermischen. Die Zutaten in die Kasserolle geben. Bier, Fond, Rosmarin und Lorbeerblatt hinzufügen. Den Topfinhalt zum Kochen bringen, salzen und pfeffern. Den Zucker unterrühren. Die Flüssigkeit 5–10 Minuten einkochen lassen. Die Kasserolle in den Ofen schieben.

3 Das Fleisch 1 Stunde 20 Minuten garen, bis es gerade weich ist. Die Mischung in eine etwa 2 l fassende Pieform mit Pastetenschornstein in der Mitte füllen und abkühlen lassen. Die Hitze auf 220 °C erhöhen.

4 Den Rand der Pieform mit Ei einpinseln. Einen 2,5 cm breiten Streifen des Blätterteigs abschneiden. Den Teigstreifen daraufdrücken und mit Ei bestreichen. Die Teigplatte auflegen, dabei ein Loch für den Schornstein schneiden. Überstehenden Teig abschneiden, die Teigränder zusammendrücken. Den Teigdeckel mit Ei bestreichen. Die Pie auf einem Blech in die Mitte des Ofens schieben und in 20–25 Minuten goldbraun backen.

WILD

WILD

DER BEGRIFF »WILD« UMFASST IN DIESEM BUCH ALLE TIERE, AUF DIE WEGEN IHRES FLEISCHS JAGD GEMACHT WIRD. TEILWEISE WIRD WILD HEUTE JEDOCH AUCH, OFT RECHT INTENSIV, GEZÜCHTET. AUSSERDEM SIND HIER TIERE EINGESCHLOSSEN, BEI DENEN ES SICH NICHT UM WILD HANDELT, DEREN FLEISCH ABER EBENSO ZUBEREITET WIRD.

MAN UNTERTEILT WILD grob in Haarwild (Säugetiere) und Federwild (Geflügel), bei letzteren unterscheidet man Landvögel und Wasservögel.

Zustand und Alter von Wild sind oft recht unterschiedlich. Es gibt junge Tiere mit zartem Fleisch, aber auch alte, zähe, dicke und dünne Exemplare. Daher sind hier die genaue Begutachtung und die richtige Zubereitung von großer Bedeutung. Zuchtwild ist jünger und die Qualität seines Fleischs konstanter. Häufig hat es auch einen milderen Geschmack, der aber durch sorgfältige Reifung intensiviert werden kann.

GESUNDES FLEISCH

Wildfleisch dient Menschen schon immer als Nahrung, und es gibt kein gesünderes Fleisch für uns. Da Wildtiere nicht selektiv gezüchtet werden und sie ihre Nahrung weitgehend in der Natur finden, ist der Nährwert ihres Fleischs perfekt. Es ist fettarm, und wo Fett vorhanden ist, überwiegen ungesättigte Fettsäuren. Zudem sitzt das Fett meist außen am Fleisch, sodass es sich leicht entfernen lässt. Dunkleres Wildfleisch enthält mehr Eisen als das Fleisch irgendeines Haustiers und zudem wertvolle Vitamine wie die Vitamine B6 und B12, ferner Kalium, Phosphor, Riboflavin, Nicotinsäure und Zink. Aber natürlich ist es möglich, dass Wildtiere auch Kulturpflanzen auf nahe gelegenen Feldern fressen, die vor Kurzem gespritzt wurden.

HAARWILD

- **Hirsche und Rehe** Die Familie der Hirsche umfasst etwa 40 Arten, von denen einige kleiner als Lämmer, andere größer als Rinder sind. Bei guter Vor- und Zubereitung kann selbst ein alter Hirsch in ein Gourmetgericht verwandelt werden.
- **Wildschwein** Es ist in vielen Ländern heimisch, wird aber auch als Nutztier gehalten und mit Hausschweinen gekreuzt.
- **Känguru** In Australien galten Kängurus lange als Schädlinge und wurden in großer Zahl erlegt. Heute ist für die Jagd eine Lizenz erforderlich. Das Fleisch wird in die ganze Welt exportiert.
- **Kaninchen** Wildkaninchen leben in vielen Teilen der Welt und werden zudem in großem Stil als Zuchttiere gehalten. Sie sind erheblich kleiner als Hauskaninchen. Für sie gibt es keine Schonzeit (siehe rechts).
- **Hase** Einige Hasen leben auf offenem Grasland, andere im Gebirge, und in manchen Ländern werden sie als Zuchttiere gehalten. Die Jagdsaison von Feldhasen ist kurz.
- **Pferd** Pferdefleisch stammt oftmals von ehemaligen Reitpferden oder Arbeitspferden und damit meist von recht alten Tieren.

FEDERWILD

- **Fasan** Der beliebte Wildvogel ist auf fast allen Kontinenten heimisch und ernährt sich von Samen und Insekten. Fasane werden aber auch als Zuchttiere gehalten.
- **Raufußhuhn** Zu den Raufußhühnern gehören zum Beispiel Moorschneehuhn, Haselhuhn, Auerhuhn und das größere Birkhuhn. Raufußhühner bewohnen Wälder und Gebirge der Nordhalbkugel.
- **Rebhuhn** Rebhühner leben in den meisten Gegenden der nördlichen Hemisphäre an den Rändern von Ackerland, wo sie sich von Samen und Insekten ernähren.
- **Taube** Von der weltweit heimischen Taube gibt es etwa 300 Arten, die Samen, Früchte und andere Pflanzenteile fressen. Sie werden auch kommerziell gezogen.
- **Perlhuhn** Das ursprünglich in Afrika beheimatete Perlhuhn wurde vor Hunderten von Jahren in Europa domestiziert und wird heute in der ganzen Welt verkauft. Obwohl es als Wildgeflügel gilt, werden die meisten Perlhühner in Intensivhaltung gezogen.
- **Wachtel** Die wildlebende Europäische Wachtel ist sehr selten geworden und steht in Deutschland unter Naturschutz. Für die wirtschaftliche Haltung wird vor allem die Japanische Wachtel genutzt.
- **Strauß** Der in Afrika heimische Strauß ergänzt seine vorwiegend vegetarische Kost

durch einige Insekten. Heute werden Strauße in vielen Ländern als Zuchttiere gehalten und bekommen Gras und Fertigfutter.

- **Wildgans** Wildgänse fliegen auf ihren Vogelzügen vermutlich weiter als die meisten anderen Vögel und können daher zähes Fleisch haben. Häufig stehen sie unter Schutz.
- **Stockente** Sie ist die bekannteste und verbreitetste Vertreterin der Wasservögel und wandert über alle Kontinente der Welt. Ihre Nahrung besteht vorwiegend aus Samen und anderen Pflanzenteilen, aber auch aus Tieren wie kleinen Krebsen und Fischen.
- **Schnepfe** Einer der kleinsten Wildvögel, der in sumpfigem Gelände zu Hause ist und sich nur schwer jagen lässt. Oft wird er mit seinen Innereien gegessen.
- **Krickente** Sie gehört zu den kleinsten Entenarten und wird wegen ihres Geschmacks hoch geschätzt. An der Küste erlegte Enten können jedoch fischig schmecken.
- **Waldschnepfe** Sie lebt in feuchten Laub- und Mischwäldern in fast ganz Europa. Im Herbst ziehen die meisten Waldschnepfen in südlichere Gefilde. Ihre Jagd ist schwierig.

SCHONZEITEN

In den meisten Ländern haben Haarwild und Wildgeflügel eine »Schonzeit«, in der sie nicht gejagt und verkauft werden dürfen. Bei manchen Arten ist die Jagd gänzlich verboten. In Deutschland sind die Schonzeiten in den einzelnen Bundesländern unterschiedlich geregelt.

Die Schonzeit dient dazu, Tiere während der Trächtigkeit und Aufzucht ihrer Jungen zu schützen. Für einige Arten, die aufgrund zu großer Stückzahlen als Schädlinge gelten, gibt es keine Schonzeiten, häufig auch nicht für Wildarten, die als Zuchttiere gehalten werden. Im Zweifelsfall sollte man bei den örtlichen Behörden nachfragen. Jedes Land hat seine eigenen Gesetze, typischerweise erstrecken sich Schonzeiten aber über Frühjahr und Sommer.

Wild gilt als Winterdelikatesse, was sich häufig in alten Rezepten widerspiegelt. Arten, die keine Schonzeit haben, sind jedoch ganzjährig erhältlich. Wildfleisch ist sehr mager und eignet sich ausgezeichnet für Sommergerichte, da die meisten Menschen in dieser Jahreszeit gern leichter essen. Dies schlägt sich auch in modernen Rezepten für diese Fleischarten nieder.

WILD KAUFEN

Wild, das Schonzeiten hat, ist nur während der Jagdsaison erhältlich. Oft bekommt man Wild auch nur bei lizenzierten Händlern – Jägern, Züchtern oder Fleischern. Supermärkte und Bauernmärkte bieten mitunter eine begrenzte Auswahl an, und auch im Internet sind Lieferanten zu finden. Bei Wild, das keine Schonzeit hat, ist die Qualität meist im Spätsommer und im Herbst am besten.

Kleines Haarwild wie etwa Hase und Kaninchen wird häufig ganz und enthäutet verkauft und ist nur gelegentlich auch schon zerlegt. Das Fleisch von großen Wildtieren, etwa Hirschen oder Wildschweinen, wird wie das von Haustieren zerlegt angeboten, meist ist die Auswahl an Zuschnitten jedoch kleiner.

Früher war im Handel erhältliches Federwild weder gerupft noch ausgenommen, heute wird es meist küchenfertig verkauft. Hähne sind größer als Hennen. Aber unabhängig vom Geschlecht sollte man am besten zwei oder mehr Exemplare gleicher Größe und gleichen Alters verwenden, damit sie gleichmäßig garen. Von größerem Federwild werden zunehmend Brustfilets angeboten, hin und wieder auch die ganze Brust, die bardiert werden sollte (s. S. 232). Kleines Federwild bietet der Handel gelegentlich *en crapaudine* (s. S. 61), d. h. in der Mitte aufgeschnitten, auseinandergeklappt und flach gedrückt, an, damit es beim Grillen gleichmäßig gart. Geflügel mit Flecken, Druckstellen, zerrissener Haut oder gebrochenen Beinen sollte man jedoch meiden.

SPURENSUCHE

Wenn Wild mit einer Schusswaffe erlegt wurde, besteht immer die Möglichkeit, dass man Kugeln, Kugelfragmente und Knochensplitter im Fleisch findet, was in seltenen Fällen auch für Zuchtwild gilt. Da die Zähne Schaden nehmen können, wenn man auf solche Fremdkörper beißt, sollte man Wildfleisch stets genau untersuchen: Flecken und Löcher in der Haut sind ein Hinweis auf Schussverletzungen. Federn in Einschusslöchern sollten ebenfalls entfernt werden. Bei Federwild erleichtert das Ablösen der Brust die Suche nach Kugeln.

FLEISCHZUSCHNITTE

WILDFLEISCH IST SEHR MAGER und wird, wenn man es falsch gart, leicht zäh. Braten und Steaks sollten nicht durchgegart, sondern rosa oder »rare« serviert werden. Und auch Eintöpfe sollte man langsam garen. Das Fleisch von Zuchtwild ist zarter.

MITTE ODER SATTEL

Der Reh- oder der Hirschsattel (der ganze Rücken) liefert das feinste, zarteste Fleisch – entweder am Stück mit Knochen oder entbeint und pariert als Lachs und Filet.

REH UND HIRSCH

Fleischzuschnitte von Reh und Hirsch können je nach Größe und Alter des Tieres groß oder klein und zart oder zäh sein. Fleisch von Zuchttieren ist meist zart. Pro Person verwendet man 150–200 g entbeintes Fleisch.

RÜCKEN MIT KNOCHEN Der beste Zuschnitt zum Garen im Backofen. Bei Fleisch von älteren Tieren werden vor dem Garen häufig Häutchen oder Sehnen entfernt.

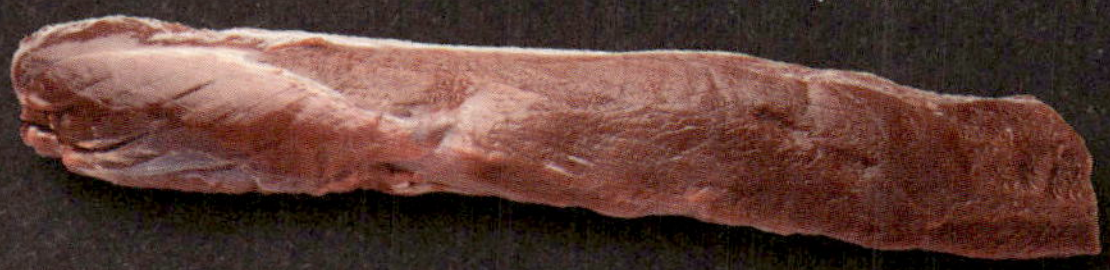

LACHS Er ist einfach zuzubereiten und stets zart, sollte aber nicht übergart werden. Aus diesem Stück werden auch Medaillons geschnitten.

VORDERVIERTEL

Das meiste Fleisch vom Vorderviertel wird geschmort oder als Hackfleisch verarbeitet, obwohl sich die Schulter jüngerer Tiere auch für Braten oder Steaks eignet. Schulterfleisch ist extrem mager.

HACKFLEISCH Es ist schmackhaft, aber mager, weshalb ihm Fett oder Gemüse hinzugefügt werden sollte.

GULASCH Für Eintöpfe und Pies wird Schulterfleisch verwendet; Gulasch aus der Keule eignet sich zum Schmoren, bei jungen Tieren kann man es auch pfannenrühren.

FILET ODER LENDE Dieses Fleisch ist noch zarter als Lachs und wird nur aus größeren Tieren geschnitten. Die Kette sollte stets entfernt werden.

HINTERVIERTEL

Das Fleisch der Keule ist sehr mager. Bei jungen Tieren kann man die Keule mit Knochen braten, die Keulen von älteren Tieren werden besser entbeint und pariert.

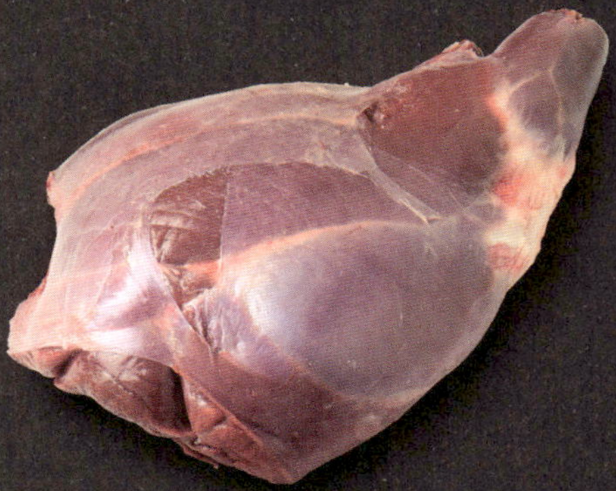

GANZE KEULE MIT KNOCHEN Vor allem ganze Keulen von kleinen Tieren eignen sich gut zum Garen im Backofen.

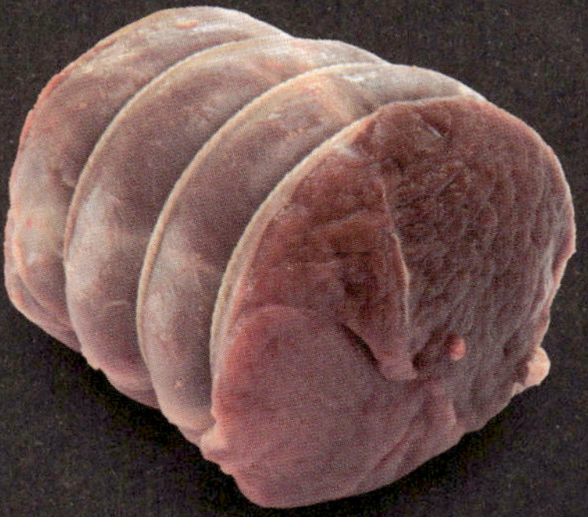

KEULE, GEROLLT Große Keulen werden oft entbeint, pariert und gerollt, um ein mageres, aromatisches Bratenstück zu erhalten. Am besten wird es nicht durchgegart.

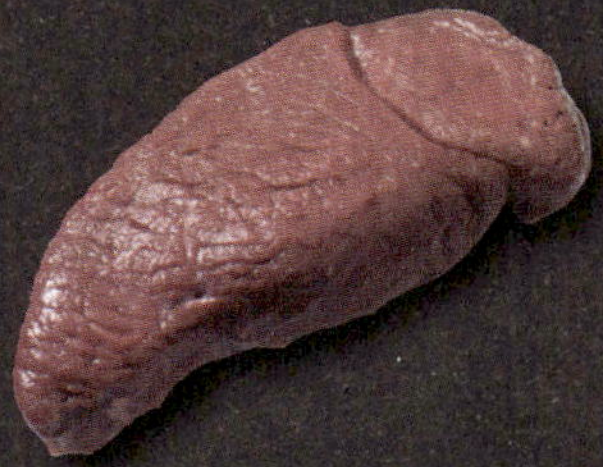

OBERSCHALE Stammt sie von jungen Tieren, kann sie als Steak auf dem Grill rosa gegart werden, andernfalls wird sie am besten gebraten oder geschmort.

Weitere Zuschnitte

- **SCHULTERBRATEN, ENTBEINT UND GEROLLT** Wird langsam geschmort und muss, da er mager ist, bardiert (s. S. 232) oder beschöpft werden.
- **KARREE** Ist stets zart und wird rasch gegart, bis es rosa ist.
- **KOTELETT** Koteletts von jungen Tieren werden gebraten oder gegrillt, die von älteren geschmort.
- **RÜCKENSTEAK** Wird aus dem Sattel geschnitten und pariert. Das zarteste Steak.
- **OBERKEULENSTEAK** Die Keulen kleiner Tiere kann man mit oder ohne Knochen in Scheiben geschnitten grillen oder braten.
- **SCHWANZROLLE** Wird aus der Unterschale geschnitten und im Backofen gebraten oder für Medaillons verwendet.
- **KUGEL** Kann ganz als Braten verwendet oder in Scheiben geschnitten gebraten oder geschmort werden.
- **HAXE MIT KNOCHEN, PARIERT** Benötigt eine längere Garzeit als Lammhüfte, ist aber saftig und schmeckt wunderbar.
- **BEINSCHEIBE** Hat eine längere Garzeit als Beinscheiben vom Kalb, ergibt jedoch ein gehaltvolles Gericht.

KANINCHEN

Ältere Wildkaninchen können zäh sein. Zuchtkaninchen sind erheblich größer und zarter. Pro Person rechnet man 250–350 g Fleisch. Rücken und Hinterläufe sind am fleischigsten.

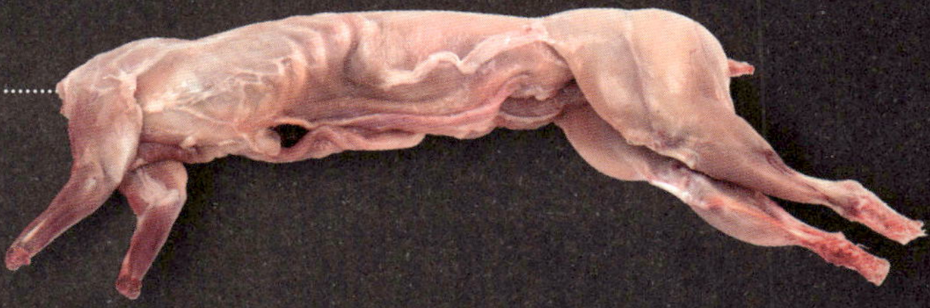

Bei Wildkaninchen befindet sich am Vorderviertel wenig Fleisch, bei Stallkaninchen sind die Schultern fleischiger und zarter.

HASE

Das meiste Fleisch findet sich bei Hasen an den Hinterläufen und am Rücken. Ein ausgewachsener Hase reicht für 6–8 Personen, ein junger Hase für 4–5 Personen.

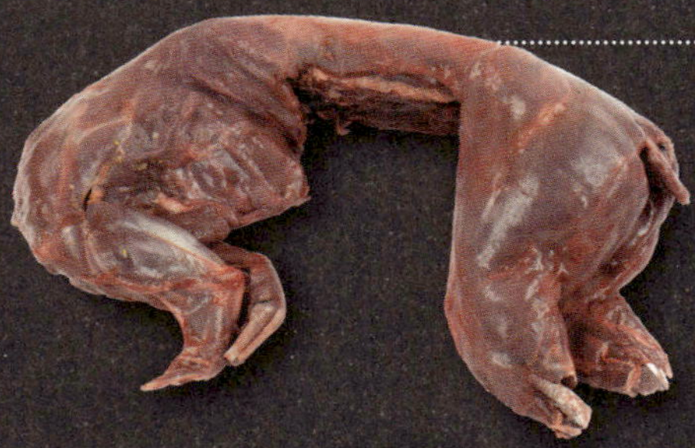

Es empfiehlt sich, die dünne Haut zu entfernen, insbesondere am Rücken.

WILDSCHWEIN

Das Fleisch von Wildschweinen ist dunkel und mager. Zum Verzehr am besten geeignet sind Frischlinge, da ältere Tiere zäh sein können.

PFERD

Das leicht süßliche Fleisch von Pferden ist ein guter Eisenlieferant. Am bekanntesten sind Steaks, Schmorfleisch und Hackfleisch.

KÄNGURU

Kängurufleisch ähnelt in Geschmack und Konsistenz Reh- und Hirschfleisch. Am häufigsten findet man Steaks und Schmorfleisch. Pro Person verwendet man 150–200 g entbeintes Fleisch.

FEDERWILDARTEN

Wildvögel, die beim Vogelzug lange Strecken zurücklegen, können – sofern es sich nicht um Jungvögel handelt – zäh sein. Sie sollten rosa gegart, geschmort oder sanft geköchelt werden. Zudem lassen sich aus ihnen schmackhafte Hackfleischgerichte zubereiten. Junge Tiere sind vielseitiger verwendbar und eignen sich zum Braten oder Grillen *en crapaudine* (s. S. 61).

REBHUHN

Bei jungen Vögeln ist das Fleisch heller und zarter als bei älteren Exemplaren. Pro Person bereitet man ein Rebhuhn zu.

FASAN

Fasanenfleisch ist heller als das des meisten Wildgeflügels. Nicht abgehangenes Fleisch schmeckt ähnlich wie Hähnchen aus Freilandhaltung. Gelbes Fett verrät eine Maisfütterung. Eine Henne ist ausreichend für 2–3 Personen, ein Hahn für 3–4 Personen.

WACHTEL

Die meisten angebotenen Wachteln stammen aus Intensivhaltung und sind deshalb jung und zart. Am besten gart man sie *en crapaudine* (s. S. 61) oder gefüllt im Backofen. Pro Person rechnet man eine Wachtel.

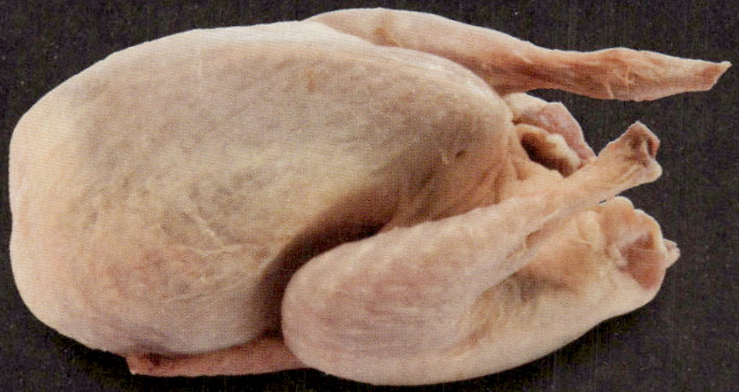

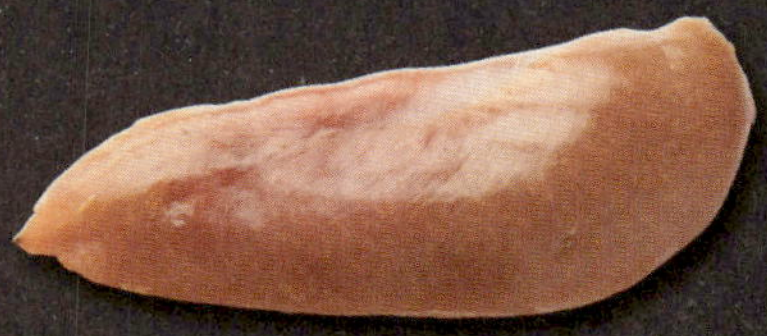

FASANENBRUST
Die silberne Haut sollte entfernt werden, damit sich das Fleisch in der Pfanne nicht biegt.

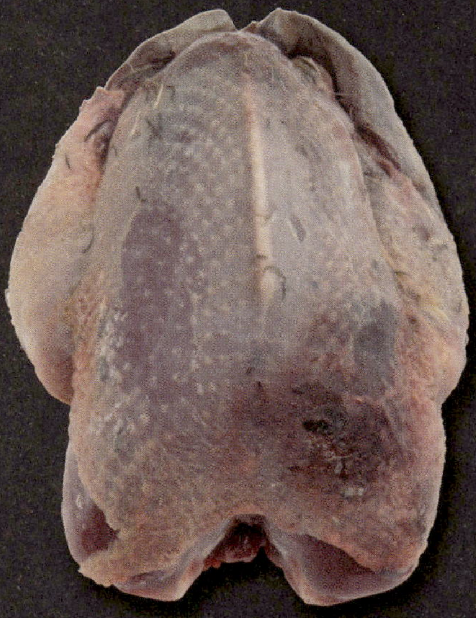

RAUFUSSHUHN

Raufüßhühner können nicht in Gefangenschaft gezogen werden. Durch ihre Nahrung in freier Natur erhält ihr dunkles Fleisch einen einzigartigen Geschmack. Häufig werden sie mit Füßen serviert. Pro Person benötigt man ein Huhn.

TAUBE

Wildtauben haben mageres dunkelrotes Fleisch, das behutsam gegart werden muss. Geschlachtete Haustauben sind erheblich jünger, dicker und zarter. Pro Person rechnet man eine Taube oder 2–3 Taubenbrüste.

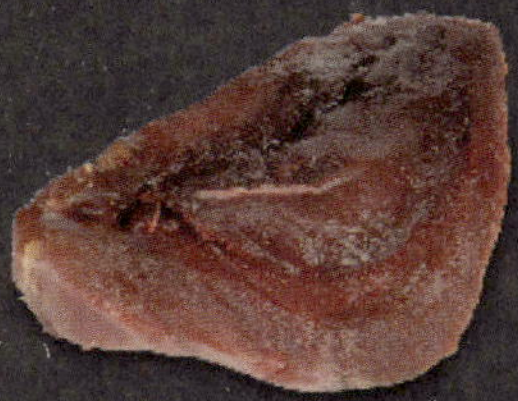

TAUBENBRUST Schmeckt rosa gebraten und in dünne Scheiben geschnitten einfach köstlich.

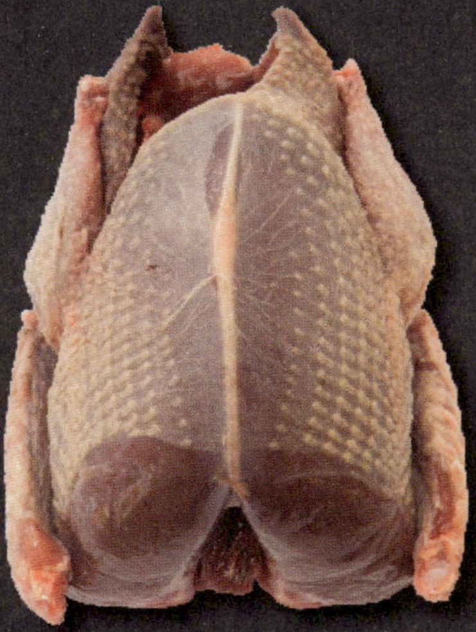

STOCKENTE

Stockenten sind erheblich kleiner als Hausenten und haben dunkles magereres Fleisch, das vorsichtig zubereitet werden muss, damit es nicht austrocknet. Eine Ente reicht für 1–2 Personen.

GANZE STOCKENTE Da sich nach dem Rupfen das Alter einer Wildente nur noch schwer bestimmen lässt, ist auch die Frage der Zubereitung schwierig. Wenn die Haut leicht reißt, handelt es sich um ein junges Tier.

ENTENBRUST Wildentenbrust ist dünn und sehr schnell gar, vor allem wenn sich kein Fett an ihr befindet.

KRICKENTE

Diese winzige Ente ist für ihren Geschmack bekannt. Wie bei allen Wildenten ist ihr Fleisch mager und muss behutsam gegart werden, damit es nicht austrocknet. Pro Person verwendet man eine Ente.

WALDSCHNEPFE

Waldschnepfen gelten als die köstlichsten unter den Wildvögeln, insbesondere wenn sie mit Eingeweiden und Kopf gegart werden. Pro Person bereitet man eine Schnepfe zu.

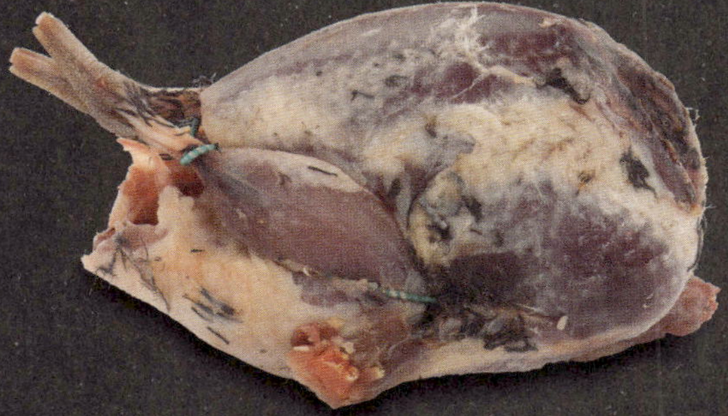

PERLHUHN

Im Geschmack ist das Perlhuhn zwischen Hähnchen und Fasan einzuordnen. Da sein Fleisch zart, aber recht mager ist, trocknet es bei falschem Garen leicht aus.

STRAUSS

Straußenfleisch ist dunkel und mager. Fleisch von jungen Zuchtttieren schmeckt wie mildes Hirschfleisch. Wild lebende Strauße können aber sehr alt werden und zähes Fleisch haben.

SCHNEPFE

Schnepfen werden oft mit den Innereien gegart, sodass man beim Bestellen darauf achten sollte, dass sie nicht ausgenommen werden. Eine Schnepfe reicht für 1–2 Personen.

WILDGANS

Ihr dunkles Fleisch ist mitunter recht zäh, aber aromatisch und eisenreich. Es eignet sich gut für Hackfleisch oder Schmorgerichte. Eine Gänsebrust reicht für 2–3 Personen.

KONSERVIERTE PRODUKTE

KONSERVIERTES WILDFLEISCH gehört vermutlich zu den ältesten haltbaren Produkten der Welt und geht auf die Zeit vor der Domestizierung von Haustieren zurück. Heute erzeugen die Länder mit großen Wildpopulationen auch die größte Palette an konservierten Wildfleischprodukten, wobei am häufigsten Reh, Hirsch und Wildschwein verarbeitet werden.

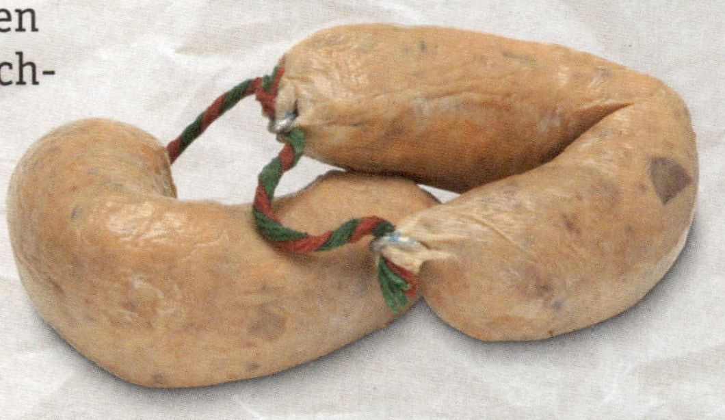

ALHEIRA DE CACA Helle geräucherte Wurst aus Portugal, die aus Wildfleisch und Semmelbröseln zubereitet und teilweise mit Paprikapulver und Knoblauch aromatisiert wird.

GERÄUCHERTES HIRSCHFLEISCH Es wird trocken gepökelt und geräuchert in Skandinavien, Österreich, der Schweiz und Schottland gegessen.

SLINZEGA Kommt aus dem Veltlin in den italienischen Alpen und ähnelt Bresaola (s. S. 148), aber man verwendet kleinere Fleischstücke. Ursprünglich wurde Slinzega aus Pferdefleisch hergestellt. Heute besteht es meist aus Rindfleisch, aber auch aus Hirsch.

PEMMIKAN Ist ein traditionelles Produkt der nordamerikanischen Indianer, das aus zerstoßenem Dörrfleisch, Fett und wilden Beeren besteht. Auch die frühen europäischen Siedler aßen es häufig, und bis heute wird es hergestellt und verkauft.

CHARQUI Eine südamerikanische Spezialität, für die Lamafleisch, mitunter auch Rindfleisch, eingesalzen und luftgetrocknet wird. Sie ähnelt nordamerikanischem Jerky (s. S. 148), für das das Fleisch zunächst in einer Marinade eingelegt, dann getrocknet und mitunter auch geräuchert wird.

KUIVALIHA Hierbei handelt es sich um eine finnische Spezialität, für die Fleisch, häufig Rentierfleisch, in Streifen geschnitten und einige Wochen an der Luft getrocknet wird.

MORREPØLSE Für diese norwegische Dauerwurst gibt es viele verschiedene Rezepte. Beliebte Zutaten sind Hirschfleisch und Hirschherz. Mitunter wird auch Schweinefleisch oder Blut verwendet. Zu den Aromazutaten gehören Ingwer oder Wacholderbeeren und typischerweise Sirup.

SALAME DI CINGHIALE Salami kann aus jeder Wildart hergestellt werden. Das dunkle magere Fleisch verleiht der Wurst einen intensiven Geschmack. Für diese italienische Salamivariante wird das Fleisch von Wildschweinen verwendet.

DROËWORS Eine dünne, rasch getrocknete Wurst aus Südafrika. Da sie wenig Fett enthalten sollte, wird für sie gern Straußenfleisch oder Wildfleisch wie Gazellenfleisch verwendet. Die Wurst wird nicht geräuchert, aber bei der häuslichen Herstellung setzt man ihr mitunter Essig zu, damit sie nicht verdirbt. Meist ist sie würzig.

VILDSVINSALAMI Diese Salami wird in Schweden aus Wildschweinfleisch hergestellt, es gibt aber auch eine Variante aus Hirschfleisch. Beide Fleischarten sind dunkel und mager und haben einen intensiven Geschmack. Häufig werden die Würste mit Wacholderbeeren und Knoblauch aromatisiert.

ÄLGKORV UND REINSDYRPØLSE Älgkorv ist eine geräucherte Elchwurst aus Schweden, Reinsdyrpølse eine ähnliche, norwegische Wurst aus Rentierfleisch. Zu den Aromazutaten gehören Wacholderbeeren oder Gewürznelken, Zimt und Ingwer. Sie können frisch oder getrocknet sein.

SAUCISSON SEC DE CHEVAL Diese französische Salami besteht aus Pferdefleisch, das dunkel und mager ist. Frankreich ist eines der wenigen europäischen Länder, in denen Pferdefleisch noch in Fleischereien und auf Märkten erhältlich ist. Zudem wird dort *saucisson sec de lièvre* (Hase) hergestellt.

DAMIT WILDFLEISCH SAFTIG BLEIBT

Wildfleisch ist meist sehr mager und verzeiht es daher oft nicht, wenn man es falsch gart. Nachfolgend sind einige Möglichkeiten beschrieben, wie man es vor dem Austrocknen schützen kann.

FLEISCH ROSA GAREN

Wird mageres Fleisch gegrillt, in der Pfanne gebraten oder im Backofen gegart, bleibt es saftig, wenn man es nur rosa gart. Da es keine Fettmarmorierung hat, kann es sehr rasch austrocknen. Das Geheimnis seiner Zubereitung liegt darin, es nur teilweise zu garen und anschließend ruhen zu lassen. Das Fleisch wird bei starker Hitze gegrillt oder gebraten, um es außen zu bräunen, dann lässt man es bei niedriger Temperatur ruhen, wodurch sich sein Saft gleichmäßig verteilen kann. Prüfen Sie den Gargrad des Fleischs mit einem Fleischthermometer (s. S. 29).

GEFLÜGEL »EN CRAPAUDINE« ZUBEREITEN

Hier wird das Geflügel in der Mitte aufgeschnitten und aufgeklappt, damit die unterschiedlich dicken Teile rascher und gleichmäßiger garen (s. S. 61).

IN FLÜSSIGKEIT GAREN

Wird mageres Fleisch behutsam in einer Flüssigkeit gegart, bleibt es saftig. Dünstet man kleine Fleischstücke in Flüssigkeit, erhalten sie außerdem zusätzliches Aroma. Werden ganze Vögel oder Geflügelteile in Flüssigkeit pochiert und anschließend darin abgekühlt, nimmt das Fleisch Flüssigkeit auf. Anschließend lässt man das Gargut abtropfen und schneidet das Fleisch auf oder löst es von den Knochen, um es zum Servieren in der Flüssigkeit oder einer Sauce behutsam wieder zu erhitzen.

MIT ANDEREN ZUTATEN KOMBINIEREN

Wird Fleisch mit saftreichen Gemüsesorten oder Früchten wie gegarten Zwiebeln, Pilzen, Paprikaschoten, Backpflaumen, Auberginen und Aprikosen gegart oder serviert, verleihen diese dem Fleisch nicht nur Aroma, sondern verändern auch den Geschmackseindruck.

CREMIGE SAUCEN VERWENDEN

Cremige Saucen eignen sich ideal für alle Fleischarten, die leicht trocken werden, da sie das Fleisch beim Essen häufig sukkulenter, also flüssigkeitsreicher, erscheinen lassen. Vorschläge für Saucen finden sich auf Seite 30–31. Kleine Fleischstücke haben im Vergleich mit größeren mehr Oberfläche, und wenn sie mit Sauce überzogen sind, fühlen sie sich im Mund feuchter an.

FLEISCH SPICKEN

Bei Fleisch, das rosa serviert wird, ist Spicken nicht erforderlich. Spickt man Fleisch mit Speck, wird es sukkulenter. Am sinnvollsten ist Spicken dann, wenn Fleisch durchgegart und dazu beispielsweise geschmort wird.

MIT EINER SPICKNADEL LANGE STREIFEN FETTEN SPECK in das Fleisch ziehen. Das Fleisch bis in die Mitte spicken, damit es durch und durch saftig bleibt. Oder mit einem kleinen scharfen Messer tiefe Löcher stechen und gefrorene Speckstreifen hineinstecken.

FLEISCH BARDIEREN

Durch Bardieren wird beim Braten im Ofen die Oberfläche des Fleischs vor dem Austrocknen geschützt. Fleisch, das rosa oder blutig serviert wird, muss nicht bardiert werden – außer das Stück wird am Spieß gebraten oder ist sehr groß.

MIT KÜCHENGARN BAUCH- UND RÜCKENSPECKSCHEIBEN oder geeignete Gemüseblätter vor dem Garen auf dem Fleisch festbinden. Am Ende der Garzeit entfernen, um das Fleisch zu bräunen. Bei zartem Wildfleisch sollte man intensive Aromen meiden.

EIN KANINCHEN ZERLEGEN

Kaninchen werden am besten nach dem Erlegen enthäutet (s. S. 306–307). Nicht enthäutete Tiere werden nach dem Häuten gewaschen. Junge Kaninchen können gebraten werden, ältere schmort man besser.

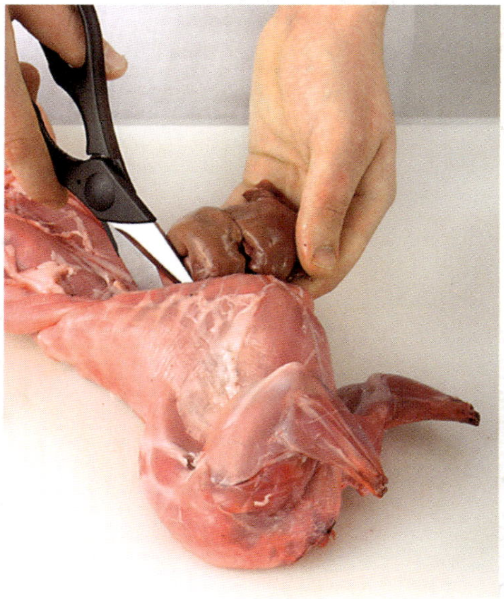

1 Das Kaninchen auf die Arbeitsfläche legen. Den Bauch aufschneiden und die Organe entfernen. Leber und Nieren beiseitestellen.

2 Zum Abtrennen eines Hinterlaufs mit einem sehr scharfen Ausbeinmesser zum Rückgrat hin durch das Kugelgelenk hindurchschneiden.

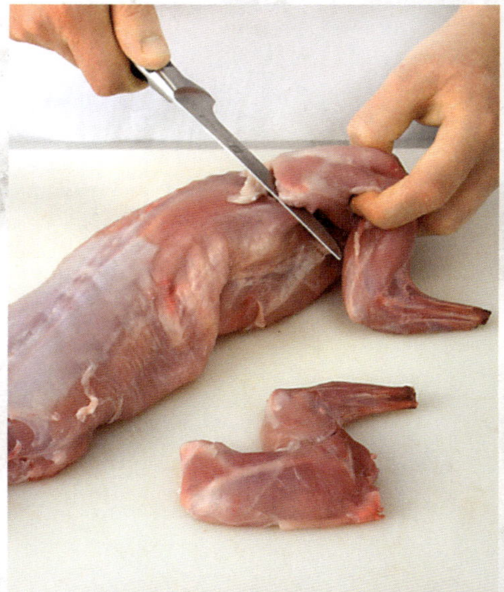

3 Den zweiten Hinterlauf abtrennen. Das Kaninchen umdrehen und die Vorderläufe möglichst dicht am Brustkorb abschneiden.

4 Nach Entfernen der Läufe das herausstehende Rückgrat mit einem scharfen Kochmesser abtrennen. Kräftig auf das Messer drücken, damit ein sauberer Schnitt entsteht.

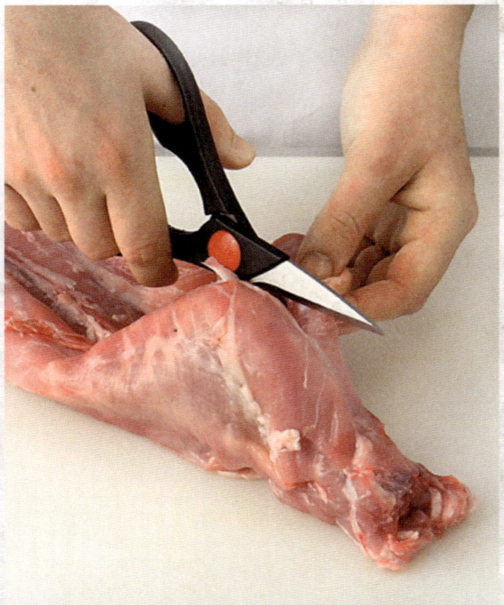

5 Das Kaninchen wieder auf den Rücken drehen und mit einer scharfen Küchenschere durch das Brustbein hindurch vollständig aufschneiden.

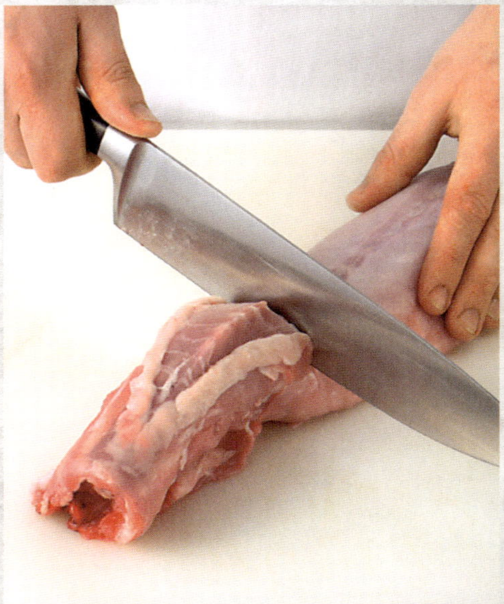

6 Das Kaninchen erneut umdrehen. Den Körper mit dem Kochmesser oberhalb der vierten Rippe von unten sauber durchschneiden.

HIRSCHRAGOUT

Das Aroma des Specks in der Sauce bildet bei diesem Gericht ein wunderbares Gegengewicht zu dem Hirschfleisch. Die Vorbereitung der Garnitur ist etwas aufwendig, aber lohnend.

FLEISCH **Hirschschulter**

PORTIONEN 8 **ZUBEREITUNG** 1 Std. + Marinierzeit über Nacht **GARZEIT** 2 Std.

- 350 ml Rotwein
- 1 Zwiebel, in dünne Scheiben geschnitten
- 3 EL Weinbrand
- 3 EL Olivenöl
- Salz und frisch gemahlener schwarzer Pfeffer
- 1,5 kg Schmorfleisch vom Hirsch, gewürfelt

FÜR DIE SAUCE

- 60 g Butter
- 250 g durchwachsener Speck, in Streifen geschnitten
- 2 große Zwiebeln, gehackt
- 1 große Möhre, gewürfelt
- 2 Knoblauchzehen, zerdrückt
- 2 EL Mehl
- 1 Lorbeerblatt
- 1 Thymianzweig
- 200 g kleine Champignons, in Scheiben geschnitten
- 500 ml Wild- oder Hühnerfond

FÜR DIE GARNITUR

- 225 g Butter
- 2 TL extrafeiner Zucker
- 24 kleine Zwiebeln oder Schalotten
- 150 ml Wild- oder Hühnerfond
- 24 kleine Champignons
- 8 Scheiben weißes Toastbrot, Rinde entfernt, in dreieckige Hälften geschnitten
- glatte Petersilie, gehackt, zum Garnieren

1 Rotwein, Zwiebel, Weinbrand und Öl in eine große Schüssel geben. Die Zutaten salzen und pfeffern und gut vermischen. Das Fleisch sorgfältig unterheben und über Nacht an einen kühlen Platz stellen.

2 Den Backofen auf 180 °C vorheizen. Für die Sauce die Butter bei mittlerer Hitze in einer großen ofenfesten Kasserolle zerlassen. Den Speck darin etwa 5 Minuten braten, bis er gut gebräunt ist. Zwiebeln und Möhre hinzufügen und etwa 5 Minuten leicht bräunen. Das Fleisch abtropfen lassen, die Marinade abseihen und aufbewahren. Das Fleisch mit Küchenpapier trocken tupfen und in die Kasserolle rühren. Die Hitze erhöhen.

3 Knoblauch und Mehl in die Kasserolle geben und sorgfältig unterrühren. Die Marinade mit Kräutern und Champignons in die Kasserolle rühren. So viel Fond hinzufügen, dass die Zutaten knapp bedeckt sind. Alles zum Kochen bringen und für 1½ Stunden in den Backofen schieben.

4 Inzwischen für die Garnitur 60 g Butter und den Zucker in einem schweren Topf schmelzen lassen und die Zwiebeln hinzufügen. Den Topf schütteln, um die Zwiebeln zu überziehen. Knapp mit Fond bedecken und sprudelnd kochen lassen, bis die Flüssigkeit verdampft ist und die Zwiebeln karamellisiert sind. Vom Herd nehmen und beiseitestellen.

5 In einem zweiten Topf wiederum 60 g Butter zerlassen. Die Champignons darin garen, bis sie leicht gebräunt sind, dann salzen und pfeffern.

6 Das Brot in der restlichen Butter braten, bis es gebräunt und knusprig ist. Das Fleisch in eine große, flache Servierform geben. Pilze und Zwiebeln darauf anrichten. Das Röstbrot rund um das Fleisch verteilen. Das Gericht mit Petersilie garnieren und servieren, dazu Kartoffelpüree und grüne Gemüsesorten reichen.

HIRSCHTOPF MIT SCHALOTTEN UND MARONEN

Mageres Hirschfleisch, süße Maronen, getrocknete Pilze und Schalotten lassen hier zusammen einen kräftigen, nahrhaften Eintopf entstehen, der voller Aromen ist.

FLEISCH **Hirschschulter oder -keule**

PORTIONEN 4 **ZUBEREITUNG** 30 Min. **GARZEIT** 2 Std. 15 Min.

- 2 EL Mehl
- 2 EL frische Thymianblätter
- Salz und frisch gemahlener schwarzer Pfeffer
- 500 g Hirschschulter oder -keule ohne Knochen, in mundgerechte Stücke geschnitten
- 1 Stückchen Butter
- 2 EL Olivenöl
- 125 g durchwachsener Speck, gewürfelt
- 125 g Schalotten
- 1 Glas Rotwein
- 50 g getrocknete Pilze wie Shiitake-, Austern- oder Steinpilze, 20 Minuten in 300 ml warmem Wasser eingeweicht
- 125 g gegarte Maronen
- 500 ml heißer Gemüsefond
- 3 Rosmarinzweige

1 Den Backofen auf 150 °C vorheizen. Mehl, Thymian, Salz und Pfeffer in eine Schüssel geben. Das Fleisch hinzufügen und gut durchheben, um es mit der Mehlmischung zu überziehen. In einem gusseisernen Topf die Butter und 1 EL Öl erhitzen. Das Fleisch darin portionsweise bei mittlerer Hitze unter häufigem Rühren 6–8 Minuten braten, bis es leicht gebräunt ist. Mit einem Schaumlöffel herausheben und beiseitestellen.

2 Den Speck in den Topf geben und 5 Minuten rühren oder bis er gut gebräunt und knusprig ist. Mit einem Schaumlöffel herausheben und beiseitestellen. Das restliche Öl in den Topf geben. Die Schalotten hinzufügen und bei mittelschwacher Hitze 8 Minuten garen oder bis sie weich sind und goldgelb werden. Das Fleisch wieder in den Topf geben und salzen und pfeffern. Den Wein hinzufügen und 2 Minuten kochen lassen. Den Bratensatz vom Topfboden abschaben.

3 Die Pilze abtropfen lassen, das Einweichwasser aufbewahren. Das Einweichwasser durch ein Sieb hinzufügen. Pilze, Maronen, Fond und Rosmarin in den Topf geben. Die Zutaten durchrühren und zugedeckt für 2 Stunden in den Backofen schieben oder bis das Fleisch weich ist, wenn nötig, noch etwas heißes Wasser ergänzen. Das Gericht heiß servieren.

HIRSCH-ROTWEIN-TOPF

Hirschfleisch liefert reichlich Protein, ist dabei aber fettarm. So wie es in diesem Rezept zubereitet wird, entsteht ein aromareiches, sättigendes Gericht.

FLEISCH **Hirschschulter**

PORTIONEN 4 **ZUBEREITUNG** 15 Min.
GARZEIT 2 Std. 30 Min.–2 Std. 45 Min.

- 3 EL Olivenöl
- 4 Schalotten, halbiert
- 2 Stangen Staudensellerie, fein gehackt
- 1 Möhre, in kleine Stücke geschnitten
- 2 Knoblauchzehen, fein gehackt
- 2 EL Mehl
- ½ TL geriebene Muskatnuss
- ½ TL gemahlener Piment
- Salz und frisch gemahlener schwarzer Pfeffer
- 750 g Hirschschulter ohne Knochen oder anderes Schmorfleisch vom Hirsch, in mundgerechte Stücke geschnitten
- 4 EL rotes Johannisbeergelee
- abgeriebene Schale und Saft von 1 Bio-Orange
- 300 ml Rotwein
- 150 ml Rinderfond
- 1 Lorbeerblatt

1 Den Ofen auf 150 °C vorheizen. In einer Kasserolle 1 EL Öl erhitzen. Schalotten, Sellerie und Möhre darin 3 Minuten braten. Den Knoblauch hinzufügen und 2–3 Minuten braten. Die Zutaten mit einem Schaumlöffel herausheben.

2 Mehl, Muskatnuss, Piment sowie reichlich Salz und Pfeffer in einen Gefrierbeutel geben und das Fleisch hinzufügen. Den Beutel schütteln. Das Fleisch in ein Sieb füllen und schütteln, um überschüssiges Mehl zu entfernen.

3 Das übrige Öl in der Kasserolle erhitzen. Das Fleisch portionsweise bei mittlerer Hitze 8–10 Minuten braten, bis es rundum gebräunt ist. Mit einem Schaumlöffel herausheben und beiseitestellen. Johannisbeergelee, Orangenschale, -saft, Wein, Fond und Lorbeerblatt in den Topf geben. Salzen und pfeffern und rühren, bis das Gelee flüssig ist.

4 Gemüse und Fleisch wieder in die Kasserolle geben und umrühren. Den Topfinhalt zugedeckt für 2–2½ Stunden in den Backofen schieben oder bis das Fleisch weich ist. Das Lorbeerblatt entfernen. Das Gericht heiß mit Kartoffel-Knollensellerie-Püree servieren.

GESCHMORTE HIRSCHSCHULTER

Thymian ist ein ausgezeichneter Begleiter für Hirschfleisch, und die Zwiebeln machen die Sauce seidig.

FLEISCH **Hirschschulter**

PORTIONEN 4–6 **ZUBEREITUNG** 15 Min.
GARZEIT 2 Std. 50 Min.

- 1,5 kg Hirschschulter mit Knochen
- Salz und frisch gemahlener schwarzer Pfeffer
- 2 EL Pflanzenöl
- 30 g Butter
- 300 g Zwiebeln, quer in Scheiben geschnitten
- 1 TL Zucker
- 4 Thymianzweige
- 1 Lorbeerblatt

1 Den Backofen auf 180 °C vorheizen. Die Schulter salzen und pfeffern. Das Öl in einem großen, ofenfesten Topf mit Deckel erhitzen. Das Fleisch hinzufügen und anbraten, bis es rundum gebräunt ist. Mit einem Schaumlöffel herausheben und beiseitestellen.

2 Die Butter in dem Topf zerlassen. Die Zwiebeln mit Zucker und etwas Salz und Pfeffer unterrühren und etwa 8 Minuten garen, bis sie Farbe angenommen haben. Darauf achten, dass die Mischung nicht verbrennt.

3 Das Fleisch mit etwa 500 ml Wasser wieder in den Topf geben. Kräuter und großzügig Salz und Pfeffer hinzufügen. Den Topfinhalt zum Kochen bringen, dann in den Backofen schieben und 2½ Stunden garen. Das Fleisch herausnehmen und warm stellen.

4 Die Sauce abseihen, dabei die Zwiebeln mit dem Rücken eines Löffels durch das Sieb drücken und das Lorbeerblatt entfernen. Die Sauce abschmecken. Das Fleisch in Scheiben schneiden und mit der Sauce übergossen heiß servieren.

VARIANTE

Geschmorte Lammschulter Das Hirschfleisch durch eine Lammschulter mit Knochen ersetzen, den Thymian durch Rosmarin. In Schritt 3 mit dem Wasser 2 TL rotes Johannisbeergelee hinzufügen. Das Gericht wie oben zubereiten.

GEGRILLTE HIRSCHKEULE

Ein wunderbares Gericht für einen Sommerabend, bei dem die Marinade dem Fleisch eine leichte Note verleiht.

FLEISCH **Hirschkeule**

PORTIONEN 10–12
ZUBEREITUNG 15 Min. + Marinierzeit
GARZEIT 30 Min. + Ruhezeit

- 4 Knoblauchzehen
- 2 Chilischoten, entkernt
- 3 Rosmarinzweige, Blätter gehackt
- 2 EL flüssiger Honig
- 2 EL Rapsöl
- 1 kleines Stück frischer Ingwer, zerrieben
- Saft von 2 Limetten
- 1 ganze Hirschkeule (4–5 kg), entbeint (s. S. 192)
- Meersalz und frisch gemahlener schwarzer Pfeffer

1 Knoblauch, Chilischoten und Rosmarin im Mörser grob zerreiben. In eine kleine Schüssel geben und mit Honig, Öl und Ingwer vermischen. Die Marinade in einen großen Gefrierbeutel geben und den Limettensaft dazugießen. Das Fleisch in den Beutel geben und den Beutel verschließen. Die Marinade durch die Folie in das Fleisch reiben. Die Keule 1 Stunde bei Zimmertemperatur stehen lassen.

2 Den Smokergrill auf mittlerer Stufe vorheizen. Das Fleisch herausnehmen, dann salzen und pfeffern. Auf jeder Seite 15 Minuten grillen, bis es gut gebräunt ist. Auf ein Tranchierbrett heben und mindestens 10 Minuten ruhen lassen. In dünne Scheiben schneiden und heiß servieren.

CINGHIALE IN DOLCEFORTE

Ein klassisches italienisches Rezept für Wildschwein, dem Orangenschale und gemahlene Chilischote Pep verleihen.

FLEISCH **Wildschweinkeule**

PORTIONEN 6
ZUBEREITUNG 45 Min. + 2 Tage Marinierzeit
GARZEIT 2 Std. 30 Min.–3 Std.

- 1,5 kg Wildschweinkeule, in 3 cm große Würfel geschnitten
- 3 EL Olivenöl
- 1 Zwiebel, fein gehackt
- 2 TL Cayennepfeffer
- 75 g Backpflaumen
- 1 EL Rosinen
- 100 ml Hühnerfond
- abgeriebene Schale von 1 Bio-Orange
- 1 EL Rohrohrzucker
- 50 g dunkle Schokolade
- Salz und frisch gemahlener schwarzer Pfeffer

FÜR DIE MARINADE

- 500 ml Rotwein
- 100 ml Rotweinessig
- 1 Lorbeerblatt
- 1 Thymianzweig
- 1 Möhre, gehackt
- 1 Zwiebel, gehackt
- 1 Stange Staudensellerie, gehackt
- 2 TL gemahlener Zimt
- 2 TL geriebene Muskatnuss
- 2 TL gemahlener Piment

1 Alle Zutaten für die Marinade, ausgenommen die Gewürze, in einen großen, schweren Topf geben. Die Hälfte der Gewürze hinzufügen. Die Mischung zum Kochen bringen, dann abkühlen lassen. Das Fleisch mit der Marinade in einen luftdicht verschließbaren Behälter geben und 2 Tage kalt stellen.

2 Das Fleisch herausnehmen und mit Küchenpapier trocken tupfen. Die Marinade abseihen und beiseitestellen, das Gemüse wegwerfen. In einem schweren Topf bei mittlerer Temperatur das Öl erhitzen. Das Fleisch darin portionsweise 4–5 Minuten anbraten, bis es gut gebräunt ist.

3 Die Zwiebel hinzufügen und 3–4 Minuten garen, bis sie weich ist. Übrige Gewürze, Pflaumen, Rosinen, Marinade und Fond untermischen und zum Kochen bringen, dann die Hitze reduzieren. Das Fett abschöpfen und den Topfinhalt zugedeckt 2 Stunden köcheln lassen, bis das Fleisch gar ist.

4 Orangenschale, Zucker und Schokolade unterrühren. Das Gericht abschmecken, dann heiß mit Polenta servieren.

HIRSCHKOTELETTS MIT PFIFFERLINGEN

Dieses Gericht hat einen kräftigen erdigen Geschmack und erhält durch Schalotten und Sahne besondere Aromatiefe.

FLEISCH **Hirschkotelett oder -steak**

PORTIONEN 4 **ZUBEREITUNG** 30 Min.
GARZEIT 25 Min.

- 8 Hirschkoteletts oder -steaks (à etwa 170 g)
- Salz und frisch gemahlener schwarzer Pfeffer
- 1 EL Sonnenblumenöl
- 125 g Butter
- 1 Schalotte, fein gehackt
- 500 g Pfifferlinge, geputzt, große Pilze in Stücke geschnitten
- 100 ml Wildfond
- 100 g Sahne

1 Die Koteletts oder Steaks mit Küchenpapier trocken tupfen, dann großzügig salzen und pfeffern. Das Öl und die Hälfte der Butter in einem großen, schweren Topf erhitzen, bis die Butter schäumt. Die Koteletts portionsweise hineinlegen und 5–10 Minuten braten, bis sie auf beiden Seiten gut gebräunt sind.

2 Die Hitze reduzieren und das Fleisch noch einmal 5 Minuten braten. Mit einem Schaumlöffel auf einen Teller heben und warm stellen. Die restliche Butter in den Topf geben. Schalotten und Pfifferlinge hinzufügen und unter gelegentlichem Rühren 5 Minuten garen.

3 Den Fond dazugießen und auf die Hälfte einkochen lassen, dann die Sahne hinzufügen. Die Sauce salzen und pfeffern. Vom Herd nehmen, sobald sie dickflüssig wird. Bratensaft vom Teller mit dem Fleisch unterrühren. Jeweils 2 Koteletts oder Steaks auf einem Teller anrichten und die Sauce verteilen.

HIRSCHSTEAK MIT BROMBEEREN

Dieses Rezept bietet eine einfache Methode, das magere Hirschfleisch rasch zuzubereiten. Für eine pikante Süße sorgen die Brombeeren.

FLEISCH **Hirschsteak aus der Keule**

PORTIONEN 4 **ZUBEREITUNG** 5 Min.
GARZEIT 15 Min.

- 4 Hirschsteaks aus der Keule (à etwa 200 g)
- Salz und frisch gemahlener schwarzer Pfeffer
- 1 EL Sonnenblumenöl
- 50 g kalte Butter, gewürfelt
- 4 EL Brombeerwein oder Rotwein
- 2 EL rotes Johannisbeergelee
- 150 g Brombeeren

1 Die Steaks mit Küchenpapier trocken tupfen, dann großzügig salzen und pfeffern. In einer schweren Pfanne das Öl und 1 TL Butter bei mittlerer Temperatur erhitzen. Die Steaks hineinlegen und auf jeder Seite 4–5 Minuten braten.

2 Die Hitze reduzieren. Die Steaks noch einmal 5 Minuten braten, bis sie gut gebräunt sind, dabei einmal wenden. Mit Alufolie abgedeckt beiseitestellen. Wein, Johannisbeergelee und Brombeeren in den Topf geben, zum Kochen bringen und rühren, bis sich das Gelee verflüssigt hat.

3 Die Sauce vom Herd nehmen, sobald sie dicklich geworden ist, dann die restliche Butter unterrühren. Die Sauce nicht mehr kochen lassen, weil sie sich sonst trennt. Die Steaks auf Tellern anrichten, mit der Sauce übergießen und servieren.

HIRSCHWURST MIT SELLERIEGRATIN UND ROTKOHL

Dieses herzhafte Gericht voller Aromen und Konsistenzen kann ein wahrer Seelentröster sein.

FLEISCH **Hirschwurst**

PORTIONEN 4 **ZUBEREITUNG** 25 Min.
GARZEIT 2 Std.

- 50 g Butter
- 25 g Zucker
- 1 TL Salz
- 6 EL Reisessig, Weißweinessig oder Apfelessig
- 1 Rotkohl, in schmale Streifen geschnitten (etwa 1 kg)
- 2 Tafeläpfel, geschält, entkernt und gerieben
- 2 gehäufte EL rotes Johannisbeergelee

FÜR DAS GRATIN

- 30 g weiche Butter
- 650 g Knollensellerie (Gewicht nach dem Putzen), in dünne Scheiben geschnitten
- 2 Knoblauchzehen, zerdrückt
- Salz und frisch gemahlener schwarzer Pfeffer
- 400 ml Kaffeesahne
- 8–12 Hirschwürste

1 Den Backofen auf 160 °C vorheizen. Butter, Zucker, Salz, Essig und 6 EL Wasser in eine große ofenfeste Kasserolle geben, zum Kochen bringen und 1 Minute köcheln lassen.

2 Den Rotkohl hinzufügen und zum Kochen bringen. Den Topf mit zwei Stücken Alufolie und dem Deckel fest verschließen und auf unterster Schiene für 1½ Stunden im Backofen garen. Äpfel und Johannisbeergelee unterrühren, wenn nötig, noch etwas Wasser. Den Kohl mit Folie und Deckel zugedeckt weitere 30 Minuten im Ofen garen.

3 Inzwischen für das Gratin eine große, flache Auflaufform dünn einbuttern und die Hälfte des Selleries hineinschichten. Den Knoblauch darübergeben, dann gut salzen und pfeffern. Restlichen Sellerie hinzufügen. Die Sahne darübergießen, die übrige Butter in Flöckchen daraufsetzen.

4 Das Gratin auf oberster Schiene 75 Minuten garen, bis der Sellerie weich ist. Die Würste 5–10 Minuten in einer Grillpfanne oder auf einem Holzkohlengrill grillen, bis sie rundum gebräunt sind, dabei wenden. Dann mit Gratin und Rotkohl servieren.

WILDSCHWEINCURRY

Dieses würzige Curry aus Sri Lanka mit Fenchelsamen und Ingwer als Aromazutaten ist eine Köstlichkeit.

FLEISCH **Wildschweinkeule**

PORTIONEN 6 **ZUBEREITUNG** 20 Min.
GARZEIT 2–3 Std.

- 1,5 kg Wildschweinkeule, gewürfelt
- Salz und frisch gemahlener schwarzer Pfeffer
- 2 EL Sonnenblumenöl
- 6 kleine Zwiebeln, in dünne Scheiben geschnitten
- 2 rote Chilischoten, entkernt und gehackt
- 1 TL Fenchelsamen
- 6 Knoblauchzehen, in Scheiben geschnitten
- 1 Stück frischer Ingwer (2,5 cm), geschält und fein gehackt
- ½ TL gemahlene Kurkuma
- 1 EL Weinessig
- 1 TL Salz
- Saft von 1 Limette

1 Alle Zutaten, Limettensaft ausgenommen, in einen großen, schweren Topf geben. Das Fleisch mit etwa 300 ml Wasser knapp bedecken. Den Topfinhalt zum Kochen bringen.

2 Die Hitze reduzieren. Das Fleisch 2–3 Stunden garen, bis es weich ist, dabei ab und zu umrühren. Darauf achten, dass die Flüssigkeit nicht verdampft, ehe das Fleisch vollkommen durchgegart ist. Wenn nötig, noch etwas Wasser hinzufügen.

3 Das Gericht vom Herd nehmen und den Limettensaft unterrühren. Heiß mit gekochtem oder gedämpftem Reis servieren.

KÄNGURU-KICHERERBSEN-SUPPE

Ein typisches Rezept aus dem australischen Busch, einfach, aber voller Aromen und Konsistenzen und perfekt für kalte Winterabende.

FLEISCH **Känguruschwanz**

PORTIONEN 4 **ZUBEREITUNG** 20 Min.
GARZEIT 2 Std.

- 1 EL Olivenöl
- 1 Känguruschwanz (etwa 1 kg), in Stücke geschnitten
- 1 Zwiebel, gewürfelt
- 5 Knoblauchzehen, zerdrückt
- 1 Dose gehackte Tomaten (etwa 400 g)
- 1 EL Tomatenmark
- 2 Sternanis
- 1 Dose Kichererbsen (etwa 400 g), abgespült und abgetropft
- 1 Möhre, gewürfelt
- 500 ml Rinder- oder Hühnerfond
- 3 Lorbeerblätter
- Salz und frisch gemahlener schwarzer Pfeffer
- 1 EL grob gehackte Minze zum Garnieren

1 Das Öl in einer Kasserolle erhitzen. Das Fleisch hineinlegen und bei mittlerer Hitze 4–5 Minuten unter gelegentlichem Rühren braten, bis es gut gebräunt ist. Herausnehmen und beiseitestellen.

2 Die Hitze reduzieren. Die Zwiebeln unter Rühren 3–4 Minuten garen, bis sie weich und leicht gebräunt sind. Den Knoblauch hinzufügen und 1 Minute rühren. Tomaten, Tomatenmark, Sternanis, Kichererbsen und Möhre dazugeben.

3 Das Fleisch wieder in den Topf geben und mit Fond bedecken. Die Lorbeerblätter hinzufügen. Den Topfinhalt zugedeckt 1½ Stunden garen, bis das Fleisch weich ist, dann salzen und pfeffern. Das Gericht in tiefe Teller schöpfen und mit der Minze bestreut servieren.

VARIANTE

Ochsenschwanzsuppe Den Känguruschwanz durch Ochsenschwanz, die Kichererbsen durch gegarte grüne Bohnen ersetzen. Wie oben zubereiten.

KANINCHENPIE MIT ZITRONE UND SALBEI

Ein schönes altes Rezept aus dem Südwesten Englands, bei dem der Piedeckel aus Weißbrotbröseln besteht, die mit Salbei und Zitrone aromatisiert werden.

FLEISCH **Ganzes Kaninchen**

PORTIONEN 6 **ZUBEREITUNG** 15 Min.
GARZEIT 2 Std.

- 2 Kaninchen (etwa 3 kg), jeweils in 6 Teile zerlegt (s. S. 233)
- Mehl, mit Salz und Pfeffer gewürzt, zum Bestäuben
- 500 g frische Weißbrotbrösel
- 6 große Zwiebeln, fein gehackt
- abgeriebene Schale von 1 Bio-Zitrone
- 2 EL fein gehackter frischer Salbei
- Salz und frisch gemahlener schwarzer Pfeffer
- 2 Eier, verquirlt
- 2 EL Milch
- 5 Scheiben durchwachsener Speck ohne Schwarte

1 Den Backofen auf 200 °C vorheizen. Die Kaninchenteile mit dem Mehl bestäuben und in eine geradwandige Kasserolle legen.

2 Weißbrotbrösel, Zwiebeln, Zitronenschale und Salbei in eine große Schüssel geben, dann salzen und pfeffern. Verquirlte Eier und Milch sorgfältig untermischen.

3 Das Fleisch mit den Speckscheiben bedecken. Die Brotmischung darauf verteilen. Die Pie für 2 Stunden in den Backofen schieben. Falls sie zu rasch bräunt, mit Alufolie abdecken. Heiß mit grünen Bohnen servieren.

VARIANTE

Hähnchenpie mit Zitrone und Estragon Die Kaninchen durch Hähnchenunterschenkel ersetzen, den Salbei durch Estragon. Die Milch mit 1 TL scharfem Senf vermischen und in Schritt 2 der Kasserolle hinzufügen. Die Pie wie oben zusammenstellen, aber nur 1 Stunde garen.

KANINCHEN MIT SENF

Französischer Klassiker, für den sowohl ein Wildkaninchen als auch ein Stallkaninchen verwendet werden können.

FLEISCH **Ganzes Kaninchen**

PORTIONEN 3–4 **ZUBEREITUNG** 15 Min.
GARZEIT 1–1 Std. 30 Min.

- 1 EL Olivenöl
- 2 EL Dijonsenf
- Salz und frisch gemahlener schwarzer Pfeffer
- 1 Kaninchen (etwa 1,5 kg), in 6 Teile zerlegt (s. S. 233)
- 4 EL trockener Weißwein
- 4 EL Sahne

1 Den Backofen auf 230 °C vorheizen. In einer großen Schüssel Öl, Senf, ½ TL Salz und etwas Pfeffer vermischen. Die Kaninchenteile in der Mischung wenden und gut überziehen. In eine ofenfeste Form legen und für 5 Minuten in den Backofen schieben.

2 Aus dem Backofen nehmen und 100 ml Wasser hinzufügen. Wieder in den Backofen schieben und die Ofentemperatur auf 160 °C reduzieren. Das Kaninchen 1 Stunde garen oder bis das Fleisch weich ist. Das Fleisch herausnehmen und mit Alufolie abgedeckt beiseitestellen.

3 Den Wein in die Form gießen und bei starker Hitze 3–5 Minuten rühren, um den Bratensatz zu lösen. Wenn der Wein um ein Drittel eingekocht ist, die Sahne unterrühren. Die Hitze reduzieren. Die Sauce nach Geschmack salzen und pfeffern und 3–5 Minuten garen oder bis sie so dickflüssig ist, dass sie einen Löffelrücken überzieht, dann durch ein Sieb streichen. Die Kaninchenteile auf einer Servierplatte anrichten, mit der Sauce übergießen und heiß servieren.

VARIANTE

Geschmorte Hähnchenschenkel mit Senf Das Kaninchen durch 1,5 kg Hähnchenschenkel ersetzen. Diese wie oben marinieren, dann in einem großen, schweren Topf 7–8 Minuten braten, bis sie rundum gut gebräunt sind. Im Backofen 45 Minuten garen. Die Sauce wie oben zubereiten. Die Hähnchenschenkel auf einem Teller anrichten, die Sauce darübergießen. Mit kleinen Salzkartoffeln und Gemüse der Saison servieren.

KANINCHENFLEISCHSALAT

Leckeres Kaninchenfleisch ist die perfekte Ergänzung für diesen knackigen farbenfrohen Salat aus frischen Produkten der Saison.

FLEISCH **Kaninchenrücken**

PORTIONEN 4 **ZUBEREITUNG** 30 Min.
GARZEIT 25 Min.

- 2 Kaninchenrücken mit Knochen (à etwa 250 g)
- Salz und frisch gemahlener schwarzer Pfeffer
- 1 EL Erdnussöl
- 2 Möhren, quer in 5 cm große Stücke geschnitten
- 1 Stange Staudensellerie, geputzt
- 2 Speiserüben
- 1 Handvoll Sauerampferblätter
- 1 TL Butter
- 2 TL Sonnenblumenkerne

FÜR DAS DRESSING

- 2 EL bestes Olivenöl
- Saft von ½ Zitrone
- ½ TL Dijonsenf

1 Die Hautlappen von den Seiten der Rücken abschneiden. Mit einem scharfen Messer das dünne Häutchen vom Fleisch entfernen. Das Fleisch mit Küchenpapier trocken tupfen. Den Rücken salzen und pfeffern.

2 Das Öl in einem Topf erhitzen. Die Kaninchenrücken mit der Hautseite nach unten hineinlegen und 4 Minuten anbraten, bis sie gut gebräunt sind. Wenden, dann die Hitze reduzieren und weitere 15–20 Minuten garen. Herausheben und mit Alufolie abgedeckt beiseitestellen.

3 Die Möhrenstücke längs je nach Dicke in 3–4 Stücke schneiden, dann in dünne Stäbchen. Staudensellerie und Speisenrüben ebenfalls in dünne Stäbchen schneiden.

4 Für das Dressing alle Zutaten in einer großen Schüssel vermischen. Gemüse und Sauerampfer hinzufügen. Die Zutaten durchheben und beiseitestellen. Das Fleisch der Kaninchenrücken von den Knochen lösen, dazu parallel am Knochen und unter dem Fleisch schneiden. Das ausgelöste Filet in mundgerechte Stücke schneiden.

5 In einer kleinen Pfanne die Butter zerlassen. Die Sonnenblumenkerne hinzufügen und rühren, bis die Butter schäumt. Den Salat auf einem Teller anrichten. Die Fleischstücke daraufsetzen. Die Sonnenblumenkerne darüberstreuen und den Salat mit der Butter beträufeln.

HASENEINTOPF MIT CHAMPIGNONS

Hier wird ein junger Hase in Olivenöl und Knoblauch mariniert und dann einfach zusammen mit Pilzen gegart.

FLEISCH **Ganzer Hase**

PORTIONEN 4
ZUBEREITUNG 30 Min. + Marinierzeit
GARZEIT 1 Std. 5 Min.

- 1 junger Hase (etwa 1,3 kg), in 8 Teile zerlegt (s. S. 233)
- 30 g Butter
- 100 g durchwachsener Speck, in Streifen geschnitten
- 1 EL Weinbrand
- 200 ml Wildfond
- 4 Tomaten, enthäutet, entkernt und gehackt
- 125 g Champignons, geputzt und in Scheiben geschnitten

FÜR DIE MARINADE

- 100 ml Olivenöl
- Salz und frisch gemahlener schwarzer Pfeffer
- 3 Knoblauchzehen, zerdrückt
- Saft von 1 Zitrone

1 Alle Zutaten für die Marinade in eine große Schüssel geben und vermischen. Die Hasenteile hineinlegen und wenden, um sie zu überziehen. 4 Stunden bei Zimmertemperatur stehen lassen.

2 Die Butter in einem großen Topf bei niedriger Temperatur zerlassen. Den Speck hinzufügen und 5–10 Minuten braten, bis er leicht gebräunt ist.

3 Die Hasenteile aus der Marinade heben, die Marinade aufbewahren. Auf mittlere Temperatur heraufschalten. Das Fleisch in den Topf legen und 15 Minuten braten, bis es gut gebräunt ist, dabei ab und zu wenden.

4 Den Weinbrand in den Topf gießen. Den Knoblauch aus der Marinade entfernen und wegwerfen. Die Marinade in den Topf geben, dann Fond, Tomaten und Champignons. Die Zutaten salzen und pfeffern und zugedeckt 40 Minuten köcheln lassen, bis das Fleisch weich ist. Das Gericht vom Herd nehmen und heiß mit Spätzle oder breiten Bandnudeln servieren.

HASENRÜCKEN MIT ROTER BETE

Dieses einfache, schön gefärbte Gericht besteht aus aromareichem Hasenrücken in einer cremigen Rote-Bete-Sauce.

FLEISCH **Hasenrücken**

PORTIONEN 4 **ZUBEREITUNG** 45 Min. + Marinierzeit über Nacht
GARZEIT 30 Min. + Ruhezeit

- 2 Hasenrücken (à etwa 750 g)
- 2 TL Olivenöl
- 350 g gegarte Rote-Bete-Knollen, in dünne Scheiben geschnitten
- 2 EL gehackte Schalotten
- 2 EL Rotweinessig
- 200 g Sahne
- 1 TL Dijonsenf
- Schnittlauchröllchen zum Garnieren
- Salz und frisch gemahlener schwarzer Pfeffer

FÜR DIE MARINADE

- 500 ml Rotwein
- 1 Möhre, gewürfelt
- 1 große Zwiebel, fein gehackt
- 1 Rosmarinzweig
- 1 Lorbeerblatt
- ½ TL Salz
- 8 schwarze Pfefferkörner
- 8 Wacholderbeeren
- 2 Gewürznelken

1 Mit einem scharfen Messer die Häutchen von den Hasenrücken entfernen. Alle Zutaten für die Marinade in einer großen Schüssel vermischen. Das Fleisch hinzufügen und darin wenden. Abgedeckt etwa einen Tag kühl stehen lassen.

2 Den Backofen auf 250 °C vorheizen. Das Fleisch aus der Marinade heben und mit Küchenpapier trocken tupfen. Die Marinade abseihen. Die Flüssigkeit aufbewahren, den Rest wegwerfen.

3 Das Öl in einem großen, schweren Topf bei hoher Temperatur erhitzen. Das Fleisch darin 3–4 Minuten anbraten, bis es gut gebräunt ist. Aus dem Topf in einen großen Bräter heben.

4 Den Bräter in den Backofen schieben. Das Fleisch 10–15 Minuten braten, es sollte noch rosa sein. Mit Alufolie abgedeckt warm stellen. Drei Viertel des Fetts aus dem Topf gießen.

5 Den Bräter bei mittlerer Temperatur auf den Herd setzen. Die Rote Bete hineingeben und 1–2 Minuten garen. Dann die Schalotten hinzufügen und unter gelegentlichem Rühren 2 Minuten garen, bis sie weich sind. Den Essig und 4 EL Marinade hinzufügen und etwa 1 Minute garen.

6 Sahne und Senf in die Sauce geben und unterrühren, dann großzügig salzen und pfeffern. Die Sauce unter Rühren garen, bis sie gerade einen Löffelrücken überzieht, sie darf aber nicht zu lange gegart werden.

7 Vom Herd nehmen und warm stellen. Das Fleisch von den Knochen lösen. Längs in Scheiben schneiden und mit der Rote-Bete-Sauce und Schnittlauchröllchen servieren.

HASE IN SCHOKOLADENSAUCE

Italienischer Klassiker, bei dem der Geschmack des Hasenfleischs durch etwas Schokolade noch gehoben wird.

FLEISCH **Ganzer Hase**

PORTIONEN 6 **ZUBEREITUNG** 45 Min.
GARZEIT 2 Std. 30. Min. + Ruhezeit

- 1 Hase (etwa 2 kg), in 12 Teile zerlegt (s. S. 233)
- 4 EL Mehl, mit Salz und Pfeffer gewürzt
- 1 EL Rapsöl
- 85 g Butter
- 125 g durchwachsener Speck, in Streifen geschnitten
- 1 große Zwiebel, in dünne Scheiben geschnitten
- Salz und frisch gemahlener schwarzer Pfeffer
- 1 Stängel Majoran
- 1,2 l Hühnerfond
- 120 g extrafeiner Zucker
- 120 ml Weißweinessig
- 60 g Schokolade (mindestens 75 % Kakaoanteil)
- 30 g Pinienkerne
- 60 g Rosinen

1 Den Backofen auf 160 °C vorheizen. Die Hasenteile mit Küchenpapier trocken tupfen. Das Mehl in eine flache Schüssel geben. Das Fleisch darin wenden, überschüssiges Mehl abschütteln.

2 Das Öl und die Hälfte der Butter in einer großen ofenfesten Kasserolle erhitzen. Wenn die Butter schäumt, das Fleisch hineinlegen und 10 Minuten anbraten, bis es rundum gebräunt ist. Mit einem Schaumlöffel herausheben und beiseitestellen.

3 Die Hitze reduzieren und die restliche Butter in die Kasserolle geben. Speck und Zwiebel hinzufügen und rühren, bis die Zwiebel weich ist. Salzen und pfeffern und den Majoran dazugeben. Den Fond dazugießen und zum Kochen bringen.

4 Die Kasserolle mit Deckel für 1½ Stunden in den Backofen schieben. Herausnehmen. Zucker und Essig in einer kleinen Schüssel vermischen und in die Kasserolle rühren. Die Kasserolle noch einmal für 30 Minuten in den Backofen schieben.

5 Herausnehmen, dann die Schokolade in das Gericht reiben. Pinienkerne und Rosinen unterrühren. Das Gericht 15 Minuten ruhen lassen. Warm mit Polenta und einem grünen Salat servieren.

FASANENBRUST IN SAHNESAUCE

Bei diesem einfachen spanischen Gericht erhält die Fasanenbrust durch geräuchertes Paprikapulver in der Sauce ein verführerisches rauchiges Aroma.

FLEISCH **Fasanenbrust**

PORTIONEN 4 **ZUBEREITUNG** 10 Min.
GARZEIT 30 Min.

- 4 Fasanenbrüste ohne Haut (à etwa 100 g)
- 30 g Butter
- 2 Schalotten, fein gehackt
- 2 Knoblauchzehen, fein gehackt
- 1 TL geräuchertes Paprikapulver (Pimentón mild)
- 120 ml trockener Wermut
- 150 g Sahne
- 1 Prise Salz
- Saft von ½ Zitrone

1 Die Fasanenbrüste mit Küchenpapier trocken tupfen. Die Butter in einem schweren Topf mit Deckel bei mittlerer Temperatur erhitzen. Wenn sie schäumt, die Fasanenbrüste mit der Außenseite nach unten hineinlegen und etwa 10 Minuten braten, bis sie leicht gebräunt sind. Auf schwache Hitze reduzieren. Das Fleisch wenden und weitere 5 Minuten garen. Herausheben und warm stellen.

2 Schalotten und Knoblauch in den Topf geben und 5 Minuten garen, bis sie weich sind. Das Paprikapulver hinzufügen. Den Bodensatz abschaben und gut umrühren. Den Wermut dazugießen und zum Kochen bringen.

3 Die Sahne dazugießen. Die Sauce köcheln lassen, bis sie einen Löffelrücken überzieht, dann abschmecken. Den Zitronensaft unterrühren. Die Sauce vom Herd nehmen und abseihen. Die Fasanenbrüste in einem Serviergefäß anrichten, mit der Sauce übergießen und mit einem Pilaw oder Reis servieren.

FAISAN À LA NORMANDE

Traditionelles Rezept aus dem Norden Frankreichs, bei dem der Wildgeschmack des Fasans durch Äpfel und eine sahnige Weinbrandsauce ergänzt wird.

FLEISCH **Ganzer Fasan**

PORTIONEN 2 **ZUBEREITUNG** 20 Min.
GARZEIT 1 Std.

- 1 junger Fasan (etwa 500 g)
- Salz und frisch gemahlener schwarzer Pfeffer
- 50 g weiche Butter
- 1 EL Sonnenblumenöl
- 5 EL Calvados
- 250 g Sahne
- 2 Tafeläpfel, vorzugsweise Braeburn, geschält, entkernt und in Spalten geschnitten

1 Den Backofen auf 180 °C vorheizen. Den Fasan salzen und pfeffern und auf Schenkeln und Brust 20 g Butter verteilen. Das Öl bei niedriger Temperatur in einer ovalen Kasserolle erhitzen. Den Fasan mit der Brust nach unten hineinlegen und jede Brustseite 5 Minuten braten, bis sie gebräunt ist. Den Fasan auf den Rücken drehen und zugedeckt 40–45 Minuten garen.

2 Herausnehmen, in eine Servierschüssel heben und warm stellen. Das meiste Fett aus der Kasserolle entfernen. Den Calvados hineingießen und 2 Minuten kochen lassen, bis der Alkohol verdampft ist. Die Sahne hinzufügen. Die Sauce weiter einkochen lassen, bis sie einen Löffelrücken überzieht, dann abschmecken.

3 Die restliche Butter in einer Pfanne erhitzen. Die Äpfel hineingeben und braten, bis sie leicht gebräunt sind, aber noch nicht zerfallen. Die Apfelspalten um den Fasan herum anrichten, dann den Fasan mit der Sauce servieren.

GEBRATENER FASAN MIT SPECK

Durch das Garen im Topf bleibt das Fleisch des Fasans besser feucht. Speck verleiht ihm hier zusätzliches Aroma.

FLEISCH **Ganzer Fasan**

PORTIONEN 2 **ZUBEREITUNG** 20 Min.
GARZEIT 1 Std. 20 Min. + Ruhezeit

- 2 Scheiben durchwachsener Speck
- 1 junger Fasan (etwa 500 g)
- 2 EL Sonnenblumenöl
- 60 g Butter
- 1 Thymianzweig
- 1 Lorbeerblatt
- 300 ml Weißwein
- Salz und frisch gemahlener schwarzer Pfeffer

1 Den Speck auf die Fasanenbrust legen und mit Küchengarn festbinden, damit er nicht verrutscht. Den Backofen auf 180 °C vorheizen.

2 Öl und Butter in einer schweren ofenfesten Kasserolle bei mittlerer Temperatur erhitzen. Den Fasan mit der Brust nach unten hineinlegen und jede Brustseite 5 Minuten braten, bis sie gebräunt ist.

3 Den Fasan auf den Rücken drehen. Thymian, Lorbeerblatt und Wein dazugeben. Den Fasan etwas anheben, damit Flüssigkeit unter ihn laufen kann. Dann salzen und pfeffern und mit halb aufgelegtem Deckel für 45 Minuten in den Backofen schieben.

4 Herausnehmen und zugedeckt 15 Minuten ruhen lassen. Dann den Fasan herausnehmen und beiseitestellen. Die Kasserolle bei hoher Temperatur auf den Herd setzen und die Sauce 5 Minuten kochen lassen oder bis sie eingedickt ist. Gut durchrühren, dann durch ein Sieb in eine vorgewärmte Sauciere abseihen.

5 Das Küchengarn vom Fasan entfernen. Die Schenkel des Fasans abtrennen und auf zwei Teller legen. Das Brustfleisch in dicke Scheiben schneiden und auf die Teller heben. Den Speck daraufgeben und die Sauce darübergießen. Den Fasan mit Rotkohl servieren.

PÂTÉ DE GIBIER EN CROÛTE

Diese köstliche Wildpastete ist bei Partys und zu anderen Gelegenheiten die Attraktion auf dem Tisch. Die Brühe für das Aspik kann am Vortag zubereitet und behutsam wieder erwärmt werden.

FLEISCH **Verschiedenes vom Wild**

PORTIONEN 8–10
ZUBEREITUNG 2 Std. 30 Min. + Marinierzeit über Nacht + Ruhezeit + Kühlzeit
GARZEIT 1 Std. 30 Min. + Kühlzeit

FÜR DIE FÜLLUNG

- 450 g Wildleber, etwa von Fasan, Hase oder Kaninchen, oder Lammleber
- 3 EL Wermut
- 250 g mageres Wildfleisch ohne Knochen, etwa von Hirsch, Fasan oder Kaninchen
- 125 g Schweinefett
- 1 Hirschherz, pariert
- 3 Scheiben durchwachsener Speck ohne Schwarte
- 1 Schalotte, fein gehackt
- 1 Knoblauchzehe, zerdrückt
- 1 Ei, verquirlt
- ¼ TL gemahlene Gewürznelken
- ¼ TL gemahlener Piment
- Salz und frisch gemahlener schwarzer Pfeffer

FÜR DEN TEIG

- 450 g Mehl
- ¼ TL Salz
- 175 g Schweineschmalz, gewürfelt
- 150 ml Milch
- 1 Eigelb, verquirlt, plus 1 Ei, verquirlt, zum Bestreichen

FÜR DAS ASPIK

- 2 große Zwiebeln
- 2 Schweinsfüße
- 900 g Schweineknochen
- 1 große Möhre
- 1 Stange Staudensellerie
- 2 Lorbeerblätter
- 2 EL trockener Sherry

1 Für die Zubereitung der Füllung die Leber parieren, grob hacken, in eine Schüssel geben und mit dem Wermut übergießen. Abgedeckt über Nacht an einen kühlen Platz stellen. Wildfleisch, Schweinefett, Herz und Speck in einer Küchenmaschine im Pulsmodus hacken.

2 Das Hackfleisch in eine Schüssel geben. Schalotten und Knoblauch hinzufügen. Ei und Gewürze in die Schüssel geben. Die Zutaten salzen und pfeffern und sorgfältig vermischen. Abgedeckt über Nacht an einen kühlen Platz stellen.

3 Für den Teig Mehl und Salz in eine Schüssel sieben. In der Mitte eine Mulde machen. Schmalz und Milch in einem Topf zum Kochen bringen und in die Mulde gießen. Mit einem Holzlöffel einen glatten Teig herstellen. Beim Abkühlen das Eigelb gut untermischen. Den ausreichend abgekühlten Teig etwa 1 cm dick ausrollen, dreimal falten und wieder ausrollen. Mit Frischhaltefolie abgedeckt 30 Minuten an einem kühlen Platz ruhen lassen.

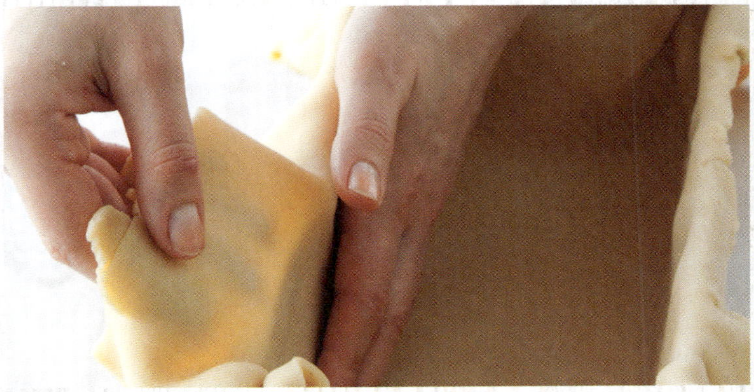

4 Für das Aspik alle Zutaten in einen Topf geben und mit Wasser bedecken. Zum Kochen bringen und 2 Stunden köcheln lassen. Die Brühe abseihen, dann 1 TL Salz und etwas Pfeffer hinzufügen. Die Brühe auf etwa 750 ml einkochen lassen. Vom Herd nehmen, entfetten und abkühlen lassen. Den Backofen auf 180 °C vorheizen. In der Zwischenzeit eine Pieform oder Kastenform mit zwei Dritteln des Teigs auslegen.

5 Leber und Fleischmasse vermischen und in die Form drücken. Den restlichen Teig ausrollen und über die Füllung legen. Die Teigränder mit etwas Wasser einpinseln und zusammendrücken. Die Pastete mit etwas verquirltem Ei bestreichen, mit Teigresten verzieren und mit dem restlichen Ei einpinseln. In der Mitte der Pastete ein Loch für einen kleinen Trichter schneiden. Die Pastete für 1½ Stunden in den Backofen schieben.

6 Herausnehmen und in der Form abkühlen lassen. Wenn Pastete und Brühe kühl, aber nicht kalt sind, das Aspik mit einem Trichter durch das Loch im Deckel in die Pastete gießen. Vollständig abkühlen lassen. Die Pastete für mindestens 12 Stunden kalt stellen. Zum Herausnehmen die Form in ein heißes, feuchtes Küchenhandtuch wickeln und mit einem Messer um den Rand der Form fahren. Im Kühlschrank aufbewahrt hält die Pastete mehrere Tage.

GEORGISCHER FASAN

Ein ungewöhnliches Gericht aus dem Kaukasus, dessen Sauce mit Orangen und süßem Wein aromatisiert wird.

FLEISCH **Ganzer Fasan**

PORTIONEN 2–3 **ZUBEREITUNG** 30 Min.
GARZEIT 1 Std. 15 Min.

- 1 kg Trauben, vorzugsweise Muskatellertrauben
- Saft von 4 Orangen
- 120 ml georgischer Wein oder ungarischer Tokajer
- 1 Beutel grüner Tee
- 200 g Walnusskerne
- 1 Fasan (etwa 800 g)
- 100 g Butter
- Salz und frisch gemahlener Pfeffer
- 30 g Mehl
- 1 Handvoll gehackte glatte Petersilie zum Garnieren

1 Die Weintrauben in einer Küchenmaschine pürieren. Durch ein Sieb in eine große Schüssel streichen. Orangensaft und Wein untermischen.

2 Den Teebeutel in eine kleine Schüssel hängen und mit 150 ml kochendem Wasser übergießen. Den Tee 5 Minuten ziehen lassen, dann den Teebeutel herausnehmen und wegwerfen. Die Walnusskerne auf dem Boden einer großen Kasserolle verteilen. Den Fasan daraufsetzen und mit der Traubenmischung übergießen.

3 Den Backofen auf 190 °C vorheizen. Die Kasserolle auf dem Herd bei mittlerer Temperatur erhitzen. Die Hälfte der Butter und den Tee hineingeben. Wenn nötig, noch so viel Wasser hinzufügen, dass der Fasan mit Flüssigkeit bedeckt ist. Den Topfinhalt salzen und pfeffern und zum Kochen bringen. Dann zugedeckt 1 Stunde im Backofen garen.

4 Den Topf aus dem Backofen nehmen. Den Fasan auf eine Servierplatte heben und beiseitestellen. Die Garflüssigkeit durch ein Sieb in einen großen Topf seihen. Bei hoher Temperatur zum Kochen bringen und auf die Hälfte einkochen lassen.

5 In der Zwischenzeit Mehl und restliche Butter in einer kleinen Schüssel zu einer Paste vermischen. Die Paste nach und nach in den Topf geben, um eine Sauce herzustellen, dabei ununterbrochen mit dem Schneebesen schlagen. Die Fasanenbrust in Scheiben schneiden, die Schenkel halbieren. Zum Servieren den Fasan mit der Sauce übergießen und mit Petersilie garnieren.

GEBRATENES RAUFUSSHUHN

Das Raufußhuhn gilt als König unter den Wildgeflügeln, und sein Fleisch schmeckt nach der Heide, die sein Lebensraum ist.

FLEISCH **Ganzes Raufußhuhn**

PORTIONEN 4 **ZUBEREITUNG** 30 Min.
GARZEIT 30 Min.

- 4 TL Heidelbeeren
- 125 g Butter
- 4 Heidekrautzweige (nach Belieben)
- 4 junge Raufußhühner (à etwa 300 g), ausgenommen, Leber aufbewahrt
- Salz und frisch gemahlener schwarzer Pfeffer
- Mehl zum Bestäuben
- 2 Scheiben durchwachsener Speck
- 4 kleine Scheiben getoastetes Brot
- 150 ml Wild- oder Hühnerfond

1 Den Ofen auf 220 °C vorheizen. Heidelbeeren, die Hälfte der Butter und, sofern verwendet, das Heidekraut in die Bauchhöhlen der Hühner schieben. Die Hühner gleichmäßig salzen und pfeffern und dünn mit Mehl bestäuben.

2 Restliche Butter und Speck in einem Bräter in den Backofen schieben, bis das Fett des Specks ausgebraten ist. Die Hühner hineinlegen und mit dem Fett beschöpfen. Für 10 Minuten in den Backofen schieben, dann herausnehmen und wieder beschöpfen. Die Hitze auf 180 °C reduzieren. Die Hühner weitere 10 Minuten garen.

3 Aus dem Backofen nehmen, mit dem Speck in eine Servierschüssel heben und warm stellen. Den Bräter bei mittlerer Hitze auf den Herd setzen. Die Leber hineingeben und 5 Minuten braten. Herausnehmen, mit einer Gabel zerdrücken und auf das getoastete Brot streichen.

4 Überschüssiges Fett aus dem Topf gießen. Den Fond hinzufügen und auf die Hälfte einkochen lassen. Die Sauce abschmecken und durch ein Sieb in eine vorgewärmte Sauciere gießen. Jeweils ein Huhn mit 1 Scheibe getoastetem Brot und ½ Scheibe Speck auf einem Teller anrichten. Warm servieren, die Sauce dazureichen.

VARIANTE

Gebratenes Täubchen Die Hühner durch junge fleischige Tauben ersetzen. Diese wie oben zubereiten.

CHARTREUSE VOM REBHUHN

Die Kombination von Rebhuhn, Speck und Kohl ist bei diesem traditionellen französischen Gericht wahrlich fantastisch.

FLEISCH **Ganzes Rebhuhn**

PORTIONEN 6 **ZUBEREITUNG** 1 Std.
GARZEIT 2 Std. + Ruhezeit

- 6 Rebhühner (à etwa 250 g)
- Salz und frisch gemahlener schwarzer Pfeffer
- 1 EL Pflanzenöl
- 125 g Butter
- 2 Köpfe Wirsing
- 500 g Speck, Schwarte entfernt
- 1 Lorbeerblatt
- 1 Thymianzweig
- 4 große Möhren
- 350 ml Wild- oder Hühnerfond
- 100 ml trockener Weißwein

1 Den Backofen auf 230 °C vorheizen. Die Rebhühner salzen und pfeffern. Das Öl und 30 g Butter bei mittlerer Temperatur in einem Bräter erhitzen. Die Rebhühner darin anbraten, bis sie gut gebräunt sind. Mit der Brust nach oben in den Backofen schieben und 15–20 Minuten garen. Herausnehmen, auf eine Servierplatte heben und 15 Minuten ruhen lassen. Die Schenkel abschneiden, die Brust ablösen, den Rest wegwerfen.

2 In einem großen Topf Wasser zum Kochen bringen und 1 TL Salz hinzufügen. Die äußeren Blätter des Wirsings ablösen, dabei verfärbte Blätter wegwerfen. Die Kohlherzen beiseitestellen. Die Blätter unter fließendem kaltem Wasser waschen, dann 3 Minuten in kochendem Wasser blanchieren. In einem Sieb abtropfen lassen und mit kaltem Wasser abschrecken. Auf einem sauberen Küchenhandtuch abtrocknen lassen.

3 Weitere 30 g Butter bei mittlerer Temperatur im Bräter erhitzen. Den Speck hinzufügen und braten, bis er gut gebräunt ist. Die Kohlherzen vierteln, den Strunk aber intakt lassen. Den Speck zur Seite schieben. Die Kohlherzen braten, bis sie etwas Farbe angenommen haben.

4 Lorbeerblatt, Thymian und Möhren hinzufügen. Die Zutaten gerade mit Wasser bedecken und zum Kochen bringen. Mit Alufolie abgedeckt in den Backofen schieben. Die Hitze auf 200 °C reduzieren und den Topfinhalt 1 Stunde schmoren. Dann mit einem Schaumlöffel herausheben und beiseitestellen. Wenn sie genügend abgekühlt sind, Speck und Möhren in Scheiben schneiden und die Strünke der Kohlviertel entfernen.

5 Die Temperatur auf 220 °C erhöhen. Eine etwa 15 × 25 cm große ofenfeste Form mit der restlichen Butter einfetten. Die Stiele der blanchierten Kohlblätter abschneiden. Die größten Blätter überlappend in die Form legen und an der oberen Seite überhängen lassen, um sie später umschlagen zu können.

6 Zwei Kohlherzenviertel in die Form legen und etwas salzen und pfeffern. Das Brustfleisch gleichmäßig darauf verteilen. Zwei weitere Kohlviertel darauflegen und etwas salzen und pfeffern. Mit den Speckscheiben bedecken. Die dritte Schicht Kohl ergänzen und etwas salzen und pfeffern, dann Möhren und Schenkel darauflegen. Salzen und pfeffern und die letzten Kohlviertel hinzufügen, dabei behutsam andrücken. Die verbliebenen Kohlblätter darauflegen, überhängende Blätter darüberklappen. Die Form für 30 Minuten in den Backofen schieben.

7 Für die Sauce Fond und Wein in einem Topf zum Kochen bringen und auf die Hälfte einkochen lassen. Salzen und pfeffern und in eine vorgewärmte Sauciere gießen. Das Gericht auf eine große Platte stürzen. Mit der Sauce und Salzkartoffeln servieren.

GEBRATENES REBHUHN MIT PUY-LINSEN

Bei dieser modernen Zubereitungsmethode werden die Schenkel der Rebhühner länger gegart, ihre Brust wird aber rosa serviert. Durch die Linsen wird das Gericht herzhaft und sättigend.

FLEISCH **Ganzes Rebhuhn**

PORTIONEN 4 **ZUBEREITUNG** 30 Min.
GARZEIT 1 Std. 30 Min. + Ruhezeit

- 1 EL Pflanzenöl
- 4 Rebhühner (à etwa 250 g), Schenkel abgetrennt
- 1 TL Butter
- 1 Stange Staudensellerie, grob gehackt
- 1 große Möhre, gewürfelt
- 1 Zwiebel, gehackt
- 300 g Puy-Linsen, gewaschen
- 2 EL Rotwein
- 1 Lorbeerblatt
- 1 Thymianzweig
- 4 Scheiben durchwachsener Speck

1 Das Öl in einer kleinen ofenfesten Kasserolle erhitzen. Die Rebhuhnschenkel hineinlegen und bei starker Hitze 5–10 Minuten garen, bis sie gut gebräunt sind. Herausnehmen und beiseitestellen. Die Hitze reduzieren und die Butter in die Kasserolle geben. Staudensellerie, Möhren und Zwiebel hinzufügen und rühren, bis sie leicht gebräunt sind. Den Backofen auf 200 °C vorheizen.

2 Die Linsen unterrühren und 5 Minuten garen. Den Rotwein mit den Kräutern dazugeben und zum Kochen bringen. Die Schenkel wieder in den Topf legen und knapp mit Wasser bedecken. Den Topfinhalt zum Kochen bringen und nach Reduzieren der Hitze zugedeckt 1 Stunde köcheln lassen, bis sich das Fleisch von den Knochen löst.

3 In der Zwischenzeit die Rebhühner mit jeweils 1 Scheibe Speck umwickeln, großzügig salzen und pfeffern und 15–20 Minuten im Backofen braten. Herausnehmen und an einem warmen Platz 30 Minuten ruhen lassen.

4 Die Schenkel aus der Kasserolle nehmen. Die Garflüssigkeit auf die Hälfte einkochen lassen, sodass die Linsen nur noch dünn mit Sauce bedeckt sind. Die Linsen abschmecken und vom Herd nehmen. Das Fleisch der Schenkel mit einer Gabel ablösen, etwas zerteilen, wieder in die Kasserolle geben und unterrühren. Zum Servieren die Linsenmischung auf vier Tellern anrichten. Das Brustfleisch von den Knochen abschneiden und auf die Linsen setzen.

BASTILLA

Dieses Gericht ist in Marokko ein beliebtes traditionelles Streetfood, das auf den Märkten von Marrakesch angeboten wird und süße, saure sowie exotische Aromen in sich vereint.

FLEISCH **Ganze Taube**

PORTIONEN 4 **ZUBEREITUNG** 30 Min.
GARZEIT 2 Std.

- 150 g weiche Butter
- 1 kleines Bund Koriandergrün
- 1 kleines Bund glatte Petersilie
- 3 Tauben (à etwa 300 g)
- 3 rote Zwiebeln, in dünne Scheiben geschnitten
- 1 Prise Safranfäden
- 1 EL flüssiger Honig, wenn nötig, etwas mehr
- 1 Zimtstange
- Salz und frisch gemahlener schwarzer Pfeffer
- 150 g Mandeln, geröstet und grob gehackt
- 6 Eier, verquirlt
- 1 TL Orangenblütenwasser
- 12 Blätter Filoteig
- 2 EL Puderzucker zum Bestäuben
- 1 EL gemahlener Zimt zum Bestäuben

1 In einem breiten Topf gut die Hälfte der Butter erhitzen. Die Kräuter mit Küchengarn zusammenbinden. Die Tauben mit Zwiebeln, Kräutern, Safran, Honig und Zimtstange in den Topf geben, salzen und pfeffern und mit 750 ml Wasser bedecken. Den Topfinhalt zum Kochen bringen, dann bei schwacher Hitze zugedeckt 1 Stunde garen.

2 Die Tauben herausnehmen. Die Temperatur heraufschalten und den Topfinhalt ohne Deckel 10 Minuten einkochen lassen. In der Zwischenzeit das Taubenfleisch mit einer Gabel von den Knochen lösen, dabei grob zerteilen. Die Knochen wegwerfen. Das Fleisch wieder in den Topf geben, die Kräuter entfernen. Die Flüssigkeit einkochen lassen, bis sie gerade noch den Topfboden bedeckt.

3 Die Mandeln und zwei Drittel der verquirlten Eier in den Topf geben und unterrühren. Unter Rühren garen, bis die Eimasse stockt. Abschmecken und, wenn nötig, noch Honig hinzufügen, dann das Orangenblütenwasser. Vom Herd nehmen und zum Abkühlen beiseitestellen. Den Backofen auf 150 °C vorheizen.

4 Die restliche Butter in einem kleinen Topf zerlassen. 4 Filoteigblätter auf die saubere Arbeitsfläche legen. Jedes Teigblatt dünn mit Butter einpinseln, dann je ein zweites Blatt darauflegen und dünn mit Butter einpinseln. Mit den verbliebenen Teigplatten ebenso verfahren.

5 Mit einem Schaumlöffel jeweils ein Viertel der Fleischmischung in die Mitte der Teigplatten geben. Die Teigecken so darüberfalten, dass Päckchen mit vier Ecken entstehen. Die Taschen mit der restlichen Butter bestreichen, dann mit dem verquirlten Ei. Die Taschen auf ein Blech setzen und für 45 Minuten in den Backofen schieben. Herausnehmen, mit Puderzucker und Zimt bestäuben und heiß servieren.

THAILÄNDISCHE TAUBENBRUST

Die würzige Gemüsesauce ergänzt dieses einfache thailändische Gericht durch Farben und Aromen. Die Gemüsestücke sollten aus optischen Gründen gleich groß sein.

FLEISCH **Taubenbrust**

PORTIONEN 4 **ZUBEREITUNG** 30 Min.
GARZEIT 40 Min.

- 2 EL Weißweinessig
- 1 EL Sojasauce
- ½ EL Mehl
- 1 EL Pflanzenöl
- 8 Taubenbrüste (à etwa 50 g)
- 4 Knoblauchzehen, zerdrückt
- ½ TL Salz
- 1 Zwiebel, fein gehackt
- 2 Paprikaschoten, entkernt und in kleine Stücke geschnitten
- 1 Dose gehackte Tomaten (etwa 400 g)
- 1 kleine Salatgurke, geschält, entkernt und in kleine Stücke geschnitten
- 2 EL gehackte Korianderblätter

1 Essig, Sojasauce und Mehl in einer Schüssel vermischen und eine dünne klumpige Paste herstellen. Die Paste beiseitestellen. Das Öl in einem schweren Topf bei mittlerer Temperatur erhitzen. Die Taubenbrüste hineinlegen und auf jeder Seite 1–2 Minuten braten.

2 Den Knoblauch mit dem Salz hinzufügen und 1 Minute rühren. Zwiebel und Paprikaschoten dazugeben und 5 Minuten unter häufigem Rühren garen.

3 Tomaten und Gurke hinzufügen und untermischen. Die Essigpaste dazugeben und sorgfältig untermischen. Den Topfinhalt zum Kochen bringen. Nach Reduzieren der Hitze zugedeckt 30 Minuten köcheln lassen, bis die Sauce glänzt, zwischendurch ab und zu umrühren. Vom Herd nehmen. Das Gericht mit dem Koriander garniert heiß servieren, dazu Reis reichen.

SALAT MIT TAUBENBRUST

Verschiedene Kräuter und bunte Salatblätter machen diesen Salat zu einer erfrischenden Vorspeise.

FLEISCH **Taubenbrust**

PORTIONEN 4 **ZUBEREITUNG** 15 Min.
GARZEIT 10 Min. + Ruhezeit

- 4 Taubenbrüste (à etwa 50 g)
- Salz und frisch gemahlener schwarzer Pfeffer
- 1 TL Rapsöl
- 1 TL Butter
- 125 g gemischte Blattsalate, etwa Endivie, Rucola, Babymangold, Sauerampfer und Lollo rosso, gewaschen, Stiele entfernt
- 125 g gemischte Kräuter, etwa Kerbel, Estragon und glatte Petersilie, gewaschen, Stiele entfernt

FÜR DAS DRESSING

- 120 ml Olivenöl
- 30 ml Weißweinessig
- 1 TL körniger Senf

1 Die Taubenbrüste mit Küchenpapier trocken tupfen, dann salzen und pfeffern.

2 Öl und Butter in einem schweren Topf erhitzen. Wenn die Butter schäumt, die Taubenbrüste mit der Haut nach unten hineinlegen. Etwa 2 Minuten garen, bis sie gut gebräunt sind.

3 Die Temperatur herunterschalten. Die Taubenbrüste wenden und mit halb aufgelegtem Deckel noch einmal 2 Minuten garen. Vom Herd nehmen und 5 Minuten ruhen lassen.

4 Für das Dressing alle Zutaten in einer großen Schüssel vermischen. Die Salatblätter in mundgerechte Stücke zerzupfen, zu dem Dressing geben und unterheben. Den Salat auf vier Teller verteilen. Die Taubenbrust senkrecht aufschneiden und auf den Salat setzen, dann sofort servieren.

VARIANTE

Salat mit Hähnchenbrust Die Taubenbrust durch 2 Hähnchenbrüste mit Haut ersetzen. Das Fleisch in einer Pfanne 10–15 Minuten braten, dann herausnehmen und 5 Minuten ruhen lassen. Aufschneiden und wie oben mit dem Salat servieren.

WILDEINTOPF

Zu diesem aromatischen Eintopf mit Pilzen, Staudensellerie und Möhren wird am besten ein cremiges Kartoffelpüree serviert.

FLEISCH **Gemischtes Wildfleisch**

PORTIONEN 4 **ZUBEREITUNG** 30 Min.
GARZEIT 1 Std. 15 Min.

- 750 g gemischtes Wildfleisch, etwa von Fasan, Hirsch und Ente, in mundgerechte Stücke geschnitten
- Mehl zum Bestäuben
- Salz und frisch gemahlener schwarzer Pfeffer
- 1 EL Olivenöl
- 1 EL Weinbrand
- 1 Zwiebel, fein gehackt
- 2 Knoblauchzehen, gerieben oder fein gehackt
- 2 Stangen Staudensellerie, fein gewürfelt
- 2 Möhren, fein gewürfelt
- 1 Bouquet garni
- 300 g Champignons, geviertelt
- 1 Glas trockener Weißwein
- 2 TL rotes Johannisbeergelee
- 750 ml heißer Hühnerfond

1 Den Backofen auf 180 °C vorheizen. Das Fleisch dünn mehlieren und gut salzen und pfeffern. In einem Gusseisentopf die Hälfte des Öls erhitzen. Das Fleisch darin unter gelegentlichem Rühren 6–8 Minuten anbraten, bis es gebräunt ist. Mit einem Schaumlöffel in eine Kasserolle heben.

2 Den Weinbrand in den Topf geben und rühren, um den Bodensatz zu lösen. Die Zwiebel hinzufügen, wenn nötig, mit dem übrigen Öl. Bei schwacher Hitze garen, bis sie weich ist. Knoblauch, Staudensellerie, Möhren und Bouquet garni dazugeben und bei schwacher Hitze 8 Minuten garen, bis sie weich sind, dabei ab und zu umrühren.

3 Die Champignons unterrühren. Den Wein dazugeben und 2 Minuten kochen lassen, damit der Alkohol verdampft. Die Mischung in die Kasserolle geben, dann das Johannisbeergelee unterrühren. Den Fond hinzufügen. Den Topfinhalt zugedeckt 1 Stunde garen oder bis das Fleisch weich ist, wenn nötig, noch heißes Wasser hinzufügen.

GESCHMORTE WACHTELN »LUKULLUS«

Bei dem nach einem römischen Feinschmecker benannten Gericht unterstreicht eine leichte Trauben-Wein-Sauce den zarten Geschmack der Wachteln.

FLEISCH **Ganze Wachtel**

PORTIONEN 4 **ZUBEREITUNG** 30 Min.
GARZEIT 1 Std.

- 8 Wachteln (à etwa 150 g)
- 16 Scheiben durchwachsener Speck oder Pancetta
- 2 EL Pflanzenöl
- 2 EL Butter
- 1 Zwiebel, gehackt
- 200 ml Weißwein
- 300 ml Hühnerfond
- 2 EL Weinbrand
- 20 kernlose grüne Weintrauben, enthäutet
- Salz und frisch gemahlener schwarzer Pfeffer
- Saft von 1 Zitrone
- 1 EL gehackte glatte Petersilie zum Garnieren

1 Um jede Wachtel 2 Scheiben Speck wickeln und mit Küchengarn festbinden. Öl und 1 EL Butter in einem großen, schweren Topf erhitzen. die Wachteln darin 8–10 Minuten anbraten, bis sie gut gebräunt sind. Mit einem Schaumlöffel herausheben und beiseitestellen.

2 Die Zwiebel in den Topf geben und 5 Minuten rühren, bis sie weich und gleichmäßig gebräunt ist. Die Hitze reduzieren. Den Wein hinzufügen und die Wachteln wieder in den Topf legen. 10 Minuten sanft garen, dabei ab und zu beschöpfen. Den Fond dazugeben. Die Wachteln zugedeckt etwa 20 Minuten köcheln lassen, bis sie gerade gar sind.

3 Die Wachteln mit einem Schaumlöffel herausheben und beiseitestellen. Weinbrand und Weintrauben hinzufügen. Die Sauce 5–10 Minuten köcheln lassen, bis sie auf die Hälfte eingekocht ist. Abschmecken und vom Herd nehmen. Zitronensaft und restliche Butter unterrühren.

4 Die Küchenschnur von den Wachteln entfernen, den Speck aber ganz lassen. Wachteln und Weintrauben auf vier Teller verteilen. Mit der Sauce übergießen, mit der Petersilie garnieren und heiß mit Salzkartoffeln und grünen Gemüsesorten servieren.

PERLHUHN MIT RÄUCHERSPECK

Dieses verblüffende Gericht vereinigt in sich hocharomatische Zutaten, die den Wildgeschmack des Perlhuhns noch heben.

FLEISCH **Ganzes Perlhuhn**

PORTIONEN 4 **ZUBEREITUNG** 1 Std. + Marinierzeit über Nacht **GARZEIT** 40 Min.

- 1 Perlhuhn (etwa 1 kg), in 10 Teile zerlegt (s. S. 233)
- frisch gemahlener schwarzer Pfeffer
- 10 dünne Scheiben durchwachsener Räucherspeck
- 3 EL Erdnussöl
- 30 g Butter
- 1 EL Mehl
- 1 l Hühnerfond
- 150 g Perlzwiebeln
- 5 EL Sahne
- 2 EL Crème de Cassis

FÜR DIE MARINADE

- 1 l körperreicher Rotwein, vorzugsweise Rioja, Bordeaux oder Merlot
- 1 Rosmarinzweig
- 1 Lorbeerblatt
- 1 Thymianzweig
- 1 Knoblauchzehe, ungeschält zerdrückt

1 Das Perlhuhn pfeffern. Um jedes Teil eine Scheibe Speck wickeln und mit einem Zahnstocher feststecken. Die Zutaten für die Marinade in einer großen Schüssel vermischen. Das Perlhuhn hineinlegen, darin wenden und über Nacht kalt stellen.

2 Das Fleisch herausheben und mit Küchenpapier trocken tupfen. Die Marinade abseihen. Knoblauch mit Kräutern und Marinade getrennt beiseitestellen. Das Öl in einer Pfanne erhitzen. Die Perlhuhnteile in ihrem Speckmantel darin auf jeder Seite 4 Minuten anbraten, bis sie gut gebräunt sind. Aus dem Topf heben.

3 Die Butter in einer Kasserolle erhitzen. Das Fleisch hineinlegen. Knoblauch und Kräuter dazugeben und den Topf behutsam schütteln. Das Mehl darüberstreuen und 1–2 Minuten rühren. Marinade und Fond unterrühren, dann die Perlzwiebeln hinzufügen. Den Topfinhalt zum Kochen bringen und etwa 20 Minuten köcheln lassen.

4 Fleisch und Zwiebeln herausnehmen. Die Zahnstocher entfernen, nicht aber den Speck. Die Sauce noch 10 Minuten etwas einkochen lassen. Sahne und Crème de Cassis dazugeben, zum Kochen bringen und in 10 Minuten auf die Hälfte einkochen lassen. Die Sauce durch ein feines Sieb seihen. Fleisch und Zwiebeln anrichten, mit der Sauce übergießen und mit Kartoffelpüree servieren.

STRAUSSENSTEAKS

Hier verleiht eine rasch zubereitete Marinade den mageren Steaks einen ganz besonderen Geschmack.

FLEISCH **Straußensteak**

PORTIONEN 4
ZUBEREITUNG 15 Min. + Marinierzeit
GARZEIT 10 Min. + Ruhezeit

- 1 EL Rapsöl plus Öl zum Bepinseln
- 2 EL Worcestersauce
- 1 Knoblauchzehe, zerdrückt
- 1 Rosmarinzweig, grob gehackt
- Salz und frisch gemahlener schwarzer Pfeffer
- ¼ TL Sumach (aus dem Asialaden)
- 4 Straußensteaks (à etwa 140 g)

1 Alle Zutaten außer den Steaks und dem zusätzlichen Öl in einer Schüssel sorgfältig vermischen. Die Marinade in einen Gefrierbeutel geben und die Steaks hinzufügen. Den Beutel verschließen und behutsam schütteln, um das Fleisch mit der Marinade zu überziehen. Die Steaks 30 Minuten bei Zimmertemperatur stehen lassen.

2 Eine Grillpfanne oder den Smokergrill auf hohe Temperatur erhitzen. Die Steaks aus der Marinade nehmen, mit Küchenpapier trocken tupfen und dünn mit Öl einpinseln.

3 Die Steaks auf jeder Seite etwa 4 Minuten grillen, bis sie leicht gebräunt sind. Auf schwache Hitze reduzieren und die Steaks auf jeder Seite weitere 4 Minuten garen, bis sie durchgebraten sind. Die Steaks noch 5 Minuten auf dem Grill liegen lassen, dann 5 Minuten ruhen lassen. Die Steaks heiß mit gegrillten Pilzen und Pommes frites servieren.

PASSENDE BEILAGEN

Eine milde Senfsauce, gegrillte Pilze oder ein knackiger grüner Salat mit einem leichten Dressing ergänzen das feine Aroma von Straußenfleisch perfekt.

WILDGÄNSEBRUST

Damit dieses magere Geflügel nicht trocken wird, wickelt man es in Alufolie ein und gart es mit Wermut. Die Bratenflüssigkeit ergibt eine wunderbare Sauce.

FLEISCH **Wildgänsebrust**

PORTIONEN 2 **ZUBEREITUNG** 15 Min.
GARZEIT 2 Std.

- 2 TL Rapsöl
- 1 Zwiebel, in dünne Scheiben geschnitten
- 2 Rosmarinzweige
- 2 Wildgänsebrüste ohne Haut (à etwa 175 g)
- Salz und frisch gemahlener schwarzer Pfeffer
- 4 EL trockener Wermut
- 4 EL Sahne
- 1 TL Zitronensaft (nach Belieben)

1 Den Backofen auf 160 °C vorheizen. Aus Alufolie zwei Quadrate in etwa 30 cm Größe zurechtschneiden und in der Mitte einölen. Jeweils die Hälfte der Zwiebeln, 1 Rosmarinzweig und 1 Gänsebrust daraufsetzen. Das Fleisch salzen und pfeffern und mit dem Wermut übergießen. Die Alufolie über das Fleisch falten. Die Päckchen auf einem Backblech für 2 Stunden in den Ofen schieben.

2 Die Päckchen an einem Ende etwas öffnen. Den Bratensaft in einen kleinen Topf gießen und auf die Hälfte einkochen lassen. Die Sahne hinzufügen, dann die Sauce köcheln lassen, bis sie einen Löffelrücken überzieht. Abschmecken, nach Belieben etwas Zitronensaft hinzufügen. Das Fleisch in dünne Scheiben schneiden und mit der Sauce übergossen servieren.

VARIANTE

Wildentenbrust Die Gänsebrust durch enthäutete Wildentenbrust, den Rosmarin durch Thymian ersetzen. Dann wie oben zubereiten.

LANGSAM GEBRATENE WILDGANS

Butter und Beeren liefern hier die zum Garen notwendige Flüssigkeit und sorgen zudem für kontrastierende Aromen.

FLEISCH **Ganze Wildgans**

PORTIONEN 4 **ZUBEREITUNG** 30 Min.
GARZEIT 2 Std. + Ruhezeit

- 125 g weiche Butter
- 125 g Brombeeren
- 125 g Rosinen
- 1 Bio-Orange, halbiert, Schale abgehobelt
- 1 Knoblauchzehe, zerdrückt
- Salz und frisch gemahlener schwarzer Pfeffer
- 1 Wildgans (etwa 2,5 kg), enthäutet
- 1 große Zwiebel, in Ringe geschnitten
- 1 Lorbeerblatt
- 6 Scheiben durchwachsener Speck

1 Den Backofen auf 180 °C erhitzen. Butter, Brombeeren, Rosinen, Orangenschale und Knoblauch in einer großen Schüssel vermischen und salzen und pfeffern. Die Zutaten zu einer Kugel formen und in die Bauchhöhle der Wildgans schieben. Die Bauchhöhle mit einer Orangenhälfte fest verschließen.

2 Zwei große Stücke Alufolie übereinander auf die saubere Arbeitsfläche legen. Die Zwiebelringe in die Mitte geben und das Lorbeerblatt darauflegen. Die Gans mit der Brust nach oben daraufsetzen. Auf die Brust 4 Scheiben Speck, auf die Schenkel jeweils 1 Speckscheibe legen.

3 Die Gans sorgfältig in der Folie einwickeln, aber eine kleine Öffnung lassen, aus der Luft und Hitze entweichen können. In einen Bräter legen und für 1 Stunde in den Backofen schieben. Die Gans herausnehmen, auswickeln, wenden, wieder einwickeln und für 1 weitere Stunde in den Backofen schieben.

4 Herausnehmen und etwa 300 ml Garflüssigkeit in einen kleinen Topf gießen. Die Gans wenden, sodass sich die Brust oben befindet, dann 15 Minuten ruhen lassen. Den Bratensaft kochen lassen, abschmecken und nach Belieben den Saft der verbliebenen Orangenhälfte hinzufügen. Die Gans tranchieren und servieren, die Sauce dazureichen.

WILDENTENBRUST MIT ORANGENSAUCE

Die hier verwendeten Bitterorangen sind die perfekten Partner für dieses Wildgeflügel und ergeben eine feine Sauce.

FLEISCH **Wildentenbrust**

PORTIONEN 4 **ZUBEREITUNG** 15 Min.
GARZEIT 30–35 Min. + Ruhezeit

- 1 EL Rapsöl
- 4 Wildentenbrüste (à etwa 225 g)
- Salz und frisch gemahlener schwarzer Pfeffer
- 2 TL Mehl
- 250 ml Wildfond
- Saft und abgeriebene Schale von 2 Bio-Bitterorangen
- 1 EL Grand Marnier
- 1 EL Sherryessig
- 1 TL Zucker

1 Das Öl in einem schweren Topf bei hoher Temperatur erhitzen. Die Entenbrüste mit Küchenpapier trocken tupfen, dann rundum salzen und pfeffern. Mit der Hautseite nach unten 2–3 Minuten anbraten. Wenden und nach Reduzieren der Hitze zugedeckt 5 Minuten garen. Mit einem Schaumlöffel herausheben und mit Alufolie abgedeckt an einem warmen Platz ruhen lassen.

2 Das Mehl in den Topf rühren. 1–2 Minuten garen, bis es leicht gebräunt ist. Fond, Orangensaft, Grand Marnier und Sherryessig unterrühren. Die Sauce köcheln lassen, bis sie gerade einen Löffelrücken überzieht, dann abschmecken. Den Zucker hinzufügen und die Sauce in einen kleinen Topf abseihen. Die Orangenschale dazugeben. Die Sauce noch einmal 1–2 Minuten köcheln lassen. Das Fleisch in dünne Scheiben schneiden, dann mit der Sauce und Wildreis servieren.

WILDTERRINE

Diese Wildfleischterrine im Speckmantel ist wirklich beeindruckend. Am besten bereitet man sie am Vortag zu, damit sich die Aromen entfalten können.

FLEISCH **Gemischtes Wildfleisch**

PORTIONEN 8–10 **ZUBEREITUNG** 35–40 Min. + Marinierzeit **GARZEIT** 1 Std.

- 2 Fasanenbrustfilets (à etwa 100 g)
- 3 EL Benedictine oder Drambuie (Kräuterlikör)
- 500 g gehacktes mageres Wildfleisch wie Hirsch oder Fasan
- 1 kg durchgedrehter Schweinebauch
- 2 TL Salz
- ½ TL frisch gemahlener schwarzer Pfeffer
- 4 Knoblauchzehen, zerdrückt
- 2 TL Worcestersauce
- 30 Pistazienkerne
- 15–20 Scheiben durchwachsener Speck
- 2 Lorbeerblätter

1 Die Fasanenbrustfilets längs in Scheiben schneiden, sorgfältig in dem Likör wenden und für 1 Stunde an einem kühlen Ort marinieren. Den Backofen auf 190 °C vorheizen.

2 Wildfleisch und Schweinebauch in einer großen Schüssel gut vermischen. Salz, Pfeffer, Knoblauch und Worcestersauce hinzufügen. Likör aus der Marinade und Pistazien sorgfältig untermischen. Eine Steingutterrine mit den Speckscheiben auslegen, dabei die Scheiben überhängen lassen, um die fertige Terrine damit bedecken zu können.

3 Ein Drittel der Fleischmischung in die Form geben und gut andrücken, um Lufteinschlüsse zu entfernen. Die Hälfte der Fasanenbrust daraufgeben. Wieder ein Drittel der Hackmischung verteilen und andrücken. Restliche Fasanenbrust und übrige Hackmischung ergänzen. Die Speckstreifen so darüberfalten, dass sie das Hackfleisch vollkommen bedecken. Lücken ggf. mit weiteren Speckstücken schließen. Die Lorbeerblätter darauflegen. Die Terrine mit Alufolie abdecken.

4 Die Terrine auf ein Blech stellen und für 1 Stunde in den Ofen schieben oder bis beim Einstechen mit einem Spieß klarer Saft austritt. Abkühlen lassen und kalt stellen. Zum Servieren in Scheiben schneiden, getoastetes Brot dazureichen.

WILDENTEN-SALMI

Beliebte Zubereitungsmethode für Wildgeflügel, bei der die Leber für die Zubereitung der Sauce verwendet wird.

FLEISCH **Ganze Ente**

PORTIONEN 4 **ZUBEREITUNG** 45 Min. **GARZEIT** 1 Std. + Ruhezeit

- 4 Scheiben durchwachsener Speck
- 2 Krickenten (à etwa 175 g), Schenkel abgetrennt, Lebern aufbewahrt
- 1 große Zwiebel, gehackt
- 6 Wacholderbeeren, zerstoßen
- 1 Stange Staudensellerie, gehackt
- 1 Lorbeerblatt
- Salz und frisch gemahlener schwarzer Pfeffer
- 350 ml Rotwein
- 1 TL Butter
- 2 Scheiben Weißbrot, in Brühe eingeweicht und ausgedrückt

1 Den Backofen auf 220 °C vorheizen. 2 Speckscheiben längs nebeneinander auf ein Brett legen. Eine Ente daraufsetzen. Mit dem Speck umwickeln und mit Küchengarn festbinden. Mit der anderen Ente ebenso verfahren. Die Enten in einen Bräter legen und für 15 Minuten in den Backofen schieben. Herausnehmen und 15 Minuten ruhen lassen.

2 Mit einem scharfen Messer die Entenbrüste am Brustbein beginnend entlang der Knochen ablösen. Das Brustfleisch auf einen Teller legen und mit Alufolie abgedeckt warm stellen. Den Rest des Entenfleischs grob zerkleinern und in einen großen, schweren Topf geben.

3 Fett und Bratensaft aus dem Bräter dazugießen und Zwiebel, Wacholderbeeren, Staudensellerie und Lorbeerblatt hinzufügen, dann alles salzen und pfeffern. Den Wein dazugießen. Die Zutaten zum Kochen bringen und 30 Minuten köcheln lassen, bis die Sauce auf die Hälfte reduziert ist. Vom Herd nehmen und beiseitestellen.

4 Die Butter in einem Topf zerlassen. Die Lebern darin 4–5 Minuten braten, bis sie gut gebräunt sind. Mit den eingeweichten Brotscheiben in ein Sieb geben und mit einem Löffel in eine Schüssel drücken. Die Sauce in einen Topf abseihen, dann die Lebermasse unterschlagen. Behutsam erhitzen, aber nicht kochen lassen. 5–6 Minuten garen oder bis sie cremig ist. Die Entenbrust in dünne Scheiben schneiden, anrichten und mit der Sauce übergossen servieren.

STRAUSSENFLEISCHBURGER

Diese fettärmere Alternative zu Rindfleischburgern wird mit verschiedenen würzigen Zutaten serviert, die sehr gut mit dem Fleisch harmonieren.

FLEISCH **Straußenhackfleisch**

PORTIONEN 4 **ZUBEREITUNG** 15 Min. + Kühlzeit **GARZEIT** 10 Min.

- 800 g gehacktes Straußenfleisch
- 1 Zwiebel, fein gehackt
- 2 EL gehackte glatte Petersilie
- 1 EL Kapern in Essig, abgetropft und gehackt
- 4 Sardellenfilets, gehackt
- Salz und frisch gemahlener schwarzer Pfeffer

1 Alle Zutaten in eine große Schüssel geben, großzügig salzen und pfeffern und gut vermischen. Aus der Masse vier Kugeln gleicher Größe formen und diese zu Frikadellen flach drücken. Die Frikadellen mindestens 1 Stunde kalt stellen.

2 Die Frikadellen auf dem heißen Smokergrill oder in einer Grillpfanne garen. Nach 2 Minuten auf jeder Seite sind sie »medium rare«, also in der Mitte noch rosa. Oder die Hitze reduzieren und die Burger auf jeder Seite etwa 5 Minuten garen, bis sie durchgebraten sind. Aber Vorsicht, sie werden leicht trocken. In Burgerbrötchen mit Senf und Senfgemüse servieren.

VARIANTE

Fasanenfleischburger Das Straußenhackfleisch durch gehacktes Fasanenfleisch ersetzen. Der Fleischmasse im ersten Arbeitsschritt 1 TL gehackte Cranberrys und ¼ TL gemahlenen Koriander hinzufügen. Die Frikadellen wie oben zubereiten.

FESENJAN

Klassisches iranisches Gericht, dem Granatapfelsirup eine exotische Süße verleiht.

FLEISCH **Ganze Wildente**

PORTIONEN 4 **ZUBEREITUNG** 15 Min. **GARZEIT** 1 Std. 30 Min.–2 Std.

- 3 EL Pflanzenöl
- 2 Wildenten (à etwa 500 g), in 6 Teile zerlegt
- 1 Zwiebel, grob gehackt
- 250 g Walnusskerne, grob gehackt
- 3 EL Granatapfelsirup plus mehr zum Garnieren
- Saft von 1 Zitrone
- 1 EL Zucker
- Salz und frisch gemahlener schwarzer Pfeffer
- gehackte glatte Petersilie zum Garnieren
- Granatapfelkerne zum Garnieren

1 Das Öl in einem großen, schweren Topf erhitzen. Die Ententeile hineinlegen und 5–7 Minuten anbraten, bis sie rundum gebräunt sind. Mit einem Schaumlöffel herausheben und beiseitestellen.

2 Die Zwiebel in den Topf geben und unter gelegentlichem Rühren 3–4 Minuten braten, bis sie gebräunt ist. Die Walnüsse hinzufügen und bei geringer Hitze unter Rühren 2–3 Minuten braten. Granatapfelsirup, 450 ml Wasser, Zitronensaft und Zucker hinzufügen. Die Zutaten zum Kochen bringen.

3 Die Ententeile in den Topf legen und salzen und pfeffern. Die Hitze reduzieren. Den Topfinhalt zugedeckt 1½ Stunden köcheln lassen oder bis das Fleisch weich ist. Zum Servieren das Fleisch auf gekochtem Reis anrichten und mit Petersilie und Granatapfelkernen garniert heiß servieren.

INNEREIEN

INNEREIEN

DURCH DEN TREND, IMMER HÄUFIGER HOCHPREISIGE ODER RASCH ZUBEREITETE FLEISCHZUSCHNITTE ZU VERZEHREN, MACHEN SICH VIELE KONSUMENTEN OFT KEINE GEDANKEN MEHR ÜBER DIE FLEISCHSTRUKTUR. ABER GERADE DIESE MACHT INNEREIEN SO BESONDERS. DIE PALETTE DER KONSISTENZEN IST BEI INNEREIEN ENORM BREIT, EBENSO DIE DER AROMEN. DARIN UNTERSCHEIDEN SIE SICH AUCH VON DEM ÜBLICHEN MUSKELFLEISCH.

GELEGENTLICH WERDEN INNEREIEN auch als »genießbare Schlachtnebenprodukte« bezeichnet. Hinter diesem Wort verbergen sich Delikatessen, zu denen außer den eigentlichen Innereien eine erstaunliche Zahl anderer Teile von Schlachttieren zählt. So können abgesehen von Innereien wie Leber und Herz häufig auch Extremitäten wie Kopf, Füße und Schwanz gegessen werden oder Schlachtreste wie Knochen, Fett und Haut.

Obwohl jedes Land seine bevorzugten Innereien samt Zubereitungsarten hat, scheint der Nahe Osten das Zentrum der Innereienküche zu sein, in der auch der kleinste Rest eines Schlachttiers auf die köstlichste und innovativste Weise verwertet wird. Was gewiss die beste und nachhaltigste Vorgehenseise beim Verzehr von Fleisch darstellt. Tatsächlich bewahren auch Migranten häufig ihre Vorliebe für die Innereiengerichte ihres Heimatlandes, wo Verschwendung als Frevel gilt. Überdies haben heute moderne Küchenchefs, die von den Verwendungsmöglichkeiten fasziniert sind, viele Innereien wiederentdeckt.

INNEREIEN KAUFEN

Als Faustregel gilt, dass Innereien wie etwa Leber oder Herz innerhalb von 24 Stunden gegart oder eingefroren werden sollten, da sie schneller verderben als Muskelfleisch und sich ihre Qualität durch Abhängen nicht verbessert. Daher werden, ehe ein geschlachtetes Tier zum Reifen aufgehängt wird, die meisten Innereien entfernt. Einige müssen möglicherweise beim Fleischer extra bestellt werden. Und auch für die weniger gebräuchlichen Arten sind meist traditionelle Fleischer die beste Bezugsquelle.

ZU DIESEN DELIKATESSEN ZÄHLT NEBEN INNEREIEN EINE ERSTAUNLICHE ZAHL ANDERER TEILE VON SCHLACHTTIEREN.

INNEREIEN GAREN

Mit wenigen Ausnahmen wie etwa Leber müssen die meisten Innereien und andere genießbare Schlachtnebenprodukte gut gegart und entweder lange geköchelt oder langsam geschmort werden. In manchen Fällen schneidet man sie anschließend auch noch in Scheiben und brät sie in der Pfanne oder im Backofen. Neuerdings werden aber einige Innereien, die traditionell geschmort oder im Ofen gegart wurden, kurz gebraten und rosa serviert, wie etwa Herz. Andere Rezepte verlangen hingegen eine umfangreiche Vorbereitung und eine lange Garzeit, doch dabei entstehen Gerichte voller komplexer Aromen und Konsistenzen, deren Zubereitung obendrein noch sehr preiswert ist. Solche Gerichte sind für Berufstätige oder Kochmuffel meist ungeeignet, doch wer Zeit und Freude am Kochen hat, kann seine Familie so gut und günstig ernähren.

GESUNDHEIT

Viele Innereien sind reich an Nährstoffen sowie essentiellen Fettsäuren und arm an schädlichen Fetten. Aber Innereien wie etwa Hühnerleber sollten sorgfältig gegart werden, um Salmonellenvergiftungen zu vermeiden. Da Organe wie Nieren oder Leber wie Filter funktionieren, können sich in ihnen zudem Medikamentenrückstände ansammeln, was vor allem bei Schlachttieren aus Intensivhaltung möglich ist.

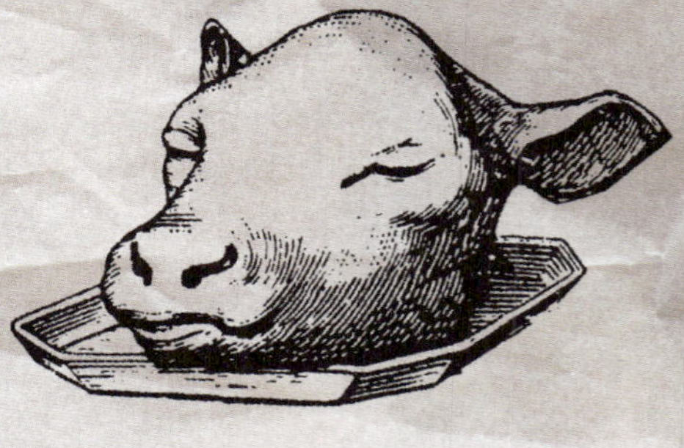

INNEREIEN

GESCHMACK UND KONSISTENZ allein machen Innereien bereits interessant, aber sie sind auch reich an Nährstoffen und essentiellen Fettsäuren und in den meisten Fällen fettarm. Innereien sollten beim Kauf immer absolut frisch sein und rasch gegart oder eingefroren werden, da sie leicht verderben.

LEBER

Leber ist ein guter Eisenlieferant und vermutlich die beliebteste unter den Innereien. Geflügel-, Kalbs-, Lamm-, Hirsch- und Rehleber haben einen zarten süßlichen Geschmack, bei Rinder- und Schweineleber ist er kräftiger.

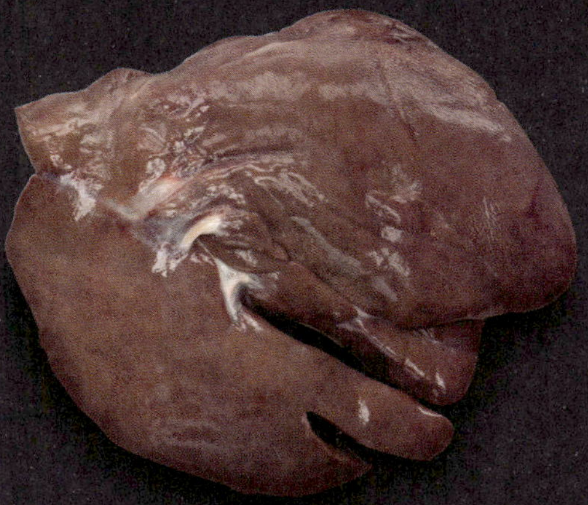

SCHWEINELEBER Diese sehr aromatische Leber wird gern zur Zubereitung von Terrinen und Pasteten verwendet. Sie kann gebraten oder geschmort werden.

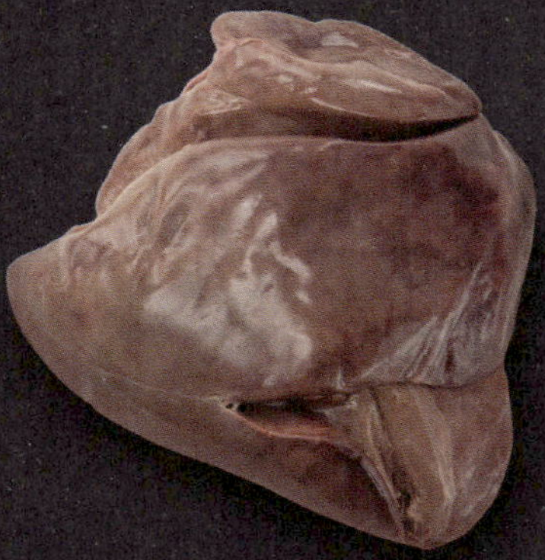

LAMMLEBER Süßlich schmeckende Leber, die am besten in dünne Scheiben geschnitten und rasch gebraten wird, bis sie rosa ist.

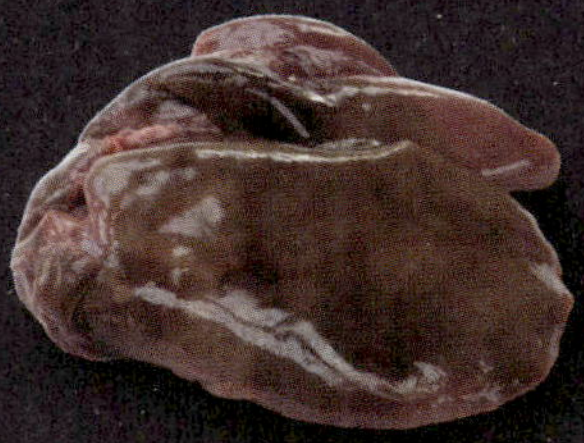

GEFLÜGELLEBER Alle Arten von Geflügelleber wie etwa Hähnchenleber (oben) haben einen zarten, süßlichen Geschmack. Besonders geschätzt ist Stopfleber von Enten und Gänsen.

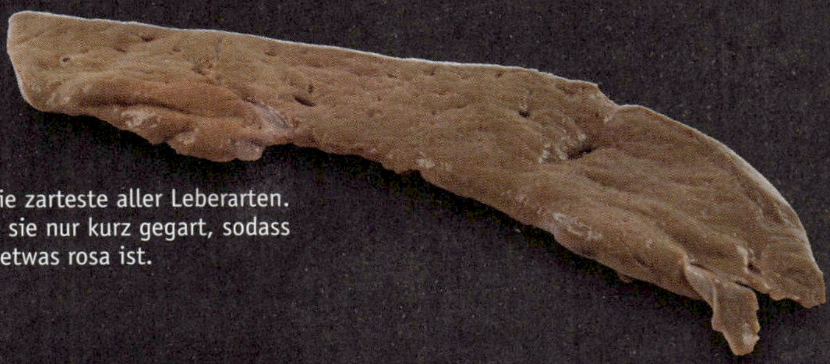

KALBSLEBER Die zarteste aller Leberarten. Am besten wird sie nur kurz gegart, sodass sie innen noch etwas rosa ist.

NIEREN

Nieren können als Hauptzutat verwendet oder langsam gegarten Gerichten hinzugefügt werden, um den Geschmack zu heben. Beliebt sind vor allem Kalbsnieren und Lammnieren (unten).

HERZ

Dieser Muskel hat die Konsistenz von feinfaserigem Fleisch. Geflügelherzen gelten als Delikatesse, und in Skandinavien werden Hirschherzen geräuchert und getrocknet. Vor der Zubereitung muss man überschüssiges Fett entfernen.

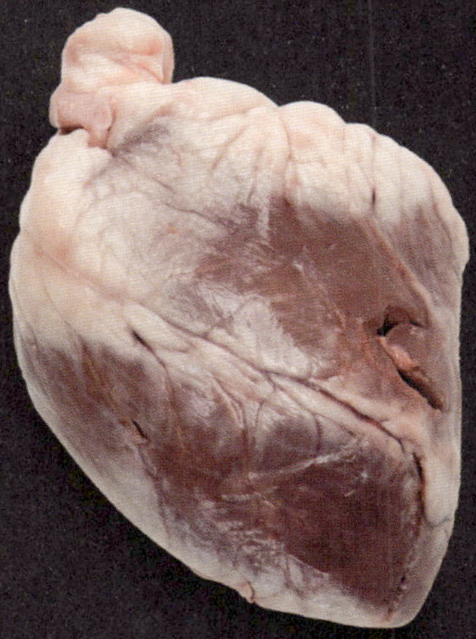

LAMMHERZ Lammherz kann in Scheiben geschnitten gebraten oder geschmort oder ganz, gefüllt und im Backofen gegart serviert werden.

GEFLÜGELHERZEN Da alle Geflügelherzen klein sind, wie etwa Hühnerherzen (oben), benötigt man pro Person mehrere Herzen. Meist werden sie gegrillt oder rasch gebraten.

BRIES

Unter Feinschmeckern gilt Bries als absolute Delikatesse und wird wegen seines zarten nussigen Geschmacks geschätzt. Vor dem Garen sollte Bries mindestens 2 Stunden gewässert werden.

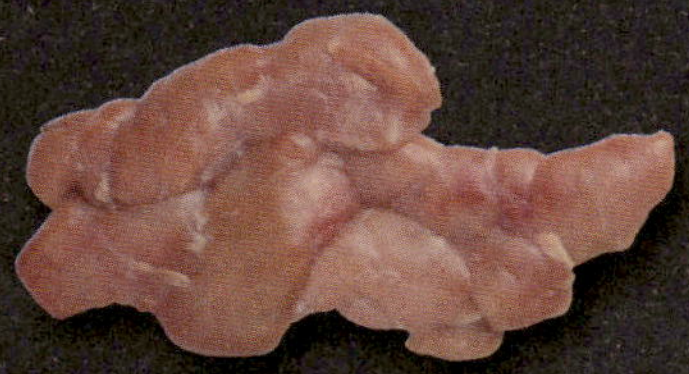

KALBSBRIES Auch Kalbsmilch genannt. Es handelt sich dabei um die Thymusdrüse des Kalbs. Sie sitzt im Brustbereich und ist etwas größer als eine Faust.

BAUCHSPEICHELDRÜSE Auch sie wird in einigen Ländern angeboten. Sie ist schwer zu bekommen und mitunter teuer.

HIRN

Hirn hat einen zarten Geschmack und eine cremige Konsistenz. Gourmets schätzen sowohl Kalbs- als auch Lammhirn.

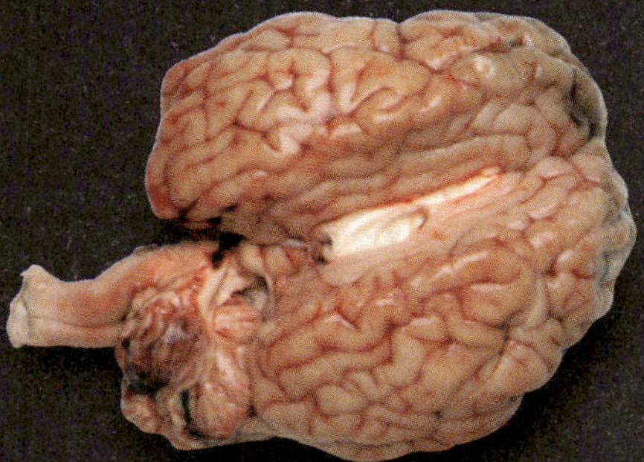

KUTTELN

In Deutschland handelt es sich bei Kutteln zumeist um die Vormägen, oder Pansen, von Rindern. In anderen Ländern werden auch Netz- und Blättermagen gegessen. Kutteln bedürfen einer ausführlichen Vorbereitung.

DARM

Es gibt einige Rezepte für die Zubereitung des Darms von Jungtieren, die nur Milch getrunken haben, meist wird Darm jedoch als Wursthülle verwendet oder gehackt manchen Wurstsorten wie der französischen Andouillette hinzugefügt.

LUNGE

Traditionell wird Lunge in der bäuerlichen Küche verwendet (z. B. Saure Lunge). Heute gibt man sie wegen ihrer schwammigen Konsistenz häufig in verarbeitete Produkte wie Wurst.

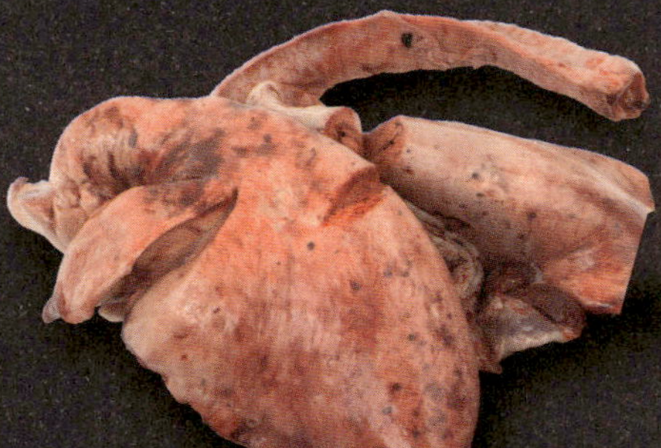

MILZ

Gewöhnlich wird die Milz von Schweinen, Ochsen oder Kälbern verwendet. Sie schmeckt ähnlich wie Nieren und wird meist für verarbeitete Produkte benutzt. Man kann sie aber auch füllen und schmoren.

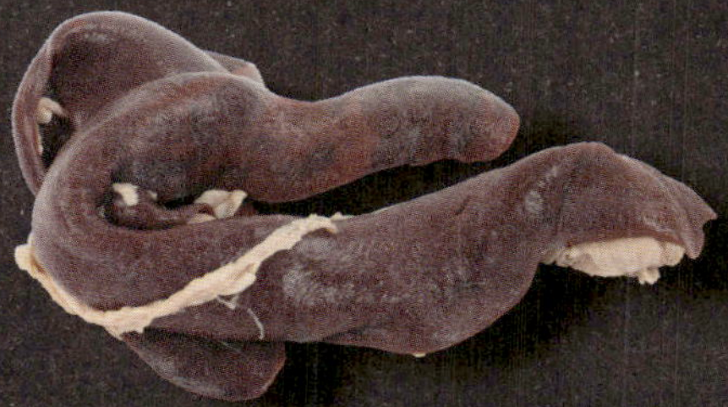

KAUMAGEN

Dieser Magen dient Vögeln zur Zerkleinerung ihrer Nahrung. Er ist zäh, aber nützlich, um Brühen und Suppen zu aromatisieren. Wenn man Kaumägen als Confit zubereitet, werden sie butterweich.

INNEREIEN VORBEREITEN

- Meist werden Innereien fertig vorbereitet verkauft, in einigen Fällen muss man jedoch selbst etwas Zeit investieren. Wie Nieren, Leber, Bries, Kaumägen und Hirn vorbereitet werden, wird auf Seite 266–267 beschrieben.
- Sollte sich an Wildleber noch die Gallenblase (ein Säckchen mit dunkelgrüner Flüssigkeit) befinden, muss sie behutsam entfernt werden, da sie extrem bitter ist.

SCHLACHTNEBENERZEUGNISSE

Bei den genießbaren Schlachtnebenerzeugnissen handelt es sich um Teile von Schlachttieren, die nicht als Muskelfleisch definiert werden. Neben Innereien gibt es noch eine Reihe anderer Teile, die möglicherweise einen höheren Fett- oder Knochenanteil als Fleischzuschnitte haben. Andere enthalten gallertartige Substanzen.

KOPF

Wird meist geköchelt, entbeint und zu Sülze verarbeitet. Gekochten Kalbskopf serviert man auch zusammen mit Kalbsfüßen. Ein dekorierter Schweinskopf eignet sich gut für eine Festtagstafel.

OHR

Am häufigsten werden Kalbs- und Schweinsohren verwendet, aber man bereitet auch Lammohren zu. Der enthaltene Knorpel wird nie ganz weich, aber das macht sie auch interessant.

SCHNAUZE

Verleiht Speisen wie Sülze Konsistenz. Sie wird aber auch gegart im eigenen Gelee serviert oder mit anderen Teilen des Kopfs in würziger Brühe gegart.

BACKE

Bei jedem Tier ein Leckerbissen (mitunter aber zäh), der häufig mit dem Kopf für Sülze verwendet wird. Zudem räuchert und gart man sie, um eine Art Schinken herzustellen.

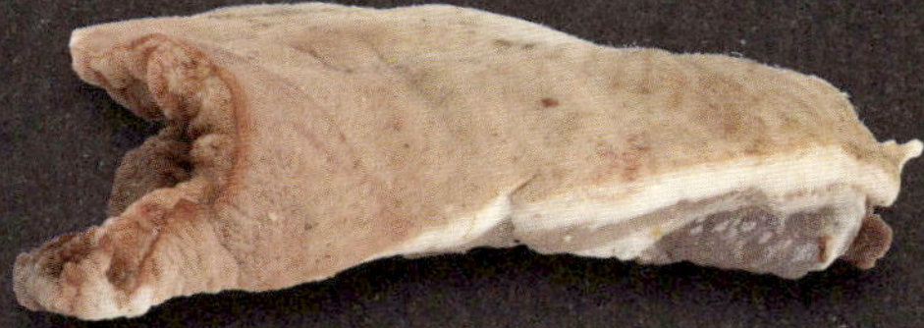

ZUNGE

Nahrhafte Delikatesse von butterweicher Konsistenz. Man verwendet die Zungen aller Tiere, selbst winzige Kaninchen- und Vogelzungen. Rinder- und Rentierzungen werden enthäutet und geräuchert.

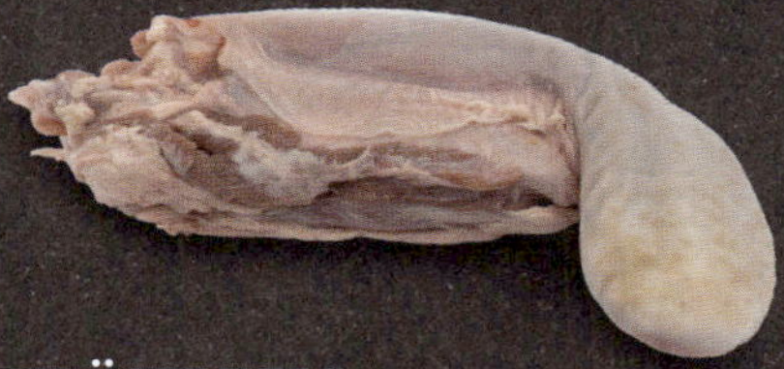

GEFLÜGELHALS

Da sich das Fleisch von Hälsen schwer ablösen lässt, verwendet man sie für Brühen und Suppen. Die Haut von Enten- und Gänsehälsen wird gefüllt und gegart.

GEFLÜGELFÜSSE

In der westlichen Küche gehören die Füße von Hühnern, Enten und Gänsen nicht zu den traditionellen Zutaten, in der chinesischen Küche sind sie jedoch hochgeschätzt. Damit ihr Knorpel weich wird, müssen sie lange geköchelt werden.

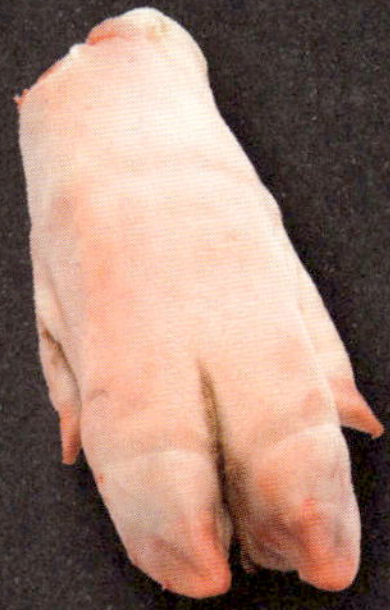

FUSS

Aus Füßen (z. B. Spitzbein) lassen sich ausgezeichnet klare Gelees und Aspik herstellen. Zudem verleihen sie Brühen eine seidige Konsistenz. Aus Kalbs- und Schweinsfüßen werden ganze Gerichte zubereitet.

SCHWANZ

Ochsenschwanz ist fleischig und hat einen kräftigen Geschmack. Hirschschwanz wird in der chinesischen Medizin für Brühe verwendet. Schafschwanz ist im Nahen Osten sehr geschätzt.

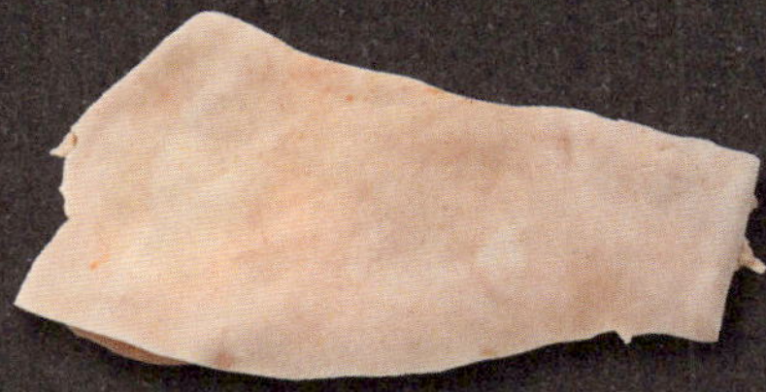

HAUT

Haut oder Schwarte verleiht Gerichten Konsistenz. Gekocht gibt sie eine gallertartige Substanz ab, gebraten wird sie knusprig. Schwarte an einem Schweinebraten ergibt eine herrliche Kruste.

FETT

Rückenspeck verhindert, dass Braten trocken werden, und dient als Zutat für Salami. Schweinenetz verwendet man zum Einhüllen von Speisen wie Frikadellen.

KNOCHEN

Aus Geflügelkarkassen werden Brühen und Suppen zubereitet. Auch Knochen von anderen Tieren – insbesondere Markknochen – werden dazu verwendet. In einigen Ländern ist Rückenmark besonders geschätzt.

BLUT

In fast allen Ländern wird daraus Blutwurst hergestellt. Zudem vermischt man Enten- und Gänseblut mit Gewürzen und Fett und bereitet daraus Frikadellen zu.

KONSERVIERTE PRODUKTE

HALTBARE PRODUKTE AUS INNEREIEN sind seltener zu finden als konservierte Produkte aus Muskelfleisch, da die meisten Innereien rasch verderben. Dies ist auch der Grund, weshalb viele der Erzeugnisse wie etwa die meisten Blutwürste frisch verkauft werden.

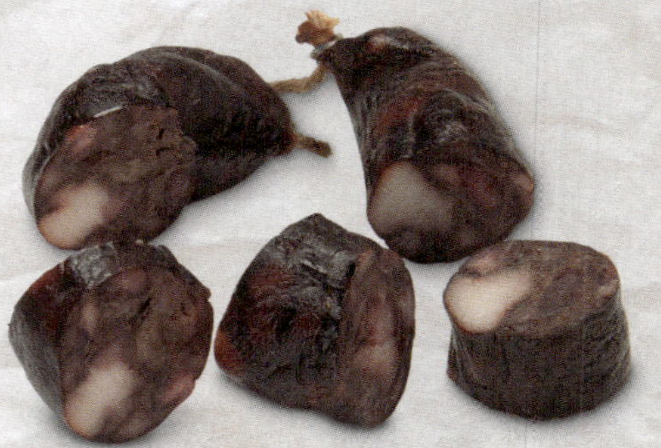

CHOURIÇO DE SANGUE In den meisten Ländern der Welt wird Blutwurst hergestellt. Manche enthalten zudem Speck, andere Fleisch oder Getreide wie Reis. Diese portugiesische Blutwurst wird zur Haltbarmachung geräuchert und getrocknet.

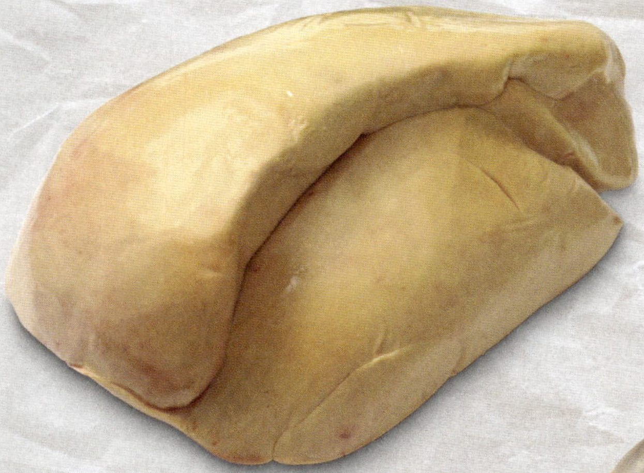

FOIE GRAS (STOPFLEBER) Leber von Enten oder Gänsen, die zwangsgefüttert werden, damit sie riesige Lebern ausbilden. In Deutschland ist diese Art der Mästung als Tierquälerei verboten, in Frankreich gilt Foie gras als absolute Delikatesse.

HAGGIS Das schottische Nationalgericht Haggis wird aus Leber, Herz und Lunge vom Schaf, Speck und Hafermehl zubereitet. Die Zutaten werden in einen Schafmagen gefüllt und dann gegart.

ZUNGENWURST Deutsche Kochwurst, für die große Stücke Schweinezunge, Speck und durchgedrehte Schwarte mit Blut vermischt werden.

COU DE CANARD FARCI Für diese französische Spezialität wird die Haut von Entenhälsen mit gegarten Fleischstücken und Stopfentenleber gefüllt. Anschließlich gart man sie, damit sie länger haltbar bleibt.

ANDOUILLE Große französische Wurst, für die in Lake eingelegte Schweinemägen und Schweinedärme gerollt und in Naturdarm gehüllt gegart sowie mitunter auch geräuchert werden.

BATH CHAPS Für diese englische Spezialität werden Schweinebacken in einer aromatisierten Lake bedingt haltbar gemacht. Anschließend gart und enthäutet man sie und wälzt sie in Semmelbröseln.

FIGATELLU Eine Hartwurst aus Korsika, die mit Schweineleber, Blut und Speck zubereitet und anschließend getrocknet und geräuchert wird.

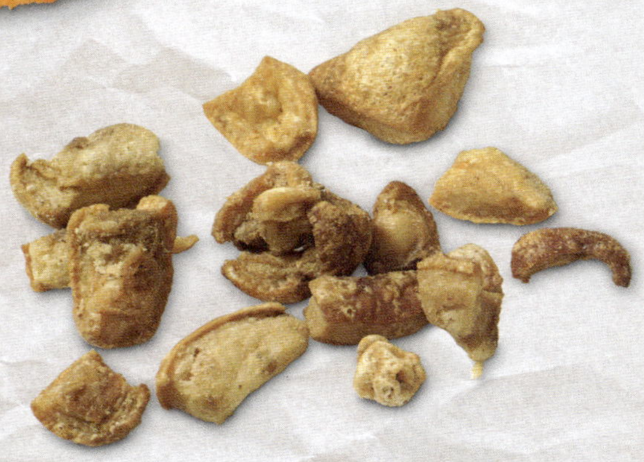

PORK SCRATCHINGS Populärer britischer Snack, für den Schweineschwarte gebraten wird, damit das Fett austritt. Anschließend wird die Schwarte leicht gesalzen.

PRESSKOPF Er ist in vielen Ländern beliebt und wird aus Schweinskopf und anderen Zutaten hergestellt. Bei der gezeigten Wurst handelt es sich um die polnischen Variante.

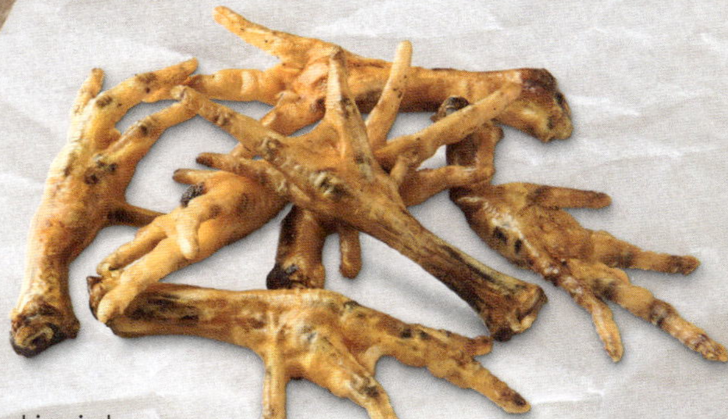

GETROCKNETE HÜHNERFÜSSE
Beliebter Knabbersnack aus der chinesischen Küche, für den Hühnerfüße gesäubert und getrocknet werden.

INNEREIEN VORBEREITEN

Die meisten Innereien sind mit Häuten überzogen, die vor dem Garen entfernt werden müssen, da sie hart werden und das Fleisch verformen können. Meist lassen sich diese aber ganz leicht abziehen.

NIEREN ZUM BRATEN VORBEREITEN

Hier ist eine ganze Kalbsniere gezeigt. Rinder- und Kalbsnieren bestehen aus zahlreichen Lappen und unterscheiden sich stark von Lamm-, Schweine- und Hirschnieren, bei denen meist auch nur wenig Fett entfernt werden muss.

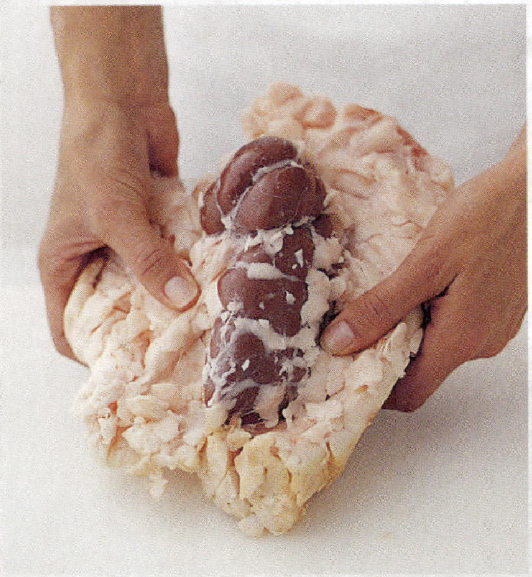

1 Behutsam die weiße Fettkapsel entfernen, die die ganze Niere umhüllt – sie lässt sich recht einfach ablösen.

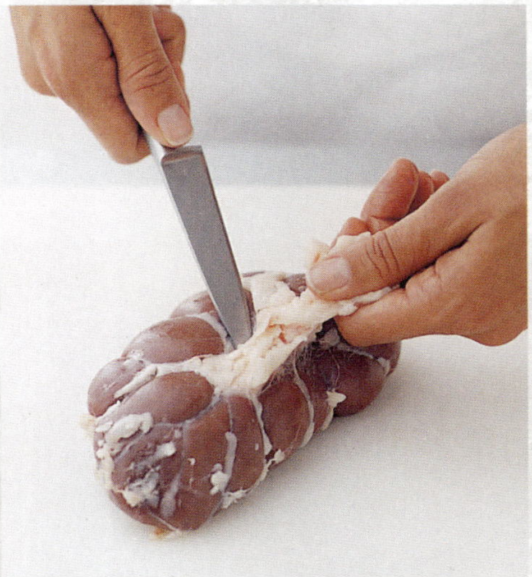

2 Die Niere auf die Arbeitsfläche legen. Mit der Spitze eines Schälmessers um das Fett in der Mitte herumschneiden und das Fett entfernen.

3 Das Fett wegwerfen. Die Außenhaut von der gesamten Niere abziehen – sie lässt sich leicht mit den Fingern lösen.

4 Die Niere an den Lappen in mundgerechte Stücke schneiden, dabei das innere Fett entfernen. Jetzt kann die Niere gebraten werden.

LEBER VORBEREITEN

Leber wird am besten rosa gebraten oder langsam gegart, weil sie sonst bitter schmecken kann.

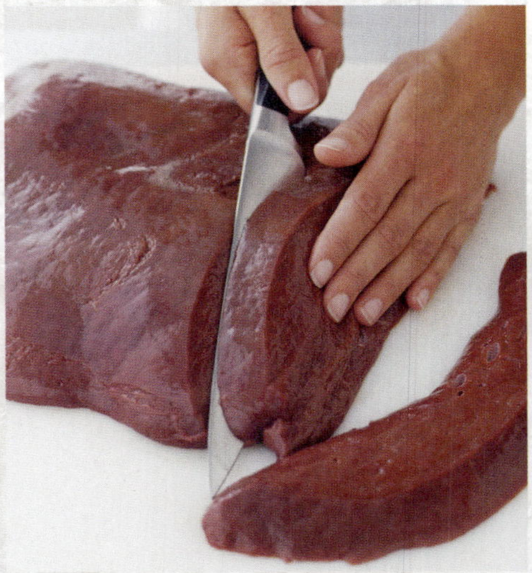

KALBSLEBER Sie eignet sich ausgezeichnet zum Braten, da sie bei starker Hitze rasch gart. Mit einem Tranchiermesser Häute und Adern entfernen. Die Leber in dicke Scheiben schneiden.

HÄHNCHENLEBER Hähnchenleber ist ihr Geld immer wert. Zur Vorbereitung mit einem scharfen Messer verfärbte Stellen, Häutchen und Sehnen entfernen.

BRIES VORBEREITEN

Wässern lässt das Bries weiß werden und macht die dünne Haut, die es umgibt, weicher. Nachdem verfärbte Stellen entfernt wurden, wird das Bries in kräftig gesalzenem Wasser blanchiert.

1 Das Bries für 1–2 Stunden in kaltes Wasser legen. Anschließend verfärbte Stellen, sehnige Partien und die Haut entfernen. Letztere sollte sich leicht abziehen lassen.

2 Das Bries noch einmal 1–2 Stunden in Essigwasser legen (1 EL Essig auf 1,5 l Wasser geben). Dann noch vorhandene Häutchen und kleine Röhren am Bries entfernen.

KAUMAGEN VORBEREITEN

In Geflügelklein enthaltene Mägen von Hausgeflügel sind normalerweise bereits küchenfertig vorbereitet, Mägen von Wildgeflügel muss man noch selber säubern und vorbereiten.

1 Den Magen waagerecht in der Mitte fast ganz aufschneiden. Aufklappen, dann Magensteinchen und Mageninhalt entfernen. Den Magen sorgfältig unter fließendem Wasser waschen.

2 Unsaubere Stellen an den Schnitträndern und die dicke silberne Außenhaut entfernen. Zum Schluss die dicke, höckerige innere Haut und verfärbte Stellen abschneiden.

HIRN VORBEREITEN

Zum Entfernen des Bluts das Hirn vier Stunden in einer starken Salzlake wässern. Dann abspülen oder in einer Schüssel unter fließendes kaltes Wasser stellen. Die Haut abziehen. Knochensplitter und noch vorhandendes Blut möglichst weitgehend entfernen. Das Hirn 5 Minuten sanft pochieren. Abkühlen lassen und, falls gewünscht, in Scheiben schneiden.

BLUTWURST HERSTELLEN

Diese nach französischer Art zubereitete Blutwurst ist weich und cremig. Hier wird frisches Blut verwendet, im Fleischerfachhandel ist aber auch Blutpulver erhältlich, das angerührt wird.

1 In einer Schüssel 1 TL Lebkuchengewürz, 1 TL Rohrohrzucker, 85 g Salz, 4 gehäufte EL fein gehackte Petersilie und 175 g Semmelbrösel vermischen. 3 l frisches Schweineblut und 750 g Sahne unterrühren. 1,5 kg fetten Speck in 7–10 mm große Würfel schneiden.

2 In einer großen Pfanne 1,5 kg Zwiebeln sanft in 150 g Butter oder 100 ml Pflanzenöl braten, bis sie weich, aber noch nicht gebräunt sind. Abkühlen lassen und zu der Blutmischung geben. Den Speck hinzufügen und alle Zutaten sehr sorgfältig vermischen.

3 Das Ende eines 7 m langen Stücks Rinderdarm verknoten. Das offene Ende über die Tülle eines Trichters ziehen. Dann den übrigen Darm auf die Tülle schieben. Die Blutmischung in den Trichter geben und mit dem Füllen des Darms beginnen.

4 Während die Blutmischung in den Darm gefüllt wird, die Trichtertülle gut festhalten, damit der Darm nicht herunterruscht. Den Darm recht locker füllen, da sich die Mischung beim Garen ausdehnt. Das Ende des Darms fest verknoten.

5 Die ganze Wurstschnecke weiterverarbeiten oder einzelne Ringe abbinden. Dazu die Wurst in Abständen mit Schnur zusammenbinden. Den Darm über den Knoten legen und noch einmal festbinden, dann beide Enden zusammenbinden. So kann die Wurstfüllung nicht herausquillen.

6 Einen großen Topf zur Hälfte mit Wasser füllen. Einen Rost auf den Boden setzen. Das Wasser zum Kochen bringen, dann den Topf vom Herd nehmen. Vorsichtig die Würste hineinlegen und bei sehr schwacher Hitze auf den Herd setzen. Nicht kochen lassen, da sie sonst platzen.

7 Oben schwimmende Würste mit einem sterilisierten Spieß einstechen. Die Würste weitere 15 Minuten sanft garen, dann wieder einstechen. Ist die austretende Flüssigkeit noch blutig, die Würste noch einmal etwa 5 Minuten garen oder bis die austretende Flüssigkeit braun ist.

8 Das Wasser behutsam abgießen, da die heißen Würste noch sehr empfindlich sind oder die Würste mit dem Rost herausheben. Eine saubere Wanne mit kaltem Wasser füllen und die Würste darin 15 Minuten abkühlen lassen. In den Kühlschrank legen, bis sie fest geworden sind.

FAGGOT

Traditionelles Gericht von den Britischen Inseln, das aus Schweinebauch, Speck und Innereien zubereitet wird.

FLEISCH **Schweineleber und -herz**

PORTIONEN 6 **ZUBEREITUNG** 1 Std.
GARZEIT 1 Std.

- 1 kg Schweinebauch ohne Schwarte und Knochen, pariert
- 1 kg durchwachsener Speck
- 250 g Schweineleber
- 1 Schweineherz
- ¼ TL geriebene Muskatnuss
- ¼ TL gemahlener Ingwer
- 1 TL gehackter frischer Salbei
- 1 TL gehackter frischer Majoran
- 1 Zwiebel, gehackt
- ¼ TL Salz und frisch gemahlener schwarzer Pfeffer
- 500 g Semmelbrösel
- 3 Eier, verquirlt
- 1 Schweinenetz (etwa 400 g)
- 250 ml Hühnerfond

1 Den Backofen auf 190 °C vorheizen. Das gesamte Fleisch grob zerkleinern und in eine Schüssel geben. Gewürze, Kräuter, Zwiebel, Salz und Pfeffer hinzufügen, dann das Fleisch durch einen Fleischwolf drehen.

2 Das Hackfleisch in einer großen Schüssel mit Semmelbröseln und Eiern vermischen. Die Masse zu Bällchen mit jeweils 60 g Gewicht formen.

3 Das Schweinenetz in Wasser legen, damit es weich wird. Dann ausbreiten und in Quadrate in ausreichender Größe zum Einhüllen der Faggots schneiden. Die Faggots in dem Schweinenetz einwickeln und in einen Bräter legen. Etwas Fond hinzufügen, damit sie nicht austrocknen, und für etwa 1 Stunde in den Ofen schieben. Herausnehmen und mit der Garflüssigkeit beschöpfen. Mit Kartoffelpüree und grünen Erbsen oder anderen grünen Gemüsesorten servieren.

SCHWEINEFLEISCH-LEBER-TERRINE

Eine klassische Pastete aus der ländlichen Küche, die mit Eiern und Sahne angereichert wird.

FLEISCH **Hähnchenleber**

PORTIONEN 8 **ZUBEREITUNG** 1 Std.
GARZEIT 1½ Std.

- 1 EL Butter
- 1 Zwiebel, fein gehackt
- 125 g Hähnchenleber, pariert
- 250 g magere Schweinekeule oder -schulter
- 125 g fetter Speck
- ¼ TL gemahlener Piment
- 1 Prise gemahlene Gewürznelken
- 1 Prise geriebene Muskatnuss
- 2 Knoblauchzehen, zerdrückt
- 2 EL Weinbrand
- 2 Eier, verquirlt
- 150 g Sahne
- Salz und frisch gemahlener schwarzer Pfeffer
- 200 g durchwachsener Speck, in dünne Scheiben geschnitten
- 200 g Schinken, in dünne Scheiben geschnitten
- 1 Lorbeerblatt

1 Den Ofen auf 180 °C vorheizen. Die Butter in einer Pfanne erhitzen. Die Zwiebel darin sanft garen, bis sie weich und leicht gebräunt ist.

2 Leber, Fleisch und fetten Speck durchdrehen und in eine große Schüssel geben. Gewürze, Knoblauch und Weinbrand hinzufügen, dann Eier, Sahne und gegarte Zwiebeln. Die Zutaten salzen und pfeffern und gut vermischen.

3 Eine 1 l fassende Terrinenform mit den Speckscheiben auslegen, dabei die Scheiben so weit überhängen lassen, dass sie später über die Fleischmasse geklappt werden können. Ein Drittel der Hackmasse daraufgeben und mit einem Löffel fest andrücken, um Lufteinschlüsse zu entfernen. Die Hälfte des Schinkens darauflegen. Ein Drittel Hackmasse ergänzen und andrücken. Restlichen Schinken und übrige Hackmasse einschichten. Die Speckstreifen darüberklappen und das Lorbeerblatt daraufsetzen. Den Deckel auflegen.

4 Die Terrine im Wasserbad für 1½ Stunden in den Ofen schieben, bis beim Einstechen klarer Saft austritt. Abkühlen lassen, mit Gewichten beschweren und mindestens 3 Tage stehen lassen. Zum Servieren stürzen und in Scheiben schneiden.

KALBSLEBER MIT SALBEI

Bei diesem klassischen Gericht durchzieht das Aroma der Salbeiblätter die rasch gegarte Leber. Der Zitronensaft kann auch durch Balsamico-Essig ersetzt werden.

FLEISCH **Kalbsleber**

PORTIONEN 4 **ZUBEREITUNG** 15 Min.
GARZEIT 5 Min.

- 2 EL Mehl, mit Salz und Pfeffer gewürzt
- 500 g Kalbsleber, pariert
- 1 EL Olivenöl
- 1 EL Butter plus 1 Stückchen Butter
- 1 Handvoll Salbeiblätter
- Saft von 1 Zitrone

1 Das Mehl in ein flaches Gefäß geben. Die Leber darin wenden, um sie dünn zu überziehen. Überschüssiges Mehl abschütteln. Das Öl und 1 EL Butter bei mittelhoher Temperatur in einer großen Pfanne erhitzen. Wenn die Butter zu schäumen beginnt, die Leber darin portionsweise auf jeder Seite etwa 2 Minuten braten, dabei dürfen sich die Scheiben nicht berühren. Auf einen Servierteller heben und warm stellen.

2 Die Hitze reduzieren. Das Butterstückchen in die Pfanne geben und die Salbeiblätter hinzufügen. Sobald sie zu brutzeln beginnen, den Zitronensaft dazugießen. Die Salbeiblätter auf die Leber setzen. Die Leber mit der Buttersauce übergießen und sofort servieren.

VARIANTE

Kalbsleber mit Speck Einige Scheiben durchwachsenen Speck in der gleichen Pfanne, in der die Leber gegart wurde, braun braten und auf die Leber setzen. 1 Stückchen Butter in die Pfanne geben und rühren, bis sie schäumt. Über Leber und Speck gießen, dann das Gericht heiß servieren.

KALBSLEBER MIT ZWIEBELN UND KARTOFFELPÜREE

Die süßlichen karamellisierten Zwiebeln sind die Stars dieses köstlichen Gerichts und können bereits am Vorabend zubereitet werden.

FLEISCH **Kalbsleber**

PORTIONEN 6 **ZUBEREITUNG** 15–20 Min.
GARZEIT 1 Std.

- 90 ml Olivenöl
- 1 kg große Zwiebeln, in Scheiben geschnitten
- Salz und frisch gemahlener schwarzer Pfeffer
- 750 g Kalbsleber am Stück

FÜR DAS KARTOFFELPÜREE

- 600 g mehligkochende Kartoffeln, geschält und in Stücke geschnitten
- 5 EL Milch
- 60 g Butter

1 Zwei Drittel des Öls bei niedriger Temperatur in einer Pfanne erhitzen. Die Zwiebeln hineingeben, etwas salzen und mit Alufolie abdecken. 25–30 Minuten unter gelegentlichem Rühren garen, bis sie weich sind.

2 Die Alufolie entfernen und auf mittelhohe Temperatur heraufschalten. Die Zwiebeln unter ständigem Rühren 5–7 Minuten braten, bis sie goldbraun und karamellisiert sind. Mit einem Schaumlöffel in eine Schüssel heben.

3 In der Zwischenzeit die Kartoffeln in einen Topf mit Salzwasser geben und zum Kochen bringen. Zugedeckt 15–20 Minuten köcheln lassen, bis sie weich sind. Gut abtropfen lassen und mit einer Gabel zerdrücken. In einem zweiten Topf die Milch erhitzen. Butter, Salz und Pfeffer untermischen. Die Milch nach und nach unter die Kartoffeln schlagen, bis ein lockeres Püree entstanden ist. Abschmecken und warm stellen.

4 Die Leber in etwa 5 mm dicke Scheiben schneiden, dann salzen und pfeffern. Das restliche Öl in eine Pfanne geben und bei hoher Temperatur erhitzen. Die Leber hinzufügen und auf jeder Seite 45–60 Sekunden garen, bis sie gebräunt, innen aber noch rosa ist. Auf einen Teller heben und warm stellen. Die Zwiebeln wieder in die Pfanne geben und bei starker Hitze 30–60 Sekunden garen, bis sie sehr heiß sind. Die Leber mit Zwiebeln und Kartoffelpüree sofort servieren.

HIRSCHLEBER MIT ZWIEBELN

Diese wunderbare Kombination aus zarter Leber und süßen karamellisierten Zwiebeln kann zum Lieblingsessen werden und ist im Handumdrehen zubereitet.

FLEISCH **Hirschleber**

PORTIONEN 4 **ZUBEREITUNG** 15 Min.
GARZEIT 1 Std.

- 4 EL Olivenöl
- 60 g Butter
- 500 g Zwiebeln, in dünne Scheiben geschnitten
- ½ TL frische Thymianblätter
- Salz und frisch gemahlener schwarzer Pfeffer
- 1 Spritzer Zitronensaft
- 2 EL Mehl, mit Salz und Pfeffer gewürzt
- 600 g Hirschleber, pariert und in 1 cm dicke Scheiben geschnitten
- glatte Petersilie, gehackt, zum Garnieren (nach Belieben)

1 Die Hälfte von Öl und Butter bei hoher Temperatur in einer großen Pfanne erhitzen. Die Zwiebeln hinzufügen und rühren, bis sie Farbe annehmen. Auf schwache Hitze reduzieren und den Thymian dazugeben. Die Zwiebeln unter gelegentlichem Rühren 45 Minuten garen, bis sie weich und leicht gebräunt sind. Salzen und pfeffern und den Zitronensaft untermischen, dann in der Pfanne warm stellen.

2 Restliches Öl und übrige Butter in einer zweiten Pfanne erhitzen. Das Mehl in ein flaches Gefäß geben und die Leber darin wenden, Überschuss abschütteln. Die Leber portionsweise auf jeder Seite 1 Minute braten, bis sie außen goldbraun, innen aber noch rosa ist.

3 Die Zwiebeln auf einer vorgewärmten Servierplatte verteilen und die Leber darauf anrichten. Nach Belieben mit Petersilie garnieren und mit Kartoffelpüree servieren.

VARIANTE

Lammleber mit Zwiebeln Die Hirschleber durch Lammleber ersetzen und der Zwiebelmischung 1 TL Balsamico-Essig hinzufügen. Das Gericht wie oben zubereiten und heiß servieren.

MAROKKANISCHE LEBER-HERZ-SPIESSE

Dieses gegrillte Gericht ist eine leckere Ergänzung für ein Sommergrillfest. Am besten werden die Spieße »rare« oder rosa gebraten serviert.

FLEISCH **Lammleber und -herz**

PORTIONEN 4 **ZUBEREITUNG** 15 Min. + Einweichzeit und Marinierzeit
GARZEIT 5–6 Min.

- 500 g Lammherz, pariert
- 500 g Lammleber, pariert
- 2 Knoblauchzehen, zerdrückt
- 1 EL gehackte Petersilie
- 1 TL gemahlener Kreuzkümmel
- 1½ TL Paprikapulver edelsüß
- Meersalz
- 1 EL Olivenöl

1 Zwölf Holzspieße für mindestens 1 Stunde in kaltes Wasser legen. Das Herz in der Größe passend für die Spieße in Würfel schneiden.

2 Leber und Herz in eine große Schüssel geben. Die restlichen Zutaten hinzufügen und untermischen. Mindestens 1 Stunde bei Zimmertemperatur stehen lassen.

3 Den Smokergrill auf mittlerer Stufe erhitzen. Leber und Herzwürfel abwechselnd auf die Spieße stecken und 3–4 Minuten grillen, bis sie außen gleichmäßig gebräunt, innen aber noch rosa sind, dabei ab und zu wenden. Heiß mit einem grünen Salat und Tahin (Sesampaste) servieren.

NICHT SCHNEIDEN!

Die Leber sollte nicht geschnitten werden, damit sie beim Garen und Servieren nicht von den Spießen rutscht.

GEBRATENES HIRSCHHERZ

Eine rasch zubereitete Marinade verleiht hier dem butterweichen Hirschherz noch mehr Aromatiefe.

FLEISCH **Hirschherz**

PORTIONEN 2
ZUBEREITUNG 15 Min. + Marinierzeit
GARZEIT 5 Min. + Ruhezeit

- 1 großes oder zwei kleine Hirschherzen, pariert
- 100 ml Olivenöl plus 2 TL
- 2 EL Rotweinessig
- 1 Rosmarinzweig, Nadeln abgezupft und zerdrückt
- 1 TL zerstoßene Wacholderbeeren
- Salz und frisch gemahlener schwarzer Pfeffer
- 1 TL Butter

1 Das Hirschherz in 1 cm dicke Stücke schneiden und in eine Schüssel geben. In einer zweiten Schüssel 100 ml Öl, Essig, Rosmarin und Wacholderbeeren vermischen. 1 Prise Salz und etwas Pfeffer hinzufügen.

2 Die Ölmischung über das Fleisch gießen und sorgfältig unterheben. Das Herz etwa 12 Stunden oder über Nacht durchziehen lassen.

3 Die Fleischstücke aus der Marinade heben und mit Küchenpapier trocken tupfen. Butter und 2 TL Öl bei hoher Temperatur in einer großen, schweren Pfanne erhitzen.

4 Die Fleischstücke hinzufügen und auf jeder Seite 1 Minute braten. Vom Herd nehmen. Auf eine Servierplatte heben und mindestens 4 Minuten ruhen lassen. Dann heiß mit einem grünen Salat und Pommes frites servieren.

BEHUTSAMES GAREN

Damit Herz rasch gart und zart bleibt, ist es wichtig, es vor dem Garen sorgfältig trocken zu tupfen.

DIRTY RICE

Ein klassisches Rezept aus Amerikas Südstaaten, das seinen Namen der Farbe verdankt, die das Fleisch ihm verleiht.

FLEISCH **Hähnchenleber**

PORTIONEN 6 **ZUBEREITUNG** 15 Min.
GARZEIT 1 Std. + Ruhezeit

- 4 EL Olivenöl
- 1 Zwiebel, fein gehackt
- ½ Stange Staudensellerie, fein gehackt
- 1 grüne Paprikaschote, entkernt und fein gehackt
- 250 g Schweinehackfleisch
- 200 g Hähnchenleber, pariert und fein gehackt
- 1 grüne Chilischote, entkernt und fein gehackt
- 2 Knoblauchzehen, fein gehackt
- 1 TL geräuchertes Paprikapulver (Pimentón mild)
- 1 TL Koriandersamen, zerstoßen
- 300 g weißer Langkornreis
- Salz und frisch gemahlener schwarzer Pfeffer
- 750 ml heißer Hühnerfond
- 1 großer Thymianzweig
- 1 Handvoll glatte Petersilie, fein gehackt
- 1 EL fein gehackte frische Oreganoblätter

1 Den Backofen auf 160 °C vorheizen. In einer großen ofenfesten Kasserolle 3 EL Öl erhitzen. Zwiebel, Staudensellerie und Paprikaschote hinzufügen und etwa 5 Minuten garen, bis sie weich sind. Herausheben und beiseitestellen.

2 Das restliche Öl in die Kasserolle geben. Auf hohe Temperatur heraufschalten. Hackfleisch und Leber etwa 5 Minuten braten, bis sie gut gebräunt sind, dabei ab und zu wenden. Chilischote, Knoblauch, Paprikapulver und Koriandersamen dazugeben und 2 Minuten garen.

3 Die Gemüse wieder in den Topf geben und den Reis unterrühren. Großzügig salzen und pfeffern. Den heißen Fond mit dem Thymian hinzufügen und zum Kochen bringen. Gut umrühren. Den Topfinhalt zugedeckt 30–40 Minuten im Backofen garen, bis der Reis weich ist und den Fond aufgenommen hat, dabei ab und zu umrühren.

4 Das Gericht herausnehmen und etwa 5 Minuten ruhen lassen. Den Thymian entfernen und wegwerfen, dann Petersilie und Oregano unterrühren. Das Gericht abschmecken und heiß servieren.

HÄHNCHENLEBER MIT MARSALA

Die Sauce dieses köstlichen Gerichts ist im italienischen Piemont beliebt, wo in Hülle und Fülle wilde Pilze wachsen, darunter auch Trüffeln.

FLEISCH **Hähnchenleber**

PORTIONEN 4 **ZUBEREITUNG** 15 Min. + Einweichzeit **GARZEIT** 10 Min.

- 60 g Butter
- 400 g Hähnchenleber, pariert
- 2 Schalotten, fein gehackt
- 30 g getrocknete Steinpilze, 30 Minuten in Wasser eingeweicht, das Einweichwasser aufbewahrt
- 1 TL Tomatenmark
- 4 EL Marsala

1 Die Butter bei mittlerer Hitze in einem großen Topf zerlassen. Die Leber hinzufügen, 2 Minuten braten und mit einem Schaumlöffel auf einen mit Küchenpapier belegten Teller heben. Beiseitestellen.

2 Die Schalotten in den Topf geben und garen, bis sie weich sind. Pilze und Tomatenmark unterrühren, dann den Marsala.

3 Die Leber wieder in den Topf geben und rühren, um sie gut mit der Sauce zu überziehen. Das Gericht abschmecken und, falls die Sauce zu dick ist, noch etwas von dem aufbewahrten Einweichwasser der Pilze hinzufügen. Das Gericht heiß servieren, dazu mit etwas Trüffelöl vermischte Tagliatelle oder andere Bandnudeln reichen.

VARIANTE

Lammleber mit Sherry Die Hähnchenleber durch in kleine Stücke geschnittene Lammleber, die Steinpilze durch 75 g kleine Champignons, den Marsala durch trockenen Sherry ersetzen.

LAMMHERZEN MIT BACKPFLAUMEN

Die natürliche Süße dieses aromatischen Gerichts wird durch die Zugabe von Backpflaumen noch verstärkt.

FLEISCH **Lammherz**

PORTIONEN 4 **ZUBEREITUNG** 20 Min. **GARZEIT** 1 Std. 45 Min.

- 2 EL Butter
- 16 Perlzwiebeln
- 2 Lammherzen, pariert und in Scheiben geschnitten
- 1 EL Mehl
- 200 ml Rotwein
- Meersalz und frisch gemahlener schwarzer Pfeffer
- 1 Gewürznelke
- 1 TL rotes Johannisbeergelee
- 12 Backpflaumen, entsteint
- abgeriebene Schale von 1 Bio-Zitrone

1 Die Butter bei mittlerer Temperatur in einem großen Topf erhitzen. Die Zwiebeln darin etwa 5 Minuten braten oder bis sie leicht gebräunt sind. Herausheben und beiseitestellen.

2 Die Lammherzen mit Küchenpapier trocken tupfen. Das Mehl in ein flaches Gefäß geben. Das Fleisch im Mehl wenden, überschüssiges Mehl abschütteln. Das Fleisch in den Topf geben und braten, bis es gut gebräunt ist.

3 Den Wein und 200 ml Wasser in den Topf gießen. Großzügig salzen und pfeffern, dann Gewürznelke und Johannisbeergelee dazugeben. Den Topfinhalt zugedeckt 1¼ Stunde garen. Wenn nötig, zwischendurch etwas Wasser auffüllen.

4 Backpflaumen und Zitronenschale hinzufügen. Die Zwiebeln wieder in den Topf geben. Alles noch einmal 20 Minuten garen oder bis das Fleisch weich ist. Falls die Sauce zu dünn ist, Fleisch, Zwiebeln und Pflaumen herausheben und die Sauce sprudelnd etwas einkochen lassen. Die anderen Zutaten wieder untermischen. Das Gericht heiß mit Reis oder Kartoffelpüree servieren.

VARIANTE

Kaninchentopf mit Backpflaumen Das Lammherz durch Kaninchenfleisch ersetzen, das Weißmehl durch Vollkornmehl. 1 TL gehackten Rosmarin hinzufügen. Wie oben zubereiten.

HÄHNCHENLEBERPASTETE

Diese gehaltvolle, feine Pastete wird mit Weinbrand, Salbei und Knoblauch aromatisiert. Sie lässt sich einfach zubereiten und ist eine köstliche Vorspeise.

FLEISCH **Hähnchenleber**

PORTIONEN 8–10 **ZUBEREITUNG** 20 Min.
GARZEIT 10 Min.

- 250 g Hähnchenleber, pariert
- 300 g weiche Butter
- ¼ TL Salbei
- 1 Knoblauchzehe
- 2 EL Weinbrand
- Meersalz und frisch gemahlener schwarzer Pfeffer
- 50 g geklärte Butter

VARIANTE

Grobe Leberpastete mit Ei In einem Topf bei mittlerer Hitze 3 EL Hähnchenschmalz oder Gänseschmalz erhitzen. 1 gehackte Zwiebel mit 1 Prise Salz hinzufügen und etwa 6 Minuten sanft braten, bis sie weich ist. Aus der Pfanne nehmen und beiseitestellen. Nochmals 3 EL Hähnchenschmalz oder Gänsefleisch in die Pfanne geben. Wenn es heiß ist, die Hähnchenleber darin garen, bis sie leicht gebräunt, aber innen noch rosa ist. Die Leber nicht übergaren. Die Zutaten in eine Küchenmaschine geben. 3 EL Hähnchenschmalz und 1 grob gehacktes hart gekochtes Ei hinzufügen. Die Zutaten mit der Pulsfunktion grob zerkleinern, salzen und pfeffern und in eine Schüssel füllen. Falls gewünscht, ein zweites fein gehacktes Ei und knusprig gebratene Hähnchenhaut untermischen. Die Pastete kalt stellen. Mit Vollkornbrot und Senfgemüse servieren.

CREMIGE KONSISTENZ

Für eine sehr glatte Pastete die Masse in Schritt 4 mit dem Rücken einer Kelle durch ein Sieb drücken. Die Butter sollte noch nicht abgekühlt sein.

1 Die Leber mit Küchenpapier trocken tupfen. In einem Topf bei mittlerer Temperatur 100 g Butter erhitzen. Die Leber hinzufügen und unter Rühren 8 Minuten braten, bis sie gar ist. Salbei und Knoblauch hinzufügen und 1–2 Minuten garen, dabei rühren.

2 Den Weinbrand hinzufügen, dann ½ TL Salz und etwas Pfeffer. Die Mischung in eine Küchenmaschine geben und mit der Pulsfunktion sorgfältig zerkleinern, dabei nach und nach die restliche Butter hinzufügen, um eine glatte Paste herzustellen.

3 Die Masse in eine Form füllen und mit dem Rücken eines Löffels leicht andrücken. Abkühlen lassen.

4 Die abgekühlte Masse mit der geklärten Butter bedecken und über Nacht in den Kühlschrank stellen. Gekühlt mit getoastetem Brot servieren.

KALBSHIRN IN BRAUNER BUTTER

Mit Zitronensaft wird hier dem Kalbshirn, das beinahe im Mund zergeht, seine Schwere genommen.

FLEISCH **Kalbshirn**

PORTIONEN 4 **ZUBEREITUNG** 30 Min. + Zeit zum Wässern + Kühlzeit **GARZEIT** 25 Min.

- 2 Kalbshirne
- 2 EL Mehl, mit Salz und Pfeffer gewürzt
- 2 EL Olivenöl
- 2 EL Butter
- Saft von 1 Zitrone
- 1 EL gehackte glatte Petersilie

FÜR DIE BOUILLON ZUM GAREN

- 1 kleine Zwiebel, in Scheiben geschnitten
- 5 schwarze Pfefferkörner
- 1 Lorbeerblatt
- 6 Stängel glatte Petersilie
- 1 Thymianzweig
- 1 EL Weißweinessig

1 Das Kalbshirn in einen großen Topf geben, mit kaltem Wasser bedecken und etwa 2 Stunden wässern, dabei das Wasser zweimal erneuern.

2 Für die Bouillon alle Zutaten in einen großen Topf geben und 1,5 l kaltes Wasser hinzufügen. Das Wasser zum Kochen bringen, dann die Hitze reduzieren. Das Kalbshirn in den Topf geben und 20 Minuten pochieren. Abtropfen und abkühlen lassen, dann für mindestens 3 Stunden in den Kühlschrank legen.

3 Alle Äderchen und Häutchen entfernen und das Hirn in Scheiben schneiden. Das Mehl in ein großes flaches Gefäß geben. Das Hirn dünn mit Mehl überziehen, überschüssiges Mehl abschütteln. Das Öl und 1 EL Butter bei mittlerer Temperatur in einer großen Pfanne erhitzen. Wenn die Butter zu schäumen beginnt, das Hirn portionsweise hinzufügen und 5 Minuten braten, bis es rundum leicht gebräunt ist. Mit einem Schaumlöffel auf einen mit Küchenpapier bedeckten Teller heben.

4 Die restliche Butter in der Pfanne erhitzen, bis sie braun wird und nussig riecht. Den Zitronensaft hinzufügen und in der Pfanne schwenken. Das Kalbshirn auf vier vorgewärmte Teller verteilen, mit der Petersilie bestreuen und mit der Buttersauce übergießen. Das Gericht sofort servieren.

CROSTINI MIT LAMMBRIES

Ein köstliche Vorspeise oder leichte Mahlzeit, bei der getoastetes Baguette und cremiges Kalbsbries einen schönen Kontrast bilden.

FLEISCH **Lammbries**

PORTIONEN 4 **ZUBEREITUNG** 10 Min. + Zeit zum Pressen **GARZEIT** 10 Min.

- 750 g Lammbries
- 75 g Mehl, mit Salz und Pfeffer gewürzt
- 100 g Butter
- 1 EL Kapern in Essig, abgetropft
- 1 EL gehackte glatte Petersilie
- Meersalz und frisch gemahlener schwarzer Pfeffer
- Saft von 1 Zitrone
- altbackenes Baguette, in Scheiben geschnitten und getoastet

1 Das Bries gründlich wässern. 1–2 Minuten in heißem Wasser blanchieren, dann zum Abkühlen in kaltes Wasser heben.

2 Mit einer Schere die Außenhaut entfernen. Das Bries zwischen zwei mit einem Gewicht beschwerten Tellern 1 Stunde pressen. Anschließend in 2,5 cm große Stücke schneiden. Das Mehl in ein flaches Gefäß geben. Das Bries mit Mehl überziehen, überschüssiges Mehl abschütteln.

3 Die Butter bei mittlerer Temperatur in einer Pfanne erhitzen. Wenn sie zu schäumen beginnt, das Bries darin 5–6 Minuten braten, bis es rundum leicht gebräunt ist. Kapern, Petersilie, Salz, Pfeffer und Zitronensaft hinzufügen. Das Kalbsbries auf dem getoasteten Baguette anrichten und heiß servieren.

PERFEKTER ERSATZ

Anstelle von Lammbries kann Kalbsbries verwendet werden, das man auf die gleiche Weise zubereitet.

SCHWEINENIEREN TURBIGO

Eine gemütliche Speise voller würziger Aromen. Das Gericht soll nach einem Ort benannt sein, an dem Napoleon III. im Sardinischen Krieg eine Schlacht gewann.

FLEISCH **Schweineniere**

PORTIONEN 4 **ZUBEREITUNG** 30 Min.
GARZEIT 20 Min.

- 4 Schweinenieren
- Salz und frisch gemahlener schwarzer Pfeffer
- 1 TL Öl
- 2 TL Butter
- 4 Chipolatas (oder andere kleine grobe Bratwürste aus Schweinefleisch), halbiert
- 1 kleine Zwiebel, gehackt
- 150 g kleine Champignons, geviertelt
- 2 TL Dijonsenf
- 1 EL Rotwein (nach Belieben)
- 1 Spritzer Worcestersauce

1 Die Nieren waagerecht halbieren und die Hälften senkrecht. Harnwege und weiße Häute entfernen. Die Nieren in gleichmäßige Scheiben schneiden, dann salzen und pfeffern.

2 Das Öl und 1 TL Butter in einer Pfanne erhitzen. Wenn die Butter zu schäumen beginnt, die Nierenstücke mit Abstand hineinlegen und etwa 5 Minuten braten, bis sie gut gebräunt sind. Sie sollten noch leicht blutig sein. Herausnehmen und beiseitestellen.

3 Die Würste in die Pfanne geben und bei mittlerer Hitze 1–2 Minuten garen, bis sie gut gebräunt sind. Die Hitze reduzieren. Die restliche Butter hinzufügen und die Zwiebel darin weich garen. Die Champignons dazugeben und 1–2 Minuten braten.

4 Den Senf und den Rotwein unterrühren und 1–2 Minuten köcheln lassen. Die Nieren mit dem ausgetretenen Saft wieder in die Pfanne geben. Die Worcestersauce unterrühren. Das Gericht abschmecken und mit Pilaw oder Reis heiß servieren.

ANDALUSISCHE KUTTELN

Dieses traditionelle spanische Eintopfgericht wird langsam gegart, damit die Kutteln weich werden.

FLEISCH **Rinderkutteln**

PORTIONEN 4
ZUBEREITUNG 30 Min. + Zeit zum Wässern
GARZEIT 3 Std.

- 4 getrocknete rote Paprikaschoten
- 2 EL bestes Olivenöl
- 60 g Butter
- 1 Scheibe Weiß- oder Graubrot
- 1 Zwiebel, fein gehackt
- 2 Knoblauchzehen, gehackt
- 75 g Chorizo, in Scheiben geschnitten
- 2 EL gehackte glatte Petersilie
- ½ Dose gehackte Tomaten (etwa 200 g)
- 1 Walnusskern
- ¼ TL gemahlene Gewürznelken
- ¼ TL gemahlener Kreuzkümmel
- Meersalz und frisch gemahlener schwarzer Pfeffer
- 200 ml Weißwein
- 500 g gegarte Rinderkutteln, in 2,5 cm breite Streifen geschnitten
- 1 Dose Kichererbsen (etwa 400 g), abgetropft

1 Die Paprikaschoten 1 Stunde in warmem Wasser einweichen. Öl und Butter bei mittlerer Temperatur in einem Topf erhitzen. Das Brot darin auf beiden Seiten knusprig und goldbraun braten. Mit einem Schaumlöffel herausheben.

2 Die Zwiebel in den Topf geben und braten, bis sie weich ist. Den Knoblauch unterrühren und weich garen. Chorizo, Petersilie und Tomaten hinzufügen und unter Rühren 1–2 Minuten garen.

3 Inzwischen Brot, Walnusskern, Gewürznelken, Kreuzkümmel und etwas Salz im Mörser recht fein zerreiben.

4 Die Paprikaschoten abtropfen lassen, dann halbieren und entkernen. Das Fleisch herausschaben, die Haut wegwerfen. Das Fleisch mit Wein, Kutteln und Kichererbsen in den Topf geben, salzen und pfeffern. Den Topfinhalt gerade mit Wasser bedecken und zugedeckt 2–3 Stunden köcheln lassen, bis die Kutteln weich sind.

5 Die Walnussmischung unterrühren und 1–2 Minuten garen, bis die Sauce etwas dickflüssiger ist. Das Gericht als Vorspeise servieren oder in Steingutschalen mit etwas Paprikapulver bestreuen. Dazu knuspriges Brot reichen.

TRIPES À LA MODE DE CAEN

Dies ist ein typisches Gericht aus der Normandie, das mit Cidre und Calvados zubereitet wird.

FLEISCH **Rinderkutteln**

PORTIONEN 4 **ZUBEREITUNG** 30 Min.
GARZEIT 3 Std.

- 1 Zwiebel, geviertelt
- 1 Stange Lauch, geputzt
- 4 Knoblauchzehen
- 2 Gewürznelken
- 1 Bund glatte Petersilie
- 300 g fetter Speck
- 1 kg Rinderkutteln, blanchiert und in 5 cm große Stücke geschnitten
- 3 große Möhren, in dünne Scheiben geschnitten
- 1 Kalbsfuß, blanchiert und längs halbiert
- 250 ml Cidre
- 1 TL Meersalz
- frisch gemahlener schwarzer Pfeffer
- 1 EL Calvados

1 Zwiebel, Lauch, Knoblauch, Gewürznelken und Petersilie auf ein Stück Musselin legen. Den Musselin mit Küchengarn zu einem Säckchen zusammenbinden. Den Speck auf dem Boden eines großen, schweren Topfs verteilen. Die Hälfte der Kutteln daraufgeben, mit der Hälfte der Möhren bedecken und einen halben Kalbsfuß darauflegen. Das Musselinsäckchen hinzufügen. Restliche Kutteln und Möhren einschichten. Die zweite Kalbsfußhälfte darauflegen.

2 Den Cidre dazugießen und so viel Wasser, dass die Kutteln gut bedeckt sind. Den Topfinhalt salzen und pfeffern und bei schwacher Hitze auf den Herd setzen. Die Kutteln in die Flüssigkeit drücken, damit sie nicht schwarz werden. Den Topf mit Butterbrotpapier abdecken. Die Zutaten zum Köcheln bringen, aber nicht zum Kochen. Mit aufgelegtem Deckel 2½ Stunden köcheln lassen oder bis Kutteln und Kalbsfuß sehr weich sind.

3 Vom Herd nehmen. Das Musselinsäckchen entfernen und wegwerfen. Den Kalbsfuß herausheben. Das Fleisch vom Knochen lösen und mit dem Calvados wieder in den Topf geben. Das Gericht abschmecken, dann in großen vorgewärmten Suppentellern mit knusprigem Baguette servieren.

BLACK PUDDING

Hierbei handelt es sich um die nordenglische Variante der traditionellen europäischen Blutwurst, die mit Gerste und Hafer zubereitet wird.

FLEISCH **Schweineblut**

PORTIONEN 15 **ZUBEREITUNG** 30 Min. + Einweichzeit + Abkühlzeit
GARZEIT 1 Std. 30 Min.

- Öl zum Einfetten
- 500 g Graupen oder Perlgraupen
- 1,2 l Vollmilch
- 250 g Brot, in kleine Stücke zerzupft
- 1,2 l frisches Schweineblut oder mit Wasser angerührtes Blutpulver
- 500 g Rindertalg, geraspelt
- 250 g feine Haferflocken oder Hafergrütze
- 2 TL getrockneter Salbei
- je 2 TL Salz und frisch gemahlener schwarzer Pfeffer
- 1–2 EL Butter zum Braten

1 Zwei große Bräter einfetten. Die Graupen unter fließendem kaltem Wasser waschen. In einem Topf mit Wasser bedecken und bei schwacher Hitze 30 Minuten garen. Abtropfen lassen und beiseitestellen. Den Ofen auf 180 °C vorheizen.

2 Die Milch erwärmen, bis sie lauwarm ist. Das Brot darin 10 Minuten einweichen. Das Blut in eine große Schüssel gießen. Milch und Brot unterrühren. Graupen, Rindertalg, Haferflocken, Salbei, Salz und Pfeffer hinzufügen und die Zutaten sorgfältig vermischen.

3 Die Mischung auf die Bräter verteilen, diese aber maximal zu drei Vierteln füllen. Andrücken und glatt streichen, dann für 1 Stunde in den Backofen schieben. Herausnehmen und abkühlen lassen. In Quadrate schneiden und in etwas Butter braten. Den Black Pudding mit gebratenen Äpfeln und Kartoffelpüree servieren.

SÜLZE

Schweinskopf wird auf der ganzen Welt zubereitet. Das nachfolgende Rezept ist ein europäischer Klassiker.

FLEISCH **Schweinskopf und -füße**

PORTIONEN 10 **ZUBEREITUNG** 1 Std.
GARZEIT 4 Std. 30 Min. + Zeit zum Festwerden

- 1 Schweinskopf (etwa 8,5 kg), halbiert
- 2 Schweinsfüße (à etwa 300 g), gewaschen
- 1 Bund Salbei oder Petersilie
- 2 Knoblauchzehen, zerdrückt
- 2 TL schwarze Pfefferkörner
- 3 Lorbeerblätter
- 2 TL Meersalz
- Schale von 1 Zwiebel
- 2 grüne Chilischoten (nach Belieben)
- Salz und frisch gemahlener schwarzer Pfeffer
- 2 EL gehackte glatte Petersilie
- 1 EL gehackter frischer Majoran

1 Schweinskopf und Schweinsfüße mit den anderen Zutaten außer den gehackten Kräutern in einem großen Topf mit Wasser bedecken und zum Kochen bringen. Den aufsteigenden Schaum abschöpfen. Den Topfinhalt zugedeckt etwa 4 Stunden köcheln lassen, bis das Fleisch von den Knochen fällt. Abkühlen lassen.

2 Die Garflüssigkeit abseihen und wieder in den Topf geben. Sprudelnd auf die Hälfte einkochen lassen, dabei den Schaum abschöpfen.

3 Die Schweinsfüße wegwerfen. Das Fleisch vom Schweinskopf lösen, grob zerkleinern und salzen und pfeffern. Die Knochen wegwerfen.

4 Die Garflüssigkeit durch ein feines Sieb in ein Gefäß abseihen. Den Topf säubern. 500 ml Garflüssigkeit wieder in den Topf gießen. Fleisch und Kräuter hinzufügen und 5 Minuten köcheln lassen.

5 Die Mischung in eine Schale füllen und an einen kühlen Platz stellen, bis sie fest geworden ist. Die Schale in heißes Wasser tauchen und die Sülze auf eine Servierplatte stürzen. Mit Salat, getoastetem Brot und Senf oder Ofenkartoffeln servieren.

CHITTERLINGS

Dies ist ein Gericht aus den Südstaaten der USA, für das Schweinedarm langsam gegart wird.

FLEISCH **Schweinedarm**

PORTIONEN 4 **ZUBEREITUNG** 15 Min.
+ Zeit zum Waschen und Wässern
GARZEIT 3 Std. 30 Min.

- 2 kg Schweinedarm
- 2 festkochende Kartoffeln
- 2 EL Malzessig oder Weißweinessig
- 1 Zwiebel, in Scheiben, geschnitten
- 2 rote Paprikaschoten, entkernt und in Streifen geschnitten
- 1 TL Chiliflocken
- 2 Knoblauchzehen, mit etwas Salz zerrieben
- 2 EL Weißweinessig
- 250 ml Hühnerfond

1 Den Schweinedarm sorgfältig unter fließendem kaltem Wasser waschen, dabei verfärbte Stellen entfernen. In eine große Schüssel geben, mit Wasser bedecken und 2 Stunden wässern. Das Wasser weggießen.

2 Den Darm aus der Schüssel nehmen und erneut unter fließendem kaltem Wasser waschen. Zurück in die Schüssel legen. Kartoffeln und Malzessig hinzufügen. Den Darm noch einmal für 2 Stunden beiseitestellen.

3 Den Darm abtropfen lassen und abspülen, die Kartoffeln wegwerfen. Den Darm in einen großen Topf geben. Zwiebel, Paprikaschoten, Chiliflocken, Knoblauch und Weinessig hinzufügen. Den Fond dazugießen und so viel Wasser, dass der Darm gerade bedeckt ist.

4 Auf den Herd setzen. Bei hoher Temperatur zum Kochen bringen, dann die Hitze reduzieren. Den Darm unter gelegentlichen Rühren 3½ Stunden köcheln lassen, bis er weich ist. Vom Herd nehmen und heiß mit grünen Gemüsesorten servieren.

OCHSENZUNGE MIT ROTER BETE UND KAPERN

Die Ochsenzunge muss vorab gepökelt und gegart werden. Dadurch wird sie zart und erhält einen noch besseren Geschmack.

FLEISCH **Ochsenzunge**

PORTIONEN 6 **ZUBEREITUNG** 15 Min. + Abkühlzeit + Pökelzeit **GARZEIT** 3–4 Std.

- 1,5–2 kg Ochsenzunge
- 2 Rote-Bete-Knollen, gegart, geschält und in Stäbchen geschnitten
- 2 EL Kapern in Essig, abgetropft

FÜR DIE LAKE

- 300 g Meersalz
- 200 g Rohrohrzucker
- 3 Lorbeerblätter
- 5 Wacholderbeeren

FÜR DIE BOUILLON ZUM GAREN

- 3 Stangen Staudensellerie
- 2 Zwiebeln, halbiert
- 2 Stangen Lauch, geputzt
- 1 Möhre
- 2 TL schwarze Pfefferkörner
- 1 ganze Knoblauchknolle, waagerecht halbiert
- 1 Zimtstange
- 2 Lorbeerblätter
- 1 Thymianzweig
- 1 Rosmarinzweig

FÜR DAS DRESSING

- 2 TL Dijonsenf
- 2 EL Olivenöl
- 1 EL Weißweinessig
- Saft von ½ Zitrone
- 1 EL gehackte glatte Petersilie
- Salz und frisch gemahlener schwarzer Pfeffer

1 Für die Lake alle Zutaten in einen großen Topf geben. 2 l Wasser hinzufügen und zum Kochen bringen. Die Lake vom Herd nehmen und abkühlen lassen, dann in einen großen korrosionsbeständigen Behälter gießen. Die Ochsenzunge hineinlegen und 2–5 Tage gekühlt stehen lassen.

2 Die Ochsenzunge aus der Lake nehmen und mit Küchenpapier trocken tupfen. Die Lake weggießen. Alle Zutaten für die Bouillon in einen großen, tiefen Topf geben. 1,5 l Wasser hinzufügen und die Ochsenzunge hineinlegen. Den Topfinhalt zum Kochen bringen, aufsteigenden Schaum abschöpfen.

3 Die Ochsenzunge nach Reduzieren der Hitze mit halb aufgelegtem Deckel 3–4 Stunden köcheln lassen, bis sie weich ist. Den Topf vom Herd nehmen und den Inhalt etwas abkühlen lassen. Die Zunge herausheben. Die Haut entfernen und die Zungenwurzel abschneiden. Die Garflüssigkeit weggießen.

4 Für das Dressing alle Zutaten in einer kleinen Schüssel verschlagen, nach Belieben salzen und pfeffern. In einer zweiten Schüssel Rote Bete und Kapern vermischen. Die Zunge in dünne Scheiben schneiden und auf vier Tellern anrichten. Rote Bete und Kapern darauf verteilen und alles mit dem Dressing beträufeln.

LAMMZUNGE MIT KOHL UND KASSELER

Dieses Gericht, das sich perfekt als Vorspeise eignet, vereinigt in sich in bemerkenswerter Weise verschiedene Farben, Aromen und Konsistenzen.

FLEISCH **Lammzunge**

PORTIONEN 6 **ZUBEREITUNG** 15 Min. + Zeit zum Wässern + Abkühlzeit
GARZEIT 1 Std.

- 6 Lammzungen (à etwa 250 g), mindestens 2 Std. in kaltem Wasser gewässert
- Zesten von 1 Bio-Zitrone
- 2 Zimtstangen
- ½ TL Meersalz
- 1 kleiner grüner Kopfkohl, etwa ein Wirsing oder Spitzkohl
- 3 EL Olivenöl
- 150 g rohes Kasseler, in Streifen geschnitten
- 1 TL Sojasauce

1 Die Lammzungen gut waschen, dann abtropfen lassen. In einen großen Topf geben und mit etwa 750 ml Wasser bedecken. Bei hoher Temperatur zum Kochen bringen, dabei aufsteigenden Schaum abschöpfen. Zesten, Zimtstangen und Salz hinzufügen. Die Zungen etwa 45 Minuten köcheln lassen, bis sie weich sind.

2 In der Zwischenzeit die harten Außenblätter des Kohls entfernen. Den Kohl vierteln und in schmale Streifen schneiden. Die Streifen sorgfältig in einem Sieb waschen. Nass beiseitestellen.

3 Die Zungen aus dem Topf heben und etwas abkühlen lassen, dann die Haut abziehen. Die Zungen mit Küchenpapier trocken tupfen und warm stellen.

4 Das Öl in einer großen Pfanne bei hoher Temperatur erhitzen. Das Kasseler darin braten, bis es gut gebräunt ist. Den Kohl hinzufügen und sorgfältig unterrühren. Einige Minuten garen, bis er zusammenfällt.

5 Die Sojasauce dazugeben und gut untermischen. Den Kohl vom Herd nehmen und auf vier vorgewärmte Teller häufen. Die Lammzungen in Scheiben schneiden und auf dem Kohl anrichten, etwas Garflüssigkeit darüberträufeln. Das Gericht heiß servieren.

KALBSZUNGE

Bei diesem einfachen Gericht wird die Garflüssigkeit üblicherweise über die Zunge gegossen. Ihr feines Aroma passt gut zu dem zarten Fleisch.

FLEISCH **Kalbszunge**

PORTIONEN 4 **ZUBEREITUNG** 15 Min.
GARZEIT 3 Std. + Abkühlzeit

- 1 Kalbszunge (etwa 700 g)
- 1 Stange Staudensellerie, grob gehackt
- 6 schwarze Pfefferkörner
- 1 kleine Zwiebel, mit 5 Gewürznelken gespickt
- 1 ganze Knoblauchknolle

1 Alle Zutaten in einen großen Suppentopf geben. So viel Wasser dazugießen, dass die Zunge knapp bedeckt ist. Den Topfinhalt zum Kochen bringen, dann die Hitze reduzieren. Aufsteigenden Schaum abschöpfen. Die Zunge etwa 3 Stunden garen. Vom Herd nehmen und in der Brühe vollständig abkühlen lassen.

2 Die Zunge aus dem Topf nehmen. Mit einem scharfen Messer die Haut abziehen. Die Brühe durch ein Sieb seihen und aufbewahren. Die Zunge in dicke Scheiben schneiden und heiß mit etwas Brühe übergossen oder kalt in dünne Scheiben geschnitten mit Senf und Senfgemüse servieren.

VARIANTE

Kalbskopf und Kalbsfüße mit Vinaigrette Die Zunge durch Kalbskopf und Kalbsfüße ersetzen. Diese 4 Stunden garen, dann das Fleisch von den Knochen lösen. Haut und Knochen wegwerfen. Für die Vinaigrette 3 EL Olivenöl, 1 EL Zitronensaft und 1 TL körnigen Senf in einer Schüssel verrühren. 1 Prise Salz, etwas Pfeffer und 1 Prise Zucker sorgfältig untermischen. Das Fleisch kalt mit der Vinaigrette servieren.

SCHWEINSFÜSSE À LA SAINTE-MENEHOULD

Bei diesem klassischen französischen Rezept werden Schweinsfüße langsam in Essig gegart, damit die Knochen so weich werden, dass man sie essen kann.

FLEISCH **Schweinsfüße**

PORTIONEN 4 **ZUBEREITUNG** 20 Min. + Abkühlzeit **GARZEIT** 8 Std. 30 Min.

- 4 Schweinsvorderfüße (à etwa 300 g, paarweise mit Küchengarn zusammengebunden)
- 200 ml Weißwein
- 200 ml Weißweinessig
- 6 Nelken
- 2 Lorbeerblätter
- 1 Stängel Majoran
- 4 TL Zucker
- ½ TL geriebener Ingwer
- 2 Knoblauchzehen, zerdrückt
- Salz und frisch gemahlener schwarzer Pfeffer
- 25 g feine Semmelbrösel

1 Die Schweinsfüße in eine große Kasserolle geben. Wein und Essig darübergießen. Nelken, Lorbeerblätter, Majoran, Zucker, Ingwer und Knoblauch sowie 2 TL Salz hinzufügen. Knapp mit Wasser bedecken und zum Kochen bringen.

2 Die Hitze reduzieren. Die Füße zugedeckt 8 Stunden köcheln lassen, dabei nach Bedarf Wasser auffüllen. Die Schweinsfüße können auch in einem Schonkocher oder bei 150 °C im Backofen 8 Stunden gegart werden.

3 Vom Herd nehmen und etwas abkühlen lassen. Die Füße herausheben und auf einen großen Teller legen. Einen zweiten Teller daraufsetzen und beschweren. Dadurch behalten sie beim Abkühlen besser ihre Form. Vollkommen abkühlen lassen. Den Backofen auf 190 °C vorheizen.

4 Vorsichtig das Küchengarn entfernen und die Füße trennen. In einen Bräter legen, mit den Semmelbröseln bestreuen und für 30 Minuten in den Backofen schieben. Den Grill auf höchster Stufe vorheizen.

5 Die Schweinsfüße aus dem Backofen nehmen und unter dem Grill rasch bräunen. Großzügig salzen und pfeffern. Die Garflüssigkeit in eine Schüssel seihen und abschmecken. Die Schweinsfüße in einer großen Servierschüssel anrichten und mit etwas Garflüssigkeit übergießen.

SCRATCHINGS

Ein perfekter und köstlicher Snack, für den Schweineschwarte getrocknet und anschließend im Backofen gegart wird. Passt gut zum Aperitif.

FLEISCH **Schweineschwarte**

PORTIONEN 8 **ZUBEREITUNG** 15 Min. + Trockenzeit über Nacht **GARZEIT** 2 Std.

- 1,5–2 kg Schweineschwarte
- 1 EL feines Meersalz

1 Die Schweineschwarte auf die saubere Arbeitsfläche legen und in 2 cm breite Streifen schneiden. Auf ein Backblech legen und über Nacht in den Kühlschrank stellen, damit sie abtrocknet.

2 Den Backofen auf 150 °C vorheizen. Das Blech aus dem Kühlschrank nehmen. Die Schwarte gleichmäßig mit dem Salz bestreuen und auf dem Blech für 1 Stunde in den Backofen schieben.

3 Herausnehmen, wenden und noch einmal für 1 Stunde in den Backofen schieben, bis die Schwarte rundum kross ist. Auf einem mit Küchenpapier belegten Teller abtropfen lassen. Heiß servieren.

WÜRZIGE NOTE

Alternativ können die Schwartenstücke nach dem Garen mit verschiedenen Gewürzen wie chinesischem Fünf-Gewürze-Pulver oder edelsüßem Paprikapulver bestreut werden.

OCHSENBÄCKCHEN MIT GREMOLATA

Mit seinen kräftigen Aromen bildet dieses Gericht einen perfekten Kontrast zu der zitronigen Gremolata.

FLEISCH **Ochsenbäckchen**

PORTIONEN 4 **ZUBEREITUNG** 30 Min. **GARZEIT** 4 Std. 30 Min. + Ruhezeit

- 1 kg Ochsenbäckchen
- Salz und frisch gemahlener schwarzer Pfeffer
- 1–2 EL Olivenöl
- 1 EL Butter
- 8 Schalotten
- 3 Möhren, schräg in dicke Scheiben geschnitten
- 500 ml Rinderfond
- 1 Lorbeerblatt
- 2–3 Thymianzweige

FÜR DIE GREMOLATA

- 2 EL gehackte glatte Petersilie
- 1 Knoblauchzehe, fein gehackt
- abgeriebene Schale von 1 Bio-Zitrone

1 Den Backofen auf 150 °C vorheizen. Die Ochsenbäckchen salzen und pfeffern. Das Öl in einer ofenfesten Kasserolle erhitzen. Das Fleisch hinzufügen und braten, bis es rundum gebräunt ist. Herausnehmen und beiseitestellen. Die Butter in den Topf geben. Schalotten und Möhren darin garen, bis sie gebräunt sind.

2 Die Hitze reduzieren. Das Fleisch mit dem Fond wieder in den Topf geben und die Kräuter hinzufügen. Den Topfinhalt mit einem rund zugeschnittenen Stück Butterbrotpapier bedecken und mit aufgelegtem Deckel für 3½–4 Stunden in den Ofen schieben, wenn nötig, Flüssigkeit nachfüllen.

3 Herausnehmen und das Fleisch mindestens 30 Minuten im Topf ruhen lassen. Inzwischen für die Gremolata Petersilie, Knoblauch und Zitronenschale in einer Schüssel vermischen.

4 Fleisch und Gemüse mit einem Schaumlöffel herausheben. Die Flüssigkeit in einen sauberen Topf seihen, die Kräuter wegwerfen. Die Sauce bei schwacher Hitze etwas einkochen lassen, dann abschmecken. Das Fleisch in Scheiben schneiden und mit dem Gemüse in der Sauce erhitzen. Das Fleisch auf einem Servierteller anrichten und etwas Gremolata darübergeben. Mit Schalotten, Möhren und etwas Sauce übergossen heiß servieren.

KASTILISCHE SCHWEINSFÜSSE

Die gemahlenen Mandeln verraten den maurischen Einfluss dieses Gerichts.

FLEISCH **Schweinsfüße**

PORTIONEN 4 **ZUBEREITUNG** 30 Min.
GARZEIT 2 Std. 30 Min.

- 2 Zwiebeln
- 4 Gewürznelken
- 4 Schweinsvorderfüße, längs halbiert
- 3 Lorbeerblätter
- Salz und frisch gemahlener schwarzer Pfeffer
- 1 EL Schweineschmalz
- 1 Knoblauchzehe, fein gehackt
- 1 EL grob gehackte Mandeln
- 1 EL Mehl
- 125 ml Weißwein
- 1 EL Rosenpaprikapulver
- 2 Möhren, in Scheiben geschnitten

1 Eine der Zwiebeln mit den Gewürznelken spicken. Die Schweinsfüße gut waschen und in einen großen Topf geben. Gespickte Zwiebel und Lorbeerblätter hinzufügen. Das Fleisch gerade mit Wasser bedecken und zum Kochen bringen.

2 Die Hitze so weit reduzieren, dass der Topfinhalt noch köchelt. Das Fleisch salzen und pfeffern, dann zugedeckt 2 Stunden garen, bis es fast von den Knochen fällt. Auf einen großen Teller heben und mit Alufolie abgedeckt beiseitestellen. Die Garflüssigkeit abseihen und aufbewahren.

3 Das Schmalz in einer großen Pfanne bei mittelschwacher Temperatur erhitzen. Die verbliebene Zwiebel in dünne Scheiben schneiden, mit dem Knoblauch in die Pfanne geben und braten, bis sie weich ist. Mandeln und Mehl unterrühren und garen, bis sie leicht gebräunt sind.

4 500 ml der abgeseihten Garflüssigkeit in die Pfanne geben. Den Wein dazugießen und rühren, sodass keine Klumpen entstehen. Das Rosenpaprikapulver hinzufügen und die Mischung salzen und pfeffern.

5 Die Möhren dazugeben und 10 Minuten köcheln lassen. Die Schweinsfüße in die Pfanne legen und noch einmal 20 Minuten köcheln lassen. Vom Herd nehmen und heiß mit Reis servieren. Das Gericht kann am folgenden Tag wieder aufgewärmt werden.

OCHSENSCHWANZ MIT CLEMENTINEN

Durch langsames Schmoren wird auch Ochsenschwanz weich. Die fruchtige Süße der Backpflaumen und Clementinen ergänzt hier das Fleisch wunderbar.

FLEISCH **Ochsenschwanz**

PORTIONEN 4–6 **ZUBEREITUNG** 20 Min.
GARZEIT 3 Std. 15 Min.

- 2 Ochsenschwänze (à etwa 1,4 kg), in Stücke geschnitten
- Salz und frisch gemahlener schwarzer Pfeffer
- 2 EL Olivenöl
- 2 rote Zwiebeln, in Scheiben geschnitten
- 3 Knoblauchzehen, fein gehackt
- 1 Prise Chiliflocken
- 350 ml Rotwein
- 4 Sternanis
- 1 Handvoll schwarze Pfefferkörner
- 1 Lorbeerblatt
- 8 Softbackpflaumen, entsteint und gehackt
- 800 ml heißer Rinderfond
- 4 Clementinen oder 2 Orangen, geschält und in Scheiben geschnitten
- 1 kleines Bund krause Petersilie, fein gehackt

1 Den Backofen auf 150 °C vorheizen. Den Ochsenschwanz salzen und pfeffern. Die Hälfte des Öls ins einer großen ofenfesten Kasserolle bei mittlerer Temperatur erhitzen. Das Fleisch darin portionsweise 8–10 Minuten braten, bis es rundum gebräunt ist. Mit einem Schaumlöffel herausheben und beiseitestellen.

2 Das restliche Öl bei mittlerer Temperatur in der Kasserolle erhitzen. Die Zwiebeln darin 3–4 Minuten garen, bis sie weich sind. Knoblauch und Chiliflocken unterrühren. Den Wein hinzufügen und etwa 5 Minuten köcheln lassen, bis die Flüssigkeit etwas reduziert ist. Das Fleisch wieder in die Kasserolle legen. Sternanis, Pfefferkörner, Lorbeerblatt und Backpflaumen hinzufügen. Das Fleisch knapp mit Fond bedecken und zum Kochen bringen. Die Hitze reduzieren. Den restlichen Fond hinzufügen. Den Topfinhalt zugedeckt für etwa 2½ Stunden in den Backofen schieben. Wenn nötig, noch etwas heißes Wasser auffüllen.

3 Clementinen oder Orangen hinzufügen. Die Kasserolle wieder in den Ofen schieben und ohne Deckel noch einmal 30 Minuten garen, bis die Flüssigkeit etwas eingedickt und das Fleisch von den Knochen gefallen ist. Ab und zu umrühren, damit der Ochsenschwanz mit Sauce bedeckt bleibt. Aus dem Backofen nehmen. Knochen, Lorbeerblatt und Sternanis entfernen. Das Gericht auf Nudeln angerichtet und mit Petersilie bestreut servieren.

VARIANTE

Ochsenschwanz mit Topinambur Der Mischung vor dem Garen 250 g geschälten und in Stücke geschnittenen Topinambur und 2 in Scheiben geschnittene Möhren hinzufügen. Sternanis, Chiliflocken und Clementinen weglassen. Mit dem Wein 1 EL Weinbrand dazugeben. Das Gericht wie oben garen und mit zerdrückten Kartoffeln servieren.

OSSOBUCO

Zitrusfrüchte verleihen diesem italienischen Klassiker herrlichen Duft. Scheiben von den Hinterbeinen sind fleischiger als Vorderbeine.

FLEISCH **Beinscheibe vom Kalb**

PORTIONEN 4–6 **ZUBEREITUNG** 30–35 Min.
GARZEIT 1 Std. 45 Min.–2 Std. 15 Min.

- 30 g Mehl, mit Salz und Pfeffer gewürzt
- 1,8 kg Kalbsbeinscheiben
- 2 EL Pflanzenöl, wenn nötig, mehr
- 30 g Butter
- 1 Möhre, in dünne Scheiben geschnitten
- 2 Zwiebeln, fein gehackt
- 250 ml Weißwein
- 1 Dose Tomaten (etwa 400 g), abgetropft und grob gehackt
- 1 Knoblauchzehe, fein gehackt
- abgeriebene Schale von 1 Bio-Orange
- Salz und frisch gemahlener schwarzer Pfeffer
- 120 ml Hühner- oder Kalbsfond

FÜR DIE GREMOLATA

- 1 kleines Bund glatte Petersilie, Blätter abgezupft und fein gehackt
- abgeriebene Schale von 1 Bio-Zitrone
- 1 Knoblauchzehe, fein gehackt

1 Den Backofen auf 180 °C vorheizen. Das Mehl in eine flache Schüssel geben. Die Beinscheiben darin wenden und dünn mit Mehl überziehen. Überschüssiges Mehl abschütteln.

2 Öl und Butter bei mittlerer Temperatur in einer großen ofenfesten Kasserolle erhitzen. Das Fleisch darin portionsweise anbraten, bis es gut gebräunt ist, wenn nötig, noch Öl hinzufügen. Mit einem Schaumlöffel auf einen Teller heben und beiseitestellen.

3 Möhre und Zwiebeln in die Kasserolle geben und unter gelegentlichem Rühren garen, bis sie weich sind. Den Wein dazugeben und auf die Hälfte einkochen lassen. Tomaten, Knoblauch, Orangenschale, Salz und Pfeffer unterrühren. Das Fleisch darauflegen und mit dem Fond übergießen. Den Topf zugedeckt für 1½–2 Stunden in den Ofen schieben, bis das Fleisch sehr weich ist, bei Bedarf noch etwas heißes Wasser hinzufügen.

4 Für die Gremolata Petersilie, Zitronenschale und Knoblauch in einer Schüssel vermischen. Zum Servieren das Fleisch auf vorgewärmten Tellern anrichten, Sauce und Gremolata darübergeben.

VARIANTE

Ossobuco mit Sellerie, Lauch und Mandeln 1 Zwiebel durch 1 in Scheiben geschnittene Stange Lauch ersetzen und zu Beginn des zweiten Arbeitsschritts 2 gehackte Stangen Staudensellerie hinzufügen. In Schritt 3 den Weißwein durch italienischen Rotwein ersetzen und 1 Prise Zucker dazugeben. Der Gremolata 1 Handvoll geröstete Mandelblättchen hinzufügen.

GERÖSTETES KALBSKNOCHENMARK

Knochenmark schmeckt köstlich und wird am besten mit getoastetem Brot oder als Beilage mit Rindfleisch- oder Kalbfleischsaucen serviert.

FLEISCH **Kalbsknochenmark**

PORTIONEN 4 **ZUBEREITUNG** 5 Min.
GARZEIT 30 Min.

- 12 Markknochen vom Kalb, jeder etwa 8 cm lang
- grüner Salat zum Servieren
- 1 Handvoll gemischte Kräuter, fein gehackt, zum Servieren

1 Den Backofen auf 230 °C vorheizen. Die Markknochen mit genügend Abstand in einen großen Bräter legen. Es sollten möglichst große Knochen verwendet werden, damit sich das Mark nach dem Rösten leicht herauslösen lässt.

2 Den Bräter in den vorgeheizten Backofen schieben. Die Markknochen etwa 20 Minuten rösten, bis sich das Mark vom Knochen löst, es sollte aber nicht schmelzen.

3 Den Bräter herausnehmen und das Mark mit einem Löffel aus den Knochen holen. Auf getoastetes Brot streichen und mit knackigem grünen Salat und Kräutern servieren. Das Knochenmark eignet sich auch zum Aromatisieren von Saucen.

SELBST GEMACHT

SELBST GEMACHT

DAS ZERLEGEN VON FLEISCH IST EINE KUNST, DIE IN JEDEM LAND UND TEILWEISE SOGAR IN JEDER REGION AUF ETWAS ANDERE WEISE PRAKTIZIERT WIRD. AUF DEN FOLGENDEN SEITEN FINDEN SIE EINEN KLEINEN GRUNDKURS IN FLEISCHVERARBEITUNG.

DER KLEINE RATGEBER zeigt einfache Methoden, wie Tierkörper ohne spezielle Geräte in handliche Stücke zerlegt werden können, wenngleich es auch viele andere Zuschnitte gibt. Je weiter man Muskeln zerteilt, desto magerer und kleiner werden die Zuschnitte.

DIE ANLEITUNGEN BENUTZEN

Lesen Sie zunächst jede Beschreibung sorgfältig durch und entscheiden Sie dann, welche Zuschnitte Sie herstellen möchten, denn daraus ergibt sich, in welcher Reihenfolge Sie die verschiedenen Teile schneiden oder entbeinen. Mitunter kann auch eine andere Abfolge als gezeigt notwendig sein, worauf jedoch hingewiesen wird.

Von ihrer Größe einmal abgesehen, haben alle Säugetiere die gleichen Muskeln. Daher sind einige Zerlegeverfahren, etwa wie man das Vorderviertel abtrennt, bei allen Tieren identisch. Mit der Größe eines Tiers erhöht sich die Zahl der Zuschnitte, und das Fleisch muss häufiger vom Knochen gelöst werden. Bei kleinen Tieren entstehen mehr Zuschnitte mit Knochen.

Auch im Internet finden sich zahlreiche Anleitungen für das Zerlegen von Fleisch, von denen einige sehr hilfreich, andere aber nur für Fleischer und Köche gedacht sind.

SICHERHEIT

- Lassen Sie bei Transport und Verarbeitung großer Schlachtkörper Vorsicht walten, um Verletzungen zu vermeiden.
- Achten Sie darauf, dass der Arbeitstisch stabil und solide ist. Schlachtkörper sind schwer, und Sägen und Hacken auf einem wackligen Tisch kann gefährlich sein.
- Halten Sie beim Umherlaufen Messer immer so, dass die Spitze nach unten zeigt, aber niemals nach oben oder außen.
- Tragen Sie stets eine Kettenschürze und Ringgeflechthandschuhe, da bei manchen Arbeiten das Messer zum Körper geführt werden muss. Metzgermesser sind extrem scharf, was auch für Tierknochen gilt.
- Herabtropfendes Fett und andere Abfälle können den Boden sehr rutschig machen.

HYGIENE

- Halten Sie die Raumtemperatur möglichst niedrig und nutzen Sie, wenn nötig, Zugluft. Bewahren Sie Fleisch, mit dem nicht gearbeitet wird, stets im Kühlschrank auf.
- Montieren Sie in Zeiten, in denen es Fliegen gibt, vor offenen Türen und Fenstern einen Fliegenschutz und stellen Sie einen elektrischen Fliegenvernichter auf. Decken Sie Fleisch immer ab.
- Säubern Sie Hände und Fingernägel vor Arbeitsbeginn sorgfältig.
- Sterilisieren Sie Messer immer wieder. Gießen Sie kochendes Wasser in einen Krug ausreichender Größe und stellen Sie die Messer mindestens 2 Minuten hinein.
- Säubern Sie nach Beendigung der Arbeit alle Arbeitsflächen und Arbeitsgeräte. Entfernen Sie zuerst mit kaltem Wasser Blut und Fleischreste, dann mit heißem Wasser und Spülmittel Fettrückstände. Wischen Sie mit verdünntem Desinfektionsmittel nach.

FLEISCH OPTIMAL VERARBEITEN

Wird Fleisch sorgfältig pariert, eignet es sich anschließend oft auch zum Kurzbraten. Zu viel Fett sollte entfernt werden, etwas Fett hält Fleisch aber feucht.

Entfernen Sie Knorpel, Sehnen und dünne Häutchen, bei langsam gegarten Zuschnitten muss dies aber nicht vollständig geschehen.

Abgehangenes Fleisch hat mitunter trockene, glitschige oder sogar leicht schimmlige Stellen an den Rändern, die entfernt werden sollten.

AUSRÜSTUNG

- **Stabiler Tisch**
- **Großes, schweres Hackbrett**
- **Ausbeinmesser** mit dünner, biegsamer Klinge
- **Steakmesser** für große Scheiben
- **Wetzstahl**
- **Metzgersäge und Sägeblätter**
- **Große Behälter und Wannen** für Fleisch und Abfälle
- **Fliegenhauben**
- **Metzgergarn**
- **Fleischspieße**

Schutzkleidung/Erste Hilfe:

- **Ringgeflechthandschuhe:** für die Hand, die nicht das Messer hält
- **Kettenschürze:** wichtig für Anfänger, um sich nicht zu verletzen
- **Erste-Hilfe-Kasten**

VON IHRER GRÖSSE EINMAL ABGESEHEN, HABEN ALLE SÄUGETIERE DIE GLEICHEN MUSKELN. DAHER SIND AUCH EINIGE ZERLEGEVERFAHREN BEI ALLEN TIEREN IDENTISCH.

BESONDERE EMPFEHLUNGEN

- Benutzen Sie Sägen möglichst selten, da Fleisch durch Sägerückstände verderben kann. Rückstände ggf. wegkehren oder wegwischen.
- Tasten Sie mit den Fingern nach Knochensplittern. Knochen kleiner Tiere können beim Zersägen leicht splittern.
- Suchen Sie beim Entbeinen von Fleisch mit der Messerspitze die natürlichen Verbindungsstellen zwischen den Muskeln. Ziehen Sie die Muskeln mit den Händen auseinander und helfen Sie an schwierigen Stellen mit dem Messer nach.
- Nutzen Sie die Schwerkraft. Kann ein Schlachtkörper über die Tischkante gelegt werden, lassen sich große Stücke leichter abtrennen.
- Legen Sie ein dickes, feuchtes Handtuch unter das Schneidebrett, damit es nicht verrutscht.
- Entfernen Sie beim Parieren blutige Stellen, Knochensplitter, überschüssiges Fett, Lymphknoten, Knorpel und silbrige Sehnen.

MESSER BENUTZEN

Die Zeichnungen auf den folgenden Seiten zeigen, wie ein Messer gehalten werden muss. In den meisten Fällen hält man es senkrecht und bewegt das Handgelenk, um es zu führen, beim Schneiden von Scheiben wird das Messer aber normal gehalten. Neigen Sie beim Ausbeinen die Messerschneide zum Knochen, um das Fleisch nicht zu verletzen. Bewegen Sie das Messer beim Schneiden nie in Richtung Ihrer Hand.

Beim Schneiden langer Stücke markieren Sie den Schnitt zunächst und schneiden Sie dann mit einer gleitenden Bewegung tiefer. Mit dieser Bewegung lösen Sie auch Fleisch von Rippenknochen ab.

SÄGE BENUTZEN

Schneiden Sie das Fleisch vor dem Einsatz einer Säge mit einem Messer rund um den Knochen möglichst tief ein. Klappen Sie dann das Fleisch auseinander, um den Knochen freizulegen. Sobald der Knochen durchgesägt ist, greifen Sie wieder zum Messer, um das Fleisch nicht zu verletzen.

EINEN BRATEN BINDEN

Unten sind zwei Methoden gezeigt, um einen Braten zu binden. Hilfreich ist, mit einem aufgerollten Küchenhandtuch zu üben. Es ist nicht empfehlenswert, Gummiband anstelle von Garn zu verwenden, da beim späteren Entfernen Fett und Bratensaft herumspritzen können.

Fleisch nach Fleischerart binden

Nach dieser Methode entstehen besonders ordentliche Braten, die zudem zwischen den Garnstücken in kleinere Stücke geschnitten werden können. Die Methode wird auch für den Braten auf Seite 299 verwendet.

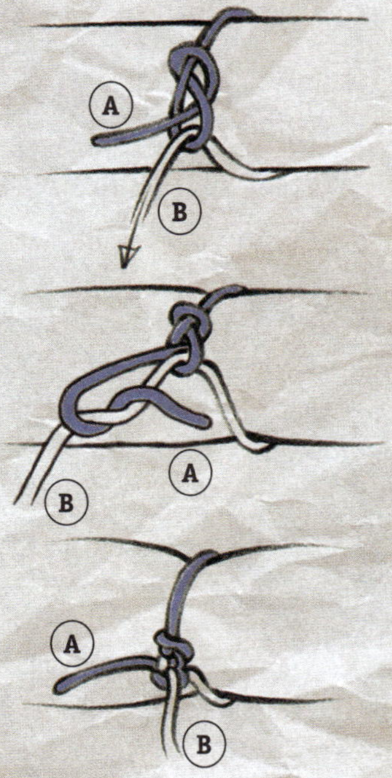

1 Das Garn unter dem Fleisch durchziehen und in der Mitte des Fleischs einen lockeren Zugknoten binden. Fadenende A sollte 5 cm lang sein. Ende von B hochheben (s. S. 299) und den Faden behutsam anziehen. Sitzt der Knoten richtig, nochmals kräftig ziehen.

2 Den Zugknoten durch einen zweiten einfachen Knoten sichern. Das Ende von B um das Ende von A schlingen und anziehen. Auf diese Weise kann sich der Knoten nicht lösen.

3 So sieht der Knoten fertig aus. Die Fadenenden abschneiden. In regelmäßigen Abständen weitere Fäden um das Fleisch binden. Sollte der Braten instabil wirken, einen weiteren Faden der Länge nach darumbinden.

»Ein Päckchen schnüren«

Diese Methode ist einfacher, aber ungeeignet, wenn das Fleisch zwischen den Fäden geteilt werden soll. Zudem sieht der Braten unordentlicher aus.

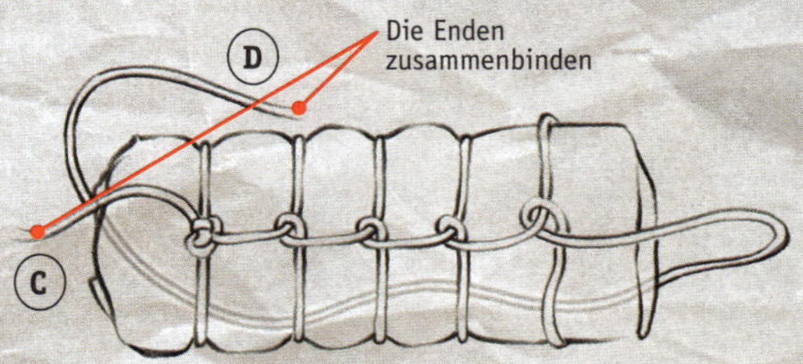

1 Das Garn unter ein Ende das Bratens schieben und einen Zugknoten binden (s. o.) Das Fadenende C mindestens 10 cm lang lassen.

2 Das Garn wie gezeigt in möglichst gleichmäßigen Abständen um das Fleisch schlingen. Das Garn unter dem Braten durchführen und mit dem Fadenende C verknoten.

SCHWEIN, LAMM, REH ZERLEGEN

SCHWEIN, LAMM UND AUCH KLEINE HIRSCHE ODER REHE WERDEN PRAKTISCH NACH DEN GLEICHEN REGELN ZERLEGT – AUF AUSNAHMEN WIRD HINGEWIESEN. DIE ZEICHNUNGEN ZEIGEN DAS ZERLEGEN EINES SCHWEINS. LAMM, HIRSCH UND REH HABEN EINEN LÄNGLICHEREN KÖRPER, MUSKELN UND KNOCHEN SITZEN ABER AM GLEICHEN PLATZ.

DAS GROBE ZERLEGEN

Damit sich der Schlachtkörper einfacher handhaben lässt, teilt man ihn zunächst in Vorderviertel, Mitte oder Sattel und Hinterbeine oder Keulen. Ist das Brustbein nicht bereits zersägt, muss es zuerst zerteilt werden.

VORDERVIERTEL ABTRENNEN

ERSTER SCHRITT

Nur beim Schwein zuerst den Kopf hinter Kiefer und Ohren absägen. Ganz lassen oder halbieren.

1 Die Bauchhöhle öffnen. Vom Kopfende aus fünf Rippen abzählen. Hier das Messer an der Flanke einstechen und auf beiden Seiten zwischen fünfter und sechster Rippe durchführen.

2 Den Schlachtkörper umdrehen und das Fleisch bis zur Wirbelsäule durchschneiden. Auf der anderen Seite ebenso verfahren.

3 Die Wirbelsäule durchsägen. Vorhandene Sägerückstände von den Schnitträndern entfernen.

ANMERKUNG: Beim Schnitt zwischen fünfter und sechster Rippe bleiben in der Mitte acht Rippen für das Kotelettstück. Mitunter zerlegt man ein Schwein auch zwischen dem vierten und fünften Wirbel, ein Lamm zwischen dem sechsten und siebten Wirbel.

MITTE UND HINTERBEINE TRENNEN

1 Den Beckenknochen ertasten und oberhalb von der Flanke bis zur Wirbelsäule schneiden. Auf der anderen Seite ebenso verfahren.

2 Am hinteren Ende zwischen erstem und zweitem Lendenwirbel mit dem Messer die Bandscheibe durchschneiden, dabei das Fleisch nicht verletzen. Den Rückenmuskel durchschneiden, um die Hinterbeine abzutrennen.

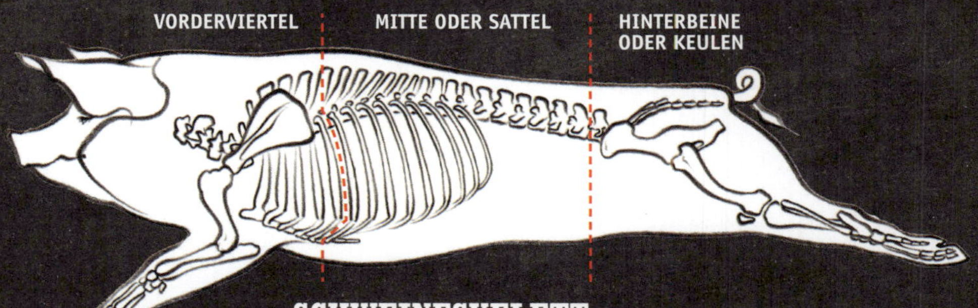

SCHWEINESKELETT

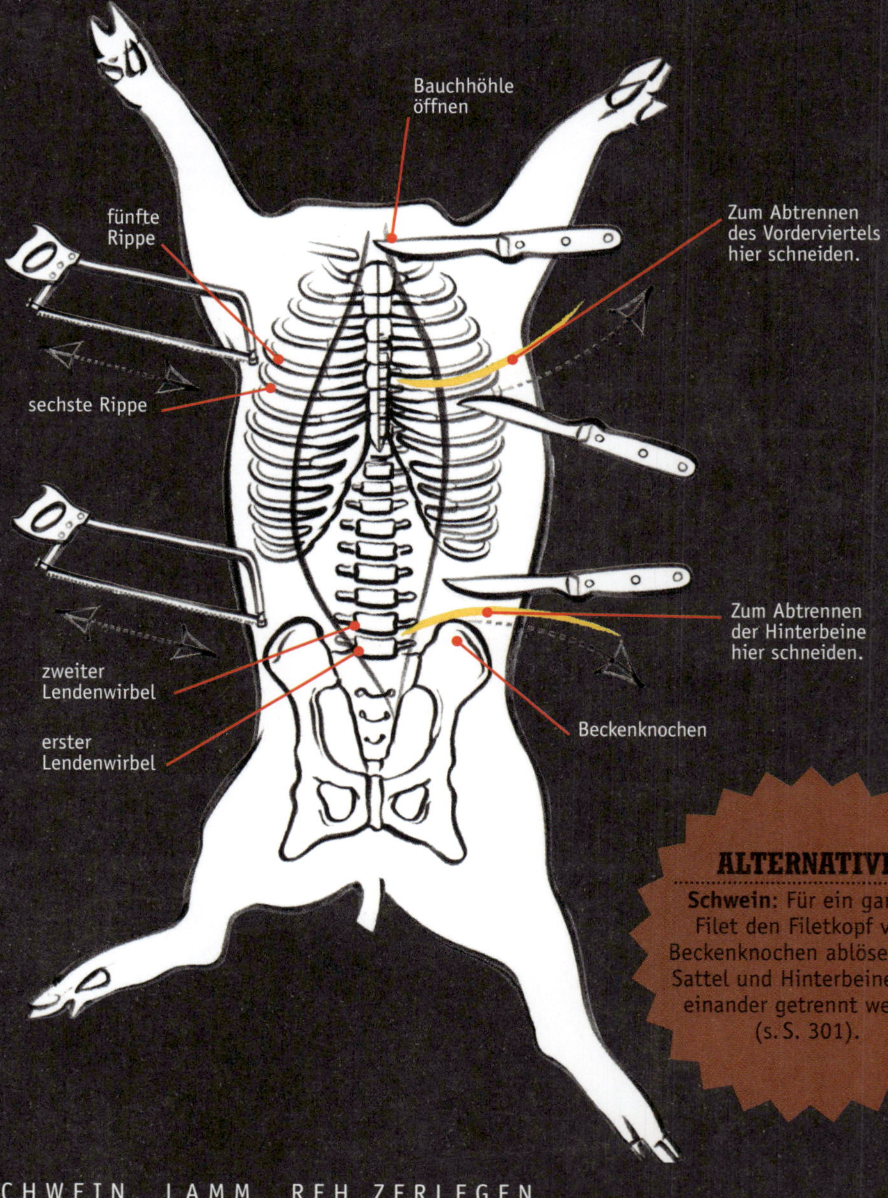

ALTERNATIVE

Schwein: Für ein ganzes Filet den Filetkopf vom Beckenknochen ablösen, ehe Sattel und Hinterbeine voneinander getrennt werden (s. S. 301).

DAS VORDERVIERTEL

ES GIBT ZAHLREICHE MÖGLICHKEITEN, das Vorderviertel zu zerlegen. Vor allem beim Schwein, wo man sich auch für eine Kombination aus Zuschnitten mit Knochen und Zuschnitten ohne Knochen entscheiden kann. Lämmer sowie kleine Hirsche und Rehe werden auf einfachere Weise zerlegt.

HALBIEREN

Zunächst das Vorderviertel halbieren. Sägerückstände ggf. entfernen, da sie das Fleisch rascher verderben lassen.

ERSTE SCHRITTE

Lamm, Hirsch und Reh: Vom Halsende 2–3 cm absägen und wegwerfen. Den Hals absägen. Das Fleisch entbeinen und als Schmor- oder Hackfleisch verwenden oder mit Knochen in Scheiben schneiden.

Beim Schwein: Die Füße abschneiden.

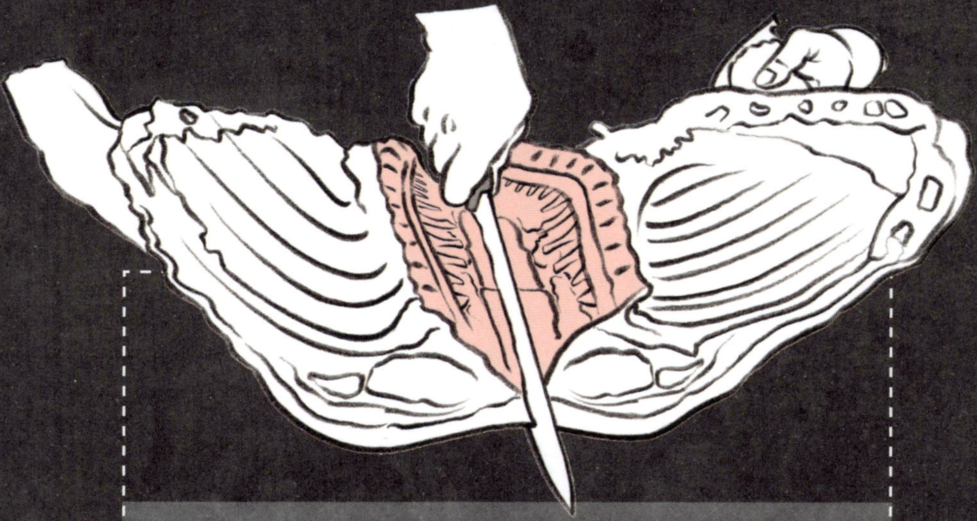

1. DAS VORDERVIERTEL AUF DEN RÜCKEN DREHEN. Mit dem Messer eine Linie entlang der Wirbelsäule markieren. Die Wirbelsäule durchsägen, das Fleisch auf der anderen Seite durchschneiden, um die Hälften zu trennen.

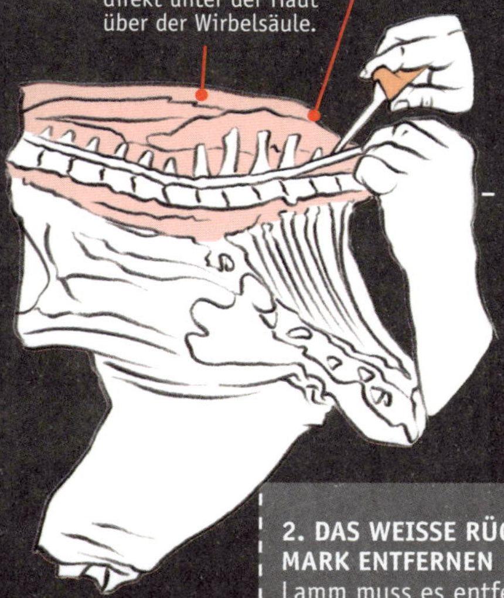

2. DAS WEISSE RÜCKENMARK ENTFERNEN Beim Lamm muss es entfernt werden, bei anderen Tieren empfiehlt es sich. Das dreieckige Fettstück am Nacken entfernen, in dem eine Drüse sitzt, ebenso das knorpelige gelbe Nackenband.

ZUSCHNITTE MIT KNOCHEN

Es gibt viele verschiedene Zuschnitte mit Knochen. Ein **ganzes Vorderviertel mit Knochen** mit und ohne Haxe wie unten beschrieben schneiden. **Schultersteaks, Nackenrippchen** oder ein **ganzer Schulterbraten mit Knochen** siehe Seite 294.

1. FÜR EINEN GANZEN VORDERVIERTELBRATEN MIT KNOCHEN einfach den Brustbeinknorpel an den Rippen abtrennen. Beim Lamm wird dies mitunter als ganze Schulter bezeichnet.

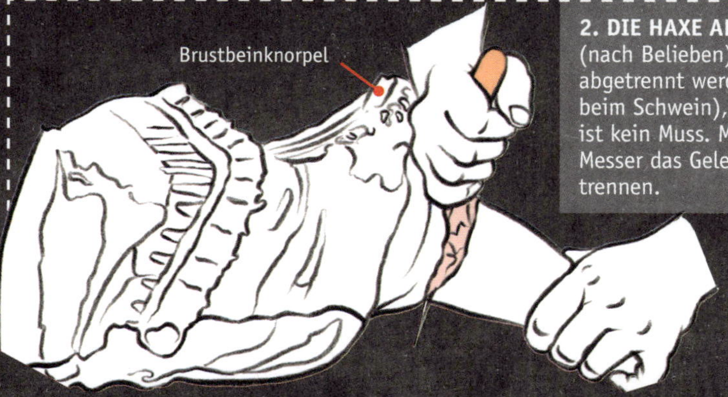

2. DIE HAXE ABTRENNEN (nach Belieben). Sie kann abgetrennt werden (meist beim Schwein), aber das ist kein Muss. Mit dem Messer das Gelenk durchtrennen.

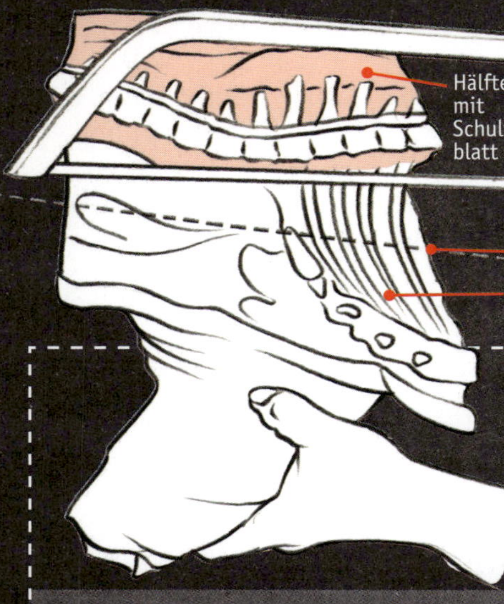

FÜR ZWEI SCHULTERBRATENHÄLFTEN die Rippen entlang der Mittellinie durchsägen. Fleisch und Knochen durchtrennen. Sägerückstände entfernen. Der so entstandene obere Teil enthält das Schulterblatt, der untere die Haxe (Eisbein).

NACKENRIPPCHEN SCHNEIDEN: Die Rippen vom Brustbein trennen und Rippchen daraus schneiden. Auch aus den langen Nackenwirbeln können Spareribs geschnitten werden.

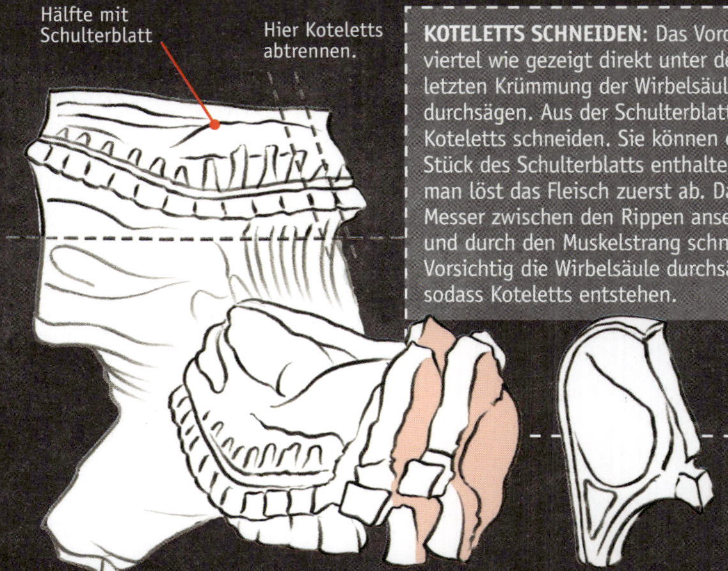

KOTELETTS SCHNEIDEN: Das Vorderviertel wie gezeigt direkt unter der letzten Krümmung der Wirbelsäule durchsägen. Aus der Schulterblatthälfte Koteletts schneiden. Sie können ein Stück des Schulterblatts enthalten oder man löst das Fleisch zuerst ab. Das Messer zwischen den Rippen ansetzen und durch den Muskelstrang schneiden. Vorsichtig die Wirbelsäule durchsägen, sodass Koteletts entstehen.

ZUR HERSTELLUNG VON RIPPCHENSTÜCKEN die Schulter wie oben teilen. Das Messer durch das Fleisch führen, bis es das Schulterblatt erreicht hat, dann das Schulterblatt durchsägen und das übrige Fleisch teilen.

DAS SCHULTERBLATTSTÜCK wie abgebildet entfernen, das Fleisch, falls gewünscht, binden.

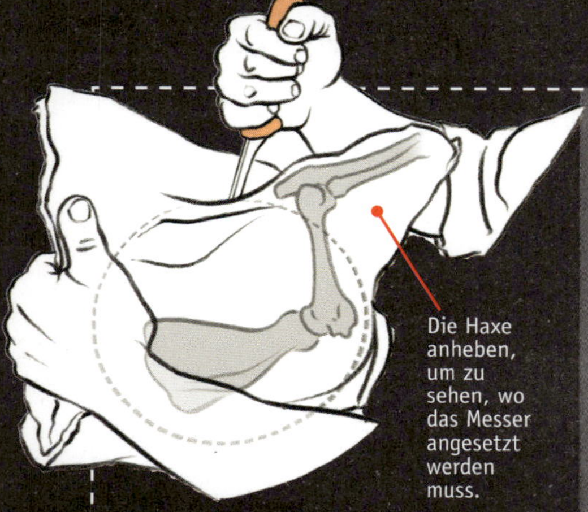

FÜR EINEN GANZEN SCHULTERBRATEN MIT KNOCHEN das Schulterblatt abheben. Die Haxe anheben und das Messer unter dem Bein dort ansetzen, wo sich der Muskel dehnt. Das Bein weiter hochhalten, da sich das Fleisch so leichter lösen lässt. Mit der Messerspitze vorsichtig die Schulter vom Vorderviertel abschneiden. Die Haxe falls gewünscht am Gelenk abtrennen. Wenn nötig, überschüssiges Fett entfernen.

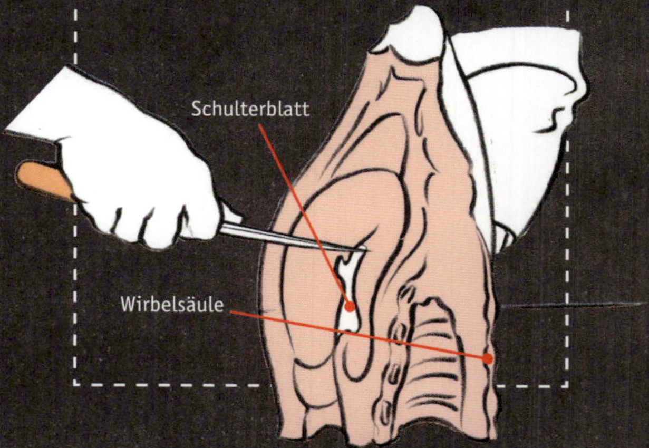

DAS VORDERVIERTEL ENTBEINEN

Für Steaks, Rollbraten, gewürfeltes Schmorfleisch und Hackfleisch muss die Schulter entbeint werden. Auf der Innenseite des Schlachtkörpers beginnen, damit die Schwarte unverletzt bleibt und das Fleisch ggf. ordentlich aufgerollt werden kann. Den Unterschenkelknochen nicht entfernen, da er als Hebel benutzt werden kann.

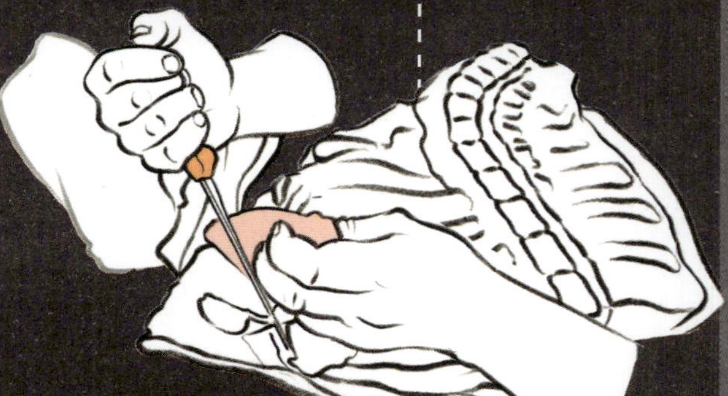

1. RIPPEN UND RÜCKGRAT ENTFERNEN: Am Rand der Brust beginnend die Rippenknochen abheben. Das Fleisch von den Knochen lösen und dann, das Messer zu den Rippen geneigt, das Flankenfleisch in einer gleitenden Bewegung in Richtung der Wirbelsäule abschneiden.

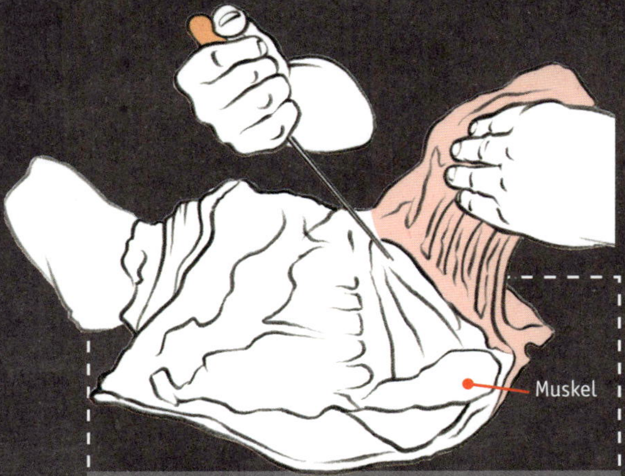

2. DIE RIPPEN festhalten und ruckartig nach oben ziehen. Mit der anderen Hand das Fleisch von den Knochen lösen. Behutsam um den Innenmuskel arbeiten, um Rückgrat und Rippen in einem Stück zu entfernen.

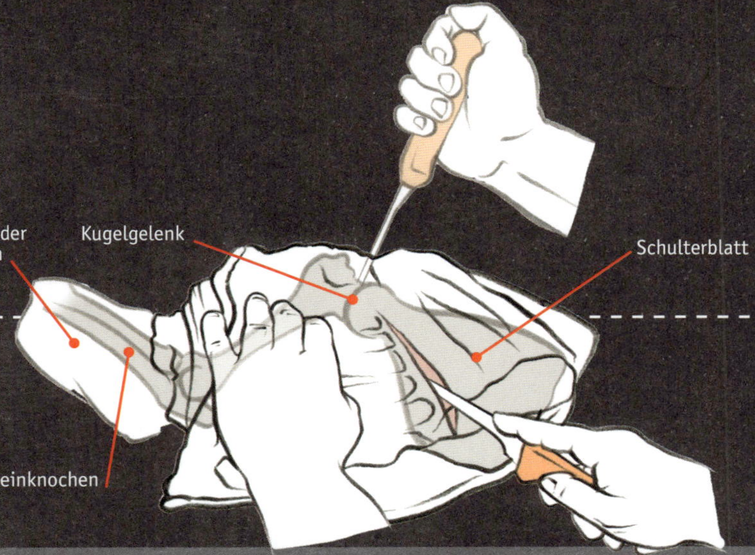

3. DAS SCHULTERBLATT ENTFERNEN: Während die Haxe von Ihnen fort gerichtet ist, das Messer direkt in der Schultermitte (wo die Rippen geendet haben) im Winkel von 90 Grad bis zum Kugelgelenk (der Verbindungsstelle von Schultergelenk und Beinknochen) einstechen. Den Punkt markieren. Nun die Kante des Schulterblatts suchen, wo das Vorderviertel abgesägt wurde, und von dort eine Linie zum markierten Punkt ziehen. Das Messer innen am Schulterblatt entlangführen. Die Schneide des Messers ist zum Knochen geneigt. Das Fleisch oben vom Schulterblatt ablösen, bis das Gelenk erreicht ist.

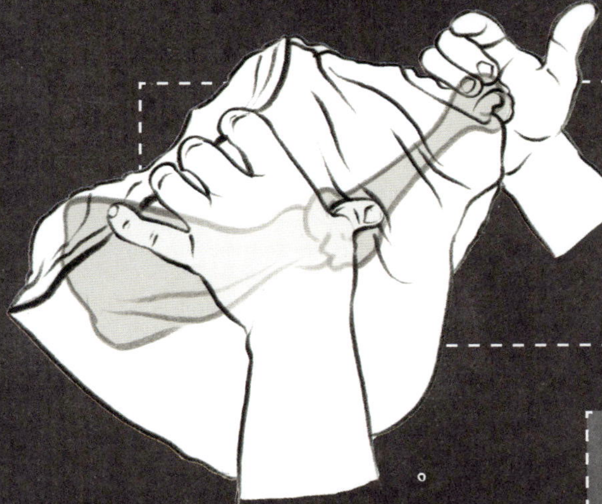

4. IST DAS FLEISCH oben abgelöst, die Schulter umdrehen, sodass die Schwarte oben liegt. Den Unterschenkel festhalten und hin- und herbewegen, bis sich das Gelenk zwischen beiden Beinknochen bewegt. Den Unterschenkel mit einem kräftigen Ruck heranziehen, sodass das Gelenk bricht.

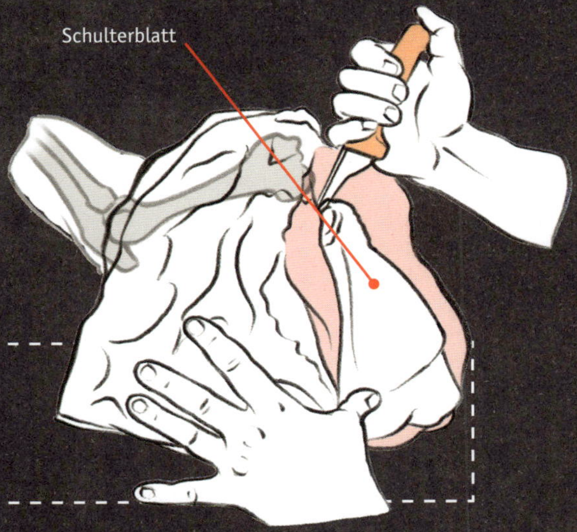

5. NUN DAS MESSER um das Schulterblatt führen, um das Fleisch auf beiden Seiten abzulösen. Das Schulterblatt herausziehen, wenn nötig, mit dem Messer nachhelfen.

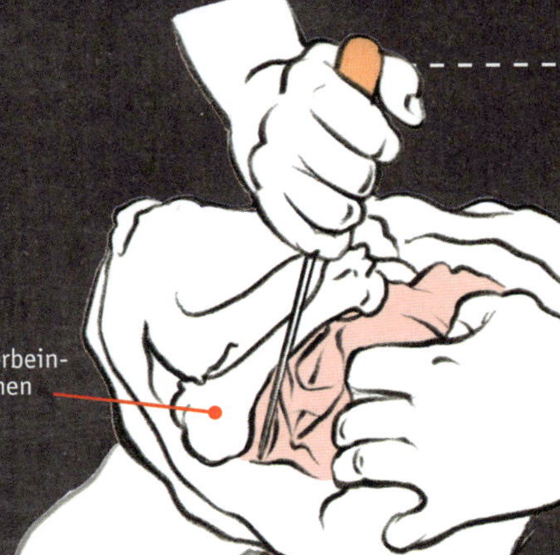

6. DEN SCHENKELKNOCHEN ENTFERNEN: Das Messer an beiden Seiten und der Unterseite entlangführen und dann um das Gelenk herum, um den Knochen auszulösen.

NUN KÖNNEN SIE …

- überschüssgies Fett, Knorpel und Sehnen entfernen.
- aus mageren, dicken Stücken Steaks schneiden.
- behutsam das Kotelettstück abtrennen, um ein Lamm- oder Schweinekarree zu erhalten.
- das Fleisch zu einem Schulterbraten rollen (s. S. 299).
- das Fleisch zum Schmoren würfeln und Fleischreste zu Hackfleisch verarbeiten.
- das verschmutzte Ende der Haxe absägen, um die Haxe ganz zu garen.
- das Fleisch der Haxe ablösen und würfeln oder hacken.

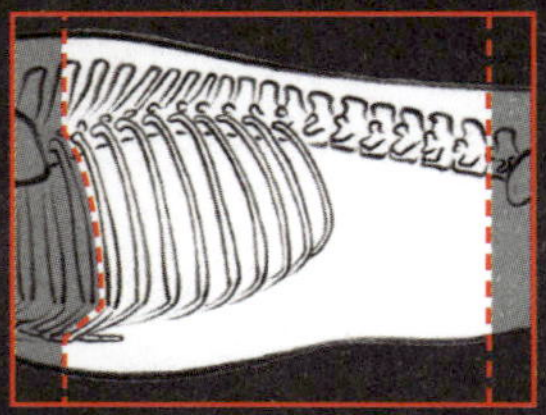

MITTE ODER SATTEL

AUS DIESEM TEIL, DER AUCH EINFACH ALS RÜCKEN BEZEICHNET WIRD, stammen die besten Teile eines Schlachtkörpers – das Rückenstück und das Filet. Vor allem beim Schwein befindet sich in der Mitte häufig aber auch viel Fett.

FLANKE UND RIPPEN ENTFERNEN

Rippen können in verschiedenen Längen zugeschnitten werden. Zum Herstellen eines traditionellen Sattelbratens siehe rechts.

ZUM ABTRENNEN DER FLANKE mit dem Messer auf der Innenseite der Rippen parallel zur Wirbelsäule in der gewünschten Länge der Stielkotelettknochen (maximal in der doppelten Breite des Kotelettstrangs) eine gerade Linie markieren. Die Rippenknochen durchsägen. Das Fleisch durchschneiden. Die Flanken können auch nach Teilen der Mitte entfernt werden (siehe unten).

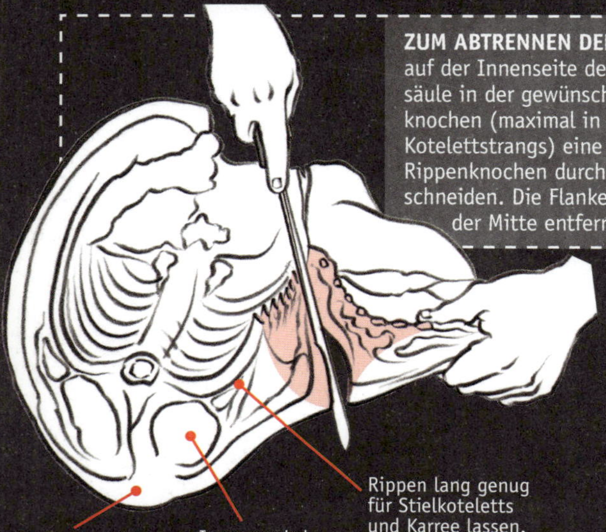

ANMERKUNG: Bei älteren Tieren (Schaf, Ziege, Hirsch) sitzen am Rücken zähe Sehnen. Hier sollte der Sattel vor dem Braten ganz von Fett, Haut und Sehnen befreit und dann bardiert (s. S. 232) werden.

SATTELBRATEN SCHNEIDEN

FÜR EINEN SATTELBRATEN die Flanken wie links gezeigt abtrennen, aber wie unten zu sehen dichter am Innenmuskel. Den Sattel ganz lassen oder das Endstück abtrennen – es enthält keine Rippen, aber das Filet. Den Sattel an der Markierungslinie abtrennen. Zur Herstellung von Doppelkoteletts das Endstück des Sattels quer in Scheiben abschneiden.

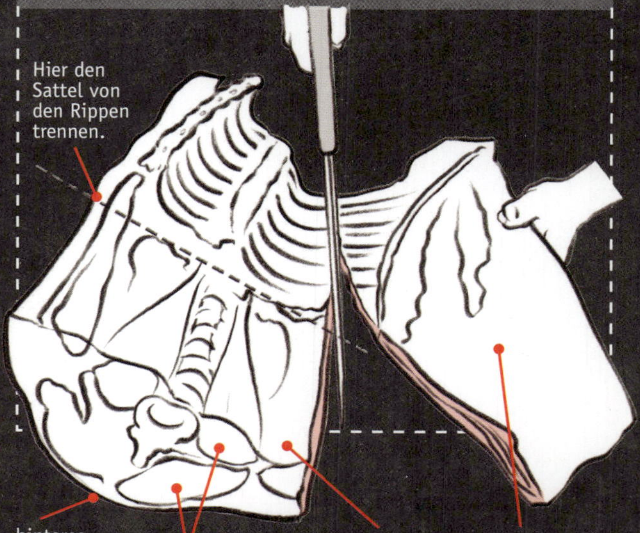

ZUSCHNITTE MIT KNOCHEN

Zu ihnen gehören u. a. Karree, Doppelkoteletts und Filetkoteletts.

1. DEN SATTEL IN DER MITTE AUSEINANDERSÄGEN: Dazu den Sattel auf den Rücken drehen und mit dem Messer in der Mitte der Wirbelsäule eine Linie markieren. Die beiden Seiten in der Mitte auseinandersägen, dann mit dem Messer Fleisch und Fett durchschneiden.

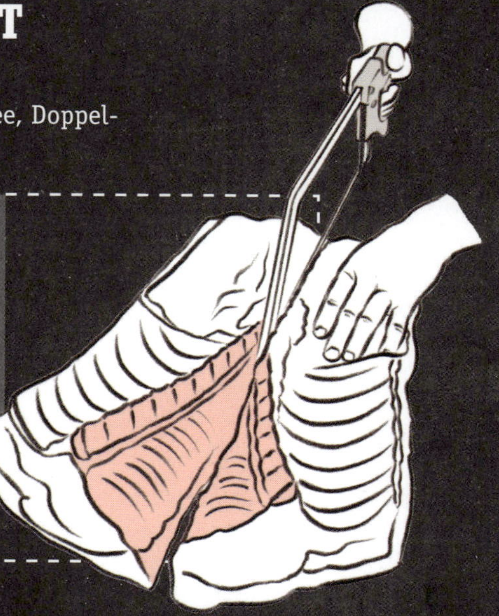

2. DAS RÜCKGRAT ENTFERNEN (nach Belieben): So werden Koteletts und Karrees von scharfen Kanten befreit. Das Rückgrat im Winkel von 45 Grad an den Rippen beginnend fast vollständig durchsägen, dann das Fleisch mit dem Messer am Knorpel abtrennen, dabei sehr vorsichtig arbeiten, um es nicht zu verletzen. Oder wie auf Seite 193 mit einem Hackmesser arbeiten.

BRATEN, KARREES UND KOTELETTS SCHNEIDEN

UM DEN RÜCKEN IN BRATEN, KARREES, KOTELETTS ODER FILETKOTELETTS ZU TEILEN, überschüssige Haut, Fett und Sehnen entfernen, dann zwischen den Rippen schneiden, dabei mit der Messerspitze den Knorpel zwischen den Wirbeln suchen. Fest mit einem großen Messer daraufdrücken, um die Wirbel zu trennen, dann das Fleisch durchschneiden. Oder die Wirbelsäule zersägen, dabei jedoch das Fleisch nicht verletzen. Zum Vorbereiten eines Karrees siehe auch Seite 193.

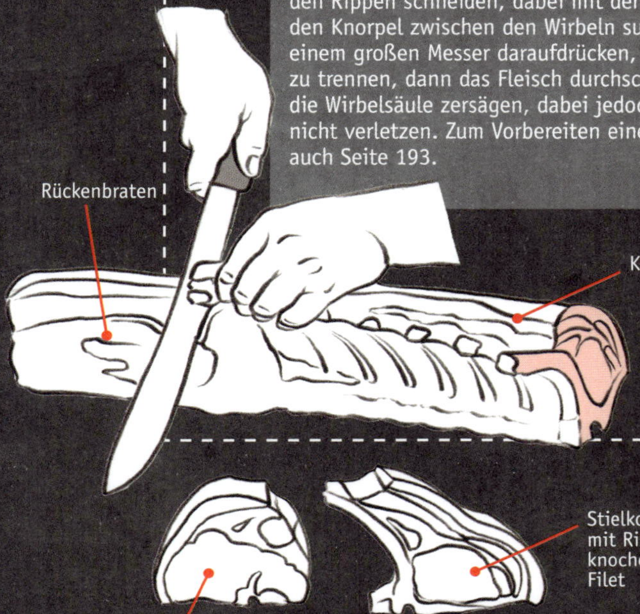

RIPPEN, BAUCH, BRUST UND FLANKE

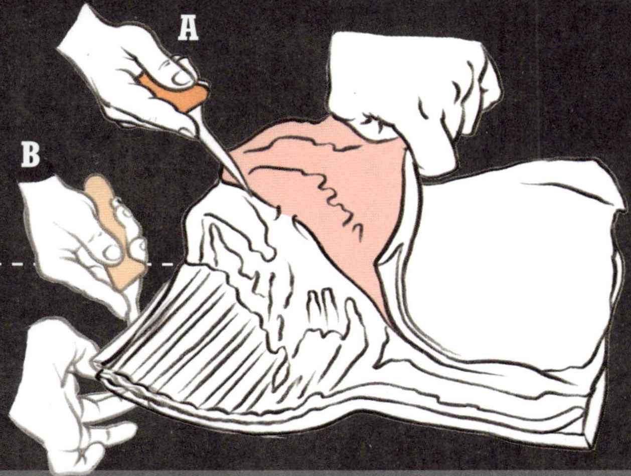

ZUR HERSTELLUNG VON SPARERIBS den Bauchlappen (A) über den Rippenenden anheben und die Rippen abtrennen. Sie können am Stück verwendet oder in Einzelrippen geteilt werden.

BAUCH-, BRUST- UND FLANKENZUSCHNITTE: Das Fleisch von den Rippen lösen. Mit dem Messer wie gezeigt unter die Rippenknochen fahren (B) und das Fleisch abschneiden. Bauch, Brust und Flanke können zu Rollbraten gebunden (s. S. 299), in Scheiben geschnitten, gehackt oder zu Speck verarbeitet werden.

ZUSCHNITTE OHNE KNOCHEN

Nach beim Entbeinen liefert diese Mitte zahlreiche Teilstücke wie etwa Filet und Kotelettstrang. Wenn nötig, aufliegendes Fett und Sehnen entfernen.

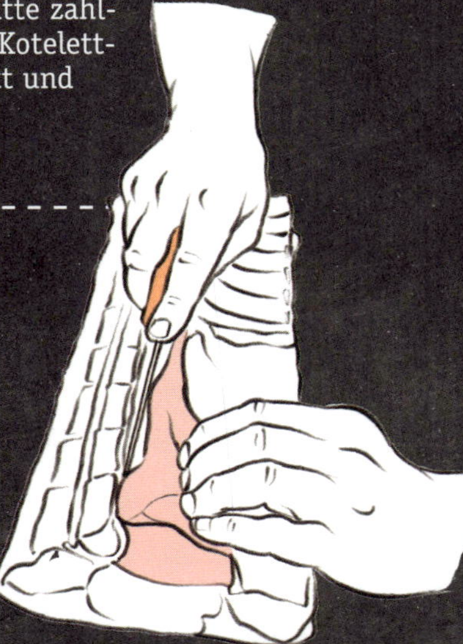

1. DAS FILET AUSLÖSEN (wenn nicht bereits geschehen): Den Rücken mit der Hautseite nach unten auf die Arbeitsfläche legen und das Filet vom Knochen lösen. Das Messer dicht an der Wirbelsäule entlangführen. Sehnen und Kette (der schmaler Fleischstrang, der am Filet sitzt) entfernen.

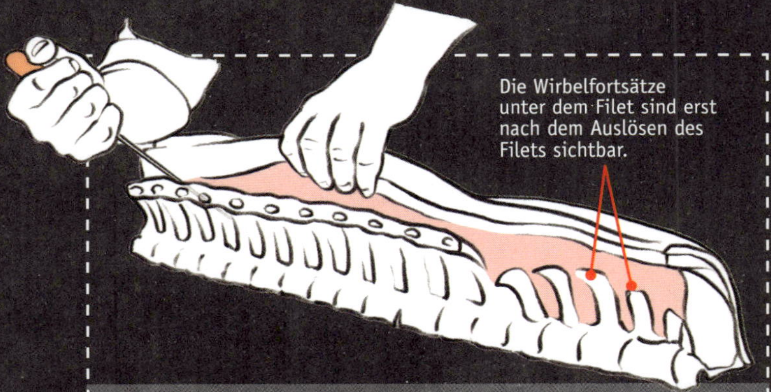

2. DIE MITTE AUSLÖSEN: Das Messer möglichst dicht am Knochen entlangführen und bis zur Wirbelsäule und zu den Wirbelfortsätzen schneiden. Ist die Wirbelsäule erreicht, das Messer um 90 Grad drehen und das Fleisch abtrennen.

NUN KÖNNEN SIE …

falls gewünscht überschüssige Haut, Fett und Sehnen entfernen und anschließend aus dem Fleisch nach Belieben Rückensteaks oder Braten schneiden.

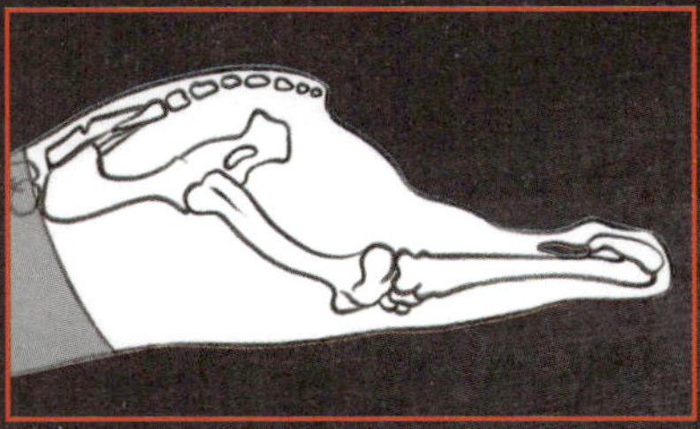

HINTERBEIN ODER KEULE

BEI KLEINEN TIEREN wie Lamm oder kleinen Hirschen werden die Keulen meist mit den Knochen geteilt oder sogar ganz verwendet. Aber man kann sie auch entbeinen, um Rollbraten oder Steaks herzustellen. Ganze Schweinekeulen eignen sich für Schinken oder große Braten, werden meist aber entbeint und zerteilt, wie auf Seite 303 gezeigt.

DIE BEINE TRENNEN

Aufgrund ihrer Form kann es schwierig sein, die Beine beim Auseinandersägen in einer stabilen Lage zu halten. Ggf. legt man etwas unter, damit sie sicher liegen.

ERSTER SCHRITT

Nur für Schweine: Die Füße abtrennen. (Dies kann aber auch später geschehen.)

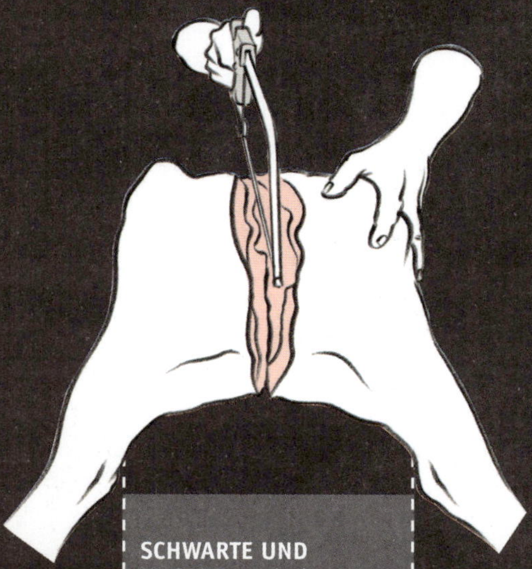

SCHWARTE UND KNORPEL zwischen den Beinen und den Beckenknochen durchsägen, dann Wirbelsäule und Schwanzknochen durchsägen.

BRATEN MIT KNOCHEN

Bei einem Lamm oder einem kleinen Hirsch lässt man die Keule oft ganz, entfernt aber möglicherweise den Beckenknochen (siehe unten), damit die Keule sich später leichter tranchieren lässt. Bei einem Schwein wird die Keule häufig zerlegt.

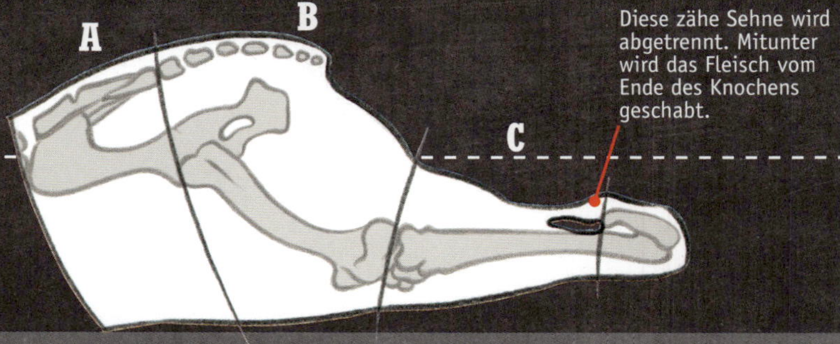

DIE KEULE KANN IN MEHRERE TEILSTÜCKE MIT KNOCHEN ZERLEGT WERDEN. Die Linien in der Abbildung zeigen, wo sie üblicherweise geteilt wird. Teil A ist die Hüfte (s. rechts »Die Hüfte abtrennen«). Da sich das Fleisch mit dem Beckenknochen nur schwer tranchieren lässt, wird er entfernt (s. rechts »Die Hüfte entbeinen«) oder man schneidet Steaks. Teil B ist die eigentliche Keule. Auch sie lässt sich ohne Beckenknochen leichter tranchieren (»Den ganzen Beckenknochen entfernen« siehe unten). Teil C ist das Eisbein oder die Haxe. Bei einem Lamm wird sie häufig nicht von der Keule getrennt – hier entfernt man lediglich das knochige Ende. Für Steaks wird die Keule in Scheiben geschnitten.

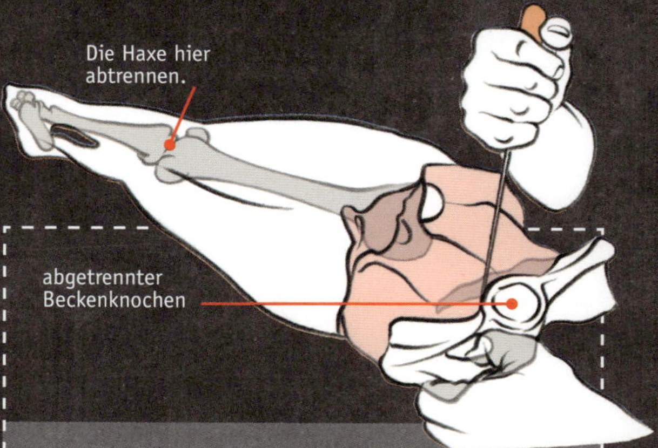

DEN GANZEN BECKENKNOCHEN ENTFERNEN: Den Filetkopf vom Beckenknochen ablösen, um den Knochen freizulegen (s. rechts »Die Hüfte entbeinen«). Die Messerspitze um den Hüftknochen zum Kugelgelenk führen. Den Knorpel im Gelenk durchschneiden. Um das Steißbein herumschneiden, um das Fleisch abzulösen. Um den Beckenknochen herumschneiden und die Knochen entfernen. Überschüssiges Fett und Haut oder Schwarte entfernen.

HAXE ODER EISBEIN ENTFERNEN: Das Kniegelenk ertasten und den Knorpel ohne Zuhilfenahme der Säge durchschneiden. Das Bein über die Tischkante legen und kräftig auf den Unterschenkel drücken, bis das Gelenk bricht. Fleisch und Sehnen durchschneiden, um die Haxe abzutrennen.

Die Haxe säubern und ganz verwenden oder, etwa für Ossobuco, in Scheiben schneiden. Oder entbeinen oder das Fleisch würfeln oder zu Hackfleisch verarbeiten.

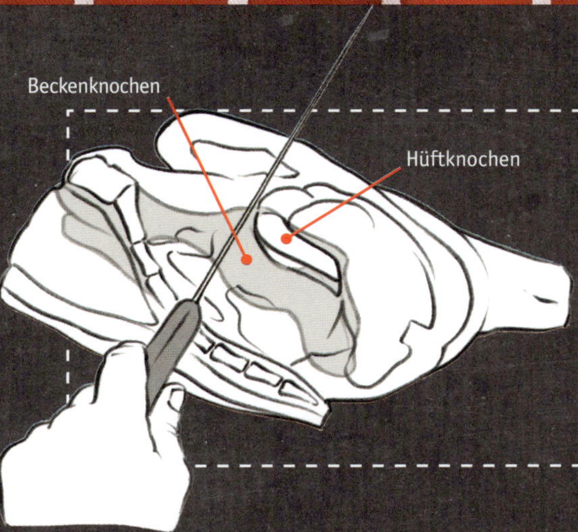

DIE HÜFTE ABTRENNEN: In der Mitte zwischen Schambein und erstem Lendenwirbel (am Schwanzende) den Knochen im Winkel von 45 Grad durchsägen, dann durch das Fleisch schneiden, um die Hüfte abzutrennen. Das Stück ganz mit Knochen als Braten verwenden oder mit Messer und Säge Steaks daraus schneiden. Bei Bedarf vorhandene Flankenstücke entfernen.

BRATEN OHNE KNOCHEN

DIE HÜFTE ENTBEINEN: Den Filetkopf ablösen, um den Beckenknochen freizulegen. Das Messer dicht am Knochen entlangführen, um ihn auszulösen. Aus der Hüfte Schnitzel schneiden oder einen Rollbraten herstellen.

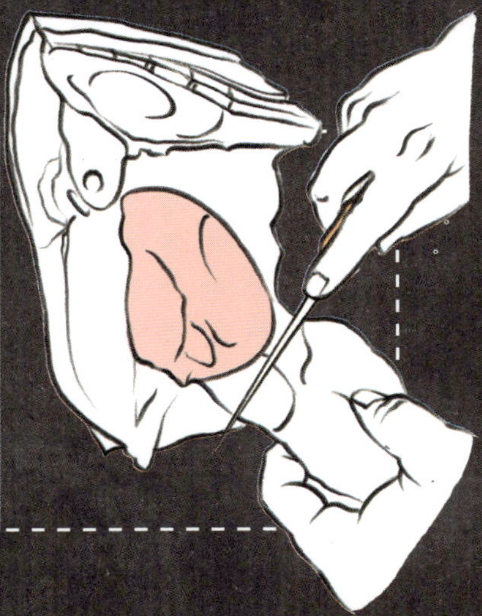

DEN SCHENKELKNOCHEN ENTFERNEN (s. S. 303, Schritte 3–6). Die entbeinte Keule kann nun aufgerollt und gebunden werden (s. unten). Nachdem Oberschale und Knochen entfernt wurden, kann aus der entbeinten Keule ein großer Rollbraten zubereitet werden. Die Oberschale kann ebenfalls gerollt oder in Steaks zerteilt werden.

STEAKS SCHNEIDEN: Das Fleisch dicht an der vorgesehenen Schnittstelle gut festhalten, damit es nicht verrutscht. Quer zur Faser mit einem großen Messer und langen gleichmäßigen Bewegungen Scheiben abschneiden.

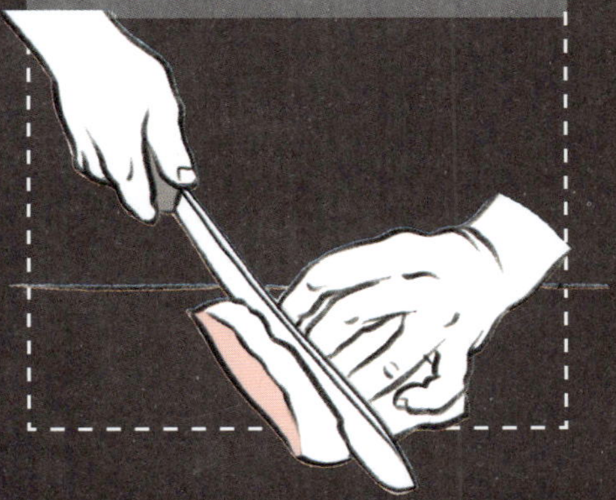

ROLLBRATEN HERSTELLEN

Ganze Muskeln müssen zum Braten nicht gebunden werden, obwohl auch sie dadurch eine bessere Form erhalten. Zum Binden eignet sich am besten Fleischer- oder Küchengarn.

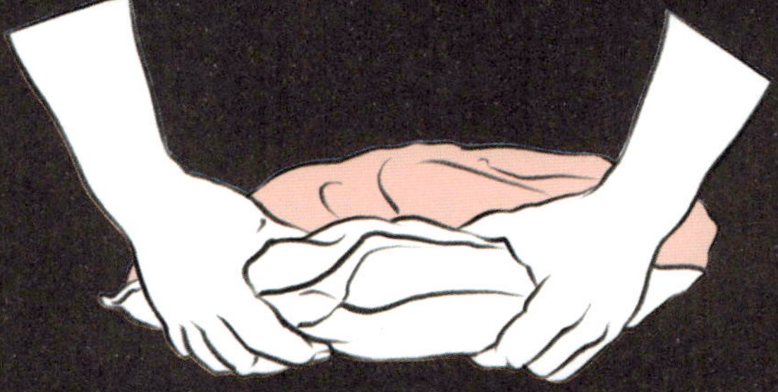

1. DAS FLEISCH AUFROLLEN: Sicherstellen, dass das Fleisch gleichmäßig dick ist. An dickeren Stellen Scheiben abschneiden und auf dünnere legen. Ein großer Lappen an einem Ende erleichtert das Aufrollen (dazu kann man z. B. bei einem Rücken einen Flankenlappen lassen). Das Fleisch möglichst fest aufrollen und, wenn nötig, mit Spießen zusammenstecken.

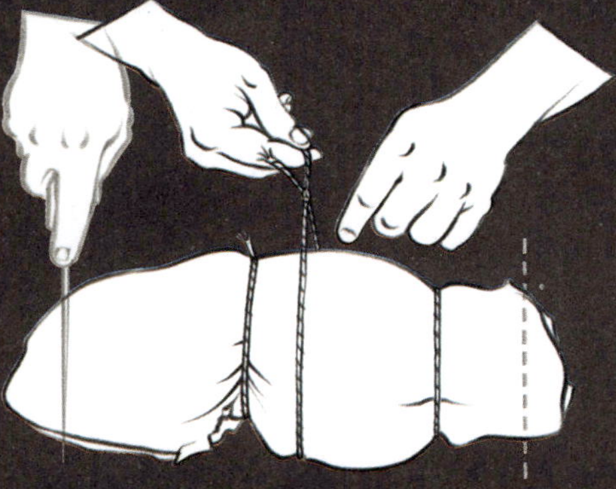

2. DEN BRATEN BINDEN: Den Braten zuerst in der Mitte zusammenbinden. Das Garn unter ihm durchführen und oben einen Zugknoten machen (s. S. 291). Das Garn behutsam anziehen, bis der Knoten auf dem Fleisch sitzt, dann noch einmal mit einem Ruck anziehen. Einen einfachen Knoten binden (s. S. 291). Bei einem Braten aus einem einzelnen Muskel wird das Garn jetzt nur noch einmal im rechten Winkel um das Fleisch gebunden. Andernfalls den Braten mehrmals binden. Unregelmäßige Enden eines Bratens zurechtschneiden. Wirkt der Braten instabil, bindet man ihn noch einmal im Winkel von 90 Grad, damit er beim Garen die Form behält.

RIND & HIRSCH ZERLEGEN

HIER SEHEN SIE NUN, WIE SCHLACHTKÖRPER VON RINDERN UND GROSSEN HIRSCHEN ZERLEGT WERDEN KÖNNEN. RINDERVORDERVIERTEL SIND ALLERDINGS ZU GROSS, UM SIE ZU HAUSE ZERLEGEN ZU KÖNNEN. GRUNDSÄTZLICH WERDEN RINDER (UND GROSSE HIRSCHE) ABER NICHT ANDERS GETEILT ALS EIN SCHWEIN (S. S. 293–299).

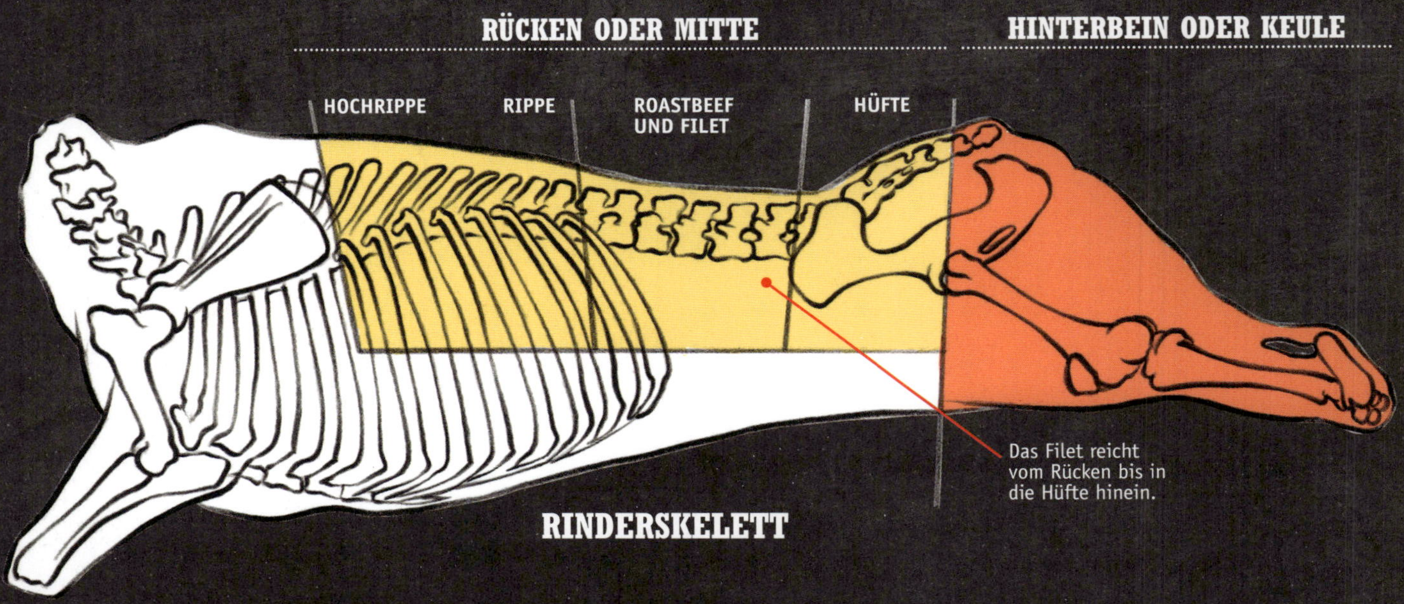

RINDERSKELETT

SIRLOIN ODER MITTE (OHNE FLANKE)

DIE RINDERMITTE (SIRLOIN) wird meist als Hälfte ohne die Flanke verkauft. Wie bei Hirschen der Sattel geteilt und die Flanke entfernt werden, siehe Seite 296. Zuerst entscheidet man, ob man Zuschnitte mit Knochen, Zuschnitte ohne Knochen oder beides haben möchte. Daraus ergibt sich, in welcher Reihenfolge das Fleisch zerlegt wird.

Vor Beginn der Arbeit werden die Nieren entfernt. Dazu legt man das Rinderteil auf den Rücken und entfernt auch das Nierenfett. Schieben Sie das Messer unter das Fett und ziehen Sie es vom Knochen weg, ohne dabei aber das darunterliegende Filet zu beschädigen. Die Nieren sitzen im Fett. Bei Hirschen befindet sich kein oder nur wenig Fett an den Nieren.

ZUSCHNITTE MIT KNOCHEN

Zu den Zuschnitten mit Knochen gehören flaches Roastbeef mit Knochen, Rippenbraten, Hochrippe, T-Bone-Steak und Porterhousesteak. (Sattelbraten vom Hirsch s. S. 296.) Wird das Filet ganz benötigt, entfernt man dieses zuerst (s. rechts »Das Filet auslösen«). Denken Sie aber daran, dass dann manche Stücke wie T-Bone-Steaks nicht mehr geschnitten werden können.

1. DIE HÜFTE ABTRENNEN: Die Hüfte dort abtrennen, wo die Schwanzknochen in die größeren Lendenwirbel übergehen. Das Fleisch entlang einer Linie schneiden, die direkt neben dem Ende des Hüftknochens liegt.

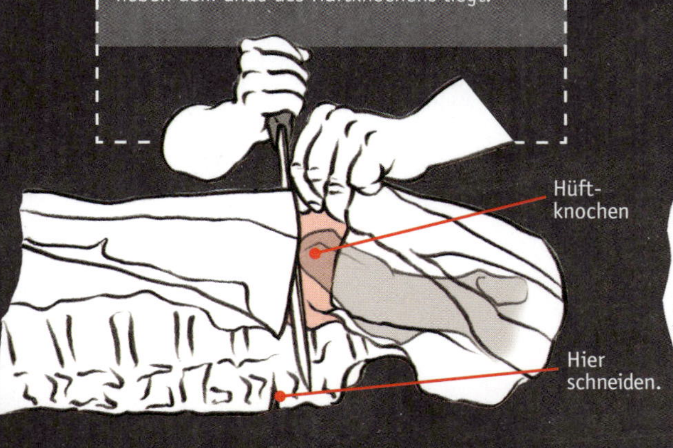

2. DIE WIRBELSÄULE DURCHSÄGEN, um Hüfte und Rücken voneinander zu trennen, dabei das Fleisch nicht verletzen. Die »Hüfte entbeinen« siehe rechts.

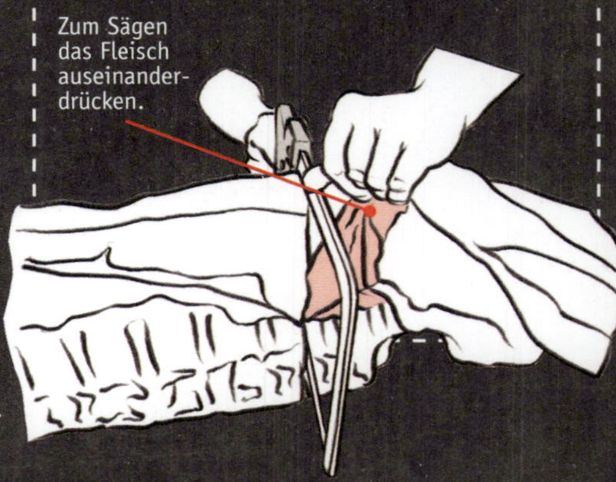

NUN KÖNNEN SIE ... BRATEN UND STEAKS MIT KNOCHEN SCHNEIDEN

SIRLOIN-BRATEN
Enthält einen Teil des Filets, sodass auf beiden Seiten der Wirbelsäule Fleisch sitzt. Dadurch ist es schwieriger, das Stück zu schneiden, ohne das Fleisch zu verletzen. An der Wirbelsäule sitzen keine Rippen, sondern Wirbelfortsätze. Legen Sie die Größe des Bratens fest und schneiden Sie dann das Fleisch. Anschließend ziehen Sie es auseinander und sägen das Rückgrat vorsichtig zwischen zwei Wirbeln durch.

RIPPENBRATEN
Sie werden aus dem vorderen Teil geschnitten, in dem sich Rippenknochen befinden, aber kein Filet. Die gewünschte Zahl der Rippen festlegen und das Fleisch zwischen den Knochen mit dem Messer durchschneiden. Das Rückgrat durchsägen, dann den Rückenmuskel mit dem Messer zerteilen. Auf der Abbildung rechts sind nur drei Rippen zu sehen, insgesamt ist das Rippenstück jedoch länger, und das Hochrippenende kann ein kleines Stück Schulterblattknorpel enthalten, das entfernt werden sollte. Falls gewünscht, das Rückgrat entfernen (s. S. 296, Schritt 2) und die Rippen kürzen (s. S. 193).

PORTERHOUSESTEAKS
Diese Steaks (s. unten rechts) werden aus dem flachen Roastbeef geschnitten und sind meist 6 cm dick, können aber eine beliebige Dicke haben. Sie müssen jedoch ein Filetstück enthalten. Zum Herstellen der Steaks schneidet man das Fleisch auf der einen, dann auf der anderen Seite des Rückgrats durch, zieht es etwas auseinander und zersägt anschließend den Knochen.

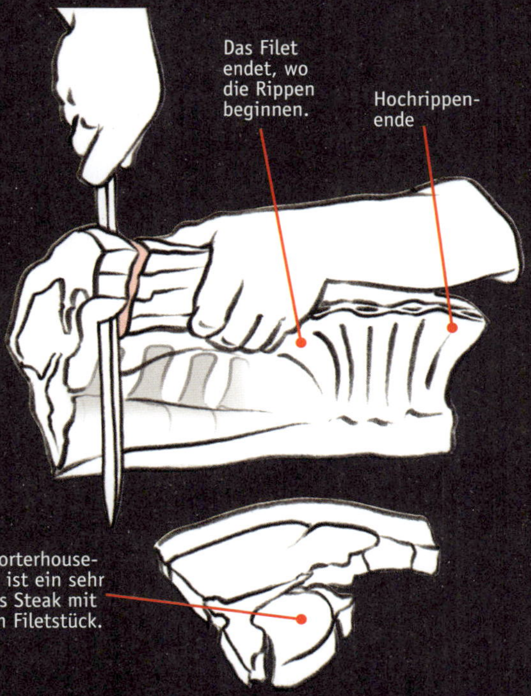

ZUSCHNITTE OHNE KNOCHEN

Zu den Zuschnitten ohne Knochen gehören Braten und Steaks wie flaches Roastbeef ohne Knochen, Filetsteak oder Filetbraten. Zuschnitte aus der Hochrippe enthalten mehr Fett.

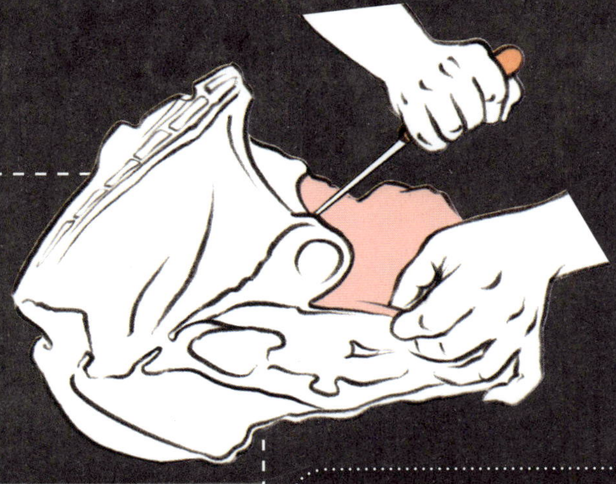

DIE HÜFTE ENTBEINEN: Den Filetkopf herausnehmen, der auf dem flachen Lendenknochen liegt. Dann den Knochen entfernen. Mit dem Messer den Konturen folgen und die Klinge dabei dicht am Knochen entlangführen, um das Fleisch nicht zu verletzen. Das Fleisch gut parieren, da die Hüfte viel Fett und Knorpel hat.

NUN KÖNNEN SIE ... DIE HÜFTE TEILEN

Das Fleisch kann für Braten und zum Pfannenrühren verwendet oder in Steaks geteilt werden. Aus dem schmaleren Ende Hüftsteaks schneiden. Der dünne Muskel auf der Hüfte, der Hüftdeckel, kann ebenfalls entfernt und z. B. für Tafelspitz verwendet werden. Zudem kann sich das Bürgermeisterstück noch an der Hüfte befinden.

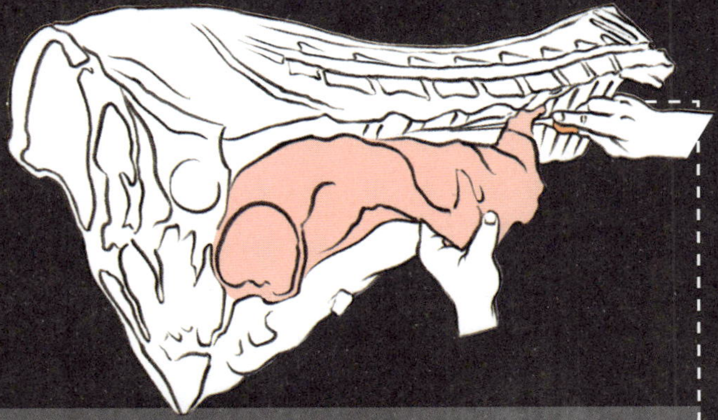

DAS FILET AUSLÖSEN: Den Rücken mit der Hautseite nach unten auf die Arbeitsfläche legen und am dünneren Ende des Filets beginnen. Die Schneide des Messers dicht an den Rippen entlangführen und das Filet mit glatten Schnitten von den Knochen lösen. Am Ende der Rippen darauf achten, dass das Messer nicht abrutscht. Ist die Hüfte erreicht (sofern sie nicht schon entfernt wurde), teilt sich der Filetkopf (Chateaubriand) in zwei Muskeln und ist teilweise in den Beckenknochen eingebettet. Den Filetkopf möglichst sauber aus dem Knochen trennen, bis das Filet ganz ausgelöst ist.

NUN KÖNNEN SIE ... DAS FILET TEILEN

Die Kette – der lange, dünne Fleischstrang, der auf der zur Wirbelsäule gelegenen Seite parallel zum Filet verläuft – entfernen, ebenso Fett, Knorpel und ggf. auch Knochensplitter. Aus dem Filet können Bratenstücke oder Steaks wie Chateaubriands und Medaillons geschnitten werden.

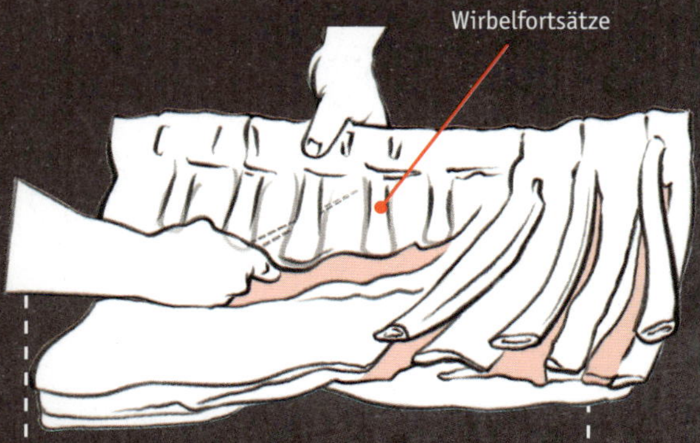

1. DAS RÜCKENSTÜCK AUSLÖSEN: Zuerst Rippen und Wirbelfortsätze freilegen. Das Messer unter den Rippenenden durchführen und dabei das Fleisch mit glatten Schnitten von den Knochen lösen (Sie führen dabei das Messer zu sich hin). Die Rippenknochen anheben, um die Arbeit zu erleichtern.

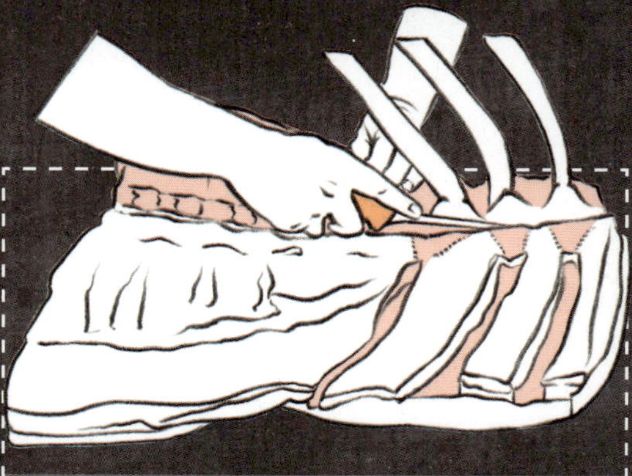

2. RIPPEN UND WIRBELSÄULE ENTFERNEN: Sobald die Wirbelsäule erreicht ist, das Messer nach unten drehen, um das Fleisch vom Rückgrat zu lösen. Dabei auf die vorspringenden Knochenteile an den Wirbeln achten. Das Rückenstück von allen Knochen befreien.

NUN KÖNNEN SIE … DAS FLEISCH TEILEN

Zunächst das Fleisch parieren. Das Stück drehen, sodass sich die Hautseite oben befindet, und etwa 2 cm des angetrockneten Rands und den auf der Wirbelsäulenseite verlaufenden Knorpel abschneiden. Die Messer dabei schräg nach oben richten, damit der Muskel nicht verletzt wird. Überschüssiges Fett entfernen. Das ausgelöste Rückenstück kann in kleinere Bratenstücke oder Steaks geteilt werden. Der flache Muskel über dem vorderen Teil der Hochrippe kann abgelöst und ebenfalls als Steak verwendet werden. Falls gewünscht, Haut, Fett und alle silbrigen Häutchen entfernen, um perfekte Braten oder Steaks zu erhalten.

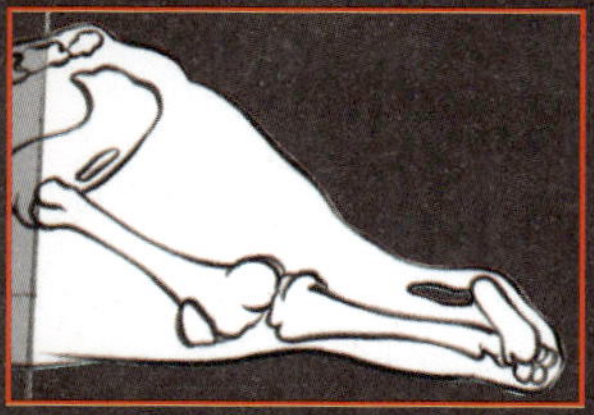

HINTERBEIN ODER KEULE

ANGESICHTS DER GRÖSSE VON RINDERN UND HIRSCHEN werden ihre Keulen selten ganz gegart. Hier besteht die Hauptaufgabe beim Zerlegen daher darin, die Knochen auszulösen und die Muskeln in Stücke handhabbarer Größe zu teilen.

DIE KEULE ENTBEINEN UND TEILEN

Zuerst müssen das verbliebene Beckenknochenstück und der Unterschenkel entfernt werden und dann der Schenkelknochen, damit sich die drei Hauptmuskeln teilen lassen.

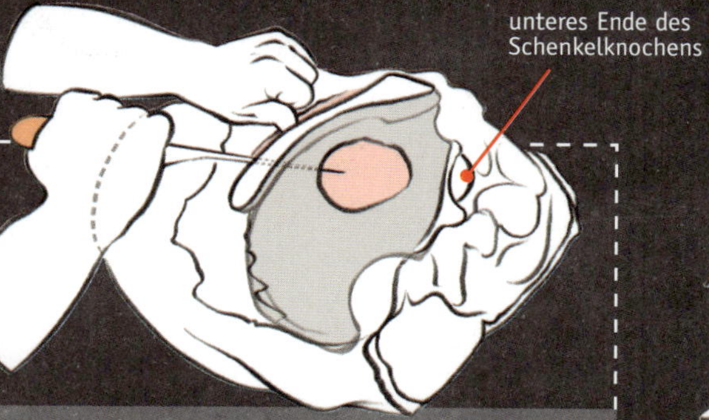

1. HÜFTKNOCHEN UND SCHWANZ AUS DER HÜFTE ENTFERNEN: Die Keule so hinlegen, dass sich der Hüftknochen oben befindet. Fett und Fleisch vom Hüftknochen abschaben. (Auf der Abbildung sind sie bereits entfernt – der Knochen liegt frei und das Kugelgelenkende des Schenkelknochens ist sichtbar.) Behutsam wie gezeigt das Messer um den abgesägten Knochen führen, dabei die Schneide des Messers gegen den Knochen drücken. Das Fleisch wegziehen, um besser sehen zu können. Beim Erreichen des Kugelgelenks den Hüftknochen zurückziehen, um die Hauptsehne freizulegen, oder mit dem Wetzstahl wegdrücken. Die Sehne durchtrennen und weiter um den Hüftknochen herumschneiden, bis er entfernt werden kann.

2. DEN UNTERSCHENKEL ENTFERNEN: Direkt an den Muskelenden des Unterschenkels den weißen Knorpel durchschneiden. Das Messer in den Knorpel stechen, um die Verbindungsstelle zwischen den Knochen zu finden, und dann den Knorpel durchschneiden. Das Fleisch auf der anderen Seite des Knochens schneiden, danach den Knochen durchsägen.

NUN KÖNNEN SIE … BEINSCHEIBEN SCHNEIDEN

Um Beinscheiben, etwa für Ossobuco, zu erhalten, das Fleisch um den Knochen in dicke Scheiben teilen. Dann den Knochen durchsägen. Mit den Fingern nach dem dünnen Knochen neben dem Schenkelknochen tasten und ihn mit dem Messer entfernen. Die Endstücke wegwerfen. Oder das Fleisch ablösen und anderweitig verwenden.

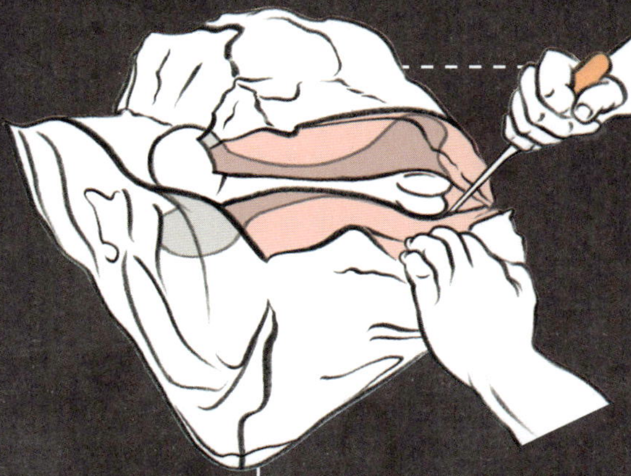

3. MIT DEM ENTBEINEN BEGINNEN: Die Oberschale an der natürlichen Verbindungsstelle, die schräg von einem Ende des Knochens zum anderen verläuft, von der Kugel trennen. Bei einer Hirschkeule ist sie sichtbar, beim Rind ist sie mit Fett bedeckt. Das Messer schräg halten und die Muskeln bis zum Knochen hinunter trennen, dann das Messer um den Knochen herumführen.
Die Tischkante zum Teilen der Muskeln nutzen und diese vollständig trennen.

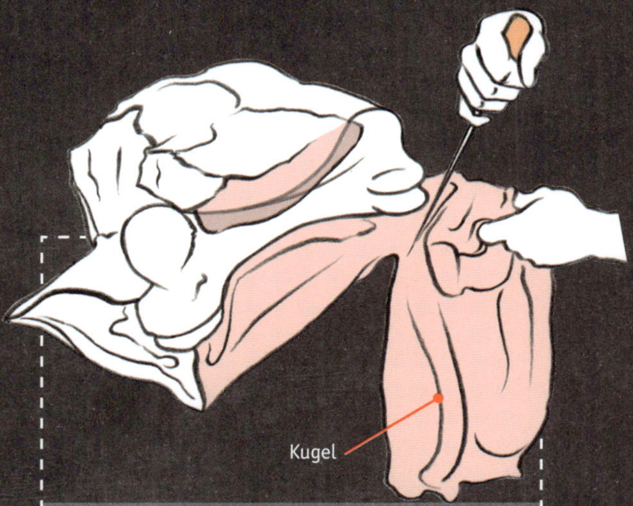

4. DIE KUGEL ENTFERNEN: Während die Kugel vom Knochen gelöst wird, das Fleisch über den Rand des Schneidebretts hängen lassen, da so die an der Unterschale sitzende dicke silberne Sehne besser zu sehen ist. Die Kugel von der Unterschale (unter dem Knochen) trennen, indem sie vom Kniescheibenknorpel abgeschnitten wird, und beiseitelegen.

5. DEN KNOCHEN ENTFERNEN: Die Schneide des Messers dicht am Knochen entlangführen und die Oberschale ablösen, bis beide Knochenenden freiliegen. Dann die Unterschale auf der Unterseite des Knochens ablösen, bis sie herausgehoben werden kann.

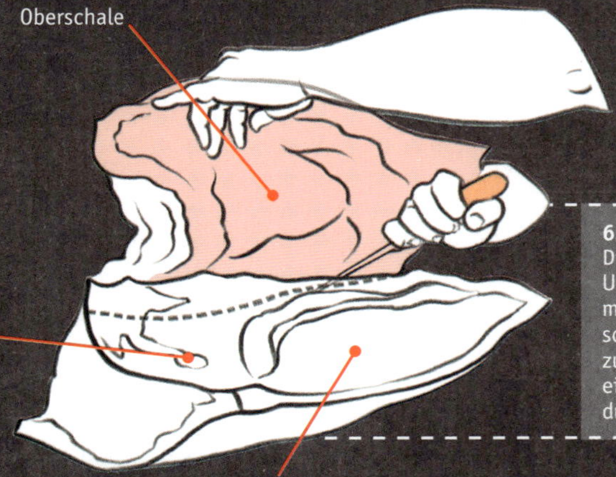

6. OBERSCHALE UND UNTERSCHALE TRENNEN: Die Stelle suchen, an der Oberschale und Unterschale verbunden sind. Die beiden Stücke mit der Messerspitze vorsichtig auseinanderschneiden, dabei die Oberschale wie gezeigt zurückziehen. Sobald die Stücke vollständig voneinander gelöst sind, die außen sitzende Haut durchschneiden.

NUN KÖNNEN SIE … DIE ZUSCHNITTE WEITER TEILEN

OBERSCHALE
Die Oberschale hat eine etwa dreieckige Form, wobei sich an der Außenseite Haut und Fett befinden und an den Schnittseiten das Fleisch freiliegt. Der dünne Deckel der Oberschale kann entfernt und z. B. für Gulasch oder Ragout verwendet werden. Für Braten wird die Oberschale längs – mit der Faser – in mehrere Stücke geschnitten. Quer zur Faser kann man sie in Kluftsteaks schneiden. Oder man teilt sie an der natürlichen Verbindungsstelle in einen kleinen und einen großen Muskel, die ihrerseits in kleine Teilstücke zerteilt werden können. Überschüssiges Fett und die silbrige dünne Haut entfernen.

UNTERSCHALE
Dort, wo die Unterschale an der Kugel sitzt, befindet sich eine dicke, harte, silbrige Sehne, die entfernt werden muss. Die Unterschale kann entlang einer natürlichen Verbindungsstelle in zwei Muskeln geteilt werden. Das größere Stück eignet sich als Braten oder zum Schneiden von Steaks. Das kleinere Stück ist die sogenannte Schwanzrolle, die sich zum Schmoren und Braten sowie für Geschnetzeltes eignet. Überschüssiges Fett und die dünne silbrige Haut entfernen.

KUGEL
Gelenkknochen und Knorpel entfernen und den dünnen Muskel abheben, der an der Oberseite sitzt. Dies ist der Hüftdeckel. Die übrige Kugel besteht aus mehreren Muskeln, die, falls gewünscht, getrennt werden können. Die Kugel eignet sich für Schmorbraten oder in dünne Scheiben geschnitten auch für Steaks. Ihr Fleisch ist besonders mager.

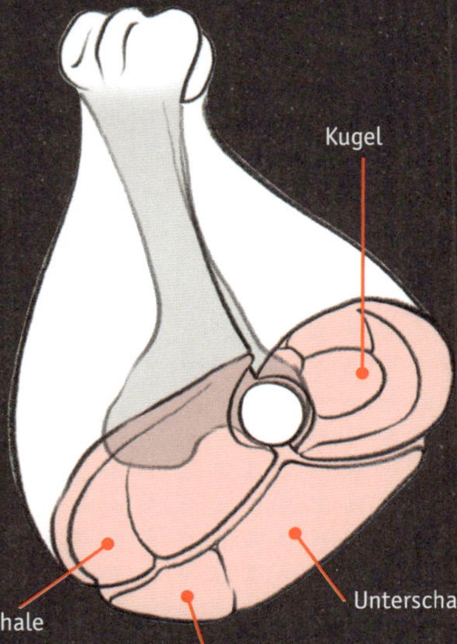

WILDGEFLÜGEL RUPFEN

WILDGEFLÜGEL WIRD AUF UNTERSCHIEDLICHE WEISE ERLEGT. WENN ES STARKE SCHUSSVERLETZUNGEN AUFWEIST, LOHNT ES SICH NICHT, DEN GANZEN VOGEL ZU RUPFEN. IN DIESEM FALL LÖST MAN LEDIGLICH DIE BRUST AUS. HIER WIRD DAS RUPFEN UND AUSNEHMEN EINER TAUBE GEZEIGT.

SCHUSSVERLETZUNGEN

Stellen Sie fest, wo die Kugel eingedrungen ist, um sie dann mit einer Pinzette zu entfernen. Häufig ist mit der Kugel ein Stück Feder in das Einschussloch gelangt.

FEDERN, SCHNABEL, FÜSSE

Am schwersten lassen sich Schwanz- und Flügelfedern rupfen. Bei Wasservögeln (Enten und Gänse) sitzt unter dem sichtbaren Federkleid eine weitere Federschicht, die ebenfalls entfernt werden muss.

Wie mit einem Vogel verfahren werden muss, hängt von seinem Alter ab. Da bei einem jungen Tier Schnabel und Füße noch weicher sind, können die Füße leicht abgebrochen werden. Überdies sind die Sporne männlicher Jungvögel kurz und dick, die älterer Vögel hingegen lang und spitz.

EMPFEHLUNGEN

Rupfen Sie im Haus, achten Sie darauf, dass die Federn nicht durch Zugluft umhergewirbelt werden können. Arbeiten Sie im Sitzen, legen Sie den Vogel auf Ihre Knie und werfen Sie die Federn sofort in einen Karton. Aufgestellte Federn lassen sich leichter rupfen. Manche Leute ziehen es vor, zuerst Brust und Rücken zu rupfen, in diesem Fall muss beim Rupfen der Schenkel aber darauf geachtet werden, dass die empfindliche Brusthaut nicht beschädigt wird.

ARBEITSUTENSILIEN

- **Geflügelschere oder gute Küchenschere:** zum Abschneiden von Flügeln und Füßen.
- **Zange:** zum Festhalten von Schwanz- oder Flügelfedern.
- **Mülltüte oder Pappkarton:** zum Sammeln der entfernten Federn.
- **Kleines scharfes Messer:** zum Einschneiden der Haut.

DIE BRUST AUSLÖSEN

1. ZWISCHEN HALS UND AUSSCHEIDUNGSÖFFNUNG einen Streifen Federn entfernen, damit später keine Federn auf das Fleisch gelangen. Direkt oberhalb der Kloake ein kleines Messer ansetzen und die Haut bis zum Hals aufschneiden, dabei die Schneide des Messers vom Fleisch wegdrehen.

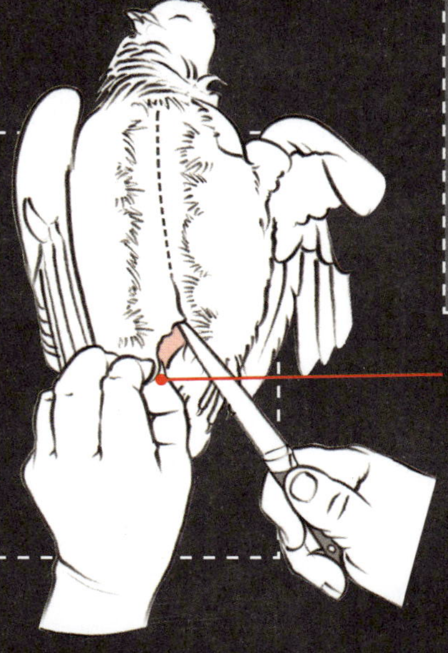

2. DIE HAUT MÖGLICHST WEIT bis zu den Füßen und bis zum Ende von Hals oder Flügeln ziehen. Das Brustfleisch dicht am Brustbein einschneiden. Das Messer im rechten Winkel oben über den Brustkorb führen und dann am Hals an der Kante des Gabelbeins entlang, um die Brust möglichst dicht an Hals und Flügel abzulösen. Dabei sollte auch das unter der Brust liegende Innenfilet abgetrennt werden.

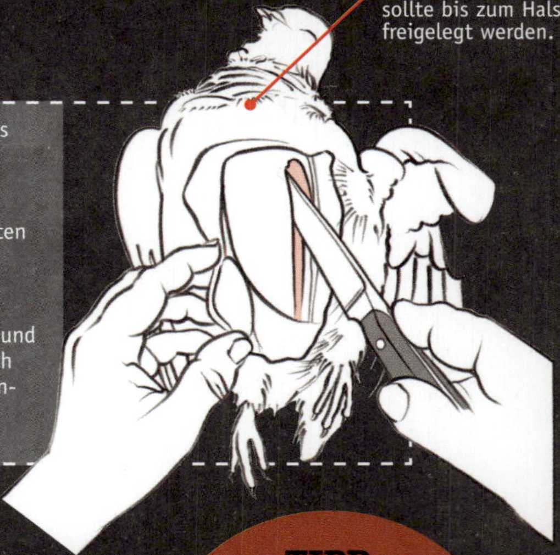

TIPP

Das Innenfilet ist durch eine Sehne mit der Karkasse verbunden. Die Sehne zwischen Daumen und Zeigefinger nehmen und das Filet mit der anderen Hand festhalten, dann die Sehne abreißen. Dies ist erheblich einfacher, solange sie noch mit der Karkasse verbunden ist.

RUPFEN UND AUSNEHMEN

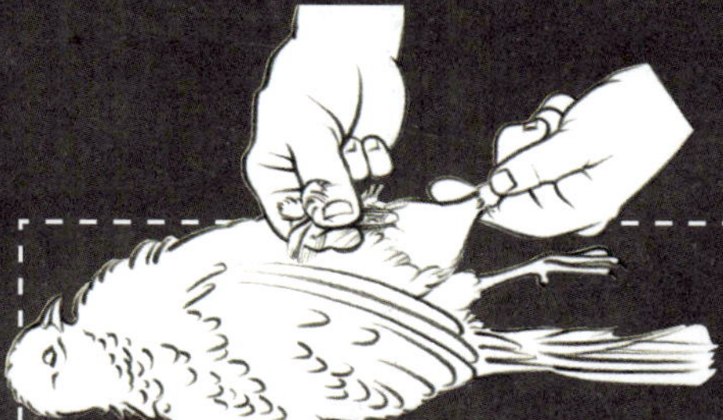

1. AM FUSS EINES BEINS BEGINNEN. Den Fuß mit einer Hand festhalten, mit der anderen die Federn entgegen der Wuchsrichtung mit einem kurzen Ruck herauszupfen, damit die Haut nicht reißt. Sollte sie aussehen, als könnte sie reißen (oder ist sie bereits eingerissen), die Federn einzeln ganz vorsichtig in Wuchsrichtung auszupfen, dabei mit der anderen Hand die Haut festhalten, damit sie nicht (weiter) einreißen kann.

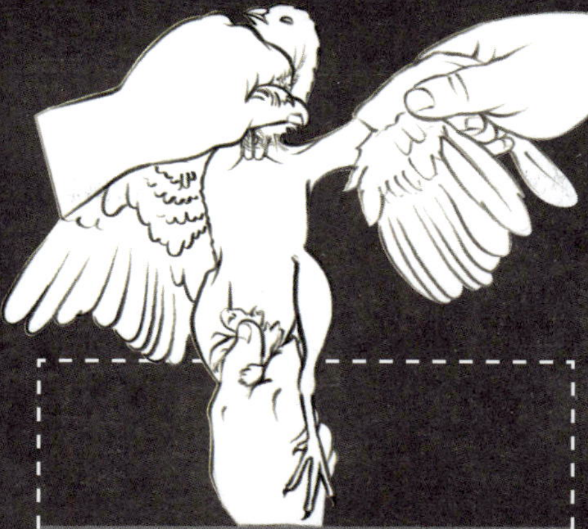

2. DEN RÜCKEN RUPFEN, dann die Achseln und die Brust und schließlich etwa 10 cm des Halses. Die Federn in Wuchsrichtung auszupfen, da die Haut hier sehr zart ist.

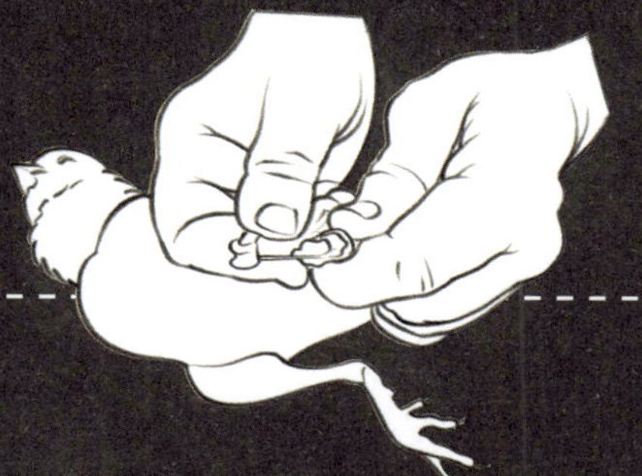

3. DIE FLÜGEL BIS ZUM ERSTEN GELENK RUPFEN. Den unteren Teil abschneiden. Flügel- und Schwanzfedern in Wuchsrichtung einzeln auszupfen, wobei eine Zange hilfreich ist. Den Vogel über eine offene Flamme halten, um kleine Federn und Härchen abzusengen. Aber nicht zu viele Federn absengen, weil das Geflügel sonst später nach verbrannten Federn schmeckt.

4. RUND UM DIE FUSSGELENKE die Haut einschneiden, dabei Fleisch und Sehnen nicht verletzen. Einen Fuß hin- und herbewegen (um die Sehnen zu lockern) und dann biegen, bis das Gelenk bricht. Unterschenkel mit einer Hand festhalten und mit der anderen Fuß und Sehnen abbrechen. Eventuell ist das nicht ganz einfach.

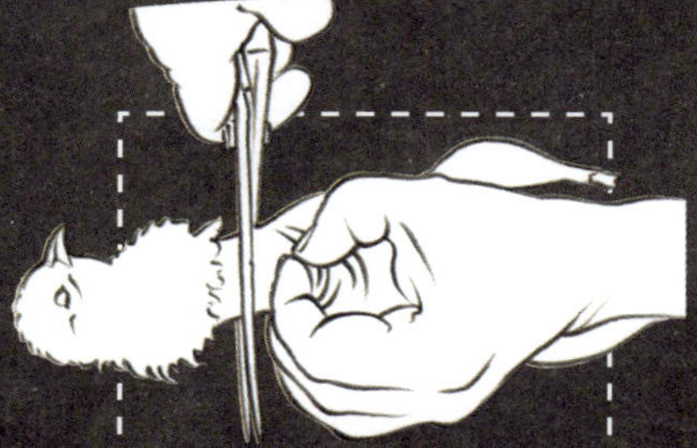

5. DEN KOPF ABSCHNEIDEN. Die gerupfte Haut am Hals nach unten ziehen, sodass sie oben glatt ist. Dann die Wirbelsäule dicht am Körper durchtrennen. Die Haut des Halses unterschlagen.

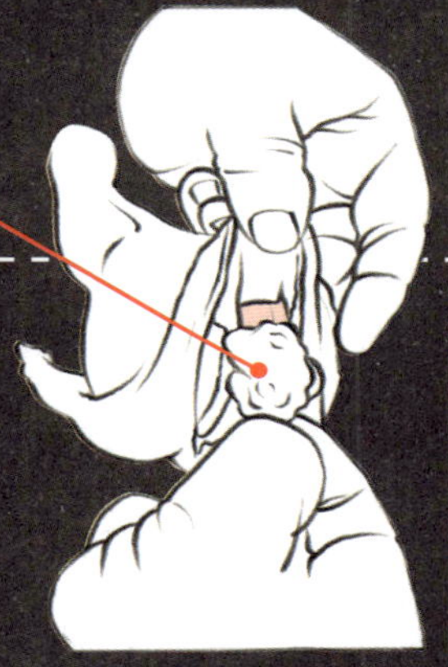

6. DEN KROPF SUCHEN und mit den Fingern von der Haut lösen, dabei die Haut zurückziehen. Diese Arbeit ist nicht allzu schwierig. Den Kropf herausziehen, gleichzeitig Speiseröhre und Luftröhre entfernen.

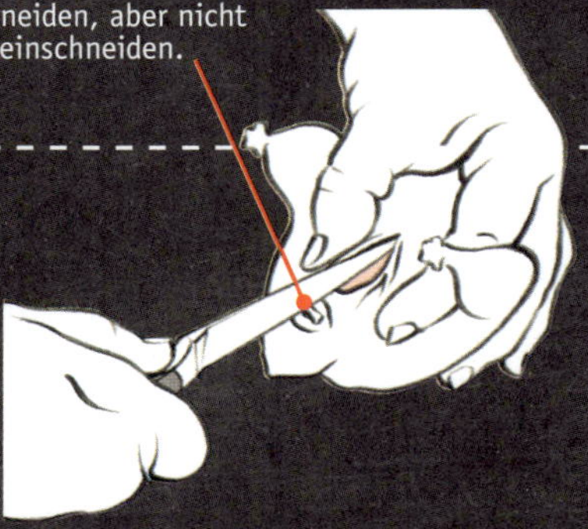

7. RUND UM DIE KLOAKE einen flachen Schnitt machen, dabei aber den Darm nicht verletzen. Oberhalb der Kloake einen etwa 2–4 cm langen Schlitz in die Haut machen, sodass eine kleine Öffnung entsteht.

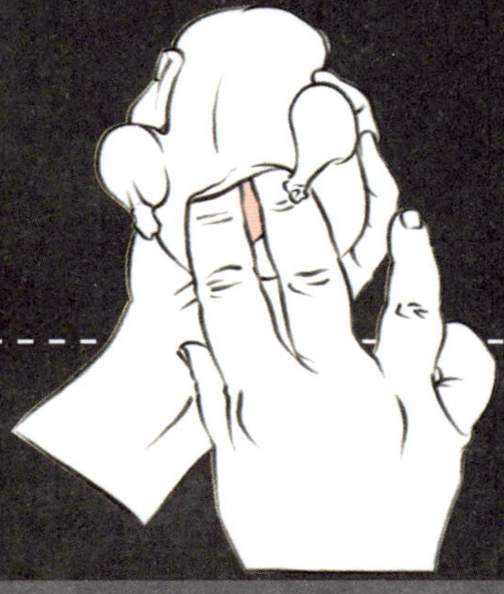

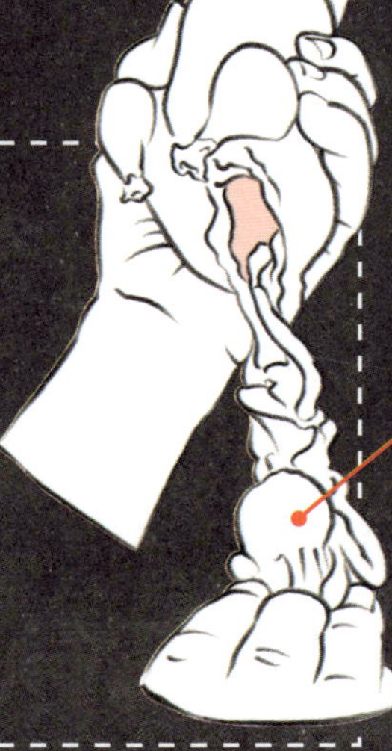

8. DIE FINGER IN DIE BAUCHHÖHLE SCHIEBEN und die Gedärme herausziehen. Mit ihnen kommt auch der Kaumagen heraus, gefolgt von Herz und Leber. Nun die Bauchhöhle trocken tupfen. Der Vogel ist jetzt ausgenommen. Sollte Darminhalt in die Bauchhöhle gelangt sein, diese sorgfältig unter fließendem kaltem Wasser waschen.

KLEINE WILDTIERE ENTHÄUTEN

DIESE METHODE EIGNET SICH FÜR KANINCHEN UND HASEN, WOBEI AUF DIESEN SEITEN EIN KANINCHEN ZU SEHEN IST. EINE ANLEITUNG ZUM ZERLEGEN VON KANINCHEN ODER HASEN FINDET SICH AUF SEITE 233.

KANINCHEN UND HASEN lassen sich einfach enthäuten, da sich das Fell leicht löst.

Bei einem selbst erlegten Tier muss darauf geachtet werden, dass sofort nach dessen Tod die Blase entleert wird, so bleibt der Schlachtkörper sauberer.

Das Enthäuten und Säubern kann auf einem Tisch oder auf der Abtropffläche einer Spüle erfolgen. Oder man hängt den Schlachtkörper an den gespreizten Hinterläufen auf. Der Boden oder die Arbeitsfläche wird am besten mit Zeitungspapier abgedeckt.

Ist das Tier bereits ausgenommen, befolgen Sie die Arbeitsschritte bis Schritt 5. Achten Sie beim Abziehen des Fells darauf, dass das Fleisch dabei unverletzt bleibt.

Beginnen Sie, mit der Spitze Ihres Messers das Fell vom Fleisch zu lösen. Falls das Fell sehr schmutzig ist, versuchen Sie, eine Verunreinigung des Fleischs möglichst zu vermeiden. Achten Sie, wenn Sie die Bauchhöhle bearbeiten, besonders darauf, dass das Fleisch sauber bleibt.

Bewahren Sie das Blut von Hasen auf, um später beim Garen die Sauce damit anzudicken. Da es sich in der Bauchhöhle sammelt, stellen Sie beim Ausnehmen am besten eine Schale darunter und geben Sie einen Löffel Essig hinein, der verhindert, dass das Blut gerinnt.

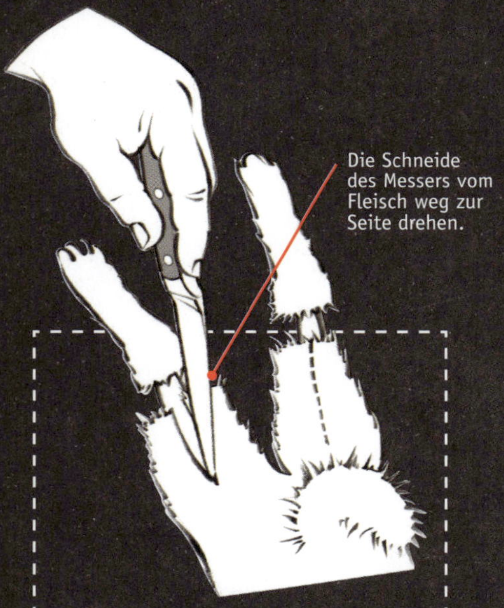

1. OBERHALB DER HINTERPFOTEN das Fell ringförmig einschneiden, dabei die Sehnen verletzen. Mit den Vorderpfoten ebenso verfahren. An einem Hinterlauf das Fell außen bis zur Schwanzwurzel einschneiden. Nach dem Ansetzen der Messerspitze darauf achten, dass die Klinge nach außen und unten (von Ihnen weg) zeigt, während sie unter die Haut geschoben wird. Dabei wiederum das Fleisch nicht verletzen. Mit dem anderen Hinterlauf ebenso verfahren.

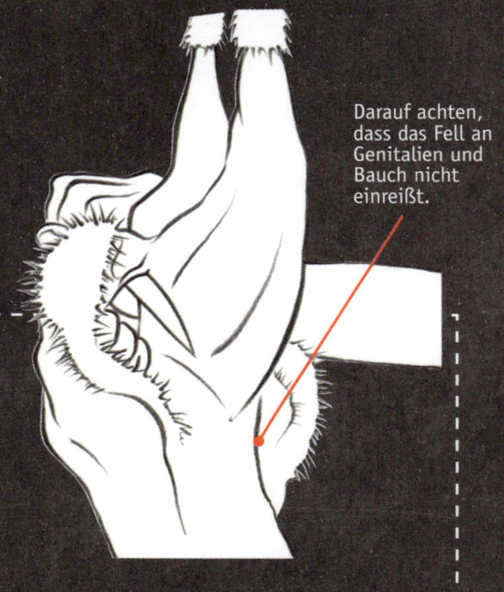

2. DAS FELL VON DEN LÄUFEN ABZIEHEN, dabei die Messerspitze zu Hilfe nehmen, um ggf. Sehnen zu durchtrennen, die am Fleisch hängen. Das Fell an beiden Läufen zum Bauch herunterziehen, dann an der Schwanzwurzel von Lauf zu Lauf einen Schnitt in das Fell machen. Den Schwanz mit dem Messer abschneiden, dabei darauf achten, dass das Fell rund um den Schwanz vom Fleisch abgelöst ist. Das Fell um die Genitalien herum lösen, dabei eventuell das Messer zu Hilfe nehmen, um das Fleisch nicht zu verletzen.

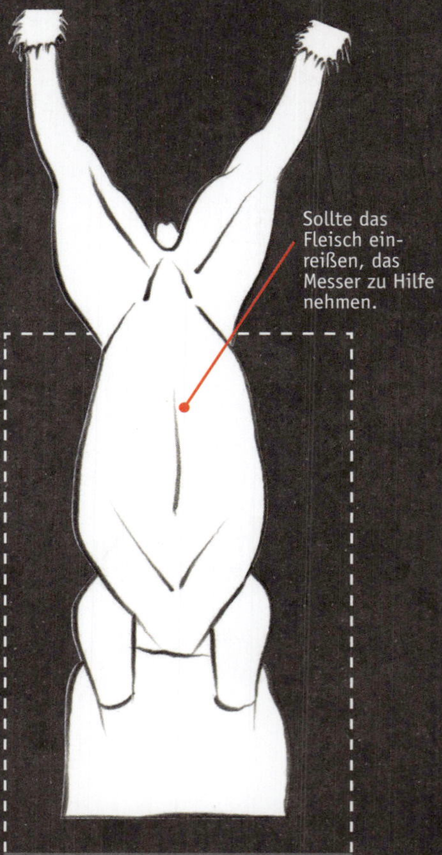

3. DAS FELL VOM RUMPF ZIEHEN und dabei umstülpen.

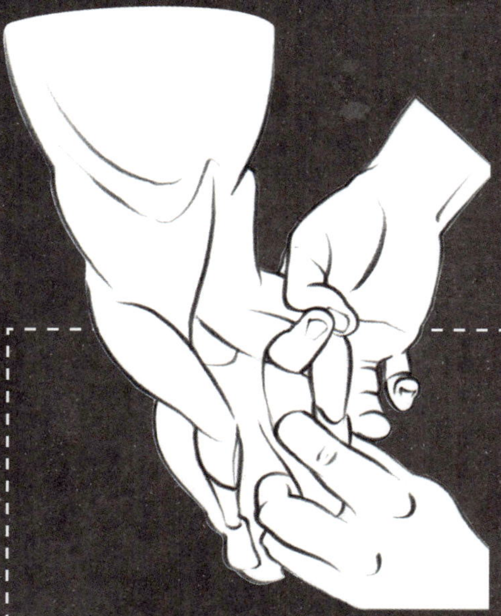

4. DIE VORDERLÄUFE AN DEN GELENKEN aus dem Fell ziehen. Das Fell weiter nach unten ziehen, bis Schädel und Ohren ein Herabziehen verhindern.

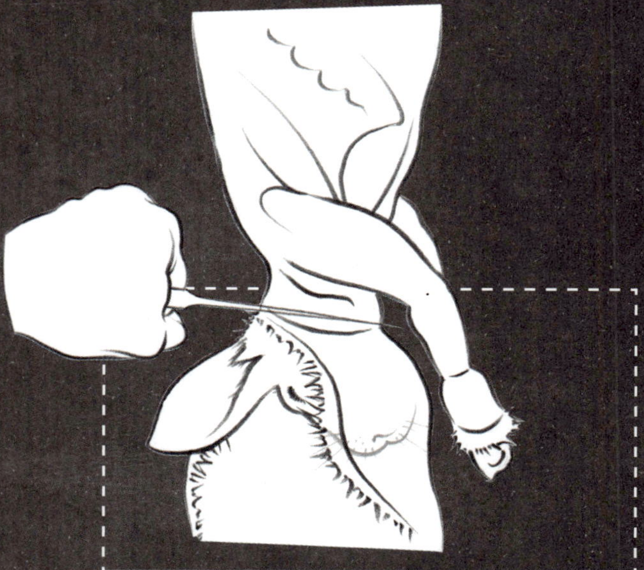

5. DEN KOPF MIT DEM MESSER ABSCHNEIDEN, dann die Pfoten. Die Pfoten dazu nach hinten biegen, bis die Gelenke brechen, dann mit dem Messer abtrennen. Den Körper nun, wenn nötig, waschen und trocken tupfen.

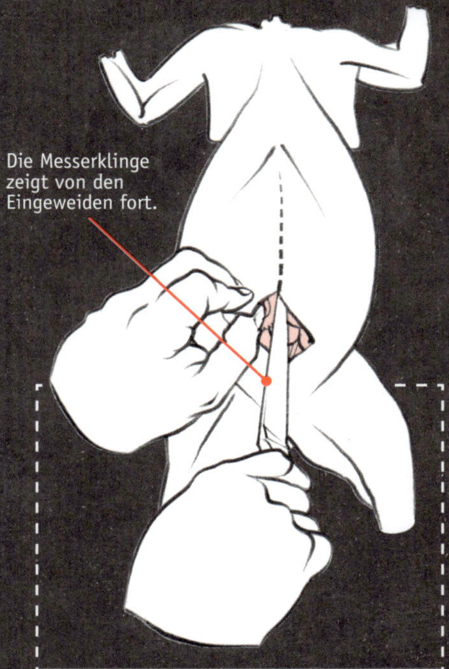

6. ZUM ENTFERNEN DER EINGEWEIDE die Messerspitze am unteren Ende der Bauchhöhle ansetzen und etwa bis zur Mitte der Brust führen, dabei den Magen nicht verletzen.

7. DIE FINGER ZWISCHEN BRUST UND EINGEWEIDE bis zum Zwerchfell schieben und behutsam den Magen herausziehen.

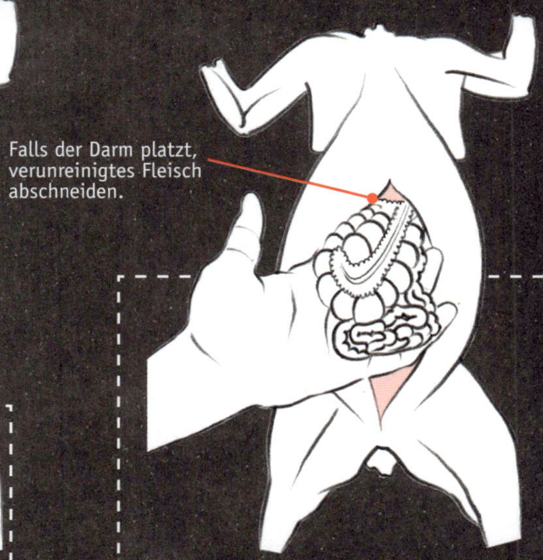

8. DEN DARM VORSICHTIG UM DEN AFTER HERUM abschneiden. Darm, Genitalien und Blase wegwerfen. Herz, Leber und Nieren herausnehmen. Die bittere grüne Gallenblase unbeschädigt von der Leber abtrennen. Die Bauchhöhle trocken tupfen. Bei Hasen eine Schüssel mit 1 EL Essig unter die Bauchhöhle stellen. Die Bauchhöhle öffnen und das Blut in der Schale auffangen. Die Leber in die Schale geben.

WURST MACHEN

Die Zubereitung von Wurst macht Spaß, und sie bietet praktisch endlose Möglichkeiten, um mit verschiedenen Aromen zu experimentieren, denn man kann dabei eine Vielzahl von Kräutern und Gewürzen verwenden. Sollten Sie neue Rezepte ausprobieren, braten Sie zunächst etwas Füllmasse, um festzustellen, wie sie schmeckt.

KÜCHENUTENSILIEN

Abgesehen von Messern und Hackbrettern benötigt man das eine oder andere Spezialgerät. Lieferanten finden Sie im Internet, ebenso Angebote für gebrauchte Geräte.

- **Fleischwolf** Er ist als handbetriebenes Gerät oder als Elektrogerät erhältlich. Zudem gibt es ihn als Aufsatz für Küchenmaschinen.
- **Große Schüssel** Kunststoffschüssel mit mindestens 5 Liter Fassungsvermögen. Auf Material, das splittern kann, sollte verzichtet werden.
- **Große, tiefe Kunststoffwanne** Erforderlich zum Mischen von Fleisch und anderen Zutaten. Je tiefer die Wanne, desto leichter lassen sich die Zutaten vermischen.
- **Großer Trichter** Der verwendete Trichter sollte recht breit sein. Außerdem benötigt man einen Stab aus Holz oder Kunststoff, um die Fleischmasse in die Wursthülle zu drücken.
- **Wurstfüllmaschine**
- **Wursttülle**

FLEISCHWOLF
Handbetriebene Geräte werden an den Tisch geschraubt und haben feine sowie grobe Scheiben. Bei manchen kann auch eine Tülle zum Füllen aufgesetzt werden.

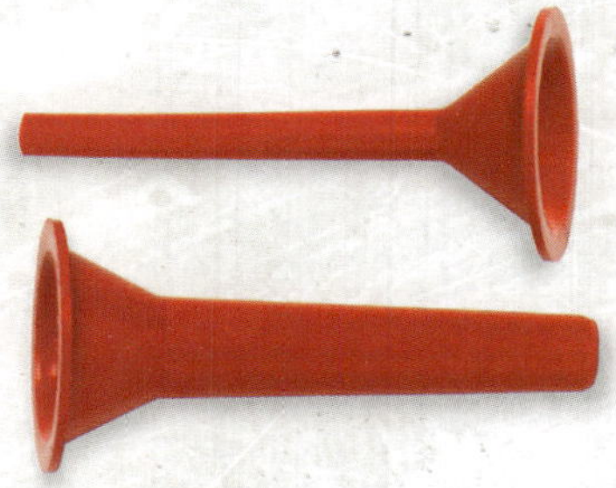

WURSTTÜLLE
Diese Aufsätze werden für Wurstfüllmaschinen und Fleischwölfe angeboten und sind in verschiedenen Größen erhältlich. Zwei Größen sind meist ausreichend.

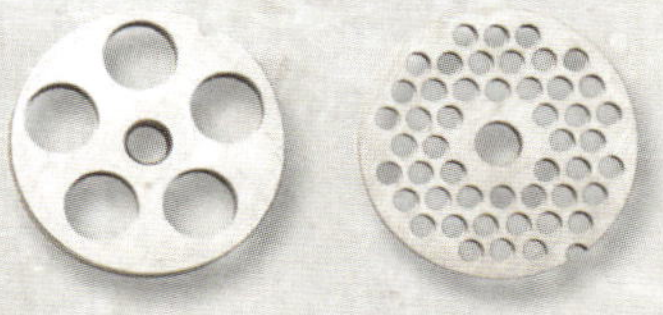

LOCHSCHEIBEN
Mit einer groben Scheibe wird Fleisch durchgedreht, mit einer feinen Scheibe wird die Masse sehr glatt.

WURSTFÜLLMASCHINE
Macht die Arbeit einfacher und sauberer. Mitunter gibt es sie auch als Aufsatz für Küchenmaschinen.

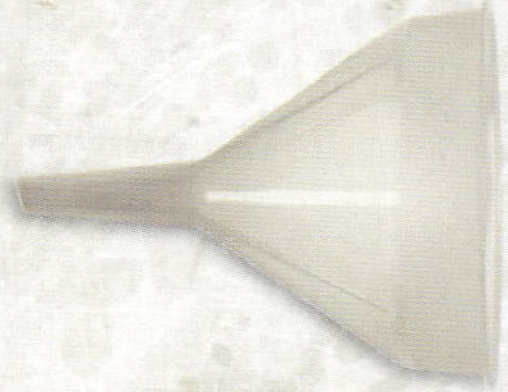

GROSSER TRICHTER
Ein großer Trichter ist dort zum Füllen hilfreich, wo keine Wurstfüllmaschine vorhanden ist.

KÜCHENHYGIENE

SAUBERKEIT Beim Wursten müssen Arbeitsplatz und Küchenutensilien unbedingt sauber und gekühlt sein, vor allem wenn die Wurst später nicht gegart wird. Je stärker Fleisch zerkleinert wird und je mehr andere Zutaten hinzugefügt werden, desto anfälliger wird das Produkt. Das Tragen lebensmitteltauglicher Einmalhandschuhe senkt die Gefahr von Verunreinigungen.

LAGER- UND GARTEMPERATUREN
Versuchen Sie in einer möglichst kühlen Umgebung zu arbeiten und lagern Sie die fertige Wurst unter 4 °C. Wenn Wurst gegart wird und dabei eine Kerntemperatur von mindestens 75 °C erreicht, werden alle gefährlichen Bakterien zerstört. Zum Messen der Temperatur eignet sich ein Fleischthermometer.

ZUTATEN

Für Wurst kann fast jede beliebige Zutat verwendet werden. Die besten Würste entstehen mit qualitativ hochwertigen Ingredienzen. Achten Sie auch darauf, dass Gewürze und Kräuter möglichst frisch sind, da ihr Aroma bei der Aufbewahrung rasch leidet.

- **Fleisch** Für Wurst wird vorzugsweise Schulterfleisch verwendet, das sehr frisch sein sollte. Knorpel, Sehnen und sichtbares Blut werden entfernt. Wer keinen Fleischwolf besitzt, kann beim Fleischer Hackfleisch kaufen, das aber sofort verwendet werden muss.
- **Speck** Er macht die Wurst feucht und verleiht ihr zudem Geschmack. Der harte Rückenspeck wird meist für Salami verwendet, der weiche Bauchspeck gibt eine gute Konsistenz. Wo keine Füllstoffe in die Wurst kommen, gibt man auf vier Teile mageres Fleisch einen Teil Speck.
- **Gewürze und Kräuter** Am besten sind getrocknete Kräuter, die ein intensives Aroma haben. Dabei stets ein Drittel der Menge von frischen Kräutern verwenden.
- **Füllstoffe** Sie erlauben es, die Wurst mit weniger Fett herzustellen. Zu den Füllstoffen gehören beispielsweise Semmelbrösel, Hafergrütze, Bulgur oder Reis. Sie sollten möglichst trocken sein.
- **Flüssigkeit** Etwas Flüssigkeit (meist Eiswasser) erleichtert das Einfüllen der Wurstmasse in die Hülle und verringert die Bildung von Luftblasen. Für andere Geschmacksnoten sorgen Wein oder Fruchtsaft. Weinessig unterstützt bei Rohwurst die Reifung.

WURSTHÜLLEN

Wursthüllen, auch Wursthaut genannt, sind mit verschiedenen Durchmessern erhältlich. Am empfehlenswertesten ist Naturdarm, der sehr elastisch ist, sich leichter abbinden lässt und beim Garen nicht hart wird. Wursthüllen wurden entweder trocken eingesalzen oder in Lake eingelegt und werden meist als Meterware angeboten.

SCHWEINEDARM Wird am häufigsten verwendet, beispielsweise für die Herstellung von Chorizo, Kiełbasa und dickeren Bratwürsten oder Brühwürste.

SCHAFDARM Ist teuer, aber sehr dünn und robust und fühlt sich beim Essen am zartesten an. Er wird u. a. für Frankfurter Würstchen verwendet.

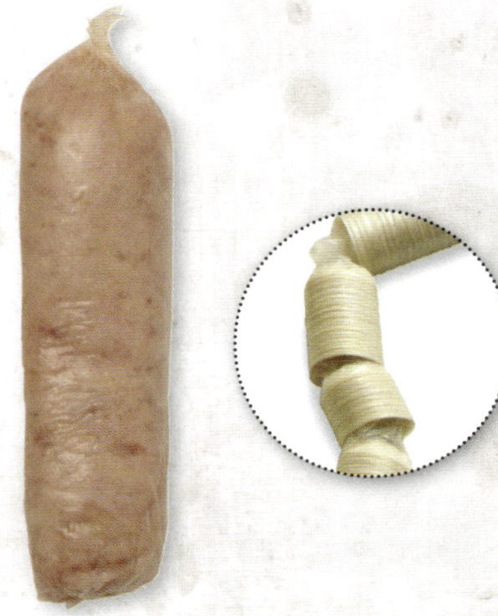

KOLLAGENDARM (Hautfaserdarm) Wird aus tierischem Kollagen hergestellt und muss nicht gewässert werden, ist aber schwerer zu verarbeiten und kann beim Garen hart werden.

WURSTHÜLLEN VORBEREITEN UND FÜLLEN

Beim ersten Mal ist die Arbeit einfacher (und lustiger), wenn man sie zu zweit macht und einer die Füllmaschine bedient, während der andere den Darm hält. Mit etwas Übung wird die Arbeit dann leichter. Vielleicht haben Ihre fertigen Würste keine perfekte Form, aber sie werden trotzdem schmecken.

1 Trocken eingesalzene Hüllen über Nacht wässern, in Lake eingelegte Hüllen 30 Min. Dann abtropfen lassen. Den Darm mit frischem Wasser durchspülen. Ein Ende verknoten. Den Darm in kaltes Wasser legen.

2 Das unverknotete Ende über die Tülle ziehen, dann den übrigen Darm. Den Darm feucht halten. Luft aus dem Darm drücken, da er andernfalls beim Garen platzen kann.

3 Den Darm vorsichtig festhalten und befüllen. Sollte er platzen, die fertige Wurst abschneiden und das Darmende neu verknoten. Werden einzelne Würste abgebunden oder wird die Wurst gegart, den Darm nicht zu fest füllen.

BRATWURST HERSTELLEN

Diese Wurst eignet sich zum Braten und zum Grillen. Für dünnere Würste kann Schafdarm verwendet werden. Zum Einfrieren werden die Würste in Portionen in Gefrierbeuteln verpackt.

ERGIBT

2,5 kg

BESONDERE KÜCHENUTENSILIEN

- große unzerbrechliche Rührschüssel mit 5–6 l Fassungsvermögen
- Fleischwolf
- Wurstfüllmaschine
- lebensmittelgeeignete Einmalhandschuhe

ZUTATEN

- 1,25 kg mageres Schweinefleisch
- 500 g Schweinebauch
- 500 g Rückenspeck
- 85 g Salz
- 1½ TL getrockneter Salbei
- 1 TL geriebene Muskatnuss
- ½ TL gemahlener Ingwer
- 180 g Semmelbrösel oder mittelfeine Haferflocken
- 275 ml Eiswasser
- 6 m Schaf- oder Schweinedarm mit 28–35 mm Durchmesser, gewässert, ein Ende verknotet

1 Fleisch und Speck in Stücke schneiden und gut kühlen. Alles durch die grobe Scheibe des Fleischwolfs drehen, dabei immer abwechselnd Fleisch und Speck in den Fleischwolf geben.

2 Salz, Salbei und Gewürze mit Semmelbröseln oder Haferflocken vermischen. Die Mischung über das Hackfleisch streuen und alles vermengen, dabei langsam das Wasser hinzufügen. Die Zutaten sehr sorgfältig vermischen.

3 Als Test ein kleines Hackbällchen formen und in einer Pfanne braten, dann probieren. Wenn nötig, weitere Gewürze hinzufügen und sorgfältig untermischen.

4 Die Mischung durch die feine Scheibe des Fleischwolfs drehen. Den Darm über die Tülle ziehen und mit der Fleischmasse befüllen (s. S. 309), aber nicht zu fest, da er sonst beim Abbinden der Würste platzt.

5 Das Ende des Darms verknoten. Die Länge der Wurst festlegen und die Masse an dieser Stelle zusammendrücken, sodass im Darm ein Freiraum entsteht.

6 Den Darm an dieser Stelle mehrmals drehen. Die Fleischmasse wieder zusammendrücken, um die nächste Wurst herzustellen, diesmal den Darm aber in der entgegengesetzten Richtung drehen, damit er sich nicht wieder aufwickelt.

7 Auf diese Weise fortfahren, bis die Wurstkette fertig ist. Sollten danach noch Luftblasen vorhanden sein, diese mit einer sterilisierten Nadel oder einem Zahnstocher einstechen. Überprüfen, ob die Würste fest gefüllt sind. Andernfalls das Wurstbrät von der Verbindungstelle wegdrücken und die Wurst weiter abdrehen.

SCHNECKEN FORMEN

Am einfachsten lässt sich dünner Schafdarm zu einer Schnecke formen. In der Mitte beginnend in der gewünschten Größe fest aufwickeln. Vor dem Garen mit einem Spieß zusammenstecken.

RINGE FORMEN

An den Enden jeder Wurst 6 cm ungefüllten Darm hängen lassen und die Luft herausdrücken. Beide Enden verknoten. Die Enden zusammenführen, um einen Ring herzustellen, und zusammenbinden. Diese Form eignet sich besonders für Würste, die geräuchert werden.

REGISTER

Gefettete Einträge weisen auf Zutaten hin.

F

G

H

I

J

K

L

S

T

DANK

ÜBER DIE AUTORIN

Nichola Fletcher gilt weltweit als eine der führenden Expertinnen für Fleisch. Mit ihrem Ehemann John begann sie von mehr als 30 Jahren, Großbritanniens erste Hirschfarm zu betreiben. Zudem arbeitet sie als Autorin, Beraterin, Sprecherin und Kursleiterin rund um das Thema Wurst. Sie ist Mitautorin von acht Büchern, darunter *Ultimate Venison Cookery* (2007) und der bei Dorling Kindersley erschienene Titel *Wurst* (2012). Die preisgekrönte Lebensmittelhistorikerin lebt in Schottland, wo sie aufgrund ihrer Verdienste um die Hirschindustrie 2014 zum »Member of the Order of the British Empire« ernannt wurde.

ÜBER DIE AUTOREN DER REZEPTBEITRÄGE

Christopher Trotter ist Foodautor, Restauranttester, Berater und Autor mehrerer Kochbücher, darunter *The Whole Hog* (2010) and *The Whole Cow* (2013). Er leitet individuelle Kochkurse und Touren zu Lebensmittelproduzenten seiner Heimat Schottland und spricht im Radio über regionale Küche.

Elena Rosemond-Hoerr arbeitet als Autorin und Fotografin. Sie ist Autorin des preisgekrönten Blogs biscuitsandsuch.com und des bei Dorling Kindersley erschienenen Kochbuchs *Amerika* (2015). Sie liebt Pies und lebt mit ihrem Mann und zwei Hunden an der Küste von North Carolina.

Rachel Green ist eine preisgekrönte Köchin, Foodautorin, Foodaktivistin und Fernsehmoderatorin. Sie ist Tochter eines Bauern aus Lincolnshire, wo ihre Familie über 14 Generationen hinweg Landwirtschaft betrieben hat. Rachel Green hat schon für die englischen Königin und 800 Gäste im Londoner Savoy Hotel gekocht und war im Fernsehen u. a. in den Sendungen *The One Show*, *Countryfile*, *World on a Plate*, *Kill It, Cook It, Eat It!*, *Farm of Fussy Eaters* und *Flying Dishes* zu sehen. www.rachel-green.co.uk

DIE AUTORIN DANKT:

Ralf Lautenschläger in Deutschland für seine Hilfe bei europäischen Fleischzuschnitten; Stephen Rimmer in São Paulo für seine Hilfe bei brasilianischen Fleischzuschnitten; The Q Guild und Jonathan Crombie von Crombie's of Edinburgh für die Ratschläge zur Bezeichnung von britischen Fleischzuschnitten; John Fletcher für die Beratung in Fragen der Tiergesundheit und des Tierschutzes; David Stewart für die Bereitungstellung von Wildfleisch; Quality Meat Scotland für ihre Leitfäden zum Fleischzuschnitt; The Balgove Larder, St Andrews, für die Erlaubnis, dass wir die Fleischerei überfallen und Fotos beim Zerlegen von Fleisch machen durften – und vor allem Dank an Graeme Braid, ihren Fleischermeister, der sich große Mühe gegeben hat, uns bei unserem Kapitel »Selbst gemacht« zu beraten.

DORLING KINDERSLEY DANKT:

Charlotte Tolhurst für das Fotografieren neuer Rezepte; Stuart West und William Reavell für weitere Fotos; Sara Robin, Geoff Fennell, Kat Mead und Penny Stock für die Fotobearbeitung; Fern Greene, Nancy McDougall, Rob Morris, Rebecca Rautner, Isla Mackenzie, Matthew Ford and Lucy Pedder für das Foodstyling; Wei Tang, Linda Berlin und Tamsin Weston für die Requisiten; Adam Brackenbury und Tom Morse für die Bildretusche; Sonia Charbonnier für die technische Unterstützung; Juliet Percival für ihre Zeichnungen; Harriet Yeomans für die Gestaltung des letzten Kapitels; Jane Bamforth, Anna Burges-Lumsden, Jan Fullwood, Chris Gates, Anne Harnan und Sue Harris für das Testen von Rezepten; Kathy Woolley, Nidhilekha Mathur, Divya Chandhok und Charis Bhagianathan für ihre Lektoratsassistenz; Vicky Read, Laura Buscemi, Sourabh Challariya und Aparajita Barai für ihre Designassistenz; Claire Cross, Dorothy Kikon, Ligi John und Janashree Singha für das Korrekturlesen und Vanessa Bird für die Registererstellung.